Andreas Thürheim

Von den Sevennen bis zur Newa, (1740-1805)

Ein Beitrag zur Geschichte des 18. Jahrhunderts

Andreas Thürheim

Von den Sevennen bis zur Newa, (1740-1805)
Ein Beitrag zur Geschichte des 18. Jahrhunderts

ISBN/EAN: 9783743658691

Hergestellt in Europa, USA, Kanada, Australien, Japan

Cover: Foto ©ninafisch / pixelio.de

Weitere Bücher finden Sie auf **www.hansebooks.com**

Von den Sevennen bis zur Newa.

(1740—1805.)

Ein Beitrag zur Geschichte des 18. Jahrhunderts.

Nach handschriftlichen Nachlässen

von

A. Grafen Thürheim

Verfasser der Skizzen der Feldmarschälle: Fürst de Ligne, Grafen Traun und Khevenhüller
u. m. a.

„J'ai toujours reconnu qu'en chaque événement,
„Le destin des états dépendait d'un moment."
Napoleon I.

„Causa victrix Diis placuit, sed victa Catoni."

Wien, 1879.

Wilhelm Braumüller
k. k. Hof- und Universitätsbuchhändler.

Vorwort.

Nach handschriftlichen Nachlässen wurden vorliegende Blätter verfaßt. Das Leben und die geistige Richtung des Hofes und der Gesellschaft von Versailles und Paris, — französische Armeezustände vor und während des siebenjährigen Krieges, Charakterzüge politisch denkwürdiger Persönlichkeiten aus der französischen Revolutionsepoche, Zustände in den Provinzen während derselben, die Emigration und deren politische Stellung, die Haltung Rußlands der französischen Revolution gegenüber — werden in bunter, aber dennoch chronologischer Reihenfolge in diesem Buche besprochen. Die zweite Hälfte des vorigen Jahrhunderts ist der Zeitraum unserer Schilderungen.

Während die großen weltbekannten Ereignisse nur in möglichster Kürze angedeutet sind, werden gleichsam Seitenblicke hinter die Coulissen der großen Weltbühne geworfen, welche das allmälige Vorbereiten der gewaltigen politischen Umwälzung gerade in den ihrer Stellung nach conservativen Ständen ersichtlich machen.

Wir haben die Zeit vor der Revolution aus verschiedenen Quellen, Briefen, Notizen u. dergl. dargestellt, folgen hingegen von 1790 an, und zwar bei den Schilderungen französischer Provinzzustände, des Hofes der französischen Prinzen in Coblenz und deren Beziehungen zum königlichen Hofe der Tuilerien (Ludwig XVI.), endlich des politischen Verhaltens der Kaiserin Katharina II., fast ausschließlich den Aufzeichnungen eines durch seine amtliche Stellung in alle diese Verhältnisse tief eingeweihten Mannes, der als Militärcommandant von Französisch-Flandern und Hennegau, sowie später als Bevollmächtigter der königlichen Prinzen am Hofe zu St. Petersburg wol mehr als jeder Andere in der Lage war, zuverlässige und genaue Auskünfte zu geben, da die diplomatischen Correspondenzen zwischen Coblenz und Petersburg unmittelbar von ihm geführt wurden.

Es ist dies Graf Valentin Esterházy, französischer Maréchal de camp, Cordon bleu u. s. w., gestorben 1805. Während des Druckes dieser Blätter erschienen Acht Essays von Anton Grafen Szécsen (aus dem Ungarischen übersetzt, Wien 1879, Druck und Verlag von Carl Gerold's Sohn), deren Eines, wie der Herr Verfasser selbst angibt, blos ein Fragment der Memoiren des Grafen Valentin Esterházy zum Gegenstande einer interessanten geistvollen, jedoch nur fünfundzwanzig Seiten zählenden Abhandlung macht (S. 243, recte 245—269).

Vorliegende Blätter enthalten einen werthvollen historischen Beitrag zur Geschichte der socialen und politischen Verhältnisse Frankreichs in der zweiten Hälfte des vorigen Jahrhunderts. In dieser Ueberzeugung übergeben wir dieselben der Oeffentlichkeit; was hingegen die Art und Weise der Darstellung anbelangt, empfehlen wir sie dem Wohlwollen der geehrten Leser.

Im Frühlinge 1879.

Der Verfasser.

Inhalt.

	Seite
Vorwort	III
I. Frankreich in der zweiten Hälfte des 18. Jahrhunderts. — Entstehen und Titel dieses Buches. — Unter dem Lilienbanner. — In den Sevennen. 1740 bis 1756	1
II. Französische Armeezustände vor Ausbruch des siebenjährigen Krieges. 1756	35
III. In Kämpfen und Feldlagern. — Am Hofe der Kaiserin Maria Theresia 1762. — Friedensschluß. 1757 bis 1763	57
IV. Vorübergehende Unannehmlichkeiten. — Eine militärische Mission. — Ein Besuch in Ferney. — An der Seine. — Sturz und Triumph eines Ministers. — Chanteloup und Wien. — Die verhängnißvolle Kerze. 1763 bis 1774	116
V. Le Roi est mort! Vive le Roi! — Versailles. — Trianon. — Paris. — Amerika. 1774 bis 1780	183
VI. Mene-Tekel-Phares! 1780 bis 1789	223
VII. O Richard, o mon Roi, l'univers t'abandonne! 1789	264
VIII. Vae victis! — Coblenz. — Pillnitz. 1790 bis 1791	323
IX. An der Newa. — Ländliche Zurückgezogenheit. — Zur Ruhe. 1791 bis 1805	383
Namen-Register	471

I.

Frankreich in der zweiten Hälfte des achtzehnten Jahrhunderts. — Entstehen und Titel dieses Buches. — Unter dem Lilienbanner. — In den Sevennen.

1740 bis 1756.

Was im sechszehnten Jahrhundert die Reformation auf dem Gebiete der Religion vollzogen hatte, das bahnte sich im Laufe des achtzehnten Jahrhunderts auf jenem des politischen Lebens an. Mit gesteigertem Interesse hat sich daher die Geschichtsforschung in neuerer Zeit den folgenreichen geistigen und politischen Umwälzungen der letztgenannten Zeitepoche zugewandt, und ist deren Ursachen und Entstehen, deren Fortschreiten und Umsichgreifen in eifriger Wißbegierde nachgegangen.

Frankreich, das seit dem Beginne der Regierung Ludwigs XIV., des glänzenden Herrschers von Versailles, nach und nach zur Tonangeberin des übrigen Europas in Mode, Sitten und Gebräuchen wurde, ja selbst die heimische Sprache, sowol an den meisten Höfen, als bei den vornehmen und gebildeteren Ständen Deutschlands verdrängte, sogar in den nordischen Reichen den rauhen, einfachen Sitten einen mildernden Anstrich gab, — die zurückgebliebenen Spuren roher Barbarei bei den vornehmen Moskowiten und Sarmaten mit glänzendem Firniß übertünchte; — Frankreich war es, das auch in politischer Hinsicht jene Gedanken- und Ideenrichtung angab und leitete, welche als die erste Ursache und Veranlassung gelten kann, zu jenen Alles um- und überstürzenden Reformen, zu jenen blutigen Revolutionen und

Kriegen, jenen gewaltigen geistigen Kämpfen auf dem Felde der Religion, Cultur und Wissenschaft, welche nun schon seit einer Reihe von neunzig Jahren Europa nicht zur Ruhe kommen lassen. Die ganze gegenwärtige politische Richtung und sociale Bildung Europas, jene Zerklüftung in unzählige Parteien, jener herrschende Geist ewiger Negationen; — Alles dies erhielt von der französischen Revolution seinen Hauptanstoß; — und auf diese theils unmittel-, theils mittelbar, sind wol die dermaligen politischen Zustände unseres Welttheiles zurückzuführen. Frankreich, heute bereits seine Alleinherrschaft selbst auf dem Gebiete der Mode zu verlieren bedroht, übte im achtzehnten Jahrhunderte unbestritten den meisten Einfluß auf Bildung und Sitte aller Länder Europas, vielleicht mit alleiniger Ausnahme Englands, aus, und beherrschte lange Zeit selbst das Gebiet ernster und heiterer Wissenschaft, so z. B. Mathematik, Geniewesen und Kriegskunst; — Theologie und Kanzelberedtsamkeit, Geschichts- und Memoirenliteratur, — Belletristik und Dichtung, und auf den Theatern, Lustspiel und Drama. — Fast nur in Malerei und Musik, in Sculptur und Baukunst behaupteten Italien und Deutschland den Vorrang.

Große Staatsumwälzungen, welche unvermuthet über ein Land hereinbrechen, sind fast immer hervorgerufen: durch die Schwächung oder Vernichtung alter Institutionen, durch die Außerachtlassung fester Principien, einer klugen Mäßigung im Staatshaushalte und einer unparteiischen Ausübung des Rechtes, sowie die gesteigerten Bedürfnisse einer verfeinerten Civilisation, vorzugsweise aber durch Verletzung der Gesetze und Gefühle von Religion und Moral, welch' letztere auch im Leben der Völker jenes störende Unbehagen erzeugt, das oft nur durch eine heftige Krisis seine Heilung erhält.

In der zweiten Hälfte des achtzehnten Jahrhunderts beherrschten eben Unglaube und Frivolität gerade die vornehme und gebildete Gesellschaft Frankreichs in hohem Maße; — man betrachtete die geheiligtsten Bande nurmehr als Ketten; — Gläubigkeit, Religion und Zucht wurden als Vorurtheile belacht, da sie die sogenannte Aufklärung der neuen Philosophie als solche bezeichnete, und von den blendenden trügerischen Lehren der wiedererstandenen Weltweisen war fast die ganze gebildete französische Jugend eingenommen. Die Einen der Manie der Illuminaten, den Lehrern Swedenborgs und St. Martins von einer Verbindung der Menschen mit der Geisterwelt, ergeben; — Andere hingegen suchten den Stein der Weisen; wieder Andere begeisterten sich für Mesmers Magnetismus; — und die Schlimmsten von Allen gaben sich dem crassesten Unglauben und dem ausschweifendsten Materialismus hin.

Es war eben eine denkwürdige, sonderbare Zeit, und gewiß nie mag es mehr und größere Gegensätze in Meinung und Geschmack, Sitten und Gewohnheiten gegeben haben, als eben damals; in den Sitzungen der Akademien beklatschte man die anziehenden Theorien idealer Philanthropie, da gab es Diatriben gegen die Eitelkeit und Leere des Ruhmes, — Wünsche und Entwürfe eines ewigen Friedens der Völker und Menschen u. s. w., aber kaum hatte man die gelehrten Hallen verlassen, so wurde wieder intriguirt, gehetzt und declamirt, um die Regierung in irgend einen volksthümlichen Krieg hineinzuziehen. — Jeder trachtete den Andern durch Luxus zu verdunkeln, im selben Augenblicke, wo man republikanische Redensarten im Munde führte, und für ideale Gleichheit schwärmte, — und nie war die ewige Lüge mehr im Schwunge, als zu jener Zeit, wo Einer den Andern und Jeder zuletzt sich selbst täuschte. Da sah man den Samen verhängnißvoller Zwietracht zwischen dem Clerus und den Philosophen, — dem Adel und dem Volke, — der Gewalt und der Freiheit, — der alten und der neuen Gesellschaft endlich, gar mächtig aufschießen. Die lebhaften Gegenvorstellungen, mit welchen die großen Obrigkeiten und Rathscollegien die königlichen Befehle erwiderten, sowie der demonstrative Beifall, welchen die Volksmeinung allen Aussprüchen, Reden und Schriften Derer spendete, die der Regierung Trotz boten, — eröffneten die ersten Feindseligkeiten gegen das Königthum. Die Franzosen waren stolz, Söhne ihres Vaterlandes, und zwar des achtzehnten Jahrhunderts zu sein, sie betrachteten dieses als das wieder auf Erden zurückgekehrte goldene Zeitalter, und zwar durch jene glänzenden Phrasen, mit denen überreichlich die Philosophen und Encyklopädisten ihre Zuhörer, wol zu täuschen, aber auch deren Geister anziehend zu fesseln verstanden; — in ganz Europa, namentlich an den Universitäten und Akademien, ertönte der Wiederhall der französischen Philosophie.

Selbst mächtige Herrscher hatten dem lockenden Sirenenklange philosophischer Chimären ihr Gehör nicht verschlossen, obgleich Katharina II. und Friedrich der Große, von den Rathschlägen der modernen Platoniker nicht sehr überzeugt, nur scheinbar diese befragten, deren Eitelkeit Lob und Weihrauch streuten, um durch Wort und Schrift dieser Weltweisen, die Posaune ihres eigenen Ruhmes erschallen zu lassen, während sie sich in ihren innersten Gemächern mit Spottgelächter an den unzähligen Anmaßungen, Schwächen und Lächerlichkeiten der großen Geister ergötzten und eine kluge Regierungspraxis dem Phrasengeklingel der modernen Glückseligkeitstheorien vorzogen. — Ein geistvoller, für das Wohl seiner Völker schwärmender Monarch, huldigte zwar nicht den französischen Philosophen, begehrte auch nicht deren Rath, aber versuchte in rascher Weise Vieles, was jene vorerst als Gedanken und Entwürfe hinstellten, — mußte jedoch am Schlusse seines Lebens die herbe Demüthigung erleiden, die meisten seiner Institutionen und Reformen zu widerrufen, wollte er nicht einen großen Theil seiner Länder durch Aufstand und Empörung verlieren.

In Frankreich hatten einst die Könige Carl VII. und Ludwig XI. die bis dahin der königlichen Gewalt angelegten Fesseln gelöst, indem sie die ersten Steuern erhoben und das erste stehende Heer errichteten. Unter Ludwig XIV. erreichte die unumschränkte Monarchie den Gipfelpunkt ihrer Macht; — im unbegrenzten Selbstgefühle und mit der rücksichtslosesten Energie beugte dieser König jede andere Gewalt im Staate unter sein Scepter, und dennoch kam unter seiner Herrschaft mehr seine eigene geistvolle und glänzende Persönlichkeit als das eigentliche Königthum zu unbeschränktem Ansehen, denn um die Pläne seines Ehrgeizes durchzuführen, legte er unbedenklich den Grund zu neuen Uebelständen, in der vollen Ueberzeugung, daß diese unter seiner Regierung nicht zum Durchbruch kommen könnten. Mit seinem Tode mußte seine Schöpfung zusammenbrechen. — Die alten Parteien, die sich unter Ludwig XIV. gebeugt hatten, begannen unter seinem Urenkel und Nachfolger den Kampf gegen die königliche Macht aufs Neue. Ludwig XV. versuchte die eine durch die andere zu beherrschen, ohne daß ihm dies vollkommen gelungen wäre. Durch das Beispiel seines unmoralischen Lebenswandels vergiftete er überdies die Sitten seines Volkes. Die Finanznoth des Staates, welche durch die Eroberungssucht seines Vorgängers gegründet war, erreichte durch die Ueppigkeit seines Hoflebens die bedenklichste Höhe. Zu dem leichtsinnigen Leben der höheren Classen der Gesellschaft stand die Armuth und Bedrückung der untern Volksschichten im grellsten Gegensatze. — Die Grundbesitzer verpachteten ihr Eigenthum in kleinen Parzellen gegen hohe Abgaben, kümmerten sich überhaupt um die Landwirthschaft wenig, und nur in einigen nördlichen Provinzen waren dieselben für den Ackerbau thätig und fürsorglich für ihre Bauern. In dem bei weiten größeren Theile des Landes fristeten diese auf ihren gepachteten kleinen Grundstücken ein kümmerliches Leben; — ein ländlicher Mittelstand fehlte gänzlich. In den Städten finden wir den Wohlstand einiger Bürgerfamilien, verbunden mit üppigem Leben, — oder diesem entgegen elende hoffnungslose Existenzen. — Das Ansehen der gesetzlichen Gewalten im Reiche war tief erschüttert, fast alle Aemter, selbst die städtischen, waren zu erblichem Besitze vergeben oder käuflich; für deren Besetzung war mehr als alles Andere das Interesse der Staatscassen maßgebend, und diese waren bei der herrschenden Verschwendung und Unordnung in beständiger Verlegenheit. Verwaltung und Rechtspflege lagen schwer darnieder; für die geistige Entwicklung der Nation thaten die Philosophen zu viel, der Clerus hingegen zu wenig. Die drückende Steuerlast war überwiegend auf die Schultern der hülfsbedürftigen Volksclassen gewälzt. In dieser traurigen Verfassung befand sich die französische Nation, als eine allgemeine geistige Erregung die Gemüther erfaßte. Die Ueberzeugung von der Unhaltbarkeit der bestehenden Verhältnisse fing an das Gemeingut aller Volksschichten zu werden, und versetzte die von Philosophen, Freimaurern, und anderen im Dunkel agirenden ehrgeizigen Elementen aufs heftigste erregte französische Nation in die lebhafteste Gährung.

Unter so ernsten Verhältnissen übernahm 1774 Ludwig XVI., von seinem Volke als „der Ersehnte" (le désiré) begrüßt, die Regierung; ein edler Fürst, durchdrungen von seinem hohen Berufe, rechtschaffen und sittenrein, mit dem ehrlichsten Wollen für das Beste, und von warmem Herzen für das Wohl seines Volkes; ausgestattet mit all' jenen Tugenden christlicher Milde und Ergebung, welche einen heiligen Martyrer zieren, — aber leider aller jener ermangelnd, die einem energischen, entschlossenen und thatkräftigen Regenten eigen zu sein pflegen, und deren es in jener schweren Zeit so sehr bedurft hätte. Das drückende Deficit des Staatsschatzes drängte ihn vom Tage seines Regierungsantrittes auf die Bahn der Reformen. — Die Steuerkraft konnte auf dem bisherigen Wege unmöglich höher gespannt werden; nur mit durchgreifenden Verbesserungen in der ganzen Verwaltung durfte man hoffen der wachsenden Noth Herr zu werden. Es begann daher ein Experimentiren, und im schnellen Wechsel folgten feudale und liberale Ministerien auf einander. Die hieraus entstandenen Schwankungen steigerten die erregte Stimmung in allen Volksschichten, und die angewandten Palliativmittel hatten nicht vermocht die finanzielle Bedrängniß zu beseitigen; das Deficit war beständig im Wachsen, der Staat dem Bankerote nahe. — Am 27. April 1789 wurde der seit fast zwei Jahrhunderten außer Thätigkeit gesetzte Reichsrath (les États généraux) einberufen und am 4. Mai die Reichsversammlung (seit 1614 das erste Mal wieder), nicht in dem Versailler Schlosse aber in dessen Nähe, in einem zu großen Hoffestlichkeiten bestimmten Saale[1]), der einige tausend Personen fassen konnte, eröffnet. Die Wahlbewegungen hatten die Gemüther noch mehr erhitzt, und der Sturm wurde um so drohender, als die Gegner gar bald Schwäche und Unschlüssigkeit in den ferneren Schritten der Regierung bemerkten. — Am 14. Juli 1789, mit der Erstürmung der Bastille, begann der erste blutige Act der Revolution, — und am 6. October mit dem Andrange der wüthenden Volksmassen auf das königliche Schloß von Versailles und der damit erzwungenen Uebersiedelung des Königs Ludwig XVI. mit seiner Familie in die Landeshauptstadt Paris, war factisch Ansehen, Macht und Würde des französischen Königthumes für lange Zeit vernichtet, wenn auch die Aufrührer dieses dem Namen nach, einige Jahre noch bestehen ließen.

---

[1]) La salle des Menus genannt. Er ist nicht mehr vorhanden.

An einem schönen Herbstmorgen 1857 besuchte Schreiber dieses das erste Mal Versailles, das einstige prachtvolle Königsschloß der Bourbons, und war in kürzester Zeit noch mehrmals zu dieser an historischen Erinnerungen so überreichen Stätte zurückgekehrt, um an dem imponirenden Anblicke dieses großartigen Baues und an den Wänden seiner Gallerien, Geschichte in Portraiten und Bildern zu studieren, — zwar nicht vergessend, daß in den „Galeries des Batailles" die Meisterpinsel berühmter französischer Künstler der reichen Imagination ihrer Landsleute öfter auch auf Kosten der Wahrheit gehuldigt hatten, „pour la gloire de la France". So oft ich den Place d'Armes überschritt, waren meine Schritte wie gebannt, denn es befand sich vor mir das königliche Schloß, — hinter mir die Avenue de Paris! Von dort aus war es, wo an jenem düstern Octobermorgen die Sturmeswogen einer neuen Zeit so gewaltig an diese Mauern des Königthums anbrandeten! Zwei Jahrhunderte, zwei Systeme hatten sich auf diesem Raume den bereits mit Blut beschmutzten Fehdehandschuh hingeworfen.

Versailles, ja Versailles! Wie viel Glanz, welche königliche Pracht, welche irdische Größe, welche Geschichte enthält dieser Name! — Die Geschichte des Schlosses von Versailles bildet den Haupttheil der neueren französischen Geschichte und beginnt eigentlich schon mit Ludwig XIII., welcher die ersten Anfangsgründe dieser wahrhaft königlichen Wohnung seinem Nachfolger hinterließ, wo Ludwig XIV. dem ob solcher Pracht staunenden Europa die glänzendsten Feste gab; ja von allen Hauptereignissen jener Epoche könnten diese Mauern uns Rede stehen. Ludwig XIV. war der eigentliche Schöpfer dieses Prachtwerkes, welches seinem Schatze vierhundert Millionen gekostet haben soll und daher von Voltaire: „l'abime des dépenses" genannt wird. Nach dem Tode Ludwig XIV., dessen Schatten man bei jedem Schritte hervortreten glaubt, wollte es der Regent nie bewohnen, Ludwig XV. beabsichtigte die langen Gallerien in Boudoirs zu verwandeln, die Schlachtenbilder Lebrun's durch Schäfergemälde Boucher's zu ersetzen, kurz Alles im Geschmacke und Bedarfe seiner Vergnügungen einzurichten; Ludwig XVI. brachte in diese Mauern, wie auf den Thron, seine würdigen Sitten, seinen einfachen, offenen und ehrlichen Sinn mit sich; aber man ließ ihm nur wenig Zeit, dieselben wieder zu bewohnen.

Die Emissäre und Clubmitglieder von Paris, welche am Morgen des 6. Octobers 1789, den unglücklichen König Ludwig XVI. mit sich fortschleppten, entrissen diesem Schlosse den letzten seiner königlichen Eigenthümer und Bewohner. — Umsonst versuchte man unter dem Kaiserreiche den alten Glanz der Wohnung Ludwigs XIV. wieder herzustellen; Ludwig XVIII. bewohnte die Tuilerien, Carl X. das Schloß St. Germain. Die Geschicke von Versailles schienen mit der alten Monarchie beendet zu sein. Sollte die Zeit die Zerstörung dessen vollenden, was dem Beile der Revolutionen entkommen? — Nein! Das Geschick hatte es anders beschlossen! Das einstige Residenzschloß der letzten Könige jenes absoluten Herrscherstaates, — den Cardinal Richelieu einst auf unerschütterlichen Basen gegründet zu haben schien, ist nun zu einem historischen Museum umgewandelt, und alle geschichtlichen Bilder des Louvres und anderer Schlösser sind hier vereinigt. Stolze Hallen der Landesgeschichte sind nun die Räume Versailles, die ihre Thore jederzeit neuen Ankömmlingen öffnen, welche aus allen Gegenden der Welt täglich in Schaaren daher wandern, wie zu einer historischen Pilgerfahrt, um den Inhalt dieser Mauern zu schauen, von denen fast jeder Stein eine Erinnerung enthält. — Nachdem ich meinen Gang in diesen beendet, eilte ich durch die großen Gärten von Versailles den beiden Trianons zu, deren das kleinere für mich als Oesterreicher den erhöhten Werth weihevoller Erinnerung an die unglückliche Tochter der Cäsaren hatte. Ludwig XIV. hatte Grand Trianon gegründet, um dem Geräusche des glänzenden Versailles zeitweise zu entfliehen; sein Nachfolger erbaute Klein Trianon, um die Unbequemlichkeit des Großen zu meiden. — Dieser Ort, von Ludwig XVI. durch eigenen Schenkungsact, wie bekannt, zu ihrem uneingeschränkten Gebrauch übergeben, war der Lieblingsaufenthalt der Königin Maria Antoinette. — Jene Bäume, die unter ihren Augen, ihrer unmittelbaren Leitung einst gepflanzt wurden, heben heute ihre stolzen Häupter zum Himmel hinan, und dennoch würde man glauben, sie unter deren Schatten noch jetzt herumwandern zu sehen. Hier der Musiksaal, wo die Königin ihre Rollen lernte, das Theater, wo sie spielte, das Dörfchen, das sie bauen ließ, die kühle Grotte, wo sie so häufig ausruhte von den Sorgen, dem Kummer und den Verläumdungen der Welt! — Ja, die Königin Maria Antoinette, ihre fromme Schwägerin die Prinzeſſin Eliſabeth, die anmuthreiche Fürſtin von Lamballe, alle dieſe freundlichen und ſchönen Frauenbilder herrſchen noch heute in den Gärten von Trianon! — Nicht die Zeit, die unerbittlich Alles zermalmende; nicht die ſich überſtürzenden Stürme der Revolutionen und Staatsumwälzungen konnten und werden ſo viele an Reiz und Wehmuth überreiche Erinnerungen zu verwiſchen vermögen, welche hier nicht nur unſern Schritten folgen, ſondern häufig ſie auch leiten.

Wir haben das vorige Jahrhundert mit ſeinen gewaltigen Ereigniſſen und ſeinen hochintereſſanten Perſönlichkeiten ſtets mit eifriger Wißbegierde ſtudiert; in unzähligen Memoiren nachgeleſen und weiter verfolgt, die gewonnene Kenntniß durch ungedruckte Briefe und Manuſcripte von Zeitgenoſſen ergänzt, wozu noch manche Traditionen unſerer Jugend lebendige Beiträge lieferten. — Es entſtanden daraus loſe hiſtoriſche Blätter, — denen der Zufall, daß einige unſerer nächſten Verwandten in der Epoche der zweiten Hälfte des achtzehnten Jahrhunderts, in Verſailles, in London und in Stockholm als Botſchafter und Geſandte fungirten und ihre Erfahrungen mündlich oder ſchriftlich den Ihrigen mittheilten, einigen Werth und einen gewiſſermaßen berechtigten Anſpruch auf Autoritätsglauben gibt. Die Gewohnheit aus ſicheren Quellen Gehörtes, auf den Gang der welthiſtoriſchen Ereigniſſe Bezug habendes mit kurzen Schlagwörtern zu notiren, hatte ich mir ſchon früh angeeignet, mein ſehr treues Gedächtniß ergänzte dieſelben und hat mich ſelten im Stiche gelaſſen.

Aber ohne Zuſammenhang, mit bedeutenden chronologiſchen Lücken, oft blos einzelnen Daten, Charakterzüge, unvollendete Portraitſkizzen enthaltend, lagen alle jene Blätter begraben und vergeſſen unter den Todten meiner Schreibmappe; denn es mangelte mir der rothe Faden, ſie in entſprechender Folge an einander zu reihen; der Zufall reichte mir ihn, als ich ſchon vor längerer Zeit, einen Einblick in die ungedruckten Aufzeichnungen des Grafen Valentin Ladislaus Eſterhazy erhielt, eines Edelmannes, der als tapferer Officier, als gewandter Staatsmann und Diplomat durch eine lange Reihe von Jahren (1756 bis 1796) für die Intereſſen der älteren, legitimen, königlichen Linie des Hauſes Bourbon ſtritt und wirkte. Da jene Memoiren aber von deren Aufzeichner nur seinen Kindern gewidmet sind, so haben wir eine schuldige Pflicht rücksichtsvoller Pietät zu üben geglaubt, wenn wir in einem kurzen Auszuge nur das öffentliche und amtliche Wirken des Grafen Esterhazy, seinen Verkehr mit den historischen und denkwürdigen Persönlichkeiten seiner Zeit, und dessen, als Zeitgenossen werthvolle Urtheile über dieselben hervorgehoben, dagegen außer Anführung seiner Abstammung und Erziehung Alles was sich auf sonstige Familienverhältnisse bezieht, strenge ausgeschieden haben. Und auch jetzt hätten wir uns vielleicht noch nicht entschlossen selbst unseren Auszug zu irgend einer Art Publication zu verwenden, wenn wir nicht in den literarischen Berichten aus Ungarn (Paul Hunfalvy, Buda-Pest 1878, Carl Knoll, akademischer Buchhändler, II. Band, Heft I, Seite 141, 142) die kurze Notiz gelesen hätten, daß einer der ausgezeichnetsten Staatsmänner Ungarns voriges Jahr einen sehr interessanten Vortrag über jenes Manuscript in der königlich-ungarischen Akademie der Wissenschaften öffentlich abgehalten habe. — Da aber vorliegende Blätter den Lebenslauf eines Mannes, der in den Sevennen geboren und erzogen, und dessen amtliche Thätigkeit an der Newa abgeschlossen wurde, zum leitenden Faden genommen haben, so glauben wir unsere historischen Bilder ganz gut mit der Benennung: „Von den Sevennen bis zur Newa" bezeichnen zu können.

Nur wenige Magnatengeschlechter der österreichisch-ungarischen Monarchie gibt es, die eine an Verdiensten, Auszeichnungen und Würden so reiche Illustration aufzuweisen haben, wie das durch Besitzthum, hohe Verbindungen und patriotischen Sinn gleich ausgezeichnete, altehrwürdige Haus der Fürsten und Grafen Esterhazy, das seinen Ursprung auf Estoras oder Estors, einem Abkömmlinge des Hunnenfürsten Eurs (Cörs) herleitet. Um das Jahr 969 von dem heiligen Bischof Adalbert getauft, erhielt Estoras den Namen Paulus und wurde durch seine Ehe mit Serena, Tochter des Magyarenfürsten Aba III., der Stammvater des noch heute zahlreich blühenden Geschlechtes, welches 1421 durch eine Schenkungsurkunde des Königs Sigmund das Erbeigenthumsrecht des Schlosses und der Herrschaft

Galantha erhielt, nach der es noch immer sein Prädicat führt. Durch Verschwägerung mit den edelsten ungarischen, italienischen und deutschen Geschlechtern (Mathias II. von Estoras wurde durch seine Vermälung mit Eudoxia aus dem fürstlichen Hause Este, Schwager seines Königs, Andreas II.) hob sich die Familie Esterhazy mehr und mehr an Bedeutung und Reichthum, und zerfiel endlich 1595 nach dem Tode Franz IV. Esterhazy ab Esteros de Galantha in die noch drei bestehenden Hauptlinien von Csesnek, Altsohl und in die fürstliche Frákno-Forchtenstein, aus welcher wieder die jüngere Nebenlinie von Papa in zwei Aesten abzweigt. — Von jener Zeit, wo sich Paul Estoras taufen ließ, bis zur jüngsten Gegenwart des bosnischen Occupationsfeldzuges, finden wir den Namen Esterhazy auf jedem wichtigeren Blatte der Geschichte ihres engeren und weiteren Vaterlandes mit herkömmlicher Auszeichnung genannt. — Eilf Glieder dieses Geschlechtes besaßen die höchste Auszeichnung, den Ritter-Orden des Goldenen Bließes; vier den Maria Theresien-Orden, eine erhebliche Anzahl den k. ungarischen St. Stephan-Orden, darunter sechs Großkreuze; über zwanzig waren Generäle, darunter fünf Feldmarschälle und zwölf Regimentsinhaber; sechs Bischöfe, eine große Zahl Staatsmänner und Diplomaten, und zwei Schriftsteller.[1]) Die Verdienste, welche sich viele der Mitglieder dieser Familie um ihren König, ihr Vaterland und die Kirche erworben haben, oder auch nur die merkwürdigsten Züge der Verdientesten aufzuführen, würde ein eigenes Buch erfordern.

Dieser ansehnlichen Reihe glänzender oder denkwürdiger Glieder des altersgrauen mächtigen Geschlechtes schließt sich, wenn auch nicht im Dienste seines heimischen Herrschers stehend, Graf Valentin Ladislaus Esterhazy, königlich französischer Maréchal de camp, Chef eines Hußarenregimentes, Ritter der königlichen Orden, Gouverneur der Festung Valenciennes, und Commandant von französisch, Flandern und Hennegau u. s. w., in würdiger Weise an. (Durch

---

[1]) Thomas Esterhazy, der in ungarischer Sprache das Werk: Fragen und Antworten über die auf Erden streitende Kirche Christi (Galantha 1601) herausgab, und Nikolaus Graf, später Fürst Esterhazy, 1747, Verfasser des ersten Exercierreglements für die Hußaren.

seine Heirat mit Franziska Gräfin Hallewyl wurde er Stifter des Hauses Esterhazy-Hallewyl, mit seinem Sohne Grafen Ladislaus, gestorben am 26. Juni 1876 zu Wien, wieder erloschen.) Von dessen Aufzeichnungen ist es eben ein Auszug, der uns durch einen langen Zeitraum (1740 bis 1806) in diesen Blättern als Führer leiten soll.

Der eigentliche Stifter dieser durch mehr als sechszig Jahre in Frankreich ansässigen, und durch zwei Generationen in französischen Kriegsdiensten stehenden Linie der Grafen Esterhazy war Graf Anton, ein Enkel des Palatins Nikolaus († 1645) und ältester Sohn des Grafen Franz Esterhazy, kaiserlichen Generals der Cavallerie, aus dessen zweiter Ehe mit Katharina Gräfin Tököly de Kezsmark.

Graf Anton Esterhazy, geboren 14. April 1673, war Anfangs k. k. Kämmerer und Hußarenoberst, trat aber später zur Partei des Fürsten Franz Rakoczy, in dessen Heere er als General diente und mehrere diplomatische Missionen an den Hof des Polenkönigs Stanislaus Leczynski, im Interesse Rakoczy's ausführte. — Sein Oheim Fürst Paul und seine beiden jüngeren Brüder, die Grafen Joseph und Franz, dienten im Heere ihres rechtmäßigen Königs mit großer Auszeichnung, und die Letzteren erreichten die Feldmarschallswürde. — In Folge des Szathmarer Friedens theilte Anton Esterhazy das Los seines selbstgewählten Fürsten und dessen hervorragendster Anhänger — Exil und Güterconfiscation. Er starb 1732 zu Rodosto, am Gestade des Marmarameeres, in der asiatischen Türkei, wo er in dem dortigen griechischen Gotteshause ruht. — Sein einziger Sohn aus zweiter Ehe mit Gräfin Maria Anna Margaretha Nigrelli, Namens Valentin Joseph, kam auf Aufforderung des Grafen Ladislaus Bercsény, oder wie die Franzosen schrieben Berchény um 1721 nach Frankreich und erhielt eine Compagnie in dessen eben errichtetem Hußarenregimente.

Das Geschlecht der Grafen Bercsényi, da wir bei der eigentlichen Schreibart bleiben wollen, war ehemals eine der mächtigsten und reichsten Magnatenfamilien Ungarns, deren große und ausgedehnte

Besitzungen in dem nordöstlichen Theile dieses Landes um Kaschau, Eperies, Leutschau u. s. w. gelegen waren. Aus dieser war der Magnat Graf Nikolaus Bercsényi, der zweite, aber eigentliche leitende Führer der Rakoczy'schen Erhebung. — Geboren 1664, seit 1684 am Türkenkriege betheiligt, 1692 Oberst und Commandant von Szegedvar, kaiserlicher Rath und Erb=Obergespan des Ungher Comi= tates, hatte Bercsényi keine Ursache sich über die Gesinnung des kaiserlichen Hofes zu beklagen, denn dieser hatte ihm die bedeutenden Güter des alten Hauses Drugeth=Homonna zugewandt, da seine erste Frau Christine jenem angehörte. Ja, die kaiserliche Regierung hatte ihn seit 1696 als einen der Vertrauensmänner bestellt, deren Aufgabe es sein sollte, die unruhige Stimmung der oberen Comitate zu beschwichtigen. Seine zweite Gemalin wurde die bereits zweimal Witwe gewordene Christine Csáky, eine ehrgeizige, prunkliebende Frau. Da Bercsényi vorzugsweise in Ungvar weilte und Rakoczy sehr häufig seinen Aufenthalt in Munkács nahm, so zählte der Graf bald als Nachbar zu dem vertrauten Kreise des Fürsten Rakoczy und wurde die Seele desselben und Rakoczy's leitender Genius. — Der Historiker Feßler sagt in seiner Geschichte Ungarns, Band IX (Leipzig, Brock= haus, 1850, gr. 8.) Seite 576 darüber: „War es doch als hätte ihm „(Rakoczy) das Verhängniß an Bercsényi in Freundescharakter einen „bösen Genius, um ihn zu verderben, beigesellt." — Bercsényi's Portrait zeigt feste Züge, einen düster flammenden Blick, den Menschen von leidenschaftlichen Gefühlen, der mit der ganzen Kraft seiner Seele zu hassen und einer dieser entsprechenden Energie rücksichtslos zu handeln weiß. In seiner spätern Correspondenz begegnet man wenig staatsmännische Größe, vor Allem jedoch einen glühenden Haß gegen alles „Deutsche", in Gesinnung, Tracht und Sprache, gegen die kaiser= liche Regierung, die ihn noch 1697 im Aufstande Tokay's und Szalontay's als Vertreter der gesetzlichen Gewalt ansah und verwendete. Doch verstand er es seine innerste Gesinnung klug zu maskiren, bis er die Zeit erfolgreichen Handelns gekommen wähnte; dies war im Spät= herbste 1700 bei Rakoczys Unterhandlungen mit Ludwig XIV. welche durch den französischen Gesandten, den später bekannten Marschall Marquis Villars, von Wien aus geführt wurden. — Als diese durch den kaiserlichen Hauptmann Longueval, einen Wallonen aus Lüttich, der mit wichtigen Depeschen und dem mündlichen Aufträge, französische Subsidien anzusprechen, von Rakoczy an Barbesieux,[1]) den damaligen Leiter der äußern Angelegenheiten Frankreichs, betraut, auf einer bereits zweiten Reise nach Paris in Linz angehalten und verhaftet wurde, aus Tageslicht kamen, war Rakoczy auf seinem Schlosse Gr. Saros aufgehoben und nach Wiener-Neustadt in Haft deportirt worden (18. April 1701), Bercsényi aber glücklich nach Polen entkommen. Rakoczy rettete sich am 7. November 1701 durch einen mit Hülfe des bestochenen Hauptmanns Lehmann geglückten Fluchtversuch ebenfalls nach Polen. — Bercsényi erschien 1703 aus Polen mit einem Corps an Ungarns Grenze, stritt mit abwechselndem Glücke für Rakoczy, machte Streifzüge nach Mähren und sogar bis in die Nähe Wiens, auch spielte er eine Hauptrolle in der Versammlung bei Onod (in der Borsoder Gespannschaft) im Juni 1707, und wurde zum Stellvertreter Rakoczy's ernannt. Am 14. Juli 1709 waren Rakoczy und Bercsényi vom Kaiser geächtet worden, und in Folge des Szathmarer Ausgleichfriedens 1711 hatten sich beide mit einem großen Theile ihrer hervorragendsten Parteigenossen nach Polen begeben und von dort Ersterer im Sommer 1712 den Weg aus Danzig nach Frankreich zur See mit einem kleinen Gefolge eingeschlagen. Ludwig XIV. fühlte sich zur gastfreundlichen Aufnahme Rakoczy's verpflichtet, waren es ja doch hauptsächlich seine Hetzereien und Versprechungen die diesen zu dem Kampfe getrieben hatten. Rakoczy war nun Gast am Hofe von Versailles; doch harrte er vergebens seiner Rehabilitirung durch den Utrechter Congreß, und die Friedensschlüsse von 1713 und 1714 wurden das Grab seiner Hoffnungen. Ludwig XIV. wies ihm am 20. Juni 1714 eine Jahresrente von 100.000 Livres an. Als dieser König, Rakoczy's Gönner, am 1. September 1715 starb, so mochte denn doch der Graf von Saros, wie sich Rakoczy nun statt Fürst schrieb, den Abstand zwischen Einst und Jetzt und die Bitterkeit fremden Brodes in der Verbannung herausfühlen, obgleich der Prinz-Regent von Orleans mit den Emigranten auf gutem Fuße stand. Den Herzog von Saint-

---

[1]) Louis François Marie Le Tellier Marquis de Barbesieux, geboren zu Paris 1668, war Staatssecretär und hatte das Kriegswesen unter sich, er starb 1701.

Simon, ein befreundeter Zeitgenosse Rakoczy's, entwirft in seinen Memoiren ein sehr günstiges Charakterbild des Privatmannes Rakoczy, da er schreibt: „Rakoczy war sehr hoch gewachsen, aber ohne Uebermaß, beleibt, aber nicht fett, von muskulösem und proportionirtem „Baue; sehr vornehmen, nahezu gebieterischen Blickes, ohne daß irgend „welche Härte darin zu gewahren; sein Gesicht war angenehm, „aber in der That von tartarischer Bildung". — Der Herzog rühmt ferner Rakoczy's gesellige Tugenden, er nennt ihn, obschon nicht glänzenden Geistes, „tüchtig und verständig, wahrhaft, auf„richtig, schlicht, außerordentlich tapfer und sehr gütig, gottesfürchtig, „ohne daß er dies gezeigt oder verheimlicht hätte", — es wird seiner Sittenreinheit, Wirthschaftlichkeit und Wohlthätigkeit gegen die Armen gedacht. „Er war," heißt es am Schlusse, „ein sehr guter, liebens„würdiger und sanfter Mensch, lernte man ihn aber näher kennen, „so verwunderte man sich darüber, wie er nur irgendwann der Führer „eines großen Anhanges werden und so viel Lärm in der Welt „machen konnte." Saint=Simon kannte nicht den nagenden Ehrgeiz und die unvertilgbare Hoffnung dieses Mannes, doch noch einmal den Sieg seiner verlornen Sache zu erleben. Ende October 1714 war der Graf von Saros in ein Landhaus nächst dem Kloster der Camaldulenser in Grosbois übersiedelt, aber stets mit der großen Welt in Paris, Versailles, Marly, Clugny, Rambouillet, Sedan, im regen Verkehre. — Graf Bercsény, Graf Anton Esterhazy u. A. waren in Polen zurückgeblieben und hatten von hier aus Verbindungen mit Ungarn und der Pforte angeknüpft, um im nächsten Türkenkriege eine Rolle zu spielen. Auch dachte die Türkei während des Feldzuges 1716 gegen Oesterreich, durch die Einladung an Rakoczy und durch die Thätigkeit der Emigration in Polen, eine neue Krise in Ungarn heraufzubeschwören, doch die Siege des Prinzen Eugen, 1716 bei Peterwardein und 1717 bei Belgrad, vereitelten diese Pläne. — Am 15. September 1717 hatte, sehr zur unrechten Zeit, Rakoczy sein französisches Asyl verlassen, um am 10. October in Gallipoli zu landen und sein Geschick an das der Pforte zu knüpfen; — denn bereits hatte sich inzwischen langsam in dem serbischen Städtchen Passarowic, an der Mündung der Morawa in die Donau, ein europäischer Friedenscongreß versammelt, und nach langen Unterhandlungen kam endlich am 21. Juli 1718 der Friede von Passarowic zu Stande, mit welchem auch das Schicksal Rakoczy's und der ungarischen Emigration besiegelt erscheint; denn die Pforte hatte die Internirung der ganzen Emigration als Friedenspflicht übernommen.

Am 16. August 1718 mußten Rakoczy und vierzig Emigranten Adrianopel verlassen, und nach kurzem Aufenthalte in Bujukdere und Jenikale Mitte April 1720 als Internirte nach Rodosto am Gestade des Marmarameeres übersiedeln. Unter diesen befand sich auch Graf Niklas Bercsényi, den eine Seuche am 6. November 1725 dahinraffte, und der im griechischen Gotteshause zu Rodosto, — von den selbstgeschaffenen Mühen und Beschwernissen seines unstäten Geistes ausruhend, — den ewigen Todesschlaf schlummert. Sein Sohn Ladislaus Ignaz, geboren zu Eperies 1689, machte noch sehr jung mehrere Feldzüge im Heere Rakoczy's in Ungarn mit, von 1707 bis 1711. — In Folge des Szathmarer Friedens ging er mit seinem Vater nach Polen, und begleitete 1712 den Fürsten Rakoczy nach Paris, wo er bei König Ludwig XIV. um Aufnahme in dessen Heer ansuchte. Er wurde auch sogleich unter die königlichen Musketiere aufgenommen, später als überzähliger Oberstlieutenant dem Hußaren-Regimente Rattsky zugetheilt, mit dem er sich bei der Belagerung von Landau 1713 auszeichnete. Graf Bercsényi wurde 1720 mit der Errichtung eines eigenen Hußaren-Regimentes beauftragt, zu welchem Zwecke er sich in die Türkei begab, ein solches hauptsächlich aus ungarischen Emigranten, Polen, Türken, Wallachen, Tartaren und selbst Negern formirte, und mit diesem nach Frankreich zurückkehrte. Als Errichtungstag des in der Folge sehr rühmlich bekannten Bercsényi'schen Hußaren-Regimentes wird der 12. Juni 1720 in den Berichten bezeichnet. 1725 wurde Berscényi zum Kammerherrn des Exkönigs Stanislaus Leszynski von Polen ernannt; als Brigadier that er sich im Rheinfeldzuge 1734, namentlich bei der Belagerung von Philippsburg, hervor; 1738 wurde er Maréchal de camp und gleichzeitig Oberststallmeister von Lothringen, sowie Staatsrath und Ehrencavalier am Hofe Stanislaus' zu Lüneville. 1741 bis 1743 machte er die Feldzüge in Böhmen und Baiern mit, im letzteren Jahre auch am Rhein, wo er über das Gebiet von Worms bis Oppenheim den Oberbefehl hatte, und sich bei wiederholten Anlässen auszeichnete. 1744 kam er zur Armee nach Flandern und wurde Generalinspector der Hußaren, bald nachher Generallieutenant; er diente noch bis 1747 in den Niederlanden. 1748 wurde er Gouverneur der Stadt und des königlichen Schlosses Commercy, und Oberst-Jägermeister im Herzogthum Lothringen und Baar; ebenso für seine militärischen Verdienste Großkreuz des Ludwig-Ordens. Er befehligte meist die Avantgarde wenn er den Angriff der Hauptarmee vorzubereiten, und die Arrieregarde, wenn er deren Rückzug zu decken hatte. Bercsényi focht noch im Feldzuge 1757 in Deutschland, wurde am 15. März 1758 Marschall von Frankreich, und starb als neunundachtzigjähriger Greis 1778 auf seiner Besitzung zu Luzaney. Derselbe hatte den Grafen Valentin Josef Esterhazy als Capitän und Compagniechef, wie wir bereits weiter oben erwähnt, in seinem Hußaren-Regiment angestellt, und die ersten Jahre seines Aufenthaltes in Frankreich brachte der junge Capitän theils bei dem damaligen Obersten Bercsényi in Hagenau, wo sich dieser vermählt hatte, theils bei seiner in der Nähe von Straßburg stationirten Hußaren-Compagnie zu. Hier wurde er mit dem dortigen Militär-Commandanten Marschall Bourg genauer bekannt, und gewann durch seinen regen Diensteifer das besondere Wohlwollen dieses Generals, der ihm die Erlaubniß des Königs zur Errichtung eines eigenen Hußaren-Regimentes, und die Beförderung zum Obersten und Chef desselben erwirkte. Marschall Bourg führte seinen Schützling nach Paris und Versailles, wo er dem Könige Ludwig XV. vorgestellt, seinen Dank für die erhaltene Beförderung abstattete. Doch schien weder der Aufenthalt am Hofe, noch in der Hauptstadt, den neuen Obersten sehr anzusprechen, denn er eilte bald in seine Station zurück, wo er mit aller Energie sich mit der Organisirung seines Regimentes beschäftigte, das 1734 vollkommen formirt, sich als drittes dieser Waffe in Frankreich den beiden anderen, Rattsky und (Berchény) Bercsényi, anreihte.

Schon 1637 konnte man in den Reihen der französischen Armee ungarische Reiter bemerken, und der Cardinal Richelieu erwähnte in einem Schreiben an den Cardinal La Valette einer mit Carabiner und Pistolen bewaffneten leichten Reitertruppe, die er ausdrücklich mit der Benennung: ungarische Cavalerie (cavalerie hongroise) bezeichnete. — Um 1692 fand sich in Versailles Baron Corneberg, Bastard eines angesehenen deutschen Fürstenhauses ein, derselbe war ein Abenteurer, der in den Diensten mehrerer Fürsten gestanden, sie aber alle wieder verlassen, ein unersättlicher Trinker und leidenschaftlicher Spieler, und dennoch es zu einem gewissen Ansehen in der Gesellschaft gebracht hatte. Dieser fand in Paris zwei Ungarn in Hußarentracht, er selbst nahm diese an, und alle drei stellten sich so dem Könige Ludwig XIV. vor. Sie machten Aufsehen und der König wünschte die Einführung einer solchen Truppengattung in seiner Armee. Er übergab dem Baron Corneberg eine bedeutende Geldsumme und beauftragte ihn, an den Ufern des Rheines ein schönes Hußaren-Regiment anzuwerben. Der Baron brachte drei Compagnien Hußaren, jedoch meist Deutsche zusammen, während man vorzugsweise Ungarn aus dem kaiserlichen Heere wünschte. Dessenungeachtet sicherte ihm Ludwig XIV. als Belohnung eine jährliche Pension von 2000 Livres zu, und ernannte Corneberg zum Obersten dieser kleinen Truppe, welche 1693 unter dem Herzoge von Burgund im Felde diente. Sechs Monate später hatte Oberst Corneberg seine Pension verspielt und keinen Sous in der Tasche. Er glaubte sich aus dieser Verlegenheit zu ziehen, indem er dem venetianischen Gesandten den Vorschlag machte, er wolle mit seinen drei Compagnien desertiren, um in die Dienste der Republik zu treten. Man entdeckte aber diesen Plan, Corneberg wurde verfolgt, verhaftet und in die Bastille gesetzt, wo er bis zum Ryswicker Frieden 1697 blieb. Sodann wurde er bis an die Grenze escortirt, mit der strengsten Weisung, aus dem Königreiche zu gehen und niemals mehr den französischen Boden zu betreten. Das erledigte Hußaren-Regiment erhielt aber ein württembergischer Oberst, Namens Mortani, und wurde dessen Stand auf sechs Compagnien erhöht; es diente in den Feldzügen 1694 bis 1697 und genoß eines guten militärischen Rufes; nach dem Friedensabschlusse 1697 wurde es aber aufgelöst. — Bis dahin waren die Ungarn bei den französischen Hußaren in der Minderzahl vertreten, dagegen fanden sie sich in größerer Menge in dem Hußaren-Regimente Saint-Geniez, welches der Kurfürst Max Emanuel von Baiern 1701 dem Könige Ludwig XIV. gänzlich zum Dienste überließ, und noch weit mehr in den unter der folgenden Regierung neu errichteten Regimentern dieser Waffe. — Georg Bor Baron de Rattsky, ein geborener Ungar, der unter Rakoczy einige Feldzüge in seinem Vaterlande mitgemacht hatte und nach Frankreich gekommen war, wurde 1707 in französische Dienste aufgenommen und kurz nachher zum Chef des vorerwähnten Regiments Saint-Geniez, welches nun auch seinen Namen führte, ernannt. Er commandirte dasselbe in den nächsten Feldzügen, so 1708 bei Oudenarde, bei Denain, Malplaquet, sowie bei den Belagerungen von Douai, Quesnoy, Landau und Freiburg (1711 bis 1713). Im Jänner 1715 wurde er als Franzose naturalisirt, 1719 Brigadier, 1734 Maréchal de camp, machte mit seinen Hußaren den Feldzug in Böhmen mit und starb im September 1742 zu Prag.

Die Bewaffnung der französischen Hußaren bestand aus zweierlei Arten von Säbeln, krummen türkischen, und geraden breiten sogenannten Palaschen, diese hingen an einem Gürtel und waren mit Riemen und Ringen an diesem befestigt; außerdem hatten sogar Manche einen langen blanken Stoßdegen, den sie am Sattel, nach der Länge des Pferdes liegend, befestigt hatten, endlich einen Carabiner und ein Paar Pistolen. Ihre Sattel waren nach ungarischer Art. Sie wurden als die leichteste Reiterei zum Vorpostendienste, als Avant- und Arrieregarden, zu Ueberfällen, Recognoscirungen, Deckung von Transporten, Fouragierungen u. s. w., und nur im seltensten Falle und bei dringlichster Nothwendigkeit zu einem geschlossenen Angriff verwendet. Sie hatten eine sehr strenge Disciplin und waren damals die erste Truppe im französischen Heere, die Stockstreiche erhielt, noch lange vor deren allgemeiner Einführung. Die Officiere waren Jeder nach seinem Belieben und seiner Charge angemessen mehr oder weniger reich adjustirt, Phantasieuniformen ohne Gleichheit, auch in Bezug der Waffen, Pferderüstungen u. s. w. Einige trugen eine Silberplatte auf der rechten Seite, worauf die Zahl der mitgemachten Schlachten und Gefechte angegeben war, und einen Silberknopf auf der Brust, wenn sie zu Pferde waren, was ihren Adel bezeichnen sollte.

2*

Es gab vor dem siebenjährigen Kriege folgende Hußaren-Regimenter in der französischen Armee: Rattsky später Linden 1701 errichtet, Bercsényi 1720, Esterhazy 1734, Pollereczky 1743 (1758 reducirt), Beausobre 1743 (1756 reducirt), Raugrave 1743 (1762 reducirt), Ferary 1745 (1756 reducirt), 1756 kam Royal-Nassau hinzu (das 1776 reducirt wurde). Die Regimenter Bercsényi, Esterhazy und Pollereczky waren vorzugsweise zur Aufnahme von Ungarn bestimmt, deren es viele darunter gab. So weisen selbst noch die Standeslisten von 1752 bekannte ungarische Namen auf, z. B. im Regimente Bercsényi: die Oberstlieutenants von Toth, von Nitra, die Capitäne Simonsich, Sarkosy, Benjowsky, Johann Deak, Csengery, de Preny, Fogarossy, Marony u. a. m., bei Esterhazy-Hußaren, das damals Turpin hieß, den Oberstlieutenant von Palughay und von den übrigen Officieren: die Herren von Bezeredy, von Almassy, von Ballogh u. s. w. Auch dienten einige Polen und sogar Türken bei den französischen Hußaren. Die übrigen Regimenter bestanden und ergänzten sich meistens aus Deutschen, Raugrave war ein Lütticher Regiment. Uebrigens fand man bei dieser Truppe Leute aus aller Herren Ländern, Deserteure, Abenteurer u. s. w. Sie thaten sich vor dem Feinde durch große Tapferkeit und Gewandtheit hervor, im Frieden hingegen wetteiferten sie miteinander an Excessen. Gegen Ende des achtzehnten Jahrhunderts dienten viele Franzosen bei den Hußaren, diese bemühten sich in Allem ihre alten ungarischen Vorbilder zu copiren, lernten ungarische Kernflüche, rauchten aus kleinen Hußarenpfeifen, hatten lange Sporen mit großen Rädeln, kurze Steigbügel und trugen mit echt französischer Coquetterie Dollman und Säbeltasche. Vorzüglich aus den an Deutschland grenzenden französischen Provinzen, so Elsaß, Lothringen und den alten burgundischen Bestandtheilen, suchte man die französischen Hußaren-Regimenter zu ergänzen, und nahm hiebei auch Rücksicht auf die Kenntniß der deutschen Sprache. Anfänglich war die Stärke eines solchen Regimentes nur 2 Escadrons, die in 4 Compagnien eingetheilt waren, diese zählten 28 Officiere und 200 Hußaren, jedoch schon zur Zeit des österreichischen Erbfolgekrieges wurde dieser schwache Stand bedeutend erhöht, erst auf 6, vor dem siebenjährigen Kriege auf 12 Compagnien,

nach dem Frieden aber unter dem Ministerium Choiseul wieder auf
8 Compagnien herabgesetzt, dagegen die Zahl der Regimenter um
einige vermehrt. Das Bercsényi'sche Hußaren-Regiment hatte
sich im siebenjährigen Kriege auch im feindlichen Lager den Ruf
einer tüchtigen leichten Truppe, an welcher die Franzosen zu jener
Zeit keinen Ueberfluß hatten, erworben. In den Tagen des Fluchtversuches Königs Ludwig XVI., im Juni 1791, gehörte Bercsény-
Hußaren zu jenen Truppencorps des Generallieutenants Marquis
Bouillé, auf dessen Treue und militärische Gesinnungen für seinen
Kriegsherrn und König man zählen konnte und welches sich bei
Montmédy concentrirt hatte. Später emigrirte es und machte mit
der verbündeten Armee die Feldzüge 1793 bis 1797 mit, die noch
vorhandenen Officiere und Hußaren wurden 1798 zu dem eben neu errichteten kaiserlichen dreizehnten Dragoner-Regimente (gegenwärtig Graf Clam-Gallas Hußaren-Regiment Nr. 16) eingetheilt,
ebenso auch die Ueberreste des gleichfalls emigrirten französischen
Hußaren-Regimentes Saxe.

Bald nach der vollendeten Formation seines Hußaren-Regimentes
wurde Oberst Graf Esterhazy mit diesem in die Südprovinzen
Frankreichs beordert. Der Stab des Regimentes kam in das Städtchen
Vigan in den Sevennen, wo er in der dort sehr angesehenen
Familie de la Rongarede de la Garde herzlich aufgenommen, seine
künftige Lebensgefährtin wählte, doch wurde seine Bräutigamschaft durch
eine Expedition nach Corsica unterbrochen, an welcher theilzunehmen das
Regiment 1739 beordert war. Nach seiner Rückkehr fand im Jänner
1740 zu Vigan die Vermählung des Grafen Valentin Joseph
mit dem Fräulein Philippine de la Rongarede statt, — eine Verbindung, der aber das Geschick nur eine kurze Dauer bestimmt hatte.
Die Familie Rongarede war alt, angesehen, einst reich und mächtig,
doch waren im Anfange des Jahrhunderts im Sevennenkriege ihre
großen und weitläufigen Besitzungen durch die Camisarden größtentheils
zerstört worden. (1702—1706.)

Am 22. October 1740 wurde das Glück dieser Ehe durch die Geburt eines Sohnes erhöht, der den Namen Valentin Ladislaus erhielt, und dessen Aufzeichnungen uns die Richtung und Führung zu vorliegenden losen Blättern geben sollen.

Das am 20. October 1740 zu Wien erfolgte Ableben des letzten Habsburgers, Kaiser Carl VI. brachte große Verwickelungen und Ereignisse in der Politik Europas hervor. Frankreich, dessen Angelegenheiten der Cardinal Fleury leitete, trat seinen alten politischen Traditionen getreu, als Feind der Königin von Ungarn, der großen späteren (seit 1745) Kaiserin Maria Theresia auf und hatte für sich die Theilung der Kräfte und Schwächung des Erzhauses Oesterreich zum Zwecke, während es die selbstlose Rolle eines aufopfernden Freundes und Beschützers, des sich in seinen Erbrechten verletzt wähnenden kurfürstlichen Hauses Baiern vor der Welt übernahm. Das Hußaren-Regiment Esterhazy wurde in Folge dieser kriegerischen Aussichten um vier Escadrons oder acht Compagnien vermehrt und erhielt nun eine Stärke von zwölf Compagnien. Im Herbste 1741 rückte es, von seinem Chef geführt, nach Baiern ab, wo es den Feldzug 1742 mitmachte; nach dessem Schlusse Graf Esterhazy zu seiner Gemalin zurückkehrte, die ihm am 9. October d. J. auch eine Tochter geboren hatte; doch nur sehr kurz sollte die Freude des Wiedersehens der glücklichen Gatten dauern, denn die Kriegstrompete rief den Obersten schon im März 1743 wieder an der Spitze seiner Hußaren ins Feld. In der für die französischen Waffen nicht glücklichen Schlacht bei Dettingen that sich Graf Esterhazy am 27. Juni 1743 durch glänzende Tapferkeit hervor, erhielt eine Contusion und verlor ein Pferd unter dem Leib. Seine Verdienste wurden durch die Beförderung zum Brigadier anerkannt, jedoch gelangte er nicht mehr zur Kenntniß der ihm gewordenen Auszeichnung, da er nur wenige Tage nach der Schlacht den Folgen eines erhaltenen Sonnenstiches erlag. Seine Leiche wurde in der Kapuzinerkirche zu Diburg bei Aschaffenburg beigesetzt und das erledigte Hußaren-Regiment dem Oberstlieutenant Herrn von David verliehen. — In damaliger Zeit hatte in Frankreich der erste Errichter eines Regimentes, der meist einen Theil seines Vermögens zu dessen Formation verwendet hatte, für sich und seine Nachkommen gewisse Eigenthumsrechte auf dasselbe. Die Inhaberwürde war mit Einkünften und pecuniären Vorrechten verbunden, nicht blos eine Ehrencharge, und man konnte mit königlicher Genehmigung, die nur in außergewöhnlichen Fällen versagt wurde, seine Inhaberstelle und das Eigenthumsrecht auf das Regiment an eine durch ihre militärische Stellung hiezu geeignete Persönlichkeit verkaufen. Diesen Umstand schien auch der neue Regimentschef Herr David in Erwägung zu ziehen, um so mehr, da gerade zu jener Zeit der Herzog von Fronsac, Sohn des Marschalls Herzog von Richelieu, im Alter von sieben Jahren das Regiment Septimanie erhalten hatte.[1]) David erhielt die angesuchte königliche Bewilligung, sein Regiment an den Grafen de Turpin zu verkaufen, dessen Namen es lange Jahre führte. — Die Gräfin Esterhazy, als Witwe des früheren Regimentschefs und ersten Errichters, machte Einwendungen gegen diesen Vorgang beim Kriegsminister und beim Könige, und wollte die Anwartschaft ihres Sohnes auf das Regiment des Vaters sichern. Sie erhielt zwar eine ablehnende Antwort, jedoch in jener ausweichenden und höflichen Weise, welche ihre Hoffnung nicht vernichtete, sondern in ihrer beruhigenden Form immerhin noch in einer Art verfaßt war, um daraus einen Rechtstitel auf die Ansprüche zur Erlangung der Inhaberschaft eines Huszaren-Regimentes für die Folge ableiten zu können.

Um sich über die Armeeverhältnisse damaliger Zeit in Frankreich eine beiläufige Vorstellung machen zu können, ist es nöthig in möglichster Kürze über die französische Armee und deren Einrichtungen

---

[1]) Im Regimente Septimanie zählte der Regimentschef Herzog von Fronsac sieben Jahre und sein Major nur fünf Jahre mehr; der spätere Kriegsminister Marquis Ségur, noch einer der weniger begünstigten, war mit neunzehn Jahren Oberst im Regimente Soissonnais. In derlei Regimentern wurden aber die Stabsofficierstellen, namentlich des Oberstlieutenants, der in solchen Fällen beim Regimente anwesend das eigentliche Commando führte, an tüchtigere, ältere Capitäns verliehen, die sich durch Kenntnisse und Tapferkeit auszeichneten.

um die Mitte des achtzehnten Jahrhunderts eingehender zu sprechen.

Umsonst hatten Folard,[1]) Feuquière,[2]) Vauban,[3]) Puy-Ségur[4]) sowie der kaiserliche Generallieutenant Montecuculi jene Regeln der Kriegskunst vorgezeichnet, die alle großen Feldherren jener Zeit mit so glänzendem Erfolge praktisch ausübten, umsonst hatten die Künste und Wissenschaften von allen Seiten durch ihre Entdeckungen beigetragen zu einem methodischen Fortschreiten auf dem Gebiete der Kriegskunst, der Fortification, der Belagerung und Zerstörung, des Angriffes und der Vertheidigung: — dennoch war die **französische Armee** weit von der Aehnlichkeit mit jener zurückgeblieben, die etwas über ein halbes Jahrhundert später ihre siegreichen Fahnen unter dem ersten Kriegsfürsten des zweiten Jahrtausends von den Zinnen und Thürmen fast aller Hauptstädte Europas wehen lassen sollte. Es waren zu viel Schutt und Sitten einer alten Zeit übrig geblieben, deren Existenzbedingungen längst verloren, sowie durch die veränderten Verhältnisse aller übrigen europäischen Heere aufgehoben oder unmöglich gemacht waren. Die **französische Armee** war zur Zeit Ludwig XIV. numerisch nicht sehr bedeutend und dennoch genügte kaum der königliche Hausschatz zu deren Erhaltung. In entscheidenden

---

[1]) **Johann Carl Chevalier de Folard**, französischer Capitän und Militärschriftsteller, geboren zu Avignon 1669, gestorben daselbst am 23. März 1752, diente auch um 1715 einige Zeit unter Carl XII. in Schweden. Seine vorzüglichsten Schriften sind: Nouvelles découvertes sur la guerre, Paris, 1724, und Fonctions et devoirs d'un officier de la cavalerie. Zuletzt war er Mystiker.

[2]) **Etienne de Pas Marquis de Feuquière**, französischer General, geboren zu Paris 1648, daselbst gestorben am 27. Jänner 1711, war Militärschriftsteller. Seine 1731 zu Amsterdam erschienenen Memoiren sind von hohem militärischen Interesse.

[3]) **Sebastian Leprestre de Vauban**, der berühmteste französische Ingenieur neuerer Zeit, geboren 1638, gestorben am 30. März 1707, seit 1703 Marschall von Frankreich. Er hatte 300 alte Plätze neu befestigt, und 33 neue Festungen wurden unter seiner unmittelbaren Leitung gebaut, nachdem er in 140 Schlachten und Gefechten sich durch Tapferkeit hervorgethan und in 53 Belagerungen befehligt hatte.

[4]) **Jacques François de Chastenet Marquis de Puy-Ségur**, geboren zu Paris 1655, gestorben 1743; seit 1734 Marschall von Frankreich. Er schrieb das berühmte militärische Werk: L'art de guerre, Paris, 1748, und hatte viel Antheil an den Operationsplänen Ludwigs XIV.

Momenten großer Gefahr war man sogar genöthigt zum sogenannten Ban und Arrièreban, eine schon seit 1124 unter dem Könige Ludwig VI. dem Dicken bestehende militärische Einrichtung, letztes Spiegelbild des erstorbenen Ritterthums und der Feudalität, zurückzugreifen. Dieser Ban bestand in dem Aufrufe des Königs von Frankreich an seine Lehensleute, ihm persönlich die Heerfolge zu leisten, oder doch eine gewisse Anzahl Mannen zu stellen. Ludwig XI. brauchte den Ban sehr oft, unter Ludwig XII. und Franz I. artete er aus und ward das letzte Mal von Ludwig XIV. in den Feldzügen 1674 und 1675 versammelt. Nach Einigen war der Arrièreban vom Ban darin verschieden, daß der Ban die Lehen, der Arrièreban die Afterlehen getroffen habe, oder daß der Ban das erste, der Arrièreban das zweite Aufgebot gewesen sei.

Zur Jugendzeit Ludwigs XV. konnte man die Bekleidung der Truppen keine eigentliche Uniform nennen, und selbst später sah man einzelne Marschälle in gewöhnlichen Staatskleidern mit einer großen Perrücke vor den Fronten erscheinen, so z. B. den Marschall Contades.[1])

---

[1]) Auch in der österreichischen Armee kam es noch im Beginne des siebenjährigen Krieges vor, daß manchmal ein General im Staatskleide eine unangesagte Besichtigung seines Regimentes oder selbst einer größeren Truppe vornahm. Doch geschah dies nur in seltenen Ausnahmsfällen und hatte theilweise den Zweck, die Ueberraschung einer derartigen Visitirung noch vollständiger zu machen. Feldmarschall Graf Daun war es, der hauptsächlich die Abstellung dieses Mißbrauches durchsetzte. Der berühmte Feldmarschall Fürst de Ligne erzählt uns einen in dieser Beziehung komischen Vorfall seiner Jugend. Er stand als Grenadierhauptmann in einem böhmischen Lager, als er plötzlich die Wache ins Gewehr rufen hört, und einen Hofwagen mit der Livrée des Herzogs Carl von Lothringen anfahren sieht. Ein stattlich und reich gekleideter Herr steigt aus, — läßt den in nächster Nähe stehenden Prinzen zu sich bitten, mit dem Ersuchen ihm das Lager zu zeigen und die nöthigen militärischen Auskünfte zu geben. Prinz de Ligne in der Meinung einen höhern österreichischen General vor sich zu haben, verbeugt sich ehrfurchtsvoll, macht den militärischen Cicerone. Der hohe Unbekannte nickt öfter approbirend mit dem Haupte, hüllt sich aber sonst in tiefes Schweigen, was seinen Nimbus erhöht. Der Prinz de Ligne begleitet ihn wieder zu dessen Wagen, der ihn seinen Blicken entführt. Einige Tage später ist de Ligne zur Tafel des Herzogs von Lothringen geladen, und begegnet einem herzoglichen Koch mit weißer Küchenschürze, in dem er seinen unbekannten, vermeintlichen General wieder erkennt. Mit der Erzählung dieses Erlebnisses in der ihm eigenen geistvollen Weise, trug Prinz de Ligne nicht wenig zur Erheiterung des Herzogs und dessen Tafelrunde bei.

Die strenge Verpflichtung des Uniformtragens bei der Truppe und überhaupt im Dienste trat erst nach dem siebenjährigen Kriege durch einen Erlaß des Herzogs von Choiseul ins Leben, und selbst da geschah es noch, daß sich einzelne Officiere der französischen Garden erlaubten, die Wachen in Versailles im schwarzen Kleide mit dem bloßen Ringkragen (damaliges Dienstzeichen) auf der Brust, zu beziehen. Es war schwierig, eine strenge Disciplin und eine allgemeine gründliche Instruction im Officiercorps der damaligen französischen Armee einzuführen. Die unteren Officiersstellen gehörten nach einem bestandenen Rechte den Edelleuten aus der Provinz, sogenanntem Landadel (gentilshommes campagnards), die höheren Chargen waren mit geringer Ausnahme den Söhnen der großen angesehensten Herrn (grandseigneurs) und des Hofadels (noblesse de la cour) aufbewahrt. Die erstere dieser drei Classen war meist wenig vermögend, versah fast allein den Dienst, brachte es selten weiter als bis zum Capitän oder Major und zog sich dann mit einer bescheidenen Pension auf das Familiengut zurück. Die Bildung, welche man unter den Officieren des Landadels fand, war zu jener Zeit ziemlich gering, die meisten besaßen viel Stolz und wenig Subordination; aber Tapferkeit, Bravour und ritterlicher Sinn war ihnen im Allgemeinen in hohem Grade eigen. Die nur geringe Hoffnung auf eine weitere Carriere dämpfte jedoch gar gewaltig ihren Eifer. Die Grandseigneurs und der Hofadel, welche man „hommes de qualité" nannte, gingen die untern Chargen schnell hindurch, übersprangen auch wohl einige ganz und füllten alle Stellen vom Stabsofficier aufwärts aus. Da diese Stellen aber für jene Herren nicht ausreichten, so wurden stets zahlreiche Officiere der höheren Garde à la suite mit Anwartschaft auf die leer werdenden Stellen ernannt, die man in der französischen Armee mit dem Namen officiers réformés, bezeichnete. Zur Versorgung der Generäle, welche nicht Provinzial-, Divisions- oder Brigadecommandos erhalten konnten, wurden Gouverneurposten in Städten, Dörfern und Schlössern errichtet, und so Chargen, für jene, die untergebracht sein wollten eingeführt. Der Generalstab der französischen Armee war mit den unfähigsten Menschen, die von militärischen Verhältnissen gar kein Verständniß hatten, gefüllt, dagegen zeichnete sich das Ingenieurcorps in Frankreich von jeher durch Kenntnisse, Tüchtigkeit in jeder Richtung und ehrenvolles Streben vortheilhaft aus. Ihm wandten sich die besten Kräfte aus den verschiedenen Adelsclassen zu; ja, die französischen Ingenieure waren lange Zeit glänzende Vorbilder ihrer Waffe für alle übrigen Herren Europas, denen sie häufig mit vorzüglichen Officieren aushalfen; wir erinnern nur an den tapfern Vertheidiger von Schweidnitz General Gribeauval,[1] Niverson,[2] u. s. w.

Die wichtige Stellung eines Regiments-Commandanten war zu jener Zeit (wohl hauptsächlich vor dem siebenjährigen Kriege) mehr als irgend eine andere bedeutungslos geworden, hier ward mit dem Stellenhandel der größte Unfug getrieben. Nicht selten wurde ein Oberstpatent an kaum erwachsene Knaben verkauft und viele erhielten dasselbe in der Compagniechefsstelle. Die Nachfrage nach den Oberstenpatenten war sehr groß, sie wurden mit 20.000 bis 40.000 Livres bezahlt. Sehr ausgedehnt waren die Rechte eines Regimentschefs oder Inhabers, sie konnten z. B. ohne weitere Vermittelung ihrem Regimente Marschbefehle zusenden.

Dem berühmten Marschall Graf Moriz von Sachsen verdankte man die Begründung und Verbesserung von Administrationsmaßregeln, aber sowohl die damaligen Kriege als dessen früher Tod 1750 unterbrachen sein für die französische Armee erspießliches reorganisatorisches Wirken. Bei den einzelnen Regimentern gab es keine allgemeine Gelderadministration, sondern jeder Capitän war mit jener seiner Compagnie beauftragt, die er allein anwarb und ergänzte, kleidete und meist nach eigenem Ermessen commandirte.

---

[1] Jean Baptiste Vaquette de Gribeauval, geboren zu Amiens 1715, gestorben 1789, zeichnete sich ebenso als Genie-, wie auch als Artillerieofficier aus. Er war 1758 über das Ansuchen der Kaiserin Maria Theresia von dem mit ihr verbündeten König von Frankreich als Generalmajor in den österreichischen Dienst übernommen worden, that sich bei Neiße, Dresden und Glatz, aber insbesondere bei Schweidnitz 1762 hervor, kehrte nach dem Hubertsburger Frieden wieder nach Frankreich zurück, wo er zuletzt Generalgouverneur des Arsenals war. Die Werke dieses artilleristischen Fachmannes und Schriftstellers fanden solche Anerkennung, daß man für ein Exemplar 2000 Francs zahlte. Näheres siehe von Wurzbach, Biographisches Lexikon, Band V, Seite 332.

[2] Niverson, Brigadier in französischen Diensten und vortrefflicher Ingenieur, leitete 1757 die Belagerung von Schweidnitz.

Ein gewisser Chevalier de Montandre ließ eine Schrift über den Stand des Heeres erscheinen, in welcher das ganze Heerwesen in allen seinen Einrichtungen sehr deutlich hervortrat. Der Chevalier machte in seinem Buche zuerst dem Minister und dessen Bureaux die Honneurs, ehe er an die active Armee schritt. Minister war damals Marc Pierre le Voyer de Paulmy Graf d'Argenson,[1]) nichts weniger als ein Mann des Schwertes, dafür saß er aber in der Academie française, in der Akademie der Wissenschaften, und galt außerdem noch für einen tüchtigen Juristen. Wahrscheinlich hatte er auch nur diesen Eigenschaften sein 1742 erhaltenes Portefeuille zu danken, denn vor der Ernennung des Marschalls Belle-Isle, 1758, war kein einziger französischer Kriegsminister aus den Reihen der Armee hervorgegangen, da der Marschall Villars 1715 nur Präsident des Kriegsrathes während einer momentanen Unterdrückung des Ministeriums gewesen war.

Friedrich II. spielte in seinen Briefen auf den Kriegs- und Staatsminister d'Argenson an, indem er sagte: „Man stelle sich „einen Kammerherrn des Herzogs von Orleans vor, einen Mann voll „von Cujacius und Bartholus, und der ist nun, da Europa in hellen „Flammen steht, Kriegsminister in Frankreich". Allein auch Friedrich der Große lernte einsehen, daß dieser Gelehrte doch auch zu etwas Anderem taugte, denn er besaß die wahrhaft seltene Gabe, politische Beziehungen ebenso zu leiten, wie die Angelegenheiten des Hofes, die ernsten Details der Verwaltung, wie er seinen Studien als Mann der Wissenschaft nachkam. Diderot und d'Alembert nannten ihn eine Encyklopädie, welche vom Parlamente noch nicht zum Verbrennen durch des Henkers Hand verurtheilt worden sei. Seit 1742, als er

---

[1]) Graf d'Argenson, unter welchem Namen er bekannt ist, war zu Paris 1696 geboren. Sein Vater, Marc Réné, Chevalier und Marquis d'Argenson, war Generallieutenant der Pariser Polizei, dessen Gesicht, wie der Herzog von Saint-Simon meint, die Gesichter aller drei Richter der Unterwelt wiedergab. — Im Gegensatze zu diesem, war dessen Sohn, der Kriegsminister, ein Mann von einnehmender Gesichtsbildung, hohen Geisteskräften und tadellosem Betragen, und galt allgemein für einen der liebenswürdigsten und fähigsten Männer seiner Zeit. 1740 war er Intendant von Paris, 1742 Kriegsminister und ein Liebling Ludwigs XV. Als er den König zur Entfernung der Marquise de Pompadour zu bewegen suchte, stürzte ihn diese, und er wurde 1757 auf sein Landgut Ormes verwiesen, wo er 1764, im selben Jahre wie seine allmächtige Feindin, starb.

ins Ministerium trat, wußte d'Argenson der allgemeinen Verwaltung eine bis dahin nicht erreichte Einheit zu geben. Die Arbeiten seiner Bureaux entfalteten sich staunenswerth. Der Bureauchefs gab es damals eilf, wovon Einige durch ihre lange Dienstzeit, andere durch specielle sehr verdienstliche Werke sich einen Namen gemacht hatten. Bis zum Jahre 1756 arbeitete d'Argenson mit diesen eine neue Armee-Organisation aus, auf welche wir in diesen Blättern noch eingehend zu sprechen kommen.

Die Gräfin Esterhazy hatte sich als Witwe mit ihren Kindern in das Städtchen Vigan zurückgezogen, wo sie sowohl viele Erinnerungen an ihren dahingeschiedenen Gatten fesselten, als auch die Nähe ihrer eigenen Familie. Mit Sorgfalt leitete sie die Erziehung ihres Sohnes und ihrer Tochter, und die Art und Weise wie man sie nach dem Tode ihres Gemals in Versailles bei Hofe empfangen hatte, ließ sie hoffen, für diese beiden sichere Bahnen zu Glück und Stellung zu finden. Nach sechs Jahren begab sich, 1749, die Gräfin wieder nach Paris und Versailles, aber da hatten sich in dieser Zwischenzeit die Umstände wesentlich geändert. Das Andenken an die Verdienste ihres Gemals war seither, wie es denn schon in dieser Welt zu geschehen pflegt, begraben und vergessen, und dessen beide mächtige Gönner waren nicht mehr; Marschall du Bourg war indessen gestorben; der Minister Graf Maurepas[1]) hatte sich in Folge einer geistvollen Satyre auf die allgewaltige Königsmaitresse, die Marquise de Pompadour, die man ihm aber, wie behauptet wird, diesmal fälschlich

---

[1]) Jean Frédéric Philippeaux Graf von Maurepas, Sohn des Staatssecretärs Jérôme Maurepas, geboren 1701 zu Paris, gestorben am 21. November 1781 zu Versailles, wurde schon als Kind in den Malteserorden aufgenommen und erhielt bereits in seinem vierzehnten Jahre, das in seiner Familie durch Käuflichkeit vererbte Amt eines Ministers des königlichen Hauses und der Marine, doch unterstützte ihn sein Schwiegervater der Marquis de la Huillière bis 1725. Maurepas that sehr viel zur Herstellung der Marine, legte auch eine Schule zur Bildung junger Seeleute in Paris an. Die Pompadour hatte seine Verbannung nach Bourges bewirkt; nach mehr als einem Vierteljahrhundert berief ihn Ludwig XVI., kurz nach seiner Thronbesteigung, aus dem Exile an die Spitze des Ministeriums.

zuschrieb, deren Haß und mithin Ludwigs XV. Ungnade zugezogen, die sich in jahrelanger Verbannung kundgab, endlich war auch das lebhafte Interesse, welches zu seiner Zeit eine schmerzerfüllte junge Witwe eingeflößt hatte, bereits abgeblaßt und geschwächt. Die Königin Marie (Leszynska) welche sich für die Enkel eines Mannes, den sie in ihrer frühesten Jugend am Hofe ihres Vaters, Königs Stanislaus, in Warschau öfters begegnet hatte, interessirte und welcher die Gräfin ihre Kinder vorgestellt hatte, gab der Tochter einen Platz in St. Cyr, der damals berühmtesten Mädchen-Erziehungsanstalt und bekannten Schöpfung der Frau von Maintenon, und dem Sohne die Anwartschaft einer Pagenstelle, sobald er das hiezu bestimmte Alter erreicht haben würde. — Um diese Zeit fügte ein glücklicher Zufall die Ankunft des Königs Stanislaus nach Paris, in dessen Gefolge sich General Graf Bercsényi als dessen Oberst-Stallmeister befand. Mit der Familie des Grafen Esterhazy seit Langem befreundet, war es eben Bercsényi, der den verstorbenen Gemal der Gräfin nach Frankreich gebracht hatte, und er übertrug nun die warmen Gefühle der Freundschaft für den Vater, auf den damals erst neunjährigen Sohn. Ungeachtet er selbst sechs lebende Kinder hatte, stellte er der Witwe seines Freundes den Antrag, die weitere Erziehung des Knaben besorgen und leiten, und diesen als siebentes Kind betrachten zu wollen, bis zu dem Augenblicke, wo er ihn als Officier in seinem Regimente unterbringen und so in den Stand setzen könne seine weitere Carriere selbst zu begründen. Mit warmer Erkenntlichkeit nahm die Gräfin als alleinstehende Witwe den unerwarteten Antrag eines bewährten Freundes an, und blieb, um sich von ihren Kindern nicht zu trennen, in Paris, wo sie in einem Kloster einstweiligen Aufenthalt nahm, wie dies bei den Witwen damaliger Zeit oft Brauch und Sitte war. Der Knabe wurde einem der besten und gesuchtesten Institute (eines gewissen Rhonbier) zur Erziehung und geistigen Ausbildung übergeben, wo man auch deutschen Sprachunterricht erhielt und viele Kinder vornehmer Häuser, darunter auch mehrere, spätere literarische Notabilitäten, als die Herren de l'Aigle, de Montazet, de Mont de Bèze, de Guibert u. s. w., erzogen wurden. Die Ferienzeit brachte Graf Valentin Esterhazy jederzeit auf dem Gute des Grafen Bercsényi in Luzancy zu. 1751 gab ihm dieser eine Souslieutenantsstelle in seinem Hußaren-Regimente, jedoch blieb der erst eilfjährige Officier zu seiner weiteren und gründlicheren Instruction noch zwei Jahre in jener Anstalt, bis ihn sein Vormund und Beschützer 1753 zu sich nach Lüneville nahm, wo dieser am Hofe des Königs Stanislaus, wie es seine dortige Amtsstellung mit sich brachte, die Wintermonate verlebte. In dessen Hause mußte der junge Esterhazy seine Studien fortsetzen, vorzüglich eifrig wurden Mathematik und deutsche Sprache betrieben, wie auch der Unterricht in allen Waffenübungen, im Reiten, Fechten und Tanzen. Doch lernte der junge Mensch mehr durch seinen angeborenen scharfen Beobachtungssinn, als durch das, was man ihn lehrte. Graf Bercsényi hatte sich erst in jenen Jahren zu belehren angefangen, in welchen Andere das Gelernte zu vergessen pflegen. Er selbst besaß viel Gutherzigkeit und Gemüth, Religion und Wohlthätigkeitssinn, Großmuth und Nachsicht gegen seine Mitmenschen. Guter Ehemann und Vater, liebte er seine Frau und Kinder warm, und hatte diese Letzteren zu Ehrfurcht und Pietät von frühester Kindheit an erzogen, so daß er von ihnen gefürchtet wurde ohne mit ihnen zu zanken; — und gleichzeitig geliebt ohne sie mit Zärtlichkeit zu verwöhnen. Er hatte seine Gattin aus Neigung geheiratet; sie war eine anerkannte, viel umworbene Schönheit gewesen, und hatte ihrem Gemale fünfzehn Kinder geboren, von denen aber nur sechs ein reiferes Alter erreichten, alle übrigen waren Kinderkrankheiten erlegen. Die Gräfin besaß wenig Geist, auch keine besonders eleganten Manieren, war gutmüthig aber oft launisch; ihren Mann wußte sie durch scheinbare Unterwürfigkeit zu leiten; gegen ihre Kinder war sie strenge; in ihrem Hauswesen herrschte große Sparsamkeit, und als sie 1766 an der Wassersucht starb, fanden sich Ersparnisse von mehreren tausend Louisd'ors, ohne daß Jemand ihrer Familie eine Ahnung davon hatte. — Von den Kindern dieses Hauses war der älteste Sohn Graf Nikolaus Bercsényi ein hübscher und schüchterner junger Mensch; er wurde Oberst, wie wir noch später erzählen werden, im Hußaren-Regimente seines Vaters, heiratete ein Fräulein de Bayé und starb während des siebenjährigen Krieges, noch jung, zu Mühlhausen an den Blattern; sein jüngerer Bruder, der Chevalier (später Graf) war zweimal vermält, und hatte aus seiner 1776 geschlossenen zweiten Ehe, mit einem Fräulein de Sainte-Domingo einen

Sohn¹) und eine Tochter. Von den Töchtern des Generals Bercsényi starben die beiden älteren, Madeleine 1795 und Marianne 1796, beide zu Wien, wohin sie emigrirt waren; eine dritte, Namens Sophie, wurde Aebtissin des adeligen Damenstiftes zu Flines, wo eine vierte Schwester als Stiftsdame, noch ziemlich jung, an einem Brustleiden starb. Die Gewohnheiten im Hause des Grafen Bercsényi waren einfach, und standen mit jenen der damaligen großen Welt im vollen Widerspruche, man speiste dort um die Mittagsstunde und begab sich um 10 Uhr zur Ruhe. Der General hatte in allen seinen Beschäftigungen eine genau einzuhaltende systematische Stundeneintheilung, er machte seine Ritte und Spaziergänge, rauchte des Tages unzählige Pfeifen, kurz Alles dies würde ihm den Verkehr mit der übrigen ganz anders lebenden Welt sehr lästig und unbequem gemacht haben, und er mied sie deshalb, sich allein im gewohnten engern Familienkreise bewegend. Nur wo es sein Dienst mit sich brachte, erschien er

---

¹) Dieser Sohn Graf Ladislaus Bercsényi emigrirte noch sehr jung zur Revolutionszeit nach Oesterreich, wo er in die Armee trat, in mehreren Hußaren-Regimentern diente, und mit Auszeichnung die Feldzüge von 1799 bis 1815 in Deutschland und Italien gegen Frankreich mitmachte. Als Escadrons-Commandant im 10. Hußaren-Regimente (damals Baron Stipsicz, jetzt König von Preußen) im Februar 1814 bei der Blockade von Peschiera, hatte er bei dem am 8. d. M. von den Franzosen unternommenen größeren Ausfalle sich mit einer halben Escadron Hußaren in den Feind gestürzt, so daß dieser ungeachtet seiner unverhältnißmäßigen Uebermacht durch die Kraft jenes Angriffes in Verwirrung gerieth, und sich mit einem bedeutenden Verluste an Infanterie und Reiterei in seine Verschanzungen flüchten mußte. Bercsényi's heldenmüthige Bravour wurde durch dessen kurz nachher erfolgte Beförderung zum überzähligen Major im Regimente, thatsächlich anerkannt; 1815 beim 7. Hußaren-Regimente Fürst Liechtenstein in die Wirklichkeit gebracht, avancirte er 1823 wieder zum 10. Hußaren-Regimente als Oberstlieutenant, und trat in Folge geschwächter Gesundheit 1831 aus der Activität, starb aber bereits nach wenig Jahren am 28. November 1835 zu Kaschau. Er war auch k. k. Kämmerer. Mit ihm erlosch das einst mächtige, namentlich in Ober-Ungarn reich begüterte Magnatengeschlecht der Grafen Bercsényi, und der letzte Sproße, nachdem er sein tapferes Schwert im Dienste seines rechtmäßigen Königs in ehrenvollster Weise geweiht und erprobt hatte, endete sein Leben auf der heimischen Erde, der Wiege seiner Vorfahren. Der sonst gründliche, hochverdiente Geschichtsschreiber Graf Majlath gibt in seiner Geschichte Ungarns an, daß die Familie Bercsényi mit dem französischen Marschall Grafen Ladislaus Ignaz erloschen sei, während dies erst mit dessen vorerwähntem gleichnamigen Enkel 1835, also um mehr als ein halbes Jahrhundert später, der Fall war, welchen Irrthum diese Notiz berichtigen möge.

am Hofe des Königs Stanislaus. — In dem Hause Bercsényi wurde Graf Valentin Esterhazy gleich vom Tage seiner Ankunft an wie ein Kind der Familie, und von den Geschwistern als Bruder behandelt. Der Vater Bercsényi nannte ihn nie anders als ungarisch „Fiam", und dieser mußte ihn „mein Vater" nennen. Es herrschte die volle Gemüthlichkeit eines innigen Familienlebens. War auch der alte Graf Bercsényi für seine Person kein Freund der Salons und Feste der großen Welt, so hielt er es doch ganz anders mit seinem jungen Schützling. Dieser kam zweimal wöchentlich an den Hof des Königs Stanislaus, wurde überhaupt in die vornehme Gesellschaft von Lüneville eingeführt, wo die Marquise de Bouflers und die Familie Beauveau den Ton angaben. Die Erstere war eine der gefeiertsten und geistvollsten Frauen am Hofe zu Lüneville, wo sie der ganzen Gesellschaft den Reiz der Anmuth verlieh. Sie war die Mutter des „Chansonnier de la France" genannten, rühmlich bekannten Dichters, des Chevaliers de Bouflers und starb 1787 in hohem Alter, selbst da noch wegen ihrer Geistesfrische gefeiert. Der Chevalier von Tressau, der Marquis de Saint-Lambert,[1]) zu jener Zeit ein ganz junger Mann, der junge Abbé Bouflers, der Chevalier de Beauveau, lauter Männer von reichen Kenntnissen, regem Geiste, Freunde und Jünger der Wissenschaft, erfüllten diese Kreise mit jenem Zauber, den nur geistiger Schwung, gestützt auf umfassendes Wissen, um sich zu verbreiten im Stande ist. Der feine dort herrschende Ton, die heiteren Scherzreden, die milde Moral bildeten einen gar gewaltigen Contrast gegen die strenge Sitte, die geregelte Ordnung und einfache Lebensweise, welche dem Hause Bercsényi eigen waren. Durch die Schlagfertigkeit seiner Antworten bei jugendlicher Bescheidenheit, durch seine lebhafte Wißbegierde und eine vortreffliche Gedächtnißgabe, hatte der junge Graf Esterhazy sowohl bei Hofe, als in den Salons von Lüneville gleich bei seinem ersten Auftreten die besten Erfolge erreicht. Sein Talent schnell und gut Verse zu memoriren, und eine angenehme Declamationsgabe trugen hauptsächlich dazu bei, daß man

---

[1]) Jean François Marquis de Saint-Lambert, geboren 1717 zu Nancy, gestorben 1803 zu Paris, war Mitglied der französischen Akademie. Er war ein gefeierter Dichter.

den alten Grafen Berefényi bat, seinem Schützling zu erlauben, in den Komödien, welche bei der Marquise de Bouflers häufig aufgeführt wurden, mitzuwirken. Alles dies waren Eigenschaften und Umstände, die in der Umgebung der besten französischen Dichter jenes Jahrhunderts das Ansehen des jungen Mannes nicht wenig erhöhten. Die Winter der nächsten Jahre vergingen für ihn nicht minder angenehm, da gab es Feste und Bälle bei Hofe, bei der Marquise de Bouflers und dem alten Marquis du Châtelet, da wechselten Komödien, Concerte, Tableaux, Declamationen, und in dieser Schule geistvoller und vornehmer Gesellschaft bildete sich der Geist des sechzehnjährigen Jünglings praktisch aus, dessen Anschauungen erweiterten sich, der gute Empfang, der ihm zu Theil geworden gab ihm das noch mangelnde Selbstvertrauen und eine gewisse Sicherheit, der ungetheilte Beifall so vieler geistig hervorragender Menschen ermunterte und erfreute ihn.

Im Jänner 1757 verbreitete die von Paris eingetroffene Nachricht von dem Attentate Damiens auf Ludwig XV. große Bestürzung und Besorgniß am Hofe des königlichen Schwiegervaters und in der Gesellschaft von Lüneville, die fröhlichen Feste wurden momentan unterbrochen, da aber bald beruhigende Botschaften kamen, so wurde der frühere Gang des heiteren Treibens wieder aufgenommen. Doch trat kurz nachher ein politisches Ereigniß ein, welches den Grafen Valentin Esterhazy für lange Zeit jenen liebenswürdigen Kreisen entriß und zu seinen Fahnen rief, nämlich: Frankreichs thätige Theilnahme am siebenjährigen Kriege. Bevor wir aber den jungen Officier zu seinem ersten Waffengange begleiten, müssen wir die von d'Argenson gemachten Armee-Einführungen, und das französische Heerwesen unmittelbar vor Ausbruch jenes Krieges einer eingehenderen Besprechung unterziehen.

II.

Französische Armeezustände vor Ausbruch des siebenjährigen Krieges.

1756.

Frankreichs Militäretat von 1756[1]) umfaßte drei Theile, deren erster die Bureaux des Ministeriums begriff, das sich damals in Versailles befand, die Kriegscommissäre, die Zahlmeister, die Provinzgouvernements, die Generalität und die Militärorden.

Die Kriegscommissäre thaten nahezu denselben Dienst, welchen heute die Militärintendanz zu leisten hat. Die Lieferungen für die Armee, die Sorge für deren Unterhalt, die polizeilichen Maßnahmen bei Requisitionen und bei dem Transport der Armeebedürfnisse, lag den Kriegscommissären ob. „Sie haben", sagt eine Verordnung der damaligen Zeit, „für jene Truppen zu sorgen, deren Polizei ihnen „übertragen ist, ihnen steht es zu, Soldaten zu beurlauben oder zu ver-„abschieden, welche einen natürlichen Fehler an sich tragen, oder wegen „ihres Alters, oder ihrer zu großen Jugend die Strapazen des Heeres-„dienstes nicht ertragen können; sie haben ferner die Compagniechefs „zu verpflichten, ihre Mannschaft zu kleiden, haben das Brod, den „Wein, das Bier und Fleisch und andere Nahrungsmittel der Rationen „zu untersuchen. — Jeder Cavallerist, Dragoner oder andere Soldat,

---

[1]) Nach der Histoire militaire de France und den Memoiren des Baron d'Espagnac.

„der auch nur den Arm wider sie aufhebt, ist zum Strange zu ver-
„urtheilen."

Die Commissäre zerfielen in ordentliche und Provinz-
commissäre, die übrigens Beide dieselben Obliegenheiten hatten, die
Einen waren bei den Corps überhaupt angestellt, die Anderen in
der Hauptstadt ihrer Provinz oder in jener, welche dem königlichen
Dienste am meisten zusagte. Sie hatten den Rang eines Marschalken,
königlichen Stallmeisters und königlichen Rathes und rechneten sich
zum Adel, wenn sie und ihre Kinder durch zwanzig Jahre ununter-
brochen die Stelle verwaltet; den Eid leisteten sie in die Hand von
Marschällen, welche sie zu einem solchen Posten an dem Tage ernennen
konnten, wo sie selbst ihre Würde erlangten; bei jeder Gelegenheit
schritten sie nach den Gouverneuren, den Platzcommandanten und den
Lieutenants des Königs. Die Zahl der ordentlichen Commissäre
belief sich auf 60, die der Provinzen auf 30. — Für die Haustruppen waren 20 bestimmt; die Anderen dienten theils im Innern,
theils bei den im Felde stehenden Armeen. Diese Commissäre
waren nach den bestehenden Gesetzen keinem Militärbefehlshaber untergeordnet und nur allein dem Kriegsminister gegenüber verantwortlich
für ihre Handlungen; sie waren eigentlich Regierungsbeamte, auf
welche kein Truppencommandant bei der Verpflegung seiner Leute sich
eine Einwirkung erlauben durfte. Die Soldaten wurden daher meist
das Opfer der Speculationen der pflichtvergessenen Mehrzahl dieser
Beamten, welche nur eifrig bemüht waren, die eigenen Taschen auf
Unkosten der häufig darbenden Truppen zu füllen. Derjenige Kriegs-
mann aber, der es gewagt hätte, wie weiter oben schon gesagt, die
Hand gegen einen solchen Militärbureaukraten zu erheben — war ja
mit dem Strange bedroht. — Diese Commissäre waren weit mehr
wie jede Truppe, die Plage und der Ruin der Länder — und die
Gothaer Handschrift, ein Tagebuch aus der Zeit des siebenjährigen
Krieges, nennt diese Beamten: „die schrecklichen Vorläufer der nahen
„Verwüstung und schädlicher als alle streifenden Parteien, die doch
„die Provinzen nur strichweise verheeren, da jene hingegen im Ganzen
„plündern" und bezeichnet sie weiterhin als „bei Freunden und Feinden
„gleich verhaßt und ebenso bereit ihre eigenen Soldaten zu berauben,
„als die Länder, die ihrer Grausamkeit überlassen sind". — Diese

Commissäre haben vorzugsweise den Geist der Indisciplin in den französischen Armeen hervorgerufen, welche bei schwachen Heerführern oder absichtlich nachsichtigen, zur ärgsten Verwilderung der Truppen führen mußte. — Als Beweis, wie sehr auch von Seite der höheren Generäle diesen Beamten gehuldigt wurde, diene eine Verordnung, welche der Herzog von Richelieu beim Beziehen der Winterquartiere erließ, und welche als Merkwürdigkeit damals in den meisten Zeitungen mitgetheilt wurde, als Beispiel. Nach dieser waren für den gemeinen Soldaten 1½ Pfund Steinkohlen oder eine verhältnißmäßige Menge Holz für Feuerung täglich berechnet, für den Coloneloberften 12 Klafterscheite Holz, für den Kriegscommissär aber 50 bis 60.

Den Kriegscommissären folgten in der militärischen Hierarchie die ebenso zahlreichen Kriegscontrolore, sie hatten bei den Revisionen der Commissäre zu erscheinen und die Zahlungen an die Truppen zu beaufsichtigen. Die Gagenzahlungen waren für ordentlichen und außerordentlichen Kriegssold Sache der Zahlmeister. Auf Rechnung des königlichen Schatzes wurden die Ausgaben für die Haustruppen, die Gagen der Marschälle, der Generalquartiermeister, der Kriegscommissäre und Controlore und der Connetablie, den Sold der Gensdarmerie und Maréchaussée, der Artillerie und des Geniecorps bestritten — durchwegs aus dem Ressort des ordentlichen Kriegssoldes. Die außerordentlichen Militärausgaben fielen auf die Provinzen und begriffen die Verpflegung und den Sold der Truppen, die Gehalte des Generalstabes, des Kriegsministers und seines Bureaupersonales, die Kasernirung und Einquartierung, die Militärschulen, das Festungsservice, die Etappen, Futter- und Heizungsgelder, die Invaliden, das Kriegsservice im Allgemeinen, das Ludwigskreuz und die geheimen Auslagen.

Es gab zwei Arten von Zahlmeistern: General- und Provinzialzahlmeister. Dies war der gesammte Administrationsstand der Armee, unmittelbar den Provinzgouverneuren unterstellt, welche entweder Prinzen königlichen Geblütes oder die angesehensten Grandseigneurs waren. So fand man zu jener Zeit unter ihnen: den Herzog von Orleans, den Prinzen von Condé, den Herzog von Chaulnes, den Prinzen von Soubise, den Herzog von Gesvres, die Marschälle Herzoge von Coigny, von Noailles, von Richelieu; die Grafen d'Eu

und de Maunion. Frankreich war in etwa dreißig große Commanden
getheilt, an deren Spitze sich außer den Gouverneuren, auch Generallieutenants, Lieutenants des Königs oder Chefs des Generalstabes und
Platzcommandanten befanden. Die Polizei wurde durch Milizen, In-
fanteriegarnisonen, Gardecompagnien zu Pferde und Hellebardiere aufrecht erhalten.

Die Gouverneure waren nicht gehalten, am Orte ihres
Commandos zu residiren, und von dieser Erlaubniß machten sie auch
sehr großen Gebrauch, um an den Festen zu Versailles Theil zu nehmen.[1])
Ihre Autorität war eine Art discretionäre Gewalt, die sich über eine
ganze Provinz erstreckte; meistens hatten sie einen Anstrich wohlwollender Patrimonialität. Es war ihnen „der Auftrag und besondere
Befehl ertheilt, den Clerus, den Adel, die Beamten und die Stadt-
räthe zusammen zu rufen und ihnen mitzutheilen, was sie für den
königlichen Dienst zu thun hätten, die Klagen Aller und Jeder zu
hören und ihnen Gerechtigkeit werden zu lassen, die Bürgermeister,
Geschwornen, so auch alle bewaffnete Macht, die Obersten, Capitäns
und alle Truppen zu überwachen, welcher Art und Nation sie auch
seyen und so zu verfügen, wie Se. Majestät verfügen würde, wenn
Sie zugegen wäre". — Den Gouverneuren wurden die höchsten Ehren
erwiesen und es bestand von ältester Zeit her die Gewohnheit, daß
jedem neuen Gouverneur beim Antritte seines Amtes von dem ersten
Beamten der Provinz eine mit Gold reich gefüllte Börse angeboten
wurde, welche selbstverständlich von dem hohen Würdenträger anzunehmen abgelehnt wurde.[2])

---

[1]) Als Einer von ihnen, dem Hofe verwandt, in Ungnade gefallen war, lud ihn der König ein, in seine Provinz zurückzukehren, unter dem Vorwande an dem Gouvernementsschlosse daselbst etwas auszubessern. Der Betreffende verstand den Wink und ließ, um seinen Fall zu maskiren, nach seiner Ankunft die Citadelle Stein um Stein abtragen. Als der König diesen originellen Einfall erfuhr, befahl er ihm, so kostspielige Auslagen bei Seite zu lassen und wieder an den Hof zurückzukehren.

[2]) Als der Marschall Herzog von Richelieu 1755 zum Gouverneur von Guyenne ernannt wurde, präsentirte ihm bei seiner Ankunft der erste Beamte eine Schüssel von Goldmünzen und da er die Verschwendung Richelieu's vom Hörensagen kannte, gebrauchte er die Vorsicht in seiner Anrede zu erwähnen, wie sehr die Stadt das Benehmen seines Vorgängers anerkannt, der großmüthig sich weigerte eine ähnliche Gabe anzunehmen. „Ich weiß sehr gut", antwortete

Die Marschallswürde war 1756 ein Kronamt und ihre Träger vereinigten in sich den Besitz und die Ausübung der Gerichtsbarkeit.

Jedem der Marschälle unterhielt der König einen Secretär, einen Almosenier, einen Wundarzt, einen Gardecapitän und fünfzig Garden. Die Letzteren wurden aus den ältesten Regimentern der Garnison ausgewählt, und wie bei den königlichen Prinzen fanden sie sich schon vor dem Thore des Palastes, den der neue Marschall bezog. — Wenn der König einen General zum Marschall beförderte, sendete er ihm, und dies war ein neuerer Gebrauch, den Commandostab, der mit königsblauem Sammt überzogen, mit goldenen Lilien erhaben gestickt war und an jedem Ende in einen Goldreif ausging, der die Worte trug: Terror belli, decus pacis. (Schrecken des Krieges, Zierde des Friedens.) „Keiner unserer Unterthanen", hieß es im königlichen Edicte von 1750, „der als Officier in unserer Armee dient, „soll Steuer bezahlen, so lange er diese Stellung bekleidet. — Alle „Generäle, die gegenwärtig in unserem Dienste sich befinden, sind „adelig und bleiben es mit ihrer ehelichen Nachkommenschaft. Wir „wollen auch, daß in Zukunft jeder General und mit ihm seine ehe= „liche Nachkommenschaft adelig sei."

Ludwig XV. gefiel sich darin, zu zeigen, welchen Werth er auf den alten Ruf der französischen Armee legte, er liebte es, die Ehren auf den Häuptern seiner Heerführer und Generäle zu häufen, um die Ehre der Fahnen selbst zu erhöhen; — und daß nun zuweilen Hofintriguen und Weiberlist einem unverdienten und unfähigen Manne Ehren zuwendeten, die für ihn eigentlich nie bestimmt gewesen, kann den Werth derselben nicht herabsetzen, so lange nicht ein wirklicher und fortdauernder Mißbrauch damit getrieben worden. Die Eingangsformeln zu Ernennungen von Marschällen lauteten: „Mili= „tärische Dienste sind die wichtigsten, welche ein Unterthan seinem „Vaterlande erweisen kann, da meistens durch die Waffen die Macht „des Staates aufrecht erhalten und sein Glanz gehoben wird; da

---

Richelieu, „wie sehr mein Vorgänger unnachahmbar war und deshalb fühle ich auch keine Lust, ihn übertreffen zu wollen." — Damit leerte er die Schüssel und steckte das Gold in seine Tasche.

„ferner durch sie die Ruhe und Sicherheit seiner Völker geschützt und „er von den Fremden geachtet und gefürchtet wird, so haben die Könige „unsere Vorgänger, zu allen Zeiten für billig erachtet, die ehrenhaftesten „Belohnungen den Männern solcher Verdienste zu ertheilen", und nun zählt das Ernennungsdiplom die ganze militärische Laufbahn des neuen Würdenträgers auf, eine großherzige Vorsicht und wahrhaft königliche Fürsorge, womit alte Dienste wieder in der Erinnerung wach gerufen wurden, die ein leichtsinniges und undankbares Geschlecht sonst vergessen hätte.

Die Marschälle besaßen unter dem Namen der „Connétablie et maréchaussée de France" ein Gericht, das bei dem Aeltesten von ihnen gehalten wurde und ohne Zulassung weiterer Berufung in Streitsachen zwischen Edelleuten und Officieren entschied. Auf die Einladung ihres Vorsitzers versammelten sich zu Paris die Mitglieder dieses Gerichtshofes. — Da damals keine Connétables ernannt wurden, so war eben der älteste Marschall der Präses. Delegirte dieses Gerichtes, das militärisch, civilistisch, polizeilich und criminell zugleich gewesen, wurden unter den Namen von „Marschall-Lieutenants" dem Generalstabe der Provinzen zugetheilt und gaben Urtheilssprüche in erster Instanz ab. — Diese Posten waren adelige, welche zu einer Pension und dem Ludwigskreuze berechtigten. Bei öffentlichen Feierlichkeiten hatten ihre Besitzer bestimmte Plätze und zwar unmittelbar nach dem Stadtcommandanten und vor den Baillis und anderen königlichen Officieren. Jeder dieser Richter in Ehrensachen, wie man sie hieß, ernannte eine Zahl von Schützengardisten der Connétablie, welche unter ihm dienten.

Seit 1748 war kein Marschall mehr ernannt worden (1756) und seit 1750 keine Befugniß eines Generallieutenants mehr ertheilt. Unter den Generälen waren drei, welche den Titel eines Generalobersten führten: Ludwig Carl von Bourbon Graf von Eu für die Schweizer und Graubündtner, der Fürst von Turenne für die leichte Cavallerie und der Herzog von Chevreuse für die Dragoner, welche eine aus der übrigen Cavallerie eigens bevorzugte und ausgeschiedene Reitergattung bildeten.

Der wichtigste dieser Posten war der eines Generalobersten der Schweizer, da man die Truppen dieses Volkes (die hundert

Schweizer Gardisten ausgenommen), fast immer nur einem Prinzen königlichen Geblütes unterordnete. Dieser Befehlshaber ernannte anfänglich alle Oberste und Capitäns seiner Truppe und legte dem Könige die Listen der aus den Cantonen stammenden Officiere zur Ernennung zu Generälen vor. Er selbst war der Chef einer Compagnie, welche „la générale" hieß und an der Téte des Schweizer Garden-Regimentes marschirte. Bei einer Revue vor dem Könige hatte nur der Generaloberst das Recht, den Souverän mit dem Hute zu salutiren. Er konnte endlich selbst bei todeswürdigen Verbrechen Gnade für Recht ergehen lassen, aber nur wo es sich um Thäter von seiner Compagnie handelte; besaß eine Garde, welche der König unterhielt und hatte eine Gage von 72.000 Livres. — Die Generalobersten hatten den Rang eines Generallieutenants, welcher Charge die Maréchaux de camp (mehr als Generalmajor und weniger als Feldmarschall-Lieutenants nach unsern Begriffen) folgten, deren Name lange Zeit durch ihre Pflichten gerechtfertigt war. Eine Verordnung des sechszehnten Jahrhunderts sagt: „Dieser Officier „wacht über die Lagerung und Bequartierung der Armee, und wenn „sie das Lager verläßt, geht er voraus, um die Gegend auszukund„schaften und die Truppen in Sicherheit marschiren zu lassen". — Unter Ludwig XV. konnten die Maréchaux de camp sowohl Platzgouverneure, als Armee- und Provinzcommandanten sein.

Eine dritte Charge der Generalität waren die „Armeebrigadiere", welche eine gewisse Zahl Infanterie, Cavallerie oder Dragoner befehligten, mit denen sie vereint operirten; sie empfingen von den höheren Generälen die Befehle, welche sie wieder den Obersten gaben, und hatten keine Adjutanten. Wenn zwei Brigadiere, einer von der Infanterie, der andere von der Cavallerie zusammentrafen, gebührte der Oberbefehl dem Ersteren, wenn sie in einem Platze, dem Zweiten, wenn sie außerhalb eines solchen waren.

Es gab 1756 in der französischen Armee 791 Generale, darunter 10 Marschälle, 189 Generallieutenants, 179 Maréchaux de camp, 234 Brigadiere der Infanterie, 159 der Cavallerie, 20 der Dragoner. Die Gagen waren selbst für die damalige Zeit unbedeutend, so betrug jene eines Marschalls von Frankreich 13.522 Livres 10 Sous jährlich im Frieden; im Kriege erhielt ein solcher hingegen 8000 Livres monatlich, wobei der Monat zu fünfundvierzig Tagen gerechnet wurde, ein Generallieutenant auf dieselbe Zeit im Kriege 2000 Livres, ein Maréchal de camp 900, ein Brigadier 500. Doch hatte König Ludwig XV. den Gebrauch angenommen, nach jedem Dienste, den irgend ein General geleistet, eine Geldbelohnung zu ertheilen, welche vom königlichen Schatze oder aus dem Fond für außerordentliche Kriegskosten bestritten wurde. — Auch wurde die Hauptgage durch die Gehalte mehrerer anderer Posten sehr fühlbar vermehrt.[1]

Der Generalität folgten im Range die Generalquartiermeister (maréchaux généraux des logis, des camps et armées) als Unterchefs des Stabes, welche die Märsche der Truppen zu leiten und für deren Bequartierung und Lagerung zu sorgen hatten, seit nämlich die Maréchaux de camp diesen Dienst nicht mehr über sich hatten.

Militärorden gab es zu jener Zeit, 1756, zwei: „den unserer lieben Frau vom Berge Karmel", welcher seit 1644 mit dem Lazarus-Orden vereinigt war und den ausschließlich militärischen des heiligen Ludwig, welchen Ludwig XIV. auf den Rath Baubans 1693 stiftete, um die Geldbelohnungen zu ersetzen, welche in Folge der vielen Kriege jenes Königs, sehr schwer auf dem Staatsschatze lasteten. — Doch wurde dieser zweite Orden sehr bald reich dotirt und verdankte es der wahrhaft königlichen Freigebigkeit Ludwig XV., daß er bald Einkünfte von 450.000 Livres bezog. Nach einer Verordnung des Regenten, Herzogs von Orleans, hätte dieser Orden nicht mehr als 445 Mitglieder zählen sollen, aber in der Wirklichkeit war diese Zahl bei Weitem überschritten, sowol an Großkreuzen, Commandeuren und Rittern, deren Bezüge zwischen 200 und 6000 Livres variirten. Um Mitglied dieses Ordens zu werden, mußte man Katholik sein (doch wurde später, 1759, der militärische Verdienstorden für reformirte Officiere errichtet). Hinsichtlich der Dienstzeit waren folgende Bedingungen an den Erhalt des Ludwigs-Kreuzes

---

[1] Der Herzog von Richelieu bezog außer seinem Marschallsgehalt von 13.522 Livres 10 Sous, noch 60.000 als Gouverneur von Guyenne, 39.708 als Supplement dieses Postens, 6000 Pension als ehemaliger Adjutant Ludwig XIV. und 6000 als Ritter der königlichen Orden, mithin im Ganzen 125.230 Livres.

geknüpft: für Capitäns, die es beanspruchten zwanzig Jahre, für Oberstlieutenants achtzehn, für Oberste sechszehn, für Brigadiers vierzehn; ein späteres Gesetz von 1750 dispensirte die, welche wegen ihrer Wunden nicht weiter dienen konnten, von der Erfüllung der gesetzlichen Dienstzeit; die Capitäns, welche auf dem Schlachtfelde blieben, hinterließen ihre Ansprüche ihren ehelichen Kindern; endlich wurde jeder Officier nach Erlangung des Ludwig-Ordens adelig, dessen Vater und Großvater, vermöge ihres Ranges und ihrer Dienste steuerfrei gewesen. Diese Vorrechte machten den Orden begreiflicher Weise sehr gesucht, allein, obwol man zu Zeiten sehr freigebig war, so war man doch nie verschwenderisch und suchte dessen Ansehen und Werth stets zu erhalten, wo möglich zu erhöhen.[1]

Der zweite Theil des Militäretats führte die Truppen des königlichen Hauses auf, die französische und fremde im Dienste Frankreichs stehende Infanterie, die Milizen, die Gensdarmerie, welche aber nicht einen polizeilichen, sondern rein militärischen Charakter hatte, die Cavallerie und dann die Dragoner.

Die königlichen Haustruppen theilten sich in Garden im Innern und in solche außerhalb des Louvre. Erstere umfaßten a) die Leibgarden, b) die hundert Schweizer, c) die Thorgarden und d) die Garden der Prévôté des Palastes oder die gewöhnlichen Gardisten (hoquetons, von einem gestickten Mantel den sie trugen); zur zweiten Kategorie gehörten: a) die Gardegensdarmen, b) die Chevauxlegers, c) die Musketiere, d) die reitenden Grenadiere, e) die französischen und f) die Schweizer Garden.

Diese Truppen (la maison du roi) gingen allen andern zuvor und nahmen auch alle Ehrenposten ein, die ersten unter ihnen waren aber:

a) Die Leibgarden. Diese bildeten 4 Compagnien, welche nach ihren Capitäns, den Herzogen von Noailles, Villeroi, Beauvau und Luxembourg genannt wurden. Jede dieser Compagnien hatte 6 Brigaden und 336 Reiter, und als Officiere einen Capitän, der

---

[1] Ludwig XV. antwortete einst einem Bittsteller, der ihn mehrmals mit Ansuchen um das Ludwigs-Kreuz gekommen war: „Denken Sie weniger daran ihn zu erhalten, als vielmehr ihn zu verdienen", im Sinne einer derartigen Aeußerung Ludwig XIV. anläßlich der Stiftung des Ordens.

entweder Marschall von Frankreich oder Generallieutenant war, 3 Lieutenants, 3 Fähnriche, 14 Exempte (so genannt seit Heinrich III., weil diese Officiere keine Hellebarden zu tragen brauchten), 12 Brigadiere, 2 Unterbrigadiere und 6 Standartführer. Die Fahne bestand in einem Stücke weißen Taffets, mit goldenen Lilien übersäet, in deren Mitte eine strahlende Sonne und die Devise Ludwig XIV.: Nec pluribus impar. (Keinem gleich.) Die erste Compagnie war die schottische, deren Name von ihrem Ursprunge herstammt, indem nämlich Carl VII. aus Dankbarkeit gegen die Schotten, welche ihm geholfen die Engländer aus Frankreich zu vertreiben, ein Corps von hundert Schützen und hundert andern Bewaffneten nur für Schottländer errichtet hatte; unter diesen bildeten wieder Fünfundzwanzig ein ganz abgesondertes Corps, welche Gardes de la manche, eigentlich Aermelgarden hießen, weil sie bei jeder Feierlichkeit dem Könige so nahe standen, daß sie seinen Aermel berührten und ihr Commandant führte den Titel des „ersten Soldaten von Frankreich" (premier homme d'armes de France). — 1750 bestanden noch die Aermelgarden mit ihrem Chef. Die schottische Leibcompagnie war aber im Laufe der Zeit ebenso ganz französisch geworden, als die anderen drei Compagnien es waren, aber dennoch nahm sie den Vorrang ein und ihr Capitän war der erste der gesammten Leibgarde; er diente nur im ersten Viertel jedes Jahres und commandirte über sämmtliche Haustruppen; bei der Salbung des Königs stand er dessen Person zunächst und nach der Ceremonie nahm er das Kleid für sich, welches der Souverän dabei getragen. Der König ließ unter seine Garden täglich vierundzwanzig Brode und eben so viel Pinten Wein (den sogenannten Wachtrunk) vertheilen; an den großen Jahresfesten erhielten sie Kälber, Schöpsen, Wildpret, auf Ostern Gebetbücher oder Leinwand, und endlich am Frohnleichnamstage Fackeln mit den Wappen des Königs.

b) Die Compagnie der hundert Schweizer, in sechs Geschwader zerfallend, war für den Dienst des Königs, der Königin und ihrer Kinder und Enkel bestimmt. Ihr Capitän, der Marquis von Montmirail de Louvois hatte den Rang eines Obersten der Infanterie und so auch der Lieutenant. Die Fähnriche bekleideten Oberstlieutenants-, die Exempten Capitänsrang. Alle Officiere, welche nächst der Person des Königs Dienst hatten, trugen wie jene der Leibgarden, einen Stab von Ebenholz, dessen Enden mit Elfenbein eingefaßt waren. — „Der Capitän der hundert Schweizer geht", heißt es in einer Verordnung, „immer dem König voran, während der der „Leibgarden hinten geht, so daß beide die Person Seiner Majestät „decken. Bei der Tafel, welche Seine Majestät an dem Tage gibt, „wo dieselbe Ritter des heiligen Geist=Ordens ernennt, bedienen die „Schweizer, und die Reste des Mahles gehören ihnen. Täglich haben „zwei Geschwader mit Hellebarden bewaffnet, beim Könige Dienst zu „leisten; eines davon bleibt auf der Wache und zwölf Mann desselben „schlafen mit den französischen Garden gemeinsam." — An den großen Festtagen wurden auch die Schweizer, wie die Leibgarden, mit Gebet= büchern, Kerzen, Fackeln u. s. w. beschenkt. Sie hatten keine Kasernen, sondern wohnten zerstreut in den Gassen Montorgueil, Montmartre, Bout du Monde, Tiquetonne und Jussiene, selbst dann, wenn der König nicht in Paris war. Die Hausbesitzer mußten jedem Garden ein möblirtes Zimmer im zweiten Stocke mit der Aussicht auf die Gasse geben, damit derselbe den Appell hörte, und jedem Officier ein möblirtes Zimmer und Vorzimmer mit Stall und Boden. Der Chirurg, der Apotheker und die drei Schneider der Compagnie hielten offene Buden im Stadtquartiere, worüber sich die übrigen betreffenden Gewerbsleute sehr ärgerten.

(Der erste Capitän der hundert Schweizer war 1496 bis 1514 Louis de Menton Sieur de Lornay; der letzte seit 1783 der Herzog von Brissac.¹) — Am 16. März 1792 wurden sie aufgelöst. — Diese Compagnie folgte fast immer den Königen von Frankreich ins Feld.)

c) Die Thorgarden (oder wie sie früher hießen, ehe sie mili= tärisch wurden, „die Portiere der Garde"), befehligte 1756 der Capitän Colbert, Marquis von Croissy=Torcy; ihnen war den Tag über nur die Bewachung des Haupteinganges zu den königlichen Gemächern übertragen, für die Nacht wurden sie von den Leibgarden ab= gelöst. Der Capitän verfügte über die Chargen der vier Lieutenants und jene der Garden, deren Zahl Fünfzig betrug. Er bezog 3000 Livres

---

¹) In den Septembertagen 1792 ermordet.

vom königlichen Schatze, 4000 für die Equipirung und 79.500 als Staatsrath.

d) Die Garden der Prévôté des Palastes, deren Errichtung ins dreizehnte Jahrhundert zurückgeht, zählten neunzig Mann unter Commando des Marquis de Souches Grafen von Montforeau, der damals Großprévot von Frankreich war. Dieser Compagnie war die Polizei im Innern der königlichen Residenzen übertragen, und ihre Officiere hatten vorzugsweise das Amt der Arretirung von politischen Sündern. Auf ihrem Mantel oder Waffenrock war über einer Herkuleskeule die Devise: „Erit haec quoque cognita monstris". (Auch dies werden die Ungeheuer kennen lernen.)

An der Tête der Garden außerhalb des Louvre stand:

a) Die Gensdarmencompagnie. König Carl VII. hatte seine Gensdarmerie in fünfzehn Compagnien getheilt, welche den Namen Ordonnanzcompagnien beibehielten. Nach dem Muster einer dieser, errichtete Heinrich IV. die der Gardegensdarmen für den Dauphin Ludwig XIII., der als König sich zu ihrem Capitän machte. Ludwig XV. wollte dieselbe Ehre seiner Compagnie erweisen, deren Capitänlieutenant damals der Generallieutenant Prinz Soubise war. Die Compagnie zählte zweihundertzehn Gensdarmen, durchwegs Edelleute, die in vier Brigaden getheilt waren und auf eigene Kosten sich kleideten und equipirten. Sie trugen vollständige Rüstung, ihr Capitän hatte steten Dienst beim Könige, die andern Officiere und die Mannschaft hingegen, wechselten einander von Viertel= zu Vierteljahr ab. Die im Dienst stehende, sogenannte Quartierbrigade, begleitete den König bei allen Festen und Ceremonien und auf allen seinen Reisen. In einem solchen Falle nahmen zwei höhere Officiere der Compagnie ihre Wohnung eben dort, wo der König residirte und stellten ihm alle Morgen einen Gensdarmen vor, welcher die Befehle und Abends die Losung abzuholen hatte.

b) Unter den Gensdarmerie=Ordonnanzcompagnien, welche Carl VII. errichtet hatte, nahm die erste, nachdem sie früher den Namen des Königs getragen, die Benennung Chevauxlegers an, und zwar wegen ihrer leichtern Bewaffnung, bei der nämlich der Curaß fehlte, während alle anderen Gensdarmeriecompagnien ihn trugen. Um in diese aufgenommen zu werden, mußte man wenigstens hundertjährigen Adel nachweisen und alle Mitglieder derselben hatten den Titel königlicher Marschalken. Sie begriff in ihren 4 Brigaden 200 Chevauxlegers, 10 Quartiermeister, 8 Brigadiere, 8 Unterofficiere, 4 Standartenführer, 2 Fähnriche, 2 Unterlieutenants, 1 Lieutenant, den Herzog von Chaulnes und 1 Capitän und dies war König Ludwig XV. selbst. Deshalb wurden auch die Fahnen der Compagnie stets in seinem Gemache deponirt und hinter dem Bette neben denen der Gardegensdarmen aufgestellt; auf ihnen waren Blitze in Gold gestickt mit der Devise: Quo jubet iratus Jupiter. (Wohin der zürnende Jupiter auch will.) Diese Compagnie hatte mit der vorhergehenden gleiche Privilegien und gleichen Dienst. Der Ruf beider war auch des Ranges würdig, den sie in der Armee einnahmen. Kein Regiment beneidete sie und Niemand vergaß, daß sie den Sieg bei Fleurus 1690 entschieden, daß bei Lenze vor Luxemburg achtundzwanzig ihrer Schwadronen fünfundsiebzig des Königs Wilhelm zerstreut hatten, 1691, und endlich daß weder Chevauxlegers noch Gensdarmen je in einer Schlacht eine ihrer ruhmvollen Standarten verloren hatten.

c) Die beiden Musketiercompagnien rekrutirten sich aus Edelleuten, die sich auf eigene Kosten kleideten und equipirten. Ludwig XV. war ihr Capitän. Jede Compagnie zählte 180 Mann ohne Officiere, Unterofficiere, Trommler und Pfeifer u. s. w. Die Pferde der ersten Compagnie waren Schimmel oder Grauschimmel, die der zweiten Rappen, aber die Musketiere dienten auch zu Fuß. Unter ihnen gab es 1756 noch Leute, welche sich des Tages bei Cassel erinnerten, wo der Marschall Humières sie absitzen ließ, um auf drei feindliche Bataillone einzuhauen, dann aber wieder zu Pferde steigen und ihren früheren Platz in der Schlachtordnung einnehmen. Jede Compagnie hatte eine Fahne und Standarten; kämpfte man zu Fuß so wurde die Fahne entfaltet, wenn zu Pferde, ließ man die Standarten flattern, von welchen die einen eine Bombe zeigten, welche Tod und Verderben über eine Stadt verbreitet, mit der Inschrift: Alterius jovis, altera tella. (Eines andern Jupiters andere Geschosse.)

d) Die Grenadiere zu Pferde hatten gleiches Recht sich ihrer stolzen Devise zu erfreuen, denn sie lautete: Undique terror, undique lethum. (Ueberall Schrecken, überall Tod.) Auch diese hundertfünfzig Mann starke Compagnie focht zu Pferde oder zu Fuß;

sie wurde errichtet um den Haupttruppen des Königs im Kriege oder auf dem Marsche schwierige Passagen frei zu machen, weshalb sie auch eine Art Hacke am Sattelknopfe trugen. Es waren durchgehends ausgewählte Leute und der König verlangte, daß sie „groß, stark und tapfer seien und Schnurrbärte trügen", ja, er ließ sich sogar alle Rekruten vor deren Einverleibung vorstellen.

e) Das Regiment der französischen Garden, damals befehligt von dem Herzoge von Biron, bildete mit den Schweizer Garden die „äußere" Gardeinfanterie; es hatte den Vorrang vor allen andern Infanterie-Regimentern und bestand aus 6 Bataillons, die 30 Füssilier- und 3 Grenadiercompagnien umfaßten, deren jede 1 Capitän, 1 Lieutenant, 2 Unterlieutenants, 2 Fähnriche, 6 Sergants, 3 Corporäle, 9 Lanzpassate, eine Art Gefreiten, und 4 Tambours zählte. Das Regiment im Ganzen hatte 4626 Mann und that oder wechselte den Dienst mit den Schweizer Garden. — Der letzte Commandant vor Ausbruch der Revolution war der Herzog Du Châtelet. Dieses Regiment machte sich in der französischen Revolution seines Vorranges unwürdig, indem es bald nach der Erstürmung der Bastille, seinen geschwornen Fahneneid brechend, mit Ausnahme von vier Compagnien 1789 größtentheils zu den Aufrührern übertrat. Die fortwährende Garnison in der Hauptstadt hatte den militärischen Geist dieser Truppe verschlechtert und verdorben und dieselbe war schon einige Zeit früher durch ihre gesunkene Disciplin berüchtigt.

f) Das Schweizer Garde-Regiment, 4 Bataillone mit 12 Compagnien zählend, deren jede 200 Mann stark war und einem besonderen Canton angehörte, aus welchem die Officiere ihre Rekruten holten, und eine solche Compagnie nannte man zuständig, avouée. Die Generalscompagnie, deren Chef nämlich der Generaloberst, der, wie schon weiter oben erwähnt, Commandant des Schweizer Garde-Regimentes war, war allen Cantonen zuständig. Den Regimentsstab bildeten 44 Officiere und Unterofficiere, darunter 1 Oberst, 1 Oberstlieutenant und 2 Majore, wovon der eine, häufig ein königlicher Prinz, die Generalscompagnie, la générale, der andere die Oberstencompagnie, la colonelle, commandirte. — Von 1616 hatten die Schweizer Garden alle Kriege Frankreichs mit besonderer Auszeichnung mitgemacht. Die Einnahme von St. Menehould, 1616, beginnt den Reigen ihrer glänzenden

Waffenthaten, und die ruhmvolle Vertheidigung der Tuilerien am
10. August 1792 beschließt denselben in würdigster Art. Wer kennt
nicht den sterbenden Löwen von Luzern? jenes herrliche Denkmal,
welches die Republik stolz auf die Tapferkeit und Treue ihrer in
Vertheidigung der Majestät des Königthums gefallenen Söhne
setzen ließ, diesen und sich selbst zur Ehre. Die uns auf dem Ein=
gange zur Grotte des Löwendenkmals entgegen blickenden Worte:
„Helvetiorum virtuti"[1]) und jene auf der in nächster Nähe befind=
lichen Todtencapelle: „Pax invictis"[2]) verkünden den Ruhm dieser
tapfern, aufopfernden Schweizer in Alles sagender Weise laut der Nach=
welt! Erster Commandant des Schweizer Garde=Regimentes war 1616
bis 1619 der Oberst Caspar Galatti, dessen letzter, seit 25. August 1767,
der Oberst Louis Augustin Graf d'Affry. — Die förmliche Auflösung
des nach dem 10. August 1792 noch gebliebenen Ueberrestes der treuen,
heldenmüthigen Schaar, fand am 20. August jenes Jahres statt.

Die Infanterie=Regimenter der Armee, welche nicht zu
den königlichen Haustruppen gehörten, hatten nahezu dieselbe Organi=
sation wie diese, d. h. sie waren gleichfalls ganz unregelmäßig in
Regimenter von einem bis zu sechs Bataillons getheilt und hatten
mehrere Fahnen. Es waren ihrer 82 französische Regimenter, 12 deutsche,
11 Schweizer und Graubündtner, 8 irische oder schottische und 2 italienische
mit einer Gesammttruppenzahl von 171.513 Mann. — Die sechs
ersten Regimenter hießen die „Alten" weil sie noch vom Könige
Carl IX. herstammten; es waren dies: Picardie, Champagne, Navarra,
Piemont, Normandie und la Marine. Die nächstfolgenden sechs, weil
weniger in die Vergangenheit zurückreichend „die kleinen Alten"
(les petits vieux), alle übrigen trugen entweder den Namen einer
Provinz oder ihres Obersten und deshalb hatten auch drei Regimenter
(nicht allein der Infanterie, sondern auch der Cavallerie und Dra=
goner) die Benennung: „Regiment des Königs", „der Königin" und
des „Dauphin" und wurden blos von Oberstlieutenants commandirt.
Unter den französischen Infanteriecorps bestand auch: „Royal=
artillerie", das 1756 aber seinen Namen änderte, aus 6 Bataillonen

---

[1]) Der Tapferkeit der Schweizer.
[2]) Friede den Unbesiegten.

zu 16 Compagnien à 50 Mann, wovon 2 Sappeur-, 9 Kanonier- und 5 Bombardiercompagnien, überdies dienten in der Suite dieses Corps noch 6 Mineur- und 6 Arbeitercompagnien.

Ein anderes Regiment der Infanterie war jenes der Grenadiere von Frankreich, welches unter dem Befehle zweier Generale, 4 Brigaden zu 12 Compagnien formirte und 24 Oberste zählte, wovon aber nur 16 anwesend, die übrigen jedoch überzählig waren.

Die fremde Infanterie hatte keine besonderen Kennzeichen außer dem, daß den Schweizern keine Grenadiercompagnien zugetheilt waren. Ihr ganzes Wesen galt für ein ausnahmsweises und sie dienten nur als Verbündete und beständige Hülfstruppen. Die Gerichtsbarkeit stand bei ihnen den Officieren zu, welche Urtheile fällten, gegen die keine Appellation zugelassen wurde. Unabhängig von dem Almosenier der katholischen Kirche, war ihnen auch ein protestantischer Geistlicher beigegeben, welchen der Oberst bezahlte, wenn er selbst Protestant war, während der katholische Priester von den katholischen Officieren unterhalten werden mußte.[1]

Die Infanterie vermehrte sich noch durch das Contingent des leichten Fußvolkes, der Milizen und der königlichen Grenadiere.

Die leichten Truppen waren: die Fischer'schen Freiwilligen, die königlichen, die dauphinéischen, elsässischen, flandrischen, Hennegauer

---

[1] Die fremden Regimenter waren 1756 folgende:

Die Deutschen: 1. Alsace. 2. Salm-Salm. 3. La March. 4. Royal Suédois. 5. Royal Hesse-Darmstadt. 6. Löwendahl. 7. Bergh. 8. Fersen. 9. Nassau-Saarbrück. 10. La Dauphine. 11. Saint Germain. 12. Royal Pologne.

Die Schweizer und Graubündtner: 1. Wattenwyl. 2. Salis-Samaden. 3. Sonnenberg. 4. Castella. 5. Vigier. 6. Lulin-Chateauvieux. 7. Diesbach. 8. Courten. 9. Salis-Grison. 10. Steiner. 11. Karrer.

Die irischen und schottischen Regimenter: 1. Dillon. 2. Berwick. 3. Walsh. 4. Royal Ecossais. 5. O'Gilvy. 6. Albanie. 7. Lally.

Die beiden italienischen Regimenter waren Royal Italien und Royal Corse.

Die Cavallerie, welche durch einige Zeit (um 1712 bis 1722) fremde Nationalitäten, namentlich emigrirte Ungarn nach Beilegung der Rakoczy'schen Unruhen aufnahm, ergänzte sich 1756 nur mehr aus eingebornen Franzosen oder französischen Unterthanen.

und ausländischen Freiwilligen, die Bergschotten und Guiden zu Fuß, wie auch die Volontärs des Geschray, Wurmser und des Vignolli'schen Corps, die ausländischen Matrosen von Dünkirchen, sowie noch mehrere schweizerische, deutsche und selbst croatische Freicompagnien; all' diesen irregulären Infanteriecorps war auch Cavallerie zugetheilt.

Die Milizen waren aus jungen Leuten gebildet, welche in allen Provinzen des Königreiches durch die Ziehung des Looses engagirt wurden und die Reserve formirten.

Aus den Grenadiercompagnien der 110 Milizbataillone hatte man 11 königliche Grenadier-Regimenter gebildet, welche nach den Namen ihrer Obersten genannt wurden. Man verdoppelte sie später noch durch im Felde erprobte Soldaten. Im siebenjährigen Kriege brachte diese Truppe ungeheuere Opfer und focht mit so ausgezeichneter Bravour, daß sie der zweifelhaften Ehre gewürdigt werden sollten, von der Marquise de Pompadour selbst, in Versailles besichtigt zu werden.

Außerdem unterhielten noch die meisten Provinzen andere Bataillone, deren Bestandtheile aus gesunden und starken Leuten genommen wurden, um eine Art Nationalgarde zu bilden, welche blos zur Vertheidigung der Plätze verwendet werden sollte, die sie auch nur über ausdrücklichen Befehl des Königs verlassen konnte. Der Effectivstand dieser Ergänzungs-Infanterietruppen betrug 87.150 Mann.

Die französische Cavallerie zählte 1756 an 37.550 Mann. An ihrer Tête zog die Ordonnanzgensdarmerie, Carls VII. Schöpfung, von der König Franz I. sagte: „Das ist der Arm, der meinen Scepter hält". Sie wurde im Kriege mit der Cavallerie der königlichen Haustruppen zu einer Brigade vereinigt und zählte 10 Compagnien Gensdarmen und 6 desgleichen Chevauxlegers, das heißt: die schottischen Gensdarmen, deren Capitän König Jakob II. von England war, ehe Ludwig XIV. diese Stelle übernahm; die englischen, die Burgunder, Flanderer, die der Königin und ihre Chevauxlegers, ebenso beide Waffengattungen des Dauphins und beide auch von Burgund, Aquitanien, Berry und Orléans mit den Namen dieser Provinzen. Ihre reichgezierten Standarten trugen die vielsagende Devise: „In omni modo fidelis, seu pacem, seu bella gero, sunt pericula ludus".¹) Diese 16, durchwegs aus Franzosen bestehenden Compagnien waren in 8 Schwadronen formirt, jede derselben zählte 140 Gensdarmen oder Chevauxlegers. Capitän derjenigen, welche einen Prinzen zum Anführer hatten, war König Ludwig XV. Ein Inspector (der Majorsrang hatte), überwachte die Conduite und präsentirte dem Könige Persönlichkeiten von ausgezeichneter Geburt, um die leeren Posten damit zu besetzen.

Die übrige Cavallerietruppe bestand aus fünfundsechzig Regimentern, von Obersten (mestres de camp, wie sie auch hießen) commandirt. Die höchste Stelle war die eines Generalobersten, der allenthalben die Cavallerie befehligte; des General-mestre de camp, der beim Ausfallen des Vorgenannten dieselbe Prärogative hatte, und des Generalcommissärs, der die Ueberwachung der ganzen Waffe leitete. Keiner dieser Generäle besaß ein Regiment, denn sie waren blos die drei ersten Commandanten der Reiterei, und zwar gab es einen für die Carabiniers, einen für die Cürassiere und drei für die Hußaren. Auch die Dragoner, welche zu Fuß und zu Pferde dienten, hatten für ihre 16 Regimenter (jedes zu 4 Schwadronen), einen Generalobersten und einen General-mestre de camp.

Hinsichtlich der Käuflichkeit der Stellen im französischen Heere, sei in Kürze bemerkt, daß der Werth der einzelnen Charge häufig wechselte; einige stiegen zu fabelhaften Preisen, und es genügte keineswegs einen Grad zu erhalten, um damit auch das Recht zu haben das Commando zu üben, sondern oft mußte man die Stellen, welche schon durch die königlichen Verordnungen taxirt waren, theuer kaufen, wenn nicht der König dieselben ganz schenkte. So verkaufte z. B. der Marschall Belle-Jsle seine Stelle als General-mestre de camp der Dragoner um 450.000 Livres; die Erben des Herzogs von Gesvres erhielten für jene eines Gouverneurs von Paris 150.000 Livres und der Graf von Eu gab dem Könige für eine Pension von 50.000 Livres die Stelle und den Titel eines Generalobersten der Schweizer zurück. Der Preis der alten Corps betrug 75.000, der der "kleinen alten" 55.000, die andern Regimenter kamen auf 20.000 bis 30.000 Livres

---

¹) Immer getreu; ob ich nun im Frieden lebe oder im Kriege, bleiben die Gefahren mir nur Spiel.

zu stehen, je nachdem sie das Alter hatten. Bei der Gensdarmerie aber kosteten die Plätze ungeheuere Summen. Die schottische Compagnie z. B. 180.000, eine Unterlieutenantsstelle dabei 100.000, ein Fähnrichsposten 62.000 und die Stelle eines ersten Cornets oder Standartenjunkers 50.000 Livres. Der König selbst regelte die Posten bei der Cavallerie, den Dragonern und der königlichen Artillerie je nach Maßgabe der Vacanzen.

Endlich der dritte Theil des Militäretats umfaßte die Artillerie, das Geniecorps, die königliche Militärschule, die Invaliden, die Connétablie, die Maréchaussée, die Polizeigensdarmen und die Militärspitäler.

Die Artillerie und das Geniecorps waren 1755 in ein Corps vereint worden, so daß künftighin die Bataillone der königlichen Artillerie, die zugetheilten Mineurs- und Arbeitercompagnien, die Platzofficiere der Artillerie und die Genietruppen den Titel eines „königlichen Artillerie- und Geniecorps" führten.

Hinsichtlich des Nachwuchses an Officieren und der Ausbildung militärischer Jugend wurden die bisherigen Cadettenstellen aufgehoben und eine neue Schule zu La Fère errichtet, welche von denen zu Metz, Straßburg, Besançon, Grenoble, Mezières und in La Fère selbst schon bestehenden, unabhängig war, deren Zöglinge Unterlieutenantsrang hatten und monatlich 40 Livres Gage bezogen. Am Ende jeden Jahres legten sie eine Prüfung ab und kamen dann je nach ihrer Qualification, entweder in die Schule zu Mezières mit Lieutenantsrang oder in die Artillerie. Diese Organisation war das Werk des Ministers Grafen d'Argenson, auch war dieser der Gründer der königlich militärischen Schule, welcher einst Bonaparte die Elemente seiner Kriegskenntnisse verdanken sollte, und die 1756 an fünfhundert adelige Zöglinge zählte. — Zweck dieser Schule war Belohnung ausgezeichneter und verdienter Officiere, indem man ihren Söhnen eine unentgeltliche Erziehung ertheilte, welche sie geeignet machen sollte, in der militärischen Carriere ihren Weg zu finden. Es gab acht Kategorien von Zöglingen, denen sie offen stand, von jenen angefangen, deren Väter im Dienste gefallen oder an ihren Wunden gestorben waren bis zu den Kindern adeliger, aber armer Familien. Diese nahm man im Alter von acht bis eilf, Waisen bis dreizehn Jahren an; ihr Unterhalt und die ganze Erziehungsanstalt wurde durch die Steuern auf Spielkarten gedeckt. Jährlich wurden vier Kreuze des Ordens, „Unserer lieben Frau vom Berge Karmel und des heiligen Lazarus" unter die vier ausgezeichnetsten Zöglinge vertheilt, mit welcher Belohnung eine Pension bis exclusive zum Avancement eines Capitäns verbunden war. — Die Militärschule war dem Invalidenhotel zunächst gelegen. Der Ausbruch der Revolution änderte 1792 ihre Bestimmung und aus der Schule wurde eine Kaserne für 5000 Mann und 800 Pferde hergerichtet.

Die Invaliden theilten sich damals, 1756, in drei Classen nach der Zahl ihrer Dienstjahre. Der Kriegsminister war jedes Mal Director und oberster Verwaltungschef des Hotels.[1]) Für die Verstümmelten von Donain und Berg-op-Zoom, 1747, ließ d'Argenson eine Allee pflanzen, welcher er den Namen der „Elysäischen Felder" gab. Oft, wenn die Invaliden einer heilbringenden Erholung genossen hatten, verlangten sie wieder in den Waffendienst und wurden sodann in der Regel als Wächter in den Festungen und Citadellen verwendet. — 1756 bestanden 150 Invalidencompagnien mit einem Effectivstande von nahe an 10.450 Mann.

Die Connétablie war die oberste Stelle (la colonelle) aller Maréchaussées (Militärbehörden für die Erhaltung der öffentlichen Sicherheit, wie heut zu Tage Gensdarmerie und Polizei), machte wie diese, einen Theil der (damaligen) Gensdarmerie aus und fungirte bei dem Marschallsgerichte; sie zählte 48 berittene Garden, 4 Exempte, 4 Lieutenants und 1 Generalprévot. Nur die Marschälle von Frankreich hatten das Recht, einen Posten dabei zu vergeben und deshalb übten sie über die Maréchaussées eine Art Plenargewalt.

---

[1]) Die Versorgung verwundeter oder gealteter Krieger datirt in Frankreich schon aus der Zeit Carl des Großen, der den verstümmelten Veteranen unter den Namen von Laienbrüdern in den reichen Abteien eine sichere und ruhige Zufluchtsstätte finden ließ. Alle spätern französischen Könige verbesserten diese Einrichtungen bis die königliche Freigebigkeit Ludwig XIV. durch Ordonnanz vom 15. April 1670 das jetzige Hotel der Invaliden gründete. „Pour assurer une „existence heureuse aux militaires qui, veillards mutilés ou infirmes, se trouve„raient sans ressources après avoir blanchi sous les drapeaux, ou versé leur „sang pour la patrie" lauten die schönen Worte des Stiftungsbriefes.

Der Maréchaussée-Compagnien gab es 31, welche in den Provinzen vertheilt waren und 1 Generalprévot, 1 Lieutenant, 1 Assessor, 1 königlichen Procurator und 1 Schreiber zählten.

Alle diese Regimenter und Corps bildeten die französische Armee. Das Materiale war indeß nicht minder des Ministers Sorge; die Uniformen wurden bestimmt und obligat, auch für die Generalität.

Auch wurde der Spitalsdienst organisirt. Die Spitäler waren bisher von Privatunternehmern, wie die Steuern von den Generalpächtern gepflegt oder mißbraucht worden, welche bis zur Höhe ihres Pachtpreises den Sold der daselbst verpflegten Soldaten, Corporäle, Sergeants u. s. w. erhielten; waren aber diese Summen nicht ausreichend, so ersetzte sie der König aus seiner Privatcasse.

Derart war unmittelbar vor Ausbruch des siebenjährigen Krieges (1756), die französische Heeresorganisation. Die Armee zählte ungefähr 337.700 Mann und war in lebendem und todtem Kriegsmaterial, nach den hinterlassenen Mittheilungen von Zeitgenossen, in vortrefflichem Stande; sie konnte zu den besten Erwartungen von Erfolgen berechtigen und ihren Feinden gefährlich erscheinen, aber die großen Feldherren, wie Turenne, Condé, Luxemburg, der Marschall von Sachsen waren ausgestorben. — Es fand sich oder vielmehr, es wurde bei Ausbruch des Krieges kein Feldherr gefunden, um das Heer gut zu führen und mit Siegeslorbeern die französischen Fahnen zu schmücken. Ueberdieß verdrängten die unglückliche Maitressenwirthschaft und zahllose Hofintriguen oft gerade jene Männer vom Commando, von deren kriegerischen Erfahrung und Kenntnissen das Beste zu erwarten stand.

Nach den Berichten von Augenzeugen, scheint die Infanterie nicht die Kerntruppe des französischen Heeres gewesen zu sein, dagegen erfährt die Cavallerie, und namentlich die schwere, die eigentliche Schlachtencavallerie mehrfaches Lob und hat, Roßbach ausgenommen, sich auch stets ihres vorangegangenen guten Rufes in allen Schlachten und größeren Gefechten des siebenjährigen Krieges würdig gezeigt. — Gut und zahlreich war die Artillerie. An Ingenieuren und Pionnieren hatten die Franzosen ein zu jener Zeit wol von keiner andern Armee erreichtes, tüchtiges Corps und der Vorzüglichkeit dieser Waffe ist es allein zuzuschreiben, daß das französische Heer in der Belagerung und Vertheidigung fester Plätze ihren Feinden gegenüber eine entschiedene Ueberlegenheit behauptet habe, so z. B. erinnern wir an die schnelle und zweckmäßige Befestigung von Göttingen, gegen Ende des Feldzuges 1760, sowie die geschickte und tapfere Vertheidigung von Cassel in der Campagne 1762. — An brauchbaren leichten Truppen litt die französische Armee, einen in den bergigen und waldigen Gegenden, in welchen meist der Krieg geführt wurde, sehr fühlbaren Mangel; auch fehlte das nöthige Geschick zum kleinen Kriege den wenig vorhandenen leichten Truppen und ihren Führern; und selbst die besten unter diesen, wie das Fischer'sche Freicorps, die Hußaren Bercsény, die Volontärs der verschiedenen Regimenter, war nie im Stande, weder es den gewandten und kühnen braunschweigischen oder preußischen Parteigängern an Schnelligkeit der Ausführung dreister Anschläge gleich zu thun, noch die eigene Armee vor den Nachtheilen der gewagten Streifzüge der feindlichen leichten Truppen zu bewahren. — Die Schweizer und deutschen Regimenter der französischen Armee thaten sich im siebenjährigen Kriege am meisten hervor. Die aus Frankreich nachgesandten Verstärkungen bestanden jederzeit aus vollkommen geschulten Soldaten, ein bedeutender Vortheil gegenüber einer feindlichen Armee, deren Lücken besonders in den letzten Feldzugsjahren, nur durch unfertige Rekruten und Reconvalescenten ausgefüllt werden konnten. Die französischen Heeresabtheilungen, numerisch stark und aus brauchbaren Soldaten bestehend, würden auch ohne den unfähigen, corrumpirten Verpflegsbeamten, ohne den hemmenden Anhang eines übergroßen Trains,[1]) ohne die Unfähigkeit einiger ihrer Führer und der unter diesen herrschenden Eifersucht, gewiß manchen Sieg errungen haben, während sie in Folge dieser aufgeführten Uebelstände nur höchst mittelmäßige Leistungen aufzuweisen hatten.

---

[1]) Die ungeheuern Trains der französischen Armee besonders in ihrem ersten Feldzuge des siebenjährigen Krieges, 1757, gaben derselben den Anstrich eines reichen kriegerischen Nomadenvolkes. Ganz abgesehen von den Equipagen und zahlreichem Dienertroß der Generalität und höheren Officiere, deren viele auch ihre Maitressen ins Feld mitschleppten, führten selbst die gemeinen Soldaten Personen zu ihrer Bedienung mit sich. Es ist eine bekannte Thatsache, daß bei der Armee des Prinzen von Soubise, zur Zeit ihrer Vereinigung mit den Reichstruppen, 1757, jeder Grenadier oder Musketier einen Burschen aus dem früheren Garnisonsorte als Pfeifenstopfer bei sich hatte. Außerdem folgten zahlreiche Krämer und Kaufleute der Armee.

III.

In Kämpfen und Feldlagern. — Am Hofe der Kaiserin Maria Theresia 1762. — Friedensschluß.

1757 bis 1763.

Bereits 1756 war der Krieg Frankreichs gegen England erklärt und ausgebrochen und der Marquis Galissonnière hatte in der Nähe der Insel Minorca am 6. Mai in einem glänzenden Seegefechte die englische von Admiral John Byng befehligte Flotte geschlagen, und die am 29. Juni d. J. bewirkte Einnahme Port Mahons durch den Marschall Richelieu war die Folge jener Waffenthat der französischen Marineurs. — Beide ruhmvollen Erfolge der Kriegs- und Seemacht brachten in ganz Frankreich einen eben so lebhaften als tiefen Eindruck hervor, dies hieß ein guter Anfang des Krieges! Der König selbst beglückwünschte im eigenhändigen Schreiben den Herzog von Richelieu seinen Liebling und Freund der Pompadour, zu dem errungenen Siegeslorbeer, — der galante Marschall legte diesen in einem Schreiben im Style der Salons von Versailles zu den Füßen der königlichen Freundin als Huldigung nieder, welche dieselbe sehr gut aufnahm; und der Name des Siegers von Port Mahon war durch einige Zeit zu Versailles und Paris in Aller Munde, und eine Seitengasse der Rue de Richelieu erhielt den Namen Port Mahon. Voltaire feierte in Poesien und Prosa seinen Freund Richelieu, dem er den Namen eines französischen Alcibiades gab. — Wie dies von jeher in Frankreich war, Alles schwärmte für Port-Mahon und

Richelieu, es wurde herrschende Mode; die Equipagen, die Nippes, die kleinen Capricen der Damen erhielten anspielende Bezeichnungen. Die zurückkehrenden Truppen wurden bei ihrer Landung in Toulon mit Ehrenbezeugungen überhäuft, und von dort bis Versailles wurden dem Marschall Triumphbögen errichtet und Lobreden gehalten. — Die Eroberung Port Mahons, wenn auch von den Zeitgenossen überschätzt, war jedenfalls ein schöner Erfolg, da es damals die einzige Station der Engländer im Mittelmeere war, und deren Besitz Hoffnungen erweckte, sich auch in der Folge Gibraltars zu bemächtigen. Auch dem Seehelden La Galissonière, waren bei seiner Rückkunft in Versailles, wohin man ihn befohlen hatte, die verdienten Ehren und Belohnungen zugedacht worden, — als ihn plötzlich der Tod überraschte. Es war dies ein großer Verlust für die französische Marine, die mit ihm ihr damaliges Haupt verlor, da er sowol durch die Gewandtheit als die Kühnheit seiner Schiffsmanöver zu den hervorragendsten Seemännern Frankreichs gehörte.

Unter diesen günstigen Eindrücken und Vorbedeutungen war zu Versailles der schon lang geplante Allianztractat Frankreichs mit der Kaiserin Maria Theresia zum Abschlusse gekommen, in Folge dessen Ludwig XV. anfänglich mit einem Armeecorps von 24.000 Mann, die österreichische Streitmacht zum bevorstehenden Kriege mit König Friedrich II. von Preußen verstärken sollte. Letzterer hatte sich wie bekannt mit England verbündet und war im August 1756 in Sachsen eingebrochen. Am 10. September waren die Preußen in Dresden eingerückt, und die schwere Beleidigung, die man der Königin Maria Josepha, einer Tochter Kaiser Josephs I., angethan, da sie von preußischen Grenadieren ergriffen und weggetragen wurde, um sich eines Schrankes mit Documenten zu bemächtigen, vor den sich die Königin gestellt hatte, war auch für Frankreich höchst verletzend; — die gleichnamige Tochter der Königin war die Gemalin des Dauphins und forderte Genugthuung für ihre Mutter. — Dieser Umstand trug wesentlich bei, Ludwig XV. für die Ehre seines Hauses noch eifriger zu machen in Erfüllung der Verpflichtungen seines neuen Bündnisses. Der Generallieutenant Prinz von Soubise wurde mit dem Oberbefehle des Hülfscorps betraut, und Alles, was irgend einer Protection sich zu erfreuen hatte, trachtete in dieses eingetheilt zu werden. Carl de Rohan, Prinz von Soubise, geboren 1715, hatte 1732 als Standartjunker der königlichen Gensdarmen seine militärische Carriere begonnen, 1734 war er Capitän in dieser Elitetruppe; bei der Belagerung von Freiburg 1744 wurde ihm ein Arm zerschmettert; im Feldzuge 1745 war er Adjutant des Königs, that sich bei Fontenoy hervor, wo er an der Spitze der Gardegensdarmen eine englische Colonne mit vorzüglicher Bravour angriff und über den Haufen warf. Er wurde 1748 Maréchal de camp und 1751 Gouverneur von Flandern und Hennegau. Er war ein Edelmann von Ehre und hohem Muth, an militärischen Gehorsam seit frühester Jugend gewöhnt, aber es mangelten ihm höhere Feldherrngaben. Persönlicher Freund Ludwigs XV. und im guten Einvernehmen mit der Marquise de Pompadour, erhielt er das Commando der zu den Operationen in Sachsen bestimmten 24.000 Mann starken Heeresabtheilung.

Im Beginne des Jahres 1757 brachte der Marschall Graf d'Estrées den Allianztraktat zur Ratification nach Wien und sollte auch daselbst an den Berathungen über die nöthigen Vorbereitungen zur Eröffnung der Campagne und eventuellen gemeinsamen Action der mit Oesterreich gegen Preußen und England verbündeten Mächte Theil nehmen. In diesem Kriegsrathe war das deutsche Kaiserreich durch den spätern Sieger von Kolin und Hochkirch Feldmarschall Grafen Daun, — Rußland durch den Feldmarschall Grafen Apraxin und Schweden (als Mitunterzeichner des westphälischen Friedens) durch den Generallieutenant Grafen Rosen vertreten. Die leichte Art mit der Marschall d'Estrées sich mit den drei andern Generälen verstand, die geringen Schwierigkeiten über die Basen der vereinbarten Operation, welche hauptsächlich dessen liebenswürdigem Entgegenkommen zuzuschreiben waren, bewogen die Kaiserin Maria Theresia die Ernennung **dieses Marschalls** zum Oberbefehlshaber der französischen Armee in Deutschland, bei ihrem neuen Alliirten König Ludwig XV. zu befürworten. Das Resultat der in Wien gepflogenen Verhandlungen war, daß Frankreich, außer dem durch den Tractat bestimmten Hülfscorps von 24.000 Mann, noch überdies eine Armee von 60.000 gegen den Niederrhein vorrücken lassen sollte, um die preußischen Besitzungen in Westphalen anzugreifen und sodann in Hannover einzudringen, während Generallieutenant Prinz Soubise mit seinem obigen Corps sich Hessens bemächtigen sollte.

Marschall d'Estrées wurde zum General en chef und Commandanten sämmtlicher französischer Heeresabtheilungen in Deutschland ernannt. Der Marschall (ein Neffe Louvois', des einstigen Kriegsministers Ludwigs XIV.) hatte damals schon das sechszigste Lebensjahr längst[1]) überschritten, und genoß eines guten militärischen Rufes. Sehr jung hatte er die letzten Feldzüge des spanischen Erbfolgekrieges mitgemacht; seinen ersten Waffengang bestand er unter den Befehlen des Herzogs von Berwick; erst achtzehnjährig erhielt er ein Cavallerie-Regiment, an dessen Spitze er sowol durch seinen persönlichen Muth, als durch die Anmuth und Feinheit seines Benehmens und seiner Formen glänzte. Zu Weißenburg in Garnison während des dortigen Aufenthalts Königs Stanislaus, war er der Gegenstand der ersten Neigung der Prinzessin Maria Leszynska, welche aber bestimmt war später seine Monarchin zu werden. In der militärischen Carriere rasch emporgestiegen, commandirte d'Estrées als Generallieutenant in der Schlacht bei Fontenoy 1745 mit Auszeichnung die königlichen Haustruppen, und war erst vor kurzem 1756 Marschall von Frankreich geworden.

An der Spitze der großen französischen Armee rückte Marschall d'Estrées im Frühjahr 1757 in Deutschland ein. Er hatte sich gegenüber nur eine kleine vom Herzog von Cumberland befehligte Armee. Aber durch seine Verpflegsanstalten gehemmt, brauchte er Wochen dazu, um dieses feindliche Heer über die Weser zurückzudrängen. Aus derselben Ursache verlor er wieder viel Zeit bis er diesen Fluß passirte, und es hätte nur einer größern Umsicht seines Gegners bedurft, so wäre der große Erfolg während und nach der Schlacht bei Hastenbeck wahrscheinlich in Frage gestellt worden. Aber man muß dem Marschall d'Estrées zugestehen, daß er den obwaltenden Verhältnissen entsprechend mit Klugheit gehandelt hat, und es als einen traurigen Beweis der Intriguen bei Hofe und in der Armee ansehen,

---

[1]) Louis César Le Tellier, Graf von d'Estrées, geboren zu Paris 1695, und bis 1737 unter dem Namen eines Marquis von Louvois bekannt, seit 1763 Herzog, 1771 gestorben; mit ihm erlosch das Haus d'Estrées.

daß er mitten in seinen Erfolgen aufgehalten, abberufen und durch einen andern Feldherrn, den Herzog von Richelieu, ersetzt wurde.

Kehren wir nun wieder zu unseren Bekannten nach Lüneville zurück. Der Generallieutenant Graf Bercsényi hätte gar gerne sein Hußaren-Regiment im Auxiliarcorps des Prinzen Soubise eingetheilt gesehen, um so mehr da sein ältester Sohn dasselbe als Oberst commandirte. Aber mit dem um diese Zeit stattgehabten Sturze seines Freundes, des Kriegsministers d'Argenson, war auch Bercsényi's eigener Einfluß etwas gesunken, und er konnte seinen Wunsch nicht erreichen, dagegen erhielt er die Erlaubniß für seinen Schützling, Grafen Valentin Esterhazy die Compagnie des Capitäns Deak, eines alten ungarischen Emigranten, in seinem eigenen Hußaren-Regimente zu kaufen. — Auf der Durchreise des Marschalls d'Estrées nach Wien, benützte Graf Bercsényi dessen Aufenthalt in Lüneville, um von dem günstigen Umstande einer Allianz der Häuser Habsburg-Lothringen und Bourbon Vortheile zu ziehen, und die Aufhebung der Verbannung seiner Familie zu erwirken, welche Kaiser Joseph I. 1709 über seinen Vater und dessen Nachkommen ausgesprochen hatte, und bat den Marschall sich in dieser Angelegenheit bei der Kaiserin Maria Theresia zu verwenden. Bercsényi's Ansuchen wurde von jener gütigen Fürstin sogleich bewilligt, jedoch mit der durch die damaligen Verhältnisse bedingten Klausel, daß dieser Gnadenact ihm nicht irgend ein Recht gebe, die einstigen großen Besitzungen seines Hauses anzusprechen, da dieselben fast vor einem halben Jahrhunderte, confiscirt und vom Staate als Belohnungen für ihre Treue und Dienste in die Hände anderer Familien gelangt waren.

Bei der erfolgten Aufstellung der größern Armee des Marschalls d'Estrées, wurde Graf Bercsényi als ältester Generallieutenant in diese eingetheilt: — ebenso sein Hußaren-Regiment completirt und vermehrt, und einige Abtheilungen im Frühling 1757 zu dieser nach Deutschland beordert, der Rest aber erst nach vollendeter Augmentation.

Um diese Zeit war es, daß der alte Graf Bercsényi eines Morgens den jungen Grafen Esterhazy in sein Arbeitszimmer bitten ließ und ihn derart ansprach: „Fiám, ich habe Dich gehalten und erzogen wie „meine eigenen Kinder, ich habe niemals zwischen euch einen Unter=„schied gemacht, aber jetzt erübrigt mir noch die Pflicht, Dich in die „Lage zu setzen, daß Du Deinen eigenen, Deiner hohen Geburt ange=„messenen Weg selbst fortsetzen könnest. Zu diesem Zwecke habe ich „die königliche Bewilligung nachgesucht und auch erhalten, eine Com=„pagnie im Regimente meines Sohnes für Dich zu kaufen, „welche Dir genügende Mittel eines anständigen Unterhaltes gewähren, „gleichzeitig aber auch Gelegenheit verschaffen wird Dich im jetzt be=„ginnenden Kriege hervorzuthun, und der Gründer Deines Glückes zu „werden". Er umarmte nach diesen Worten den siebenzehnjährigen Jüngling, übergab ihm das Capitänspatent und fuhr fort: „Ich „selbst werde Dich zum Regimente bringen, mein Sohn, und Dich „allen jenen Officieren und Unterofficieren, welche unter mir die „früheren Feldzüge mitgemacht haben, angelegentlichst empfehlen, höre „sodann ihren erprobten Rath, befolge ihr Beispiel; lebe und handle „stets in der Furcht Gottes; gegen Deine Vorgesetzten sei ergeben „und gehorsam, — gegen Kameraden gefällig und zuvorkommend, „gegen Deine Untergebenen billig und gerecht; gieb diesen ein Beispiel „kriegerischen Muthes und guter Aufführung; — kurz zeige Dich „würdig des Blutes und der Abkunft ruhmvoller Vorfahren, sei stets „ein echter Ungar (igaz magyar) und ein tapferer Hußar (vétez „katona)". — Der Jüngling versprach seinem väterlichen Freund, dessen so wohlgemeinte Rathschläge und Lehren, stets im Gedächtnisse zu behalten, sie zu beherzigen und zu befolgen, — diese Zusage blieb ihm stets heilig, — und gewissenhaft hat er sie als Mann sein ganzes Leben lang gehalten und erfüllt. Er beschreibt in seinen Auf=zeichnungen die stolze Freude, eine eigene Compagnie zu comman=diren und zum Regimente einzurücken, keine pedantischen Professoren und Meister mehr zu haben. Alles dies ließ den jungen Hußaren=Capitän die Vergnügungen von Lüneville bald vergessen, und mit größter Ungeduld erwartete er den Augenblick um nach Vaucouleurs, der Garnison des Regimentes Berchény abzugehen. (Wir wählen an allen jenen Stellen, wo das Regiment genannt wird, die wenn auch fehlerhafte aber in französischen Berichten und Diensteseingaben gebrauchte ämtliche Schreibart Berchény — während wo von den

Persönlichkeiten dieser Familie die Rede ist, wir die correcte „Bercsényi" beibehalten). — Wir lesen ferner wie er bis jetzt zwar nur die Reitschule besucht und leichte Vergnügungsritte unternommen hatte, doch zweimalige Besuche in den Lagern bei Richemont und Metz hatten ihm bereits für seinen neuen Stand die größte Lust und Neigung eingeflößt. — Endlich kam denn der ersehnte Tag der Abreise und Valentin Esterhazy fühlte sich überglücklich, in noch nicht vollendetem siebenzehntem Jahre Capitän zu sein, und in einen Kreis tapferer Krieger und ehrenhafter Männer zu treten; — das eifrigste Verlangen beseelte den jungen Officier sich durch Thätigkeit im Frieden, durch Tapferkeit vor dem Feinde seine Charge auch zu verdienen, — und das stolze Bewußtsein eiferte ihn an, — nun sich selbst, durch eigenes Verdienst seine weitere Carriere zu eröffnen.

In den ersten Tagen Aprils 1757 reiste Generallieutenant Graf Bercsényi mit seinem jungen Freunde von Luneville ab, und nachdem sie in Commercy, von welchem Orte Ersterer Gouverneur war, einen kurzen Aufenthalt gemacht hatten, trafen sie in Vaucouleurs ein, wo eben das ganze Hußaren-Regiment concentrirt war, zur Zusammenstellung des in das Feld bestimmten Detachements. Am andern Morgen empfing Oberstlieutenant Witt, der in Abwesenheit des in Angelegenheiten seiner Heirat in Paris befindlichen Obersten Grafen Bercsényi das Regiment commandirte, die erste persönliche Meldung des neubeförderten Capitäns in Gegenwart des Generallieutenants Bercsényi, der diesen der Freundschaft und dem Wohlwollen des hier versammelten Officierscorps auf das wärmste empfahl, und denselben nochmals ermahnte, den Rathschlägen seiner Höheren und Kameraden stets williges Gehör zu geben, sich von ihrer Erfahrung leiten zu lassen, ihre Bravour nachzuahmen und stets zu trachten, sich gediegene militärische Kenntnisse zu erwerben. Capitän Graf Esterhazy übernahm nun sogleich das Commando seiner Compagnie, die er in ihre Standquartiere bei Rigny führte. — Daselbst eingerückt, widmete er sich mit unermüdlichem Eifer seinen Berufspflichten, visitirte fleißig Quartiere und Stallungen, betheiligte sich bei Abrichtung der Remonten, theoretischem und praktischem Unterrichte der Rekruten, kannte in kürzester Zeit jeden seiner Hußaren beim Namen, entwickelte vom frühesten Morgen bis späten Abend die unermüdlichste Thätigkeit und fand den anregenden Reiz der Neuheit in seinen nunmehrigen Beschäftigungen, welche nur durch übliche Meldungen beim Regimentsstabe und Besuche bei Kameraden in der Umgegend von Vaucouleurs unterbrochen wurden.

Ende Mai 1757 erhielt auch der zurückgebliebene Rest von Berchény-Hußaren Befehl zur Armee am Niederrhein abzurücken, welcher mit großer Freude von dem thatendurstigen jungen Capitän begrüßt wurde. Der Marsch eines Regimentes gegen den Feind war etwas Neues für diesen wißbegierigen Officier, und er ließ sich nun alle genauen Details der Marschordnung, — Einquartierung, der Fouragirungen und Requisitionen ungemein angelegen sein; — Esterhazy's Ambition und Fleiß, sein reger Drang sich praktisch zu unterrichten, gewannen ihm in kürzester Zeit die Anerkennung und Achtung aller älteren Officiere, welche, bei dem damals in der französischen Armee systemisirten Avancementsverhältnisse, wenn sie nicht einen vornehmen Namen oder Vermögen besaßen, nur mühsam vorwärts kamen und sich ihren Rang schwer verdienen mußten, daher derlei in höhere Chargen eintretende junge Herren meist mit Mißtrauen und Kälte betrachteten. — Das Regiment Berchény überschritt die Weser und wohnte nach einigen unbedeutenden Vorposten- und Plänklergefechten, am 26. Juli dem siegreichen Kampfe gegen den Herzog von Cumberland in der Schlacht bei Hastenbeck bei. — Den Rest dieses Feldzuges sah dasselbe selten den Feind, der einen Kampf vermeidend, sich gegen Stade, wohin das hannövrische Archiv geschafft war, zurückzog, um dasselbe zu schützen, und so das ganze Land preisgab. Hameln, Minden, Hannover und Braunschweig fielen in die Hände der Franzosen; Marschall d'Estrées überflügelte die feindlichen Alliirten und schnitt dieselben von der Elbe ab. Mitten unter diesen Erfolgen wurde er abberufen und durch den Marschall Herzog von Richelieu ersetzt. Während diesen Vorgängen hatte sich der Prinz von Soubise, dem Eifer und Thätigkeit nicht abzusprechen war, in der Vorrückung gegen Sachsen mit der vom kaiserlichen Feldmarschall Prinzen Sachsen-Hildburgshausen befehligten deutschen Reichsarmee vereinigt. — Der Herzog von Richelieu wandte sich nun mit seiner Armee gegen Kloster Zeeven, wo am 7. September durch Vermittlung des dänischen Ministers Grafen Lynar eine Capitulation zwischen den

Franzosen und den Hannoveranern zu Stande kam, vermöge welcher: die kleine hannövrische Armee bei Stade stehen bleiben, die Hessen, Braunschweiger, Bückeburger und Gothaer aber entlassen werden sollten, Hannover und Braunschweig zu Gunsten der Franzosen geräumt wurden. Ein Waffenstillstand folgte der Unterzeichnung der Capitulation und das Hußaren-Regiment Bercheny erhielt nun den Befehl gegen Halberstadt zu marschiren, um sich dort an das kleine Corps des Generals Voyer anzuschließen.

Jung, ohne Erfahrung aber voll Feuer und von dem rastlosen Bestreben beseelt, sich selbst die eigene Bahn zu brechen, zeigte Graf Valentin Esterhazy bei jeder Gelegenheit großen Eifer und Thätigkeit, er gönnte sich keine Ruhe, und so oft Streifcommanden ausgesandt wurden, die einen Kampf mit dem Feinde in Aussicht stellten, erbat sich der junge Officier die Erlaubniß, als Volontär denselben zu folgen, — stets sah man ihn auf Vorposten, wo es nur immer Gefahr und Ehre geben konnte. — Durch dieses Benehmen machte er sich bald den höheren Generälen bemerkbar und der Generallieutenant Herzog von Broglie[1]) konnte nicht genug des Lobes über Esterhazy's Verhalten sagen, ebenso der General Marquis d'Armentières[2]), der dessen Thätigkeit und Genauigkeit als mustergiltig erklärte. Veranlassung gab Folgendes: d'Armentières war ebenso tapfer und diensteifrig als hitzig und übereilt. Er visitirte eines Tages als Avantgarde-Commandant die Vorposten, und da er von weitem eine feindliche Truppe sich zurückziehen sah, commandirte

---

[1]) Victor François Graf von Broglie, geboren 1718, Sohn des Marschalls Herzog François Marie von Broglie, und wie dieser seit frühester Jugend Soldat. Mit sechzehn Jahren Capitän der Chevaurlegers, that er sich im Feldzuge 1734 in Italien, 1741 bei der Belagerung von Prag hervor, wurde 1743 Maréchal de camp, 1746 Generalinspector der Infanterie, focht in den Niederlanden und wurde 1748 Generallieutenant. Für seinen Sieg bei Bergen 1759 erhielt er (seit 1745 nach dem Tode seines Vaters Herzog) vom deutschen Kaiser die Reichsfürstenwürde. Bei Minden erlitt er dagegen eine Niederlage, 1762 wurde er Marschall von Frankreich, und im selben Jahre wegen Mißhelligkeiten mit Soubise auf seine Güter verwiesen; später wurde er Gouverneur von Metz. — Wir kommen in diesen Blättern, zur Zeit der französischen Revolution, noch auf ihn zurück.

[2]) Louis de Conflans Marquis d'Armentières wurde 1762 Marschall von Frankreich.

er ein Hußarenpiket, das er zufällig auf seinem Wege fand, zur schnellen Verfolgung derselben. Commandant dieses letzteren war Capitän Graf Esterhazy, der sich mit seinen Hußaren alsogleich in Galopp setzte; — aber jene Höhe von der sich der Feind zurückzog war durch einen sehr breiten, steilen und tiefen Graben, der für Pferde nicht zu übersetzen war, von den Hußaren getrennt. An dessen Ufern angekommen, mußten sie Halt machen und erst gangbare Stellen aufsuchen. Armentières, über diese Verzögerung erzürnt, sprengte heran, mit dem in barscher Weise ausgestoßenen Rufe: „Vorwärts!", kam selbst an den Rand des Grabens und befahl man möge sich einen Durchgang zurecht richten. Die Hußaren hatten aber keinerlei hiezu nöthige Werkzeuge bei sich, und der Graben maß zwanzig Fuß Tiefe. — Statt dem General die geringste Einwendung über die Unausführbarkeit des widersinnigen Befehls zu machen, zeigte der junge Capitän vielmehr thatsächlich den Beweis dafür, da er sein Piket sogleich absitzen ließ, und selbst das Beispiel gab, indem er mit Säbel und Sporen in den Erdaufwurf hineinhieb, — eine Arbeit, die auf diese Weise in Monaten nicht hätte beendet werden können. Aber dieser Act militärischer Unterwürfigkeit hatte den mittlerweile etwas ruhiger gewordenen General dermaßen entzückt, daß er rasch vom Pferde sprang und Esterhazy mit den Worten umarmte: „Mein „Kind! wenn ein Jeder so gehorchen und sogar das Unmögliche so= „bald es befohlen wird, wenigstens versuchen würde, viele Dinge, „welche man für unausführbar hält, würden williger unternommen, „und für manche sich sogar irgend eine Art der Ausführung vielleicht „finden lassen!"

Von jenen Zeiten bis zu seinem Tode behielt der spätere Mar= schall d'Armentières ein besonderes freundschaftliches Wohlwollen für den Grafen Esterhazy, und wo er diesem nur immer nützlich sein konnte, gab er ihm thatsächliche Beweise seiner Gesinnung; — auch erzählte er dem König Ludwig XV. diesen Vorfall, der den un= bedingten Gehorsam des jungen Hußaren=Capitäns auf einer Jagd öffentlich belobte. — Hatte Esterhazy durch diese Soldatentugend die Gunst des Marquis d'Armentières gewonnen, so war es seine Wachsamkeit, welcher er jene des Herzogs von Broglie verdankte, und seine rasche Beförderung war hauptsächlich das Werk dieser beiden Generäle. Es war stets der Grundsatz des thätigen Officiers, beim Hören des ersten Schusses aufzusitzen, und sich von dessen Ursache zu überzeugen, wenn er nicht durch eine bestimmte Dienstesverrichtung davon abgehalten wurde. — Eines Morgens hörte er bei Tagesanbruch in der Gegend bei Ottersberg einige Schüsse wechseln, rasch ritt der unermüdliche Capitän in jene Richtung, aus der sie ertönten, es war nichts von Bedeutung, nur vereinzeltes Patrouillengeplänkel, aber gleichzeitig glaubte er bemerkt zu haben, daß der Feind sein Lager an der Stelle, wo er ihn am vorherigen Abende noch gesehen hatte, abgebrochen habe. Erfreut, der erste von dem Abrücken des Feindes in Kenntniß zu sein, brachte er rasch diese wichtige Meldung in das Hauptquartier des Herzogs von Broglie, der sie aber als sehr zweifelhaft aufnahm und sagte, er wolle sich in seiner Begleitung selbst die augenscheinliche Ueberzeugung von deren Richtigkeit verschaffen. Aber wie drückend war es für den dienstoifrigen jungen Officier, als er sich während seines Anreitens überzeugte, daß die feindlichen Zelte, welche er immer deutlicher vor sich sah, noch ganz an demselben Platze wie gestern stünden. Der General rief ihn an seine Seite, und nachdem er sich einen Moment an der Verlegenheit und Beschämung des Capitäns erheitert hatte, sagte er: daß dessen Irrthum bei seiner jugendlichen Unerfahrenheit sehr verzeihlich wäre, da die Zelte durch den Nachtthau eine graue von der Erdfarbe schwer zu unterscheidende Färbung erhielten, daß aber sobald die Sonne sie trockne, wieder die ursprüngliche weiße Farbe dem Auge sichtbar würde. Zugleich belobte der Herzog Esterhazy's Wachsamkeit, mit dem Bemerken, daß es vor dem Feinde stets die Sache eines Hußarenofficiers sei, die ersten Meldungen über jede Vorfallenheit zu bringen.

Nach der Capitulation der Hannoveraner bei Kloster Zeeven rückte Generallieutenant Broglie zum Corps des Prinzen Soubise ab, das Hußaren-Regiment Berchény blieb aber unter den Befehlen des Generals Voyer vor Halberstadt und bestritt Vorposten und Streifcommanden bis vor die Thore Magdeburgs. Nach der für die Franzosen so unglücklichen Schlacht bei Roßbach (5. November) kam es nach Trefort an die obere Werra, im December in die Gegend von Zell und Ende Jänner 1758 rückte es mit den übrigen Truppen in die Winterquartiere, in der Gegend des Harzgebirges.

Um diese Zeit war der Graf von Clermont¹), mit dem Königshause verwandt, dem Marschall Richelieu im Armeecommando gefolgt. Er machte Ansprüche auf den Ruf eines tüchtigen Strategen, — war aber einer der elendesten Heerführer, die je an der Spitze einer Armee standen. — Indeß besaß er andere gute Seiten, denn er war ein uneigennütziger rechtlicher Mann, und diese Eigenschaften mochten wol bei seiner Ernennung zum commandirenden General, als Nachfolger eines Richelieu, — dessen schamloses Plünderungssystem selbst unter den höheren Officieren der französischen Armee großes Aergerniß erregt hatte, besonders maßgebend gewesen sein. Denn sonst ist es nicht zu erklären, weshalb ein Mann ohne Kriegserfahrung, ohne Kenntniß der eigenartigen Verhältnisse (er war Geistlicher gewesen und Abt von St. Germain des Prez) unter den schwierigsten Umständen an die Spitze einer demoralisirten Armee gestellt werden konnte. — Unbillig würde es indeß sein, wollte man Clermont eine Anerkennung des Guten nicht zu Theil werden lassen, welches er offenbar für die Besserung der demoralisirten französischen Armee gethan hat. Seinen eifrigen Bemühungen war es zu danken, daß der Gehorsam wieder Eingang fand, daß ferner das Selbstbewußtsein des gemeinen Mannes durch Erhöhung des Soldes und durch reichliche Versorgung der Armee mit allen Kriegsbedürfnissen bedeutend gehoben wurde. Als Feldherr hingegen hat Clermont freilich eine traurige Rolle gespielt, ebenso sehr durch eigene Unkenntniß und Ungeschick, als in Folge der Eifersucht und Insubordination der ihm untergebenen Generäle. — Am 3. Mai 1758 wurde die französische Armee von dem Prinzen Ferdinand von Braunschweig, der das Commando der hannövrischen Armee übernommen hatte, an der Leine heftig angegriffen, und erlitt ziemliche Verluste; sie zog sich

---

¹) Louis Bourbon Condé Comte de Clermont, geboren 1709, zum Priesterstande bestimmt, erhielt schon im neunten Lebensjahre die Tonsur und mehrere Abteien, nahm als Geistlicher Kriegsdienst, und diente in den Feldzügen 1734 und 1747 nicht ohne persönliche Auszeichnung. Der Literatur sehr ergeben, gründete er eine Société des arts. Nachdem er in Folge seiner Unfähigkeit als Feldherr von der Armee abberufen wurde, starb er zwölf Jahre später zu Versailles, 1770. Seine Wahl zum Heerführer erfuhr im feindlichen Lager vielen Spott, wo er nie anders als: „le général des Bénédictins" genannt wurde.

nun bis hinter den Rhein zurück, nach einem der beschwerlichsten und schmachvollsten Rückzüge, auf dem sie einen Verlust von 11.000 Mann erlitt. — Am linken Rheinufer angelangt, Ende April 1758, erhielt das Huszaren-Regiment Bercheny eine Cantonirung in der Gegend von Levenich im Kurfürstenthume Köln, bis zur Zeit wo der Prinz von Braunschweig bei Emerich selbst den Rhein übersetzte und das französische Regiment Bellefonds überfiel. Clermont suchte eine Schlacht zu vermeiden und verschanzte sich bei Rheinfelden. Durch einige Bewegungen gelang es jedoch dem Prinzen die Franzosen aus ihrem Lager heraus und am 23. Juni auf die Ebene von Krefeld zu locken. Sie zählten 66.000, die Hannoveraner und ihre Verbündeten nur 54.000 Mann. Der rechte Flügel dieser Letztern, vom Prinzen Ferdinand selbst commandirt, eroberte ein Gehölz und kam dadurch in den Rücken und die linke Flanke der Franzosen, während deren Fronte von dem Centrum und dem linken Flügel des Feindes angegriffen wurde. Clermont zog sich mit einem Verluste von 7000 Mann zurück. Die Schlacht bei Krefeld ging aber hauptsächlich durch die Feindschaft der Generäle Marquis Mortague und Graf Saint-Germain verloren, da dem Letzteren nicht die dringend verlangte Unterstützung zu Theil wurde, das sprechen selbst französische Berichte aus. Ein sehr ungünstiges Urtheil über die damaligen Zustände unter den französischen Generälen enthält ein Schreiben des Commandanten von Wesel, Rudolf de Castella, Chef und Oberst' eines Schweizer Regimentes der französischen Armee, welches bald nach der Schlacht bei Krefeld geschrieben ist[1]). Prinz Ferdinand von Braunschweig, der in dieser Affaire 2000 Mann eingebüßt hatte, eroberte nun Düsseldorf und Roermonde, und die französische Armee hatte sich gegen Köln zurückgezogen. Der unfähige Clermont wurde abberufen

---

[1]) Eine Stelle dieses Briefes lautet: „J'ai eu un long entretien „avec le comte St-Germain: il m'a communiqué des choses qui font frémir „d'horreur; si la cour ne remédie pas un peu aux abus qui se sont glissés „dans l'Armée, le sort de tant de braves gens est triste et leur mort presque „certaine, car il est impossible, à l'état présent des choses, qu'on réussisse, „dans la plus petite entreprise. La jalousie qui a causé la mort à tant de „braves gens à l'affaire de Crefeld, ne fait qu'augmenter de jour en jour. Le „camp ressemble à la cour, c'est le séjour des intrigues, de la jalousie et „mauvaise foi".

und der Marquis de Contades,¹) als ältester Generallieutenant, übernahm das Commando. Aber auch er konnte, trotzdem er ein ganz erfahrener Soldat war, nur Geringes ausrichten, weil seine Generäle unzuverlässig waren, und weil er die Abberufung der hiezu von ihm Vorgeschlagenen beim Kriegsminister nicht durchsetzen konnte. — Nach der Uebernahme des Obercommandos rückte Contades sogleich wieder vorwärts gegen den Feind, und die beiden Armeen nahmen einander gegenüber Stellung an den Ufern der Erff. Der französische Feldherr hatte den Vortheil des Terrains für sich, der Prinz von Braunschweig ging in der Nacht zurück und maskirte jede seiner retrograden Bewegungen durch den Vormarsch eines Corps. General Graf Saint Germain²), der die französische Avantgarde befehligte, bestand einige

---

¹) Louis George Erasme Marquis de Contades, geboren 1704 auf dem Schlosse Montgeoffroi, Sohn eines Generallieutenants, trat 1720 als Fähnrich in das Regiment der französischen Garden, 1729 wurde er Capitän, 1734 Oberst eines Infanterie-Regimentes und machte als solcher die diesjährige Campagne in Italien mit, 1736 erhielt er das Gouvernement von Beaufort in Anjou, ging 1737 als Brigadier nach Corsica, wurde 1739 Maréchal de camp und focht 1741 bis 1745 in den Feldzügen am Rhein und in Flandern; im letztern Jahre zum Generallieutenant befördert, war er 1747 mit Löwendal vor Berg op Zoom und nahm selbst Hulst, 1757 befehligte er mit Geschick ein Corps in Hessen, wurde (24. August 1758) Marschall von Frankreich und General en chef der französischen Armee in Deutschland. Nach seiner Niederlage bei Minden und in Zwistigkeiten mit dem Herzog von Broglie gerathen, wurde er 1759 vom Commando wieder abberufen. Von 1763 bis 1788 war er Gouverneur im Elsaß, überlebte die ärgsten Stürme der Revolution und starb im einundneunzigsten Lebensjahre 1795 zu Livry bei Paris.

²) Robert Graf Saint-Germain, geboren 1708 zu Lons le Saulnier, gestorben 15. Jänner 1778, Anfangs Jesuit, später Soldat, ein Mann höchst unruhigen Geistes, diente der Reihe nach im französischen, kurpfälzischen und kaiserlichen Kriegsdienste. 1734 war er Rittmeister im Cürassier-Regimente Prinz Eugen Savoyen eines Neffen des berühmten Feldherrn, (jetzt 8. Dragoner-Regiment Prinz Carl von Preußen) und zugleich Adjutant dieses Inhabers, sodann trat er in baierische, später wieder in französische, endlich in dänische Dienste, wo er Kriegsminister wurde, fiel aber 1772 in Ungnade und wurde entlassen. Im tiefsten Elende in Lauterburg schickte er militärische Reformpläne nach Paris, empfahl sich dadurch bei Malesherbes und Turgot und wurde 1775 französischer Kriegsminister; aber seine ersten Reformen hatten ihn schon bei der Armee und bei Hofe verhaßt gemacht. Durch die Einführung der Prügelstrafe verletzte er das französische Ehrgefühl, und nahm bald darauf seinen Abschied. Seine Memoiren erschienen nach seinem Tode zu Paris 1779.

kleine Gefechte, in welchen Graf Esterhazy durch eine Musketen-
kugel, die den Steigbügel traf, eine Contusion am Fuße erhielt. Bald
nachher wohnte dieser, in einem Streifcommando des Oberstlieutenants
Deak eingetheilt, einem sehr gelungenen Ueberfalle auf einen starken
Posten hannövrischer Cavallerie bei, deren größter Theil von den französischen Hußaren, die sich über Nacht in einem Obstgarten verborgen
hielten, in der Gegend des Städtchens Limnech gefangen wurde. —
Bald nachher nahmen die beiden Armeen Stellung an der Lippe, die
Franzosen bei Wesel, die Hannoveraner bei Lippstadt, wo sich
ihre beiderseitigen Operationen nur auf einige unbedeutende Vorpostengefechte beschränkten. Ende September sandte der Marschall Contades den Generallieutenant Chevalier de Chevert[1]) mit einer
größeren Truppenanzahl zur Verstärkung des Herzogs von Soubise,
der bei Cassel lagerte und vor sich ein Corps Hannoveraner und
Hessen unter dem Grafen Ysenburg und dem General Oberg
hatte. Das Hußaren-Regiment Berchény formirte die Avantgarde
Chevert's und rückte in Cassel ein, ohne den Feind zu Gesichte zu
bekommen. Am 10. October griff Chevert den linken feindlichen
Flügel an, zwang ihn bei Minden die Weser zu übersetzen, und nahm
ihm auf dessen nächtlichem Rückzuge einige Geschütze ab. Die Hußaren von Berchény wurden Tags darauf zu einer Recognoscirung
vorgeschickt und fanden die feindliche Armee bei Druisfeld gelagert;
nach einigen kleinen Plänkeleien zogen sie sich gegen Minden zu den
Truppen Chevert's zurück, der sich nun mit der Armee des Marschalls Contades wieder vereinigte. Der Herzog von Chevreuse
mit sämmtlichen Dragonern sollte die Verbindung mit diesem und mit
dem seit kurzem zum Marschall ernannten Herzog von Soubise
unterhalten, wurde aber bei Soest vom Feinde überfallen und geschlagen.

Die französische Armee bezog endlich nach mehreren Hin- und
Herbewegungen Ende 1758 die Winterquartiere bei Wesel,
Duysburg und Düsseldorf, das Hußaren-Regiment Berchény in

---

[1]) François Chevalier de Chevert, geboren 1695, als Generallieutenant gestorben 1769, hatte sich als tapferer Officier 1741 bei der Eroberung von
Prag und später als geschickter General hervorgethan.

der Umgegend des ersteren Ortes. — Der Winter 1759 verging ziemlich ruhig, im Frühlinge machte Graf Esterhazy in Begleitung seines Obersten und einiger Officiere einen Ausflug nach Holland, besuchte Rotterdam, Haag, Harlem, Amsterdam und kehrte nach dreiwöchentlicher Abwesenheit über Utrecht in sein Wintercantonnement bei Wesel zurück. Nach dem Siege des Generallieutenants Herzog von Broglie bei dem Dorfe Bergen am 13. April 1759, sah sich Prinz Ferdinand zum Rückzuge genöthigt; zwar hielt er die Weser fest, aber Hessen ging verloren, Cassel und Minden fielen am 20. Juli durch Contades und endlich wurde auch am 25. Juli Münster nach einer förmlichen Belagerung von den Franzosen erobert. Marschall Contades machte nun mehrere Versuche ins Hannövrische einzudringen und den Prinzen von Braunschweig von der Weser abzuschneiden, aber dieser, welcher Bremen besetzt hielt, vereitelte seine Maßregeln und rückte zu einer Schlacht vor, da von dem Erfolge einer solchen nach dem Verluste von Münster und Minden allein die Rettung von Hannover abhing. Am 1. August 1759 kam es bei Todtenhausen in der Nähe von Minden zur Schlacht, die mit einer Niederlage der Franzosen endete. Ihr Verlust betrug 8000 Mann und 25 Geschütze. — Während diesem Kampfe war der Capitän Graf Esterhazy mit einem nur 50 Hußaren starken Piket von dem rechten Flügel längs dem Saum der Berge detachirt, wohin sich nur einzelne feindliche Geschützkugeln verirrten, deren eine dem an seiner Seite reitenden Cornet den Kopf wegriß. Da aber dichtes hohes Buschwerk den Hußaren die Aussicht benahm, konnten sie den Gang des Gefechtes nicht beobachten und hörten nun auch ein heftiges Kleingewehrfeuer, plötzlich sahen sie mehrere herrenlose Pferde auf sich zulaufen, die sie aus dem Rüstzeuge als zur französischen Gensdarmerie gehörig erkannten, da kam denn auch ein Officier des Hußaren-Regimentes Turpin herangesprengt, mit der Hiobspost, daß die ganze Ebene von fliehenden Franzosen bedeckt wäre, deren Infanterie die Gebirgspässe zu erreichen strebe, daß man sich also möglichst schnell zurückziehen müsse, um nicht von seiner Haupttruppe abgeschnitten zu werden. Die Hußaren traten daher zu ihrem Regimente den Rückzug an. Aber kaum hatten sie fünfzig Schritte zurückgelegt, als sie sich einer sehr starken Escadron des hannövrischen Cavallerie-Regimentes Busch gegenüber sahen, welche sich, vom Terrain begünstigt, zwischen sie und ihre Haupttruppe eingedrängt hatte. Auf der andern Seite war ein Bach mit steilen Ufern, der sie von den nächsten Anhöhen trennte. Die Hußaren hatten nicht Zeit sich zur Attake zu formiren, sondern wurden von den dreifach überlegenen Hannoveranern rasch und heftig angegriffen, über den Haufen geworfen und ein großer Theil in den Bach gestürzt. — Während sie unten lagen, wurde dem Capitän Esterhazy das Pferd unter dem Leibe erschossen, doch erkletterte der Graf auf der andern Seite das Ufer, erhaschte und erstieg ein herrenloses Pferd, und sammelte den Rest seiner Getreuen um sich. Von 50 Hußaren waren nur mehr 16 Mann übrig geblieben, alle andern theils todt oder verwundet, gefangen oder versprengt. Aller Hoffnung nun beraubt, sein Regiment erreichen zu können, sprengte er mit seinen 16 Hußaren den bewaldeten Anhöhen zu, wo sie endlich einen Feldweg auffanden zu dem Dorfe Bergkirchen. Dieser Ort am Kamm eines Berges gelegen, war von dem französischen Infanterie-Regiment Flandern besetzt. — Von da nahmen die Hußaren, weiter marschirend, ihre Richtung gegen Minden, trafen das Infanterie-Regiment Navarre am Rückzuge und erblickten die weite Ebene vor Minden voll von französischen Truppen, Fuß-, Reitervolk und Artillerie, Pferde, Geschütze und Munitionskarren, welche sich alle in wildem Chaos untereinander vermengt in größter Eile gegen die Stadt bewegten; um 10 Uhr Nachts durchritt auch Esterhazy mit seinen Hußaren dieselbe, todmüde und seit vierundzwanzig Stunden ohne einem Bissen im Leibe. Jenseits von Minden traf er endlich den Obersten Grafen Bercsényi mit 200 Hußaren des Regimentes, die in einer Attake von dem größeren Theile ihrer Kameraden getrennt worden waren. Sowol Roß als Reiter konnten vor Ermüdung und Hunger nicht mehr einen Schritt weiter, sie blieben auf einem Felde mit Rüben stehen, womit sie ihre Pferde fütterten, requirirten Schafe aus den anliegenden Bauernhöfen, und erwarteten so, etwas ausgeruht und gestärkt, die weiteren Befehle. Bei Tagesanbruch wurden die Hußaren zur Arrieregarde bestimmt, welche sie am ganzen Weitermarsche bis Cassel formirten; an dem Nöthigsten ermangelnd, wurden sie vom Geschütze des übrigens nur langsam nachrückenden Feindes beschossen und erlitten fortwährende wenn auch geringere Verluste, namentlich an Pferden. In Cassel eingerückt wurde ihnen aber, gleichsam als Entschädigung für die ausgestandenen Strapazen der letzten Tage die unerwartete Freude zu Theil, viele ihrer verloren geglaubten Kameraden wiederzufinden, ebenso einige ihrer Fuhrwerke, welche in der allgemeinen Verwirrung bei den Defilé'en von Hervorden glücklich entkommen waren. Auch den Marschall Grafen Bercsényi hatte Esterhazy die Freude hier nach Langem wiederzusehen. — Das Regiment Berchény, dessen Verluste sich nun weit geringer herausstellten, als es Anfangs den Anschein hatte, bezog in der nächsten Umgebung von Cassel Cantonnements. Da man nach den ersten Rapporten diese Truppe in ihrem Stande sehr herabgekommen glaubte, wurde sie nebst einigen andern Heeresabtheilungen bestimmt nach Frankreich zurück zu marschiren, um sich daselbst zu ergänzen und neu zu organisiren. Das Regiment wurde von Cassel in die Gegend von Frankfurt beordert, um dort die weiteren Befehle abzuwarten. Viele der Officiere und Soldaten freuten sich in die Heimat zurückzukehren; theils waren sie der Beschwerlichkeiten und Entsagungen des Feldlebens schon überdrüssig, theils hegten sie große Sehnsucht nach ihren Familien, da es sehr viele Verheiratete unter ihnen gab. — Anders hingegen dachte und fühlte Graf Esterhazy, — ein schneidiger erst neunzehnjähriger Mann, durch und durch Soldat, voll Feuer, Kampfeslust und Ehrbegierde, fühlte er sich unglücklich, über die trübe Aussicht sich mit einem Male der Gelegenheit beraubt zu sehen, Auszeichnung und Ruhm zu erwerben und eine Beförderung verdienen zu können: widerwillig sah er dieser seinem Regimente zugedachten neuen Bestimmung entgegen. In Windeken, so hieß die demselben zugewiesene Cantonirungsstation bei Frankfurt, eingerückt, wurde dem Regimente bekannt gegeben, daß der General Marquis de Vogué beordert sei, dasselbe einer detaillirten Besichtigung zu unterziehen, von derem Ergebnisse es abhängen werde, ob dasselbe bei der operirenden Armee im Felde zu verbleiben, oder zu seiner Reorganisirung nach Frankreich zurück zu marschiren habe. Diese Eröffnung verursachte dem Obersten und den Stabsofficieren große Beunruhigung, da sie befürchteten, man werde ihnen den Vorwurf machen, die Verluste übertrieben zu haben, und noch mehr, daß man das Regiment im Felde zurückbehalten werde. Um diesen beiden eventuellen Vorkommnissen zu begegnen, kam man überein, in dem naheliegenden Gehölze mehrere Hußaren sammt ihren Pferden zu verbergen; — auf diese Art hoffte man überdies Rekruten und Remonten zu erhalten, und da für jedes vor dem Feinde verlorne Pferd vom Staate eine Entschädigung von 150 Livres bezahlt wurde, welche Summe für die Ergänzungskosten zu jener Zeit genügen konnte, — auch ein für die Regiments-Oekonomie günstiges Geschäft zu machen. — Zu diesem geplanten militärischen Schelmenstück mußten aber, da die Compagnien Eigenthum der Capitäne waren, diese um ihre Einwilligung befragt werden; — doch Graf Esterhazy, obgleich der jüngste von ihnen, widersetzte sich der Einzige diesem Vorschlage. Die Uebrigen fürchteten eine Anzeige, die ihnen ihre Charge kosten konnte, und suchten daher wieder einzulenken. Esterhazy ließ sich nur unter der Bedingniß herbei, über diesen unredlichen Vorgang zu schweigen, daß man vom Regimente ein Detachement bei der im Felde stehenden Armee zurücklasse und er in diesem eingetheilt werde. Aber als Marquis de Vogué zur Visitirung kam und man ungeachtet seiner erneuerten Mahnung die Formation eines Detachements demselben nicht in Antrag brachte, bemerkte Esterhazy selbst dem Generalen, als dieser seine Compagnie visitirte, daß mindestens 25 Mann sammt Pferden ganz geeignet wären im Felde zu dienen, und daß dies beim Regimente die Summe von 300 Hußaren gäbe. Der Marquis faßte diese Idee schnell auf und wollte sogar 400 Mann bestimmen. Aber als der Oberst den Einwand erhob, daß er zur Abrichtung von Rekruten und Remonten auch einige tüchtige Unterofficiere und alte Hußaren dringend benöthige, begnügte sich General de Vogué mit der Zahl von 300 und ließ sogleich von jeder Compagnie 25 Mann und Pferde hervortreten. Es ergab sich aus diesen ein ganz vorzügliches Detachement erprobter Unterofficiere und Hußaren, die auch alle sich freiwillig gemeldet, den besten Willen mitbrachten. Oberstlieutenant von Porubsky wurde als Commandant, Graf Esterhazy und die Herren Reny und Simoncis als Capitäne in dasselbe eingetheilt, welches nun sogleich nach Busseck abrückte und unter die Befehle des Generals Grafen Chabot kam, der die Légion royale commandirte. Daselbst fanden mit den in Spangenberg stehenden feindlichen Truppen einige kleine Tirailleurgefechte häufig statt. Im October 1759 überschritt Oberst Luckner[1]) mit hannövrischen Truppenabtheilungen die Lahn, durchbrach die Communicationslinie der Franzosen bei Gießen, bemächtigte sich bei Butzebach der Bagagen des französischen Regimentes Nassau und nahm die Richtung gegen Friedberg. Auf die Nachricht von diesen feindlichen Truppenbewegungen mußte das Hußaren-Detachement sogleich die äußerste Vorhut des Corps Chabot formiren, welches bestimmt war, dem Obersten Luckner den Rückzug abzuschneiden. Die Hußaren erhielten eine Aufstellung en échelon an der Straße gegen Friedberg, in vier Abtheilungen auf gleichmäßige Entfernung. — Graf Esterhazy war mit der seinen am weitesten gegen Friedberg vorgeschoben. Nachdem er die nöthigen Vorsichtsmaßregeln getroffen und nach allen Seiten Vedetten ausgestellt hatte, ließ er abfüttern, und zwar derart, daß nur die eine Hälfte seiner Hußaren absaßen, die andere aber zu Pferde in Bereitschaft blieb. — Kaum war dies geschehen als er einen General mit dem blauen Bande (Cordon des höchsten französischen Ordens vom heiligen Geiste [l'ordre de Saint-Esprit]) sehr erzürnt auf sich lossprengen sah, der laut murrte: „Er würde ohne Zweifel dieselben Anstände von Seite dieses Piketcommandanten wie von allen Uebrigen zu hören bekommen, und er habe bei leichten Truppen noch niemals so wenig guten Willen erblickt" u. s. w. Graf Esterhazy

---

[1]) Nikolaus Graf Luckner, geboren 1722 zu Campen in Baiern, trat 1737 als Hußar in die baierische Armee, wo er als Officier mehrere Feldzüge mitmachte, 1745 aber als Rittmeister mit dem baierischen Hußaren-Regiment Ferary in holländische Dienste trat; 1748 wurde er Major, und errichtete bei Ausbruch des siebenjährigen Krieges in hannövrischen Diensten 1757 das nach ihm benannte Corps: „Luckner'sche Hußaren", wurde 1758 Oberst, 1760 General, und nahm thätigen Antheil an den Feldzügen 1760 bis 1762. Nach dem Frieden wurde 1763 sein Corps aufgelöst und er nahm seine Entlassung. 1767 trat er aber als Generallieutenant in französische Dienste, war 1790 auf Seite der Revolutionspartei, wurde 1792 Marschall und kurz nachher Generalissimus der aufgestellten Revolutionsheere Frankreichs, welche Würde aber bald wieder aufgehoben wurde. Als angeblicher Verschwörer für die Zurückführung des Königthums wurde er am 4. Jänner 1794 guillotinirt. Der Krieger, vor dem im siebenjährigen Kriege die Franzosen zitterten, starb zu Paris als französischer General auf dem Schaffot, weil maßloser Ehrgeiz ihn abgehalten hatte in seine Heimat zurückzukehren. Seit März 1784 war er in den dänischen Grafenstand erhoben.

ließ auch die andere Hälfte der Hußaren aufzäumen, ritt auf den General zu, und erbat sich dessen Befehle. „Werden Sie mir nicht auch sagen", fuhr ihn dieser unwillig an, „daß Ihre Pferde ermüdet und Ihre Hußaren nichts gegessen hätten." — „Nein! mein General", antwortete der Gefragte, ordnete schnell seine Truppe, und erneuerte seine Anfrage. Inzwischen hatte sich der General bei einem Hußaren um den Namen dieses dienstbereiten Officiers erkundigt, sprach ihn unter diesem an, belobte seinen Eifer, und sagte, „daß man immer so handeln müsse, wenn man durch seine Geburt zum Ehrgeiz berufen sei, und daß er sich überzeugt halten könne, er werde ihn seinem Bruder auf das Wärmste empfehlen". Aus diesen letzten Worten erkannte Esterhazy mit wem er es zu thun habe. Es war dieser: der Graf von Broglie[1]), jüngerer Bruder des Herzogs und damaligen Generallieutenants, der kurz nachher das Commando der Armee zur einstimmigen Befriedigung aller Officiere und Soldaten erhielt.

Der General gab nun dem Capitän ein Schreiben für den Commandanten des von den Franzosen besetzten Städtchens Friedberg, mit dem Befehle, sich in das dortige Schloß zu begeben und daselbst die weitern Instructionen zu empfangen. Graf Broglie begleitete noch eine Strecke Weges das Detachement, und sagte dessen Commandanten, daß er mehrere seiner Angehörigen persönlich kenne und erst unlängst dessen Tante in Paris gesprochen habe, die ihren Neffen demnächst erwarte. Esterhazy meinte, daß er vor dem Feinde stehend, nicht daran denke, dermalen einen Urlaub zu begehren, was der General sehr billigte und ihn hieß, „in solchem Falle sich nur an ihn zu wenden, er würde ihm hiezu gewiß behülflich sein". — Bei seiner Ankunft in Friedberg meldete sich der Capitän sogleich beim

---

[1]) Charles François Comte de Broglie, geboren 1719, war Anfangs k. französischer Gesandter an dem Hofe des Kurfürsten von Sachsen und Königs von Polen Friedrich August III., diente sodann als Maréchal de camp und später als Generallieutenant unter seinem Bruder in Deutschland, im Feldzuge 1758 und den folgenden, und vertheidigte Cassel. Später wurde er an die Spitze eines geheimen Ministeriums gestellt, welches unmittelbar unter Leitung des Königs Ludwig XV. stand, und dem öffentlichen oft entgegenwirkte, wodurch nicht selten lächerliche Mißverständnisse entstanden, was die Auflösung des ersteren zur Folge hatte. Auch dann noch war Graf Broglie mit Ludwig XV. in lebhafter Correspondenz. Er starb 1781.

dortigen Stadtcommandanten, der ihm die Nachricht mittheilte, Oberst Luckner wäre mit seinem Corps wieder über die Lahn zurückgegangen; — er möge seine Hußaren mit ihren Pferden in den Stallungen unterbringen, absatteln, gut abfüttern lassen und mit seinen Officieren um 7 Uhr Abends bei ihm diniren. Tags darauf sah man von der Bastion des Schlosses eine größere Truppe sich nähern, dessen Avantgarde die übrigen drei Abtheilungen des Hußaren-Detachements bildeten, es war das Corps des Generals Grafen Chabot am Marsche nach Usingen, dem sich nun wieder anzuschließen Capitän Graf Esterhazy von dem Stadtcommandanten beordert wurde. Das Detachement sowie das ganze Chabot'sche Corps blieben nun bis zur Beendigung des diesjährigen Feldzuges in und um Usingen cantonirt.

Eine verlorne Schlacht führte fast regelmäßig die Abberufung des commandirenden Generals herbei, und so wurde auch Contades bald nach dem Verluste der Schlacht bei Minden, durch den Generallieutenant Herzog von Broglie, den Sieger von Bergen, ersetzt. Dieser war der beste der französischen Oberbefehlshaber im siebenjährigen Kriege. Besonders im Feldzuge 1760 operirte er mit sehr viel Umsicht und gab den französischen Winterquartieren am Schlusse dieses Feldzugs eine Ausdehnung in Feindesland, wie sie seit Jahren nicht erreicht worden war. An der Spitze einer sehr starken Armee[1] würde er 1761 weit mehr haben ausrichten müssen und vielleicht auch können, wenn nicht die ungenügende Unterstützung durch den Prinzen Soubise hemmend und störend eingewirkt hätte. General Baron Besenval sagt in seinen Memoiren über Broglie, unter dem er gedient hatte: il a acquis des talents militaires, il connait bien un terrain u. s. w. und schließt mit den Worten: et certainement on peut dire de lui, que c'est un excellent général. Der französische Hof hätte suchen müssen diesen General dauernd an der

---

[1] Napoleon sagt von derselben: „Force prodigieuse et suffisante, si elle eut été bien conduite, pour conquérir l'Allemagne".

Spitze seiner Armeen zu lassen, weil kein besserer als Ersatz zu finden war. Aber die Intriguen der Maitressenwirthschaft währten fort und deshalb forderte der Herzog von Broglie, 1762 zum Marschall von Frankreich ernannt, tief verletzt seinen Abschied. Mißhelligkeiten mit dem vom Könige und der Pompadour begünstigten Prinzen Soubise hatten den Hauptanlaß gegeben.

Im Laufe des Feldzuges 1759 war Graf Esterhazy einmal dem Streifcommando des Capitäns Feuilly zugetheilt worden. Er erzählt in seinen Aufzeichnungen hierüber folgenden Fall allzu großer Vorsicht dieses Commandanten, an der ein vielversprechendes Unternehmen scheiterte: — dies eben erwähnte Commando hatte die Lahn übersetzt und war, ohne den Feind gesehen zu haben, wieder über den Fluß zurückgekehrt und in dem Orte Niederselters eingerückt, wo der Capitän Chevalier de Messey mit 300 Infanteristen dasselbe bereits erwartet hatte. Als das Commando des Capitäns de Feuilly (der Légion Royale) auf seinem Rückmarsche die Lahn übersetzte, sah es am rechten Ufer eine feindliche Truppe, die von weitem folgte und es zu beobachten schien. — Während dessen nun erfolgten Aufenthaltes in Niederselters kamen zu den Vorposten fünf Reiter, welche sagten, sie seien französische Volontärs, auch derart uniformirt waren, man escortirte sie zum Commandanten, dem sie eine lange Geschichte erzählten, als wären sie von ihrer Truppe abgeschnitten u. s. w. Später ritten sie um das Dorf und sprengten durch die französischen Vorposten zurück, mit denen sie einige Schüsse wechselten und sich als verkleidete Luckerische Hußaren zu erkennen gaben. — Auf diesen Vorfall fingirte Capitän de Feuilly einen Rückzug, und nachdem er eine halbe Stunde weit zurückgegangen war, kam er mit seinem Commando, durch das nächtliche Dunkel geborgen, auf einem andern Seitenwege wieder zurück, verbarg sich in einem rechts vom Orte gelegenen Gehölze, und schickte einen Spion, den er mit sich führte, um Nachrichten über den Feind. Um Mitternacht kam denn dieser auch wieder zurück, mit der Meldung, daß 200 Luckerische Hußaren in dem kleinen Orte Niederbrachtern wären, sich daselbst ganz ruhig verhielten und vor dem Thore nur einen einzigen Wachposten zu Fuß aufgestellt hätten, auf dem großen Wege hingegen eine kleine Abtheilung zu Pferde, es wäre daher ein Leichtes, dieselben zu überfallen, doch müßte dies augenblicklich geschehen, denn sicher würden die Hußaren bei Tagesanbruch weiter aufbrechen, und man müßte sie in den Häusern, wo sie einzeln bequartiert wären, überraschen und gefangen nehmen. Aber Capitän de Feuilly scheint eine den Franzosen im Allgemeinen durchaus nicht eigenthümliche Schwerfälligkeit besessen zu haben, er fand diesen Bericht zu wenig gründlich, sandte den Spion nochmals zur Einholung einer Menge kleinlicher Details. Dieser machte die ganz richtige Einwendung, daß sein abermaliges Erscheinen verdächtig und großen Zeitverlust verursachen und daher wahrscheinlich die ganze Unternehmung erfolglos machen würde. — Der eigensinnige pedantische de Feuilly bestand aber darauf, — was der Spion prophezeit hatte, geschah auch. — Nachdem der Capitän auf diesen lange umsonst gewartet hatte, setzte er sich mit seinem Commando in Marsch und als er sich Niederbrachtern näherte, fand er die feindliche Besatzung vor dem Orte aufgestellt und den unglücklichen Spion am Stadtthore aufgehängt. — An der allzugroßen Bedachtsamkeit de Feuilly's war der sehr geeignete und verheißende Handstreich gescheitert und eine gute Gelegenheit den Feind von derlei kecken Streifungen abzuhalten, verloren gegangen. — Als der Herzog von Broglie das Armeecommando übernommen hatte, wurde das Hußaren-Detachement in der Gegend von Grünberg zu Fouragirungen verwendet, und im Jänner 1760 ein Commando von 60 Hußaren zur Besatzung von Gießen, wo der Baron du Blaisel befehligte, abgeschickt. Der Prinz von Braunschweig blockirte und beschoß sehr heftig diesen Platz, als er aber in Erfahrung brachte, daß der dortige französische Commandant ein sehr tapferer und bis zum Aeußersten entschlossener Soldat sei, gab er die Cernirung auf und zog sich gegen Marburg, wo er in der dortigen Gegend seine Winterquartiere nahm. — Im Laufe des Winters wurden wieder einige Friedensversuche gemacht. Der Exkönig von Polen, Stanislaus, bot seine Residenz Nancy zum Friedenscongresse an, aber wenn auch die Könige Friedrich II. und Georg II. auf diesen Vorschlag eingingen, so gaben doch ihre Gegner, die Kaiserin Maria Theresia und König Ludwig XV., ablehnende Antworten. —

Gleich nach der Aufhebung der Blockade von Gießen rückte das ganze Hußaren-Detachement zu seinem in St. Avold stehenden Regimente ein.

General Graf Broglie hatte sich seines Versprechens erinnert und dem Grafen Esterhazy einen Urlaub nach Paris zum Besuche seiner zu dieser Zeit dort anwesenden Tante, der Gräfin Paar[1]), verschafft. Auf der Hinreise hielt sich dieser einige Tage in Lunéville bei seinem väterlichen Freund dem Marschall Bercsényi auf, und in Paris wurde er das erstemal in die dortige große und vornehme Gesellschaft eingeführt. Der kaum zwanzigjährige junge Hußaren-Capitän, eben aus dem Felde mit einem guten militärischen Rufe kommend, dabei anspruchslos, bescheiden, mit Anstand und einer gewissen Anmuth gesellschaftlicher Formen auftretend, wurde überall mit Wohlwollen und Güte aufgenommen. Seine Tante nahm sich mit Wärme ihres Neffen an, und durch sie kam er in die Salons der Marschälle Coigny und Isenghien, der Gräfin Polignac und der verwitweten Herzogin von Orléans, welche alle damals als Muster guten Tones galten. — Angelegentlichst empfahl sie ihn auch dem Botschafter der Kaiserin Maria Theresia, der nunmehrigen Verbündeten Frankreichs, welcher beim Könige Ludwig XV., bei dem Minister Choiseul und der Marquise de Pompadour in hohem Ansehen stand, umsomehr da er unmittelbar die Unterhandlungen der österreichisch-französischen Allianz im Auftrage seiner Monarchin und nach dem Vorschlage seines Vorgängers auf diesem Posten, des nunmehrigen Staatskanzlers Fürsten Kaunitz, geleitet und zu einem glücklichen Abschlusse gebracht hatte. — Es war dies der Graf spätere Fürst Georg Adam Starhemberg[2]). — Derselbe nahm sich sehr

---

[1]) Antonia Gräfin Esterhazy, geboren 1719, Schwester des Grafen Nikolaus, Botschafters in Rußland, vermält 1743 mit Johann Wenzel Grafen seit 1769 ersten Fürsten von Paar. Sie starb 1771 und war Geschwisterkind mit dem Vater des Grafen Valentin Ladislaus Esterhazy.

[2]) Fürst Georg Adam Starhemberg war 1724 zu London geboren, trat früh als Reichshofrath seine politische Laufbahn an, war einige Zeit dem Erzherzoge Joseph bei dessen Erziehung zugetheilt, und wurde 1755

eifrig einer Angelegenheit an, welche der Gräfin Paar sowol als ihrem Neffen Esterhazy am Herzen lag.

Es war nämlich die Aufhebung der über dessen Großvater Grafen Anton Esterhazy wegen Parteiname für Rakoczy 1709 von Kaiser Joseph I. verhängten Verbannung, welche sich auch auf die ganze weitere Nachkommenschaft nach den damaligen Gesetzen erstreckte; — dieselbe wurde auch in Folge der Bitte der hochverdienten Familie Esterhazy und der persönlichen Empfehlung Starhemberg's sogleich von der Kaiserin in derselben Form wie 1757 der Familie Bercsényi gewährt. (Siehe Seite 61.)

Der hochverdiente österreichische Historiker Professor Adam Wolf sagt in seinem trefflichen Werke: Oesterreich unter Maria Theresia (Wien, Gerold 1855) über den späteren Fürsten Georg Adam Starhemberg Folgendes S. 221: „Mehrere Gesandte galten „als die hervorragendsten Capacitäten Europas. Einer der ersten „war Georg Starhemberg aus jenem ausgezeichneten österreichischen „Geschlechte, von dem durch Jahrhunderte geheime Räthe, Minister, „Landeshauptleute, Feldherren, Diplomaten hervorgegangen sind. „Georg Starhemberg war geboren für die Geschäfte. Kaunitz „schlug ihn zu seinem Nachfolger in Paris vor, und er führte mit „seinem glänzenden soliden Geiste die Idee des Bündnisses mit Frank„reich aus", und in einem andern Werke desselben Historikers: Aus dem Hofleben Maria Theresias (Wien 1858, Gerold) heißt es S. 320: „Maria Theresia hatte die Idee, den Grafen „Starhemberg, den sie 1766 nach Wien berufen und mit dem

---

Nachfolger Kaunitz' auf dem wichtigen Posten eines kaiserlichen Botschafters am Hofe von Versailles, wo er unmittelbar die Verhandlungen zur Allianz Oesterreichs und Frankreichs leitete und zu glücklichem Ende führte, so wie diese freundschaftlichen Beziehungen während des siebenjährigen Krieges zu erhalten wußte. Seine dankbare Kaiserin lohnte Starhemberg's Verdienste 1765 durch Erhebung in den Reichsfürstenstand und die Verleihung des Großkreuzes des St. Stephan-Ordens. Schon 1759 war er Ritter des goldenen Vließes; 1766 wurde er Staats- und Conferenzminister in den inländischen Angelegenheiten, 1770 bevollmächtigter Minister in den Niederlanden, 1783 erster Obersthofmeister des Kaisers und Oberst sämmtlicher Leibgarden, welche Würde er unter drei Kaisern bis zu seinem zu Wien am 19. April 1807 erfolgten Ableben bekleidete. Während der letzten Krankheit Kaiser Josephs II. wurde er in den eigens aus diesem Anlasse gebildeten Conferenzrath vom Kaiser selbst berufen.

„Fürstentitel geehrt hatte, dem Fürsten Kaunitz allmählig zu adjun=
„giren. Kaunitz reichte dann im August schriftlich seine Entlassung
„ein, angeblich wegen seiner Gesundheit, aber wie die Kaiserin und
„andere wohl wußten, aus Eifersucht gegen Starhemberg, dessen
„Rückkehr ihm sehr unangenehm war". — Die Oesterreichische
Biedermannschronik schreibt über den Fürsten Starhemberg:
„Wer auf der schlüpfrigen Leiter der Ehre so viele Stufen hinan=
„klimmt, so viele ausgezeichnete Würden ersteigt, und am Gipfel des
„Ruhmes noch das allgemeine Zeugniß erhält, daß er so hoch zu
„stehen verdient, dessen Verdienste, Treue und Rechtschaffenheit be=
„dürfen keines weitern Beweises; sein Rang und sein Name bürgen
„für die Gewißheit, daß er Patriot und Biedermann ist". „66 Jahre
hatte Fürst Georg Starhemberg seinem Kaiserhause und dem
Staate" (unter vier Monarchen) „in ereigniß= und bedrängnißvollen
Tagen, und stets mit dem vollen Vertrauen seiner Herrscher beehrt,
in treuester Ergebenheit gedient", sagt Oesterreichs ruhmwürdiger Bio=
graph Ritter Constantin von Wurzbach im 37. Bande seines
biographischen Lexikons S. 201, — und in dem großen vorzüglichen
Werke: Geschichte Maria Theresias von Alfred Ritter von Ar=
neth, wird des Wirkens und der Thätigkeit Georg Adam Starhem=
bergs vom vierten Bande an in ziemlich detaillirter und stets in
ehrender Weise gedacht. So auch andere Geschichtschreiber, wie
Dr. Franz Krones: Geschichte der Neuzeit Oesterreichs, (Ber=
lin bei Grieben 1876) S. 248. — Dagegen greift der sehr gelehrte,
aber auch höchst parteiische und gegen alles Oesterreichische eingenom=
mene Historiker Schlosser den Fürsten Georg Adam Starhemberg
in dessen Stellung als Adlatus des Gouverneurs der Niederlande
ebenso scharf als ungerecht an. — Diese Stellung war eben eine
unleidliche und unhaltbare, zwischen sich oft widersprechenden öffentlichen
Befehlen — und vertraulichen Handschreiben, — zwischen zwei mit
einander in politischer Anschauung nicht übereinstimmenden höheren Ge=
walten; — dies geht aus unzähligen Briefen hervor, und Starhem=
berg sah gar wohl sieben bis acht Jahre früher voraus, was bei
den obwaltenden Verhältnissen kommen mußte, — wiederholt bat er
um seine Enthebung. Professor und Historiker Wolf sagt darüber
in seinem Werke: Marie Christine, Erzherzogin von Oester=

reich, I. Band, 1742—1788, (Wien Carl Gerold's Sohn 1863), S. 204 und 205 wörtlich: „Ein wahrer Verlust für den General=
„statthalter war Fürst Starhemberg, der sie 1783 nach der Trierer
„Reise verließ. Er verhehlte es ihnen nicht, daß er wegen der Jose=
„phinischen Politik, die nicht mit seinen Principien übereinstimmte,
„austrete. Schon seit zwei Jahren hatte er den Kaiser um seine
„Abberufung gebeten", und weiter „Fürst Starhemberg hatte
„richtig gesehen, indem er in der nächsten Zeit Stürme witterte.
„Schon im folgenden Jahre brach zwischen dem Kaiser und den Gene=
„ralstaaten der bekannte Scheldestreit aus" u. s. w. 1783 erhielt
Starhemberg seine oft angesuchte Enthebung mit der gleichzeitigen
Ernennung zur höchsten Würde des Hofes, eines ersten Oberstshof=
meisters des Kaisers und diese mag wol als sicherer Beweis der
Anerkennung des Tactes gelten, den Fürst Starhemberg in jener
schwierigen Stellung bewährte. Aber noch ehrender als alle Ordens=
bänder und Würden ist der Vertrauensbeweis des schwer kranken
Kaisers Joseph, der ihn in den aus Anlaß seiner Krankheit creir=
ten Conferenzrath berief, welcher nur noch aus vier andern Mitgliedern
(Fürst Kaunitz, den Grafen Lacy, Hatzfeld und Rosenberg)
bestand; — ebenso die Wahl Starhembergs zum Botschafter in
Versailles durch seinen Vorgänger Kaunitz, und noch mehr des
letzteren Eifersucht bei seiner Zurückberufung, um so bezeichnender,
da es notorisch ist, daß der Staatskanzler sich selbst und seine
eigenen Leistungen nie unterschätzte, und daß es als das höchste Lob
des Fürsten Kaunitz galt, wenn er Jemandem sagte: „Das hätte
selbst ich nicht besser machen können".

Die Wiener Hofzeitung, wie sie damals hieß, bringt im
April 1807, wenige Tage nach seinem Ableben den Nekrolog Georg
Adam Starhembergs, den sie wörtlich in folgender Weise abschließt:
„Unerschütterlich war seine Treue und Ergebenheit, rastlos seine
„Thätigkeit bis in das höchste Alter; immer gleich sein Patriotismus,
„sein Eifer für den Glanz und den Ruhm des erhabenen Kaiserhauses.
„Geräuschlos that er des Guten viel, besonders im Kreise seiner
„Unterthanen, die Achtung Aller, welche ihn kannten, folgte ihm nach".

Wenn auch diese Citate und eine längere Besprechung über den
Fürsten Georg Adam Starhemberg strenge genommen nicht in das

Bereich dieser Blätter gehören, so möge es dennoch dessen Urenkel gegönnt sein, mit diesen Zeilen eine pietätvolle Erinnerung dem Andenken seines Urgroßvaters bei Erwähnung seines Namens zu weihen und die Zeugnisse verdienter und ausgezeichneter vaterländischer Geschichtsschreiber, sowie überdies noch schlagende Thatsachen als Widerlegungen gegen parteiische Gehässigkeit anzuführen.

Im April 1760 war Graf Valentin Esterhazy wieder zu seinem Regimente in Deutsch-Lothringen eingerückt, wo er kurz nachher das Commando eines zu der im Felde stehenden Armee abgehenden Detachements übernahm, um ein in Gießen zurückgebliebenes abzulösen. Dieses letztere hatte seit einiger Zeit Unfälle erlitten, und im Patrouillendienste viele Gefangene verloren. Der Commandant des Platzes, Baron du Blaisel, schickte die Patrouillen auf eine von der Stadt etwas weiter entfernte Anhöhe, die eine weite Rundsicht gewährte. Auf dem Marsche dahin gab es nämlich einen Hohlweg zu passiren, wo zu beiden Seiten die Straße von tiefen ausgetrockneten Gräben begrenzt war, in welchen sich die Feinde ganz bequem verbergen konnten, um die Patrouillen auf dem Rückwege abzufangen. Graf Esterhazy erbat sich selbst diese Patrouillen mit der Hälfte seines Detachements begleiten zu dürfen, — er ließ sodann die gewöhnliche Patrouille ihren Weg machen, — und postirte sich mit seiner Abtheilung in ein Gehölz nächst einer Ortschaft, die der Feind passiren mußte, um die Hußaren zu überfallen. Um 4 Uhr Morgens hörte er auch wirklich eine Abtheilung Reiter dahin marschiren, und es gelang ihm sehr zweckmäßig durch einen alten Hußaren, einem Ungar Namens Lakatos, die feindliche 25 Mann starke Abtheilung, deren Pferde vor einem Wirthshause angebunden waren, während die Reiter in diesem zechten und sangen, zu überfallen und gefangen zu nehmen, mit Ausnahme des Officiers, dem es, durch den voreiligen Schuß eines Hußaren noch rechtzeitig gewarnt, gelang, sich zu verbergen und zu entkommen. Seit langer Zeit zum ersten Male sah man in Gießen, dessen Einwohner den Franzosen feindlich gesinnt, sich ihrer Niederlagen im Geheimen erfreuten, nicht nur die Patrouille unversehrt zurückkehren, sondern auch eine Hußaren-Abtheilung, gefangene Feinde escortirend, in die Stadt einrücken. Das Leben in Gießen war für die französischen Officiere und Soldaten ganz angenehm, und sie konnten, von nun an nicht mehr vom Feinde belästigt, in aller Ruhe und Bequemlichkeit die baldige Eröffnung des Feldzuges 1760 abwarten. Kurz vor dieser wurde Graf Esterhazy beordert, mit dem Detachement zu seinem die Avantgarde der Armee des Herzogs von Broglie formirenden Regimente abzurücken. Auf dem Marsche zu dieser Bestimmung traf er in einem Dorfe zwei Meilen von der vom Feinde besetzten Stadt Marburg einen französischen Transport, welcher die Armeecassa und reiche Proviantvorräthe mit sich führte, in Begleitung eines General-Intendanten, eines Zahlmeisters, einiger höherer Militärbeamten und einer 150 Mann starken Bedeckung, deren Commandant aber ganz betrunken war. — Die zwar angesehenen, aber nicht kampflustigen Armeepersönlichkeiten waren glücklich über das plötzliche Erscheinen einer französischen Hußaren-Abtheilung, nachdem diese Herren Militärbureaukraten durch eine in weiter Entfernung sichtbare einzelne feindliche Reiterpatrouille in nicht geringe Angst versetzt worden waren. Der General-Intendant und der Zahlmeister baten Esterhazy, mit seinen Hußaren zur Verstärkung der schwachen Bedeckung mindestens bis zu ihrem Abmarsche bei ihnen zu verbleiben, dieser aber weigerte sich dessen, und wies den erhaltenen schriftlichen Befehl, ungesäumt zu seinem Regimente einzurücken, vor. — Die Militärbeamten stellten ihm jedoch die Erhaltung einer Cassa und so reicher Vorräthe für eine sehr wichtige, den Dienst des Königs fördernde Angelegenheit dar, 60 Hußaren mehr oder weniger würden hingegen dem Regimente nicht von Belang sein. Gegen die Richtigkeit dieser Bemerkungen ließ sich wenig einwenden, und Graf Esterhazy, dies wohl erwägend, gab ihren Bitten nach, mit der Bedingniß jedoch, daß ihm der General-Intendant ein offenes Schreiben an den Armeecommandanten mitgebe, worin die Ursache dieses Aufenthaltes genau begründet werde; — überdies gab ihm der Commandant der Bedeckung, ein Oberstlieutenant, trunken und lallend den bestimmten Befehl im Namen des königlichen Dienstes. Mit Jubel wurden die Hußaren als Retter und Befreier aus der Noth von den Geängstigten begrüßt. Man trug derem Commandanten an, das Detachement im Dorfe einzuquartieren, was dieser aber ausschlug und knapp vor dem Orte auf der Straße gegen Marburg ein Bivouac bezog, dagegen aber Fleisch, Brod und Wein für seine Hußaren, Fourage für die Pferde begehrte. Dies Alles wurde sogleich im Ueberflusse herbeigeschafft, und überdies brachten zwei schwer beladene Maulesel das feinste und ausgezeichnetste Mahl für die Officiere, nebst mehreren Flaschen so köstlichen Weines, der den Bedeckungscommandanten vollkommen entschuldigte über den Durst getrunken zu haben. Am nächsten Tage kam die Nachricht, daß das französische Hauptquartier in Schwerinsberg eingerückt sei, wohin nun eilends aufgebrochen wurde. Als Graf Esterhazy sich beim General Grafen Broglie meldete, wünschte ihm dieser Glück, daß er vom Regimente abwesend war, welches bei Zeilbach überfallen wurde. Der General äußerte seine Unzufriedenheit über das Benehmen der höheren Officiere desselben bei diesem Anlasse und bestimmte das Detachement für den folgenden Tag als Bedeckung des Hauptquartiers, von wo es sodann im Lager bei Ahlfeld zum Regimente einrückte. Hier hielt der Generallieutenant Herzog von Broglie eine Musterung ab und trachtete sodann die Defileen von Frankenberg vor dem Prinzen von Braunschweig zu gewinnen. Das Hußaren-Regiment Berchény wurde unter General Baron Glaubitz rechts seitwärts in kurzer Entfernung des eben verlassenen Lagers detachirt, mit der Bestimmung, die feindliche Besatzung von Ziegenhain zu beobachten. Es bestand in einem Gehölze bei Embsdorf ein Tirailleurgefecht mit feindlichen Jägern. Tags darauf wurde während der Brodfassung das rechts von den Hußaren lagernde Infanterie-Regiment Royal Bavière überfallen und dessen Oberst Graf Helfenberg (ein natürlicher Sohn des verstorbenen Kurfürsten Carl Albert von Baiern) hiebei getödtet. Es entstand nun eine allgemeine Verwirrung, und das englische Cavallerie-Regiment Elliot rückte zur Attake vor, warf die Franzosen über den Haufen, verlor aber dessenungeachtet selbst eine Menge Leute, die theils von scheu gewordenen Pferden herabgeschleudert, theils ihrer nicht Meister wurden und in Gefangenschaft geriethen. Die versprengten Abtheilungen des Regimentes Berchény zogen sich gegen Marburg. Der Herzog von Broglie war über dasselbe schon seit dem Ueberfalle bei Zeilbach unwillig und ließ es in Cantonnements bei Marburg, zur Deckung der dortigen Feldbäckerei, wo es während der Gefechte bei Corbach und Warburg geblieben war und später in die

Umgegend von Cassel beordert wurde. — Die französische Armee lagerte nun auf den Höhen von Dimerhausen, die des Herzogs von Braunschweig auf jenen von Warburg; und es fanden in dieser Zeit: August, nur einige unbedeutende Scharmützel aus Anlaß von Fouragirungen statt. — Der Herzog von Broglie ließ nun bei Cassel ein befestigtes Lager errichten, und nach dessen Vollendung besetzte er es mit einem Corps, überschritt mit der Hauptarmee die Weser und bezog eine ausgedehnte Stellung, mit seinem linken Flügel sich an das verschanzte Lager bei Cassel anlehnend, dem der rechte des Feindes in der unangreifbaren Position bei Warburg gegenüberstand. Gleichzeitig befestigten die Franzosen Göttingen, wohin das Husaren-Regiment Berchény nebst anderen Truppen unter dem Prinzen Robecq als Besatzung kam. Es wurde von der französischen Armee in der vorgerückten Jahreszeit eine große Fouragirung unter dem Befehl des Grafen Broglie unternommen, und alle Fourage zur Approvisionirung für 500 Pferde nach Göttingen dirigirt. Das Regiment Berchény erhielt Befehl, ein Commando von 200 ausgesuchten Leuten und Pferden unter Capitän Graf Esterhazy in Göttingen zurückzulassen, — selbst aber zur Armee einzurücken. — Commandant dieses am weitesten vorgeschobenen französischen Postens wurde General Graf von Vaux, und zu dessen Stellvertreter der Oberst Vicomte de Belsunce ernannt. Kurz nachher blockirte der Feind diese Stadt. Anläßlich einer Recognoscirung entspann sich ein kleines Gefecht, in welchem einige höhere Officiere, die sich freiwillig der kämpfenden Truppe angeschlossen hatten, vom Feinde abgeschnitten und gefangen wurden, so der Oberst Marquis de Conflans, der Graf Rochechouart und der Chevalier Lestange. Während der Blockade wurden die Schanzarbeiten vervollständigt, man requirirte unter kleineren Gefechten so viel Schlachtvieh als man nur immer auftreiben konnte, ebenso Holz und Strauchwerk zu Faschinen. — Eine größere feindliche Infanterie-Abtheilung hielt eine in der nächsten Nähe befindliche Papiermühle besetzt und hemmte aus dieser gut gewählten Position jede Bewegung der Besatzung. Vicomte de Belsunce unternahm mit einem Theile derselben einen nächtlichen Ueberfall auf diesen Posten der vollkommen gelang. Dessen Vertheidiger wurden niedergehauen, gefangen oder versprengt. In Folge dessen hob der Feind die engere Cernirung auf und begnügte sich, die umliegenden Dörfer und Ortschaften zu besetzen, als: Einsbach und Möringen auf der einen, Osterode, Duderstadt und Liebigenstadt auf der andern Seite, wodurch die Communication mit Witzershausen und Minden wieder frei wurde und in nächster Zeit ein Pulvervorrath nach Göttingen gebracht werden konnte; da aber die Wege für Fuhrwerke unfahrbar waren, so kam dieser in Mehlsäcken verpackt, durch eine Abtheilung Cavallerie in die Stadt. Auch Fleischmangel fing an fühlbar zu werden, so daß man gesalzenes Pferdefleisch zu essen gezwungen war. Es fanden nun fortwährende Ausfallsgefechte der Besatzung statt, theils um Fouragirungen zu decken, theils um Recognoscirungen oder Ueberfälle auf einzelne vorgeschobene feindliche Posten zu unternehmen.

Als Prinz Ferdinand von Braunschweig sich mit seiner Armee gegen Hessen in Bewegung setzte, um Cassel zu belagern, hatte Graf Broglie einen Versuch unternommen, das Corps des Generals Luckner, der in Heiligenstadt stand, zu überfallen und möglichst gefangen zu nehmen. — Der Ueberfall sollte durch vier Colonnen ausgeführt werden, die von vier Seiten in einem combinirten Anmarsch den Ort in der Christnacht angreifen würden. Das ganze Unternehmen scheiterte aber an dem Zuspätkommen einer von Eschwege aufgebrochenen Colonne, die den richtigen Weg verfehlt hatte. Luckners Corps war eben durch das Thor, welches diese besetzen sollte, entkommen. Ebenso mißlang eine zweite ähnliche Ueberrumpelung eines feindlichen Corps zu Duderstadt. Dieses hatte sich auf einer Höhe, mit der ihm zugekommenen Verstärkung kampfbereit in Schlachtordnung aufgestellt und die anrückenden Franzosen so vorbereitet erwartet, von denen in Folge eines anhaltenden Regens und beschwerlichen Marsches im tiefen Kothe, die Colonnen nur langsam, eine nach der andern eintrafen. Ganz durchnäßt und ausgehungert, konnten sie nicht mehr zurückmarschiren und mußten in dem vom Feinde verlassenen Orte Duderstadt einquartiert werden. Am frühen Morgen rückten die feindlichen Truppen heran und schienen einen Angriff auf die Stadt unternehmen zu wollen; auch gelang es ihrer Cavallerie drei französische Grenadiercompagnien abzuschneiden. Doch wurde die Verfolgung der Franzosen, welche den Rückzug antraten, nur lässig vom Feinde betrieben, daher jene geringe Verluste erlitten.

Der Vicomte de Belsunce unternahm fast täglich kleine Ausfälle aus Göttingen, wobei Graf Esterhazy mit seinen Hußaren mehrere Attaken ausführte und meist Gefangene einbrachte. Dieser findige Officier wurde, sowol seiner unermüdlichen Thätigkeit, als auch seiner genauen Kenntniß der deutschen Sprache wegen, mit der Aufsicht über das Kundschaftswesen betraut. Eines Tages wurde ihm ein Mann der reitenden hannövrischen Jäger durch einen französischen Spion vorgeführt. Derselbe sagte aus, daß er von Sontheim desertirt wäre, sich in einem Gehölz verirrt hätte, wo ihn dieser Bauer aufgefunden habe, und wegen seiner franzosenfreundlichen Aeußerungen mit sich nach Göttingen geführt habe. Der Deserteur brachte unter mehrerem Andern die Nachricht, daß man, ohne vom Feinde gesehen zu werden, zu einer Brücke vor Sontheim gelangen könne, bis zu welcher eine stärkere feindliche Abtheilung in jeder Nacht vorrücke und von dort ihre Patrouillen aussende. Der Vicomte de Belsunce schlug dem Grafen Esterhazy vor, sich selbst davon zu überzeugen. Dieser ging sogleich bereitwillig darauf ein und nahm seinen verläßlichen Wachtmeister, den Ungarn Lakatos mit sich. Der Deserteur wurde mit gebundenen Händen, einen Strick um den Leib, dessen Ende Lakatos, eine gespannte Pistole in der Hand, festhielt, mitgeschleppt, ebenso machte es Esterhazy mit dem Spion. Beiden wurde gedroht, sie im Falle des Verrathes augenblicklich niederzuschießen, im Falle der Wahrheit ihrer Aussage ihnen aber eine Belohnung von hundert Thalern versprochen. Nach einem nächtlichen vierstündigen Gange erreichten sie die Brücke und verbargen sich unter derselben. Nach kaum einer Viertelstunde hörten sie auch wirklich eine Jägerpatrouille kommen und als diese zurücktrabte, bemerkten sie in einer Entfernung von zwei Büchsenschuß das Wachtfeuer eines feindlichen Postens von ungefähr hundert reitenden Jägern und zweihundert Mann Infanterie. Glücklich nach Göttingen zurückgekehrt, zahlte Graf Esterhazy dem Deserteur und dem Spion die versprochene Belohnung und stattete alsogleich die bezügliche Meldung ab. In Folge dessen wurde nun ein Ueberfall auf jenen Posten beschlossen und 300 Mann Infanterie nebst 200 Reitern hiezu commandirt. Esterhazy wurde mit der Leitung und Ausführung des Unternehmens betraut und erhielt von dem Besatzungscommandanten, Grafen Baur, folgende kurze und bestimmte Ordre: „Capitän Graf Esterhazy wird sich nach Sontheim „begeben, auf jenem Weg, den er recognoscirt hat, das feindliche „Detachement daselbst aufheben und seinen Rückzug derart bewerk-„stelligen, daß er nicht abgeschnitten werde". Eine freudige Genug-thuung empfand der erst zwanzigjährige Capitän bei der Uebernahme dieser immerhin gewagten Mission, die ihm aber, nur drei Monate später das Oberstenpatent brachte. Lakatos begleitete ihn wieder, das Commando traf zur rechten Zeit ein, der feindliche Posten wurde rasch angegriffen, vollkommen überrascht und mit Ausnahme von 24 Jägern, welche in der Dunkelheit glücklich entkamen, gefangen genommen. Nun wurde aber der Rückzug auch sogleich angetreten, und da man wegen der großen Anzahl Gefangener jedes Gefecht ver-meiden mußte, auf großen Umwegen ausgeführt. In einem Walde, mit aus einigen Bauernhäusern rasch requirirtem Branntwein etwas gelabt, erreichte das Detachement erst nach sechsstündigem Marsche Göttingen. Im blaßen Mondlichte bemerkte der Commandant von der Höhe des Klausberges herab, in der Ebene vor Göttingen, Cavallerie-posten; — da aber um diese Stunde die Thore gewöhnlich geschlossen waren, so konnten es eben so gut auch feindliche sein. Vorgeschickte Hußaren brachten jedoch bald die Meldung, daß es Pikete der Garnison wären, die zur Aufnahme und allenfallsigen Unterstützung der zurückkehrenden Truppe sich daselbst aufgestellt hatten. Der Ge-neral beglückwünschte den unternehmenden Commandanten der Ex-pedition zu seinem „Meisterstreich", wie er sich ausdrückte, der Vicomte de Belsunce aber lud den Grafen Esterhazy und dessen Officiere zu einem fröhlichen Mahle, nachdem er ihn vor seiner Truppe umarmt hatte, und auch die brave Mannschaft wurde reichlich gelabt. — Als der Feind Cassel zu belagern begonnen hatte, beunruhigte die unaus-gesetzt thätige Göttinger Besatzung diesen durch größere Ausfälle in seinen Rücken, nahm ihm mehrere Convois weg, ebenso ein in Maringen zurückgelassenes Depot, belästigte fortwährend die feindlichen Posten, hob solche bei Jessen und Ebergötz, in vierstündiger Entfernung von Göttingen, auf, und der Vicomte de Belsunce unternahm mit 2000 Mann Infanterie und 400 Reitern einen sehr gelungenen Streifzug bis Northeim, wo er den feindlichen Obersten Collignon ver-jagte, sehr viele Gefangene machte und 2 Geschütze eroberte. Um diese

Zeit kam die erfreuliche Nachricht von den Gnadenbezeugungen, mit welchen König Ludwig XV. die Tapferkeit und Ausdauer der braven Vertheidiger von Göttingen durch außerordentliche Beförderungen belohnte, so wurde der Commandant Graf de Vaux Gouverneur von Thionville, der Vicecommandant Vicomte de Belsunce Maréchal de camp und der kaum einundzwanzigjährige Capitän Graf Esterhazy für seine vorzüglichen Leistungen sogleich Oberst; nebstdem erhielten Officiere und Mannschaft eine große Anzahl Auszeichnungen in Avancements und Belohnungen in Gold. Den richtigen Moment und die Größe der Belohnung zu finden, um damit den möglichsten Effect zu erzielen, Ehrgeiz und Thatendurst zu wecken, war in Frankreich von jeher den bourbonischen Königen und den Napoleoniden im vorzüglichen Grade eigen, wie dies auch dem Geiste dieser ehrgeizigen und kriegerischen Nation entsprach und die französischen Soldaten stets zu kühner That begeisterte.

Oberst Graf Esterhazy war in seiner neuen Charge in das Hußaren=Regiment Turpin (welches einst sein Vater errichtet hatte), eingetheilt worden, da dasselbe aber nicht zur Armee des Herzogs von Broglie gehörte, erbat sich der Generallieutenant, der den tüchtigen Officier nicht verlieren wollte, dessen Zutheilung bei seinem bisherigen Regimente Berchény, welche Bitte des Feldherrn auch sogleich gewährt wurde. Esterhazy war erfreut in einer Truppe zu verbleiben, die er genau kannte. Er begab sich nach Rothenburg, wo dieses Regiment damals bequartiert war und meldete sich bei dessen Chef, unter welchem er als zweiter Oberst nun dienen sollte. Derselbe verblieb nur zwei Tage daselbst, in seiner neuen Stellung sehr gut empfangen, obwol er wußte, „daß viele der Officiere nicht sehr „erfreut wären", wie er schreibt, „unter einem Vorgesetzten zu dienen, „der, wie sie wohl fühlten, sie zu genau kenne". — Auf des Grafen Esterhazy Ansuchen, blieb das Detachement in Göttingen, wohin er sich nun wieder verfügte. Dort hatten sich auch manche Aenderungen ergeben; mit Ausnahme dieser Hußarenabtheilung, war die übrige Besatzung abgelöst worden und mit der neuen Garnison schien auch ein Wechsel des Glückes der bisherigen Unternehmungen eingetreten zu sein. General Luckner, einer der verwegensten feindlichen Parteigänger, hatte mit seinem Corps den Ort Einsbruck besetzt und seither waren die Streifungen des Vicomte de Belsunce nicht mehr so erfolgreich wie ehedem, auch stießen die ausfallenden Truppen häufig in der kurzen Entfernung von zwei Meilen auf die renommirten Luckner'schen Hußaren, die manchmal stark genug waren, die Franzosen bis auf das Glacis von Göttingen zurückzuwerfen, auch öfter das vor der Stadt grasende Vieh ihnen wegzutreiben. Mehrere Reitergefechte fanden aus diesem Anlasse statt. Eines Tages bei einer weiteren Expedition, die mit einem Theile der Besatzung unternommen wurde, um die Hereinbringung größerer für Göttingen bestimmter Getreidefuhren zu decken, kam es mit den feindlichen Cürassieren und Hußaren, welche auf der Brücke bei Katlenburg die französischen Truppen abschneiden wollten, zu einem heftigen Gefechte, in welchem Oberst Graf Esterhazy eine schwere Hiebwunde in die linke Schulter erhielt und die Ausfalls= truppe überhaupt mehrere Officiere und zwei Drittel ihrer Leute verlor. Nur seinem guten Pferde verdankte der Graf seine Rettung vor Ge= fangenschaft, da dieses über ein Gesträuch setzte, welches, als es mit ganzer Kraft wieder aufschnellte, seinem Verfolger einen heftigen Schlag versetzte; er gewann blos dadurch Zeit sich zu retten, da er durch seine schwere Verwundung sich nur einer Hand hätte bedienen können. — Dieser Unfall machte den Vicomte de Belsunce großen Kummer und er unternahm von diesem Tage an keine Expedi= tionen mehr.

Bald nach Eröffnung der Campagne 1761, vereinigte sich der Herzog von Broglie mit dem Prinzen Soubise in der Gegend von Lippstadt, um am 15. Juli das feste Lager bei Hohenover (Villings= hausen) anzugreifen. Obgleich zurückgeschlagen, setzten sie doch das Ge= fecht bis in die sinkende Nacht fort und erneuerten es am 16. Broglie commandirte den rechten, Soubise den linken Flügel; die Franzosen konnten aber kein Terrain gewinnen und verloren viele Leute nebst mehreren Geschützen. Während dieser Kämpfe stand das Hußaren= Regiment Berchény im Avantgardecorps des Grafen Chabot in der Richtung gegen Paderborn. Dieses bestand aus: der Legion royale, den Freiwilligen von Flandern, den Dragoner=Regimentern le Roy und la Feronnaye nebst den obengenannten Hußaren. Am rechten Ufer der Lippe schlug dieses Corps einen Angriff der Heeres= abtheilung des Generals Luckner mit eben so viel Tapferkeit als Erfolg zurück. Der Feind verlor viele Todte und Gefangene. Dort erhielt General Chabot die Hiobspost von der Niederlage der französischen Armee bei Villingshausen und zugleich den Befehl Neuhaus an der Lippe bei Paderborn schleunigst zu besetzen. Aber kaum dort eingerückt, wurde das Corps Chabot abermals vom Feinde mit Heftigkeit angegriffen. Diesmal geschlagen, mußte es den Ort räumen und campirte in nächster Nähe. Der Feind begnügte sich mit der Delogirung der Franzosen und ging wieder über die Lippe zurück. Die Armee Broglie's näherte sich und Oberst Graf Esterhazy wurde mit einem Commando von 300 Reitern nach Höchster detachirt, wo er sich eines feindlichen Mehlmagazins bemächtigte; in der folgenden Nacht kam Verstärkung unter dem Herzog von Coissé, der im Range älter, das Commando übernahm. Nach dem Uebergange des Herzogs von Broglie über die Weser, rückte Oberst Esterhazy mit seinen Hußaren wieder zum Regimente nach Bevern ein. Von dort marschirte Graf Chabot mit seinem Corps hinter den Solingerwald, wo er sich lagerte. Auf einer dortigen Anhöhe bei einem Jägerhause, konnte man das feindliche Lager am rechten Weserufer übersehen; und als der Feind diesen Punkt mit einem Posten besetzen wollte, wurde derselbe mehrmals von den Franzosen verjagt. — Die Feinde, darüber erbost, rückten nun mit starker Macht vor und schlugen ein Lager von 12.000 Mann auf, welche einen Angriff der Franzosen zurückschlugen, wobei der Oberst Chevalier de Vignolles, Commandant der Freiwilligen aus dem Hennegau, getödtet wurde. — Das Corps Chabot veränderte nun seine Stellung und besetzte den Eingang der Schlucht bei Oldendorf. Von hier wurde ein Streifcommando gegen die Bauer'schen und braunschweigischen Hußaren ausgeschickt, — und die beabsichtigte Unternehmung wäre auch vollständig geglückt, wenn der Commandant des Detachements, ein Brigadier der Dragoner, diese, nachdem sie bereits in das Feindeslager eingedrungen waren, kräftiger hätte unterstützen lassen; so hingegen mußten sich die französischen Reiter mit ziemlich bedeutendem Verluste zurückziehen. Graf Esterhazy hatte sich um dieses Commando gemeldet, doch Graf Chabot hatte ihm mit den nur schmeichelhaften Worten, „man müsse so tüchtige „Officiere zu entscheidenderen Unternehmungen aufbewahren", seine Bitte abgeschlagen, „um so mehr, da sich die anderen Obersten beklagt

„hätten, daß man ihm ohnedies zu oft größere Commanden über-
„gebe". Doch schon wenige Tage nachher erhielt der thatenlustige junge
Oberst eine größere Truppenzahl, als: 150 Husaren, 200 Dragoner,
1 Grenadier- und 1 Jägerbataillon unter seine Befehle, um nach
Grene, eine an der Leine gelegene Ortschaft zu gehen und die Verbindung mit dem Corps des Grafen Lusace, der auf der Seite von
Wolfenbüttel stand, herzustellen, was auch in kürzester Zeit bewirkt
wurde. Sodann erhielt Oberst Esterhazy Befehl, mit seiner Truppe
die Avantgarde des Herzogs von Laval [1]) zu formiren. In dieser
Commandirung ward er beauftragt, in dem Städtchen Ahlfeld Geiseln
aufzuheben. Seine Einwendung, daß die Bewohner dieses zum Bis-
thum Hildesheim gehörigen Ortes, sehr französenfreundlich wären und
er während eines dortigen Aufenthaltes sich über den Magistrat nur
sehr lobend äußern könne, half nichts, ja die Ordre wurde noch ver-
schärft. Vor Ahlfeld selbst war der Oberst genöthigt, erst einige dort
postirte feindliche Abtheilungen zurückzuwerfen, hob sodann die Geiseln
aus, die glaubten, er wäre verrückt geworden. Esterhazy versicherte
sie, man werde ihnen seiner Zeit gewiß Entschuldigungen machen, denn
es müsse jedenfalls ein grober Irrthum vorwalten, aber als Soldat
müsse er den erhaltenen Befehl genau vollziehen. In einer Kutsche
wurden die Geiseln unter Bedeckung mit scharf geladenem Gewehre
nun schnellstens gegen Graudesheim abgeführt, eine Stunde vor diesem
Orte kam der Sohn des Herzogs von Laval, im Auftrage seines
Vaters das Mißverständniß aufzuklären und die Verhafteten sogleich
in Freiheit zu setzen. Dieselben vergaßen bald bei einem köstlichen
Souper zu dem sie der Herzog eingeladen, die ausgestandene Angst
und Ungelegenheit. In einem Patrouillengefechte desertirten zwei
Mann der braunschweigischen schwarzen Hußaren zu den Franzosen
und brachten die wichtige Nachricht, daß der Erbprinz von Braunschweig auf seiner Vorrückung gegen Eimbeck bereits im Anmarsche
nach Ahlfeld sei. — Der Herzog von Broglie hatte in der Nähe
des ersteren Ortes ein ziemlich ausgedehntes Lager bezogen, wo die
Truppen, Verpflegungsrücksichten halber, auf große Distanzen unter

---

[1]) Guy André Duc de Laval-Montmorency, später Marschall von
Frankreich).

einander entfernt waren. Oberst Graf Esterhazy meldete persönlich im Hauptquartiere die erhaltene Nachricht, welche aber von Broglie sehr ungläubig aufgenommen wurde, indem er erwiderte: man dürfe Aussagen von Deserteuren kein großes Gewicht beilegen, müsse aber dennoch für alle Eventualitäten vorbereitet sein. Eine französische Hußarenpatrouille war indessen wirklich auf feindliche Truppen gestoßen, von diesen zurückgejagt, ihr Führer aber abgefangen worden. Der Herzog von Broglie beorderte seinen Generalstabsofficier, den Grafen Villefranche, sich über jene Meldung, der dieser auch keinen rechten Glauben beimaß, Ueberzeugung zu schaffen. Doch als der Generalstabsofficier sowol diese Deserteure als die Patrouille einem strengen Verhöre unterzogen, änderte er seine Meinung, in Folge dessen Oberst Graf Esterhazy den schriftlichen Befehl erhielt, sich auf einen feindlichen Angriff vorzubereiten und sich so lange als möglich zu halten, bis das Corps des Grafen Lusace die Leine übersetzt habe; — im schlimmsten Falle, als er gezwungen würde der Uebermacht zu weichen, ihm es alsogleich durch einen Officier melden zu lassen. — Einige Stunden später aber kam eine neue Ordre aus dem Hauptquartiere, durch einen Adjutanten Broglie's persönlich überbracht, nach welcher der Oberst beauftragt wurde, mit seinem Commando nach Ammeisen, einer, auf dem Wege von Eimbeck nach Hannover gelegenen Ortschaft abzurücken, dort den Feind zu beobachten und stündlich einen kurzen klaren Bericht ins Hauptquartier einzuschicken. Ziemlich spät erreichte Esterhazy diesen Ort und bezog hinter demselben ein Bivouac, das Grenadierbataillon sandte er auf die Höhen eines Hohlweges den er hinter sich hatte und unterhielt in der Rundung des Ortes einen unausgesetzten Patrouillengang, wobei mit den feindlichen Patrouillen einzelne Schüsse gewechselt wurden. — Bei Anbruch des nächsten Tages aber übersetzten zwei starke feindliche Colonnen einen in geringer Entfernung vom Orte fließenden Bach und rückten gegen Ammeisen vor. Das Commando Esterhazy's zog sich echelonartig zurück und feuerte vier Kanonenschüsse ab; von Höhe zu Höhe ging der vom Feinde nicht mit Heftigkeit beunruhigte Rückzug bis Eimbeck vor sich, wo das Detachement eine Verstärkung von 300 Mann erhielt und mit geringen Verlusten das Lager des Herzogs von Broglie erreichte, der nur 3 Brigaden in nächster Nähe bei sich hatte und sehnsüchtig das

Einrücken seiner weiter entfernten Corps erwartete. Der Erbprinz von Braunschweig hatte hinreichend Zeit, ihn anzugreifen, und hätte dieser denselben geschlagen, so wäre die französische Armee getrennt und deren Concentrirung verhindert gewesen. Doch Broglie behielt seinen Gleichmuth, empfing den Feind mit dem heftigsten Geschützfeuer das diesen stutzen machte und sein rasches Vordrängen hemmte, bis die mittlerweile eingebrochene Dunkelheit den Geschützkampf zum Schweigen brachte, aber auch die zerstreut dislocirten französischen Corps allmälig eingerückt waren. Die von den Franzosen eingenommene Stellung war vortrefflich, sobald man eine hinreichende Truppenzahl hatte, sie vollständig zu besetzen, was nun durch das Herankommen der erwarteten Heerestheile ermöglicht worden war. Dies erkannte auch der Feind und zog sich, ungeachtet erhaltener bedeutender Verstärkungen, nach wenigen Tagen (7. November) durch den Gebirgspaß bei Elme zurück. — In diese Ortschaft wurde Oberst Graf Esterhazy mit seinem Detachement beordert, wo er zuerst unter dem Befehle eines täglich abgelösten Brigadiers und zuletzt des Grafen Broglie stand, welcher die Arrieregarde des Lord Gramby, von der man ihm sagte, daß sie sich zurückziehe, verfolgen wollte. Er rückte auch mit seinen Truppen bis zum Passe vor, aber ein mörderisches Geschützfeuer empfing ihn und er wurde von diesem zum Rückzuge gezwungen. Einige Tage nachher bezogen beide Armeen die Winterquartiere, die Franzosen hinter der Fulda und der Werra. Graf Esterhazy erhielt mit mehreren Hußarenabtheilungen seine Bestimmung nach Göttingen. Der Winter 1761/62 verging, im Gegensatze zur Thätigkeit des vorjährigen, in vollkommenster Ruhe. — Der seit Kurzem zum Marschall von Frankreich beförderte Herzog von Broglie, unstreitig der tüchtigste französische Feldherr des siebenjährigen Krieges, trat um diese Zeit ab. Nach Einigen hatte er, unwillig über die Intriguen seiner Generäle mit Versailles und wegen Mißhelligkeiten mit dem gleichfalls zum Marschall vorgerückten Prinzen Soubise, seinen Abschied verlangt, — nach Andern wurde er abberufen und auf seine Güter verbannt. — Thatsache ist es, daß er längere Zeit auf diesen zurückgezogen lebte.

Während seiner Garnisonirung in Göttingen verscheuchte Graf Esterhazy die Langeweile der Wintermonate dadurch, daß er in der

Geometrie und der englischen Sprache sehr eifrig Unterricht nahm. In dieser Zeit erhielt er die Nachricht, daß sein Regimentschef Oberst Graf Bercsényi zu Mühlhausen an den Blattern erkrankt sei; er eilte rasch dahin und dieser starb in seinen Armen. Oberst Esterhazy sandte allsogleich einen Courier mit der Meldung dieses Todesfalls an den ihm damals persönlich noch unbekannten Herzog von Choiseul und in seiner damaligen Stellung als Interims-Regimentscommandant, bat er den Minister um dessen vielvermögende Verwendung beim Könige, daß dem jüngeren Bruder des Verstorbenen, dem Chevalier Bercsényi, das erledigte Regiment zu Theil werde. Er unterstützte seine Bitte mit dem Bemerken, daß, obgleich der Chevalier jetzt noch Capitän sei, er dennoch mit Vergnügen unter dessen Commando dienen würde, und glücklich wäre, dem Marschall Bercsényi hiemit einen thatsächlichen Beweis seiner Dankbarkeit für dessen einstige Güte geben zu können. Dieser Brief hatte sehr gute Wirkung, als der Herzog von Choiseul denselben Ludwig XV. unterbreitete, und besonders in Berücksichtigung der letzteren Bemerkung, verlieh der König dem Chevalier, nunmehrigen Grafen Bercsényi das vacante Hußaren-Regiment, unter gleichzeitiger Ernennung zum Obersten, aber unter Einem wurde Graf Esterhazy mit seinem Range, als zweiter Oberst, in die Legion Royale, einer Elitetruppe des französischen Heeres, eingetheilt, „einstweilen", wie die königliche Ordre ausdrücklich lautete, „bis sich eine günstige Gelegenheit bieten würde, ihn in einer seinen Wünschen angemessenen Weise, anzustellen". Das rücksichtsvolle, zartfühlende Benehmen Esterhazy's in dieser Angelegenheit, hatte ihn sowol bei dem hiefür empfänglichen Könige, als dessen ersten Minister empfohlen.

Schon mehrmals war der Oberst von dem Chef seines Hauses, dem Fürsten Paul Anton Esterhazy, zu einem Besuche nach Wien eingeladen worden, mit dem Ausdrucke lebhaften Wunsches aller Familienglieder, den jungen Verwandten kennen zu lernen, der ihrem Namen auch unter einer fremden Fahne so viel Ehre gemacht, und sich im Alter von kaum einundzwanzig Jahren auf den Schlachtfeldern den Rang eines Obersten erkämpft hatte. — General Graf Broglie hatte einst Esterhazy das Versprechen gegeben, wenn die kriegerischen Ereignisse durch eine zeitweilige Ruhe unterbrochen würden, ihm bei seinem

Bruder, dem Marschall, den hiezu nöthigen Urlaub zu verschaffen, aber als beide Brüder Broglie die Armee verließen, wandte sich der Graf vergeblich an den Interims-Armeecommandanten Chevalier Muy. Der überraschende Todesfall des Regimentschefs Grafen Bereseényi, hatte ihn einstweilen seine Bitte vergessen lassen; um so unerwarteter war ihm die Erfüllung derselben, als er Ende Februar 1762 die gewünschte Urlaubsbewilligung erhielt. Er verlor nun keinen Augenblick länger, um sich nach Wien zu begeben, und nahm seinen Weg über Mühlhausen, Gotha, Nürnberg und Regensburg, wo er zu seinem großen Leidwesen die Nachricht von dem am 22. März erfolgten Ableben des Fürsten Paul Anton Esterhazy erhielt, dessen wiederholte Einladung eben seine Reise veranlaßt hatte. Der Graf entschloß sich dessen ungeachtet zur Fortsetzung seiner Reise und kam nach Wien, wo er die fürstliche Witwe in tiefstem Schmerze aufgelöst fand. Doch bat sie ihn, während seines Aufenthaltes, in ihrem Palais seine Wohnung zu nehmen und stellte ihn dem nunmehrigen Chef der Familie, Fürsten Nikolaus und den übrigen anwesenden Gliedern dieses zahlreichen Hauses vor. — Der letztverstorbene Fürst Paul Anton (geboren 1711) hatte sich im Erbfolge- und siebenjährigen Kriege als tapferer General hervorgethan, die Feldmarschallswürde erlangt; sowol er als seine Frau, eine geborne Marchese Lunati Visconti aus Mailand, standen, wie die ganze Familie, bei der Kaiserin Maria Theresia in hohem Ansehen; schätzte man die patriotische Aufopferung und Tapferkeit des Fürsten hoch, so fand nicht minder allgemeine Anerkennung der gediegene Verstand und die Annehmlichkeit des Umgangs der Fürstin, welche ihren Gemal um zwanzig Jahre überlebte und 1782 starb. Von den andern gerade dazumal in Wien weilenden Familiengliedern, war der nunmehrige Chef, Fürst Nikolaus (Bruder des Vorigen), durch eine Reihe glänzender Waffenthaten damals bis zum Feldmarschall-Lieutenant vorgerückt und hatte sich in der Siegesschlacht bei Kolin, an der Spitze einer Infanteriebrigade, das Theresienkreuz erkämpft, (er starb, seit 1771 Feldmarschall und mit den höchsten Auszeichnungen geschmückt, 1790), — ferner Graf Nikolaus, längere Zeit Gesandter in Kopenhagen, Warschau, Madrid und Petersburg, von wo er eben angelangt war, ein Mann voll Geist und gewandter Diplomat, der zwei Jahre später in Carlsbad starb, 1764; dessen

7*

jüngerer Bruder, Graf Franz (beide Söhne des gleichnamigen Grafen, der Tavernicus und Feldmarschall war), zum Unterschied von seinem Vater, bei Hofe gewöhnlich Quinquin genannt, war ungarischer Hofkanzler und ein besonderer Liebling des Kaisers Franz I., der ihn zu allen Partien in Laxenburg und Schönbrunn mitnahm. — Unter Kaiser Joseph wurde er Banus von Kroatien und starb 1785. Dieser Monarch schätzte den Grafen sehr hoch, liebte ihn aber nicht, da dieser, ein patriotischer Ungar, mit dessen Reformversuchen in seinem Vaterlande nicht einverstanden war und auch aus seiner Meinung kein Hehl machte.

Das Haus Esterhazy war mit dem Hofe in naher Verbindung, genoß hohes und verdientes Ansehen, denn überall wo man tapfere Thaten, Opfer für die Dynastie und das Land, oder eine glanzvolle Vertretung brauchte, standen dessen Sprossen voran. War dem Grafen Valentin Ladislaus schon durch die Position und Beliebtheit seiner Familie bei Hofe und in der vornehmsten Gesellschaft Wiens ein guter Empfang vorbereitet, so wurde dieser durch seine Persönlichkeit, seine früh erworbene höhere militärische Stellung, sein bescheidenes Auftreten und eine gewisse Anmuth im geselligen Verkehr noch vervollständigt; auch bot seine Familie Alles auf, um dem jungen Verwandten den Aufenthalt in der Kaiserstadt so angenehm als möglich zu machen. — Mit besonderer Güte empfing das Kaiserpaar den tapfern französischen Obersten bei seiner ersten Audienz und allen Hoffesten, zu denen er stets berufen war: mit wohlwollendem Interesse der Staatskanzler (damaliger Graf, später) Fürst Kaunitz; mit großer Zuvorkommenheit die Kreise der vornehmsten Gesellschaft Wiens, von denen wir in Kürze der damals angesehensten Persönlichkeiten hier erwähnen wollen.

———

Es hatten sich um den Hof der großen Kaiserin eine Reihe von Familien ruhmvoller Abkunft, Männer und Frauen, die auch ihr Dienst an das Kaiserhaus band oder denen ihre gesellschaftliche Stellung den Aufenthalt in der Residenz und die Verbindung mit dem Hofe wünschenswerth machte, gruppirt; so bekleideten die vier höchsten Hofchargen Männer aus den ersten Geschlechtern des Landes. Obersthofmeister war zu jener Zeit (wir sprechen vom Jahre 1762), Johann

Wilhelm Fürst Trautson, zugleich Landmarschall von Niederösterreich und selbstverständlich Toisonist. Er starb als der letzte Mannessprosse seines aus der Schweiz stammenden Geschlechtes 1775; seine Güter Ennsegg, Goldegg u. s. w. gingen durch seine Tochter an die Fürsten Auersperg über. Seine dritte Gemalin Caroline Freiin von Hager (seit 1746 mit Fürst Trautson vermält), war eine der geistreichsten und lebendigsten Frauen des damaligen Hofes und bei der Kaiserin ungemein beliebt. Die Monarchin besprach alle Details aus der kaiserlichen Familie, der Gesellschaft u. s. w. mit ihr. Die Fürstin Trautson hatte große Vorliebe für das Theater und auf ihrem Landsitze Monperou wurden von den Herren und Damen der Gesellschaft kleine Stücke aufgeführt, die sie selbst componirt hatte. Auch die jungen Erzherzoginnen spielten zeitweise mit; sehr häufig kam auch der Hof in das Schloß Goldegg bei St. Pölten, wo die Trautsons die fröhlichsten Feste gaben. Die Fürstin Trautson starb im zweiundneunzigsten Lebensjahre, 1793 zu Wien. Schreiber dieses hat eine Reihe von Briefen, die sie an ihre Schwester (seine väterliche Urgroßmutter) schrieb, mit großem Interesse gelesen, und sie gaben ihm ein deutliches Bild jener Epoche. Dieselben sind mit Geist, gut stylisirt im besten Französisch geschrieben, aber mitten darin kömmt eine deutsche Phrase im echten Wiener Jargon vor. Die in denselben genannten Persönlichkeiten sind meist mit ihren abgekürzten Taufnamen: die Nandl, die Lisel, die Lorl, die Thereserl u. s. w. oder auch mit Spitznamen, mit denen man sie selbst bei Hofe so nannte, bezeichnet. Es war dies ein eigenes patriarchalisch-gemüthliches Verhältniß, in welches die Kaiserin zu ihrer Umgebung sich stellte, sowie auch jenes der Gesellschaft unter sich. An den freudigen und schmerzlichen Familienereignissen der ihr im Verkehre näherstehenden, vornehmen Familien nahm die erhabene Herrscherin innigsten Antheil, oft stand sie Gevatter, viele Hochzeiten wurden in der Hofburg gefeiert, Viele von ihr ausgestattet, und gar manche glückliche Heirat eines Liebespaares war nur durch die thatkräftige, unterstützende Intervention der Kaiserin ermöglicht worden.

Oberstkämmerer war damals der Graf, zwei Jahre später Fürst Johann Joseph Khevenhüller, der durch das interessante nach seinen Memoiren verfaßte Buch: „Aus dem Hofleben Maria Theresias" von Professor Adam Wolf, bekannt ist. Er starb 1776 und stand bei Hofe in hohem Ansehen und in allgemeiner Achtung. In Theater und Literatur huldigte er dem italienischen Geschmack, und begünstigte Metastasio. Als Oberstkämmerer war er auch Chef der kaiserlichen, von Franz I. damals so reich ausgestatteten Cabinete. Sein Haus war auf das Eleganteste eingerichtet; er war ein großer Gourmand und liebte gute Diners. In seinen jungen Jahren hatte er in der Diplomatie gedient.

Obersthofmarschall war seit 1754 Fürst Joseph Adam Schwarzenberg, Großvater des unsterblichen Siegers bei Leipzig; später, 1776, wurde er Obersthofmeister. Damals war er bereits seit neun Jahren Witwer von einer der schönsten Frauen ihrer Zeit, der Fürstin Marie Therese Liechtenstein, die nach einer glücklichen Ehe, erst zweiunddreißigjährig, 1753 starb. In Folge eines unglücklichen Schusses Kaisers Carl VI. auf der Jagd, hatte er 1732 seinen Vater verloren; der Monarch von Schmerz betroffen, sandte dem erst zehnjährigen Erbprinzen das goldene Vließ durch eine eigene Deputation, „ein außerordentlicher Act kaiserlicher Huld, um die Trauer der tiefgebeugten fürstlichen Witwe zu mildern". Fürst Joseph Adam galt als vortrefflicher Verwalter seiner zahlreichen Güter, die er durch Ankäufe erweiterte, er baute Kirchen, war wohlthätig und unterstützte die Geistlichkeit, und starb 1782.

Oberststallmeister war Heinrich Joseph Fürst Auersperg, geboren 1697, er diente schon unter Kaiser Carl VI. bis 1738 als Obersthofmarschall, wurde sodann Oberststallmeister und 1775 Oberstkämmerer, und gehörte zu den intimsten Freunden des Kaisers Franz I. Der Fürst starb hochbejahrt 1783. Sein zweiter Sohn Johann Adam war ebenso einflußreich und in hoher Gunst des Kaisers, der ihn 1746 gefürstet hatte. Dessen zweite Gemalin war jene wunderbar schöne Gräfin Wilhelmine von Neipperg, Tochter des Feldmarschalls Grafen Neipperg, von der uns Wraxal ein so anmuthiges, lieblich reizendes Bild[1]) entwirft. Sie war siebzehn Jahre alt und Hofdame

---

[1]) Wraxall, ein englischer Tourist des achtzehnten Jahrhunderts, schreibt über die Gräfin Wilhelmine Neipperg: „Alle, die sie gekannt haben, haben „einmüthig versichert, daß keine Beschreibung im Stande ist, eine angemessene

der Kaiserin, als sie sich 1755 mit dem Fürsten vermälte, den sie unter zahlreichen Bewerbern, darunter auch der damalige Oberst (spätere Marschall) Graf Lacy, wählte. Man nannte sie bei Hofe nur: la belle princesse. Kaiser Franz I. erwies ihr bekanntlich zarte Aufmerksamkeit. Sie besaß ein Haus in Laxenburg und lebte mit ihrem Manne immer im engsten Hofkreise. Sie war eine leidenschaftliche Spielerin, verlor aber fast immer. — Die Fürstin, welche in den letzten Jahren sehr zurückgezogen lebte, starb erst siebenunddreißigjährig 1775.

Einer der beliebtesten Cavaliere bei Hof war der Oberstküchenmeister Joseph Graf Saint-Julien. Die außerordentliche Feinheit seiner Umgangsformen, eine stets heitere Laune, sowie seine treue Ergebenheit an das Kaiserhaus, machten ihn vorzugsweise zu einem der Lieblinge des Kaisers Franz I. Er besaß ein eminentes Arrangeurtalent, war unerschöpflich an launigen Scherzen, immer wußte er Neues und Erheiterndes zu ersinnen, und Alles drängte sich zu den Festen, die er gab. So hatte er einst die Majestäten, als sie bei ihm speisten, mit einem Kinderfeste überrascht, wo das älteste der maskirten Kinder nicht über vier Jahre alt war! Nach politischem Einfluß hatte er nie gestrebt. Er starb am 5. Jänner 1794 zu Wien.

Außer diesen durch ihre Charge dem Hofe nahestehenden Persönlichkeiten, gehörten durch ihre Stellung im Staats- oder Militärdienste,

---

"Vorstellung von ihrer Schönheit zu geben. Sie war von mittlerer Gestalt, ihr "Teint ein hellbrauner, ihre Augen grau, ihr Haar kastanienbraun, üppig und "glänzend. Ihr Gesicht aber und die Art und Weise ihrer Haltung, waren von "der Art, daß kein Maler im Stande war, ihnen Gerechtigkeit widerfahren zu "lassen, weil, wenn sie sprach, eine Fülle von Grazie und Anmuth in ihr aufleuchtete und ihr eine Beseelung verlieh, die die Kunst nicht wiedergeben konnte. "Ihr Charakter war sanft und einnehmend, daß es schien, als sei sie gar nicht "im Stande, Jemanden beleidigen oder wehe thun zu können. Ohne alle Verstellung gab sie sich nie die Mühe zu gefallen, denn die Natur hatte Alles für "sie gethan, und sie brauchte blos zu erscheinen, um bewundert und geliebt zu "werden. Die Ueberlegenheit ihrer Schönheit war so groß, daß Niemand mit ihr "sich in die Schranken stellte und die Liebenswürdigkeit ihres Charakters so ein"schmeichelnd, daß ihr Niemand widerstehen konnte. Sie erweckte Liebe, ohne bei "ihrem eigenen Geschlechte zu Neid und Eifersucht zu reizen und sie machte sich "keine Feinde, weil sie nie zu spotten und lächerlich zu machen versuchte..."

sowie durch ihr Vermögen, zu den Koryphäen der damaligen vornehmen Gesellschaft Wiens:

Fürst Wenzel Liechtenstein, der berühmte General und Reorganisator der österreichischen Artillerie. Er stand bei der Kaiserin Maria Theresia in hoher Gunst, und war durch Geist und Liebenswürdigkeit ausgezeichnet. Der Fürst hatte noch als junger Stabsofficier mit Auszeichnung in den Siegesschlachten des Prinzen Eugen bei Peterwardein und Belgrad gefochten. Er starb 1772. Sein Neffe Fürst Carl stand als General, (1762), bei der Armee im Felde, dessen damals siebzehnjährige Gemalin war die Prinzessin Eleonore Oettingen-Spielberg, die erst in der späteren Zeit eine einflußreiche hervorragende Stellung bei Hofe einnahm.

Ferner Carl Max Fürst Dietrichstein (ein Schwager des Oberstkämmerers Grafen Khevenhüller), einer der reichsten Landherren in Oesterreich; von 1745 bis 1754 bekleidete er die Obersthofmarschallswürde. Er zog sich gerne zurück und lebte viel auf seinem Schlosse zu Nikolsburg. Seine Gemalin, eine Gräfin Khevenhüller, zeichnete sich durch ihr edles Gemüth und einsichtsvollen Verstand aus, und überragte die meisten Damen durch ihr Conversationstalent und die Annehmlichkeit ihres Umganges. Sie genoß das besondere Vertrauen der Kaiserin, die sich mit ihr über. Alles auszusprechen pflegte. — Die Fürstin starb zwei Jahre später, als die Epoche von der wir sprechen, nach einer fast vierzigjährigen glücklichen Ehe, 1764. Ihr Gemal überlebte sie um zwanzig Jahre und starb 1784.

Interessante und verdienstvolle Männer waren die beiden Brüder Carl und Ludwig Grafen (der Erstere später Fürst) Bathyanyi, Söhne jener geistvollen Gräfin Eleonore Strattmann, der jahrelangen Freundin des Prinzen Eugen, unter dem Beide ihre militärische Carriere begonnen. Der ältere Graf Carl, war ein tapferer General im Türken- und Erbfolgekriege gewesen, später, wie bekannt, Obersthofmeister des Erzherzogs Joseph. Beide Brüder Bathyanyi gehörten zu den hervorragendsten ungarischen Cavalieren, die sich der Dynastie anschlossen. Graf Carl besaß auch in Oesterreich reichen Grundbesitz. Das ihm gehörige Schloß Trauttmansdorff bei Bruck an der Leitha richtete er stattlich im Geschmacke der Zeit ein, errichtete Orangerien, einen großen Fasangarten und sogar ein chinesisches Cabinet. Die Kaiserin beehrte ihn öfters mit ihrem Besuche. Er starb 1772 unter allgemeiner Theilnahme und die Majestäten sowie der ganze Hof wohnten den Begräbnißfeierlichkeiten bei. Sein Bruder Ludwig, war vor ihm gestorben, 1765, und hatte, seit 1751 Palatin, seinem engeren und weiteren Vaterlande stets große Dienste geleistet. Einer der reichsten Privatmänner, hinterließ er jedem seiner vier Söhne eine Million.

Der Reichsvicekanzler Graf Rudolph Colloredo, 1764, der erste Fürst seines Hauses, war in der Opposition gegen die Verwaltungs= reformen der Kaiserin, er besaß einen humanen, edlen Sinn der ihm Freunde machte, war ein heiterer Lebemann, Freund der Jagd und des Spiels, liebenswürdig gegen Frauen und einer der Lieblinge des Kaisers. Er starb 1788 in hohem Alter und hatte sich die Frische seines Wesens lange erhalten. Seine Frau, eine Tochter des hoch= verdienten Grafen Gundakar Thomas Starhemberg, hatte ihm acht= zehn Kinder, darunter neun Söhne geboren, die meistens hohe Stellungen im Staats= und Kriegsdienste bekleideten, so waren zwei Feldmarschälle, die Grafen Joseph und Wenzel und Einer, Hieronymus, war der letzte souveräne Erzbischof von Salzburg. — 1777 hatte Fürst Colloredo seine goldene Hochzeit gefeiert.

Graf Michael Althann, ein Sohn der bekannten Fürstin Pignatelli, der sogenannten spanischen Althann, einer Freundin Kaisers Carl VI., Gönnerin Metastasio's, war als talentvoller Staats= mann gerühmt und gleich seiner Mutter, Freund der Künste und Wissenschaften, unterstützte und liebte er alle geistigen Interessen.

Graf Friedrich Wilhelm Haugwitz, Staatsminister, war der Haupturheber aller seit 1748 ergangenen Veränderungen in der inneren Politik Oesterreichs, er hatte dem alten Ständewesen, der Aristokratie und dem Föderalismus, wie seine Zeitgenossen melden, „den ersten tödtlichen Streich versetzt". Im Privatleben galt er als ein Freund seiner Freunde. Er starb 1765.

Eine andere denkwürdige Persönlichkeit war der Graf Jakob Durazzo, Director des Hoftheaters, der früher als genuesischer Ge= sandter in Wien geweilt und mit der Gräfin Ernestine von Weißen= wolf (geboren 1732, gestorben 1794) vermält war, welche lange als erste Schönheit der Residenz galt. — Da in dieser Zeit, dem letzten

Feldzugsjahre des siebenjährigen Krieges, die glänzende Reihe tapferer Helden und Kriegsmänner jener Kämpfe von Wien abwesend, im Felde standen, haben wir sie auch in dieser Schilderung gar nicht erwähnt. Alle Zeitgenossen stimmen darin überein, daß es ein schönes Bild war, die Kaiserin Maria Theresia umgeben von ihrem Hofstaate bei öffentlichen Gelegenheiten oder fröhlichen Familienfesten zu sehen. — Die große Herrscherin in dem Glanze ihres Glückes als Frau und Mutter, ihr zur Seite der Kaiser mit seiner stets liebenswürdigen Heiterkeit, dann die Erzherzoge und Erzherzoginnen, jugendliche und auch noch kindliche Gestalten, die Erzherzogin Marie Antoinette zählte kaum sieben und der jüngste Erzherzog, Maximilian, erst sechs Jahre, endlich die Menge der Herren und Damen des Hofes, ehrwürdige Matronen und junge anmuthige Frauen. Der Hof residirte damals in den Wintermonaten in der altersgrauen Kaiserburg zu Wien, in der übrigen Zeit in den Schlössern von Schönbrunn und Laxenburg. — Das Erstere hatte sich aus einem kleinen Jagdschlosse zu einer großartigen Residenz erhoben, die Kaiserin Maria Theresia ließ es von Grund aus neu aufführen. 1744 war der Bau begonnen und nach einem Lustrum, 1749, beendet. Es war eine Lieblingsschöpfung jener Monarchin und Jahr für Jahr wurde es verschönert. — Die Gärten, die grünen Alleen, die Glorietten sind meist nach den Anordnungen des Kaisers hergestellt. Von dort aus besuchte der Hof die zahlreichen in der Umgegend Wiens damals gelegenen Schlösser und Landhäuser des Adels. — Im Frühjahr und Herbst wurden stets in Laxenburg einige Wochen zugebracht. Schon aus der ersten Zeit Kaiser Leopolds enthielt dieses Schloß viele Erinnerungen; für die Aufenthalte in diesen beiden Sommerresidenzen war eine eigene Hoftracht vorgeschrieben. Es wurde dort häufig gespielt, Pharao, Lansquenet, auch Würfel, schon seit Kaiser Leopold I. war es Gebrauch, nach dem Tode des Kaiser Franz I. hörte es auf. Concerte, Bälle, französische und italienische Komödien, meist vom Grafen Durazzo arrangirt, kleine Carousselle, Jagd und Reiherbeiz wechselten mit einander.

Dies ist in Kürze gezeichnet das Bild des Hofes und der vornehmen Gesellschaft Wiens, als Graf Valentin Ladislaus Esterhazy seinen ersten Aufenthalt in dieser Residenzstadt machte. Französischer Botschafter war damals der Graf, spätere Herzog, du Châtelet, der in der Revolution, zweiunddreißig Jahre später, ein Opfer der Guillotine wurde. Er kannte Esterhazy noch seit dessen frühester Jugend aus Lüneville, wo dieser den dort ansässigen Vater du Châtelets häufig besuchte, und empfand von jener Zeit her ein sehr lebhaftes Wohlwollen für ihn, das er sein ganzes Leben ihm bewahrte und, wo er nur konnte, auch thatsächlich bewies. — Der Hofkanzler Graf Franz Esterhazy, mit dem besondern Vertrauen des Kaisers beehrt, sagte eines Tages zu seinem jungen Verwandten, „daß je größere Freundschaft er für ihn hege, um so mehr sehe er mit Leid, daß ein Esterhazy im Dienste einer fremden Macht stehe und daß er auch bereits mit der Kaiserin von dem Wunsche der ganzen Familie gesprochen habe, ihn im österreichischen Dienste zu sehen; diese würde es als einen besonderen Beweis kaiserlicher Huld ansehen, wenn man ihrem Verwandten einen gleichen militärischen Rang wie er in Frankreich besitze, auch hier zugestehen würde. Die Kaiserin habe eingewilligt, ihn als Oberst in das Hußaren-Regiment Emerich Esterhazy[1]) einzutheilen, sie zweifle nicht an dessen Freude und Erkenntlichkeit, nachdem die Charge eines Obersten, welche er in Frankreich mit Mehreren seines Alters theile, im Dienste des Kaisers einen ungleich höheren Werth habe" u. s. w., sein Oheim fügte ferner hinzu, „daß er in Frankreich ohne Verwandte allein stehe und ohne andere Bekanntschaften als jene, welche er in der Armee gemacht habe, während er in Oesterreich im Kreise seiner Familie sich befinde, die durch ihr Ansehen und ihren Reichthum ihm leicht die oft schwierigen Pfade des Glückes ebnen könne. — Seiner Familie in treuer Pietät ergeben, durch die wohlmeinende väterliche Ansprache seines Onkels gerührt, wollte er dessen Antrag annehmen, mußte aber noch früher den französischen Botschafter hievon verständigen und diesem die Gründe auseinandersetzen, die ihn zu diesem Schritte bewogen, damit Graf du

---

[1]) Dies Regiment wurde 1768 reducirt und der Inhaber, General der Cavallerie Graf Emerich Esterhazy, erhielt das gegenwärtige 3. Hußaren-Regiment.

Châtelet sein Entlassungsgesuch aus französischen Diensten annehme und nach Paris einsende. — Aber du Châtelet dachte über diese Sache ganz anders als der Oheim und machte dem Grafen Esterhazy folgende Gegenvorstellung: „Daß der Dienst in der französischen Armee durch die Annehmlichkeit, die er bietet sich mit keinem andern vergleichen lasse, der Krieg könne nicht mehr lange dauern, als Oberst habe er in Friedenszeit nur durch vier Monate im Jahre Dienst zu thun, die Wintermonate könne er zu seinem Vergnügen in Paris zubringen, dort Bekanntschaften, vielleicht eine sehr reiche Heirat machen, während er hier im Frieden in einem schlechten böhmischen oder ungarischen Dorfe stationirt sein würde, und höchstens alle zwei Jahre um Urlaub einkommen könne, um den Fasching in Wien zuzubringen, und er würde vielleicht selbst Unrecht thun, diese Bitte öfter zu wiederholen! Kaum könnte er sich schmeicheln eine besondere Carriere zu machen, die in Frankreich weit häufiger vorkäme; bei den zahlreichen Majoraten in Oesterreich wären reiche Erbinnen seltener, und endlich sehr jung Oberst, würde er, wenn der Friede geschlossen, nicht so leicht Gelegenheit finden eine so außerordentliche Bevorzugung zu rechtfertigen. Dies würde ihm aber Neider schaffen, während in Frankreich seine rasche Beförderung nur Belohnung der Verdienste wäre, die er sich vor dem Feinde erworben habe; dort würde er mit jenen leben, mit denen er gedient und denen sein Avancement nur als ein Act der Gerechtigkeit erschiene, während dieses hier begreiflicher Weise in einem ganz anderen Lichte angesehen würde, schließlich versicherte er Esterhazy, daß es nur seine persönliche Freundschaft für ihn wäre, die ihm diese Bemerkungen machen lasse". „Berauscht von Ihren hiesigen Erfolgen, erfreut über „das Ansehen und die Stellung Ihrer Familie, erstaunt es mich keines=„wegs", schloß der Diplomat, „daß Ihnen die Zukunft nur rosig er=„scheint, ich aber urtheile nüchtern und mit kaltem Blute; ich kenne „Sie und Sie würden eines Tages, in der Langweile einer schlechten „Landstation, es bitter bereuen meinen Rathschlägen nicht gefolgt zu „haben; denken Sie noch in aller Ruhe darüber nach, und ich werde „Ihr Entlassungsgesuch nicht früher einsenden, bevor Sie nicht nochmals „Ihre reiflichen Erwägungen und definitiven Beschlüsse gefaßt haben." [1])

[1]) Louis Marie Florent, erst Comte, später Duc du Châtelet, geboren zu Semur 1727, war ein Sohn der als Freundin Voltaire's bekannten Marquise

Ueber diese Einwendungen etwas betroffen, kehrte Graf Esterhazy zu seinem Oheim zurück, doch dessen inniges Wohlwollen und aufrichtige Freude, den Neffen bald im Dienste seiner Kaiserin zu wissen, bestimmten Letzteren, in seinem gefaßten Entschlusse fest zu bleiben; aber an einem ganz unvorhergesehenen Ereignisse scheiterte plötzlich die Ausführung. — Der Hofkanzler sagte ihm, er wäre eben im Begriffe nach Laxenburg, dem damaligen Aufenthalte des Hofes, zu fahren und werde die Kaiserin bitten, ihr seinen Neffen bringen zu dürfen, „damit dieser persönlich seinen tiefgefühlten Dank zu Dero Allerhöchsten Füßen niederlegen könne", was dieselbe gnädigst bewilligte und den nächsten Sonntag hiezu bestimmte. — Graf Valentin begab sich abermals zum französischen Botschafter, um ihm mitzutheilen, daß sein Geschick nun entschieden sei; dieser drückte zwar sein Bedauern über den gethanen Schritt aus, enthielt sich aber jetzt jeder weiteren mißbilligenden Bemerkung. Am bestimmten Tage erschienen Oheim und Neffe in Laxenburg, konnten aber nicht zur Kaiserin gelangen, da Audienz und Empfang abgesagt waren. — Es hatte in der vorhergehenden Nacht ein Courier vom Kriegsschauplatze die Hiobspost von dem Vorrücken des Prinzen Heinrich von Preußen in Sachsen und dem Rückzuge

du Châtelet, diente in seiner Jugend in der Armee, sodann in der Diplomatie, war mehrere Jahre französischer Botschafter am Wiener Hofe bis 1767, später kam er in gleicher Stellung nach London; 1778 wurde ihm die Anwartschaft auf das Commando der französischen Garden verliehen, bei welchem Anlasse er ein großes Banket für hundert Gäste gab, das selbst der König und die ganze königliche Familie mit ihrer Anwesenheit beehrten, 1788 trat er dieses Commando als Oberst jener Garden auch in Wirklichkeit an. Er mußte mehrere dringend nöthige Neuerungen bei dieser Truppe einführen, die damals nur wenig militärischen Geist besaß. Dies zog ihm aber den Haß seiner Untergebenen zu, und man führt diesen Umstand als Ursache an, daß die französischen Garden gleich bei Beginn der Revolution zu den Aufrührern übergingen, aber Zeitgenossen versichern, daß auch ein beliebter Chef, mitten in Paris dies nicht hätte verhindern können. Im Infanterie-Regimente des Königs (le Roi), das er früher mehrere Jahre commandirt hatte, war er sehr beliebt gewesen, 1789 gab der Herzog seine Demission ein, die aber nicht angenommen wurde und bei dem ersten Ausbruche der Revolution war er in der um Paris unter dem Marschall Broglie concentrirten Armee eingetheilt. Am 13. December 1793 fiel das Haupt des Herzogs du Châtelet unter dem Messer der Guillotine. Er sowie seine Gemalin gehörten zu den schätzenswerthesten Persönlichkeiten des Hofes. Der Herzog besaß einen gesunden, nüchternen Verstand und ein edles hochherziges Gemüth. Die Treue seiner Freundschaft für den Herzog von Choiseul, auch nach dessen Exil, gibt einen schönen Beweis dafür.

des Feldmarschalls Grafen Serbelloni mit der Reichsarmee gegen Dippoldswalde gebracht. Dies war die Ursache, weshalb die Kaiserin, wie sie es in ihrer Betrübniß meist zu thun pflegte, sich in ihre inneren Gemächer zurückgezogen hatte und an diesem Tage Niemanden sehen wollte. — Graf Esterhazy theilte dies dem Botschafter du Châtelet sogleich mit, der aber dieselbe Nachricht bereits erhalten hatte und eben im Begriffe war, den Grafen in Kenntniß zu setzen, „daß in Folge des Rückzuges der Reichsarmee unter Serbelloni, die Legion royale, welche in Gotha stand, nun ohne Deckung sei, daher das Entlassungsgesuch eines höheren Officiers derselben in diesem kritischen Augenblicke nicht angenommen werden dürfe, und es ihm (Esterhazy) nur sehr unangenehm sein müßte, wenn dieses Corps etwa ein Gefecht bestünde und er als dessen zweiter Oberst abwesend wäre; er rathe ihm daher nicht nur als wohlmeinender Freund, sondern er müsse auch in seiner Eigenschaft als Botschafter Frankreichs es befehlen, daß er sich allsogleich zu seinem Corps begebe; er möge auch von diesem officiellen Schreiben seinen Verwandten gegenüber Gebrauch machen und nach dem wahrscheinlich ohnedies nicht ferne stehenden Abschluß des Feldzuges, wäre ja noch immer Zeit den französischen Dienst zu verlassen, wenn er bis dahin nicht anderer Willensmeinung sei". — Dieses ausgefertigte Schreiben brachte Graf Esterhazy zu seinem Oheim, der, stets ein echter Ritter und preux chevalier, die momentane Lage seines Neffen wohl zu würdigen wußte und daher dessen, auf den nächsten Tag festgesetzte Abreise auch vollkommen billigte. Dieser reiste über Prag nach Gotha ab, wo er die Legion royale noch ruhig in ihren Quartieren fand, die aber wenige Tage nachher über Minden in die Gegend von Uslar beordert wurde. Während dieses Marsches erhielt Oberst Graf Esterhazy die Erlaubniß, Briefe aus Wien dem kurz früher aus österreichischen im französischen Dienst übergetretenen Marquis Stainville,[1]) einen jüngeren Bruder des

---

[1]) Jakob Marquis de Choiseul Stainville hatte mehrere Jahre im österreichischen Militärdienste gestanden, mit Auszeichnung als Oberstlieutenant bei Kolowrat-Dragoner (1801 reducirt) den Feldzug 1757 mitgemacht und wurde in Folge dessen zum Obersten in das neu errichtete Dragoner-Regiment Fürst Löwenstein (jetzt Erzherzog Carl Ludwig-Uhlanen Nr. 7) befördert, mit welchem er sich an der Feuertaufe desselben in dem glänzenden Gefechte bei Wisternitz ruhmvoll

Herzogs von Choiseul zu übergeben, und sich in das Hauptquartier der Marschälle d'Estrées und Soubise[1]) zu verfügen, wo ihm überall der ehrenvollste Empfang zu Theil wurde. Der Aufenthalt in Wien, die überaus wohlwollende Aufnahme daselbst, sowol bei Hofe als seiner Familie und in der Gesellschaft, hatten dem jungen Obersten eine zuversichtlichere Haltung gegeben. Mit Interesse befragten ihn die beiden Marschälle über seinen Wiener Séjour, und dieser drückte den Wunsch aus, mit der nächsten Siegesbotschaft nach Wien betraut zu werden. Marschall Soubise versprach es, der bedächtigere d'Estrées fletschte seine langen Zähne aufeinander und meinte mit spöttischem Lächeln: „Man müsse erst den Bären erschlagen, ehe man dessen Fell verkaufe".

In Möringen rückte Graf Esterhazy zu seinem Corps wieder ein. Die beiden Marschälle hatten sich mit ihren Armeen zwischen der Fulda und der Diemel postirt, mit dem linken Flügel an Wilhelmsthal, — den rechten an das Gehölz von Sabeberg gelehnt. Prinz Ferdinand besetzte wieder die Höhen von Warburg am rechten Ufer der Diemel, dieselbe Position, die der Marschall Broglie im Feldzuge 1760 unangreifbar gefunden hatte. Bevor sich die Marschälle noch zu einem bestimmten Entschlusse einigen konnten, hatte der Prinz von Braunschweig die Offensive ergriffen, übersetzte die Diemel, bemächtigte sich des nur schwach besetzten Gehölzes von Sabeberg und umging den rechten Flügel der französischen Aufstellung, welcher durch jenen Wald gedeckt war; — gleichzeitig ließ er auch den linken vom Generallieutenant Grafen Stainville befehligten Flügel angreifen, — bei welchem Anlasse mehrere Compagnien der dort postirten französischen Grenadiere gefangen wurden. Nach den auf beiden Flügeln erlittenen Nachtheilen mußte sich auch das Centrum des französischen Heeres eiligst

---

betheiligte; 1759 wurde er Generalmajor, 1760 Feldmarschall-Lieutenant und trat über Aufforderung seines Bruders, des französischen Premierministers, in den Dienst seines Vaterlandes, wo er es in der Folge zum Marschall von Frankreich und Ritter der königlichen Orden brachte. Zuletzt Commandant von Straßburg, starb er daselbst 1789.

[1]) Charles de Rohan Prinz von Soubise, war der treu ergebene Freund seines Königs und der einzige Höfling, der nach dem Tode Ludwigs XV. 1774 dessen Leichnam bis zur Bestattung nicht verließ. Er starb am 4. Juli 1787 und mit ihm erlosch der Mannsstamm der Linie Rohan-Soubise.

zurückziehen. — Dieses rückte nun in das verschanzte Lager bei Cassel, da dasselbe aber für eine Armee zu wenig Raum bot, so mußten mehrere Abtheilungen derselben die Fulda übersetzen und vorwärts Cassel campiren. Die Legion Royale kam in einen Ort, der im äußersten Haken hinter dem linken Flügel des verschanzten Lagers gelegen war: aber schon nach wenig Tagen vom Prinzen Ferdinand mit Uebermacht angegriffen, und durch dessen heftiges Geschützfeuer zum Aufgeben ihrer Stellung gezwungen, zogen sich die beiden Marschälle mit ihren Armeen hinter die Lahn, wo sie hofften, sich mit dem vom Niederrhein anrückenden Corps des Prinzen Condé¹) zu vereinigen; jedoch die umsichtigen Märsche und Bewegungen des diesen Plan durchblickenden Prinzen von Braunschweig machten die Vereinigung unmöglich. Der Prinz von Condé, an der Lahn angekommen, wurde bei der Mühle von Gröningen mit Kraft vom Feinde angegriffen, hielt ihm aber Stand und zwang denselben sein Vorhaben aufzugeben. Die Legion Royale wurde bestimmt, die Vereinigung herzustellen, und kam nach Stade. Der Prinz von Condé richtete nun seinen Marsch gegen die Salzwerke bei Nauheim, zwischen Friedberg und Butschbach, und die beiden Marschälle zogen sich in die Stellung bei Bergen, bekannt durch die Schlacht, welche Marschall Broglie 1760 dort gewann. — Die Brücke bei Stade wurde mit Infanterie besetzt, in der Eile ein kleiner Brückenkopf hergestellt, und die französischen Hußaren und Dragoner plänkelten auf der weiten jenseits der Brücke liegenden Ebene mit den braunschweigischen und hannövrischen Hußaren.

Eines Tages ließ der Commandant der Vortruppen melden, daß er viele feindliche Cavallerie anrücken sehe, und bat um Verstärkung. Man sandte ihm sogleich vier Grenadier-Compagnien zur Unterstützung des Brückenpostens und ließ daselbst vier Geschütze auffahren, auch wurde eine Arbeiter-Compagnie, um nöthigenfalls die Brücke abzubrechen, dahin postirt. — Oberst Graf Esterhazy eilte sogleich mit den in Treffen aufmarschirten Pikets auf eine kleine Anhöhe jenseits der Brücke, — der Feind in ungefähr gleicher Stärke ihm gegenüber; — zwischen ihnen lag ein freier Grund, der in seiner

---

¹) Louis Joseph von Bourbon Prinz von Condé, geboren 1736 zu Chantilly, gestorben am 13. Mai 1818 zu Paris.

ganzen Länge durch das ausgetrocknete Flußbett eines kleinen mit niederem Buschwerk besetzten Baches getheilt war, und an dessen Ufern sich das gegenseitige Geplänkel engagirt hatte. Einer der feindlichen Plänkler, welcher den Graben überschritten, stürzte auf dieser Seite verwundet zusammen. Die Seinen wollten ihn hinüber holen, aber als sie an den Rand des Grabens ankamen, mußten sie, von dem Feuer der französischen Posten empfangen, sich wieder zurückziehen. Der unglückliche schwer Blessirte, der sich überdies noch beim Uebersetzen des Grabens den Fuß gebrochen hatte, wäre auf diese Art das Opfer des sich um ihn entsponnenen Gefechtes geworden. Oberst Esterhazy sah zufällig einen feindlichen Officier in nächster Nähe und rief ihm zu: Dieser Mann ist auf unserer Seite gefallen, lassen Sie uns ihn wegbringen, wir werden für seine Heilung Sorge tragen. Jener rief zurück: er eile seinen Chef zu fragen. Einige Augenblicke später stieg von der jenseitigen Anhöhe der feindliche General und kam zum Rande des Grabens. Esterhazy erkannte sogleich den General Luckner, mit dem er einmal in Northeim in Gesellschaft des Vicomte de Belsunce bei einer Frau von Willich gefrühstückt hatte. Diese Dame hatte sich in den Kopf gesetzt, sie Beide bei sich zu vereinen und eine Art Waffenstillstand zwischen den Besatzungen von Eimbeck und Göttingen zu Stande zu bringen. Luckner, der sich des Grafen auch sogleich wieder erinnerte, erklärte sich mit jenem Vorschlage einverstanden, und sagte zuletzt: „Warum eigentlich sollen wir uns so viele Leute todtschießen lassen, wir sind es ohnedies nicht, die den Krieg beendigen werden; ich habe Befehl, keinen Franzosen auf das rechte Ufer des Baches kommen zu lassen, und habe genug Leute, um sicher zu sein, meinen Auftrag erfüllen zu können; kommen Sie, mein Ehrenwort bürge für Ihre Freiheit, und urtheilen Sie dann selbst". Esterhazy zauderte nicht, bestieg mit ihm die Höhe, wo man dessen Posten übersah und er allein mehr als 500 Reiter auf dem freien Felde zählte. „Ich erwarte", fuhr Luckner fort, „Ihre Truppen von der „jenseitigen Höhe zu vertreiben, nur bis meine Infanterie und mein „Geschütz aus dem dortigen Gehölze herausmarschirt; — wenn Sie „mir glauben wollen, lassen Sie Ihre Truppe abziehen, allenfalls „auch die Brücke abbrechen; ich werde in diesem Falle keinen einzigen Kanonen- oder Gewehrschuß abfeuern lassen. — Thun Sie es

„aber nicht gutwillig, so sehen Sie, daß ich die Mittel besitze, Sie „zu zwingen, und es würde das Leben vieler Braven kosten, ohne „daß ich dabei ein Verdienst hätte, da ich zehnfach stärker als Sie „bin, ebenso aber auch ohne daß Sie dabei etwas gewinnen könnten!" Esterhazy erwiederte, daß dies Alles vollkommen richtig sein könne, aber daß er nicht selbst hier commandire, und nicht die Instructionen kenne, welche der Commandant Herr de Ballière haben könne. Luckner fragte, ob dieser in der Nähe sei; — ein Officier bemerkte, daß er ihn von der Höhe aus eben heraufsprengen sehe. Oberst Graf Esterhazy ritt ihm schnell entgegen, meldete ihm den ganzen Hergang, Alles was er mit eigenen Augen gesehen und was Luckner gesprochen habe. Der Commandant ritt nun selbst zu diesem und ging den Vorschlag ein. „Es ist nicht hier, sondern da unten", sagte Luckner und zeigte auf Johannesberg, das von den Truppen entblößt war, „wo man sich schlagen müsse." Man schied nun in herzlichster Weise gegenseitig von einander, die Franzosen zogen ihre Posten zurück, brachen die Brücke selbst bis auf die schweren Planken ab; — und Luckner blieb ruhiger Beobachter, ohne, wie er es versprochen hatte, auch nur einen Schuß abfeuern zu lassen. — Der Brigadier de Vallière glaubte aber doch nicht in der Stadt Stade selbst bleiben zu können, ließ hinter der abgebrochenen Brücke den Oberstlieutenant Chevalier de Baillamont mit einer Truppe hinter einer gleichzeitig aufgeworfenen Schutzwehr, und die Cavallerie bezog rückwärts des Ortes ein Bivouac, wo auch der Ueberrest der Infanterie verblieb. Tags darauf hatte das Treffen bei Johannesberg (am 1. September) statt, in welchem der Prinz von Condé den hiebei verwundeten Erbprinzen von Braunschweig schlug und zum Rückzuge zwang. Die Niederlage des Feindes wäre eine complete geworden, wenn die beiden Marschälle, die mit ihren Armeen auch herbeigekommen waren, sogleich ihre Cavallerie zur Verfolgung dem Feinde hätten nachrücken lassen, aber gegenseitige Eifersucht hemmte jedes gemeinsame Wirken, — wie es fast immer der Fall, wenn mehrere Befehlshaber bei einer Armee sind. Man ließ in aller Ruhe das Corps des Erbprinzen sich zurückziehen, ohne andere Verluste desselben, als jene, welche es am Schlachtfelde selbst erlitten hatte. Der Feind zog sich hinter die Ohm und Wetter, die französische Armee dehnte sich längs der Ohm von Homburg bis zu deren Mündung in die Lahn aus; — das Corps des Generallieutenants Grafen Stainville kam hinter die kleine Wetter, und die Légion Royale bildete die Verbindung dieses Corps mit der Armee des Prinzen Condé. In dieser Position hielt der Feind das auf einer zuckerhutförmlichen Anhöhe gelegene Schloß Amöneburg, das ziemlich gut befestigt war, besetzt. Ein durch Mißverständniß abgefeuerter Kanonenschuß alarmirte beide Armeen und es kam zu einem heftigen Feuergefechte, das eben so mörderisch als zwecklos war, und in welchem die Franzosen noch zuletzt ziemliche Verluste erlitten (am 21. September). Am nächsten Tage ergab sich Amöneburg den Franzosen. Dieses Gefecht nebst der feindlichen Belagerung von Cassel und der am 1. November wegen Mangel an Lebensmitteln erfolgten Capitulation der dortigen französischen Besatzung unter General Diesbach, waren die letzten kriegerischen Actionen der französischen Armee im siebenjährigen Kriege. — Nach dem Gefechte bei Amöneburg bezogen beide Armeen wieder ihr voriges Lager, und in einer Mühle vor jenem letzten Kampfplatze erfolgte die Publication des Waffenstillstandes und der Einstellung aller Feindseligkeiten, da die Friedenspräliminarien zu Fontainebleau zwischen Frankreich, Spanien und England am 3. November 1762 unterzeichnet worden waren, — denen kurz nachher der definitive Friedensabschluß folgte. — Gleichzeitig hatten die französischen Truppen den Befehl erhalten, in Frankreich ihre Winterquartiere zu beziehen, — die Légion Royale kam einstweilen in die Garnison Hüningen.

IV.

Vorübergehende Unannehmlichkeiten. — Eine militärische Mission. — Ein Besuch in Ferney. — An der Seine. — Sturz und Triumph eines Ministers. — Chanteloup und Wien. — Die verhängnißvolle Kerze.

1763 bis 1774.

Auf dem Marsche in die Friedensstationen nahm Oberst Graf Esterhazy Urlaub nach Wien, und reiste im November 1762 von Frankfurt dahin ab. Da der Friede zwischen der Kaiserin Maria Theresia und dem Könige von Preußen noch nicht abgeschlossen war, streiften preußische Parteigänger noch immer im Spessartwalde und in der Umgegend von Bamberg; der dortige Bischof Graf Seinsheim wollte deshalb den Grafen von seiner Weiterreise abhalten, dieser trotzte jedoch der Gefahr, und erreichte auch glücklich sein Reiseziel. Nachdem er in Wien, wie früher in herzlichster Weise aufgenommen, einen vergnügten Winter verbracht hatte, führten ihn seine Verwandten auf ihre verschiedenen weitläufigen Besitzungen und prachtvollen Schlösser in Ungarn, so Eisenstadt, Totis, Papa u. m. a., wo er zum erstenmale den Boden des Vaterlandes seiner Familie und ruhmvoller Vorfahren betrat. Gerade während seines dortigen Aufenthaltes fand ein heftiges Erdbeben statt, das in Komorn mehrere Häuser niederriß und selbst auch in Wien verspürt wurde. — Nach einer sechswöchentlichen Tournée in Ungarn kam Graf Esterhazy wieder nach Wien zurück, und fand dort die Schwester seiner Großmutter, eine Gräfin Nigrelly, die, Aebtissin des Stiftes zur Himmelpforte, den Tag feierlich beging, an welchem sie vor fünfzig Jahren ihre feierlichen Gelübde abgelegt hatte. Er speiste an der Stiftstafel zugleich mit der Kaiserin Maria Theresia, die derlei kirchlichen Ceremonien meist beizuwohnen pflegte. Graf Esterhazy dachte jetzt nicht mehr daran, den französischen Dienst zu verlassen, der ihm mehr Freiheit gewährte, längere Zeit in Wien zu verleben, als selbst der österreichische, sowie auch nach seinem Belieben Aufenthalte in Paris und Versailles machen zu können, wozu man in Oesterreich den Erhalt einer Erlaubniß als besondere Gunst ansah, und endlich dürfte es vor allem die nicht unrichtige Erwägung gewesen sein, daß in Folge des eben abgeschlossenen Hubertsburger Friedens in Oesterreich nicht so bald Gelegenheit sein würde, eine derartige Bevorzugung wie jene eines Uebertrittes mit gleichem Range in einem Alter von jetzt kaum dreiundzwanzig Jahren, — zu rechtfertigen, den er hingegen in Frankreich persönlich vollbrachten Waffenthaten zu danken hatte. — Da erhielt er im Juli 1763 die Nachricht von Verleihungen des Ludwigs-Kreuzes und Beförderungen in der französischen Armee aus Paris. So war der Brigadier de Vallière Maréchal de camp geworden und das Commando der Légion Royale hatte der bisherige Dragoner-Oberst Chevalier de Nicolay, im Range jünger als er, erhalten, unter dessen Befehlen Esterhazy nun als zweiter Oberst stand. — Wäre dieser in Paris gewesen, so hätte er leicht das Ludwigs-Kreuz bekommen können, eine Auszeichnung, die auch vielen zu Theil wurde, welche nicht seine Verdienste vor dem Feinde ausweisen konnten; — doch hatte er sich nie viel darum gekümmert. — Aber daß ihm ein jüngerer Kamerad als Commandant vorgesetzt worden war, verletzte sein reges Ehrgefühl. Alle Officiere und Dragoner der Légion Royale waren überzeugt, es könne nicht anders kommen, als daß Oberst Graf Esterhazy ihr Chef werden würde, ja sie hatten ihn bereits schriftlich als solchen beglückwünscht, und jetzt erlebte er nicht nur die Enttäuschung, sondern die persönliche Kränkung, einen im Range Jüngeren sich vorgezogen zu sehen und er konnte auch mit vollem Rechte sagen, der vor dem Feinde nicht mit so viel Auszeichnung gedient hatte wie er selbst. — Auf dieses hin ging er zum Grafen du Châtelet und warf demselben in seinem Unmuth vor, die Ursache seines Fortdienens in der französischen Armee zu sein, in der er nun so bitteres Unrecht erleiden müsse. Er äußerte, daß er nun Willens sei, seine Entlassung zu begehren und in kaiserlichen Dienst zu treten, mit dem Bedauern es nicht schon früher gethan zu haben. Der Botschafter hörte diese Vorwürfe und Klagen in vollkommenster Ruhe an, und endete damit, dem Grafen zu beweisen, „daß es das Schlimmste sei, was er in diesem Augenblicke thun könne; im Mißmuthe aus einem Dienste zu gehen, hieße aus einer unrechten Thüre heraustreten. Bis jetzt wäre er im französischen Dienste gut gefahren, da er es vor seinem einundzwanzigsten Jahre zu dem hohen militärischen Range eines Obersten gebracht habe; — Chevalier Nicolay wäre in Wahrheit im Range jünger als er, doch was hieße der Dienst eines Kindes, da jener in Lebensjahren älter sei, und beide von einem Tage Oberste wären. In Wirklichkeit wäre eine solche Anciennetät dennoch eine imaginäre. Ohne Zweifel würde der Graf in Oesterreich das erreichen, was ihm durch den Einfluß seiner Verwandten und die Huld der Kaiserin vor einem Jahre angetragen worden, jedoch würde dies jetzt in einem ganz anderen Lichte erscheinen: — damals hätten es seine Angehörigen gewünscht, und eben diesen habe die Kaiserin jene außerordentliche Gnade gewährt; — heute hingegen sei er der Bittende und überdies aus dem Grunde, weil er nicht ein Unrecht, denn er behalte ja seinen Armeerang, sondern eine Unannehmlichkeit erlitten habe; — und in welchem Dienste wäre es denn überhaupt, daß man nicht eine solche erleiden müßte? „„Hätte ich beim zehnten Verdrusse sogleich quittirt"", pflegte (Eugens berühmter Gegner und späterer Freund) Marschall Villars zu sagen, „„so würde ich es niemals zum Marschall von Frankreich gebracht haben"". Der letzte Rath, den ihm der Diplomat gab, war der: „Esterhazy möge ein Schreiben an den Herzog von Choiseul absenden, das allerdings in gekränktem, aber dennoch sehr ergebenen und ehrfurchtsvollem Tone verfaßt sein möge, und welchem er selbst seine eigenen Bemerkungen beifügen werde, über die Opfer, die der Graf gebracht, um im französischen Dienste zu bleiben, und daß er selbst (du Châtelet) nichts versäumen werde, um den Minister dahinzubringen, diese Unannehmlichkeit wieder gut zu machen, wozu es ja eben in Frankreich Mittel genug gebe.

Die Légion Royale habe gerade nach dem Frieden eine bedeutende Reduction, daß deren Commandant manchen Vortheil dadurch eingebüßt habe, und daß, wenn der Herzog von Choiseul es wolle, er ihn für die vermeintliche Unbill vielfach entschädigen könne. Graf du Châtelet hatte durch seine begründeten Vorstellungen den jungen Obersten überzeugt und beruhigt und dieser brachte ihm am andern Tage ein Schreiben an den Herzog von Choiseul zur Einsicht, das vom Botschafter gebilligt und mit einigen empfehlenden Worten von diesem einbegleitet, durch den Gesandtschaftscourier an den Minister abgeschickt wurde. Es kam in Kürze eine höfliche Antwort des Herzogs mit dem ausdrücklichen Befehle, der Oberst möge sich baldmöglichst nach Annonçay, der Stabsstation der Légion Royale verfügen; — „es wären besondere Gründe gewesen", fügte Choiseul hinzu, „welche den König bewogen hätten, das Commando jenes Corps dem Chevalier Nicolay zu übergeben, und daß er sobald sich die Gelegenheit bieten würde, Seiner Majestät Esterhazy's Bitte: wo anders eingetheilt zu werden, vortragen wolle". Schließlich befahl der Minister dem Grafen, er möge ihm sogleich sein Einrücken beim Regimente in Annonçay schriftlich melden. — Da gab es denn kein Mittel zum Ausweichen, und der Oberst mußte abreisen und unter einem jüngern Kameraden dienen. — Ueber Straßburg, Besançon führte ihn sein Weg nach Lyon, wo er erfuhr, daß der Chevalier Nicolay diese Stadt noch nicht passirt habe. Er hegte den Wunsch, daß dessen Ankunft bei der Legion seiner eigenen vorhergehe, um der officiellen Empfangsphrasen enthoben zu sein, welche ungefähr so lauteten: „Auf königlichen Wunsch und Befehl werden wir dem Obersten Nicolay gehorchen". Es schien seinem gekränkten stolzen Selbstgefühle etwas hart, diese übliche Formel auszusprechen. Er blieb daher noch einige Tage in Lyon, wo er viele seiner Kriegsgefährten fand und seine Zeit ganz angenehm verbrachte. Aber endlich mußte derselbe doch an seine Bestimmung; das Schreiben des Herzogs von Choiseul mit der Weisung, ihm seine Ankunft beim Regimente sogleich zu melden, lautete zu bestimmt, um diese Pflicht zu versäumen oder zu umgehen; — auch dachte er, daß es immerhin möglich sei, man schiebe die Abreise des neuen Commandanten absichtlich bis zum Erhalte seiner Meldung hinaus, um ihn vielleicht durch jenen Act der Unterwürfigkeit zu prüfen. Diese Gründe bestimmten daher den Grafen Esterhazy bei der Legion einzurücken, wo er allerdings einen gewissen Trost und eine stolze Befriedigung fand in der freudigen und herzlichen Weise des Empfanges von Seite der Officiere und Dragoner seines Corps, die ihm aber auch neben dem Vergnügen ihn wieder in ihrer Mitte zu sehen, den Schmerz und Unwillen nicht verbargen, einen anderen Chef zu erhalten, gegen den sie sogar im Vorhinein einen an Haß grenzenden Widerwillen äußerten. — Dies alles regte die bittere Stimmung des Grafen von Neuem auf, und er beschloß, sich mit dem Chevalier Nicolay sogleich nach dessen Ankunft zu schlagen, noch ehe er gezwungen wäre, demselben die üblichen Honneurs des Empfanges zu erweisen. — „Aber die Vorsehung", wie er selbst schreibt, „ver=„eitelte diesen Plan und zog ihn zurück von dem Rande eines Ab=„grundes, in welchen er sich eben stürzen wollte, und wodurch er seine „ganze Carriere unwiderruflich selbst zerstört hätte."

Am St. Ludwigstage, dem Namensfeste des Königs, gab die Legion Soubise ein großes militärisches Fest, zu welchem auch das Officiercorps der in nächster Nachbarschaft bequartierten Legion Royale geladen war. Obgleich er sich etwas unwohl fühlte, wollte sich Esterhazy einer zu Ehren des Königs veranstalteten kamerad= schaftlichen Festlichkeit nicht entziehen; — er kehrte aber mit einem heftigen Fieber nach Hause und nach zwei Tagen brachen die Masern in bedenklichster Weise bei ihm aus. Während dieser Zeit war sein neuer Chef Chevalier Nicolay eingerückt: — pflegte den in Fieber= phantasien Darniederliegenden wie es immer nur der treueste, sorg= samste Bruder hätte thun können, und verließ nicht dessen Kranken= bett. Als der Patient so weit in seiner Besserung vorgeschritten war, daß er von Geschäftlichem hören konnte, eröffnete ihm Nicolay in so offener und loyaler Weise die Gründe seiner Bewerbung um die Commandantenstelle der Legion Royale und erklärte ihm die Ursachen, weshalb man sein Ansuchen gewährt habe, daß Esterhazy's Abnei= gung sich in warmes Interesse verwandelte und es diesem unmöglich war ihm länger zu zürnen. — Chevalier Nicolay hatte nämlich an der Spitze seines früheren Dragoner=Regimentes, zu großen Auslagen genöthigt, Schulden gemacht und große Geldsummen aufgenommen, welche ihm der Credit seines Oheims, des Bischofs von Verdun, eines intimen Freundes des Dauphins (Vaters Ludwigs XVI.) verschafft hatte. Sein Vater, der bereits 100.000 Livres für das Regiment gegeben hatte, wollte nun nichts mehr zahlen; — man schlug daher einen Mittelweg ein, darum erbat dieser für seinen Sohn ein Regiment ohne Baarschaft (für das man nämlich nichts zahlte und das der König aus eigener Machtvollkommenheit verlieh), ein solches war aber eben die Légion Royale. In diesem Falle wurde das für das Dragoner-Regiment ausgegebene Geld zurückerstattet und konnte zur Tilgung jener Schulden verwendet werden. Dieser Vorschlag war höheren Ortes genehmigt worden und der Herzog von Choiseul, welcher sich dem ersten Präsidenten der Kammer, den Marquis Nicolay, mit dessen Leistungen er ungemein zufrieden war, erkenntlich zeigen wollte, bewirkte dessen Durchführung mit der Ernennung des Chevaliers zum Obersten der Légion Royale.

Mit dem Betragen Nicolay's gegen sich vollkommen zufriedengestellt und mit demselben nun ganz versöhnt, — fühlte sich Esterhazy aber dennoch von seiner falschen dienstlichen Position unangenehm berührt, und benützte den Anlaß seiner Reconvalescenz als Grund um nicht in Annonçay zu bleiben. Er bat daher den Herzog von Choiseul schriftlich, in einem benachbarten Landaufenthalte einige Zeit zu seiner vollständigen Erholung zubringen zu dürfen. Die Antwort des Ministers entsprach seinen Wünschen. — „Lob seines Gehorsams, Erlaubniß nach Paris zu kommen, Aussichten für die Zukunft und der Wunsch persönlicher Bekanntschaft" waren der Inhalt des Schreibens Choiseuls, das nicht aus dessen Bureau erlassen, sondern von dem Privatsecretär des Herzogs unter dessen Dictat geschrieben war. Graf Esterhazy begab sich daher sogleich nach Fontainebleau, wo sich damals der Hof aufhielt.

Die Reisen des Königs nach Fontainebleau hatten jährlich viel regelmäßiger statt wie jene nach Compiègne, wo jedoch ebenfalls große Jagdsejours gemacht wurden. Der Aufenthalt in der ersteren, historisch weit bekannteren Residenz dauerte gewöhnlich einen großen Theil des Herbstes. Man nannte diese Fahrt: „le second grand voyage". Der König und seine Herren sich mit der Jagd vergnügend, feierten daselbst den St. Hubertustag (3. November) durch glänzende Feste, und wenn der König einen Eber erlegte, wurde diesem jedesmal nach Jagdgebrauch das Blut aus dem rechten Vorderlauf in zwei silberne Flacons abgezapft, um daraus Wildschweinswurst für Seine Majestät zu machen. Es blieb während der Residenz in Fontainebleau auch die Politik nicht ausgeschlossen, und dort war es, wo sich häufig wichtige Umwälzungen vollzogen oder vorbereiteten, wo man oft über Frieden oder Krieg entschied, — dort war es, wo der Voranschlag der Staatsausgaben für das kommende Jahr entworfen wurde, auch war die Zeit dieses Aufenthaltes zugleich jene der Gerichtsferien, dort war es endlich, wo man 1765 den Keim zu den Unruhen in der Bretagne aufkommen sah, wo 1770 der Kanzler Meaupou seinen Racheplan zur Aufhebung der Parlamente entwarf, und wo endlich auch unter der folgenden Regierung Ludwigs XVI. wiederholt wichtige Ministerwechsel stattfanden. Die Reisen nach Fontainebleau und die dortigen Aufenthalte des Hofes gehörten zu den glänzendsten. Alle Vergnügungen wechselten dort in bunter Menge: Theater, Concerte, Bälle, Jagden u. s. w., die fremden Gesandten, die den König stets hieher begleiteten, machten großes offenes Haus, wo man vortrefflich dinirte, kurz jeder fand alle Stunden des Tages angenehm ausgefüllt und der Zufluß ausländischer Besucher Frankreichs war nie größer als während der königlichen Reisen nach Fontainebleau.

Oberst Graf Esterhazy, der dort sehr viele seiner früheren Kriegskameraden fand, wurde von Ludwig XV. überaus gnädig empfangen und nicht nur mehrmals zu den Jagden, sondern auch zu den Soupers des Königs geladen, was als ganz besondere Auszeichnung galt. Die Königin Maria (Leszynska) zeichnete ihn bei jeder Gelegenheit aus und erinnerte sich, denselben als Kind gesehen zu haben, als dessen Mutter ihn nach des Vaters Tode (1743) nach Versailles zu ihr brachte. Diese Gunstbezeugungen der Majestäten waren für die ganze vornehme Hofgesellschaft genügend, um dem jungen Obersten Aufmerksamkeit und Zuvorkommenheit im reichsten Maße zu erweisen, und der damals noch Mächtigste von allen, der Herzog von Choiseul, sagte Esterhazy eines Tages: „Suchen Sie sich eine Stelle aus, welche ihnen am meisten zusagt, und wir werden trachten, es zu arrangiren". — Graf du Châtelet hatte seine vielen Freunde auf Esterhazy's Ankunft in empfehlendster Weise vorbereitet, so besonders die vielvermögende Herzogin von Gramont,

Schwester Choiseuls, welche bekanntlich stets den größten Einfluß auf ihren Bruder ausübte. Diese warf dem Obersten eines Tages vor, daß er sich mit seinem Anliegen nicht an sie gewandt; er möge es thun, sobald er etwas Passendes fände, und sie werde sich der Sache sodann annehmen.

Um diese Zeit führte Graf Esterhazy seine Mutter und Schwester in das Stift Flines in Flandern, wohin diese der häufig wiederholten Einladung der Aebtissin, einer Tochter des Marschalls Bercsényi gefolgt waren, auch besuchte er wieder diesen väterlichen Freund in Luzancy. Er dachte daran, in dem auf permanente Dauer errichteten Generalstabe der Armee, der bis jetzt nur in Kriegszeiten aufgestellt worden war, eine Anstellung zu begehren und sprach darüber mit dem General Chabot, in dessen Corps er im siebenjährigen Kriege einige Zeit gedient hatte und der ihm sehr wohlwollend gesinnt war. Der General war mit diesem Plane nicht einverstanden, und sagte: daß, nachdem die Herzogin von Gramont sich der Angelegenheit annehmen wolle, so möge er lieber trachten, jene Hoffnung geltend zu machen, welche man seiner Mutter anläßlich des Todes ihres Gemals für dessen Huszaren-Regiment in einem Schreiben des Kriegsministers d'Argenson gelassen, als Herr David, der damalige Chef es dem Grafen Turpin verkauft habe. „Mit einiger Protection und eigener Thätigkeit wäre es möglich, sich auch einer bloßen Höflichkeitsphrase als eines Anrechtes zu bedienen", fügte er hinzu, und „er selbst wolle alles dazu beitragen, was in seiner Macht stünde, um so mehr da er persönlich wünsche, daß der Oberstlieutenant Chevalier de Ludiez der Légion Soubise die Stelle Esterhazy's bei der Légion Royale erhalte." — Zu diesem Zwecke sammelte Letzterer die darauf bezüglichen Briefe seiner Mutter und setzte eine Denkschrift dazu auf, von welcher er eine Abschrift der Herzogin von Gramont und eine der Fürstin Kinsky[1]) seiner Verwandten übergab, die in Paris lebte und mit dem Herzog von Choiseul befreundet war, da diese ihm auch große Theilnahme

---

[1]) Marie Leopoldine Gräfin Palffy, geboren 1729, vermält am 18. August 1748 mit dem Fürsten Franz Joseph Kinsky, der 1751 beim Gebrauche des Schlangenbades starb. Sie war Sternkreuzordensdame und lebte als Witwe zu Paris.

für seine Angelegenheit bezeigt hatte. Nachdem er seine Batterien auf diese Art gut placirt hatte, begab sich Graf Esterhazy selbst zum Herzog von Choiseul und meldete ihm, daß er sich erlaubt habe der Herzogin von Gramont über seine Bitte und deren Begründung ein Memoire zu überreichen. General Chabot war seinerseits in der Lage zu wissen, wann jene Sache in den kriegsministeriellen Bureaux zur Abhandlung käme, um sie dort mit seinem Einflusse zu unterstützen. Aber ein gewisser Herr Dubois, erster Referent, der bei dem Minister in großem Ansehen stand, war gegen die ganze Sache sehr eingenommen, und meinte, es wäre thöricht ein neues Regiment zu formiren und es einem ganz jungen Obersten zu verleihen, in einem Augenblicke, wo man sechszehn Regimenter in der Armee auflöse und dadurch zwölf Oberste die ihren verloren hätten. Esterhazy sah wol recht gut ein, daß dieser Grund motivirt wäre, machte aber dagegen alte Versprechungen zur Zeit des Ablebens seines Vaters geltend und führte an, daß die Söhne der Marschälle Löwendal und Thomont, sowie der Herzog von Fronsac (Sohn des Herzogs von Richelieu), obgleich noch sehr jung und ohne einen Feldzug mitgemacht zu haben, Regimenter erhalten hätten, und daß er durch seine Verdienste vor dem Feinde sich die Beförderung zum Obersten erworben habe, daß überdies eine gewisse Rücksicht und Erkenntlichkeit ihn seinerzeit gehindert habe, auf das erledigte Hußaren-Regiment Berchény Ansprüche zu erheben, wozu er als dessen zweiter Oberst eine gewisse Berechtigung gehabt hätte, — seine Kränkung wäre es nun gewesen, daß man ihm in der Légion Royale einen Jüngeren vorgesetzt habe, und dieses verdiente wol eine Entschädigung. Ein Hußaren-Regiment mehr würde überdies dem Staate keine Unkosten verursachen, da es ja dermalen drei solche Regimenter zu zwölf Compagnien gebe und man statt diesen vier zu acht formiren wolle, so würde die Ersparniß von vier Compagnien ohnedies weit mehr betragen, als die Aufstellungskosten eines Regimentsstabes. Der Herzog von Choiseul, im Gedränge zwischen den Vorstellungen seines ersten Referenten und den Forderungen mehrerer Damen, entschied sich schwer; — endlich trat die Herzogin von Gramont, deren Eitelkeit durch den Widerstand des Referenten verletzt war, entscheidend in die Angelegenheit, und übernahm es, Herrn Dubois zum Nachgeben zu drängen. General Chabot gab Esterhazy den Rath, für einige Zeit aus Paris zu verschwinden, um seine Freunde während seiner Entfernung für sich wirken zu lassen und seine Gegner dadurch einzuschläfern. — Dieser begab sich in das Stift Flines auf Besuch zu seiner Mutter, bis endlich am 13. Februar 1764 ein Courier der Fürstin Kinsky eintraf, die ihren Verwandten benachrichtigte, daß er am 10. jenes Monats ein Hußaren-Regiment in der gleichzeitigen Eigenschaft als Chef und Proprietär mit allen dieser Charge zustehenden Eigenthumsrechten erhalten habe, — dasselbe würde aus den drei anderen Regimentern dieser Waffe formirt werden, und seinen Namen führen. Alle ferneren Details der Aufstellung würden die demnächst darüber erscheinenden königlichen Ordonnanzen enthalten. Auf diese freudige Nachricht eilte Graf Esterhazy sogleich nach Paris und Versailles, um seinen Dank zu den Füßen des Königs niederzulegen, sowie allen Jenen auszusprechen, welche seine Interessen so sehr gefördert, und ihm so wohlwollend geholfen hatten. General Graf Chabot war mit der Redigirung der königlichen Ordonnanzen beauftragt und hatte die Aufstellung des Regimentes zu überwachen, welche am 6. Mai 1764 zu Toul vor sich gehen sollte. — Dieser Tag war nach Esterhazy's Aeußerung einer der glücklichsten seines Lebens; — er empfing, wie er schreibt, auch die Glückwünsche vieler Leute, die sich darüber zu Tode ärgerten.

Die Stellung eines Obersten der gleichzeitig Proprietär seines Regimentes war, gehörte in vieler Hinsicht zu den angenehmsten in der französischen Armee, und von allen Verlusten, die Graf Esterhazy in der französischen Revolution erlitten, war ihm der seines Regimentes, wie er sagt, der empfindlichste. In seiner sechsundzwanzigjährigen Inhaberschaft (1764 bis 1790) war nicht ein Officier, den er nicht selbst befördert hatte, nicht ein Hußar, den er nicht einrücken sah; er war gewohnt Alle als seine Söhne zu betrachten, und es bedurfte nur der Niederträchtigkeit der Revolutionspartei, diese Truppe zu verführen, die kurz vorher statt bewährten, altgedienten und einflußnehmenden, einige neue und unverläßliche Officiere erhalten hatte. Das Regiment passirte nach seiner Formation, auf dem Durchmarsche in die Stabsstation Pfalzburg, die Residenzstadt des Königs Stanislaus, Lüneville, wo es vor demselben paradirte, der die

Officiere zu seiner Tafel befehlen ließ. Im Sommer 1764 hatten die Hußaren Esterhazy's ihre ersten Manövrirübungen. Der Commandant von Pfalzburg war ein Herr von Silhac, Schwager des ersten Referenten im Kriegsministerium, Herrn Dubois'. Er wußte, daß Graf Esterhazy gegen den Willen des Letzteren das Regiment erhalten habe und glaubte in dessen Sinne zu handeln, wenn er die Officiere mit kleinlichen Pedantereien quälte, — die Hußaren durch den anstrengendsten Dienst abmüdete. Der Regimentschef fühlte sich sogar verpflichtet, hierüber beim Herzoge von Choiseul Beschwerde zu führen, und vier Tage später gelang es durch Herrn St. Rheuve, Chefs des Bureaus, welches die Dislocationen und Truppenmärsche abhandelte, dem Regimente das nur drei Meilen entfernte Städtchen Saarburg als Garnison zu verschaffen. Dort war der Dienst leicht und Officiere und Mannschaft bei den Bürgern sehr gut bequartiert, statt wie früher in schlechten Kasernen untergebracht zu sein. — Ueber Winter ging Graf Esterhazy nach Paris und Versailles, wo er, überall gut aufgenommen, unter dem bunten Wechsel heiterer Vergnügungen seine Zeit sehr angenehm verlebte. — In Folge einer Vorstellung des Commandanten von Elsaß, Marschall Contades, welcher die Nothwendigkeit der Besetzung von Pfalzburg gut motivirte, wurde das Hußaren-Regiment Esterhazy aus dem Elsaß gezogen und nach Mousson an der Maas verlegt. Im Sommer 1765 erhielt dessen Chef für seine Person die Erlaubniß, sich in das Lager bei Compiègne zu begeben, wo zum Erstaunen des ganzen Hofes der Dauphin (Vater Ludwigs XVI.) in der Uniform seines Regimentes erschien und dasselbe bei allen Manövern vor dem Könige persönlich commandirte; — er trotzte den bisherigen Gebräuchen, nach welchen weder die Prinzen des königlichen Hauses, noch überhaupt Prinzen von Geblüt jemals eine Militäruniform anzogen, überhaupt eine solche nie bei Hofe getragen wurde. Von dieser Zeit an kam es, wenn auch nur als Seltenheit vor, daß man zeitweise auch bei Hofe eine Militäruniform sah.

Die vielen Mißerfolge im siebenjährigen Kriege öffneten der französischen Regierung, wenn auch etwas spät, die Augen und sie sah endlich die dringende Nothwendigkeit ein, bestimmte Ordonnanzen, sowol in tactischer als administrativer Beziehung zu erlassen. — durch welche Reglements eben Friedrich der Große gegenüber den größten europäischen Mächten sich nicht nur zu behaupten, sondern selbst oft große Siege zu erkämpfen wußte. — Die Ordonnanzen des Herzogs von Choiseul ließen eine Menge bisheriger Mißbräuche verschwinden. Es wurden jährlich regelmäßige Lager- und Manövrirübungen veranstaltet, ausgedehntere Kriegskenntnisse und eine gründlichere Instruction von den Officieren verlangt, eine strengere Disciplin anbefohlen und eine genauere Subordination gefordert. Ebenso wurde eine zweckmäßigere Organisation der verschiedenen militärischen Verwaltungszweige, als Adjustirung, Bewaffnung, Ergänzung und Remontirung; eine Gleichheit der Uniformen in den einzelnen Regimentern u. s. w. eingeführt. Die besonderen Begünstigungen, welche Obersten, deren Regimenter die bestdisciplinirtesten und unterrichtetsten waren, in auszeichnender Weise zu Theil wurden, und die Beförderungen jener Officiere, die sich sowol in den theoretischen Schulen als in ihrer praktischen Ausbildung hervorthaten, erweckten allgemeine Aneiferung und ein gegenseitiges Bestreben, es Einer dem Andern zuvor zu thun. Ebenso trachteten alle Obersten, ihre Regimenter durch schöne Haltung und Manövrirfähigkeit in den Parade-Exercierlagern glänzen zu machen. — Wie immer übertrieb Ehrsucht und Eigenliebe auch die vernünftigsten und zweckmäßigsten Anordnungen. Mehrere Commandanten, die man in der Armee Faiseurs nannte, peinigten die Soldaten durch kleinliche Pedantereien und die Officiere durch eine mehr harte und verletzende als gerechte und billige Strenge. Man hatte in allem aus der Schule Friedrichs II. die leichtesten, aber auch minder wesentlichen Maximen und tactischen Uebungen nachgeahmt und gewisse kleine Vortheile und Kunstgriffe, welche eine wenig zahlreiche Truppe leicht beweglich und manövrirfähig machen, herauszufinden gewußt; — man möchte sagen gewisse mechanische Kunststücke und Nachhülfen, Exercierschwindel und militärisches Blendwerk; aber jene großen Principien der Kriegskunst, welche Zusammengehörigkeit und eine für alle Eventualitäten sichere Leitung der Bewegungen einer großen Armee geben, und wie sie jener königliche Held und Feldherr in so hohem Grade besaß, — waren der französischen Armee für eine noch längere Zeit fremd geblieben. — Der in Frankreich nie populäre siebenjährige Krieg und die in demselben mehrmals erlittenen Niederlagen hatten der französischen Eigenliebe und dem Stolze der Armee und des Volkes eine empfindliche Wunde beigebracht. — Von 1765 an wurden alljährlich meist in Compiègne größere Lager von 10.000 bis 20.000 Mann abgehalten mit steter Abwechselung der zugezogenen Regimenter und jedesmal veränderten Manövrirdispositionen; es herrschte eine große Nachahmungssucht des preußischen Königs, seiner Feldherren und Truppen:

> „Wie er räuspert und wie er spuckt,
> „Das hatten sie ihm abgeguckt."

Ludwig XV. hatte in seiner Jugend mehreren Schlachten persönlich beigewohnt, so jenen für die französischen Waffen rühmlichen Siegen von Fontenoy 1745, Rocoux 1746 und Lawfeld 1747; er hatte Proben seines persönlichen Muthes abgelegt, aber nie selbst eine Armee commandirt, und seine Generäle waren es, die Schlachten beschlossen, gewannen oder verloren.

Von Compiègne kehrte Graf Esterhazy wieder zu seinem Regimente nach Mousson zurück. Im October erhielt dieses aber Befehl, nach Clermont in der Auvergne abzurücken, um der Gegend seiner Remontirung näher zu sein. Der Proprietär desselben übergab nach einigen Märschen das Commando dem Major Chevalier de Wardener und eilte nach Paris und Fontainebleau, wo der Dauphin nach kurzer Krankheit am 20. December 1765 starb. — Den Winter 1766 brachte Graf Esterhazy in Paris und Versailles zu, wo er allmonatlich zur königlichen Jagd geladen war, ebenso zu vier kleinen Reisen des Hofes nach Choisy oder Marly, welches genügte, ihn zu den Persönlichkeiten des Hofes, wenn auch nicht zu den Höflingen zu zählen. Im Frühling eilte er zu dem Regimente in die Auvergne. Um diese Zeit (1766) starb sein mütterlicher Großvater und der älteste seiner Oheime bat seine Schwester, die Gräfin Esterhazy zu sich, welche auch den Antrag ihres Bruders annahm, denn sie sehnte sich wieder in die Heimat zu kommen, in die Nähe des Städtchens Bigan. — Da das Regiment Esterhazy wegen seiner vielen Remonten im Sommer 1766 nicht zu größeren Exercitien concentrirt wurde, und der Dienst sich nur auf Abrichtung der Pferde beschränkte, so hatte dessen Chef dabei wenig zu thun und unternahm zu Pferde eine Reise zum Besuche seiner Mutter. — Der Reiz dieses mehrtägigen Rittes wurde durch wundervolle Gegenden, lachende Thäler mit rieselnden Bächen, — üppige grünende Wiesen, Fluren mit prachtvoller Vegetation, Felsen, Eisenhämmer, Wälder, wechselnde Baumcultur, bald der Kastanie, des Weinstockes und der Olive, in allen Farben und Schattirungen prangend, ungemein erhöht. Vor siebenzehn Jahren hatte er als Knabe jene Berge seiner ersten Heimat verlassen, er kannte dort wol Niemanden mehr, aber Alles kannte ihn, er fand seine alte Amme, seine einstigen Kindergespielen, nun junge Männer wie er; — die Orte, wo er die ersten Schritte seines Lebens hingelenkt, schienen ihn aus einem leichten Nebel der Vergangenheit freundlich zu begrüßen; — ein ihm bisher völlig unbekanntes freudiges Gefühl ergriff ihn plötzlich, ohne sich darüber klar zu werden und das St. Lambert in seinen Briefen mit wenig Worten: „Je revois donc les bords, où le ciel m'a fait naître" ebenso wahr als schön beschreibt. Mit stiller Wehmuth verließ der sechsundzwanzigjährige junge Mann nach einem nur vierzehntägigen Aufenthalte die Gegend von Vigan, um sich in die Auvergne zu seinem Regimente zu begeben. In Clermont eingerückt, fand er einen Brief des Herrn de Payanne, der die Hußaren hätte inspiciren sollen. Derselbe schrieb, daß er daran verhindert sei, da die Carabiniers, die in Saumur unter seinen Befehlen standen, zu dem heurigen Lager in Compiègne bestimmt wären, und er deshalb vom Minister autorisirt sei, Esterhazy mit der Visitirung dessen eigenen Regimentes zu betrauen und dieser ihm sodann Bericht erstatten möge, um seinerseits weiter dem Herzog von Choiseul über dessen Zustand zu relationiren.' — Es war dies ein höchst ehrender Vertrauensbeweis für den jungen Regimentschef, der sich diesem Auftrage mit freudigem Eifer unterzog und sodann nach Saumur abging, um Herrn de Payanne die pflichtschuldige Meldung zu erstatten. Die Gemalin des Letzteren hatte einen Kreis liebenswürdiger und vornehmer Damen um sich versammelt, so die Frau de Courteilles, de la Suze, de la Rochefoucault mit ihrer Tochter, sowie einen großen Theil des benachbarten Adels; und die Zeit seines dortigen Aufenthaltes verging dem Grafen Esterhazy theils unter militärischen Festlichkeiten, theils unter geselligen Vergnügungen. Von dort begab er sich zu seinem einstigen Commandanten, dem Grafen Broglie, welchen er seit dem Feldzuge 1761 nicht mehr gesehen hatte, und der ihn auf seinem Gute Ruffié mit dem alten Wohlwollen bewillkommte. Der einstige Truppenführer des siebenjährigen Krieges pflanzte jetzt seinen Kohl, war eifriger und thätiger Landwirth geworden, und sein Gut, dessen Einrichtungen Broglie's Schöpfung, konnte als wahre Musterwirthschaft gelten, überall herrschte die größte Ordnung und Nettigkeit. Von dort besuchte Esterhazy in Limoges seine alten Kriegs= kameraden, des dort stationirten Hußaren=Regimentes Berchény. Der Oberst Graf Bercsényi war abwesend bei seiner sterbenden Mutter, der Gemalin des Marschalls. Der Chevalier de Sombreuil[1]) commandirte in dessen Abwesenheit das Regiment, derselbe, der zur Zeit der Revolution als Generallieutenant Gouverneur der Invaliden war und wie bekannt unter dem Messer der Guillotine endete. — Auch die heldenmüthige Tochter Sombreuils hat sich durch ihre heroische Aufopferung in den gräulichen Tagen jener Schreckensepoche einen höchst geachteten Namen erworben. Als ihr Vater verdächtigt und verhaftet worden war, wurde er nur durch deren Bitten und Unerschrockenheit gerettet. Das Fräulein von Sombreuil wurde gezwungen, um ihren Vater zu retten aus einem mit Blut besudelten Glase Branntwein auf das Wohl der Nation zu trinken. Dies war in den Septembertagen 1792 und kaum zwei Jahre später ließ Robespierre den vierundsiebenzigjährigen Greis zum bittern Spott mit einem rothen Hemde bekleidet, unter einem erdichteten Vorwande verurtheilt, am 17. Juni 1794 guillotiniren.

Im Spätherbste begab sich Graf Esterhazy wie alljährlich nach Paris, um dort den Winter 1767 zuzubringen. Bei seiner Ankunft fand er die Hauptstadt noch sehr leer, dagegen aber den Grafen du Châtelet, der eben von seinem Gesandtschaftsposten in Wien abbe= rufen und für jenen in London bestimmt, zufällig dort anwesend war. — Dieser lud ihn dringend auf seinen reizenden Landaufenthalt nach

---

[1]) Graf Virot de Sombreuil, geboren 1720, guillotinirt am 17. Juni 1794, war Generallieutenant und Gouverneur der Invaliden. — Das tapfere Herz seiner Tochter des Fräuleins von Sombreuil, späteren Frau von Ville= lume ruht seit 1851 im Invalidendome zu Paris, wie es heißt: „en égard aux nobles souvenirs", während die Leiche aber in Avignon bestattet ist. Sie hatte sich schon 1789 bei dem Andrange der Waffen begehrenden Volkshaufen durch Besonnenheit und Muth hervorgethan.

Cirey, wohin Esterhazy ihm folgte und in der liebenswürdigen Familie du Châtelet, die aus dessen Gemalin und Tochter bestand, den Rest des Herbstes verbrachte. Es wurde dort ein ruhiges, dabei ebenso angenehmes als geistig und physisch thätiges Leben geführt, man besichtigte Bauten, legte Pflanzungen im Garten an, jagte im nahen Gehölze, machte Besuche bei den zahlreichen Gutsnachbarn, an regnerischen trüben Tagen füllte eine große und gut gewählte Bibliothek die Stunden aus, die Abende verplauderte man in der Gesellschaft der beiden Damen, deren eine (die Tochter) in der Blüthe ihres Alters starb und die andere ein Opfer der Schreckensherrschaft Robespierre's und der Guillotine wurde. Die Gräfin, später Herzogin du Châtelet genoß bei Hofe und in allen Kreisen der Gesellschaft gleich ihrem Gemale die höchste Achtung. Ihr reines gefühlvolles Herz war unter einer kalten Aeußerlichkeit verborgen, doch nie gab es eine treuere Freundin, eine würdigere Gattin, eine sanftere Frau und einen klareren, wohlgeordneteren Kopf; nachsichtig für Andere, strenge gegen sich selbst war sie von Allen, die sie näher kannten, hoch verehrt. Eine geborne Gräfin Rochechouart, wurde sie zugleich mit ihrer Schwester der Vicomtesse de Pontville und ihrer Freundin der Herzogin von Gramont[1]), der in diesen Blättern bereits erwähnten Schwester Choiseuls vor das Revolutionstribunal geschleppt. — Weit entfernt sich selbst zu vertheidigen, dachte die Herzogin von Gramont nur an ihre Freundin du Châtelet, welche bei diesem Verhöre anwesend, mit gefalteten Händen, niedergeschlagenen Augen ein tiefes Schweigen beobachtete. „Daß Ihr mich sterben lasset", rief laut die Herzogin von Gramont, „mich, die Euch verachtet und haßt, mich, die ganz Europa gegen Euch aufwiegeln möchte, daß Ihr mich zum Schaffot schickt, — nichts ist einfacher und begreiflicher! aber was hat Euch dieser Engel gethan?" sie zeigte auf die Herzogin du Châtelet, „die immer alles ohne Klage ertragen und deren ganzes

---

[1]) Beatrice de Choiseul-Stainville, geboren 1730 zu Lüneville, guillotinirt am 22. April 1794, war eine ehrgeizige Frau von festem Charakter, sie wollte und wußte zu herrschen. Ihr Bruder, der Minister, ließ sich während seines ganzen Lebens von ihr beeinflussen. Sie war Anfangs Stiftsdame zu Remiremont und heiratete 1759 einen Witwer, den Herzog Antoine de Gramont, Herrn von Bibache und Gouverneur von Navarra.

Leben nur durch Handlungen der Milde und Wohlthätigkeit ausgezeichnet war?" Die Blutwürger schickten am 22. April 1794 beide Frauen zur Richtstätte. — Ein anderer heroischer Zug der Schwester Choiseuls ist folgender; als sie auf die Frage ihrer Richter: Hast Du nicht den Emigranten Geld zugeschickt? die stolze Antwort gab: „J'allais dire que non, mais ma vie ne vaut pas un mensonge!" — Die Herzogin du Châtelet hatte den Tod ihres Gatten nur um vier Monate überlebt und war zweiundsechszig Jahre alt als sie endete.

Im December 1766 kam Graf Esterhazy nach Paris, wo er den Winter verbrachte und im Frühling 1767 machte er eine Reise nach Marly, dem damaligen momentanen Aufenthalte des Hofes, dem einstigen reizenden Lieblingsschlosse Ludwigs XIV., dessen glänzende Vergangenheit heute nur mehr einzelne Steinhaufen den Vorüberwandernden bezeugen. Von dort unternahm der Graf häufige Ritte nach Paris, auf denen er oft dem Chevalier de Boufflers[1]), dem bekannten Dichter, begegnete. Dieser pflegte fast immer zu Pferde zu reisen, und Beide machten öfter gemeinschaftliche Ausflüge. Eines Tages sagte der Herzog von Choiseul zu Boufflers: er wäre ein wahrer Hußar. — Der Chansonnier de la France erwiderte: er hätte auch große Lust es zu werden, und bat sogleich den Herzog, ihn zum zweiten Obersten im Regimente Esterhazy's zu ernennen. Dies geschah und so wurde Frankreichs Lyriker Hußar! und ging mit seinem Freunde zum Regimente in die Auvergne, wo sie an den Sommerexercitien eifrigen Antheil nahmen und im Herbste miteinander in das Lager bei Compiègne gingen, welches sehr glänzend ausfiel. — Nach einem vorübergehenden Aufenthalte in Cirey begab sich Graf Esterhazy nach Paris in der Absicht den Winter dort zuzubringen. Graf du Châtelet war schon längere Zeit zum Botschafter in London bestimmt und erhielt jetzt seine definitive Ernennung dahin. Er hatte sich lange dagegen gesträubt, aber da es ein persönlicher Wunsch des Königs war, und er von diesem durch ein eigenhändiges Schreiben in Kenntniß gesetzt wurde, mußte er sich fügen,

---

[1]) Stanislaus Chevalier de Boufflers, geboren 1737 zu Lüneville, war einer der ausgezeichnetsten Dichter Frankreichs und starb 1815 zu Paris.

um so mehr da ihm erst unlängst das Regiment des Königs verliehen worden war und er über mehrere Bewerber den Sieg davongetragen hatte. Graf Esterhazy hegte schon lange den Wunsch, England kennen zu lernen; nun bot sich ihm eine gute Gelegenheit, und er sollte den Grafen du Châtelet, der überdies noch längere Zeit mit den Vorbereitungen seiner Reise, sowie des Londoner Aufenthaltes beschäftigt war, im Herbste folgen. — Da ließ ihn der Herzog von Choiseul im Februar 1768 zu sich bitten und sprach zu ihm: „Ich habe nach „Preußen und Oesterreich verschiedene Officiere geschickt, um mir über „den Zustand und die Exercitien der dortigen Truppen zu relationiren, „und habe auch mit Befriedigung sehr umständliche und genaue Berichte über die Infanterie und Reiterei jener Armeen erhalten, noch „fehlen mir aber solche über die Organisation, den innern Dienst und „das Exercitium der Hußaren, und ich habe Sie zu dieser Mission „ausgewählt. Sie werden zuerst nach Cassel gehen, für die Details, „die eigentlich jenen in Preußen ziemlich ähnlich sind; — von dort „gehen Sie sodann nach Berlin, und wenn Sie auch da Alles beob„achtet und ihren Bericht gründlich gemacht haben, nach Wien, wo es „Ihnen leicht sein wird, vom Kaiser Joseph die Erlaubniß zu erhalten, „ihm in die verschiedenen Lager, welche er besichtigen wird, folgen „zu dürfen. Bereiten Sie sich zur Reise vor, um zu Ostern in „Cassel zu sein, wo um diese Zeit die halbjährigen Uebungen be„ginnen, und wählen Sie sich einen Officier Ihres Regimentes zur „Begleitung".

Dieses hatte mittlerweile die Auvergne verlassen und zu Mirecourt in Lothringen seine Quartiere genommen. Graf Esterhazy nahm sich seinen Oberstlieutenant Namens Kleinenburg, einen in französischem Dienste stehenden Deutschen mit und trat an dem festgesetzten Termine seine Reise über Straßburg an. In der Nähe von Frankfurt besuchte er die ihm aus dem siebenjährigen Kriege bekannten Orte, hielt sich in Gießen und Marburg auf und machte in Cassel seinen ersten längeren Aufenthalt. Es waren damals gerade viele vornehme Fremde dort, so der noch ganz junge Fürst Alexander Kurakin, später russischer Minister, General Lefort, zwei Grafen Münnich, die alle auch von Paris kamen; mit besonderem Wohlwollen wurde Graf Esterhazy von der Schwester der Kurfürstin, der

Aebtissin von Herworden und der Prinzessin Soubise¹), die auch eine Art kleinen Hof um sich versammelt hatte, empfangen. Der kurhessische Hof war glänzend, der Kurfürst selbst war ein eifriger Nachahmer des Königs von Preußen, in dessen Dienste er die Feldmarschallswürde bekleidete²) und auch mehrere preußische Officiere in seine eigene Armee herübergezogen hatte, so den General Schlieffen u. m. A. Im hessischen Heere war eine gesuchte Nachahmung alles Preußischen bemerkbar, so waren die Uniformen in Schnitt und Farbe fast gleich. Die Hußaren waren nicht zahlreich und wurden von dem Obersten Herrn von Alsnwig commandirt. Dieser theilte dem Grafen das Exercitium und alle bezüglichen Reglements mit, doch war wenig Neues oder Besonderes darin enthalten, und Esterhazy konnte sich schon nach vierzehn Tagen nach Berlin begeben, wohin er zahlreiche Empfehlungsbriefe mitnahm, so von der Prinzessin von Hessen an ihre Schwester die Prinzessin Heinrich von Preußen, wie auch von mehreren hessischen Officieren an die höchsten preußischen Militärautoritäten. In Potsdam angekommen, wandte er sich brieflich an den Prinzen von Anhalt, zu jener Zeit besonderer Liebling des Königs, der ihm in einem sehr verbindlichen Schreiben den Rath ertheilte, sich direct mit seinem Ansuchen an Se. Majestät zu wenden, was er auch sogleich befolgte. Der Prinz von Preußen³) lud den Grafen sogleich zum Abendessen. Dieser fand die Prinzessin ebenso angenehm als liebenswürdig⁴), den Prinzen aber schlecht bewohnt in einem Quartier, „das ihm in seiner damaligen militärischen Stellung als Oberst zugewiesen war", wie Esterhazy bemerkt. — Er wartete vergebens auf einen Bescheid des Königs, und wohnte am nächsten Morgen der Parade bei, sah den berühmten Reiterhelden Generallieutenant von Seydlitz, den General, späteren Feldmarschall Möllendorf u. s. w.

---

¹) Anna Victoria Maria Christina Prinzessin von Hessen-Rheinfels-Rothenburg, geboren 1728, vermält 1745 mit dem Prinzen Charles de Rohan, Prinzen von Soubise, den sie überlebte.

²) Friedrich II., geboren 1720, gestorben 1785, Kurfürst von Hessen.

³) König Friedrich Wilhelm II. von Preußen.

⁴) Elisabeth Christine Prinzessin von Braunschweig-Wolfenbüttel, geboren 1746, vermält 1765 mit dem Prinzen, späteren Könige Friedrich Wilhelm II. von Preußen, geschieden 1769, residirte später in Stettin, wo sie in hohem Alter starb.

König Friedrich war aber nicht erschienen. Der Graf speiste im Gasthofe, soupirte Abends wieder beim Prinzen von Preußen und am andern Morgen endlich erhielt er die Antwort des Königs auf sein Gesuch. Sie war äußerst lakonisch und lautete: „Allez à Berlin, je vous y verrai avec plaisir. Frédéric m. p." Auf dieses fuhr der Graf sogleich von Potsdam nach Berlin. Die Stellung war daselbst in diesem Augenblicke keineswegs angenehm, es herrschten zwischen den beiden Höfen von Versailles und Berlin Meinungsdifferenzen und eine Spannung wegen Neufchâtel, und es waren deshalb auch gegenseitig keine Gesandten bei diesen Höfen accreditirt. Dies hatte Esterhazy schon in Cassel gehört, aber er wußte, daß General Graf Nugent[1]), mit dem er seit seinem Aufenthalte in Wien bekannt war, als Gesandter des deutschen Kaisers daselbst fungire und ebenso beliebt als geachtet wäre; deshalb machte er sich keine weitere Sorge. Vollkommen beruhigt, daß ihm dieser in Allem was in dessen Macht stünde gefällig sein werde, begab er sich sogleich nach seiner Ankunft in Berlin zu ihm, der sich auch eifrig seiner annahm und ihn in der dortigen diplomatischen und vornehmen Welt einführte. In Folge seiner vielen Empfehlungsbriefe wurde der Graf überall sehr gut aufgenommen, so daß er seine Morgenstunden zwischen den tagtäglichen Exercitien und Manövern, die Abende aber in den elegantesten Salons der preußischen Hauptstadt verbrachte. Besonders belobte er den Empfang im Hause der Gräfin Dönhoff und der Familie von Wrech, wo er den Commandeur der berühmten Ziethenschen Hußaren, Oberstlieutenant von Breitwitz, kennen lernte, der ihm mit liebenswürdiger Bereitwilligkeit in den Angelegenheiten seiner militärischen Mission an die Hand ging, zu allen Exercitien und theoretischen Schulen mit sich nahm und diesen Besuchen durch seine gründliche Instruction besonderen Werth zu verleihen wußte. — Anläßlich einiger großen Revuen kam König Friedrich II. nach Berlin, Graf Esterhazy wurde ihm alsbald vorgestellt. Der König sprach

---

[1]) Jakob Robert Graf Nugent-Westenrath, geboren 1720 in Irland, erwarb sich im siebenjährigen Kriege das Theresien-Kreuz, kam 1761 als Gesandter nach Berlin, wo er mehrere Jahre blieb, wurde 1767 Feldmarschall-Lieutenant und Inhaber des 56. Infanterie-Regimentes und starb als Stadt- und Festungscommandant zu Prag am 29. März 1794.

über Wien, über den Unfall von dessen Tante der Fürstin Paar in Rom, welche Gefahr lief durch das zufällig losgegangene Gewehr eines päpstlichen Soldaten erschossen zu werden; aber er redete nichts Anderes, weder über Frankreich noch die Politik im Allgemeinen, auch bat er ihn nicht zur Tafel, gab ihm die Erlaubniß, den Manövern in Pommern beizuwohnen, untersagte aber ausdrücklich den Besuch jener in Schlesien, wie unser Gewährsmann glaubt „wegen der Nachbarschaft Oesterreichs". In Pommern war aber nicht viel anderes als in Berlin zu sehen, wohin Esterhazy bald zurückkehrte und mit freundlichen Erinnerungen an seine wohlwollende Aufnahme in der Gesellschaft nach einem zweimonatlichen Aufenthalte nach Dresden abreiste. Der kursächsische Hof residirte zu Pillnitz. Prinz Xaver[1]) führte die Regentschaft, der Kurprinz und seine Brüder, obgleich Ersterer bereits achtzehn Jahre zählte, wurden fast noch als Kinder behandelt. Die Kurfürstin-Witwe (eine Tochter Carl Alberts von Baiern, später deutschen Kaisers Carl VII.) und ihre Schwägerinnen waren, wie Esterhazy bemerkt, mit ihren eigenen Liebeleien beschäftigt, kurz Alles war darnach, den Aufenthalt in Pillnitz sehr langweilig zu machen, während man sich in Dresden weit besser vergnügte. In dem kaiserlichen Gesandten Grafen Wurmbrand und seiner Gemalin, einer gebornen Gräfin von Tarouca[2]) fand der Graf alte Bekannte aus Wien, ferner waren unter den bemerkenswerthen Persönlichkeiten Dresdens zwei Söhne des einst allmächtigen Ministers Grafen Brühl, von denen einer in der französischen Armee gedient hatte, nebstdem mehrere ältere und jüngere Frauen, welche den alten Ton des früheren sächsischen Hofes beibehalten hatten mit dessen Liebenswürdigkeit; ferner die alte Gräfin Moczinska und der Graf von Sachsen, jüngere Halbgeschwister des berühmten Marschalls Moriz von Sachsen (von verschiedenen Müttern). Esterhazy

---

[1]) Franz Xaver Prinz von Sachsen, geboren 1730, gestorben zu Dresden 1806, war seit 1763 Vormund des Kurprinzen Friedrich August (seit 1806 ersten Königs von Sachsen).

[2]) Franz Joseph Graf Wurmbrand, geboren 1737, k. k. geheimer Rath und Kämmerer, war Gesandter am dänischen, sächsischen und neapolitanischen Hof; seit 1764 vermält mit Gräfin Therese Tarouca, geboren 1741. Beide starben im ersten Decennium dieses Jahrhunderts.

theilte seine Zeit in der Besichtigung älterer und neuerer sächsischer Schlachtfelder, sowie der Lager von Pirna, Dippoldswalde, Maxen und des Königsteins in Begleitung sächsischer Officiere, die ihm die nöthigen militärischen Auskünfte sehr bereitwillig gaben, und von denen er mehrere persönlich aus dem siebenjährigen Kriege kannte, wo solche in den verschiedenen französischen Hauptquartieren zugetheilt waren. Besonders interessirten ihn alle Gefechte während der mehrmaligen Belagerung von Dresden, welche ihm von jenen fachmännisch erklärt wurden. — Von Sachsen sollte der Graf nach Wien; da aber die Lager noch nicht begonnen hatten, machte er einen mehrtägigen Aufenthalt bei seiner Cousine der Gräfin Buquoi (Tochter seiner Tante Paar)[1] in Gratzen, wo er bei einer Spazierfahrt umgeworfen, sich erheblich verletzte und bald um sein linkes Auge gekommen wäre. Kaum geheilt, eilte er in das Lager bei Olschau in Mähren an die Seite Kaiser Josephs, der ihm einen Ehrenplatz in seiner Suite einräumte und mit vieler Güte empfing. Von dort aus wurden die neuen Bauten von Pleß und Theresienstadt besichtigt, sodann ein zweites Lager bei Prag, ein anderes an der Eger und ein viertes bei Pilsen besucht. Er begleitete den Kaiser noch bis Budweis, der sich von da nach Oberösterreich begab, während der Graf sich zu seinem Oheim dem Bischof von Erlau[2] und von dort nach Wien verfügte. Nach einem mehrwöchentlichen Aufenthalte daselbst und der Beendigung seiner militärisch-diplomatischen Mission, trat derselbe seine Rückreise nach Paris an, und überreichte sein abgefaßtes Memoire dem Minister,

---

[1] Therese Gräfin von Paar, geboren 1717, gestorben 1819, war eine Tochter des ersten Fürsten Wenzel von Paar, und dessen Gemalin gebornen Gräfin Esterhazy. Seit 9. April 1765 war sie mit dem Grafen Johann Nepomuk Buquoi, k. k. geheimen Rath und Herr der Buquoi'schen Familienherrschaften in Böhmen, vermält. Dieser starb am 3. April 1803 kinderlos. Die Gräfin von der Provence lebte 1793 durch einige Zeit in nächster Nachbarschaft der gräflich Buquoi'schen Güter im südlichen Böhmen; diese Prinzessin und ihr kleiner Hof befanden sich damals in solcher Dürftigkeit, daß sie im buchstäblichen Sinne des Wortes gehungert hätten, wenn ihnen die Gräfin Buquoi nicht beinahe täglich Wildpret und andere Lebensmittel zugeschickt haben würde.

[2] Carl Graf Esterhazy, Großkreuz des k. ungarischen St. Stephan-Ordens, geboren 1725, starb am 15. März 1799, betrauert als ein Vater der Armen und Verschönerer von Erlau.

der es einer Commission zur weiteren Prüfung übergab. — Die nächste Zeit verging abwechselnd beim Regimente, in Paris und Versailles, und in den Ostertagen 1769 trat er einen Urlaub nach London zum Besuche des Botschafters Grafen du Châtelet an. Graf Esterhazy wohnte bei diesem väterlichen Freunde und fand in der Lady Spencer, einer Freundin seiner Tante der Fürstin Esterhazy, eine alte Bekannte, von der er mit mütterlichem Wohlwollen empfangen und in die vornehmsten englischen Häuser eingeführt wurde. Er machte auch mehrere kleine Ausflüge auf die verschiedenen Landsitze englischer Großen und fuhr Ende Mai wieder über den Canal zurück, um zu seinem Regimente nach Mirecourt in Lothringen einzurücken. Dieses wurde kurz nachher in das Lager bei Verbéri, in der Nähe von Compiègne, beordert. Die Zeit zur Vorbereitung hiezu war sehr gemessen, doch waren die Manövers und Exercitien, die er aus Preußen mitgebracht hatte, ziemlich einfach und bald eingeübt. Der Proprietär marschirte mit seinem Regimente bis Châlons, ging von dort nach Paris, um Instructionen vom Minister über die Lagerung zu erhalten und die nöthigen Lagergeräthschaften sich auslassen zu lassen, welche ihm der Armeeintendant Bertier[1]), derselbe, der am 14. Juli 1789 gerade zwanzig Jahre später auf eine so bekannte gräuliche Weise das unglückliche Opfer der Volkswuth wurde, anwies. Nach drei Tagen wieder zum Regimente zurückgekehrt, bezog er mit diesem am linken Ufer der Oise sein Lager zwischen zwei Meierhöfen, deren einen er mit einem Theile seines Officierscorps, den zweiten hingegen der Chevalier de Boufflers mit dessen Reste in Beschlag nahm, welche sie für die Dauer des Lagers mit allem im Lagerleben möglichen Comfort ausstatteten, guter Küche und vorzüglichem Keller versahen. Das trefflich adjustirte und ebenso einexercirte, auch sehr gut berittene Husaren-Regiment Esterhazy's producirte sich, von seinem Chef mit vielem Geschick vorgeführt, und erntete allgemeines Lob, in Folge dessen dieser zum Brigadier mit späterer Rangsbestim-

---

[1]) Comte de Bertier de Sauvigny war königlicher Rath und zuletzt Intendant von Paris, wurde am 14. Juli 1789 verhaftet, aber seiner Bedeckung entrissen, an eine Laterne aufgehängt, ihm der Kopf abgeschnitten und in Paris auf einer Picke herumgetragen, und dies alles wegen einiger unpopulärer Aeußerungen.

mung außer der Tour befördert wurde. Das Regiment kam nach Stenai in Garnison. Graf du Châtelet war ebenfalls zu den Manövern aus England gekommen und besichtigte das Regiment des Königs, dessen Chef er war, in Nancy. Als er wieder nach London zurückkehrte, begleitete ihn Graf Esterhazy dahin, von wo er Ende Januar 1770 nach Paris zurückkehrte.

Um diese Zeit (1770) hatten die großen Erinnerungen und erneuerten Traditionen in Frankreich, noch die alten Grundsätze, gesunde Ideen, billige Denkungsart und die Tugenden des Volkes im Allgemeinen erhalten, obgleich diese bereits durch verderbliche Schriften und eine schwache Regierung mit schlechtem sittlichem Beispiele von Seite des Monarchen schon ziemlich abgeschwächt waren; aber man fand noch am Hofe von Versailles und in der Hauptstadt Paris jenen guten Ton der feineren Sitte, jene Höflichkeit, auf welche jeder Franzose stolz zu sein berechtigt war, da sie einen europäischen Ruf genoß, als Muster der Anmuth, Eleganz und Feinheit. Man begegnete zu dieser Epoche noch mehrere Damen und Grandseigneurs, welche Ludwig XIV. gekannt hatten; man betrachtete sie als Ueberreste eines schönen Zeitalters für Frankreich, mit einer gewissen Ehrfurcht. Die Jugend, zurückgehalten durch deren bloße Gegenwart, war in ihrer Nähe bescheiden und aufmerksam; man hörte sie mit gespanntem Interesse an, und glaubte die Vergangenheit mit allen ihren Größen und Todten wieder aufleben zu sehen; man studirte aus ihren Gesprächen ein Stück lebendiger Geschichte; man holte ihren Rath ein über Fragen der Etikette und der herkömmlichen Gebräuche und deren Lob galt als der wünschenswertheste Erfolg aller jener, welche in der Gesellschaft auftraten. Diese Zeitgenossen vieler einstiger Berühmtheiten des Landes jeder Art, schienen in der Gesellschaft die Ideen des Ruhmes, der Vaterlandsliebe und der Bildung neu zu beleben oder mindestens deren traurigen Verfall noch aufzuhalten. — Aber bald war der äußere Ausdruck jener Gefühle nur mehr eine schöne Redensart, eine bloße Theorie! und der gute Ton herrschte nur mehr zum Scheine, ja man setzte sogar eine Uebertreibung hinein, man schuf sich chimärische Tugenden und die Heuchelei wurde in ihren Anforderungen viel strenger. Es bildete sich in der Gesellschaft eine sehr zahlreiche Menge Damen und Herren, welche sich als Hüter der alten Traditionen der Etikette, des guten Tones, des feineren Geschmackes erklärten, sich als höchste Richter aller gesellschaftlichen Formen aufwarfen und den Titel der guten Gesellschaft, de bonne compagnie, ausdrücklich ansprachen. Ein schlechter Ton, ein scandalöses Abenteuer schlossen und verbannten den Einzelnen aus diesen Kreisen, aber es bedurfte auch keines fleckenlosen Lebens oder irgend eines hervorragenden Verdienstes, um in diesen aufgenommen zu werden. Diese Gesellschaft umfaßte ohne Unterschied: starke und aufgeklärte Geister, sowie Strenggläubige, Fromme und Scheinheilige, Moralisten und Heuchler, brave und tugendhafte, leichtsinnige und depravirte Frauen. Man verlangte von ihnen nur zwei Dinge: Guten Ton und äußern Anstand, sowie eine Art Achtung in der Welt, sei es durch Stellung, hohe Geburt, Ansehen bei Hofe, sei es durch Pracht und Reichthum oder endlich durch Geist und persönliche Vorzüge. — Dieser exclusivere, die Uebrigen mit Nichtachtung behandelnde engere Kreis Auserwählter, alle Anderen demüthigend, erregte viele Feindschaften gegen sich, aber da er in seine Mitte alle Jene aufnahm, deren höheres Verdienst anerkannt war, oder Solche, welche durch irgend andere glänzende Vortheile sich Geltung zu schaffen wußten, so war es der Neid, welcher gegen ihn sprach und dadurch demselben zu größerem Glanz verhalf; — man gab ihm jetzt den Namen: de grande société, den er bis zur Revolution beibehielt, und der die gewählteste und durch Rang glänzendste Gesellschaft bezeichnete. — Was man in dieser Gesellschaft nie verzieh, was nichts entschuldigen konnte, war Gemeinheit der Manieren oder der Sprache, oder Niederträchtigkeit der Handlungen. — War diese aber unter gewissen Vorsichtsmaßregeln und Formen mit Erfolg ausgeübt, so ignorirte man sie und sah in ihr nur eine erlaubte List oder Gewandtheit, so wie einst bei den lacedämonischen Räubern, wo nur die Ungeschickten, die sich dabei erwischen ließen, bestraft wurden. — Aber bei all dem sah man damals weniger unverschämte Gemeinheiten, und schon damit war viel erreicht; so z. B. nicht, daß ein entlassener in Gunst gestandener Minister plötzlich von Jenen verlassen wurde, die ihm noch am Vorabende Weihrauch streuten; im Gegentheil man setzte eine gewisse Ostentation in großmüthige Handlungen und gab diesen oft eine Art Cultus, der an Trotz gegen die strafende Hand des Monarchen streifte. Die gute und große Gesellschaft beschränkte sich nicht allein darauf, ihre Urtheile über Sitte und Ton auszusprechen, sondern sie übte eine genaue und sogar nützliche Controle des Betragens der Einzelnen; durch ihre Strenge unterdrückte sie Laster, welche die Gerichte nicht strafen konnten, so die Undankbarkeit, den Geiz u. s. w. — Die öffentliche Gerechtigkeit war mit der Züchtigung schlechter Handlungen und Thaten, die Gesellschaft mit jener schlechten Benehmens beauftragt. Die allgemeine Mißbilligung beraubte denjenigen, welchen sie traf, eines Theiles seiner persönlichen Achtung, und die Ausschließung aus der Mitte dieser Gesellschaft hatte für sein Geschick oft den verhängnißvollsten Einfluß. Man erschütterte eine gesellige Position mit den fürchterlichen Worten: „Jedermann verschließt ihm seine Thüre", was sich nur von Personen dieser Societät verstand. Diese Macht, denn dies war sie, war allerdings nicht jene des Königthums, nicht der Parlamente oder Gerichtshöfe, sondern jene der äußeren Ehre, und sie behauptete ihre souveräne Gewalt bis zur Revolution. — Die Personen, welche diese mit allgemeiner Uebereinstimmung ausübten, ohne irgend einen Widerstand zu finden, hatten um so mehr das Recht sich ausschließlich: „die gute Gesellschaft" zu nennen, da sie ihre Herrschaft niemals mißbrauchten. Wenn die einstimmige Meinung mehrerer, sei es durch Tugenden, sei es durch Stellung geachteter Menschen nicht irgend eine Macht hätte, würde das Laster noch unverschämter sein und die Zaghaften und Schwachen noch leichter mit sich fortreißen.

Vier Frauen waren es vorzüglich, die zu jener Zeit das Scepter der Sitte schwangen oder vielmehr in Paris den Ton angaben (sie waren alle damals betagte Matronen). Die Herzogin von Luxembourg und die Marschallin von Mirepoix in Bezug auf äußeren Anstand, die Marquise du Deffant und Frau von Geoffrin in geistiger Richtung. Wir lassen in Kürze einige theilweise weniger bekannte Notizen über diese Damen folgen:

Die Herzogin, auch öfters Marschallin von Luxembourg genannt, war damals schon längst in dem Stadium reuiger Magda-

lenen angelangt, denn Madeleine Angélique von Neufville-
Villeroi, geboren 1707, Enkelin des bei Cremona von den Kaiser-
lichen gefangenen Marschalls Villeroi, hatte ein Leben mit einigen
Stürmen und Regellosigkeiten hinter sich, theilweise erklärlich dadurch,
daß sie schon mit vierzehn Jahren, 1721, den Herzog von Boufflers
heiratete, der sie 1747 als vierzigjährige Witwe zurückließ, als er zu
Genua an den Blattern starb. — 1750 vermälte sie sich mit dem
Marschall Carl Franz Friedrich von Montmorency-Luxembourg,
Neffen des berühmten Marschalls und Herzog dieses Namens. Sie
beförderte den Druck des Emil, gestattete im Thale von Montmorency
dem verfolgten Jean Jacques Rousseau eine Zuflucht, wo er die
„Nouvelle Héloise" niederschrieb. Als das Parlament die Werke
des Philosophen von Genf verdammte, begünstigte sie dessen Entweichung. Nach dem Tode ihres zweiten Gemals war ihr Haus in
Paris der Sammelplatz der ausgezeichnetsten Personen des Hofes und
der Hauptstadt. Ob man sie gleich mehr fürchtete als liebte, lag
dennoch die ganze schöne und vornehme Welt jener Zeit zu ihren
Füßen, denn ihr feiner Geist, ihr guter Geschmack, ihre langjährigen
Erfahrungen im Leben des Hofes von Versailles und der Gesellschaft
von Paris, gaben ihr einstimmig die höchste Autorität in allen Urtheilen über Höflichkeit und guten Ton, lange war sie dessen Hüterin,
ebenso Richterin in Modesachen. — Doch liebte sie auch das Wissen
und die Kunst und schätzte Talent und Geist. Sie starb in ihrem
achtzigsten Lebensjahre im Januar 1787 zu Paris. — Der Dichter
Laharpe pflegte sie auf den Straßen auf den von ihrem Arzte
Tronchin angeordneten Fußpromenaden zu begleiten. Eine ihrer Freundinnen fragte sie einst, warum sie Laharpe zu ihrem beständigen Begleiter erwählt habe? „Que voulez-vous, ma chère, il donne si bien
le bras", war die Antwort der Herzogin, die gewiß das seltsamste und
sonderbarste Lob enthielt, das je einem Akademiker zu Theil wurde.

Die andere der älteren damals tonangebenden Damen von
Paris war die Marschallin von Mirepoix, eine Schwester des
Fürsten Beauveau und einst dame du palais der Königin Maria
Leszynska. Sie war die Gemalin des Charles Gaston François de
Levis Marquis, später Duc de Mirepoix, der 1737 Gesandter in
Wien war, 1749 in London, sich in der Zwischenzeit im österreichi-

schen Erbfolgekriege in Italien hervorgethan hatte, 1751 Marschall von Frankreich wurde und als Gouverneur von Languedoc 1757 starb. — Die Marschallin wußte sich durch ihre Freundschaft mit der Pompadour und später der Dubarry auch bei Ludwig XV. geltend zu machen. Sie starb als Emigrantin 1791 zu Brüssel. Der Prinz de Ligne sagt von ihr: Elle avait cet esprit enchanteur qui fournit de quoi plaire à chacun. Vous auriez juré qu'elle n'avoit pensé qu'à vous toute sa vie! — Als ihr der Arzt an ihrem Todestage eine Besserung ankündigte, rief sie aus: „Ungelegene Nachricht! da ich mein Gepäck bereits geordnet habe, möchte ich schon abreisen". — Ihr Gemal wird hingegen als ein Mann ziemlich beschränkten Geistes geschildert.

Unter die gelehrten und gebildetsten Salons von Paris gehörten zu den Berühmtheiten jener Zeit die der Marquise du Deffant[1]) und der Madame Geoffrin[2]). In den Salons der Ersteren begegnete man einer aussterbenden literarischen Generation und den angesehensten Männern der Gesellschaft und der Wissenschaft; in denen der Letzteren gingen nicht nur die Akademiker, Dichter und Schriftsteller, des trotz seiner derben Sinnlichkeit stark schöngeistigen Paris jener Epoche, sondern auch alles was am Hofe irgendwie dem guten Geschmacke huldigte, aus und ein. Ihre Salons waren eines der geistigen Centren der Hauptstadt; sie bedeuteten beinahe so viel wie die Tuilerien oder das Luxembourg.

Bei der Fürstin Beauveau begegnete man dem besten und hervorragendsten Theil der Gesellschaft aus der Zeit Ludwigs XV., ohne daß die gerechteste Strenge, die jener Epoche eigenthümliche Ungebundenheit der Sitten hätte herausfinden können; bei der alten Herzogin von Luxembourg waren noch einzelne Spuren jener würdevollen Repräsentation und Formen der letzten Jahre Ludwigs XIV., ebenso sah man auch bei ihr und der Herzogin von La Vallière, im Palais Choiseul alles was die Regierung Ludwigs XV. an Rang, Sitten und Liebenswürdigkeit Ausgezeichnetes

---

[1]) Marie de Vichy-Chumrond Marquise du Deffant, geboren zu Paris 1697 und gestorben daselbst 1780.
[2]) Marie Therese Rodet Madame Geoffrin, geboren zu Paris 1699, daselbst gestorben 1777.

aufzuweisen hatte. Bei der Marquise du Deffant war man sicher fremdländischen Berühmtheiten zu begegnen, die durch eigene Anschauung das alte und neue Frankreich kennen lernen wollten; im Palaste de la Rochefoucould, bei d'Alembert und bei der Madame Geoffrin fanden sich die damaligen Koryphäen der Wissenschaft und Philosophie, aber auch jener Freiheitsgeist und Durst, der nur zu bald die ganze Weltanschauung ändern sollte, sie mit vielen Irrlichtern erleuchtend, aber alle Fundamente des alten Gebäudes in ihren Fugen erschütternd und dieses niederschmetternd!

Niemals war bei Hofe mehr Pracht und Eitelkeit, — und weniger Macht! Man fing an, ein Wort des Lobes eines d'Alembert oder Diderot der auszeichnendsten Gunst eines königlichen Prinzen vorzuziehen. Galanterie, Ehrgeiz und Philosophie, alles war pêle mêle zusammengeworfen und vermengt; selbst die höchsten Würdenträger der Kirche verließen ihre Diöcesen um Ministerportefeuilles zu erhaschen, und die jungen Abbés schrieben und sangen Liebesgedichte und verfaßten schlüpfrige Erzählungen.

Aber zwei Männer weilten damals noch ferne von Paris, — die nichtsdestoweniger den größten Einfluß auf die Geister und Gemüther aller Gebildeten der französischen Nation hoch und nieder ausübten. — Es waren dies der „Patriarch von Ferney", wie er sich selbst und seine Anhänger ihn oft nannten, — und „der Weise von Genf", wie man den Andern hieß.

Dort, wo sich auf einer Terrasse unter jener heute noch vorhandenen prachtvollen Allee wilder Kastanienbäume, eine herrliche Fernsicht bietet; wo sich der weite tiefblaue Genfersee gleich einem Spiegel ausbreitet; wo man in der Ferne Savoyen erblickt und dessen Uferstädtchen und Gebirgsdörfer herüberleuchten und sich auf der Fläche des Sees spiegeln, unmittelbar am Ufer sich der große und kleine Salève erheben, dahinter der Molard und als Schluß des reizenden Panoramas, jene gewaltige savoyische Gletscherkette, dessen höchster Punkt der Bergriese Montblanc sie alle überragt, in dieser ebenso reizenden als großartigen Gegend liegt Ferney. Und erst der Abend erhöht den Reiz und die Großartigkeit dieser Landschaft, denn sobald derselbe kömmt, dann färbt sich die ganze Bergkette erst mit einem leichten goldenen Schimmer, die Schatten aber in bläulichen und violetten Tinten, dann röthlich und immer röther und zuletzt in dunkler Gluth, während die gesammte tiefer liegende Welt bereits dichtes Dunkel umhüllt. Staunend und stumm bewundert der Mensch ein Schauspiel der Natur, das ihn in seiner Großartigkeit zur Andacht hinreißt und dankend die Güte und Allmacht des Schöpfers preisen läßt. — Und gerade in dieser Gegend hatte ein Gottesläugner, der mit frechem Hohn jede Religion und alles Heilige angriff, alles Höhere in den Staub zog und besudelte, der mit dem verführerischen Reize eines überreichen Geistes so Viele an sich zog, denen er die werthvollsten Güter der Seele — Gottesglauben und Moral — vernichtete, seinen Sitz aufgeschlagen: der berühmte französische Schriftsteller, Philosoph und Dichter, François Marie Arouet de Voltaire.

Sein Zeitgenosse, der Philosoph von Genf, Jean Jacques Rousseau, lebte damals noch in Lyon. Dieser unmoralische Mensch und Schwächling, der seine fünf natürlichen Kinder als Findelkinder ausgesetzt hatte und sich, als seine Therese, langjährige Haushälterin, ihm untreu wurde und sich an einen Stallknecht hing, erschoß, gab dennoch seinem Jahrhundert einen unermeßlichen Impuls. — Doch die großen Geister, welche das antichristliche Jahrhundert bewegen sollten, durften keine Heiligen sein, sie mußten im Schlamme des unsittlichsten Lebens aufwachsen. — Rousseau überschüttete zwar nicht das Christenthum mit dem Hohne Voltaire's, aber er widersagte demselben auf eine vielleicht noch gefährlichere Weise wie jener, nämlich im Namen der Natur, der Humanität und des guten Herzens. — Wir haben vor uns Aufzeichnungen der Erlebnisse eines jungen deutschen Cavaliers, der auf seiner ersten, damals so üblichen Belehrungsreise beide Philosophen sah und wollen hier in ganz kurzen Zügen diese Besuche skizziren.

Der Graf Franz Erbach-Erbach reiste mit seinem Hofmeister Namens von Freund, der ihre Reiseerlebnisse niederschrieb. — Von Genf aus fragte sich dieser im Namen des Grafen schriftlich bei Voltaire an, ob er geneigt sei, die Fremden zu empfangen. Es kam von „dem kranken Greise", wie er sich selbst nannte, ein sehr liebenswürdiges Billet mit der Einladung für den nächsten Morgen zu Tische. — Die Reisenden verfehlten nicht zur bestimmten Stunde in Ferney einzutreffen. Ein Kammerdiener führte die Herren zu Voltaire, der ihnen aber bis ins Vorzimmer entgegeneilte, und dem Grafen mit besonderer Aufmerksamkeit begegnete. Herr von Freund stellte sich als dessen Gouverneur vor. „Un beau gouvernement!" erwiderte der Philosoph, nachdem er den jungen Grafen mit dem Ausdrucke der Befriedigung betrachtet hatte, „et Monsieur parait le meriter!" — Im Laufe des weiteren Gespräches, als man auf die geistigen Zustände Baierns kam, sagte Voltaire: „Oui, il y a trois ou quatre personnes en Bavière, qui commencent à penser". — Vom König Friedrich II. von Preußen äußerte er: „Il a beaucoup de talens, beaucoup de connaissances, beaucoup de science de guerre et de despotisme!" — Während dieser Gespräche trat Pater Adam ein, der bekannte Hausfreund Voltaire's. — Dieser stellte ihn seinen Gästen mit den Worten vor: „Voilà le père Adam, ex-jesuite tolérant. Si vous êtes catholique, il Vous dira la messe; si Vous êtes protestant, il priera Dieu pour Vous!" — Als er erfuhr, daß seine sämmtlichen Gäste Protestanten wären, sagte er: „Je vous en fais mes compliments! Vous êtes bien heureux! Luther et Calvin par leur sottises on cependant fait du bien aux personnes raisonnables!" — Man rief zum Diner, das reich und glänzend und mit großer Eleganz servirt wurde. — Nach der Tafel spielte Voltaire eine Partie Schach mit Herrn Freund und machte ihn matt; er empfahl sich sodann, indem er seinen Gegner aufforderte sich bei dem Pater Adam die Revanche zu holen. Von dem Augenblick, wo Voltaire sich zurückgezogen, machte Pater Adam den Wirth und zeigte den Reisenden jeden Gegenstand, den die mit äußerster Sorgfalt eingerichteten Zimmer enthielten. — Er zeigte ihnen die Porträts der Encyklopädisten, der Kaiserin Katharina II. und neben dieser, jenes der Wäscherin Voltaire's und seines Schornsteinfegers u. s. w., den Theatersaal, wo die gute Gesellschaft von Genf sich öfter versammelte, um Voltaire's Stücke aufzuführen, beziehungsweise aufführen zu sehen, einen Ort, an welchem sich ein Publicum einfand, wie es zu damaliger Zeit nirgends auserwählter sein konnte u. s. w. — Zum Abschiede erschien Voltaire nochmals und zeigte sich liebenswürdiger wie je; bis zum Wagen gab er dem jungen Grafen das Geleite. — Herr von Freund schreibt über die äußere Erscheinung Voltaire's wörtlich: „Man erstaunt,

„wenn man die Lebendigkeit dieses Greises sieht, hoch und schlank ge=
„wachsen und im Vergleich zu seinem Alter" (Voltaire zählte damals
fünfundsiebzig Jahre) „nur wenig gebeugt, schreitet er festen Schrittes
„auf seinen dünnen und langen Beinen daher. Die Nase ist groß,
„aber wohlgeformt, die braunen Augen sind trotz seines Alters, von
„einem außerordentlichen Glanz, den kleinen kahlen Kopf deckt eine
„gewaltige Perrücke. Gewöhnlich empfängt er die Fremden im Schlaf=
„rock. Dieses Mal war er angekleidet. Er trug einen pompadour=
„färbigen seidenen Rock mit Goldknöpfen und gleich einem jungen
„Manne elegante leichte Schuhe. Er spricht sich mit großer Be=
„stimmtheit aus; seine Manieren sind gewinnend und höflich, seine
„Stimme ist sanft und volltönend".

Der Einsicht in das Originalschreiben einer Zeitgenossin
Voltaire's, verdanken wir folgende, die maßlose Eitelkeit des Philo=
sophen charakterisirende Notiz. Es war nämlich die Vorstellung
von Damen, vorzugsweise jungen und schönen Frauen bei Voltaire,
von einem ganz seltsamen Gebrauche begleitet. Diese mußten im Salon
eingeführt, bei dem ersten Anblicke des Philosophen sich bewegt zeigen,
erblassen, ja selbst eine Ohnmacht fingiren! — Dann aber warf man
sich in seine Arme, stotterte oder weinte, kurz that dergleichen als ob
man sich in einem Zustande befände, der zwischen unaussprechlicher
Bewunderung — oder selbst leidenschaftlicher Liebe die Mitte bilde. —
Dies hieß die Etikette einer Frauenvorstellung bei Voltaire, und der
eitle Mann war so sehr an diese Komödie gewöhnt, daß eine gelassene
verbindliche und anständige Höflichkeitsbezeigung ihm als Impertinenz,
Frechheit oder Dummheit erschien.

Anders als bei Voltaire, war der Empfang des Grafen Er=
bach[1]) und seines Mentors bei Jean Jacques Rousseau. Während
ihres Aufenthaltes zu Lyon wollten die Reisenden auch den Verfasser
des Emil aufsuchen, dessen Stücke im dortigen Theater oft zur Auf=

---

[1]) Franz Graf Erbach-Erbach bis zur Mediatisirung, 1806, regieren=
der Herr seines Hauses, geboren 1754, gestorben am 8. März 1823, war königlich
niederländischer Generallieutenant und königlich großbritannischer und hannöverischer
Generalmajor, Großkreuz vieler Orden u. s. w. Zur Zeit seiner Reise stand er
im sechszehnten Lebensjahre.

führung kamen und der in dieser Stadt wohnte. Es gelang ihnen auch bei dem Sonderling Zutritt zu erlangen. Herr Freund bat schriftlich Rousseau eine ihm bequeme Stunde zu ihrem Empfang zu bestimmen. — „Ganz gleichgültig, jede Stunde ist gut", lautete die trockene, lakonische Antwort. — Um neun Uhr des nächsten Morgens waren beide Fremde in der Wohnung Jean Jacques. Dieser empfing sie mit den üblichen Begrüßungen, entschuldigte seinen vernachlässigten Anzug — er trug ein graues Frühcostüm und eine Mütze auf dem kahlen Kopf — und zeigte sich doch umgänglicher als die beiden Deutschen erwartet hatten. Rousseau war damals, wie ihn Herr Freund beschreibt: „von mittlerer Größe, weder dick noch mager, die Haare „waren schwärzlich, die Augen braun und lebhaft, die Augenbrauen „schwarz und schön geschwungen. Sein Gesicht war hübsch und der „Ausdruck desselben sanft und angenehm. Er war nichts weniger als „schweigsam oder trocken, wie man ihm dieses so häufig nachsagte. „Rousseau sprach vielmehr mit Lebendigkeit und zeigte sich als Welt= „mann. Er sprach über viele Dinge. Beispielsweise zog er Ver= „gleichungen zwischen Lyon und Paris und bemerkte, daß er in Lyon „verhältnißmäßig mehr begabte Leute getroffen habe, als in der Haupt= „stadt. Er bedauerte jemals componirt und Dramen gedichtet zu haben. „Diese Gabe sei ebenso undankbar, wie es bedenklich sei, der Neigung „zur dramatischen Dichtkunst nachzugeben, denn der Dichter brauche „zwischen sich und dem Publicum einen Vermittler, den Musiker oder „den Schauspieler, und jeder habe es in seiner Hand, den Autor „lächerlich zu machen. Schreibe man statt dessen ein philosophisches „oder ein Geschichtswerk, so sei der Leser selbst im Stande zu urtheilen, „ob der Autor seinen Zweck erreicht habe oder nicht. Ueber seine „Schriften sagte er, daß er über seine Ausdrucksweise nie einen Ver= „leger gehört habe. Es sei sein Glück gewesen, daß er spät zu schreiben „angefangen und zur rechten Zeit aufgehört habe. Er sei vierzig „Jahre alt gewesen, als er seine erste Schrift herausgegeben und seit „er die fünfzig Jahre erreicht habe, sei er entschlossen nicht mehr zu „schreiben. „„Daß ich die Wahrheit geschrieben"", fügte er hinzu, „„war mein ganzer Fehler"". Als er von Musik sprach belebten „sich seine Züge und alle Muskeln waren in Bewegung. Er lobte „das musikalische Gehör der Deutschen, sprach mit Wärme von den

„italienischen Melodien und mit souveräner Verachtung von der fran=
„zösischen Musik."

Der Eindruck, den Rousseau auf seine Besucher machte, war
ein außerordentlicher, und wenn er auch nicht den weltmännischen auf
sie hervorbrachte, wie der feine, höfisch gewandte Voltaire, so hatten
sie von dem philosophischen Sonderling doch immerhin noch ein
günstigeres Bild erhalten, als dessen Zeitgenossen von ihm zu entwerfen
gewohnt waren. Während der ganzen Unterredung war ein weibliches
Wesen von auffallender Häßlichkeit zugegen, nach dem stupiden und
leeren Gesichtsausdruck zu urtheilen, nur wenig begabt. Sie mischte
sich zwar nicht ins Gespräch, bewies aber ihre Theilnahme durch Nicken
des Kopfes, grinste abscheulich und bezeugte ohne Unterlaß ihren Bei=
fall zu allem, was ihr Orakel, der Philosoph verkündete. Es war
Jean Jacques' vielerwähnte Haushälterin: Therese.

―――――

Am 24. Juni 1768 um 10 Uhr Abends war die fromme
Königin Maria Leszynska aus dieser Welt geschieden. — Niemals
war ein mit dem Diadem der Majestät gekröntes Dasein öder, ver=
lassener und trauriger, als das dieser Königin! — Niemals wurde ein
edleres Herz, ein sanfteres Gemüth, eine zartfühlendere Weiblichkeit
durch so viel Kummer und Kränkung verletzt als das ihre! Alt geworden
in Schmerz und Entsagung jeder Art, hatte sie auf ihrem Golgatha
keinen andern Trost als das Kreuz, zu dessen Füßen sie ihren Leidens=
becher ohne Klage in stiller Ergebung leerte! — Die Gemalin Lud=
wigs XV. konnte daher dem Tod mit ruhiger Heiterkeit entgegenblicken;
sie konnte ihn als einen Erlöser irdischer Schmerzen bewillkommen;
denn er war für sie das endliche Ziel einer langen mühevollen Wan=
derung auf dornigen qualvollen Pfaden; — er war der sichere Hafen
eines von Orkanen auf brausender Fluth getriebenen Kahnes! — —

―――――

Wir sind in unserer historischen Wanderung bei den letzten vier
Jahren der Regierung Ludwigs XV. angelangt, und von da an geht
die alte französische, vom Cardinal Richelieu wie es schien, auf

unzerstörbaren Basen befestigte Monarchie rasch ihrer gewaltsamen Zerstörung entgegen! Das Ende der Herrschaft Ludwigs XV., den sein Volk bei seinem ersten Auftreten mit dem schönen verheißenden Beinamen des Vielgeliebten begrüßte, war ruhmlos! Der Monarch, in den entwürdigenden Fesseln einer Buhlerin der schlimmsten Sorte, bot ein trauriges Bild der in den Schlamm der Sittenlosigkeit herabgezogenen Würde des Königthums und wenn auch noch immer die äußere Gewalt erhalten blieb, war dennoch das Ansehen des Königsscepters gesunken und Frankreich begann allmälig von dem hohen, so lange im europäischen Areopag behaupteten Range herabzusteigen!

In einem der Bildnisse des jüngern Van Loo bemerken wir eine junge Schäferin, reizend und anmuthig wie Wenige; eine hohe schöne Stirne, feurige schwarze Augen mit langen Wimpern und gewölbten Brauen, eine kleine wohlgeformte Nase, ein Mund der, wollüstig geöffnet, eine Reihe der schönsten Perlen zeigt, ein längliches Oval wie die Köpfe Van Dyks, eine junonische wolgerundete Büste, eine schlanke herrliche Gestalt, blondes leicht gepudertes Haar und das Ganze überstrahlt von einem halb sinnlich halb fröhlich heiteren Ausdruck der Jugend! — Wer ist diese verführerische Frau? — „Dies ist die Gräfin du Barry", erwidert unser Begleiter — „als sie im Alter von vierundzwanzig Jahren, 1769 am Hofe von Versailles vorgestellt wurde!"

Marie Jeanne Becu Comtesse du Barry, geboren zu Vaucouleurs 1745, nach Andern 1747, war eigentlich die Tochter einer Frau Becu und eines dieser Letztern selbst Unbekannten. Erst Ladenmädchen bei einer Marchande de modes, später im berüchtigten Hause der Madame Gourdan, einer bei Hofe und in Paris unter dem Namen: „la petite Comtesse" wohlbekannten Kupplerin, wo sie ein Wüstling und Verschwender, der Vicomte Jean du Barry fand, sie durch den königlichen Kammerdiener Lebel mit Ludwig XV. bekannt machte, erhielt sie den Namen Gaumart de Vaubernier bei ihrer Heirat mit dem Grafen Wilhelm du Barry (am 1. September 1768). — Die königlichen Gerichtshöfe in der Restaurationszeit erkannten den ersteren Namen, anläßlich eines Processes mit ihren Erben, an. — Der Abbé Georgel, Secretär des Cardinal

Rohan, schreibt von ihr in seinen Memoiren, daß sie einen jungfräulichen Ausdruck (un air de vierge) hatte, man nannte sie deshalb auch l'Ange. — Hingegen der Gouverneur des Grafen Erbach, von Freund, sagt in seinen Aufzeichnungen: „Es ist eine wunderschöne Frau! Ihr Gesichtsausdruck ist der Inbegriff aller Wollust". — Sie wurde das Werkzeug einer Partei, an deren Spitze die Herzoge von La Bauguyon, Richelieu und Aiguillon standen, um das Ministerium Choiseul zu stürzen! — Trotz aller strengen Etikette, aller möglichen ihr im Wege stehenden Hindernisse, hatte die Gräfin du Barry mit Hülfe ihrer Freunde ihre feierliche Vorstellung am Hofe von Versailles durchgesetzt, zum Aergernisse aller ehrenhaften Leute. Es bildeten sich nun bald zwei feindliche Parteien, und die du Barry und ihr Anhang standen dem Herzoge von Choiseul und der Herzogin von Gramont schroff gegenüber. — So waren die Zustände am Hofe von Versailles, als Graf Esterhazy im Jänner 1770 von seiner Londoner Reise wieder in Paris eintraf.

Schon seit längerer Zeit, (um 1765), hatte der Herzog von Choiseul zuerst durch den österreichischen Botschafter Fürsten Georg Starhemberg, und als dieser als Conferenzminister 1766 nach Wien abging, durch dessen Nachfolger den Grafen Mercy[1]) mit dem

---

[1]) Florimond Claudius Graf von Mercy d'Argenteau, geboren 1722 zu Lüttich, gestorben zu London am 26. August 1794, trat sehr jung in die österreichische Diplomatie und war schon im fünfunddreißigsten Lebensjahre Gesandter in Turin, 1766 kam er als Nachfolger Starhembergs auf den Botschafterposten zu Versailles, wo er volle vierundzwanzig Jahre blieb und die höchste Achtung, sowol seiner eigenen Monarchin als des Königs von Frankreich, genoß. Wie schon oben gesagt, hatte er großen Antheil an der Vermälungsangelegenheit der Königin Marie Antoinette, und diese wurde von ihrer Mutter der Kaiserin Maria Theresia gleich bei ihrem ersten Auftreten in Frankreich an den Botschafter Grafen Mercy als väterlichen Freund und Rathgeber gewiesen. „Il faut suivre tous les conseils, sans exception qu'il vous donnera" lautet eine Stelle eines Schreibens der Kaiserin. Ja Graf Mercy hatte die besondere Aufgabe, die Kaiserin Maria Theresia über alle Schritte ihrer jugendlichen Tochter genau und insgeheim zu unterrichten, so daß weder Kaiser Joseph noch Fürst Kaunitz eine Ahnung davon hatten. Im September 1790 verließ Graf Mercy nach vierundzwanzigjähriger Anwesenheit Paris. Er begab sich nach Brüssel, machte in Verbindung mit dem Grafen la Mark und Mirabeau Versuche, das Königspaar zu retten, hatte mittelbaren Antheil an den Conferenzen von Pillnitz, überschiffte in einer wichtigen diplomatischen Mission nach England am 13. August 1794, wo er krank ankam,

Staatskanzler Fürsten Kaunitz wegen der Verlobung des Dauphins mit der Erzherzogin Marie Antoinette, jüngsten Tochter Maria Theresias, Unterhandlungen gepflogen, welche auch die Genehmigung der Kaiserin erhielten. — Diese Angelegenheit war nun zum Abschlusse gelangt. — Der Herzog von Choiseul übertrug dem Grafen Esterhazy den ehrenvollen Auftrag, das für die Erzherzogin bestimmte Porträt des Dauphins nach Wien zu überbringen und es dem dortigen französischen Botschafter, Marquis de Durfort¹) zur Ueberreichung an dessen hohe Bestimmung einzuhändigen. Dieser Diplomat erhielt gleichzeitig vom Minister die Weisung, alle jene kleineren Auszeichnungen, welche dem Ueberbringer eines solchen Auftrages angemessen waren, dem Grafen Esterhazy zukommen zu machen. In Folge dessen wurde derselbe nun auch in die kleineren vertrauteren Kreise des Hofes gezogen, namentlich bei den Cercles der jungen Erzherzogin zugelassen, zu dem damals in Frankreich sehr üblichen Spiele: Lotto-Dauphin, welches man deshalb der jungen Prinzessin lehrte. Von jener Zeit an datirt sich auch jenes gnädige Wohlwollen, welches die spätere Königin von Frankreich dem Grafen zeitlebens bewahrte und denselben mit vielen Gnadenbeweisen thatsächlich bezeugte.

Die Erzherzogin Marie Antoinette war ganz französisch erzogen worden, der Herzog von Choiseul ließ durch den Fürsten Kaunitz der Kaiserin einen detaillirten Erziehungsplan vorlegen und sandte den Abbé Vermond nach Wien, welcher der Prinzessin die französische Aussprache, sowie die französische Geschichte und Literatur in Umrissen vorzutragen hatte. — In Laxenburg war die kaum vierzehnjährige Erzherzogin an ihrem Namenstage, den 13. Juni 1769, das erste Mal öffentlich erschienen und ihre Schönheit, ihre Anmuth und Grazie hatte das Entzücken aller anwesenden Franzosen, ihrer künftigen Unterthanen, in hohem Grade erregt. — Nachdem im Laufe des Sommers der geschäftliche Theil dieser Heiratsangelegenheit

---

Niemanden mehr sehen konnte und nach wenigen Tagen starb. Er war Ritter des goldenen Vließes. Näheres siehe Correspondance entre le comte Mirabeau et le comte de la Mark par Barcourt t. I. Paris 1851, gr. 8⁰, p. 282—292.

¹) Marquis von Durfort, später Herzog von Civrac, war von 1766 bis 1770 französischer Botschafter in Wien, warb daselbst um die Hand Marie Antoinettens und begleitete sie nach Frankreich.

geordnet worden war, wurde die Vermälungsfeier nach Ostern 1770 bestimmt. Eine Reihe von Festen, Bällen, Concerten, Tableaux und Soiréen wurden im Winter 1770 vom Hofe in den Räumen der Kaiserburg in den Sälen des Belvederes und auch von dem französischen Botschafter veranstaltet, welche alle den Zweck hatten, die junge Prinzessin, die bis dahin nur im engern kaiserlichen Familienkreise gelebt hatte, an große Gesellschaften zu gewöhnen. — Eines der prachtvollsten Feste war jenes des Marquis de Durfort im Liechtensteinischen Garten in der Rossau. — Mit Fichten- und Tannenbäumchen war der ganze Weg aus der Stadt bis dahin besetzt; vier große Pyramiden standen in der Mitte und diese waren mit Gemälden, Inschriften und Tausenden von Lämpchen geziert. — Die Bilder stellten einen Hymen vor, welcher dem Dauphin die Weisung ertheilt, sich mit der Göttin der Schönheit zu vermälen; eine gefesselte Figur, welche das ewige Bündniß zwischen Oesterreich und Frankreich versinnlichen sollte; die Vereinigung der Seine mit der Donau, und endlich Amor und Hymen, welche die Dauphine nach Frankreich entführten. Das Palais war mit Blumen und Festons geschmückt, der Garten prächtig beleuchtet. Die Menge der Gäste betrug mehr als sechszehnhundert; die Zahl der Diener achthundert. In den Zelten wurde getanzt und vor dem Garten Brot und Fleisch unter das Volk vertheilt. — An allen diesen Festen hatte Graf Valentin Esterhazy lebhaften Antheil und war zu allen Quadrillen der Erzherzogin berufen worden.

Nachdem am 16. April die Verlobung dieser Prinzessin in feierlicher Weise stattgefunden hatte, nahm sie am 21. Abschied von ihrer großen Mutter Maria Theresia, von ihrem lieben Wien und Schönbrunn, welche sie alle niemals wiedersehen sollte und fuhr, von einem glänzenden Wagenzuge gefolgt, aus der kaiserlichen Hofburg über den Graben, durch die Kärntnerstraße in die Vorstadt Mariahilf und auf der alten Reichsstraße bis Kloster Mölk, wo Kaiser Joseph seine Schwester erwartete. — In dem Gefolge der Erzherzogin, welches diese bis zur französischen Grenze nach Straßburg begleitete, fungirten: Fürst Georg Adam Starhemberg,[1] der 1765 die ersten Unter-

---

[1] Fürst Starhemberg erhielt einige Jahre später von der Königin Marie Antoinette ihr, in Lebensgröße von einem der ersten Künstler jener Zeit

handlungen dieser Angelegenheit zwischen dem Fürsten Kaunitz und dem Herzoge von Choiseul geführt hatte, als kaiserlicher Commissär, Graf Anton Schaffgotsche[1]) als dessen Stellvertreter, die Obersthofmeisterin Gräfin Lerchenfeld,[2]) vier Hofdamen und vier Kämmerer.

Graf Esterhazy sah in diesem feierlichen Zuge seine künftige Königin nach Frankreich abreisen, von einem scheinbar gnädigen Schicksale bestimmt, eines der schönsten Diademe zu tragen und die Zierde eines der ersten Throne Europas zu werden! — Wie weit entfernt mochten wol seine Gedanken von der Vorstellung sein, daß in jenem Lande die hoheitsvolle, anmuthige Tochter der Cäsaren, einem grauenvollen Martyrthume entgegenschreiten und ihr Ende auf einem Schaffote finden werde!

Von Wien aus begleitete der Graf seine Tante, die verwitwete Fürstin Esterhazy in die Bäder von Spaa, nachdem ihnen noch vor ihrer Abreise die Nachricht zugekommen war, von dem bekannten Unglücke bei der Vermälungsfeier in Paris, wo man es gleich als ein böses Vorzeichen ansah, daß aus Anlaß eines prächtigen Feuerwerkes, welches man Abends dem Brautpaare zu Ehren abbrannte, ein schreckliches Volksgedränge entstand, in welchem Wagen sammt den Rossen

---

gemaltes Bildniß, das im fürstlich Starhembergischen Schlosse zu Efferding hängt. — Die Königin ist darauf in lichtblauer, von Perlen und Edelsteinen reich besetzter Robe, auf einer Terrasse der Gartenseite von Versailles dargestellt, die eine Hand auf einen Tisch gestützt, wo ein Globus und mehrere Meßinstrumente sich befinden. Die Attribute des Königthums, der Mantel mit goldenen Lilien, Scepter und Krone sind auf dem Porträt angebracht, in dessem Hintergrunde ein Garten sichtbar ist. — Ich schreibe diese Zeilen nur aus der Erinnerung, nachdem ich fast seit einem Decennium das Bild nicht mehr gesehen; als Knabe hatte ich oft in jenem großen Saale vor dem Bilde gespielt, so daß es zu einer meiner frühesten Kindererinnerungen gehört und mit beitrug, lebhaftes Interesse und Theilnahme für jene unglückliche Fürstin zu wecken, deren Andenken ich in Paris und Versailles mit Pietät cultivirte.

[1]) Anton Gotthard Graf Schaffgotsche, geboren zu Breslau 1721, gestorben zu Wien 1811 im neunzigsten Lebensjahre, war Begleiter von drei Töchtern der Kaiserin Maria Theresia, welche sich an auswärtige Fürsten vermälten, zuletzt wohnte er als Obersthofmarschall noch der Hochzeitsfeier der Erzherzogin Maria Louise, 1810, bei und erhielt von Napoleon das Großkreuz der Ehrenlegion. Er war Toisonist und Großkreuz des Leopold-Ordens.

[2]) Marie Walpurga Gräfin Lerchenfeld, geborne Gräfin Trauttmansdorff, geboren 1711, gestorben 1770.

umgeworfen und 137 Menschen erdrückt und zertreten wurden.[1] — Die Reise der Fürstin Esterhazy ging über Nancy, Pont à Mousson, Metz und Luxemburg auf elenden Wegen und schlechten Nachtherbergen vor sich; war sie schon durch die damals beschwerlichen Communicationen sehr verlängert, so wurde sie durch die Besorgnisse der Fürstin vor Räuber und Diebsgesindel, welche allerdings zu jener Zeit die Poststraßen in vielen Gegenden unsicher machten, noch verzögert, da dieselbe nur in kurzen Tagreisen vor sich ging und die Fürstin, eine sehr fromme Frau, gewöhnt täglich die heilige Messe zu hören, aus diesem Grunde immer erst spät aufbrechen konnte. Von Spaa, wohin sich Graf Esterhazy seine Reitpferde kommen ließ, machte er häufig weitere Ritte über die romantischen Waldpfade der Ardennen, zu seinem Regimente nach Stenai.

Im Herbste 1770 wurde derselbe mit einem Detachement von 300 Hußaren zu den bei Metz stattfindenden Manövern beordert und erhielt die officielle Nachricht, daß ihm das Ludwigskreuz verliehen und diese Decoration bereits an den Commandanten von Stenai überschickt worden sei, der mit der bezüglichen Aufnahmsfeierlichkeit beauftragt wäre. Eine so hohe und werthvolle Auszeichnung die Verleihung dieses Militärordens auch war, so galt dies in der französischen Armee nur am Schlachtfelde und in den Chargen vom Obersten abwärts als solche. In den höheren Graden hatte diese Ordensverleihung viel an ihrem Werthe verloren, da sie allzu häufig an Generäle und Oberste gegeben wurde. Was einst dem jungen Capitän ein Ziel des Ehrgeizes gewesen, war es nicht mehr für den Brigadier, der diese Auszeichnung nun mit Vielen und ohne besondere Veranlassung theilte. Esterhazy wollte daher noch die Beendigung der Manövers abwarten, ehe er sich zur Aufnahmsfeierlichkeit nach Stenai begab. Doch der eben anwesende Marschall d'Armentieres, einer seiner Gönner aus dem siebenjährigen Kriege, meinte, daß man gerade in höheren Chargen sich den Anschein geben müsse, durch diese Auszeichnung mehr geschmeichelt zu sein, als es eben wirklich der Fall wäre, und so benutzte

---

[1] Dies unglückliche Ereigniß hatte am Platze Louis XV. statt, wo dreiundzwanzig Jahre später die Guillotine stand, und am heutigen Place de la Concorde sich der Obelisk von Luxor erhebt.

denn der neue Ludwigsritter einige Rasttage, um nach Stenai zu gehen und sich von dem dortigen Stadtcommandanten General Mezera mit dem üblichen Ceremoniel in den Orden aufnehmen zu lassen. — Nach dem Schlusse der militärischen Uebungen bei Metz marschirte Graf Esterhazy mit seinen Hußaren wieder nach Stenai und von dort in eine neue Dislocation nach Verdun. Im Spätherbste besuchte er seinen väterlichen Freund Grafen du Châtelet in Cirey, wohin sich dieser von London begeben hatte, da er auf erneutes Ansuchen seine Zurückberufung vom dortigen Botschafterposten endlich erreicht hatte und daselbst durch den Grafen, späteren Herzog von Guines,¹) ersetzt worden war. Du Châtelet hatte den nahenden Sturm wohl vorhergesehen, der seinen Freund Choiseul bedrohte und wollte diesem zuvorkommen, auch hatte er sich nicht getäuscht. — Der Einfluß der du Barry, unterstützt durch ihre Freunde, war fortwährend im Steigen — und die königliche Maitresse hatte ihr lange angestrebtes Ziel erreicht, als in den letzten Septembertagen 1770 der Herzog von Choiseul durch königliche Ordre seines Amtes enthoben und nach seinem Landsitz Chanteloup verwiesen wurde, sowie dessen Vetter der Herzog von Praslin nach Praslin. Das glänzende Genie, der kühne Geist Choiseuls²) war gegen eine verächtliche Klippe gescheitert. Er hatte das Entgegenkommen der Favorite mit edlem

---

¹) Der Graf, spätere Herzog von Guines, wurde nach und nach Oberst der Grenadiere von Frankreich, Botschafter in Berlin und London, wo man ihn „den Stolzen" nannte. Am preußischen Hofe gehörte er zu dem vertraulichen Kreise Friedrich des Großen in Sanssouci, mit dem er häufig Musik machte, da beide mit Virtuosität die Flöte bliesen. In Versailles gehörte Guines zu den glänzendsten und liebenswürdigsten Höflingen; seine ganze Erscheinung zeigte einen besonderen Geschmack in Coiffure und Kleidung, aber er war auch ein Mann von vielem Geiste; er hatte ein hübsches Erzählertalent, einen ebenso feinen und pikanten als satyrischen Conversationston; und verstand es in hohem Grade die Kunst, mit einem unerschütterlichen Ernste, Alles zu persifliren.

²) Etienne François Duc de Choiseul-Stainville, geboren 1719, hatte das Portefeuille des Ministeriums des Aeußern mit jenem des Krieges vereint. Er war einer der Begründer der österreichisch-französischen Allianz und stets ein treuer Anhänger derselben. — Die Kaiserin Maria Theresia, an deren Hof er einige Zeit als Botschafter fungirte, schätzte ihn hoch; Kaunitz, Starhemberg und Mercy gehörten zu seinen Freunden. Er starb am 9. Mai 1785. In seinem Testamente berechnete er sein Vermögen auf vierzehn Millionen, davon aber seine Schulden zehn betrugen.

Stolze und Nichtachtung beantwortet und sie hatte sich durch seine
Verbannung gerächt. Aber die allgemeine Stimme und die Achtung
der ganzen französischen Nation tröstete ihn darüber und bildete einen
förmlichen Hof im Schlosse des in Ungnade entlassenen Ministers.
Mit staunender Ueberraschung sah sich der König fast vereinsamt im
Boudoir der Gräfin du Barry und alle großen Herren, alle Damen
von Bedeutung und Ansehen, welche ihn bisher mit ihren Huldigungen
umgeben hatten, wie durch eine merkwürdige Metamorphose plötzlich
zu Höflingen der Ungnade und des Unglücks werden. Eine ganze
Colonne zog gegen Chanteloup und dieser Zug stellt das Monument
einer neuen Fronde dar! — Paris war in zwei feindliche Lager getheilt, das eine der Freunde und Anhänger Choiseuls, das andere
jener der du Barry, der Herzoge von Condé, Richelieu, la Vau-
guyon, Aiguillon und aller Jener, die sich der neu aufsteigenden
Sonne zuwandten. „Aber was ziemlich seltsam war", schreibt Graf
Esterhazy in seinen Aufzeichnungen, „daß die Anhänger Choiseuls den
Vortheil der allgemeinen Stimme für sich hatten; die in Frankreich
mehr als irgendwo mächtige Herrscherin, die Mode, hatte sich für denselben erklärt; sie nahmen sich das Recht, den Hof ohne Scheu laut
zu tadeln und ihre Mißstimmung gegen den König in keiner Weise
zu verhehlen, beharrlich über die Minister mit Mißachtung zu spotten,
und vielleicht datirt von jener Epoche", meint unser Gewährsmann,
„der Beginn des Unglückes von Frankreich. Zu jeder Zeit hat es
am Hofe Frondeurs gegeben, der Hof und die Minister wurden von
jeher in Frankreich besungen, Tadel, Spottlieder und Schmähschriften
mußten aber im Verborgenen bleiben oder sie wurden scharf gestraft;
in dieser Zeit aber, rechnete man es sich allgemein als Verdienst,
dem Hofe zu trotzen und von dem Augenblicke an, als der Minister
Jemanden, der sich die Erlaubniß erbat, nach Chanteloup gehen zu
dürfen, die Antwort ertheilte, diese Bitte würde dem Könige mißfallen,
so machten es sich Alle, welche nur immer den Herzog, sei es auch
sehr wenig, kannten, zu einer Art Ehrensache, diese Erlaubniß anzusuchen, welche, war es aus Güte oder aus Schwäche, gewährt
wurde. Selbst in nächster Nähe des Königs angestellte Persönlichkeiten
die von dem Monarchen ungemein gnädig, ja mit besonderer Auszeichnung behandelt wurden, waren die Ersten darum zu bitten und

die Erlaubniß zu erhalten. Jene endlich, denen sie abgeschlagen wurde, gingen nicht mehr nach Hof und lebten unter sich."

Das Portefeuille des Auswärtigen erhielt der Freund und Verehrer der du Barry, der Herzog von Aiguillon und jenes des Krieges der Generallieutenant Marquis de Montehnard.

Armand Vignerol Duplessis Richelieu Duc d'Aiguillon, geboren 1720 und 1782 gestorben, war Neffe des Marschalls Richelieu. Er galt als ein Mann von Talent, war aber als Charakter nicht geachtet und wird als intriguant und rachsüchtig geschildert. Als Graf von Agenois wurde er von der damaligen Maitresse Ludwigs XV., der Herzogin von Chateauroux geliebt und deßhalb zur Armee nach Italien geschickt. Als Commandirender in der Bretagne, war es seinen Truppen gelungen, 1758, eine Landung der Briten bei St. Cast zurückzuschlagen, da er selbst, wie sein eigener Oheim, der Marschall Richelieu in seinen Memoiren erwähnt, sich während des Kampfes in eine Mühle verkrochen hatte. Die Soldaten sagten bei dieser Gelegenheit: „Si notre général ne s'est pas couvert de gloire; il s'est du moin couvert de farine". Er hatte die Achtung seiner Truppe, wie begreiflich, verloren, später gerieth er mit dem Parlament der Bretagne in ärgerlichen Streit, der sich mit seiner Entsetzung zu enden schien. Doch ein königlicher Machtspruch, durch die du Barry erschlichen, schlug die Sache nieder, denn er sollte sogar der Pairie entsetzt werden. — Da wurde er noch zum Ueberfluß Nachfolger Choiseuls. Unter ihm verlor Frankreich seinen auswärtigen Einfluß, so daß die Theilung Polens 1772 vor sich ging, ohne daß man in Paris davon wußte. Er war ein Gegner der österreichischen Allianz. — Einer der ersten Regierungsacte Ludwig XVI. war die Exilirung dieses Ministers, dessen Sohn später in der Revolution bei mehreren Gelegenheiten gegen das Königthum stimmte.

Der neue Kriegsminister Generallieutenant Marquis de Montehnard, war ein alter Soldat; mit Reductionen und Reformen in der Armee beauftragt, machte er sich bei dieser nicht sehr beliebt, es gelang ihm aber die Ausgaben seines Departements um 27 Millionen zu vermindern. — 2700 Officiere wurden in Folge dessen überzählig oder wie es hieß réformés. — Eine seiner Ordonanzen war auch und wol mit allem Recht, gegen das öffentliche Auftreten der Officiere auf der Bühne, gerichtet. In den kleinen Garnisonsstädtchen war zu jener Zeit das Komödienspiel in bürgerlichen Familien sehr üblich und die Officiere spielten mit den Actricen auf kleinen, auf ihre Kosten hergestellten Bühnen, was zu vielen Unziemlichkeiten und Unordnungen führte und daher auf das strengste verboten werden mußte. — Eine andere, weniger nützliche Reform dieses Kriegsministers war, den Einfluß der Regimentschefs und Obersten, welche alle dem Herzoge von Choiseul sehr ergeben waren, abzuschwächen und in jedem Regimente kleine Republiken zu bilden. Durch diese Maßregel wollte er sich bei den Capitäns und den niederen Officieren Popularität verschaffen, den höheren dagegen einen bösen Streich spielen. Er gewährte nämlich den Compagniechefs Theil an der Administration des Regimentes und gestand ihnen jene Ersparnisse zu, welche im Interesse des Allgemeinen an die Regimentscassa abgeführt wurden. — Diese Reformen wurden im Winter, wo die Obersten gewöhnlich von ihrem Regimente abwesend waren, herausgegeben, da Monteynard, wie unser Gewährsmann meint, deren Einfluß befürchtete; auch sagt dieser, daß die meisten Ersparnisse des neuen Kriegsministers auf Kosten der militärischen Ausbildung, des guten Standes der Truppe und zum Nachtheile des großen militärischen Ganzen erzielt worden wären.

Dem Grafen Esterhazy, der dem Herzoge von Choiseul aus persönlicher Verehrung sehr ergeben war und sich diesem durch mehrmals von ihm erhaltene thatsächliche Beweise des Wohlwollens, zu inniger Dankbarkeit verpflichtet fühlte, bereitete der Sturz dieses Ministers wahren Kummer und der Hof von Versailles kam ihm nun ganz fremdartig vor. — Selten zeigte er sich dort und dies nur hauptsächlich darum, um der Dauphine, die ihn stets mit großer Güte und Auszeichnung behandelte, seine Ehrfurcht bezeugen zu können. Im Spätherbste 1771 erbat auch er sich, um seinem einstigen Gönner anhängliche Erkenntlichkeit zu beweisen, die Erlaubniß zu einem längeren Besuche in Chanteloup. Der Kriegsminister mußte sie ihm geben, bemerkte aber: „Sie können gehen! Doch wird dies dem Könige mißfallen". — Im December 1771 reiste der Graf nach Chanteloup ab und verbrachte in angenehmster Weise zwei Monate daselbst.

Die Aufenthalte im Schlosse Choiseuls gehörten zu den reizendsten Landsejours, die man sich nur denken konnte! — Man genoß dort der größten Ungezwungenheit und Freiheit sich zu bewegen und zu beschäftigen. Alles trug daselbst das Gepräge großer Pracht und Bequemlichkeit. Der ebenso liebenswürdige als gelehrte Abbé Barthélemy, eine gefeierte Größe seines Jahrhunderts,[1]) stand der dortigen Bibliothek vor, die in gleicher Weise großartig und vorzüglich gewählt war. Der Abbé gefiel sich darin, Geschmack und Richtung der Leser leiten zu wollen, er bezeichnete, was sie eindringlicher studiren und was sie nur durchblättern sollten, mit dem gewiß sehr richtigen Bemerken, man möge über eine und dieselbe Sache mehrere Autoren lesen, man gewinne dadurch verschiedene Standpunkte und behielte zugleich Alles weit besser im Gedächtnisse. — Mit so vielen Hilfs= quellen des Studiums oder der Lecture, hatte man auch die nöthige Zeit sich unterrichten zu können. — Die Tagesordnung in Chanteloup war äußerst zweckmäßig und bequem für die Gäste. In den Früh= und Vormittagsstunden sah sich die Gesellschaft nicht und kam erst um halb drei Uhr Nachmittags im Morgenanzuge zusammen, so= dann wurde ein Diner eingenommen, das aber mit dem bescheidenen Namen eines Dejeuners benannt wurde, welches stets durch die interessantesten Gespräche geistvoll gewürzt, voll attischen Salzes war. Gewöhnlich führte der Hausherr, bekanntlich einer der liebenswürdigsten und gebildetsten Männer seiner Zeit, die Conversation oder bestritt deren geistige Kosten. Diese Art Unterhaltung dauerte bis zum Augen= blicke, da man die Lichter brachte, was für die Gäste das Zeichen war, sich auf ihr Zimmer zurückzuziehen; es konnte sich nun Jeder be= schäftigen wie es ihm beliebte. Um halb zehn Uhr Abends begab man sich, sorgfältig frisirt und in einem eigenen Staatskleide, welches man die Uniform von Chanteloup nannte (ein grüner Rock mit gold= gestickten Brandenbourgs)[2]) zu einem ganz vorzüglich feinen Souper

[1]) Jean Jacques Barthélemy, geboren 1716 zu Cassis bei Aubagne in der Provence; er hatte in Marseille studirt, wurde 1744 Aufseher des königs= lichen Münzcabinetes, begleitete 1748 den Herzog von Choiseul auf dessen Ge= sandtschaftsposten nach Rom, durchwanderte bis 1757 ganz Italien und lebte nach seiner Rückkehr in Frankreich ganz seinen Studien. Er war ein vielseitiger Ge= lehrter, Archäolog, Numismatiker, Literat und sehr geschätzter Schriftsteller. Beim Ausbruche der Revolution wurde er als Aristokrat verhaftet, jedoch bald wieder in Freiheit gesetzt; er starb zu Paris am 30. April 1795.

[2]) Brandenbourgs waren Besätze von Schnüren oder Borten, ähnlich den an der Hußarenuniform angebrachten.

mit köstlichen Weinen. — Nach diesem setzte man sich zum Spiele, das in einer kleinen Pharaobank bestand; um Mitternacht kam die Post; die officielle Zeitung und die Journale brachten Neuigkeiten aus der Hauptstadt; die bemerkenswertheren wurden laut vorgelesen und gaben dem allgemeinen Gespräche neue Nahrung. — Die Herzogin von Gramont liebte es, sich sehr spät zur Ruhe zu begeben, man konnte also wachen, so lange man wollte, doch blieb es auch Jedem unbenommen, sich früher zu entfernen. — Wollte Jemand im Laufe des Tages Reitpferde oder Wägen, so brauchte er es blos dem Haushofmeister zu befehlen; ja es gab sogar eine kleine mit Rehen bespannte Equipage für besondere Jagdfreunde. Zu all' diesem ein großes, imposantes Schloß, vortrefflich mit dem größten Comfort ausgestattete Appartements und man hätte gerne sein ganzes Leben dort zubringen mögen, wenn es Anstand und Schicklichkeit erlaubt hätte. Es begreift sich, daß bei einem solchen Aufwande und luxuriöser Gastfreundschaft, selbst die vierzehn Millionen Vermögen des Herzogs von Choiseul nicht ausreichten und sich dessen Schulden an zehn Millionen beliefen!

Nach Lichtmeß 1772 kamen so viele Besuche aus Paris, daß Graf Esterhazy, ungeachtet der liebenswürdigsten Aufforderungen zum Bleiben, es schicklich fand wieder in die Hauptstadt zurückzukehren; nach einem kurzen Aufenthalte daselbst, begab er sich zu einem Besuche seiner Mutter nach Vigan. Dort erkrankte er in bedenklicher Weise, spuckte Blut und bedurfte großer Schonung. Kaum wieder genesen, erhielt er ein Schreiben des Generals Chabot, dessen Inhalt nicht darnach war, seine Besserung zu befördern. — Der General forderte den Grafen auf, so bald als nur immer möglich, nach Paris zu kommen, um einen bösen Streich des Kriegsministers Monteynard von sich abzuwehren, da dieser Esterhazy's Hußaren-Regiment auflösen wolle und überhaupt alle Anhänger Choiseuls mit Haß und kleinlicher Bosheit verfolge; daß er so eben auch die Grenadiere des Grafen Stainville (Bruder Choiseuls) reducirt habe und diesem selbst die Stelle eines Generalobersten der Schweizer Truppen, sowie dem Abbé Barthélemy jene eines Generalsecretärs unter dem Vorwande großer Ersparnisse habe wegnehmen lassen. — General Chabot fügte hinzu, daß er selbst bei dem Minister gewesen und seine ganze

Beredtsamkeit zu Esterhazy's Gunsten aufgeboten, aber den Marquis Monteynard ganz unbeugsam gefunden habe, der die Unterredung mit den Worten schloß: „Was hatte er denn auch nach Chanteloup zu gehen". — Alle diese Nachrichten betrübten den Grafen, der zu einer größeren Reise auf schlechten Wegen sich noch zu schwach fühlte und auch mit Recht besorgte, bei den damaligen elenden Communicationsmitteln überdies zu spät zu kommen. Er entschloß sich daher unter solchen Umständen, in Vigan zu bleiben und sein Schicksal walten zu lassen; er vertraute seinen Sternen! — wol aber schrieb er an den altbewährten Freund Grafen du Châtelet und bat ihn, er möge sehen, was in der Angelegenheit, falls sie nicht bereits entschieden wäre, noch zu seinen Gunsten zu thun sei. — Dieser seltene, wahre Freund hatte aber, als er von dem Projecte des Kriegsministers unterrichtet worden war, nicht erst einen Brief Esterhazy's abgewartet, sondern nach eigener Eingebung rasch gehandelt. Er ging sogleich selbst zu Monteynard und führte mit aller Wärme der Freundschaft die Vertheidigung der Angelegenheit des Abwesenden, er berief sich auf jene Opfer, die dieser einst in Wien gebracht und für welche ihn eben das Regiment hätte entschädigen sollen, aber Nichts hatte diesen kleinlichen rachgierigen Mann erweicht, der fest bei seinem Vorhaben verharrte. Auf dieses hin erbat sich Graf du Châtelet eine Audienz bei der Dauphine und unterrichtete sie von der ganze Sache; diese berathschlagte sich sogleich mit dem Dauphin und Beide ließen den General Monteynard zu sich rufen und sprachen zu diesem so lebhaft und eindringend, daß er von seinem Plane abzustehen und die Erhaltung des Hußaren-Regimentes Esterhazy zu versprechen genöthigt war. — Dieses theilte du Châtelet seinem jungen Freunde in allen Einzelnheiten mit, der dieses Schreiben in dem Augenblicke erhielt, als sein eigenes an den Grafen gerade abgegangen war. — Selten hatte wol ein Freund dem andern unaufgefordert so vortreffliche Dienste geleistet, als du Châtelet, der Esterhazy übrigens auch den Rath gab, möglichst schnell nach Versailles zu kommen, um der Dauphine seinen Dank zu Füßen zu legen, sich aber auch bei Hofe zu zeigen, welch' freundschaftlichen Wink dieser sogleich befolgte.

In Paris angekommen, eilte er nach Versailles, wurde von der Dauphine und dem Dauphin überaus gnädig empfangen; der

Kriegsminister schnitt ihm Gesichter, der König begrüßte ihn im Cercle ohne Bemerkung und die Gräfin du Barry, bei der er über den Rath seiner Freunde vorsprach, nahm seinen Besuch nicht an. Von Paris begab sich Graf Esterhazy zu seinem Regimente, das inzwischen die Garnison Verdun mit jener von Saarburg vertauscht hatte. Zu seiner Verzweiflung fand der Regimentschef bei seiner Truppe die militärische Republik schon eingebürgert. Er konnte nichts mehr befehlen, was mit der Administration und der Oekonomie nur im geringsten Zusammenhange stand, ohne erst die Capitäne zu versammeln und sich mit ihnen zu berathen; man konnte keine größere Uebung ausführen, wegen Ermüdung und Abhetzung der Pferde, Abnützung von Montur und Rüstungssorten, sowie Armatur. Jeden Augenblick wurden sogleich neue Gegenvorstellungen erhoben, die Ausführung eines gegebenen Befehles wurde so lange hinausgeschoben bis die Capitäne ihr Gutachten abgegeben oder etwaige kritische Bemerkungen gemacht hatten. Zwei unzufriedene Köpfe, die Capitäne Doullembourg und Barillierre verleiteten die Uebrigen zur Opposition, die theils aus Schwäche ihnen nachgaben, theils in der Hoffnung mehr Geld bei der Vertheilung zu erhalten. Da gab es denn zwischen dem Obersten und den Compagniechefs fortwährende Anstände, bald wegen der Musik, die man zu kostspielig fand, bald wegen einer schon seit vier Jahren bestehenden Adjustirungseinführung, in Folge deren jeder Hußar zwei complete Uniformen zum Gebrauche hatte, und dergleichen mehr. — In diesem Jahre gab man den Hußaren-Regimentern ihre Standarten wieder, die man vor einigen Jahren hatte deponiren lassen, darüber herrschte bei dieser Truppe großer Jubel. Die vier Regimenter dieser Waffe [1]) waren nicht weit auseinander bequartiert; deren Chefs und Oberste kamen daher häufig zusammen, klagten sich ihr Leid und trachteten alle diese Unannehmlichkeiten zeitweise im heiteren Mahle bei dem Klange gefüllter Becher zu vergessen. — Am meisten von ihnen hatte Esterhazy zu leiden, da ihn der Minister wegen seiner Anhänglichkeit an Choiseul haßte.

---

[1]) 1772 bestanden vier Hußaren-Regimenter in der französischen Armee nach ihren Errichtungsjahren 1720 Berchény, 1734 Turpin (ehemals Esterhazy), 1756 Royal Nassau und 1764 Esterhazy.

Die Capitäne glaubten deshalb des Kriegsministers Gunst zu erwerben, wenn sie ihrem Regimentschef, wo sie nur konnten, Verdruß und Hindernisse bereiteten. — Abermals wechselte das Regiment Esterhazy seine Garnison und kam nun nach Joinville und drei anderen Ortschaften in der Champagne und zwar in nächster Nähe von du Châtelets Landsitze Cirey. Nachdem der Proprietär dasselbe in die neuen Quartiere untergebracht hatte, ging er mit Urlaub nach Wien, von wo derselbe in Gesellschaft des Herzogs von Braganza¹) eine Rundreise durch Oberungarn unternahm, über Ofen, Pest, Erlau, Kaschau und von dort über die Bergstädte, Schemnitz, Tyrnau und Preßburg wieder zurück. — Im Mai 1773 begab sich Graf Esterhazy nach Paris, um sich daselbst die Instructionen für die Sommerübungen seines Regimentes abzuholen. Der Empfang des Kriegsministers war sehr kalt. Hier erfuhr er, daß der Capitän de la Barillierre seines Regimentes, einer der Hauptraisonneure und Leiter der Opposition gegen seinen Chef, in der Abtei²) (im Schuldenarrest) sitze. Graf Esterhazy sandte ihm die fragliche nicht sehr hohe Summe, mit dem Bemerken, daß, obwol er alles Ueble wohl kenne, was er ihm im vorigen Sommer habe anthun wollen, ihn jetzt aber in Verlegenheit wisse, so wäre es ihm ein Vergnügen, dem Capitän diesen Dienst erweisen zu können, denn dies wäre seine Art und Weise sich an jenen zu rächen, welche ihm schaden wollen. Barillierre antwortete mit einem Dankschreiben und bestimmte einen Rückzahlungstermin, den er auch pünktlich einhielt. Aus dem Arreste entlassen, wollte sich der Capitän persönlich bedanken, wurde aber von seinem Obersten nicht empfangen, kam schriftlich um seinen Abschied ein, der ihm kurz nachher auch gewährt wurde. — Im Sommer 1773 wurde dem General Grafen Chamboraut, der damals zugleich Oberststallmeister des Prinzen von Condé war, die

---

¹) Johann von Braganza, Herzog von Lafoens, geboren 1719, diente als Freiwilliger während des siebenjährigen Krieges in der österreichischen Armee und lebte längere Zeit in Wien, 1777 kehrte er nach Portugal zurück und wurde dort der Gründer und Präsident der Akademie der Wissenschaften. Er starb 1806.

²) Die Abtei war ein ehemaliges Kloster in Paris, welches als Schuldenarrest benützt wurde und in der Abtei sitzen mit Schuldenhaft ein gleichbedeutender populärer Ausdruck.

Generalinspection der Hußaren-Regimenter, welche ihm der Herzog von Choiseul abgenommen hatte, wieder zurückgegeben und er kam demgemäß im Juni Esterhazy's Regiment zu visitiren. Mit vielen Phrasen sagte der General, daß er gar wohl wisse, wie sehr der Regimentschef auf das gute Aussehen seiner Truppe halte, was gewiß auch sehr lobenswerth sei, aber daß sich die Capitäne wegen der vielen Auslagen, die mit diesem äußeren Glanze verbunden wären, beim Minister beschwert hätten und daß dieser in seinen Bureaux die kriegsministerielle Bewilligung zu den gemachten Einführungen nicht gefunden habe. Demgemäß sei er strengstens beordert, rücksichtslos auf etwaige frühere Einführungen vorzugehen und die Auszahlung der Gage und aller anderen Gebühren an den Regimentschef in so lange zu sistiren, bis die Kosten aller eigenmächtigen Einführungen, die in keinem Falle bewilligt würden, wieder eingebracht wären. Graf Esterhazy erwiderte, daß er die bedeutende Summe von 21.700 Livres an Ersparnissen, in die Kriegscasse zu Châlons abgeführt habe und ob der Minister nicht zufrieden wäre, daß jeder Hußar zwei complete Uniformen, deren eine ganz neu sei, besitze; es hätte ihm vollkommen gerechtfertigt erschienen, in Rücksicht der gemachten übrigen Ersparnisse, diese Einführung anzubefehlen, doch würde er über eine derartige Geldangelegenheit kein Wort weiter verlieren, sondern es wäre nur die Art und Weise des Vorganges, über die er sich beschwere, aber er sei weit entfernt von Seite des Herrn Monteynard einen Act der Gerechtigkeit zu erwarten und daß dessen Befehle jedenfalls genau befolgt werden würden. — Chamborant sagte, er wolle seine Gegenvorstellungen machen, doch versicherte ihn Graf Esterhazy, er könne sich diese Mühe vollkommen ersparen und es sei zu hoffen, daß ohnedies dieser Minister nächstens weggejagt würde, in welchem Falle er sich selbst an dessen Nachfolger wenden wolle. Generallieutenant Monteynard war nämlich damals mit dem Chef des Cabinets, dem Herzoge von Aiguillon, welcher, wie seiner Zeit Choiseul, das Portefeuille des Kriegsministers mit jenem des Auswärtigen vereinen wollte, entzweit und die Gräfin du Barry lachte über Monteynard, den sie stets: „den kleinen Bleichen" nannte, weil er ein Roué mit blassen Wangen und weißen Haaren war oder aller Wahrscheinlichkeit nach als solcher zu erscheinen die Prätension hatte.

Graf Esterhazy deckte sogleich aus Eigenem die Kosten seiner beanständeten Einführungen, so daß bei der im September vorgenommenen abermaligen Revue, diese administrative Angelegenheit längst geordnet war. Im Uebrigen sah es aber mit den militärisch=republikanischen Oekonomiereformen Monteynards, diesem Handstreich gegen das Pouvoir der Regimentschefs, im Allgemeinen sehr schlecht aus, denn die Regimenter waren dadurch zu reinen Pachthöfen herabgesunken und da die Ersparnisse, statt im Ganzen verwendet zu werden, gleichmäßig unter die einzelnen Compagniecommandanten vertheilt werden mußten, beklagten sich die guten Wirthe über jene, die es nicht waren und als Resultat ergab sich, daß die Regimenter nicht mehr vollzählig waren, überdies schlecht gekleidet, schmutzig adjustirt, die Pferde mangelhaft genährt, um einen Theil der Fourage in die Tasche zu stecken; daß man nicht manöveriren, kaum etwas schärfer exerciren durfte, um ja die abgemagerten Pferde nicht noch mehr herunterzubringen oder Rüstzeug, Montur und Armatur abzunützen. Ungeachtet aller dieser Dienstes=chicanen ließ sich Esterhazy nicht beirren und ging nun in Allem mit verschärfter Strenge vor, keine Saumseligkeit ließ er mehr durchgehen; stand ein Pferd um, so mußte es augenblicklich gemeldet werden, damit der betreffende Compagniechef keinen Profit an der Fourage machen könne; täglich ließ der Regimentschef en parade ausrücken, häufig auch in regnerischer Zeit, er begab sich selbst in die Stallungen und ließ sich bei jedem Pferde die Haferportion abmessen, um sicher zu sein, daß man nicht die gute Qualität gegen schlechte und wohlfeilere vertausche. Auf diese Art wurde eine Summe von 6000 Livres an Fouragegeldern zurückgelegt, die der Regimentschef sogleich an die Kriegscasse von Châlons abführen ließ, mit dem Bemerken, daß dieses Geld dem Könige gehöre, da man nach der Vorschrift an Fourage keine Ersparnisse machen dürfe. Derselbe erlaubte seinen Officieren und Hußaren nichts, was nicht strenge reglementmäßig war. — Zuletzt hätten die Capitäne dennoch als elende Schacherer geendet, wenn nicht im October 1773 Generallieutenant Monteynard von seinem Ministerium expedirt worden wäre, wie er es schon längst verdient hätte und ohne das blaue Band oder den Eintritt in den Staatsrath erhalten zu haben. — Der Herzog von Aiguillon übernahm nun dessen Portefeuille.

Ein sowol in kirchlicher als politischer Hinsicht wichtiges Ereigniß dieses Jahres war für Frankreich und alle katholischen Länder die durch das päpstliche Breve Clemens' XIV. vom 21. Juli 1773 decretirte Auflösung des Ordens der Gesellschaft Jesu in allen Staaten der Christenheit. Es ist in diesen flüchtigen Blättern weder der Ort noch unsere Absicht, eine so sehr bekannte und so oft pro und contra besprochene historische Thatsache wie das Breve: Dominus redemptor noster zu discutiren, aber da die Aufzeichnungen über die bereits mehrmals erwähnte Rundreise des Grafen Erbach vor uns liegen, so können wir uns dennoch nicht versagen, eine Aeußerung Friedrich des Großen über die Jesuiten hier einzuschalten, welche in Bezug auf den heutigen Culturkampf Preußens an Interesse gewinnt.

Am 16. September 1773 um eilf Uhr Mittags sollten auf ausdrücklichen Wunsch König Friedrichs II. Graf Erbach und sein Gouverneur Herr von Freund diesem Monarchen in Sanssouci vorgestellt werden. Dort fanden Beide noch den Exjesuiten Pater Canal, der gleichfalls zur Audienz beschieden war. — Der König kam gegen eilf Uhr in Begleitung des Erbprinzen von Braunschweig, von einem Spazierritt zurück, und kaum war er vom Pferde gestiegen, als Graf Erbach, Herr von Freund und Abbé Canal Friedrich II. in seinem Cabinete vorgestellt wurden. — Stehend, auf den Rohrstock gestützt, den Hut auf dem Arm, empfing sie der König. „Er trug eine blaue fadenscheinige Uniform, gelbe Weste, schwarze Hosen und hohe über das Knie gezogene Stiefel ohne Sporen. Der Adjutant, welcher genau gerade so wie der König gekleidet war, stand einige Schritte rückwärts." Friedrich empfing den Grafen Erbach und seinen Erzieher mit vieler Zuvorkommenheit, sprach mit ihnen über ihre Reisen, richtete an Ersteren verschiedene Fragen und wandte sich dann zu dem Abbé Canal. Der Pater gehörte zu jenen Mitgliedern der Gesellschaft Jesu, die in Folge der vor kaum zwei Monaten decretirten Aufhebung des Ordens nun darauf angewiesen waren, sich eine andere Lebensstellung zu suchen.

Der König bedauerte das Loos des Exjesuiten. „Verschiedene „Mächte", sagte Friedrich, „haben vielleicht berechtigte Klagen gegen „einen Theil der Mitglieder Ihrer Gesellschaft. Die meinigen haben

„sich immer ordentlich betragen. Es scheint mir hart, den Unschul„digen mit dem Schuldigen zu strafen. Diejenigen, die bei uns sich „aufhalten, sollen unvertrieben bleiben. Ich bin Ketzer, ein großer „Ketzer, folglich kann mich der Papst auch nicht meines Eides ent„binden, die Religionsverhältnisse in Schlesien so zu lassen, wie ich „sie vorgefunden habe. Sie sehen, wir Anderen haben auch unsere „Religion, und im Grunde des Herzens kann uns der Papst nicht „darüber grollen. Wer weiß, was kommt. Eines Tages vielleicht „braucht man diese Herren Jesuiten wieder, — nun ich „werde dann eine Pflanzschule haben."

Der König war sehr guter Laune, sein leuchtendes Auge, sein geistvoller Blick, sein freundlicher Gesichtsausdruck hatte seinem Gespräche Lebendigkeit und Ueberzeugungskraft verliehen. Er sprach nahezu drei Viertelstunden, und zog sich dann zurück, nachdem er die Herren in liebenswürdiger Weise verabschiedet hatte.

Den Winter 1774 verbrachte Graf Esterhazy in sehr angenehmer Weise mit Urlaub in Wien, wo er während seines dortigen Aufenthaltes bei seinem Oheim dem Hofkanzler Grafen Franz Esterhazy wohnte, der einer der geistvollsten und liebenswürdigsten Männer des damaligen Wien war und nebstbei die Gesetze seines Vaterlandes genau kannte. — Dem Kaiserhause sehr ergeben, war er ein Liebling Kaisers Franz I.; auch genoß er in ganz Ungarn die Achtung aller Parteien. Schon während seines vorjährigen Aufenthaltes in Wien hatte Graf Valentin Esterhazy viele Beweise des Wohlwollens von Seite Kaisers Joseph II. erhalten; in wo möglich erhöhterem Maße war es auch jetzt der Fall. Er hatte den Kaiser sehr häufig Abends bei seiner Tante der Fürstin Esterhazy, wo dieser meist dem Souper beizuwohnen pflegte, gesehen, und derselbe schien bei der Ankunft des Grafen erfreut, ihn wiederzusehen. Wenige Tage nachher sagte Kaiser Joseph zu ihm: „Sie gehen nie zur Fürstin Carl Liech„tenstein, kommen Sie morgen nach dem Diner dahin!" — Der Graf kam und wurde empfangen, der Kaiser war dort, und man gab sich für den nächsten Tag Rendezvous bei der Gräfin Ernst Kaunitz, die ihn aufforderte, gleichfalls bei ihr zu erscheinen; von dieser Zeit an besuchte er täglich den Salon einer der fünf Damen, welchen jedesmal auch Joseph II. betrat. Es war dies eine der seltensten Auszeichnungen, die nicht nur einem Fremden, sondern selbst durch ihre Stellung hervorragenden Inländern zu Theil wurde, und daher nur dem persönlichen Wohlwollen des Kaisers zuzuschreiben, wenn man weiß, daß angesehene Diplomaten und Hofherren umsonst darnach eifrig gestrebt hatten. — Ein ausgezeichneter österreichischer Historiker hat in seinem, die damaligen socialen Verhältnisse der vornehmsten Wiener Gesellschaft trefflich charakterisirenden Werke[1]) die Gesellschaft jener fünf Damen nach Briefen und Memoiren ihrer Zeit ebenso interessant als historisch treu geschildert, — die Aufzeichnungen des Grafen Esterhazy stimmen mit diesem Bilde vollkommen überein; — es bleibt uns daher zur Verständigung des mit den Wiener Gesellschaftszuständen jener Zeit weniger vertrauten Lesers nur übrig, auf das oben citirte Werk verweisend, in möglichster Kürze Andeutungen zu geben.

Seit 1768 hatte sich in Wien eine Gesellschaft von vier Frauen gebildet, welche durch ihren Verkehr mit dem Kaiser Joseph II. eine gewisse Berühmtheit erlangt hat, 1772 kam noch die bis zu dieser Zeit von Wien abwesende Gräfin Leopoldine Kaunitz hinzu. Man nannte sie gewöhnlich die fünf Damen oder die Fürstinnen. Dazu gehörten die beiden Schwestern Fürstinen Clary und Kinsky. Die Fürstin Leopoldine Liechtenstein und die bereits erwähnten Schwestern Fürstin Eleonore Liechtenstein und Gräfin Ernst Kaunitz. Alle diese Frauen waren sowol durch den Rang ihrer Geburt als auch ihren makellosen Ruf überall hoch angesehen und geachtet, und beherrschten durch fast zwei Decennien Sitte und Ton der aristokratischen Gesellschaft Wiens. — Durch Verwandtschaft und Freundschaft waren sie alle enge mit einander verbunden, auch wohnten sie in naher Nachbarschaft beisammen, in der Herrengasse, vorderen Schenkerstraße (heute Bankgasse), Wallnerstraße und Freiung. Ihre Gesellschaft erregte das allgemeine Aufsehen, um so mehr als keine andere Frau Zutritt erhielt, und sich selbst ihre eigenen Männer, die

---

[1]) Professor Adam Wolf: Fürstin Eleonore Liechtenstein, 1745—1812, Wien, Gerold, 1875.

nur zeitweise auf Augenblicke in deren Salon erschienen, grundsätzlich davon ferne hielten. — Die gewöhnlichen Besucher waren von Herren nur drei: Kaiser Joseph, Marschall Lacy und der Oberstkämmerer Graf Rosenberg. — Ausnahmsweise wurden ausgezeichnete Fremde zugelassen, so z. B. zu jener Zeit der Herzog von Braganza, der Fürst de Ligne, wenn er gerade in Wien war, und 1774 der Graf Valentin Esterhazy, den der Kaiser sehr oft in seinem Wagen von dort zur Fürstin Esterhazy mitnahm, wo er seinen Abend beschloß. — Man spielte niemals, obgleich dies in Wien noch allgemeine Sitte war, auch wurde nicht musicirt und nur in Abwesenheit des Kaisers vorgelesen. — Es wurde eine allgemeine Conversation geführt, man discutirte zeitweise über Philosophie, Moral, tauschte Lebensansichten aus, sprach über Tagesereignisse und Literatur, über die Hofgebräuche in den verschiedenen Ländern Europas und, wie unser Gewährsmann sagt, „sehr viel über jene von Versailles, — aber niemals", versichert er, „war von Staatsgeschäften, Religion oder Verwaltungsangelegen„heiten die Rede, und berührte unwillkürlich das Gespräch einen dieser „Punkte, so schnitt es Kaiser Joseph kurz ab und sprach schnell von „anderen Dingen".

Der Marschall Graf Franz Moriz Lacy, der ausgezeichnete General-Quartiermeister Dauns, der den Plan zum Ueberfall von Hochkirch 1758 eigentlich entworfen hatte, durch seine Expedition nach Berlin 1760, sowie als Hoffkriegsrathspräsident und Organisator der Armee rühmlichst bekannt, war auch als ein Mann wahrer Ritterlichkeit und fleckenloser Unbescholtenheit hochgeachtet. Sein feiner Umgangston, sein reicher Schatz von Erfahrungen und eine Fülle vielseitiger Kenntnisse machten ihn überall beliebt und willkommen. Der Dornbacher Park ist seine Schöpfung. — Maria Theresia, Kaiser Joseph und die fünf Damen besuchten den Marschall öfter in seinem nun stillen und verlassenen Garten, wo damals Leben und Bewegung herrschte. — Feldmarschall, Großkreuz des Theresien-Ordens, Toisonist, Proprietär von zwei Regimentern, starb er kaum drei Jahrzehnte nach der Epoche, von der wir eben reden, siebenundsiebenzig Jahre alt, am 24. November 1801 und ruht, seinem ausdrücklichen Verlangen zufolge ohne Gepränge bestattet, in seinem Parke zu Neuwaldegg.

Graf Wolfgang Franz Rosenberg, der dritte Besucher der Damengesellschaft der fünf Fürstinnen, war 1723 geboren, viele Jahre Diplomat, als Botschafter in Madrid begleitete er die Infantin Louise, Gemalin Kaiser Leopolds II. nach Wien und Florenz und war auf den Wunsch der Kaiserin Maria Theresia längere Zeit deren Mentor. 1775 nach dem Tode des Fürsten Khevenhüller wurde er Oberstkämmerer. Zum Unterschiede von seinem Vetter Philipp Joseph, der ebenfalls Diplomat war, und der blonde Rosenberg genannt wurde, hieß dieser in der Gesellschaft „der braune". — Der englische Tourist Wraxall sagt von ihm: „Rosenberg ist einer der ange= „nehmsten Edelleute des kaiserlichen Hofes, der unter einem kühlen „Aeußeren Eigenschaften verbirgt, die ebenso tüchtig als einnehmend „sind. Gewandt in seinen Manieren, gebildet in seinem Geiste, und „in höchster Gunst bei seinem Herrn, würde er, wenn er eben so viel „Ehrgeiz als Talent besäße, in nächster Zeit eine bedeutende Rolle „auf dem politischen Schauplatze spielen"¹).

Die Seele jener Frauengesellschaft war die Fürstin Carl Liechtenstein, durch ihr scharfes Urtheil, ihre Gewandtheit im Denken und Sprechen, ihre Munterkeit und durch das Vertrauen, mit dem sie Kaiser Joseph auszeichnete; ihre Schwester die Gräfin Kaunitz übte durch ihr reiches Wissen und ihr mildes versöhnliches Wesen gleichfalls einen bedeutenden Einfluß aus. Die Fürstin Franz Liechtenstein, Mutter des berühmten Reitergenerals Fürsten Johannes, der in hundertdreißig Schlachten und Gefechten während dreizehn Feldzügen, 1788—1809, vierundzwanzig Pferde unter dem Leibe verlor, und erst bei Wagram eine leichte Wunde erhielt, hieß kurzweg die „Franzin". Sie war eine gebildete Frau, die sich nie in die Politik mischte, dem Kaiserhause sehr anhänglich war und die glänzendsten Soiréen und Feste in Wien gab. Die Fürstin Clary war in ihrer Jugend eine der schönsten Frauen am Hofe Maria Theresia's, als die älteste der fünf Damen war sie gewissermaßen der Präsident der Gesellschaft, und wenn der Kaiser auf Reisen war, führte sie die Correspondenz mit ihm. Sie war eine edle feingebildete Frau, welche

---

¹) 1790 anläßlich der Kaiserkrönung in den Reichsfürstenstand von Kaiser Leopold II. erhoben, starb Fürst Franz Wolfgang Rosenberg am 14. November 1796.

jedem Vertrauen und Verehrung einflößte. — Ihre Schwester die Fürstin Kinsky war wegen ihrer Herzensgüte und unverwüstlichen Heiterkeit sowol bei Hofe als in der Wiener Damenwelt sehr beliebt, sie führte ein großes Haus und gab häufige sehr glänzende Gesellschaften, welche vom Hofe und von den Diplomaten mit Vorliebe besucht wurden.

Im Frühling 1774 war der Hof in Laxenburg, wohin Graf Esterhazy auch öfter geladen wurde. Eines Tages fragte ihn die Kaiserin: „Haben Sie den französischen Botschafter nicht gesehen?" und als er es verneinte, fuhr sie fort: „Ich erhalte soeben aus Paris „die Nachricht, der König sei erkrankt und man befürchte die Blattern. „Ich möchte wissen, was der Prinz[1]) hierüber für Nachrichten hat". Dies war der Prinz Louis Rohan, damals französischer Botschafter in Wien. Graf Esterhazy begab sich sogleich nach Wien, fragte sich an, aber im Gesandtschaftshôtel wußte man noch nichts von des Königs Erkrankung. Am andern Morgen kam ein Courier des Grafen Mercy, österreichischen Botschafters in Versailles, der auch ein Schreiben des Grafen du Châtelet für Esterhazy mitbrachte und die Krankheit des Königs als eine sehr schwere und höchst gefährliche bezeichnete. Die Kaiserin ließ in Folge dessen eine in Laxenburg projectirte Theatervorstellung sogleich absagen und der französische Botschafter in der Kapuzinerkirche Betstunden abhalten, denen alle in Wien anwesenden Franzosen beiwohnten. Nur wenige Tage später kam die officielle Nachricht von dem am 10. Mai 1774 erfolgten Ableben König Ludwigs XV., die nach den letzten Nachrichten Niemand mehr in Staunen setzte, aber die Kaiserin Maria Theresia sehr betrübte[2]), denn sie bedauerte den Verlust ihres Verbündeten, befürchtete die Jugend ihres Schwiegersohnes, und war ebenso für ihre Tochter Marie Antoinette, die nunmehr neunzehnjährige Königin von Frankreich beunruhigt. „Sie sah", wie Esterhazy in seinen

---

[1]) Louis Renatus Eduard Prinz Rohan-Guemenée, geboren 1734, Cardinalpriester, Fürstbischof zu Straßburg, Provisor der Sorbonne ꝛc., gestorben zu Ettenheim am 16. Februar 1803 — bekannt durch die Halsbandgeschichte.

[2]) Darüber siehe: Briefwechsel Maria Theresia's und Marie Antoinettens von Ritter von Arneth, Wien 1865, Seite 101, 102.

Aufzeichnungen berichtet, „sehr schwarz, — und dennoch war sie weit davon entfernt, das vorherzusehen, was einst kommen sollte."

Ehe wir in unserer memoirenartigen Darstellung weiterschreiten, sei uns, an einer historischen Grenzscheide, dem Tode Ludwigs XV. angelangt, eine nach rückwärts schauende und die Zustände jener Zeit ins Auge fassende Betrachtung erlaubt, da sie den Zusammenhang und die Ursachen der späteren tragischen Katastrophe in aller Kürze zu erklären beitragen soll.

Von der Reformation an, welche der Gesellschaft des sechszehnten Jahrhunderts neue religiöse und moralische Principien offenbarte, hat Alles, wenn auch unbewußt und absichtslos, zur Beseitigung der der französischen Revolution entgegenstehenden Hindernisse beigetragen. Indessen würde die Revolution sich entweder gar nicht erhoben oder einen anderen Gang genommen haben, wenn nicht die in Frankreich während des achtzehnten Jahrhunderts vorhandenen Zustände und die in der Nation über dieselben sich entwickelnde Meinung einen so schroffen Gegensatz gebildet hätten. — Die Regierung Ludwigs XIV. ist der wichtigste Abschnitt in der französischen Geschichte bis auf die Revolution hin gewesen. Unter ihm ward der geistigen Entwickelung der Nation der mächtigste Impuls verliehen; die französische Sprache erreichte jenen hohen Grad der Vollendung, der sie bald ausschließlich zur Sprache der Höfe und der vornehmen Gesellschaft Europas machen sollte, und die sich bildende, mit dem Geiste der Franzosen übereinstimmende Literatur blieb lange ein mächtiger Hebel, durch welchen der Ideengang Frankreichs und eines großen Theiles der übrigen gebildeten Welt in Bewegung gesetzt wurde.

Der Absolutismus der Krone Ludwigs XIV. hatte sich alle Classen des französischen Volkes untergeordnet. Der gewaltige Cardinal Richelieu besiegte den Widerstand des ehemals so mächtigen französischen Feudaladels, und die Selbstständigkeit des Pariser Parlamentes hatte in den Kriegen der Fronde während der Minderjährigkeit Ludwigs XIV. eine arge Niederlage erlitten. Im Verlaufe des siebenzehnten Jahrhunderts waren die privilegirten Classen: Adel, Clerus, Parlamente der Krone gegenüber um ihre frühere politische Bedeutung gekommen, aber das Königthum stand, während in dieser Epoche so vieles Andere sank, unverletzbar und allgebietend da.

Mit Ludwig XIV. stieg ein Theil dessen, was man das alte Frankreich nennen kann, in das Grab. Manche Ideen und Traditionen, deren Grundlage schon damals zu wanken anfing, hatten sich an ihn als ihren natürlichen Vertreter angelehnt; durch seinen Tod ward ihnen eine Stütze entzogen, ohne einen Ersatz zu finden. — Die Uebereinstimmung, welche ungeachtet mancher Mängel dieser Regierung zwischen ihren einzelnen Richtungen bestanden hatte, sollte von jetzt an bis zur Revolution fehlen. War auch Ludwig XIV. oft unsittlich oder ungerecht erschienen, — so doch nie leichtsinnig oder schlaff! — Die seiner Person eigenthümliche Würde hatte sich sowol in seinem Walten als König, in seinen Vergnügungen und Privatleben, als selbst in seinen Verirrungen ausgesprochen. — Die Galanterien Ludwigs XIV. hatten stets einen gewissen poetischen Anflug — eine Anmuth des Benehmens und einen ritterlichen Anstand sich bewahrt; er war nie zur Gemeinheit des Cynismus herabgestiegen! — Die Nation war von den Opfern, welche der Ehrgeiz dieses ruhmsüchtigen Fürsten forderte allerdings zuletzt erschöpft worden, aber diesem Herrscher haben für sich und sein Land stets große Ziele vorgeschwebt. Alles war in seiner Politik, wenn auch der Ausgang den gehegten Erwartungen nicht entsprach, doch vorbereitet und berechnet gewesen. — Nach ihm wurde die Leitung der öffentlichen Angelegenheiten ohne festen Plan und Zweck, dem Zufall und persönlichen Einflüssen überlassen.

Unter dem Regenten stieg die von Ludwig XIV. zurückgelassene Schuld von 2400 Millionen Livres, von denen ein Theil sich aus früheren Epochen der Monarchie herschrieb, um 750 Millionen, ohne daß irgend etwas Erhebliches unternommen worden wäre, dazu kam die finanzielle Krisis der verwegenen Bankoperationen Laws, von welchen der Credit erschüttert und der Wohlstand zahlreicher Familien zerstört wurde! — Aber die inneren Schäden, welche sich in Frankreich unter der Regentschaft entwickelten, wirkten auf dessen Zukunft viel tiefer als die äußeren Wunden ein. Der Regent und sein Hof führten ein so zügelloses Dasein, bekannten sich so öffentlich zu den verderblichsten Grundsätzen, daß von da an in den Köpfen eine Verblendung über die Gegenwart, eine Gleichgültigkeit gegen die Zukunft und eine Art von geistiger Trunkenheit entstand, die von Zeit zu Zeit gedämpft, immer wieder emporstieg und die höheren Stände, unter welchen diese Krankheit ausgebrochen war und sich fortgepflanzt hatte, um den Nimbus und das Ansehen brachte, der sie in den Augen des Volkes bis dahin umgeben hatte. — Nur die Person des Königs sollte von der zunehmenden Geringschätzung, welche alle hervorragenden Stellungen bedrohte, noch eine Zeit lang verschont bleiben.

Nach den Saturnalien der Regentschaft trat unter dem Ministerium des sparsamen und auf Zucht und Ordnung haltenden Cardinals Fleury eine im Vergleiche zu der früheren nüchterne Epoche in Frankreich ein. — Aber die Verwaltung des Cardinals fiel in das entgegengesetzte Extrem. Er theilte, schon bei Uebernahme seines Amtes ein Greis und dasselbe bis zum äußersten Lebensende führend, der Staatsmaschine seine eigene Erschöpfung und seinen langsamen Gang mit. Der Moment, wo Ludwig XV. nach dem Tode seines greisen Ministers Miene machte das Staatsruder selbst führen zu wollen, hätte für Frankreich eine ähnliche Bedeutung haben können, wie der Regierungsanfang Ludwigs XIV. nach dem Ableben Mazarins. Die Revolution hätte durch eine vom Königthum ausgehende weise Leitung und Besserung der bestehenden Zustände damals und selbst noch viel später vermieden werden können.

Die schöne Gestalt Ludwigs XV., die äußere Anmuth seines Betragens, die Voraussetzung, daß ihm das öffentliche Wohl am Herzen liege, hatten in seiner Jugend die französische Nation für ihn eingenommen, und mit dem Beinamen „der Vielgeliebte" wurde er von ihr begrüßt. Seine Anwesenheit bei einigen Schlachten und Belagerungen hatte ihm zum Ruhme gereicht, und als sich in Paris die Nachricht seiner Erkrankung in Metz 1744 verbreitete, gab sich in der Bevölkerung eine allgemeine freiwillige Trauer kund. Alles strömte in die Kirchen, um für die Erhaltung des Königs zu beten, und die Nachricht seiner Rettung wurde mit Entzücken vernommen.

Aber in den nächsten Jahrzehnten war es anders geworden. Nach einigen schwachen Versuchen den Staatsangelegenheiten selbst vorzustehen, überließ der Monarch die oberste Entscheidung den Maitressen und griff nur stoß- und ruckweise aus Laune, persönlicher Vorliebe oder Abneigung in die Geschäfte ein. — Der Wohlstand des Landes nahm ab, die Schulden des Staates hingegen zu, und die Unsittlichkeit, wenn sie sich auch nicht mehr so öffentlich wie unter der Regentschaft zeigte, war allgemein geworden und höhlte alle Stützen des gesellschaftlichen Zustandes um so tiefer aus. — Die maitresse en titre war eine Macht geworden. Von ihr gingen die Ernennungen zu den Ministerien, den bischöflichen Sitzen und den militärischen Befehlshaberstellen aus. Die eigenen Minister Ludwigs XV. ließen es sich, wenn auch ohne Wissen und Absicht durch ihre Maßregeln angelegen sein, diese Regierung gegen das Ende hin immer mehr in Verruf zu setzen.

Der Herzog von Aiguillon, sowie alle übrigen Minister der letzten Epoche Ludwigs XV. waren Männer von Talent, aber um ihre Stellung sich zu erhalten genöthigt, den Launen der Gräfin du Barry nachzukommen; diese Stütze erniedrigte sie aber und gab sie der Lächerlichkeit derart Preis, daß sie was sie an Macht gewannen, in eben dem Maße an Achtung verloren. — Und so kam es, daß die Regierung bald keine Würde mehr besaß, es in den Finanzen keine Ordnung und in der Politik keine Festigkeit gab. — Frankreich verlor allmälig seinen Einfluß in Europa; England herrschte in aller Ruhe zur See und vollführte ohne Hinderniß die Eroberung und Unterwerfung Indiens, ebenso kam die erste Theilung Polens zu Stande, gegen welche sich die Kaiserin Maria Theresia in ihrem hohen Rechtlichkeitsgefühle so lange wehrte, bis die Politik sie im Interesse ihres Landes dazu nöthigte. Ludwig XV. selbst sagte, auf jenes Ereigniß anspielend: „Es würde dies nicht geschehen sein, wenn Choiseul dagewesen wäre".

Dieser politische Niedergang der französischen Monarchie verletzte den Stolz der ehrgeizigen und so eitlen Nation auf das empfindlichste. Von einem Winkel Frankreichs zum andern setzte man eine gewisse Ehrensache hinein, stillschweigenden Widerstand zu leisten, ja dieser schien den hervorragenden Geistern der Nation eine Art Pflicht, den Vaterlandsfreunden eine Tugend, den Philosophen eine nützliche Handhabe im geistigen Kampfe für ihre Ideen, sowie ein Mittel ihrer Eitelkeit, um durch ihre Reden zu glänzen; der Jugend endlich eine Mode, welche sie mit Fenereifer erfaßte. Die

Parlamente remonstrirten, die Priester predigten, die Philosophen schrieben und die jungen Höflinge verfaßten Epigramme und überboten sich in schneidenden Witzen. Jeder fühlte, daß das Steuerruder des Staatsschiffes in schwachen Händen ruhe und trotzte einer Regierung, welche weder Vertrauen noch Achtung einflößte; und die abgenützten und beschädigten Schranken der Macht leisteten keinen erheblichen Widerstand selbst dem Einzelnen mehr. Diese nahmen jeder seinen Anlauf und eilten ohne Uebereinstimmung einem Ziele auf verschiedenen Bahnen zu.

Die älteren Grandseigneurs schämten sich, den Launen einer Maitresse unterworfen sein zu müssen, sie betrauerten die alte Feudalzeit und ihre seit dem Cardinal Richelieu niedergeworfene Macht; der höhere Clerus erinnerte sich mit Bitterkeit an die Gewalt seines Einflusses zur Zeit der Frau von Maintenon und die Beamtenwelt opponirte gegen die willkürliche und verschwenderische Finanzwirthschaft und erhaschte durch seine Gegendemonstrationen eine gewisse bis dahin nie besessene Popularität. — Es schienen mit einem Male die Geister der Ligue und der Fronde ihren Gräbern zu entsteigen, und die Philosophen hoben ihr Banner, um das sich Alles schaaren konnte, in die Höhe! — Die Worte: Eigenthum, Freiheit, Gleichheit wurden laut ausgesprochen und tönten weithin durch das Land mit Begeisterung namentlich von jenen wiederholt, die diesem Rufe in der Folge ihr ganzes Unglück zuzuschreiben hatten. — Freilich dachte noch niemand an eine Revolution, aber in den Geistern, den Meinungen, Ideen und Gedanken war sie bereits da! und wuchs gar mächtig heran. Montesquieu hatte in seinem „Geist der Gesetze" die alten Rechtsansprüche des Volkes aus der Rumpelkammer wieder ans Tageslicht gezogen. Die ernsteren und gesetzteren Männer studirten und beneideten Englands Verfassung und Gesetze, während die jüngere Generation sich um englische Pferde, Jokeys, Fracks und Stiefeln kümmerte.

Alle Vorrechte wurden als Vorurtheile mit einem Male durch den feinen und schlauen Geist Voltaire's mit seinen glänzenden und blendenden Sophismen auf das Heftigste angegriffen, durch die Gemüther und Herzen anziehende und täuschende Beredtsamkeit Jean Jacques Rousseau's, endlich durch die große Schaar der

Encyklopädisten und ihrer Führer d'Alembert, Diderot, die heftigen Reden Raynals u. s. w. — Und während alle diese Geisteskämpfe mit ihren hellschimmernden Irrlichtern plötzlich die Sitten änderten, verloren alle Classen der alten Gesellschaftsordnung ohne es zu ahnen ihre Wurzeln, behielten aber das angeborne Selbstgefühl, ihren scheinbaren Glanz, die alten Auszeichnungen und Attribute der Macht.

Von allen Seiten angegriffen, erwachte die Regierung endlich aus ihrem betäubenden Schlaf und faßte in der ersten Wuth ihrer Schwäche den gewagten Entschluß, alle herkömmlichen Parlamente aufzuheben und deren Glieder zu verbannen, dies bedeutete aber selbst die Haue an die Fundamente des alten socialen Gebäudes anlegen, und sich in der heftigsten Krisis der festesten Stützen berauben. Der Haß gegen die Gewalt wurde durch diesen Act der Willkür gesteigert und der Geist der Nation folgte den alten Parlamenten ins Exil deren Nachfolger keine Achtung genossen! — Die in den Schlamm gezogene Krone hörte auf ein Gegenstand der Ehrfurcht zu bleiben. — Diese Gefühle der Verehrung neigten sich gegen jenen Theil des Königsschlosses von Versailles, welchen in bescheidener Zurückgezogenheit, umgeben von züchtiger Sitte der Dauphin und seine junge Gemalin bewohnten! — Dieses junge Ehepaar vereinte allein noch in sich alle öffentlichen und Privattugenden, die Liebe für das Glück und die Wohlfahrt des Landes in ihrer hochgeachteten Persönlichkeit; die Reinheit ihrer Sitten bildete einen erstaunenswerthen Gegensatz zu jener frechen Zügellosigkeit, mit welcher eine kecke Buhlerin den Rest des Hofes beherrschte, und die Ansteckung des Lasters wagte sich nicht an jenes Asyl von Anstand, Zucht und Sittlichkeit. — Da glaubte wol Jedermann für Frankreich eine glückliche Zukunft erhoffen zu dürfen! — Ach! niemand konnte es wol voraussehen, daß zwei Wesen, welche von der Vorsehung geschaffen schienen, das Glück ihrer künftigen Unterthanen zu bilden und sich dessen zu erfreuen, eines Tages die Opfer der Launen des Geschickes werden und unter den Streichen der wüthendsten und blutdürstigsten Anarchie fallen sollten!

Das einst so ehrwürdige Gebäude der alten Gesellschaft war in seinen innersten und tiefsten Grundlagen untergraben, ohne daß man noch auf der Oberfläche die Symptome des nahenden Zusammensturzes bemerken konnte. Man hatte die Aenderung von Sitten und Gebräuchen nicht sogleich wahrgenommen, da sie nur allmälig und stufenweise vor sich ging. — Die Etikette des Hofes war dieselbe geblieben, man sah denselben Thron, es klangen dieselben Namen und auch die äußeren Formen und Rangabstufungen waren sich gleich geblieben.

Das alte Herkommen ließ zwischen Adel und Bürgerthum einen großen Zwischenraum, den allein die ausgezeichnetsten Geister und Talente mehr dem äußern Scheine als der Wirklichkeit nach übersetzten, und es gab weit mehr Vertraulichkeit als Gleichheit.

Die Parlamente, ehemals der Macht wol öfter trotzend, aber dennoch in stets ehrfurchtsvoller Förmlichkeit, waren in ihrer neuen Zusammensetzung beinahe republikanisch geworden, ohne sich dessen bewußt zu sein, — die Häupter der alten Adelsgeschlechter glaubten sich ebenso unerschütterlich wie die alte Monarchie und schliefen sorgenlos auf einem Bulcan. Die Ausübung ihrer Hof- oder Landesämter, die Ordenspromotionen, die königliche Gunst oder Mißgunst, die Ernennungen oder Entlassungen der Minister waren die einzigen Gegenstände ihrer Aufmerksamkeit und Gespräche, die Beweggründe ihres Handelns. Mit Befremden und Aerger sahen sie die neuen Einführungen in den Trachten, insbesondere mit Verachtung jene der englischen Moden. — Der hohe Clerus, stolz auf sein Ansehen und seine Reichthümer, war weit entfernt, seine Existenz bedroht zu sehen, erzürnte sich nur über die Philosophen, und daß ein Theil seiner jüngeren Glieder sich in deren Gesellschaft drängte; seine Strenge aus den letzten Jahren Ludwigs XIV. hatte er längst gemildert, ebenso seine Protestantenverfolgungen und seine theologischen Streitigkeiten. — Die adelige Jugend schritt in heiterer Ungebundenheit auf dem mit schönen Blumen übersäeten Teppich, der damals noch den schaudervollen Abgrund verhüllte, sorglos weiter. Die Philosophie und der Hohn Voltaire's fesselte ihren Geist und vergnügte sie. Ohne die Lehrsätze dieser neuen Lebensweisheit reiflicher zu erwägen, bewunderte sie die blendenden Phrasen als Beweise muthigen Widerstandes gegen Willkür und Macht. — Lachend trotzte sie dem alten Herkommen, dem Feudalstolze ihrer Väter, deren Förmlichkeiten sie als schwerfällig bespöttelten,

deren Vermögen aber vergeuden half. — Der neue Gebrauch der
Cabriolets, der Fracks, die Einfachheit der englischen Gebräuche erlaubte ihr sich eines oft unbequemen Glanzes zu entledigen; ihre
Zeit der Gesellschaft, den Festen, dem Vergnügen weihend und dem
geringen Zwange der Pflichten des Hofes und der Garnison unter-
werfend, erfreute sich diese vornehme Jugend der Vortheile, die ihr
die alten Einrichtungen und ihre Geburt gewährten; gleichzeitig
aber auch der größeren Freiheit, welche die neuen Sitten mit sich
brachten; beide Systeme schmeichelten ihr, das eine ihrer Eitelkeit,
das andere ihrem Hang zum Vergnügen.

Königthum und Freiheit, Aristokratie und Demokratie, Religion
und Philosophie, altes Herkommen und Reiz der Neuheit, dies alles
chaotisch durcheinander gemischt, spukte in diesen jugendlichen Köpfen,
deren kein kleiner Theil ein Opfer ihrer neuen Ideale und Freiheits-
theorien, kaum zwanzig Jahre später durch das Beil des Scharfrichters
fallen sollte.

Unter solchen Zuständen und Verhältnissen war der Frühling
1774 herangerückt! — Die gestutzten Alleen, die hohen Bäume, die
zahlreichen Bosquets und Laubengänge der Gärten von Versailles
fingen eben an sich wieder mit ihrem grünen Blätterschmucke zu be-
decken, die Blüthen der Orangenbäume auf den Terrassen, jene des
Hollunders in den Gebüschen strömten bereits ihre aromatischen Düfte
wieder aus und lustig zwitscherten die Vögel ihre Frühlingslieder, —
aber anders als die Freuden der aus langem Winterschlummer
wieder erwachenden Natur war es im Innern des prachtvollen Königsschlosses bestellt! da kämpfte der Tod mit der geschwächten Lebenskraft
des vierundsechzigjährigen Greises, der seit seinem fünften Lebensjahre die Krone Frankreichs trug. — In den letzten Tagen des
April war König Ludwig XV. an den Blattern erkrankt, die
gleich Anfangs die schlimmsten Symptome annahmen. Man konnte
nicht ohne Gefahr das Zimmer des Kranken betreten, gegen fünfzig
Personen, welche nur die Galerien jenes Schloßflügels durchschritten
hatten, wurden krank, und von diesen erlagen zehn dem tödtlichen

Uebel. — Und dennoch blieben Mesdames de France, des Königs Töchter, mit heroischer Selbstaufopferung am Schmerzenslager des Vaters und verließen es nicht; ihre Frömmigkeit, ihm ehemals öfters eine unbequeme Mahnung des Gewissens, war nun der letzte Trost, der sich dem langsam erlöschenden Blicke des Sterbenden bot. — Nur durch eine im Interesse des Staates gebotene eigene königliche Ordre konnte der edle Dauphin abgehalten werden, sich dem Sterbebette seines Großvaters zu nahen, aber er ließ 200.000 Livres unter die Armen vertheilen, welche für die Erhaltung des Königs beten sollten! — Die Gräfin du Barry verfügte sich über ausdrücklichen Wunsch des Kranken in ein Landhaus des Herzogs von Aiguillon nach Ruel. Auf dem Wege dahin hatte man täglich fünfzehn Hofwägen bemerkt, und diese sehr unzeitige Huldigung der Favorite blieb lange Zeit ein Gegenstand des Mißfallens der neuen Regierung, so zwar, daß mehrere Jahre nachher wenn von einer jener Persönlichkeiten die Rede war, man in den Hofkreisen hören konnte: „Dies war auch einer der fünfzehn Wägen von Ruel".

Vom 8. auf den 9. Mai machte die Krankheit des Königs reißende Fortschritte. Der Cardinal de la Roche-Aymon, Großalmosenier von Frankreich, erschien mit dem h. Abendmal. Der König machte eine Anstrengung sich auf seinem Lager zu erheben und wollte sich mit lauter Stimme vor seinem Gotte demüthigen, aber die Kräfte verließen ihn und er sank in die Kissen zurück, den Cardinal bittend, ihm als Dolmetsch seines reuigen Bekenntnisses zu dienen. Dieser, das h. Abendmal in der Hand, sprach mit klangvoller, aber bewegter Stimme: „Obgleich der König von seinem Verhalten nur Gott allein „Rechenschaft schuldig ist, so thut es ihm doch leid, seinen Unterthanen „Aergerniß gegeben zu haben, und er erklärt, künftig nur für die Er= „haltung der Religion und für das Wohl seiner Völker leben zu wollen".

Die Qualen des Kranken waren schrecklich. Nur wenige ertrugen den Geruch[1]) und das Aechzen des Leidenden. Die Abreise des

---

[1]) Aus dem Berichte des Deputirten Poirier an den Nationalconvent anläßlich der Gräberschändung in der königlichen Gruft zu St. Denis, entnehmen wir Folgendes: Um 11 Uhr Mittags des 16. October 1793, im Augenblicke als das edle Haupt der unglücklichen Königin Marie Antoinette durch das

ganzen Hofes nach Choissy sollte dem letzten Seufzer Ludwigs XV. folgen; die Pferde standen gesattelt und gezäumt in den Stallungen, die Wägen im Hofe, kurz alles zur Abfahrt bereit. — Da es aber bei dem Eintritt der gefürchteten Katastrophe sehr schwierig, auch wenig schicklich gewesen wäre, erst die nöthigen Ordres laut zu geben oder durch Hin- und Herfragen und etwaiges Geräusch den feierlichen Ernst des Trauermomentes zu stören, so war das Uebereinkommen getroffen, daß in den letzten Tagen eine brennende Kerze an ein von allen Seiten sichtbares Fenster des Schlosses aufgestellt und dieselbe in dem Augenblicke als der Monarch aus dem Leben scheiden würde, sogleich ausgelöscht werden sollte. — Nach einer lange dauernden Agonie trat der Tod ein und um 3 Uhr Nachts am 10. Mai 1774 hatte König Ludwig XV. sein irdisches Dasein beendet.

Beil der Guillotine fiel, wurde der Sarg ihres Großvaters Ludwig XV. von seinem Platze genommen und geöffnet. Die Leiche, aus dem bleiernen Sarg herausgerissen, schien, in Leintücher gehüllt, noch ziemlich erhalten, aber als man sie enthüllte bot sie nicht mehr den Anblick eines todten Körpers, sondern zerfiel in Staub und verbreitete einen so fürchterlichen Geruch, daß man wiederholte Gewehrsalven geben mußte, um die Luft zu reinigen.

V.

Le Roi est mort! Vive le Roi! — Versailles. — Trianon. — Paris. — Amerika.

1774 bis 1780.

Kaum war die ominöse Kerze des Schloßfensters von Versailles ausgelöscht, als sich die ganze große Menge der Höflinge am anderen Flügel des Schlosses zu den Appartements des Dauphins stürzte. Die Obersthofmeisterin Gräfin von Noailles trat die Erste ein, und von ihren Lippen hörte das neue Königspaar zum ersten Male den Titel: Majestät ertönen. — Von dem Gewicht der auf sie übergegangenen Verpflichtungen erschreckt, — vielleicht von einer dunklen Ahnung der Zukunft ergriffen, sanken Ludwig XVI. und seine junge Gemalin auf ihre Knie und riefen: „Leite und beschütze uns, o Gott! „wir sind zu jung, um zu regieren". Der König war kaum zwanzig, die Königin noch nicht neunzehn Jahre alt. — Aber der jugendliche Monarch besaß höchst verehrungswürdige Eigenschaften; seine Jugend war rein und unbefleckt geblieben. — Er liebte die Einsamkeit, las viel, besonders lateinische und englische Historiker, und besaß umfassende geographische Kenntnisse; fromm und religiös ohne Unduldsamkeit Andersgläubiger, sittenstreng, unterrichtet, sparsam, friedliebend, wohlwollend und herablassend, besaß Ludwig XVI. alle Tugenden eines Privatmannes, die in ruhigen Zeiten Bürgen des Glückes seines Volkes gewesen wären, aber Mangel an Selbstvertrauen raubte ihm die nöthige Sicherheit, die Energie im Entschließen und Handeln, auch fehlte ihm die bei den Franzosen besonders ins Gewicht fallende glänzende Repräsentationsgabe, welche Eigenschaft seine Vorgänger in hohem Grade besaßen; die Vereinigung von Anmuth und Würde, welche eben in Frankreich in jeder hervorragenden Stellung ein Erforderniß geworden, wurde an ihm vermißt. — Die militärische Erziehung dieses Königs, der über ein so kriegerisches Volk herrschte, war ganz vernachlässigt worden und derselbe nicht nur mit den Kriegswissenschaften, sondern auch mit den gewöhnlichen Heereseinrichtungen unbekannt geblieben. Ein guter Reiter und Jäger, hatte er dennoch nichts von einem Soldaten in sich. Obgleich von einem zum Theil militärischen Hofstaate umgeben, wohnte er nur selten Uebungen und Musterungen bei und legte nur bei außerordentlichen Veranlassungen Uniform an. — Dagegen flößte ihm das Seewesen eine lebhafte Neigung ein, und er fühlte, obgleich ihm das Landheer hätte näher stehen sollen, sich mehr zur Marine als zu diesem hingezogen.

Die Königin Marie Antoinette besaß Jugend, Schönheit, Grazie und Liebenswürdigkeit, sie verstand es, die Majestät der Krone mit der Hoheit der Frauenwürde zu vereinen! Ihre ganze strahlende Erscheinung übte auf alles, was sich ihr in Ehrfurcht nahte, einen unwiderstehlichen Zauber aus. — Der Glanz des Königthums war mehr durch diese Fürstin, als durch ihren so edlen Gemal vertreten. Seit Jahren für die Verbindung mit dem Enkel Ludwig XV. bestimmt, war sie unter der Leitung des von Choiseul eigens nach Wien gesandten Abbé von Vermond erzogen und mit französischer Sprache und Sitte vollkommen vertraut.

Schon in den ersten Tagen seiner Herrschaft hatte sich Ludwig XVI. mit vollem Rechte die allgemeine Liebe und Verehrung erworben, denn er schärfte seinen Ministern ein, stets den Grundsatz Ludwig des Heiligen vor Augen zu haben: „Alles was unrecht ist, solle unmöglich sein". — Der König und die Königin beschäftigten sich vor allem das Loos der Armen zu erleichtern. Die christliche Milde und Wohlthätigkeit vereinigte sie täglich zu neuen Werken wahrer Nächstenliebe, und sie betrachteten Beide die Nothdürftigen als eine der Sorgfalt der Herrscher unmittelbar von Gott anvertraute Gesellschaftsclasse.

So war die Morgenröthe des neuen Königthums. — Die Pariser schrieben am Piedestal der Statue ihres geliebten Heinrich IV.

das Wort: resurrexit (Er ist auferstanden) und Voltaire sagt nicht ohne einen gewissen Seitenhieb, in einem Briefe an Friedrich den Großen: „Wir haben einen jungen König, der in Wahrheit keine Verse, aber dagegen eine vortreffliche Prosa macht".

Eine der ersten Sorgen des jungen Königs war, das Ministerium der letzten Favorite zu entlassen, der Herzog von Aiguillon und der Abbé Terray[1]), Generalcontroleur der Finanzen, die mißliebigsten Glieder desselben, wanderten in eine kurze Verbannung, und der Graf von Maurepas wurde an die Spitze der neuen Regierungsmänner gestellt. — Dieser wird von seinen Zeitgenossen als ein oberflächlicher, jeder ernsteren Arbeit unfähiger Mann geschildert, dagegen von einer Leichtigkeit der Auffassung und Umsicht, welche in einem Augenblicke den Knoten der verwickeltsten Dinge ohne Mühe zu lösen wußte, durch Gewandtheit und Uebung ersetzte er im Rathe, was ihm an Studium und Ernst der Ueberlegung abging. Er war biegsam, in Schlauheit und List geschickt und erfahren, ebenso zum Angriffe als zur Vertheidigung kampfbereit; mit einem Witze verwandelte er das Ernste zum Heiteren, mit einem Falkenblicke begabt, die Schwäche oder Lächerlichkeit eines Jeden sogleich herauszufinden, wußte er unbemerkt den Leuten Fallen zu stellen oder sie zu seinem gewünschten Ziele zu führen; er hatte die Kunst sich mit allem zu spielen, und seine äußere Liebenswürdigkeit im Verkehr, seine ganze Art und Weise, die schwierigsten Arbeiten des Cabinetes zu vereinfachen, eine gewisse geistige Anmuth der angenehmen Oberflächlichkeit machten ihn zu einem der beliebtesten Minister. Er war ein dreiundsiebzigjähriger Greis, als er das Ministerportefeuille übernahm, das er bereits in jungen Jahren besessen hatte. Ein, wie man sagte, ihm fälschlich zugeschriebenes Spottgedicht auf die Marquise Pompadour hatte eine fünfundzwanzigjährige Verbannung zur Folge. — Seine Glanzepoche war die letzte Zeit der Regentschaft, und ungeachtet der Spuren des Alters und des Mißgeschickes einer langen Ungnade, war an ihm die Sorglosigkeit und der Leichtsinn der Tage seiner einstigen Erfolge noch erkennbar. Das Alter hatte seinen Hang

---

[1]) Joseph Marie Abbé Terray, Minister und Generalcontroleur der Finanzen Ludwigs XV., geboren 1715, gestorben zu Paris am 18. Februar 1778.

zur Selbstsucht vermehrt, und das einzige Ziel seiner ministeriellen Thätigkeit war, jede Erschütterung sorgfältig zu vermeiden, und jeder größeren Maßregel sich zu enthalten, welche seine Ruhe im Geringsten hätte beeinträchtigen können. Er wollte nur seine Stellung in aller Ruhe erhalten und genießen, und ein sanftes Lebensende nehmen. Den Frieden nach Außen und Innen zu erhalten, die Gebrechen der Zeit und der Menschen so zu nehmen, wie sie eben sind, war das Streben seiner Politik, die für die staatlichen Zustände eher ein Linderungs- als Heilmittel war. Er ließ also friedlich den Cultus der alten Idole bestehen, ebenso aber auch die Neuerer ihre Doctrinen verbreiten, sobald es nur ohne Lärm geschah. Unter der Führung dieses sonderbaren Mentors schliefen der König und der Hof ruhig am Rande eines Abgrundes ein, welchen dieser liebenswürdige Greis und eine glänzende Gesellschaft mit Blumen überstreuten, deren narkotische Düfte ihre Sinne betäubten und die Nüchternheit ruhiger Erwägung verscheuchten.

Eine edle hervorragende Erscheinung des neuen Ministeriums war der Kriegsminister Marschall Graf Muy[1]), hochgeschätzt bei Hof und in der Armee, welcher dem Könige von seinem Vater, dem Dauphin, bringend als Freund und Rathgeber empfohlen war, durch eine hinterlassene Instruction, die der Präsident Nicolai mit dem Befehle zur Aufbewahrung erhalten hatte, sie dem König Ludwig XVI. bei seiner Thronbesteigung einzuhändigen. Auch der dem Könige bekannte Umstand, daß der Marschall 1771 das ihm angetragene Portefeuille aus dem Grunde ausgeschlagen hatte, weil er sich nicht

---

[1]) Louis Nicolas Victor de Felix Comte du Muy, geboren zu Marseille 1711, gestorben am 10. October 1775, zeichnete sich im Feldzuge in Flandern aus, und wurde 1748 Generallieutenant. Er starb, mit seltener Entschlossenheit die heftigsten Schmerzen ertragend, an der damals noch sehr unvollkommenen Steinoperation. Seine Gemalin, eine wegen ihrer Sanftmuth und Herzensgüte allgemein beliebte Frau, fiel während der Operation, die fünfunddreißig Minuten dauerte, anwesend, in Ohnmacht und man fürchtete für ihr Leben. Er starb vierundzwanzig Stunden nachher. — Der König gab ihr einen Jahrgehalt von 30.000 Francs als besonderen Ausnahmsbeweis seiner Achtung. — Schreiben der Königin Marie Antoinette an die Kaiserin Maria Theresia ddo. Fontainebleau, 17. October 1775.

mit der du Barry in irgend eine Verbindung setzen wollte, sprach für ihn als vollgiltiger Beweis seiner Ehrenhaftigkeit.

Auf die Todesnachricht Ludwigs XV. hatte sich Graf Esterhazy beeilt, von Wien abzureisen, um baldmöglichst dem neuen Herrscherpaare seine Ehrfurcht zu bezeugen. Kaiser Joseph gab ihm ein Schreiben an die junge Königin mit und beauftragte ihn mündlich, da sie diesen Winter tagtäglich einige Stunden miteinander verbracht hätten, seiner Schwester genaue Details über dessen Lebensgewohnheiten zu geben. In Nancy angekommen, fand der Graf einen daselbst erwarteten Brief des Grafen du Châtelet, der ihm mittheilte, daß die Töchter des verstorbenen Königs, in Folge ihrer kindlichen Pietät in Choisy an den Blattern erkrankt wären; daß der Hof sich in Marly befände, wo der König und seine Brüder sich hätten impfen lassen und diese Cur dort durchmachten. — Die Impfung hatte wie überall so auch in Frankreich mit vielen Hindernissen zu kämpfen, und wurde in Folge der Verfolgungen, welche die Anhänger dieser neuen Curmethode auszustehen hatten, bald Modesache. — Das gefährlichste Heilsystem hatte nicht größere Schwierigkeiten zu überwinden gehabt, als die Impfung. Eine Fluth von Broschüren und Schmähschriften tauchte gegen sie auf. Feinde und Anhänger bekämpften sich mit gleicher Wuth. Unter den letzteren bemerkte man in erster Linie den Grafen Lauraguais, einen der geistvollsten aber originellsten Männer des damaligen Frankreich[1]). Dieser erklärte sich als einer der

---

[1]) Louis Léon Félicité Graf von Lauraguais, später Herzog von Brancas, geboren zu Paris 1733; diente mit Auszeichnung im siebenjährigen Kriege. In einer mörderischen Schlacht hatte er, damals Oberst, mit bewundernswerther Bravour an der Spitze seines Regimentes den Feind dreimal angegriffen und Erfolge errungen. Sein Muth, seine Kaltblütigkeit und Bravour erwarben ihm den Ruf eines der tapfersten Officiere der Armee. Als der Friede kaum geschlossen war, versammelte er seine Officiere um sich, ertheilte ihnen Lob und Dank für ihr Verhalten und fragte sie schließlich, ob sie mit seinem Benehmen zufrieden wären. Einstimmig erkannten Alle seine Tapferkeit an. „Ich bin sehr erfreut darüber", antwortete Graf Lauraguais, „daß Sie mit Ihrem

eifrigsten Vertheidiger der durch das Parlament verdammten Impfung (1763). Seine Denkschrift, die man beantwortete, verursachte eine große öffentliche Correspondenz über diesen Gegenstand, in Folge dessen ihn ein lettre de cachet für einige Zeit in eine Festung verbannte. Die medicinische Facultät von Paris blieb bis 1768 der eingefleischte Gegner der Impfung, bis am 16. Jänner jenes Jahres ein Duldungsedict darüber erschien mit einer Stimmenmehrheit von dreißig gegen dreiundzwanzig. — Die Aerzte begehrten zwanzig bis fünfundzwanzig Louisd'ors für diese Operation, was sie für nicht wohlhabende Leute beinahe unerschwinglich machte. Als sich der König impfen ließ, wollte er nebst der Gefahr den Blattern vorzubeugen, auch das allgemeine Vorurtheil dagegen besiegen, aber kaum hatte sich das Gerücht im Volke verbreitet, als ganze Massen aus Paris nach Marly liefen und vor dem königlichen Schlosse laut schrien: „Es lebe der König, aber keine Impfung!" — Die Unruhe hörte nicht früher auf, bis sich der König und seine Brüder dem Volke zeigten und dasselbe versicherten ihre Gesundheit habe keinen Schaden gelitten.

Obersten zufrieden waren, aber ich bin es keineswegs mit meinem Handwerke und verlasse es deshalb." Und in der That nahm er sogleich seinen Abschied. Er war Gelehrter und Weltmann, und wurde berühmt durch seine Kenntnisse, seine Witze und Bonmots, sowie die Originalität seines Charakters. Er hatte eine lange Verbindung mit der berühmten Opernsängerin Sophie Arnould, und man behauptet, daß sie ihm jenen Geist und Witz verdankte, der ihr ein so großes Renommée erwarb. Ein natürlicher Sohn der Beiden, Dioville de Brancas, blieb als französischer Cürassieroberst an der Spitze seines Regimentes in der Schlacht bei Wagram 1809. — Lauraguais schrieb mehrere Tragödien, so Jocaste, Clytemnestra u. s. w. Kein die allgemeine Aufmerksamkeit fesselndes Zeitereigniß ging vorüber, ohne daß er es nicht mit einer äußerst pikanten Denkschrift begleitete. Die Bizarrerie seines Charakters und die Richtung seines Geistes rangirten ihn unter jeder Regierungsform in die Reihen der Opposition. Unter Ludwig XV. und XVI. war er Frondeur, in der Revolutionsepoche persiflirte er alle Decrete des Nationalconvents und verdammte sie, so daß ihn dieser in die Conciergerie festsetzen ließ. Glücklicher als seine Gemalin, die ein Opfer der Guillotine wurde, kam er wohlerhalten aus dem Gefängnisse wieder heraus, hatte aber große Vermögensverluste erlitten. Mit seinen Witzen machte er, damals schon bejahrt, dem Directorium, dem Consulate und dem Kaiserreich den kleinen Krieg. In der Restauration wurde er als Herzog von Brancas Pair von Frankreich und sprach zu Gunsten der Preßfreiheit. Er starb 1824, nachdem er das einundneunzigste Lebensjahr bereits überschritten hatte.

Graf Esterhazy schrieb dem Grafen von Noailles[1]), damaligen Gouverneur von Marly und bat um die Erlaubniß, der Königin ein Schreiben Kaiser Josephs überreichen zu dürfen; dieselbe wurde sogleich ertheilt und er eilte nach Marly, wo er beim Grafen Maurepas speiste und als man sich vom Tische hob, den Befehl erhielt, sogleich bei der Königin zu erscheinen, die ihn mit vieler Güte empfing, auch Ludwig XVI. kam herbei, den sie bat, den Grafen Esterhazy in Marly verbleiben zu lassen, da sie demselben noch tausend Fragen über Wien zu stellen habe, wo er dem intimeren Kreise des Kaisers von diesem selbst beigezogen worden wäre. — Der König hieß ihn zu bleiben und beauftragte den Grafen Noailles demselben eine Wohnung im Schlosse anzuweisen. Die Königin selbst sagte dem Marschall Muy er möge den Brigadier und Regimentschef dispensiren zum Regimente einzurücken bis zur Abreise des Hofes von Marly, und der Minister meinte: „Mit einer solchen Erlaubniß bedürfe es keiner andern, überdies wäre die Garnison Joinville ein Posten von sehr untergeordneter militärischer Wichtigkeit, und die ganze frühere Administrationsweise des Generallieutenants Monteynard müsse ohnedies völlig umgeändert werden". — In Marly sah Graf Esterhazy täglich das Königspaar, Abends blieb er im Salon, wo der König stets einige Billardpartien machte oder das damals sehr beliebte Triktrak spielte. Nachdem sowohl Ludwig XVI. als seine Brüder die Impfcur vollkommen durchgemacht hatten, übersiedelte der

---

[1]) **Philippe de Noailles Herzog von Mouchy**, geboren 1715, machte alle Feldzüge von 1733 bis 1759 mit Auszeichnung. Mit verschiedenen Missionen ehrenvoll betraut, ersetzte er in Guyenne den Marschall Richelieu im Commando, wo sein milder versöhnender Charakter und seine untadelhaften Sitten einen gar gewaltigen sehr vortheilhaften Contrast gegen jene seines Vorgängers bildeten. Man warf ihm nur seine Liebe zur Repräsentation und die Wichtigkeit, welche er der kleinsten Etikette beilegte, vor. Er war Gouverneur von Marly und wurde 1775 Marschall von Frankreich, später Gouverneur von Versailles. 1785 zog er sich in sein Familienleben ganz zurück. — Seine Anhänglichkeit an Ludwig XVI. wollte er noch am blutigen Tage bei dem Kampfe der Tuilerien am 10. August 1792 beweisen, konnte aber nicht zum Könige vordringen. Von da an wurde er von den Aufrührern verfolgt und am 27. Juni 1794 hatte das Revolutionstribunal den neunundsiebzigjährigen Greis zur Guillotine verurtheilt. — **Marschall Mouchy** war einer der rechtlichsten und edelsten Charaktere des damaligen Hofes.

Hof wieder nach Versailles und Esterhazy rückte zu seinem Regimente ein, wo er den Sommer 1774 mit den Exercitien seiner Hußaren vollauf beschäftigt war. — Ziemlich spät vor Eintritt des Winters 1775 kam er wieder nach Paris, ging oft an den Hof nach Versailles, wo er die Auszeichnung genoß, sehr häufig zu den königlichen Soupers in den kleinen Appartements berufen zu werden. So verging der Winter 1775 zwischen den Festen in Versailles und den Vergnügungen von Paris. Zu diesen letzteren gehörten schon seit einigen Jahren die Pferderennen, eine über den Canal gebrachte englische Sitte. Der Erste, welcher den Parisern in der Ebene von Sablons das bis dahin ungekannte Schauspiel eines Pferderennens mit englischen Jokeys zum Besten gab, war der schon früher erwähnte Graf von Lauraguais; nächst diesem gab der Marquis de Conflans[1] Wettrennen in Vincennes; diese Beiden und der durch seine zahlreichen galanten Abenteuer und seine Memoiren bekannte Herzog von Lauzun[2], waren die ersten und eifrigsten Anglomanen in Paris. —

---

[1] **Louis Henri Gabriel Marquis de Conflans d'Armentieres**, geboren zu Paris 1735, erst Vicomte d'Oulchy, später Marquis de Conflans, diente im Cavallerie-Regimente Orléans seit 1752, wurde 1770 Maréchal du camp. — Wir kommen in diesen Blättern nochmals auf ihn zurück.

[2] **Armand Louis de Gontaut Duc de Lauzun**, geboren 1747, diente in der französischen Armee, machte den Krieg in Amerika nicht ohne Auszeichnung mit, brachte es aber nur bis zum Obersten eines Hußaren-Regimentes. 1788 wurde er Duc de Biron, schloß sich 1789 an die Revolution, besonders an den Herzog von Orléans, dessen Vertrauter er wurde. 1792 hatte er ein Commando bei der Armee, aber kein Glück, wurde verhaftet und am letzten December 1793 guillotinirt. — Als ihn der Scharfrichter holte, verzehrte er einige Dutzend Austern, lud diesen dazu ein und ersuchte ihn, nur so lange zu warten, bis er in aller Ruhe sein Frühstück verzehrt hätte. Seine Memoiren sind nach dessem Tode erschienen, aber theils untergeschoben, theils gefälscht. Eigentlicher Verfasser soll ein gewisser Levis Goldsmith sein. — Das Ganze ist ein nichtswürdiges Pamphlet gegen die Königin Marie Antoinette. — In der Epoche der Kaiserzeit, wo die Preßfreiheit ziemlich beschränkt war, brachte man das Manuscript dem Polizeiminister, der dessen Inhalt sehr ungeziemend fand und es Napoleon vorlegte. Derselbe war mit Recht wüthend. „Was", rief er, „ist es „nicht genug, daß diese Elenden diese unglückliche Frau das Schaffot besteigen „ließen, müssen sie auch noch ihr Andenken beschmutzen? Was wollen die Verfasser des Pamphlets? Geld! nun so gebe man ihnen welches, daß diese Schmutzschrift nie das Tageslicht erblicke." — In der Restauration wurde der Autor durch einen großen Hofherren protegirt, erhielt sogar Geld und das Libell wurde

Man hatte Mühe zu begreifen, warum so viele der jungen französischen Cavaliere eine solche Manie hatten, den Engländern in allem ähnlich werden zu wollen; „ohne Zweifel", heißt es, „weil sie aufhörten, Franzosen zu sein." Montesquieu hatte die Franzosen zuerst auf den Geist und die Einrichtungen der Gesetze und Verfassung Englands aufmerksam gemacht; der Verkehr dieser beiden Nationen war viel häufiger geworden, und das allerdings glänzende, aber sehr frivole Leben des französischen Adels genügte nicht mehr der Eigenliebe der jüngeren Generation desselben, und die französischen Edelleute dachten nur an die Würde und Unabhängigkeit, das bedeutungsvolle Wirken eines Pairs von England! — In Folge dessen kam eine allgemeine Nachahmungssucht alles Englischen über die französischen Herren; der ganzen vornehmen Jugend hatte sich plötzlich ein allgemeiner Taumel bemächtigt, eine Schwärmerei für englische Moden und Aeußerlichkeiten! — Sie dachte wol nicht daran, als sie die gestutzten Bäume, die regelmäßigen Vierecke, die geraden Alleen aus der Zeit des berühmten Gartenkünstlers Le Notre, dieses Lieblings Ludwigs XIV., in englische Gärten und Parkanlagen umwandelte, daß dies auch in anderen Richtungen Annäherungen und Nachahmungen hervorrufen werde, welche die ersten Keime von politischen Umwandlungen, Reformen, endlich des gänzlichen Umsturzes und einer großen Revolution in sich tragen würden; sie sah es nicht, wie der allerdings bequemere Frack die weiten kostbar gestickten Röcke und Gewänder des alten Hofes ersetzte und einen allgemeinen Hang zur Gleichheit zu verkünden schien, und da diese junge Männerwelt damals noch nicht durch das Feuer und die Ueberzeugungskraft ihrer Beredtsamkeit in öffentlichen Versammlungen glänzen konnte, wollte sie wenigstens durch die Pracht ihrer Reitbahnen, durch den Luxus ihrer Parks und die Schnelligkeit ihrer Rennpferde sich auszeichnen. Und dennoch war nichts leichter zu erkennen, und man brauchte blos jene Herren sprechen zu hören, welche zuerst diese Moden über den Canal gebracht hatten, so den

---

gedruckt. Ludwig XVIII. (bekanntlich ein Feind seiner Schwägerin) hatte die Veröffentlichung geduldet, während Napoleon (der Gegner der Bourbons) diese verboten hatte.

Herzog von Chartres (späteren Egalité), den Herzog von Lauzun, den Grafen Lauraguais, den Marquis de Conflans und noch einige Andere, um zu begreifen, daß es sich damals nur um einige oberflächliche Nachahmungen handelte, auf welche sich die Wünsche der Faiseurs zu beschränken schienen.

Wie es immer auch sein möge! Alles ließ sich von dieser Strömung mit fortreißen, die ganze Jugend des Hofes, auch die königlichen Prinzen! Die Königin selbst äußerte die größte Langeweile für die bisherige strenge Etikette, den lebhaftesten Geschmack für englische Gartenanlagen, sowie ein sehr ausgesprochenes Vergnügen an den Wettrennen, die sie mit ihrer Anwesenheit beehrte und dadurch absichtslos die Thorheit großer Wetten ermuthigte, welche viele Vermögen ruinirten. Es ist wahr, einige der älteren Herren tadelten diese Manie, aber blos weil sie neu war. Ludwig XVI. allein mißbilligte sie laut, aber auch nicht als ein Anzeichen weiter gehender gefährlicher Neuerungen, sondern als lächerlichen Luxus, als eine demüthigende Bevorzugung fremdländischer Gebräuche und Sitten, gegenüber jenen des eigenen Landes. Während man ungeheure Summen wettete, ließ sich der König nur auf einen Thaler herbei. Als die Anglomanie immer fortschritt, statt zurückzugehen, zeigte Ludwig XVI. sein Mißfallen über diese Modekrankheit in sichtbarer Weise, da er zum Herzoge von Lauzun sagte: „Wenn man für die Engländer und „ihre Sitten eine so große Vorliebe hege, sollte man sich bei ihnen „ansiedeln und in ihre Dienste treten". — Doch auch diese Lection blieb erfolglos; die Meinung und Mode waren schon mächtiger geworden als die Autorität und das Beispiel. Unglücklicherweise fühlte man schon die Heftigkeit des Wellenschlages und die Schwäche des Lootsen. — Um dies zu beurtheilen, genüge, daß der Graf von Lauraguais, ein begeisterter Anhänger englischer Institutionen und Sitten, sich durch die Kühnheit und Originalität seiner Reden und Schriften eine ziemliche Anzahl lettres de cachet zugezogen hatte, die er eines Tages seine Correspondenz mit dem Könige nannte. Dieser geistvolle, aber unruhige Edelmann war ein Freund des Weltvergnügens, doch zugleich ein eifriger Jünger der Wissenschaft; in der Chemie machte er mehrere ersprießliche Entdeckungen, in Folge dessen ihn die Akademie der Wissenschaften zu ihrem Mitgliede ernannte.

Ihm verdankte man vorzugsweise die Verbesserung des Porzellans; er war es, der die Einführung der Impfung in Frankreich am meisten begünstigte, und auch die Theater in Paris führte er zu großen Umwälzungen, denn nach seinen Rathschlägen hörten die Schauspieler endlich auf, die Heroen und Frauen des classischen Alterthums in modernen Costümen darzustellen, so z. B. den Theseus, Brutus oder Nero mit weiten Rockschößen und Achselbändern, oder die Phädra, Diana und Merope mit Reifröcken und gepuderten Ringellocken. — Ein Curiosum, das seinerzeit viel Lärm machte, ist folgender Vorfall aus dem Leben des Grafen Lauraguais. Bei seiner Freundin Sophie Arnould wurde er durch die häufige und stets viele Stunden dauernde Anwesenheit eines großen Hofherrn des Prinzen D., der sehr geistlos war, gelangweilt. Ungeduldig darüber, ging er zu mehreren Aerzten, die er fragte, ob man von der Langweile den Tod haben könne. — „Diese Wirkung der Langweile", meinten die Aerzte, „wäre sehr selten und befremdend." — „Ich frage Sie, ob dies möglich sei", äußerte der Graf. — Das Gutachten der Aerzte lautete: „In Wahrheit könnte eine andauernde Langweile auf Nerven und Gesundheit allerdings aufregend und störend wirken, und insoferne durch Ueberreizung oder Abspannung zu einer Krankheit, daher mittelbar auch zum Tode führen!" — Lauraguais verlangte eine schriftliche Bestätigung des Gesagten, die er reichlich bezahlte. Mit dieser ging er zu seinem Advocaten, den er fragte, ob man Jemanden bei Gericht klagen könne, der den Plan hätte, durch irgend was immer für ein Mittel Einen zu tödten. — Der Advocat antwortete: „Dies unterliege keinem Zweifel", und mußte dies in Form einer Erklärung schriftlich geben. Mit diesen zwei Documenten versehen, brachte Graf Lauraguais vor Gericht eine Klage gegen den Fürsten D. vor, der ihn sowie Sophie Arnould durch Langeweile tödten wolle. Diese bizarre Angelegenheit hatte zwar keine weiteren Folgen, aber sie machte großes Aufsehen. — Als die Ideen der Freiheit sich auszubreiten anfingen, war Lauraguais einer der eifrigsten Förderer der einflußreichen Neuerungen, die sich vorbereiteten. Er sah sich schon in einem französischen Parlamente die Rolle eines Horace Walpole, Chatham oder Fox spielen, aber der Revolutionsorkan täuschte seine Hoffnungen so wie die vieler Anderer, und erst nach der Restauration saß er in der Pairskammer, wo ihm aber sein hohes Alter nur für kurze Zeit aufzutreten erlaubte.

Im Frühjahr 1775 war das Huszaren-Regiment des Grafen Esterhazy nach dem Städtchen St. Michel in Lothringen marschirt. Der neue Kriegsminister Marschall Muy war eifrig damit beschäftigt, die Ordnung wieder herzustellen, die das kurze Ministerium Monteynard vollkommen vernichtet hatte. Der Grundsatz des Grafen Muy war, die Aufrechthaltung eines bestimmten Systems der Ordnung und Strenge, Nichts zu überstürzen oder aufs Ungewisse einzuführen und wenn man seine Maximen später befolgt hätte, so würde während der Revolution viel Unglück verhütet worden sein.

Zu dieser Zeit befand sich Herr von Turgot[1]) als General-controleur an der Spitze der Finanzverwaltung, ein Ehrenmann, tugendhaft und rechtlich, aber mehr systematischer Kenner der Bücher als der Menschen und Mitglied einer Secte der Oekonomisten. Er trug auf Ersparnisse in jedem Zweige des Staatshaushaltes an, beabsichtigte Adel und Geistlichkeit zu besteuern, einige Klöster aufzuheben, Gleichheit im Gesetze, Maß und Gewicht im ganzen Königreich einzuführen u. s. w. Aber mit diesen Radicalreformen verletzte er Jene, welche dabei ein Opfer bringen sollten und er konnte von allem fast nichts ausführen. Da er 1775 in der Fasten Fleisch zu verkaufen erlaubte, so klagten die Priester, er wolle die Religion vernichten. Er hatte den Getreidehandel im Königreiche freigegeben und als 1775, durch die Mißernte von 1774, Theuerung entstand, so gab man ihm die Schuld. Seine Feinde, welche seine strenge Tugend fürchteten, sowie jene, welche besorgten, durch seine finanziellen Reformen zu verlieren, die der Minister sich nicht scheute im Vorhinein anzukündigen

---

[1]) Anne Robert Jacques Baron d'Aulne-Turgot, geboren 1727 in Paris, war zuerst Theolog, später aber widmete er sich dem Studium der Rechtswissenschaft, wurde 1752 Parlamentsrath, 1761 Intendant von Limoges, wo er die Grundsätze der physiokratischen Schule Quesnays in Anwendung brachte, den Ackerbau belebte, neue Ausfuhrwege für die Landesproducte eröffnete u. s. w. Im Juli 1774 wurde er Marineminister, ein Monat später Generalcontroleur der Finanzen. Er fiel der Intrigue, 1776, zum Opfer, lebte zurückgezogen und starb am 20. März 1781.

und zu deren Durchführung der König sehr geneigt schien, ergriffen den Vorwand der Getreideausfuhr, um einen künstlichen Mangel entstehen zu machen, dadurch das Volk aufzuregen und Aufstände zu veranlassen, von denen man schon im Vorhinein wußte. — Man plünderte die Bäckerladen und hielt die Schiffe, welche Getreide mit sich führten, auf. — Turgot begehrte gegen diese Excesse ein kräftiges Einschreiten und man ließ die königlichen Haustruppen gegen die Excedenten marschiren, aber die Chefs dieser Corps waren über eine Unordnung innerlich vergnügt, von der sie glaubten, daß sie denjenigen stürzen würde, der ihre eigenen Mißbräuche und Eigenmächtigkeiten abstellen wollte. — Das Volk, obgleich für diese Aufstände bezahlt, benahm sich noch mit ziemlicher Mäßigung. — Um aber den König noch mehr zu erschrecken, ließ man sogar den Marktplatz in Versailles plündern und die Hälfte Mehl in den Gässen verstreuen. — Man hielt das Volk in dem irrigen Glauben, daß es dem Könige gehorche, wenn es den Aufkäufern und Kornwucherern zu Leibe gehe und die Markthallen plündere. Der Aufstand, welcher in der Umgegend von Paris angefangen hatte, verbreitete sich bald in die Provinzen und man ließ Truppen dahin marschiren.

Das Hußaren-Regiment Esterhazy befand sich unter diesen und wurde im Schlosse Thierry und nächster Umgegend bequartiert. Man formirte ein kleines mobiles Corps unter Commando des Marschalls Herzog von Biron. — Brigadier Graf Esterhazy wurde mit der Ueberwachung der Marktplätze von Montmirail bis Verviers beauftragt und alle Oerter dieser Strecke, wo Märkte abgehalten wurden, waren mit kleinen Hußarendetachements besetzt, welche beordert waren, den Fruchthändlern, die Korn oder Mehl mit sich führten, Sicherheitspatrouillen beizustellen. — Minister Turgot ergriff zwei Maßregeln, diese waren Erstens: das Recht des sogenannten Standgeldes[1]) zu unterdrücken und dafür eine Entschädigung auf königliche Kosten zu bestimmen; Zweitens: in jeder größeren Stadt eines Bezirkes eine große Quantität Korn anzukaufen, welches ein General-

---

[1]) Das Standgeld bestand nämlich darin, daß in einer Halle, welche zur größeren Bequemlichkeit der Käufer, mehrere Eigenthümer hatten bauen lassen, diesen für ein gewisses Quantum Korn, eine kleine Geldabgabe geleistet werden mußte, welcher Gebrauch eine Art Herrenrecht geworden war.

commissär bevollmächtigt wurde, in jene Marktplätze bringen zu lassen, wo wirklicher Mangel stattfände und es dort um den letztfrüheren Marktpreis zu verkaufen; sollte dieser aber niedriger als der Ankaufspreis sein, es in Magazinen zu verwahren. — Diese Anordnung wurde Anfangs noch geheim gehalten und sollte nur im dringlichsten Falle ausgeführt werden. — Die Markthalle des Schlosses Thierry war schon geplündert, ehe die Hußaren dort einrückten und die Pächter wagten es nicht, ihre Lebensmittel weder auf diesen Markt, noch auf jene der benachbarten Städte zu bringen. — Graf Esterhazy handelte genau im Sinne der erhaltenen Instructionen und stellte seine Detachements derart zum Schutze der ihm zugewiesenen Hallen auf, daß diese mit allem reichlich versehen werden konnten; auch die einzelnen Ortspfarrer erhielten ihre eigenen Weisungen, um durch ihren Einfluß die Bauern zu beruhigen und aufzuklären, welcher Aufgabe sie sich auch mit eben so großem Eifer als Erfolg in jenen Gegenden unterzogen. Vor der Ankunft der Hußaren waren unbekannte Leute auf den Marktplätzen erschienen, die das Volk zum Aufstande reizten; aber seit dem Einrücken dieser Reiter ließ sich Keiner von den Aufwieglern mehr blicken. — Graf Esterhazy hatte sein Hauptquartier im Mittelpunkte des ihm anvertrauten Rayons genommen, nämlich in Luzancy bei seinem väterlichen Freunde, dem alten Marschall Bercsényi. Er hatte königliche Pferde zu seiner Disposition, um sich möglichst schnell von einem Ort zu dem andern begeben zu können und es kam zu keinen weiteren Excessen mehr. — Eines Abends vor einem Markttage ließ der Officier, der den Posten von La Ferté sous Jouare commandirte, melden, daß für den nächsten Tag kein Getreide mehr vorhanden sei und wenn keines zu rechter Zeit hinkäme, es ohne Zweifel Lärm absetzen würde. — Graf Esterhazy ließ sogleich sechs schwer beladene Fuhrwerke von seinen im Schlosse Thierry aufgehäuften Vorräthen nach La Ferté kommen und noch vor Tagesanbruch in der dortigen Markthalle abladen. Als die Uebelgesinnten sahen, daß ihre Pläne in Folge dieser Anstalten scheitern würden, kam von allen Seiten Getreide in solchem Ueberflusse, daß die Preise sanken. — Esterhazy ließ nun seine Wägen wieder aufladen und in ihren früheren Aufbewahrungsort zurückkehren. — Um diese Zeit war in Châlons ein ansehnliches Getreidedepot gesammelt worden, aber die Annäherung der Erntezeit vollendete die Beilegung der Unruhen und die Beruhigung der Gemüther. — Graf Esterhazy wurde nach Paris berufen und über sein erfolgreiches Wirken, und die zweckmäßige Aufstellung und Verwendung seines Regimentes, sowol von den Ministern Maurepas und Turgot, als auch von dem militärischen Befehlshaber Marschall Biron ungemein belobt und ihm in Folge dessen, die Approvisionirung von Rheims übertragen. — Er verließ nun das linke Marneufer und nahm in Fismes, zwischen Soissons und Rheims, seinen Sitz und auch hier war, Dank seiner zweckmäßigen Vorkehrungen, bald ein so großer Getreidevorrath, daß der, anläßlich der Krönung große Zusammenfluß von Menschen nicht hinreichte, um diesen aufzubrauchen.

Auf seiner Reise nach Rheims nahm der König in Fismes sein Nachtlager, wo das Hußaren-Regiment Esterhazy die übliche Ehrenwache versah und sodann, während der Krönungsceremonien in die nächste Nähe von Rheims gezogen wurde, woselbst während einem der Ruhetage, über ausdrücklichen Wunsch der Königin, die Hußaren eine Revue passirten und mehrere Bewegungen ausführten. Das Königspaar, über den Zustand des Regimentes sehr zufriedengestellt, beschenkte die Mannschaft reichlich, was unter dieser großen Jubel erregte. Auf der Rückreise der Majestäten von Rheims, wurde Graf Esterhazy, nachdem er dieselben an der Spitze seines Regimentes noch einmal ehrfurchtsvollst begrüßt hatte, für seine Person zur Begleitung des Königs nach Compiègne beordert; das Regiment hingegen concentrirte sich in Soissons, von wo es nach einer zweimonatlichen Garnison nach Laon marschirte.

Graf Esterhazy begleitete nun den Hof auf einer Reise nach Choisi und auf einer zweiten nach Fontainebleau, wo ein sehr glänzender und bewegter Aufenthalt folgte. Jagden, Bälle, Theater und Spiel wechselten mit einander ab und man dachte dort nur daran, sich auf die angenehmste Art zu zerstreuen. Im Winter 1776 wohnte Esterhazy bei seinem Freunde du Châtelet in Paris und theilte seine Zeit zwischen dem Hofe von Versailles und der Gesellschaft, und den Vergnügungen der französischen Hauptstadt. Sehr häufig jagte er in Versailles und den Gehölzen von Marly mit dem Könige, war auch bei den öfteren Spazierritten der Königin in derem Gefolge. Um jene Zeit ließ dieselbe die ihr besonders angenehme Gräfin Jules

Polignac an den Hof nach Versailles übersiedeln und engagirte den Grafen Esterhazy, sich in deren Salon einführen zu lassen, wo man nach dem Diner in sehr kleinem Kreise zusammenkam und von dort gemeinschaftlich das Theater zu besuchen pflegte.

Gabriele Yolanthe Martine de Polastron, damals eine sechsundzwanzigjährige junge Frau und seit 1770 mit dem Grafen Jules Polignac vermält, war der Königin auf einem der Hofbälle in Versailles, durch ihre Schönheit, noch mehr durch ihr einnehmendes Wesen aufgefallen, und wie Zeitgenossen versichern, gab es niemals eine Frauenerscheinung, die so viel Liebreiz und weibliche Anmuth besaß wie die Gräfin Polignac; nie zeigte eine Gestalt mehr Anstand, Bescheidenheit und Zurückhaltung als die ihre. Die Königin fühlte sich bei der ersten Begegnung zur Gräfin hingezogen, sie hörte sie singen und war entzückt von der Frische ihrer Stimme, sie rief sie zu ihren Concerten, Quadrillen und suchte sie bei jeder Gelegenheit an sich zu ziehen, bis sie unter sehr vortheilhaften Bedingungen für sich und ihre Familie eine Stelle bei Hofe erhielt. Als die Gunst und Freundschaft der Königin für die Gräfin Polignac offenkundig wurde, strömte ganz Versailles und Paris in deren Salon und die Zahl ihrer Freunde wuchs schnell. Aber unglücklicherweise hatte diese Frau in der Person des Grafen Vaudreuil[1]) einen ebenso ehrgeizigen als herrischen

---

[1]) Joseph Franz Paul Graf von Vaudreuil war 1740 in St. Domingo geboren, wo sein Vater Gouverneur war. Er hatte als Adjutant des Prinzen Soubise den siebenjährigen Krieg mitgemacht, wurde später Generallieutenant und Großfaltenmeister von Frankreich. Die Berühmtheit der Familie Vaudreuil war jüngeren Datums, vom Beginne des achtzehnten Jahrhunderts, da sein Großvater in der Schlacht bei Luzzara, 1702, vor dem Feinde blieb. — Zur Zeit der Emigration folgte er dem Grafen Artois ins Ausland und kehrte mit diesem 1814 wieder nach Frankreich zurück, wo er, zum Gouverneur des Louvre ernannt, 1817 starb. — Er war ein Mann von richtiger Urtheilskraft und scharfem, aber nicht angenehmen Geiste, so lange er ruhig blieb, doch das Mindeste brachte ihn außer sich; er besaß einen sehr heftigen Charakter, hatte eine schöne Gestalt, doch war mit Ausnahme der Augen, sein Gesicht durch die Pocken entstellt. Vaudreuil liebte die Künste und Wissenschaften, die Gesellschaft von Gelehrten,

Freund, der überall Einfluß nehmen, sich in Alles mischen wollte und die Gesellschaft des Salons Polignac meist nach seinem Belieben zusammenstellte. Außer ihm sah man fortwährend dort den Baron Besenval[1]) und den Grafen d'Adhémar, welche unter mehreren Andern die bedeutendsten waren. — Der Erstere, ein Mann von Geist, ein Schweizer, war von sehr unmoralischen Charakter, liebte die Intrigue für diese selbst, wenn sie ihm auch keinen Vortheil brachte. Es genügt seine Memoiren zu lesen, um die Bestätigung dieser Wahrheit zu erhalten. Er besaß Vermögen und bezog überdies einen bedeutenden Gehalt. Da er Garçon und ein guter Wirth war, so konnte er ein sehr angenehmes und seinem Geschmacke zusagendes Leben führen. Besenval hatte nicht den Ehrgeiz, selbst hohe Stellen einzunehmen, aber er wollte Einfluß haben, um sich in Alles mengen zu können. Er war Generallieutenant und zugleich Oberstlieutenant der Schweizer Garden; sein einziges Verlangen war Oberst derselben zu werden.. — Sein größtes Vergnügen war eben die Intrigue und man sieht in seinen Memoiren, daß er es war, der die Königin dahin brachte, sich gegen die Wahl des Grafen Puységur zum Kriegsminister zu widersetzen und einen seiner Freunde auf diesen wichtigen

---

welche er wöchentlich an seinem Mittagstische sah, und besaß eine sehr gewählte Gemäldegalerie der französischen Schule des achtzehnten Jahrhunderts, die er in seinem prachtvollen Hause in der Rue la Chaise sich angelegt hatte. — Die Fürstin Henin sagte: „Die zwei Männer, welche am besten mit den Frauen sprechen könnten, wären, auf dem Theater Kain (ein renommirter Schauspieler jener Zeit), und in der Gesellschaft, der Graf von Vaudreuil".

[1]) Peter Victor Baron Besenval, geboren 1723 zu Solothurn, trat früh in das französische Heer und zeichnete sich während des österreichischen Erbfolge- und des siebenjährigen Krieges, wiederholt in den Niederlanden und in Deutschland aus. — Er stieg bald zur Generalscharge empor, wurde später Oberstlieutenant der Schweizer Garde, welche Stellen Generäle bekleideten; durch seinen Credit bei dem Grafen Artois, der auf seinen Rath hörte, sich von ihm beherrschen ließ, und Generaloberst der Schweizer Garden war, konnte Besenval mittelbar auf alles was diese betraf, so ziemlich nach seinem Gutdünken einwirken. 1789 commandirte er unter Marschall Broglie die um Paris concentrirten Truppen, flüchtete sich nach dem Fall der Bastille in die Schweiz, wurde aber unterwegs verhaftet, nach Paris zurückgebracht und entging dem Tode nur durch Neckers Verwendung, dessen Gegner er früher war. Baron Besenval starb 1791 zu Paris. Seine Memoiren wurden von dem Vicomte de Ségur herausgegeben. Paris 1805—1807. 4 Bände.

Posten unterzubringen, damit er diesen sodann leiten könne. — Später drängte er sich an den Grafen Artois, wußte sich diesem gefällig zu machen und gewann auch vollkommenen Einfluß auf ihn. — Zu jener Zeit war er schon ein Fünfziger, hatte sich aber eine schöne Gestalt und eine eiserne Gesundheit erhalten, die ihm erlaubte alle Vergnügungen eines Fünfundzwanzigjährigen mitzumachen. — Bei sich und mit seinen Leuten herrisch und voll Launen, war er in Gesellschaft der liebenswürdigste Salonmann. — Sein Kopf glich einer encyklopädischen Tafel und er hielt etwas darauf alles zu wissen, sprach über alles bei Hofe, nachdem er jedoch eine Wissenschaft aus dem gemacht, was er zu verschweigen habe. Er vergaß sich mit Berechnung und schmeichelte oft mit rauhem Worte, und nahm die Miene soldatischer Offenheit unter der Maske natürlicher Gutmüthigkeit, um Vieles sagen zu dürfen. Er besaß den neuen Reiz und das große Wissen, einen vortrefflichen Ton in den schlechten hineinzulegen. So schildert ihn, nur noch weit eingehender der Fürst de Ligne. — Anders und schärfer aber die Gräfin Genlis, da sie schreibt: „daß Besenval gerade nur so viel Geist besessen habe, um Unbedeutendes mit einer gewissen Anmuth und Leichtigkeit vorzubringen, aber unfähig gewesen wäre, ein halbwegs gut geschriebenes Billet zu verfassen; man beschuldigte ihn boshaft zu sein; er war unüberlegt und ohne Grundsätze, er war in seinem Betragen gefällig, wenn sein eigenes Interesse dabei nicht ins Spiel kam und von einer gewissen Gutmüthigkeit mit Leuten, denen man nichts Lächerliches anhaben konnte; eine gewisse offene Miene, Natürlichkeit und ein stets heiterer Sinn machten ihn liebenswürdig". — Alle übrigen Zeitgenossen urtheilen, was Besenvals Geist betrifft, weit vortheilhafter, sie sagen überdies, daß er ein guter Militär war, aber ein Roué mit weißen Haaren. — Später war Besenval ein Feind der Königin, von jenem Tage an, als er die Majestät der Krone vergessend, nur die schöne Frau in ihr zu erblicken glaubte, und uneingedenk seines Alters und seiner grauen Haare, derselben zu Füßen sank. „Stehen Sie auf, mein Herr", sagte die Königin mit verachtungsvollem Blick, „der König soll ein Verbrechen nicht erfahren, welches Sie für immer seiner Gnade berauben würde!"

Was den Grafen d'Adhémar betrifft, so war dies von der ganzen Gesellschaft des Salons Polignac derjenige, der am meisten Geist und nicht weniger Gewandtheit besaß als Besenval, um seine Ziele zu erreichen. Er hatte im siebenjährigen Kriege gedient und sich als Subalternofficier im Treffen bei Warburg unter den Augen des Generals, späteren Kriegsministers Marquis de Ségur, hervorgethan. Während eines Urlaubes in Nismes, fand er im Hause seiner Tante alte Documente, welche ihm Ansprüche auf den Namen eines Grafen d'Adhémar bewiesen. Bisher arm, unter dem Namen Montfalcon, Capitän im Regimente Rouergue, kam er nach Paris, legte jene Papiere dem Genealogisten Chérin vor, der ihm darüber ein Zeugniß ausstellte, und nun erhielt er die Erlaubniß, den Namen eines Grafen d'Adhémar führen zu dürfen. Der Marquis de Ségur empfing ihn sehr gut, und was noch vortheilhafter für ihn war, die Marquise, welche in der Gesellschaft große Achtung genoß und Einfluß hatte, nahm an seinem Schicksale Theil. Er wurde bald Oberst im Regimente Chartres. — Aber alle diese errungenen Vortheile gaben ihm noch immer kein Vermögen, um in der großen Gesellschaft eine Stellung zu behaupten. Die Marquise Ségur verschaffte ihm eine reiche Partie; und die Gräfin de Valbelle, eine vermögliche Witwe und Palastdame der Königin, verliebte sich leidenschaftlich in den Grafen d'Adhémar und reichte ihm ihre Hand. Aber einmal verheiratet, kümmerte er sich nicht weiter um sie und benützte nur das Vermögen und die Stellung seiner Gattin als Mittel, um vorwärts zu kommen. Er war ein Mann von geselligen Talenten, betrieb mit Verständniß die Musik, hatte eine ganz hübsche Stimme, dichtete Verse, Couplets und Romanzen, begleitete am Clavier, war gegen Jedermann gefälliger Höfling, beleidigte Niemand und verbarg unter demüthiger Bescheidenheit einen ungemeinen Ehrgeiz. Bald nach seiner Heirat hatte d'Adhémar große Reisen unternommen, in der Absicht in die diplomatische Carriere zu gelangen; er erschien am Hofe zu St. Petersburg mit einem solchen Glanze, daß man dort glaubte, er wäre mit irgend einer geheimen Mission betraut. Nach seiner Rückkehr, in der vertrauten Gesellschaft der Polignacs aufgenommen, gewann er sich in dieser bald seine Stellung und schmeichelte sich auf so feine Art bei dem Grafen Vaudreuil ein, daß er dessen Eigenliebe täuschte, Einfluß auf diesen

eitlen Mann erlangte und ihn zuletzt beherrschte, ohne daß derselbe
es bemerkte. — Er erreichte auch einige Jahre später, was er wünschte,
einen Gesandtschaftsposten.¹)

Diese drei Männer, Vaudreuil, Besenval und d'Adhémar,
beeinflußten und dominirten den Salon Polignac. Keiner von
ihnen hatte erhabene Ziele vor Augen. Es waren gewandte Hof=
intriguanten, nichts weiter. Sie wollten Stellen, entweder für sich
selbst oder ihre Freunde, und berücksichtigten nicht Talent und
Verdienst derer, die jene Posten weit besser hätten ausfüllen können.
Vollkommen jedes Fernblickes in die Zukunft, jenes feinen Beob=
achtungssinnes bar, welcher die Ereignisse des politischen Lebens
im Vorhinein zu combiniren und auch nur halbwegs zu berechnen
im Stande ist, opferten sie alles ihren persönlichen Interessen und
Eigennutze, unbekümmert um die sich vorwärtsdrängenden Ereignisse,
und sahen nie weiter über dieselben hinaus. Auf diese Art war es
vornehmlich, daß die Gesellschaft Polignac viel geschadet hat, nicht
nur der unglücklichen Königin, sondern auch den Interessen des Königs
und daher jenen des Landes. — Was die Ausgaben betrifft, zu welchen
diese Gesellschaft die Königin veranlaßte, wurden sie im Publicum viel=
fach und in gehässigster Weise übertrieben und man kann sie nicht ver=
gleichen mit der Größe jener Summen, welche ehemals eine Pompa=
dour oder du Barry u. s. w. vergeudeten. In der That erhielten
der Graf und die Gräfin Polignac keine größeren Summen als
eben nöthig war, um in Versailles die Kosten eines Hauses zu decken,

---

¹) Zur Zeit des baierischen Erbfolgekrieges verfaßte Graf d'Adhémar
ein politisches Memoire, in welchem er die Verpflichtung Frankreichs aus dem
letzten Vertrage mit Oesterreich nachwies, zu Gunsten dieser Macht ein Hülfscorps
aufzustellen. Aber die Minister Ludwig XVI. riethen diesem Monarchen davon
ab und überredeten ihn, unter dem Vorwande d'Adhémars Talente zu benützen,
diesen zu entfernen. Er wurde zuerst Gesandter in Brüssel und kam von dort
später als Botschafter nach London, welcher Posten ihm das große Band des
St. Michaels-Ordens, als mit diesem unzertrennlich, eintrug. Das dortige Klima,
Nebel und Kohlengeruch brachten seine Gesundheit herab, und der Aerger, Frank=
reichs höchste Auszeichnung, das blaue Band, nicht erlangt zu haben, machten zur
Zeit der Revolution einen Malcontenten aus ihm. — Er starb kurz nachher in
einem Pachthofe in der Umgegend von Paris als Nationalgardist, unzufrieden mit
dem Hofe, der alle Ursache hatte, es am meisten selbst zu sein, wenn er bedachte,
was er alles für diesen Undankbaren gethan.

welches gleichsam seit einiger Zeit jenes der Königin geworden war und das selbst zeitweise der König mit seiner Gegenwart beehrte. — Und als die Revolution ausbrach, hatten die Polignacs viel mehr Schulden als Reichthümer. Aber es handelte sich ihre Verwandten und Freunde bei Hofe oder auf Gesandtschaftsposten unterzubringen, doch auch diese Plätze mußten immer ausgefüllt werden, wenn es nicht durch diese war, so durch Andere, also auch in diesem Falle lag der Fehler nicht in der Verschwendung, sondern das Uebel war, daß man die Güte der Königin in jenen Kreisen täuschte und mißbrauchte, und daß jene Posten nicht denen zu Theil wurden, welche sie verdient und auch besser versehen hätten. Und was am meisten den ganzen Adel und die Gesellschaft gegen den Salon Polignac mit Unwillen und Aerger erfüllte, war, daß dessen Besucher für Niemand Rücksicht und Achtung bezeigten, der nicht mit ihnen in naher Verbindung stand.

Wie schon erwähnt (Anmerkung S. 186), war der Kriegsminister Graf Muy im vorigen Herbste, 1775, an einer heroisch überstandenen ungemein schmerzhaften Steinoperation gestorben und der Graf Saint-Germain, ein tapferer Soldat und Mann von Geist, aber ohne Ausdauer und Charakter, mit stets unruhigem Kopfe, hatte das Portefeuille des Krieges übernommen.

Anfangs Jesuit, verließ er diesen Orden, um die militärische Carriere gegen den Willen seiner Eltern zu ergreifen. Der Widerstand aber, den er gleich im Beginne seiner neuen Laufbahn von Seite seiner Familie fand, wirkte nachtheilig für Erreichung der Ziele seines Ehrgeizes; er verließ die französische Heimat, diente in mehrerer Herren Ländern, so in kaiserlichen und pfälzischen Diensten. 1745 war er nach Frankreich zurückgekehrt, in der Suite des Marschalls von Sachsen, wurde in der Folge Generallieutenant und Commandeur des Ludwigs-Ordens; 1760 hatte er, in Folge eines Streites mit einem höheren Generale, seinem Vaterlande abermals den Rücken gekehrt, nahm seinen Abschied und trat in die Dienste des Königs von Dänemark, doch auch hier hielt er nicht lange aus und kam 1774 abermals nach Frankreich zurück, beraubt aller jener glänzenden Belohnungen, welche ihm seine Tapferkeit auf allen Schlachtfeldern Europas jener Zeit eingebracht hatte. Er zog sich in die Gegend von Hüningen zurück und zwar in solcher Dürftigkeit, daß die Officiere des Regimentes Royal Alsace ihm eine Unterstützung zu gewähren, den einstimmigen Entschluß faßten. Diese Demonstration zog die Aufmerksamkeit des Königs auf seine Persönlichkeit, die mit allen Eigenschaften und Talenten begabt war, welche große Männer machen, aber leider auch mit allen Gebrechen die ihren Sturz verursachen. Sein Wiedererscheinen bei Hofe erregte allgemeine Neugierde; es fand zu Fontainebleau statt. — Der neue Minister drückte seine tiefste Erkenntlichkeit aus; der König sagte ihm: "Ich bin überzeugt, Graf Saint-Germain, daß Ihre großen Talente "der Armee von Nutzen sein werden und dieselbe Ihr Unrecht werden "vergessen machen. Entsprechen Sie daher diesen Erwartungen! Ich "gebe Ihnen Ihren alten Rang und den St. Ludwigs-Orden zurück "und ermächtige Sie, den fremden Orden weiter zu tragen, mit welchem "ich Sie decorirt sehe". Mit diesen Worten verband der König eine Dotation von 100.000 Thalern zur Einrichtung seines Haushaltes. Graf Saint-Germain nahm sich auch sogleich mit dem größten Eifer seiner Amtsgeschäfte an, und machte beim Antritte seines Ministeriums den Vorschlag, einen Theil der königlichen Haustruppen aufzulösen, ebenso auch die Militärschule. Der König war durch seine eigene lebhafte Neigung zur Sparsamkeit, die Königin durch ihren beständigen Wunsch, am Hofe von Versailles, jene würdevolle Einfachheit des Wiener Hofes einzuführen und dem Könige dieselbe ehrfurchtsvolle Anhänglichkeit als einzige Begleiterin beizugesellen, mit welcher sich die Fürsten des Hauses Oesterreich zu umgeben pflegten, leicht dafür gewonnen. Die ersten Ordonnanzen des Grafen Saint-Germain erschienen daher mit königlicher Autorisation. Die zwei Musketiercompagnien, welche sich unter Ludwig XIV. bei der Belagerung von Valenciennes und unter Ludwig XV. in der Schlacht bei Fontenoy ausgezeichnet hatten, wurden aufgelöst und ebenso die Cadres der Gensdarmerie, der Chevauxlegers und der Gardes du Corps.

Sein Vorgänger Graf Muy, verehrungswürdig durch seine Tugenden, seine gleichmäßige gerechte Strenge, beschränkte sich nur darauf, die vorgefundene Ordnung genau einzuhalten; Graf Saint-Germain, Feind der Mißbräuche, des Luxus, der Gunst der Launen, griff in seinen Reformen den Hof an, da er alle bevorzugten und bevorrechtigten Corps, als für den Staatsschatz zu kostspielig, entfernen wollte, die selten von großem Nutzen im Kriege, aber für die Einzelnen sehr vortheilhaft waren. — Auch die Verbesserung der militärischen Disciplin war ein Gegenstand seiner eifrigsten Aufmerksamkeit und der Minister wollte mehrere Reglements nach dem Muster anderer Länder in der französischen Armee einführen. Der Graf von Guibert,[1]) ein hochgebildeter Officier, voll von Feuereifer und Kenntnissen, bot ihm seine Dienste an. Derselbe hatte die nordischen Höfe bereist, war von Friedrich dem Großen bewillkommt und von Voltaire gefeiert worden. Ein Anhänger deutscher Tactik, hatte er 1772 eine Abhandlung geschrieben, welche eine scharfe Kritik des französischen tactischen Systems enthielt. — Die alten Soldaten sollten sich nun in ein neues Exercitium einstudiren, was ihnen ermüdend erschien, man änderte die Uniformen, und, was die Franzosen als Schimpf betrachteten, es wurde die Prügelstrafe eingeführt. Achthundert Unterofficiere begehrten sogleich ihre Entlassung, die Soldaten murrten laut und sagten, daß ihre Kameraden zu Zeiten Turenne's und Condé's nie auf deutsche Art disciplinirt und doch oft Sieger am Schlachtfelde waren. Man gehorchte nur mit Widerwillen und die Unzufriedenheit wurde allgemein laut. Selbst die bestgemeinten Anordnungen Saint-Germains wurden lächerlich gemacht, so z. B. ein Gesetz, welches jedem, der eine schwere Verwundung erlitt, Anspruch zur Beförderung verlieh. Ein Pariser Witzblatt schrieb darüber: „Ich werde mir einen Arm abschneiden lassen und man wird mich „zum Capitän machen, dann den andern und ich werde Major, mit „einem Auge weniger werde ich Oberst und wenn ich mir den Kopf „abschneiden lasse, General". Das Publicum applaudirte die beißende, aber sehr ungerechte Kritik.

Auch die Hußaren sollten nach den Reformen Saint-Germains zu (reitenden Jägern) Chasseurs à cheval, umgewandelt werden. Graf Esterhazy sprach dagegen und die Königin selbst erledigte in rascher Weise die ganze Angelegenheit mit dem Endbeschlusse, daß die

---

[1]) Jacques Antoine Comte de Guibert, geboren 1743 zu Montauban, zeichnete sich im siebenjährigen Kriege und auf Corsica aus, und starb 1790 als Maréchal de camp in Paris. Sein berühmtestes Werk ist: Essai général de tactique, London 1772, 2 Bände.

Hußaren fortzubestehen hätten. — Graf Saint-Germain wurde darüber unwillig und hegte gegen den ihm bekannten Veranlasser der königlichen Entschließung einen Groll, der sich sogleich dadurch Luft machte, daß er dessen Regiment nach Montmédy schicken wollte, der unangenehmsten und schlechtesten Cavalleriestation im ganzen Lande, weshalb bisher nie Reiterei dort einquartiert war. Das Regiment, als es in Laon diese Nachricht erhielt, war darüber verzweifelt, dessen eben anwesender Chef eilte daher sogleich nach Versailles, die Königin um ihre gnädige Vermittlung zu bitten. Dieselbe sagte: „Lassen Sie mich machen, Sie werden selbst hören, was ich ihm sagen werde". Sie ließ sogleich den Kriegsminister rufen, den sie in ungnädiger Weise mit den Worten empfing: „Es genügt also, mein Herr, daß, wenn „ich Jemanden Theilnahme beweise, Sie denselben verfolgen. Warum „schicken Sie das Regiment Esterhazy nach Montmédy, was eine „schlechte Garnison ist und in welche man sonst nie Cavallerie verlegt, „suchen Sie es wo anders unterzubringen". „Ach ja!" sagte der Minister, für seine Stellung bangend, „die Bestimmungen sind schon „getroffen, kann man ein altes Regiment für ein neues deplaciren? „Doch wie Sie befehlen und daß Graf Esterhazy zufrieden sei, und „Ihre Majestät mir Ihre Gnade nicht entziehen." — Die Königin drehte dem Minister den Rücken und Esterhazy, der im Nebengemache das Resultat abzuwarten beordert war, hatte alles gehört. — Nachmittags begab er sich selbst zum Kriegsminister, der ihn aber unter dem Vorwande eines Unwohlseins nicht empfing, sondern sagen ließ, er werde ihm am nächsten Tage den Herrn Avrange zuschicken, welcher der Section der Truppenmärsche und Dislocationen als Chef vorstand. Tags darauf erschien dieser mit einer Liste aller disponiblen Garnisonen, darunter einige gute waren. Graf Esterhazy erbat sich zur Auswahl etwas Bedenkzeit, bis er diese selbst besichtigen könne, um sodann die passendste auszuwählen. Seine Wahl fiel auf das Städtchen Rocroy, mit der ausdrücklichen Bedingniß, daß er im nächsten Jahre jene von Metz, welches die beste in ganz Frankreich war, als Station erhalte. Graf Saint-Germain eilte zur Königin, um ihr zu melden, daß diese Angelegenheit ihrem hohen Wunsche gemäß geschlichtet sei, aber er fand stets einen Entschuldigungsgrund um den Grafen Esterhazy nicht bei sich zu empfangen. Im Laufe des

Winters 1777 bat der Minister wegen Ueberhäufung der Geschäfte um Zutheilung eines Amtsgehülfen in der Person des Fürsten Montbarrey, eines tüchtigen Soldaten und geistvollen Mannes, der aber wegen seines unmoralischen Lebenswandels keinerlei Achtung genoß. Der Minister Graf Maurepas, der mit ihm verwandt war, hatte diese Ernennung ohne Wissen und gegen den Willen der Königin veranlaßt, was sie weder dem Einen noch dem Andern verzieh.

In diesem Winter kam Kaiser Joseph II. nach Paris, der öfters bei seiner Schwester die Abende zubrachte, und zwar nur in Gesellschaft der Gräfin Jules Polignac, des Herzogs von Coigny[1]) und des Grafen Esterhazy. Der deutsche Kaiser hatte sich den Beifall der Pariser erworben, aber die Philosophen, durch seinen Besuch bei Rousseau Anfangs entzückt, zürnten ihm später, daß er Voltaire nicht besuchte. Wie bekannt, fuhr der Kaiser ganz nahe an Ferney vorüber und alle Welt wußte, daß Voltaire auf dessen Besuch mit Sicherheit zählte; er hatte für diesen Monarchen schon Feste, Verse und Couplets in Bereitschaft, und erhielt auch keine Botschaft von ihm. Als dieser sich Ferney näherte, fragte man ihn: „Ob er Herrn von Voltaire sehen wolle?" Der Kaiser erwiderte trocken: „Ich kenne ihn genug". Ein schneidendes, tief überlegtes Wort, welches bewies, daß dieser Monarch als Mann von Geist nicht nur viel gelesen, aber auch den Inhalt des Gelesenen in seiner vollen Bedeutung zu würdigen verstand. Voltaire's ohnedies kindische Eitelkeit war tief verletzt, sowie jene aller Encyklopädisten und Philosophen Frankreichs. Kaiser Joseph II. selbst, schreibt darüber an die fünf Damen in Wien: „Auf der letzten „Post vor Genf, kam ein Herr zu meinem Wagen und fragte, ob ich „der Kaiser wäre. Als ich es bejahte und fragte in wiefern ihn das „interessire, erwiderte er, er möchte wissen, wann der Kaiser nach „Ferney zu Voltaire oder nach Genf gehen wolle. Auf meine Frage „ob ihm Voltaire diesen Auftrag gegeben, antwortete er: ja. Ich „sagte ihm darauf, daß man das erste Mal auf der ganzen Reise, „Rechenschaft darüber verlange, wohin ich gehen wolle. Ohne weiter

---

[1]) Marie François Henri de Franquetot Duc de Coigny, geboren zu Paris 1737, starb als Gouverneur der Invaliden und Marschall von Frankreich 1821.

„zu sprechen, bestieg der Herr sein Pferd und ritt vor mir her, bis
„ich den Weg nach Ferney einschlug. Er eilte dann rasch fort, um
„wie ich glaube, den Philosophen zu benachrichtigen, der, wie man
„erzählte, eine neue Perrücke aufgesetzt, ein kleines Diner hergerichtet
„und die Bauern auf die Bäume postirt hatte, damit sie Beifall riefen.
„Aber ich fuhr quer durch Ferney und wie es meine Absicht war, nach
„Versoux, die neue Stadt, welche die Franzosen erbaut hatten". Man
hat lange erzählt, die Kaiserin Maria Theresia habe ihrem Sohne
das Versprechen abgenommen, Voltaire nicht zu sehen, weil sie dessen
Schriften haßte. Fürst Kaunitz hingegen versicherte, daß die Kaiserin
keinen Antheil daran habe, Joseph II. habe aus Eigenem und zwar
sehr tactvoll gehandelt.

Im Frühjahr wurde Graf Esterhazy auf den Wunsch des
Grafen Artois, der sich besonders zu ihm hingezogen fühlte, comman=
dirt, diesen liebenswürdigen Prinzen auf einer kleinen Rundreise in
Frankreich zu begleiten, deren eigentlicher Hauptzweck war, die fran=
zösische Escadre in Brest zu besichtigen. Zuerst ging die Fahrt in die
Normandie, wo die großen dortigen Gestütte die Aufmerksamkeit der
Reisenden erregten, von da über Caen und Viré in die Abtei auf dem
Michaelsberge, sodann nach Châteauneuf, wo eben ein Fort zu bauen
angefangen wurde, von dort nach Dinant, l'Amballe, St. Brieux,
Morlé und Brest, wo ein mehrtägiger Aufenthalt und eine genauere
Inspicirung der Flotte, des Hafens und der Marine=Etablissements
erfolgte; sodann längs der Küste nach Rochelle, Rochefort, Poitiers
bis Bordeaux und über Tours und Chanteloup, nach einer ebenso
lehrreichen als vergnügten und heiteren, einmonatlichen Reise, nach
Paris zurück. Ueberall war der königliche Prinz mit lautem Jubel
und den lebhaftesten Freudenbezeigungen empfangen worden! „Wer
„hätte es geahnt", schreibt Graf Esterhazy, „daß derselbe Prinz kaum
„fünfzehn Jahre später, als geächteter Flüchtling das Land verlassen
„müßte, wo man noch damals seine Familie zu verehren schien".

Eine auffallende Erscheinung jener Zeit war, daß sowol am Hofe
zu Versailles, als in den vornehmen oder gelehrten Salons von Paris,
bei den großen Herren, wie den einfachen Bürgern, bei den Militärs
sowie bei den Finanzmännern, in Mitte einer großen absoluten Mon=
archie, sowie durch ihr Alter geheiligter, ehrwürdiger Vorrechte des

Adels, der Parlamente, der kirchlichen Würdenträger; daß trotz der
Gewohnheit eines seit lange her der Macht geleisteten Gehorsams, die
Sache der gegen England aufgestandenen Amerikaner, die Aufmerksamkeit Aller nicht blos fesselte, sondern allgemeine Theilnahme und
Interesse zu Gunsten der Letzteren erregte. Diese Meinung übte von
allen Seiten her, einen Druck auf die Regierung, sich für die Freiheit
der Republikaner anzunehmen und schien derselben Langsamkeit und
Zaghaftigkeit vorzuwerfen. Die leitenden Staatsmänner, von der
gewaltigen Strömung nach und nach mit fortgerissen, fürchteten dennoch mit den Engländern ganz zu brechen und einen erschöpfenden
Krieg zu unternehmen, um so mehr, da sie durch die strenge Rechtlichkeit Ludwigs XVI., eines der rechtschaffensten Männer seiner Zeit,
zurückgehalten wurden. Es war nicht die Besorgniß der daraus ent-
springenden Kriegskosten oder Bangigkeit vor den Chancen des Krieges,
aber die Stimme seines reinen Gewissens war es, was dem Könige
eine Verletzung der bestehenden Tractate und herrschenden Friedens-
zustände ohne andern Beweggrund, als den der Demüthigung und
Niederwerfung eines mächtigen Nebenbuhlers, als treulosen Verrath
erscheinen ließ, und so geschah es, daß die Regierung zwischen dem
Willen des Souveräns und dem allgemeinen Verlangen eingezwängt,
in eine ganz schiefe Position gerieth, was in der Politik wol das
Schlimmste ist. Sie ermuthigte heimlich den französischen Handel,
die Amerikaner mit Munition und Waffen zu versorgen; sie empfing
in geheimnißvoller aber begünstigender Weise die amerikanischen
Abgesandten, schmeichelte durch hingeworfene Worte und Redensarten der Hoffnung und dem Feuereifer einer kriegerischen Jugend,
ließ dazu stillschweigend die Schriften der Anhänger amerikanischer
Freiheit in Umlauf setzen gleichzeitig aber durch ihren Botschafter
in London die Besorgnisse des englischen Ministeriums beruhigen
und zerstreuen, und dieses der Aufrechthaltung des Friedens unter
Beobachtung strenger Neutralität versichern. Durch diese unehr-
liche Handlungsweise verlor die Regierung gleichmäßig die Vortheile
eines aufrichtigen Friedenssystems, sowie jene eines offen erklärten
Kriegszustandes; sie setzte sich den Unannehmlichkeiten beider aus, da
sie nicht verstand, einen bestimmten Weg zu gehen. Aber das Unge-
witter war im Steigen. — Nach einigen erlittenen Schlappen der

Amerikaner, wendete sich deren Kriegsgeschick zum Bessern und die amerikanischen Milizen errangen täglich neue Kampfesvortheile. Eine englische Armee unter General Burgoyne war von den Empörern eingeschlossen; ohne Lebensmittel, von ihren Verbindungslinien abgeschnitten; in der Unmöglichkeit zu kämpfen oder zu fliehen, wurde dieselbe bei Saratoga gezwungen die Waffen zu strecken vor kriegsunerfahrenen aber tapferen Streitern, deren Einfachheit und militärische Unkenntnisse sie bisher mit größter Geringschätzung betrachtet und behandelt hatte. Der Sieg der Amerikaner verbreitete ihnen einen guten Ruf der Wehrfähigkeit in Europa und wie zu jeder Zeit glückliche Erfolge auch Genossen gewinnen, so hatte Amerika nun auch bald Verbündete. Diese Nachricht steigerte die Ungeduld und Leidenschaftlichkeit der Franzosen. Die Minister, von allen Seiten gedrängt, durch das Waffenglück der Amerikaner in Sicherheit gewiegt, verheimlichten nun noch weniger ihre Ziele und beredeten den König, man müsse mit den Amerikanern für das französische Interesse Handelsverbindungen anknüpfen, ohne deshalb mit England zu brechen. In Folge dessen empfingen sie öffentlich die amerikanischen Commissäre, unterhandelten mit ihnen und im December 1777 hatte die gemeinschaftliche Unterzeichnung der Präliminarartikel eines Handels- und Freundschaftsvertrages mit Amerika statt. Begreiflicher Weise protestirten die englischen Minister dagegen, der König selbst konnte lange nicht daran glauben. England entschloß sich zum Kriege, und als der französisch-amerikanische Vertrag wirklich abgeschlossen wurde, verließ der französische Botschafter, Marquis Noailles, seinen Posten in London. Dieser sagte bei seiner Rückkehr aus England, im März 1778, daß er den Eindruck nicht wiederzugeben wüßte, welchen er dem Könige von England gegenüber empfunden habe, als er ihn am Tage der Notification des Vertrages mit den amerikanischen Staaten sah. — „Ist es möglich", sagte Georg III., „daß der König, Ihr Herr, diesen Vertrag unterzeichnet hat." — „Ja, Sire!" — „Ohne Zweifel hat er die Folgen vorausgesehen?" — „Ja, Sire! Der König ist auf jedes Ereigniß gefaßt." — Die britische Majestät kehrte hierauf dem französischen Diplomaten den Rücken. Als Marquis Noailles von London abreiste, wurde er wie sonst mit den damals üblichen Ehrensalven begrüßt. In Calais fragte derselbe den dortigen

Commandanten, ob er Befehl habe, die Kanonen abzufeuern, wenn Lord Stormont Calais passire, worauf der Commandant erwiderte: „Nein". — „Also gut", antwortete Marquis Noailles, „dann bitte „ich Sie, dem englischen Gesandten dieselben Ehren zu erweisen, die „mir in London zu Theil wurden. Die Verantwortung nehme ich auf „mich." — Der englische Gesandte erhielt also die gleichen Ehrenbezeigungen und König Ludwig XVI. war mit dem tactvollen Benehmen seines Botschafters sehr zufrieden. Der Wunsch der feurigen französischen Jugend war nun erfüllt und der Krieg zögerte nicht, in beiden Welttheilen loszubrechen. Diese falsche Maßregel hat sich bitter gerächt, das spätere Unglück Frankreichs, die Revolution, begünstigt und das Hereinbrechen dieser Katastrophe wesentlich beschleunigt.

Die Jugend des französischen Adels bewegte sich schon seit längerer Zeit in einer neuen Geistesrichtung und gehörte nun einem anderen Jahrhunderte an, als alle jene, welche hohe Chargen und Stellungen in der Nähe des Thrones bekleideten; ihr Denken, Trachten und Fühlen war eben ein ganz anderes geworden. Die jungen Edelleute beobachteten wol noch äußerlich Ehrfurchtsbezeigungen für die Persönlichkeiten der älteren Epochen, aber frondirten. Indem sie die bisherigen Gebräuche und Sitten als leere Vorurtheile belachten, ohne aber den Aelteren die Last der Geschäfte abnehmen zu wollen, dachten sie nur an ihre Vergnügungen, und von diesen geleitet, war es in Mitte der Bälle, Feste, Jagden, Spiele und Concerte, daß sie in voller Heiterkeit unbewußt vorwärts drängten, ohne sich der Ziele ihres Strebens klar zu sein, einer Zukunft entgegen, die damals noch verhüllt, aber nur zu bald mit ihren Stürmen und Donnerkeilen sie gar gewaltig niederschmettern sollte. In diesem leichtsinnigen Vorwärtsstürmen, wol noch durch den herkömmlichen Stolz des alten Hofes, den Zwang der Etikette, die Strenge des älteren Clerus und endlich durch die weit von der eigenen entfernte Denkungsart ihrer Väter, insbesondere deren Abneigung gegen die neuen Moden und, die eine allgemeine Gleichheit begünstigenden Trachten, gehemmt, fühlten sich die jungen Leute um so mehr gestimmt, mit Begeisterung den Theorien der philosophischen Doctrinen zu folgen, zu welchen sich geistvolle und kühne Männer der Wissenschaft bekannten. — Der Spötter Voltaire zog die Geister, die Sentimentalität

Rousseau's die Gemüther an sich und wie es in Briefen jener Zeit heißt: „Wir fanden ein geheimes Vergnügen daran, ein altes Gerüste „angegriffen zu sehen, was uns gothisch und lächerlich erschien", und an einer weiteren Stelle: „ohne Voraussicht, wollten wir die Vor= „theile des Patriziats gleichzeitig mit den Bequemlichkeiten einer plebe= „jischen Philosophie auskosten".

Zu all' dem kam noch das persönliche Erscheinen Voltaires in Paris. In Anbetracht des hohen Greisenalters des Philosophen, hatte Ludwig XVI. dem Ansuchen desselben, in die französische Haupt= stadt kommen zu dürfen und den Befürwortungen des Ministers Grafen Maurepas, nachgegeben, und die bezügliche Erlaubniß er= theilt. — Der Patriarch von Ferney verließ sein reizendes Asyl am Gestade des Genfer Sees und erschien nach einer siebenundzwanzigjährigen Verbannung am 10. Februar 1778 in Paris. Er stieg bei seinem Freunde, dem Marquis de Villette ab und ließ sogleich die Bot= schaft zu des Königs Füßen niederlegen: „Daß der treueste seiner Unterthanen vor Ungeduld zittere, vor seinem Absterben noch den Titus zu sehen, welchen der Himmel Frankreich geschenkt". Aber Ludwig XVI. war wenig gerührt durch diese Phrase und verweigerte jede Audienz. Seine Freunde suchten diese Niederlage zu verheimlichen und überboten sich, dem vierundachtzigjährigen Greise die leidenschaft= lichsten Huldigungen darzubringen, zu welchen sowol die Höflinge von Versailles als die Gesellschaft von Paris ihren Theil beitrugen.

Die ganze französische Gesellschaft beeilte sich unter Händeklatschen Voltaire zu begrüßen. Man zettelte allerdings keine Verschwörung gegen die Regierung an, aber man verläugnete jedes Autoritätsprincip; man unterminirte spielend die Grundlagen der gesellschaftlichen Ord= nung; das Laster wurde beredtsam, die Religion verstummte, die ver= schuldete Aristokratie reichte der haute finance ihre Hand zum Bunde, die höheren Officiere setzten sich an einen Tisch in aller Gemüthlichkeit neben die Philosophen, und die Beamten scherzten und lachten über ihre eigenen Anordnungen mit jenen die denselben öffentlich trotzten. Alle ehrwürdigen alten Culten der französischen Monarchie wurden verspottet und blasphemirt, das Reich der Gottesläugner schien ge= kommen und deren Pontifex war nun anwesend.

Bei der Aufführung seiner Tragödie „Irène" wurde Voltaire im Théâtre français mit einem Lorbeerkranze gekrönt, ebenso seine Statue auf der Bühne. — „Wollen Sie mich denn vor Vergnügen und vor Ruhm sterben lassen?" sagte der eitle Greis. Und wirklich ermüdet und fiebernd kam er in seine Wohnung zurück, erkrankte und starb am 30. Mai 1778.

Den Winter 1778 brachte Graf Esterhazy wie alljährlich in Paris und Versailles zu. Die Art und Weise, wie er von dem Königspaare und den Prinzen stets ausgezeichnet wurde, verschaffte ihm auch in der Gesellschaft von Paris großes Ansehen und er freute sich dessen im Stillen, ohne es laut geltend zu machen. Er mischte sich nicht in die vielen Intriguen des Hofes, obgleich ihm die beste Gelegenheit geboten war, indem er vieles aus erster Quelle hörte und wußte.

Im Juni 1778 rückte er wieder zu seinem Regimente nach Rocroy ein. Es war dies ein kleines, garstiges Städtchen, in einer schlechten unschönen Gegend, doch hielt er eine bleibende Garnison, sei sie auch noch so schlecht, noch immer für besser, als einen fortwährenden Stationswechsel. Der dortige Magistrat schien sehr erfreut über die Aussicht, eine bestimmte Garnison zu haben und trug sich an, einige der Stadt gehörige Gründe dem Regimente eigenthümlich zu überlassen, der eine Theil zur Anlegung von Gärten, der andere zur Errichtung eines Gestüttes sehr geeignet. Ohne sich noch darüber zu äußern, machte sich Graf Esterhazy seinen Plan, und begab sich nach Beendigung seiner Dienstesangelegenheiten wieder nach Paris, um zu verhindern, daß das ihm gegebene Versprechen, sein Regiment nach Metz zu schicken, in Vergessenheit gerathe. — Graf Saint-Germain war von seinem Kriegsministerposten schon 1777 abgetreten, sein Nachfolger, Fürst Montbarrey, hingegen ein viel zu gewandter Höfling, um ein der Königin gegebenes Versprechen außer Acht zu lassen, und bei Esterhazy's Ankunft war bereits der bezügliche Befehl ertheilt und an das Regiment abgeschickt worden.

Aus Sparsamkeitsrücksichten und des Krieges halber fand 1778 keine Reise des Hofes nach Fontainebleau statt, und Graf Esterhazy eilte nach Metz, um persönlich sein Regiment dort zu bequartieren und den Triumph zu genießen, es ungeachtet aller möglichen Hindernisse dorthin gebracht zu haben. Der zweite Commandant dieses Platzes, war einer seiner alten Vorgesetzten aus dem siebenjährigen Kriege, Generallieutenant Graf Broglie, der unmittelbar unter den Befehlen seines Bruders, des Marschalls stand. — Esterhazy wurde von dem General sehr gut aufgenommen und kehrte nach einiger Zeit wieder nach Paris zurück. Ernstlich mit dem Projecte beschäftigt, seinem Regimente einen bleibenden Aufenthalt zu verschaffen, obgleich er den Prinzen Montbarry dafür geneigt fand, glaubte er doch, da er für sich und seine Officiere Grundstücke eigenthümlich wünschte, sich mit dem Finanzminister Herrn von Necker darüber berathen zu müssen, dem der Plan ganz gut zusagte und der hierüber eine Denkschrift wünschte. Dieser Minister versprach die Unterstützung der Angelegenheit, um durch einen Rechtsbeschluß die Abtretung jener Bodentheile fest= zustellen und für die Zukunft in aller Rechtsform zu sichern. Im Uebrigen führte Graf Esterhazy diesen Winter so ziemlich dieselbe Lebensweise, wie in den früheren. Er hatte freien Zutritt bei Hofe und in Versailles, jetzt sogar eine Wohnung in nächster Nähe des Königs erhalten, so wie auch die gewisse Aussicht, bei nächster Ge= legenheit das blaue Band zu empfangen. Täglich wurde er zum Souper des Königs gerufen und häufig von der Königin zur Audienz vorgelassen. Die Minister rechneten nun mit ihm ab und deren Geschäftsführer ließen ihn nie mit der Erledigung einer Angelegenheit warten; auch in Paris war seine Stellung angesehen und sein Leben angenehm. Dort wohnte er stets bei seinem Freunde du Châtelet, in dessem Hause er die herzlichste Gastfreundschaft und die Freiheit des Kommens und Gehens im vollen Maße genoß. Er speiste dort so oft es ihm beliebte, und hatte er mehrere Tage seine Hausgenossen nicht gesehen, so gab es keine anderen Vorwürfe, als das Bedauern aufrichtiger Freundschaft. Er hatte freien Zutritt zu den königlichen Logen, deren es in jedem Theater welche gab, und es war nicht ein Haus in Paris, wo er nicht sicher sein konnte, gerne gesehen zu werden.

Es war die Rede von der Aufstellung eines großen Lagers in der Normandie, unter den Befehlen des Marschalls Broglie. Graf Esterhazy wünschte nicht, daß sein Regiment beigezogen würde, da jene

Gegend sehr theuer und von dessen Ergänzungen weit entfernt war; aber für seine Person bat er, dies Lager mitmachen zu dürfen und während der Dauer desselben dem Generalstabe zugetheilt zu werden, obgleich dessen Chef, Chevalier de Lambert, im Range als Brigadier jünger als er war. Die Bewilligung wurde ertheilt und der Graf in seiner Stellung als Armeebrigadier zu jenem Stabe commandirt. Da aber das Lager erst im September sich formirte, ging er zu seinem Regimente nach Metz, wo dasselbe in der Festung kasernirt war. Die Officiere waren im Winter wenig in die Stadt gegangen und meist unter sich geblieben, wo sie sich unter einander erheiterten. Der Regimentschef befrug seine Unterofficiere über die Vortheile der dortigen Garnison, welche sagten, sie sei in vieler Hinsicht sehr gut, doch seien die weiten Distanzen ermüdend und sie nützten ihre Stiefel stark ab; mehrere von ihnen gaben Rocroy den Vorzug. Diese zog Graf Esterhazy in sein Vertrauen und theilte ihnen sein Project wegen einer bleibenden Garnison und der Erwerbung von Grundstücken im letzteren Orte mit und wünschte, sie möchten für diesen Plan im Regimente Proselyten machen. — Nach einem mehrwöchentlichen Aufenthalte in Metz begab er sich nach Paris, wo sich alle Militärs zum Lager vorbereiteten und förmlich in zwei Parteien, für die dichte oder dünne Schlachtordnung (l'ordre profond et l'ordre mince) getheilt waren. Marschall Broglie, der Commandant des demnächst stattfindenden Lagers, war für die erstere eingenommen. — Kurz früher war der preußische Major Baron Pirch[1]) nach Frankreich gekommen und hatte dem Ministerium den Antrag gestellt, die Officiere in den Exercier- und Manövrirreglements Königs Friedrich II. zu unterrichten, gleichzeitig stellte ein anderer Officier, der Baron du Mesnil-Durand, eine neue Theorie auf, jene der l'ordre profond und griff die seit langem in den europäischen Armeen angenommenen der

---

[1]) Franz Otto Baron Pirch, geboren 1733 in Hinterpommern, hatte den siebenjährigen Krieg im preußischen Heere mit Auszeichnung mitgemacht und wurde 1770 Major, er kämpfte im baierischen Erbfolgekriege, wurde 1782 Oberst und machte als General und 1795 Generallieutenant, unter dem Herzoge von Braunschweig die Feldzüge gegen die französische Republik mit, später wurde er General der Infanterie und Gouverneur von Kolberg und starb zu Stargardt in Pommern am 16. August 1813.

ordre mince heftig an. Diese verschiedenen Neuerungen und Systeme wurden eine wichtige Angelegenheit und ein Gegenstand eifriger Forschung aller wißbegierigen Militärs und es kam zu ziemlich heftigen Debatten darüber. Die Regierung nährte das Feuer dieses Wissensdranges, durch die Befehle die sie gab, jede dieser Methoden zu versuchen und sodann erst eine genauere Prüfung darüber anzustellen. So theilte denn die Tactik die Armee in Parteien, wie fast gleichzeitig die Musik den heftigen Streit der Gluckisten und Piccinisten hervorrief.

Man hatte dem Marschall Broglie das Ansuchen verweigert, seinen Bruder, den Generallieutenant, als Generalquartiermeister ins Lager mitzunehmen. „Ohne Zweifel", wie Esterhazy meint, „um ihn einige Fehlgriffe begehen zu lassen, die man ausbeuten wollte, ihn bei Seite zu schieben. So behandelte man den tüchtigsten französischen Feldherrn des siebenjährigen Krieges, während oft ganz junge oder unbedeutende Leute, alles spielend erreichen konnten, ohne durch besondere Verdienste berechtigt zu sein." Im September 1779 wurde das Lager bei Vaussiers bezogen, das viel Geld kostete, sich als ziemlich nutzlos erwies, nur geeignet die Truppen abzumüden und durch die Intriguen untergeordneter aber begünstigter Generäle, gegen den Lagercommandanten Mißmuth zu erzeugen und in der Armee mehrere Insubordinationsvergehen hervorzurufen.

Graf Esterhazy kehrte nach Aufhebung des Lagers wieder nach Paris zurück. Im Frühling 1780 war die Königin an den Masern erkrankt. Der König war von diesem Uebel bisher verschont geblieben; der Graf von Artois, die Prinzessin Elisabeth, die beide dasselbe bereits überstanden hatten, ferner der Herzog von Coigny, der Graf von Guines, Baron Besenval und Graf Esterhazy waren die Einzigen, welche die Erlaubniß hatten, die Königin in ihrer Reconvalescenz sehen zu dürfen, mußten sich aber dagegen vom Könige und dem übrigen Hofe fern halten. Als die Genesung vorgeschritten war, riethen die Aerzte eine kleine Luftveränderung und zu diesem Zwecke die Uebersiedelung nach Trianon an; dies geschah denn auch und man räumte den gewöhnlichen Besuchern Zimmer in Grand-Trianon ein, während die Königin nur mit den Frauen ihrer nächsten Umgebung Klein-Trianon bewohnte. Zu den bisherigen Gästen war noch der Herzog von Liancourt¹) zugelassen worden, der sich, wie Graf Esterhazy schreibt, in der Revolution durch seinen Undank gegen den Hof bemerkbar machte. Die Zeit der Reconvalescenz in Trianon verging, einzig nur mit der Gesundheit der Königin und dem Bemühen, sie zu zerstreuen, ausgefüllt. Da gab es ländliche Feste, Spazierfahrten zu Wagen oder auf kleinen Kähnen am Teiche, alle diese harmlosen Vergnügungen an einem reizenden Orte und in schöner Jahreszeit, einfach und doch mit jenem Comfort und einer gewissen Pracht, welche immerhin das Gepräge des Hofes an sich trugen. — Als die vom Arzte vorgeschriebene Zeit abgelaufen war, wurde wieder zur gewohnten Ordnung nach Versailles zurückgekehrt.

Mit dem Versprechen Rocroy als permanente Garnison für sein Regiment zu erhalten, reiste Graf Esterhazy nach Metz, wohin auch bald der Befehl nachfolgte, mit dem Regimente die Quartiere von Rocroy zu beziehen; aber kaum dort eingerückt, erhielt dieses die Bestimmung, mit Zurücklassung eines Depots von Rekruten, Remonten und Maroden, nach St. Omer zu marschiren, wo man ein Lager errichtete und große Truppenmassen unter dem Commando des Generallieutenants Grafen Chabot zusammenzog. Das Regiment Esterhazy wurde mit seinem Chef in der Stadt St. Omer selbst und zwar in dem Viertel St. Sebastian untergebracht. Während des Marsches war dieser in Versailles gewesen und das erste Mal

---

¹) Franz Alexander Friedrich de la Rochefoucauld Duc de Liancourt, geboren 1747, war Anfangs Militär, hatte unter Ludwig XV. eine Hofanstellung, zog sich später zurück und betrieb auf seinem Gute Liancourt bei Clermont Landwirthschaft, wo er 1788 die École des enfants de la patrie für arme Soldatenkinder und 1790 eine Baumwollspinnerei gründete. 1789 war er Deputirter in der Reichsversammlung, er gehörte allerdings zur liberalen Partei, aber keineswegs zu den Ultras und das Urtheil unseres Gewährsmannes klingt etwas scharf, wenn man erfährt, daß der Herzog von Liancourt, da er zur Flucht des Königs behülflich gewesen, nach England fliehen mußte, von wo er Nordamerika und später Norddeutschland bereiste. Dann kehrte er nach Paris zurück, war mit Werken der Wohlthätigkeit beschäftigt, wurde 1814 Pair. Den liberalen Ideen zeitlebens zugeneigt, gehörte er in der Pairskammer zur Opposition und wurde 1823 in Folge einer ministeriellen Verfügung an einem Tage von acht philanthropischen und Wohlthätigkeitsanstalten, die er umsonst und aus eigenen Kosten versah, seines Amtes enthoben. Er starb 1827. — Die ersten Sparcassen verdanken ihm ihre Gründung.

bei Hofe in Hußarenuniform erschienen, da von dieser Zeit an der Soldatenrock sich erst langsam einbürgerte und man ehedem nur im Hoffkleide dort erscheinen durfte; blos zeitweise hatten sich die königlichen Prinzen eine Ausnahme von dieser Regel erlaubt.

Das 1780 bei St. Omer abgehaltene Lager hatte dem Scheine nach allerdings die Ausführung größerer Manövers zum Zwecke, im Geheimen aber beabsichtigte man, von der normännischen Küste und von St. Malo aus, eine Einschiffung der Truppen, um den Versuch einer Landung in England zu unternehmen. Die unter dem Admiral Dorvillers vereinigte französisch-spanische Flotte, erschien auch um diese Zeit in dem Canal, ließ es jedoch bei dieser Demonstration bewenden und die Einschiffung der Truppen unterblieb daher auch. Ende November 1780 marschirte alles in die Winterquartiere und das Hußaren-Regiment Esterhazy nach Rocroy.

In dieser Zeit machten sich schon die Folgen der Theilnahme an dem amerikanischen Freiheitskriege sowol in Versailles, als auch, und zwar in noch erhöhterem Maße, in der Hauptstadt Paris geltend. Man beklatschte bei Hofe die republikanischen Reden eines Brutus und es ließ sich nicht einmal viel dagegen einwenden, denn der König selbst hatte sich ja der Sache eines Volkes angenommen, das sich gegen seinen Souverän im offenen Aufstande empört hatte! — Man sprach im Feldlager von Unabhängigkeit, von demokratischen Einrichtungen in den Salons des Adels, von der Philosophie auf Bällen und von der Moral in den Boudoirs, aber damals herrschte wenigstens, ungeachtet der Gegensätze der Meinungen, der Systeme des Geschmacks, der diametral auseinanderlaufenden Wünsche, noch Milde und Duldung in der Gesellschaft.

Es fanden häufige Zusammenkünfte statt, wo sich Höflinge, Militärs, Finanzmänner, Beamte, Poeten und Philosophen einfanden und die liebenswürdigsten und ausgezeichnetsten Männer aller Stände sich zu interessantem, geistvollem Meinungsaustausch vereinten, so insbesondere am Mont Parnasse bei dem Grafen Choiseul-

Gouffier,¹) wo in abwechselnder Reihe der Chevalier de Boufflers, Delille, Rulhière, Saint-Lambert, Chamfort, la Harpe, Marmontel, Panchaud, Raynal, der Abbé Perigord, spätere Fürst Talleyrand, die beiden Brüder Ségur, der Fürst de Ligne, dieser Liebling aller Könige, Höfling aller Höfe und Freund aller Philosophen und der Herzog von Lauzun, dessen meiste Abenteuer mehr auf seiner lebhaften Einbildungskraft, als auf Wirklichkeit beruhten, durch ihren Geist und ihre Kenntnisse glänzten. An anderen Orten hörte man wieder mit einer Art von ehrfurchtsvollem Vergnügen den beredten und gelehrten Abbé Barthélemy²); oder Malesherbes,³)

---

¹) Marie Gabriel August Graf von Choiseul-Gouffier, geboren 1752, gestorben zu Paris 1817, großer Freund der Künste und Wissenschaften und selbst Schriftsteller, unter Ludwig XVIII. Pair.

²) Abbé Barthélemy siehe Seite 160.

³) Chretien Guillaume Lamoignon de Malesherbes, geboren 1721 zu Paris, wurde 1750 Präsident der Steuerkammer, bekämpfte als solcher die Mißbräuche der Generalpächter, besonders auch die sogenannten Lettres de cachet; 1771 zog er sich auf seine Güter zurück, kam 1774 von Neuem an die Spitze der Steuerkammer, welche man wieder errichtete, war 1775—1776 Minister des Innern, lebte später den naturhistorischen Studien und machte größere Reisen, kehrte aber zu Anfang der Revolution nach Paris zurück. Als Ludwig XVI. vor Gericht gestellt wurde, trat er als dessen Vertheidiger muthvoll auf. Einer der würdigsten Männer, die Frankreich je besaß, so viele Tugenden, die Liebe des Volkes, die Hochachtung der Welt, sechzig Jahre der Ehre und des Ruhmes, wer hätte je ahnen können, daß man es einst wagen dürfe, öffentlich die Hand an den ehrwürdigen Patriarchen der Ehre, Rechtschaffenheit und Gerechtigkeit des alten Frankreichs zu legen. Aber man fürchtete, daß der Vertheidiger Ludwig XVI. vor dem Blutgerichte, vielleicht Depositeur des letzten Willens des unglücklichen Monarchen wäre, den man mit ihm in die Nacht des Grabes auf ewig verhüllen wollte. Deshalb guillotinirte man den edlen Greis am 22. April 1794 zugleich mit seiner Tochter und Enkelin. — Malesherbes war es, der dem bekannten Dichter Doral-Cubieres, als dieser als Commissär die Wache bei Ludwig XVI. hatte, auf dessen Besorgniß, er möchte etwa dem Könige ein Werkzeug zustecken, sich selbst ums Leben zu bringen, die schöne Antwort gab: „Hätte der König die Religion der Philosophen ... so könnte er sich vielleicht umbringen, allein der König ist fromm, er ist ein katholischer Christ, er weiß, daß seine Religion ihm verbietet, sein Leben selbst zu verkürzen; er wird sich nicht ermorden." — „Und da sah ich", fährt Cubieres in seinem Bericht an den Conseil général fort, „ich, der ich die Religion nicht liebe, daß sie unter gewissen Umständen, doch zu etwas gut sein könne." — Welch' ein Abstand zwischen den Worten des modernen Aufklärers und jenen des biedern, frommen Greises!

einen der beliebtesten, ausgezeichnetsten Männer, den gerechtesten Minister, den rechtschaffensten Staatsmann, diesen unsterblichen Malesherbes, der als christlicher Philosoph dachte, als Weiser handelte und durch seine vielfachen Anekdoten und Charakterzüge, durch die Moral seiner Gespräche, seine mannigfaltigen reichen Kenntnisse seine Zuhörer anziehend zu fesseln wußte; endlich den Herzog von Nivernais, ausgezeichnet durch die Zartheit seiner Gesinnung, seine hohe Bildung, die Feinheit seines Verstandes, der den Adel des alten Hofes mit dem Geiste des Neuen zu verbinden wußte, und das Bild französischer Bildung zweier verschiedener Jahrhunderte, des siebenzehnten und achtzehnten, darzustellen schien.

VI.

Mene-Tekel-Phares!

1780—1789.

Im Beginn des neuen Jahrzehntes der achtziger Jahre war in Frankreich eine ganz eigene Zeit, verschieden von den vorhergehenden Decennien unter Ludwig XV. Die Sittenreinheit des jungen Königs, das edle Beispiel, das sein Privatleben gab, hatte wieder den Anstand bei Hofe und in der Gesellschaft eingeführt, Zucht und Sitte war wenigstens äußerlich an die Stelle der Frechheit und Zügellosigkeit getreten, alles schien wieder eine ernstlichere, gediegenere Richtung zu nehmen. — Die Achtung vor Kunst und Wissenschaft nahm, von der jungen geistvollen Königin wesentlich gefördert, neuen Aufschwung, man lief in die Ateliers der berühmtesten Bildhauer und Maler, so Davids, de Julien, de Houdon, de Vien, de Moitte; die fremden Besucher der französischen Hauptstadt bewunderten gleichfalls den Dom der St. Germainkirche (heutiges Panthéon), die chirurgische Schule, die Brücke von Neuilly u. s. w.; im Theater ertönten neue Meisterwerke der Musik, und die Frauen wurden mit einem Male gute Mütter, um sich in der Pflege ihrer Kinder als eifrige Schülerinnen Jean Jacques Rousseau's zu zeigen. Beaumarchais' Hochzeit des Figaro, zu deren Aufführung die Höflinge von Versailles selbst, des Königs lange verweigerte Erlaubniß durchgesetzt hatten, war ein epochemachendes Ereigniß.

Bougainville's Reisen um die Welt, die Luftschifffahrt Montgolfiers, die chemischen Forschungen Lavoisiers und Fourcroy's beschäftigten abwechselnd die Geister der Franzosen jener Zeitepoche, ebenso die Decoration des Cincinnatus, den aus nordamerikanischen Kämpfen zurückgekehrten Kriegern verliehen. (Eine goldene Medaille an einem dunkelblauen weiß eingefaßten Bande, welche auf der einen Seite den Cincinnatus darstellte, wie er seine ländliche Hütte verläßt, um als Dictator die Waffen zu ergreifen, auf der anderen Seite hingegen wie er Schild und Schwert wieder ablegt, um zum Pfluge zurückzukehren). — Eine solche Decoration, neu und republikanisch, glänzte nun mitten in der Hauptstadt einer großen alten Monarchie, und konnte wol Einiges zum Nachdenken geben; doch ihre jungen Träger überlegten nicht weiter, und beschäftigten sich auf den öffentlichen Promenaden diese Decoration auf ihrer Brust in selbstgefälliger Coquetterie zur Schau zu tragen, ja man erschien selbst bei Hofe damit, nannte die Decoration fälschlich Orden, da es doch nichts anderes als eine Erinnerungsmünze war; und in der Mitte einer Armee des absoluten Königthums fürwahr ein eben so sonderbares als bedenkliches Zeichen der Zeit, prunkte man mit einem sichtbaren Siegeszeichen der Erfolge eines aufrührerischen Volkes über seinen rechtmäßigen König!

Schon vor einigen Jahren (am 12. Mai 1776) war bekanntlich der ehrliche Finanzminister Turgot abgetreten; ihn hatte ein Herr Nuys de Clugny ersetzt, der aber kurz nachher in dieser Stellung starb. Diesem folgte Herr Taboureau, ein milder Mann, voll Ehrgefühl und Rechtlichkeit, der sich aber lange geweigert hatte, das Danaidengeschenk des ihm übertragenen Postens anzunehmen. Um dessen Widerstand und Bedenklichkeiten zu besiegen, stellte ihm Graf Maurepas den Herrn Necker, einen gebornen Genfer, der sich durch eine Abhandlung über den Getreidehandel 1775, worin er als Anhänger des Mercantilismus gegen die Physiokraten auftrat, bemerkbar machte, als Finanzrath und ersten Geschäftsführer zur Seite, doch in der kurzen Zeit von acht Monaten und mit Hülfe einiger Intriguen gelang es dem schlauen Schweizer, seinen Chef Taboureau, dem er gleich anfangs Opposition machte, zu verdrängen und zu ersetzen. — Zuerst einfacher Geschäftsführer im Bankhause des

Herrn Telusson, wußte Necker sein Vermögen durch glückliche Speculationen bedeutend zu erhöhen und den Ruf einer Finanzcapacität zu erwerben. Er schrieb zuerst eine Vertheidigung der französisch-ostindischen Compagnie gegen die Physiokraten, Paris 1769, sodann die Éloges de Colbert, in welcher Schrift er seine Kenntnisse über Credit und Handel beurkundete, ferner Essai sur la législation et le commerce des grains, 1776, worin er Turgot angriff. — Necker wurde nun als Finanzgenie gepriesen und dies war die Veranlassung seiner am 2. Juli 1777 erfolgten Ernennung zum Minister oder wie es eigentlich hieß Generaldirector der Finanzen. Ludwig XVI. liebte ihn nicht, aber der überaus rechtliche Sinn und vortreffliche Wille dieses edlen Fürsten überwog, wo er glaubte, daß es für das Glück seines Reiches wäre, jede persönliche Neigung oder Abneigung, und er war stets bereit sich selbst für das Allgemeine zu opfern. Er sagte anläßlich Neckers Ernennung zu Maurepas: „Wenn der Verwalter eines Amtes das nöthige Verdienst und Wissen für dieses besitzt, muß man mit den Fehlern der Persönlichkeit Geduld haben". — Kaum war Necker im Amte, so fing er an das Ansehen des ersten Ministers Grafen Maurepas, der ihn gehoben, zu verkleinern und zu untergraben, und strebte das Wohlwollen der Königin zu erlangen, welche glaubte dem Lande nützlich zu werden, indem sie sich auf die Seite der Partei Neckers gegen Maurepas stellte. — Kaum dachte Necker über diesen Minister sich erheben zu können, glaubte er auch in den Augen des Publicums sich öffentlich Ruhm verschaffen zu müssen, und scheute sich nicht, selbst die Autorität des Königthums für sein Interesse in gewagter Weise Gefahren auszusetzen.

Die berühmte Schrift Neckers über die Verwaltung der Finanzen (le compte-rendu) erschien 1781 und hatte einen reißenden Erfolg; philosophische Maximen, Gedanken und Grundsätze der Moral zwischen Ziffern und Zahlen von Einnahmen und Ausgaben. Bis dahin hatte noch keine Hand gewagt, den Schleier des Geheimnisses zu lüften, der das Sanctuarium des Reiches vulgären Blicken verbarg, und die Geheimnisse der Staatsmänner, die Grundstoffe der Kraft und Schwäche der Regierung verhüllte. Die Franzosen waren im Allgemeinen viel zu leichtsinnig und sorglos, um sich durch ihre

Finanzverwaltung und ernste Studien darüber in dem gewohnten
Gange ihrer Beschäftigungen und Vergnügungen stören zu lassen,
man wagte und wünschte es nicht einmal, so unbekannten geheimniß=
vollen Angelegenheiten näher zu kommen; Necker hatte mit seinem
Buche eine wahre Umwälzung verursacht, denn man las es in den
Cabineten der Staatsmänner, in den Salons der Gesellschaft, ja selbst
in den Boudoirs der jungen Frauen. Dies war ein großer Schritt
näher zur Freiheit, da es bewirkte, daß man anfing sowol Finan=
zen als Gesetzgebung nicht mehr als eine Privatsache der Regierung,
sondern als eine öffentliche Staatsangelegenheit zu betrachten.
Es erschienen indeß mehrere Gegenschriften. So schrieb Graf von
Lauraguais eine Flugschrift über die Finanzverwaltung Neckers, die
von Geist sprudelte, großes Talent zeigte, aber die Kühnheit der
Sprache gegen einen noch in Amtsthätigkeit fungirenden Minister des
Königs und die Originalität seiner beißenden Satyre zog dem Grafen
die königliche Ungnade und eine leichte Ergänzung zu seiner soge=
nannten Correspondenz mit dem Könige, nämlich einen Lettre
de cachet zu. Auch der spätere Minister Calonne vertheidigte mit
Gewandtheit und glänzenden Waffen die Finanzlage Frankreichs gegen
Neckers Angriffe, aber seine Worte gaben nur mehr trügerische Hoff=
nungen, während Neckers Schrift reich war an einleuchtenden Wahr=
heiten und Principien. Necker zürnte heftig über die vielen Flug=
schriften und Pamphlete, die gegen ihn in Umlauf gesetzt wurden,
und, etwa als ersten Versuch einer freisinnigen Regierung, die
er selbst einführen wollte, bat er, daß der König mit seiner Autorität
dagegen einschreiten und den Druck dieser Gegenschriften verbieten
möge. Maurepas antwortete ihm mit eisiger Kälte: „Sind es
„bloße Satyren, so werden sie bald in Vergessenheit gerathen, sind
„aber einige Wahrheiten darunter, warum haben Sie sich selbst der
„Unannehmlichkeit ausgesetzt sie nun hören zu müssen". — Neckers
Eitelkeit und Ehrgeiz steigerten sich, er wollte den Titel eines Staats=
ministers mit Sitz und Stimme im Staatsrathe, ungeachtet seiner
protestantischen Confession, welche nicht vereinbarlich war mit dem für
diesen Posten vorgeschriebenen Amtseide. Statt dem erhielt er seine
Entlassung, die ihm Maurepas triumphirend im kühlen Tone mit
den Worten ankündigte: „Se. Majestät der König bedarf Ihrer

Dienste nicht mehr!" (am 19. Mai 1781). Der Nachfolger Neckers war Herr Joly de Fleury.

Im Jänner 1781 war Graf Esterhazy sehr thätig in der neuen Garnison Rocroy, seine gemachten Terrainerwerbungen zu verwerthen; sowol die einzelnen Officiere, welche ihre Antheile daran erhielten, als auch die Hußaren waren sehr erfreut über den Besitz dieser Grundstücke. Für die Mannschaft wurde ein großer Garten angelegt, ebenso für den Platz zur Aufstellung eines Gestütes Sorge getragen, normännische Stuten gekauft und die Regierung um Beistellung von Hengsten ersucht, was auch bewilligt wurde, kurz alles versprach den besten Erfolg. — Graf Esterhazy begab sich für den Rest des Winters nach Paris, wo er seine in der Jänner-Promotion erfolgte Beförderung zum Maréchal de camp und zugleich das Commando der Stadt Rocroy und des dortigen Bezirkes erhielt. — Im nächsten Mai ernannte man zwölf Armee-Inspectoren, in welcher Zahl er noch inbegriffen war, und für seine Inspection jene Regimenter zugewiesen bekam, die im französischen Theile von Hennegau garnisonirten. Er machte diese Besichtigungen meist zu Pferde, die Feldzüge des Marschalls Luxemburg zur Hand und eifrig studirend. In dieser Epoche hatten die Inspectoren Infanterie und Cavallerie ohne Unterschied die Revue passiren zu lassen, wie sich eben diese Waffengattungen gerade in den ihnen zugewiesenen Bezirken befanden; jener Esterhazy's reichte von Guise und Givet bis Dünkirchen. Es mußten jährlich zwei Besichtigungen, die eine im Juni, die andere im September vorgenommen werden. In der Zwischenzeit war Graf Esterhazy theils auf seinem Posten in Rocroy oder in Paris, häufig in Versailles. Die Königin befand sich in Trianon, und der König kam an allen Tagen, wo er nicht jagte, zum Diner und täglich zum Souper. Nur die Königin, ihre Schwägerin Prinzessin Elisabeth und deren nächste Umgebung wohnten allein in Trianon, wo sie sich mit der Gräfin Jules Polignac und ihren Hofdamen mit Aufführung kleiner Theaterstücke und Tableaux zu erheitern pflegten. — Nach der zweiten Revue ging Esterhazy für längere Zeit nach Rocroy und sodann über den Winter 1782 nach

Paris. Im Herbste 1781 waren bei den Regimentern große Dislocationswechsel vor sich gegangen, und da es das Reglement der Inspectoren vorschrieb, durch vier Jahre dieselben Regimenter zu visitiren, so hatte Graf Esterhazy nun beinahe im ganzen Lande herumzureisen. Nachdem ihm sein Ansuchen, sich in der Suite des Grafen Artois zur Belagerung von Gibraltar zu begeben, abgeschlagen wurde, trat er im Juni 1782 eine große Inspectionsreise erst nach Flandern und Boulogne, in die Bretagne, nach Poitou und von da in die Auvergne an, wo er zuletzt in Folge eines heftigen Wechselfiebers längere Zeit verweilen mußte und hier die Nachricht von dem Mißgeschick der Expedition nach Gibraltar erhielt. — Um diese Zeit legte der Fürst von Montbarrey das Portefeuille des Kriegsministers nieder; er hatte das Mißfallen der Königin sich zugezogen, da er das Gouvernement von Gravelingen dem Herrn von Pontecoulant so schnell verliehen hatte, daß sie keine Zeit fand, selbes vom Könige für den Grafen Baudreuil, dem Freunde der Gräfin Polignac zu begehren, dessen eben verstorbener Onkel dasselbe besessen hatte.

Man ließ das Kriegsministerium nun einige Zeit unbesetzt, man wollte sogar dessen Form ändern, um es dem Grafen d'Adhémar, der nur Brigadier war, verleihen zu können. Kaum hatte jedoch dieses Project nur gerüchtweise verlautet, so erschienen die beißendsten Epigramme und Spottlieder, und diese Wahl wurde so lächerlich gemacht, daß jene, die sie wünschten, schnell davon abgingen und diese Stelle dem Generallieutenant Marquis de Ségur, der in der Campagne 1747 einen Arm verloren hatte, verliehen wurde. Philippe Henri Marquis de Ségur, geboren 1721, war ein braver, verdienter Soldat. Noch sehr jung hatte er sich in den Feldzügen des österreichischen Erbfolgekrieges ausgezeichnet, und machte sich durch seinen persönlichen Muth bei der Belagerung von Prag 1741 besonders bemerkbar. Mit neunzehn Jahren bereits Oberst, erhielt er 1746 bei Rocoux einen Schuß durch die Brust und in der Schlacht bei Lawfeld 1747 führte er sein Regiment dreimal zum Sturm, bis ihm eine Kanonenkugel den Arm wegriß. Und auch jetzt hielt er, nachdem er sich hatte verbinden lassen, noch so lange aus, bis der Sieg entschieden war. Ludwig XV., Zeuge dieser Waffenthat, sprach zu dessen anwesenden Vater, die auch von Voltaire citirten Worte:

„Männer, wie Ihr Sohn verdienten unverwundbar zu sein". — Im siebenjährigen Kriege bereits Generallieutenant, rettete Ségur ein Armeecorps im Gefechte bei Warburg und führte dem Herzoge von Broglie in der Gegend von Minden 10.000 Mann Infanterie zu, die dieser schon verloren geglaubt hatte, und welche durch fünf Stunden gegen 30.000 Feinde gekämpft hatten, ohne durchbrochen oder abgeschnitten worden zu sein. Im Treffen bei Clostercamp war Ségur abermals durch einen Bajonnetstich am Halse und drei Säbelhiebe am Kopfe schwer blessirt und gefangen worden, nachdem er lange Zeit den feindlichen Grenadieren tapfere Gegenwehr geleistet hatte. Nach dem Friedensabschlusse wurde er Generalinspector der Infanterie und erwarb sich durch seine Thätigkeit das Vertrauen der Minister, durch seine Charakterfestigkeit die Achtung der Armee. König Ludwig XV. gab ihm das blaue Band (l'ordre du Saint-Esprit) und das Gouvernement der Provinz Foix, später das Militärcommando in der Champagne, welches schon der Regent ehemals seinem Vater übergeben hatte, ein schwieriger Posten, wo die Parlamente mit der Behörde und die Bürgerschaft mit der Garnison in steter Uneinigkeit waren. König Ludwig XVI. hatte dem Marquis de Ségur nun das Portefeuille des Krieges übergeben und ernannte ihn bald nachher, 1783, zum Marschall von Frankreich. — Mehrere Jahre verwaltete er das Kriegswesen und brachte Disciplin in die Armee und Ordnung in die Ausgaben dieses Geschäftszweiges. Ihm verdankten die Soldaten wesentliche Erleichterungen, so z. B. daß nicht mehr drei Mann zusammengepfercht eine Lagerstätte theilen mußten; auch die Armeespitäler waren eine angelegentliche Sorge Ségurs, und dessen darin eingeführte Ordnung war lange Zeit ein Muster ihrer Art und ein Zeugniß für ihren Schöpfer, der sich wieder im Interesse der Humanität mit diesem bisher so vernachläßigten Theil der Militäradministration beschäftigt hatte. Auch die Errichtung eines eigenen, selbst in Friedenszeit bestehenden Generalstabes war von diesem so thätigen Kriegsminister angeregt worden.[1])

---

[1]) Als der Erzbischof von Sens, Cardinal Loménie und mit ihm die Intrigue sich der Staatsgeschäfte bemächtigt hatte, bat Marschall Ségur um

Anfangs 1783 war Herr von Rivière, der eigentliche Gouverneur von Rocroy gestorben; Graf Esterhazy, bisher Militärcommandant daselbst, hatte die Functionen dieses Postens schon längere Zeit ausgeübt, und auch die Anwartschaft auf diesen erhalten, nun wurde er zum wirklichen Gouverneur ernannt und trat in den factischen Besitz dieses Amtes. Die Inspectionen erlitten nun eine Aenderung und wurden nach Waffengattungen eingetheilt. Esterhazy erhielt daher statt der abgegebenen Infanterie mehrere Cavallerie-Regimenter, welche alle, mit Ausnahme des zu Clermont in der Auvergne stationirten Regimentes Navarre, in einem ziemlich nahen Umkreise lagen. — Den Winter 1783 brachte der Graf in Paris zu, in dienstlicher Verwendung bei einem daselbst aufgestellten Comité der Armee-Inspectoren zur Abfassung einiger neuer militärischer Vorschriften unter dem Vorsitze des Herzogs du Châtelet. — Esterhazy war mit der Zusammenstellung und Redaction dieser einzuführenden Aenderungen betraut worden. Er hatte sich ein kleines Haus in der Straße Gros Caillou gemiethet, das er sehr geschmackvoll und comfortable herrichten ließ, auch seine Kanzleien daselbst unterbrachte und einige Gastzimmer für Officiere seines Regimentes, welche im Winter auf einige Zeit die Hauptstadt besuchten, frei behielt. — Wie immer erschien er oft am Hofe zu Versailles und machte die Reise nach Fontainebleau mit, welche diesmal eine der

---

seine Entlassung und lebte seither im Kreise seiner Familie zurückgezogen. Die Revolutionsstürme beraubten ihn seines ganzen Vermögens, sowie auch aller jener Würden und Auszeichnungen, die er sich mit seinem Blute erkämpft hatte. Der Convent stieß den siebzigjährigen verstümmelten Greis vollends in Armuth und Elend, so daß er seine Möbeln öffentlich versteigern ließ. Mit siebzig Jahren, arm, schwächlich, an der Gicht leidend, eines Armes vor dem Feinde beraubt, mit Wunden und Ehrennarben bedeckt, sperrte man ihn zuletzt noch in das Gefängniß La Force. Er behielt, wie einst in den Gefahren, so auch im Unglück seinen Gleichmuth. Die Tyrannen der Freiheit schonten sein Leben, da er nichts mehr besaß, was ihre Habsucht reizen konnte. — Seine letzten Lebenstage waren ruhig; der erste Consul, von der Lage des verdienten Veteranen unterrichtet, gab dem ehrfurchtgebietenden Krieger eine Stellung in der Militärschule, in welcher ihm der damalige Kriegsminister Ségur einst unbewußt den Weg zum Ruhme eröffnet hatte. Marquis Ségur starb mit einem geachteten Andenken als guter General und tapferer Soldat zu Paris am 8. October 1801. Seine beiden Söhne waren der bekannte Memoirenschreiber und Diplomat Graf Louis Philippe und der Schriftsteller Josephe Alexandre de Ségur.

glänzendsten war. Die Königin strahlte damals im vollsten Glanze der Jugend; umgeben von den Persönlichkeiten ihrer Wahl, empfing sie von einer großen Menge ausgezeichneter Fremder, so wie allen Franzosen die ehrfurchtsvollsten Ergebenheitsbeweise, und man sah diese Fürstin selbst als die schönste Zierde aller jener prachtvollen Feste an, welche ihren Hof verherrlichten. Die Wissenschaften durch ihre Aneiferung und ihren mächtigen Schutz ermunternd, die Künste beschirmend und fördernd, nach allen Seiten hin Wohlthaten verbreitend, schien sie nur eine Krone aus Blüthen und Blumen zu kennen, und ahnte nicht, daß sie bald deren schweres Gewicht fühlen sollte. Noch hatte sie nichts von Verleumdungen gehört, noch schien keine feindliche Stimme es zu wagen, sich laut gegen sie zu erheben, noch tönten ihr nur ehrfurchtsvolle Laute der Anhänglichkeit und Verehrung entgegen. — Der Graf von Artois, eben von der Belagerung von Gibraltar zurückgekehrt, wo er seinen ersten Waffengang gemacht, liebte die Zerstreuungen der Welt: das Schauspiel, die Gesellschaft, die Jagd und alle Feste, belebte den Hof und schien ein wahrer Fürst der Jugend zu sein; Monsieur (Graf von Provence) von Natur aus weniger lebhaft, bildete sein vorzügliches Gedächtniß immer mehr aus und beschränkte seine Vergnügungen auf geistvolle Gespräche inmitten eines kleinen abgesonderten Hofes, in welchem die politischen Intriguen mehr Anwerth fanden als irgendwo. Der gütige Monarch Ludwig XVI., einfach in seinen Neigungen, wenig begierig nach lärmenden Vergnügungen, bei denen er sich nur freute sie Anderen gewähren zu können, schien mit den Erfolgen eines Krieges zufrieden, den er gerne vermieden hätte.

Der Friede mit England war nun abgeschlossen und die Unabhängigkeit Nordamerikas anerkannt, ein verhängnißvoller Schritt, der den baldigen Ausbruch der Revolution noch beschleunigen sollte. Seit dem Friedensabschlusse waren viele Engländer in Paris und der amerikanische Freiheitskrieg hatte die seit einigen Jahren bereits eingerissene Anglomanie in der französischen Gesellschaft noch wo möglich vermehrt und weiter verbreitet, die auch nicht geringen Einfluß auf die Fortschritte der sich vorbereitenden Revolution ausübte.

Im Mai 1783 unternahmen mehrere Damen und Herren der Gesellschaft eine Lustreise nach England, Graf Esterhazy, deren Einladung folgend, schloß sich denselben als Reisebegleiter an; es waren die geistvolle und anmuthige Marquise de Coigny, Freundin des Fürsten de Ligne, der ihr viele Briefe aus Rußland und dem späteren Türkenkriege widmete, die Gräfin Châlons, Madame Dundlave, der Graf von Coigny, der seit kurzem zum Herzog erhobene Jules Polignac und der Baron Anblau. Die Reise ging sehr gut von statten, war sehr erheiternd und angenehm, und überdies war es unmöglich besser bewillkommt zu werden, als es der Fall war. Graf d'Adhémar war soeben als Botschafter nach London gekommen, und der bisherige, Chevalier du Moutier, noch nicht abgegangen, die Beide miteinander wetteiferten, den Reisenden ihren Aufenthalt in London so angenehm als möglich zu machen. — Lady Spencer, Esterhazy's mütterliche Freundin, war mit ihrem Gemal in den Bädern von Bunton, welche dieser brauchte. Von der fixen Idee krank zu sein beherrscht hatte er in Folge dessen alle möglichen Heilmittel und Curen in schädlichem Uebermaße gebraucht und dadurch seine sonst gute Gesundheit geschwächt und zerstört. Die Ankunft des Marquis de Coigny aus Amerika veranlaßte Esterhazy diesem seinen Platz auf der Rückreise abzutreten, und als dieselbe vor sich ging, für seine Person die Bäder von Bunton zu besuchen, um einige Zeit der von ihm hochverehrten Familie Spencer zu widmen. Von dort unternahmen Lord und Lady Spencer mit dem Grafen mehrere Ausflüge, um die Sehenswürdigkeiten jener Gegend kennen zu lernen, so das Schloß Chaswort, welches dem Herzog von Devonshire, Spencers Schwiegersohn gehörte, und wo der Marschall Tallard nach der Schlacht bei Hochstädt als Gefangener internirt war (1704), ebenso die Tropfsteinhöhlen, deren es viele in den dortigen Bergen gab. — Nach einem sehr angenehmen, wenn auch kurzen Zusammensein mit Lord und Lady Spencer kehrte Esterhazy nach London zurück, wo er abermals mehrere Franzosen traf, so den Herzog von Orléans (den späteren Egalité), „damals", wie er schreibt, „noch nicht der abscheuliche Bösewicht, sondern ein Mann des Vergnügens", den Herzog von Guines, der mit seiner Tochter angekommen war, und aus der Zeit seiner früheren Botschaft in

London daselbst sehr beliebt, ferner den Marquis de Conflans, „einen
„Mann von großen Talenten und vielem Geiste, der aber mit größeren
„Lastern prahlte, als er wirklich besaß, unmoralisch aus Grundsatz, stets
„im Scherze allem trotzend, was er Vorurtheil nannte, aber zuvorkommend,
„Lügner ohne falsch zu sein, Trinker ohne den Wein zu lieben, Wüst=
„ling ohne Temperament; dieser ungewöhnliche Mann wurde bei Hofe
„sehr gut gesehen und behandelt, ohne je etwas erreicht zu haben; —
„auch sprach alle Welt Uebles von ihm und war dennoch immer er-
„freut ihn zu sehen". — Der Marquis schlug Esterhazy vor, mit=
einander über Dieppe zu reisen und sich einige Tage bei ihm auf
seiner reizenden Besitzung Baudreuil aufzuhalten, was Letzterer an=
nahm. Sie schifften sich Abends nach dem Souper in Brightempston
ein und hatten in den Frühstunden des nächsten Morgens Dieppe in
Sicht, von dort kamen sie Abends nach Baudreuil, wo der Marquis
Conflans ein Schreiben seiner Tochter, der Marquise de Coigny
fand, das am Vorabende vor Pfingsten datirt, für den nächsten Tag
eine große Promotion des heiligen Geist=Ordens (cordon
bleu) in beinahe sichere Aussicht stellte. Graf Esterhazy befürch=
tete hiebei vergessen zu werden und reiste deshalb sogleich nach Paris
ab, um sich zu beklagen, wenn er die Decoration nicht erhalten hätte,
oder im Falle der Ernennung sich zu bedanken. Unterwegs hielt ein
Courier, der ihn erkannt hatte, seinen Wagen an, mit der Frage, ob
er denn nicht wisse, daß er in der Promotion der Ordensritter mit
inbegriffen sei, er habe die Liste gesehen und sei sicher, Esterhazy's
Namen gelesen zu haben, und setzte hinzu „er habe sich dieselbe nicht
verschaffen können, daß aber die Zahl der Promotion sich auf zwanzig
neue Ritter belaufe". In St. Germain fand er einen Brief seines
Secretärs, der ihm meldete, er habe auf allen Routen nach England,
im Zweifel welche er nehmen würde, Couriere an ihn abgesandt mit
der Nachricht der Ordenspromotion. Graf Esterhazy eilte nun direct
nach Versailles und wurde von der Königin empfangen, die ihn
sogleich bei seinem Eintritt fragte, ob er ihr Schreiben durch den
Courier erhalten habe. Er verneinte es und stattete seinen ehrfurchts=
vollsten Dank ab, ebenso am andern Morgen dem Könige; sodann
ging er nach Rocroy und auf seine Inspectionen. Bald nachher erhielt
er einen Brief seiner Mutter, die, über ihre Gesundheit beunruhigt,

ihn zu sehen wünschte. Dieses Verlangen war für den braven Sohn ein heiliges Gesetz, und er machte sich nach Vigan auf den Weg, welchen er größtentheils zu Pferde zurücklegte. Er fand Mutter und Schwester wohl und sprach mit Letzterer viel über sein neues Etablissement in Rocroy, legte ihr sogar die Pläne des Gouvernementsgebäudes vor, in denen selbst auf eine Wohnung für sie Rücksicht genommen war, wenn sie geneigt wäre, in der Folge bei ihm ihren bleibenden Aufenthalt zu nehmen, da sowol das Alter als die Gebrechlichkeit ihrer Mutter wenig Hoffnung auf eine längere Lebensdauer derselben gäben, und daß wenn dieses Unglück einträte, es ihm ein Lebensglück wäre mit seiner geliebten Schwester die Annehmlichkeiten seines Vermögens und seiner Stellung zu theilen, und da er ihre Abneigung gegen das Leben in Paris kenne, biete er ihr seine Wohnung in Rocroy an, wo sie ganz nach ihrer Neigung und ihrem Geschmack leben könne. Jedoch ging sie nicht darauf ein und schlug das Anerbieten ihres Bruders aus, weil sie meinte, das Leben in einer Garnisonsstadt wäre bei seiner militärischen Stellung eben so unangenehm wie jenes in Paris; sie wolle, wenn jener angedeutete Trauerfall einst eintreten würde, lieber in Vigan bleiben, wo sie viele Freundinnen habe, die sich im Alter von vierzig Jahren nicht so leicht ersetzen ließen wie in der Jugend. Sie würde ihn zeitweise in Rocroy besuchen, aber keinen bleibenden Aufenthalt dort nehmen, doch fühle sie in jenem Vorschlage seine brüderliche Zärtlichkeit, und dasselbe Gefühl veranlasse auch sie, ihm einen Vorschlag zu machen, auf dessen Erfüllung, wie sie wohl wisse, ihre Mutter den höchsten Werth lege, deren nur übergroßes Zartgefühl sie bis nun gehindert habe, sich darüber auszusprechen: „Du hast jetzt", sprach sie, „beträchtliche Ein-„künfte, eine hohe Stellung, überdies das blaue Band, bei Hof großes „Ansehen, Du würdest daher leicht eine Partie finden, die Deiner „Geburt angemessen und Vermögen brächte, um auch die Zukunft „Deiner Kinder zu gründen, und das ist es eben, was unsere Mutter „sehnlichst wünscht, noch vor ihrem Tode Enkel zu umarmen. Kannst „Du ihr diese Genugthuung versagen? Die Hoffnung allein, wenn „Du ihr sie gibst, nicht ledig zu bleiben, reicht hin, ihre Lebenstage „zu verlängern". Diese mit innigem Gefühle ausgesprochenen Worte einer zärtlich geliebten Schwester bestimmten den Grafen sogleich seine alte Mutter aufzusuchen, und ihr über jenes Gespräch Mittheilung zu machen, mit der Versicherung, nach seiner Ankunft in Paris eine angemessene Partie zu suchen. Die alte Frau konnte nicht aufhören, ihre Freude über dieses Versprechen ihrem Sohne während seines Aufenthaltes in Vigan auszudrücken. Im November 1783 trat Graf Esterhazy seine Rückreise an und erfuhr unterwegs eine wichtige Neuigkeit, die Uebernahme des Portefeuilles der Finanzen durch Herrn von Calonne, den die Königin nicht wünschte, der aber durch Herrn Dhervelai und fast alle großen Finanzcapacitäten an diese Stelle gebracht worden war.

Nachdem Graf Maurepas 1781 mit derselben Sorglosigkeit als er ihn berufen Necker wieder fortgeschickt hatte, war, wie schon weiter oben erwähnt, ein gewisser Herr Joly de Fleury an die Spitze der Finanzverwaltung gestellt worden. Dieser war ein Bureaukrat von Verstand, aber ohne Kenntnisse und von zweifelhafter Rechtlichkeit; er selbst sah seine Unfähigkeit für diesen Posten ein und begehrte nach zwei Monaten seinen Abschied, den man ihm auch bereitwillig gab. — Der König, der mit dem gerade zu dieser Zeit (am 21. November 1781) erfolgten Ableben Maurepas' seinen politischen Mentor verloren hatte, folgte nun seinem rechtlichen Sinne und ernannte aus eigener Erwägung den Staatsrath Chevalier d'Ormesson, einen ehrenhaften unbescholtenen, aber beschränkten Mann, zum Generalcontroleur der Finanzen. Dieser hatte bisher nur die Verwaltung der Erziehungsanstalt von St. Cyr geführt, er zählte erst dreißig Jahre und entschuldigte sich bei dem Könige mit seiner Jugend, der ihm antwortete: „Ich bin jünger wie Sie, und mein Posten ist noch viel schwieriger als der Ihre". — Die Arbeit überstürzte sich alsbald, die Escomptecasse lief Gefahr Bankerott zu machen, was eine allgemeine Zerrüttung hervorgerufen hätte. Das Ministerium d'Ormesson war daher von kurzer Dauer; mit guten ehrlichen Absichten hatte es viele Fehler begangen. — Alle Finanzmänner vereinten sich, um dem Könige die Gefahr zu zeigen, welche den Staat bedrohte, und wiesen auf Herrn von Calonne,¹) der ihr Vertrauen besaß, und den sie allein geeignet fanden, die Geschäfte wieder in Ordnung zu bringen. — Die Königin war mit dieser Wahl unzufrieden, widersetzte sich ihr aber nicht; die Financiers gaben wieder Geld und Credit, die Escomptecasse leistete wieder Baarzahlung und alles schien in das alte gezwungene Geleise zurückzutreten. Seit 1741 war man gewohnt, für die Finanzen nur Palliativmittel zu ergreifen, statt eine Radicalcur zu unternehmen, und die Ausgaben überstiegen alljährlich um ein Beträchtliches die Einnahmen; es war schon unmöglich geworden, neue Steuern einzuführen, und Necker hatte die letzten Hülfsquellen erschöpft, ohne dahin zu gelangen, eine weise Oekonomie und Reform zu begründen. — Man konnte das Ministerium Calonne den Ursachen einer beinahe unvermeidlich gewordenen Umwälzung beizählen, oder wenigstens jenen Uebeln, welche mit einigermaßen festem Willen und Kraft damals noch hätten vermieden werden können. Die Ernennung eines ehrgeizigen und leichtsinnigen Ministers und endlich die spätere unbesonnene Art seiner Entlassung, haben unstreitig die Katastrophe beschleunigt, welche sich seit mehreren Jahren vorbereitete, durch den Widerspruch der alten Institutionen mit den neuen Gebräuchen und den Anschauungen der Philosophen, die, wie es hieß, die alten Vorurtheile bekämpften, indem sie alle leidenschaftlichen Gemüther dagegen erhitzten. Herr von Calonne vereinigte alle Eigenschaften in sich, welche dem Hofe gefallen, dem Volke aber mißfallen konnten; er mehrte die Illusionen der Machthaber und rief die Aufregung der Parlamente hervor. Seine ganze Haltung, seine Formen waren weit mehr jene eines Weltmannes als eines Staatsmannes! Man bewunderte an ihm die Feinheit des Geistes, einen Charakter, der sich auf lebhafte Einbildungskraft stützte, und Gewandtheit der Rede. Nichts ergründend und oberflächlich, schien ihm kein Hinderniß zu beunruhigen und

---

¹) Charles Alexandre de Calonne, geboren 1734 in Douay, erst Generaladvocat des Gerichtshofes von Artois, dann Generalprocurator im Parlamente von Douay, Maître de requêtes, 1768 Intendant von Metz, später von Lille, 1783 Finanzminister, 1787 entlassen, schrieb aus England eine Vertheidigungsschrift gegen Necker. In der Revolution war er für die königliche Sache sehr thätig und längere Zeit bei dem Grafen Artois in Coblenz, 1795 ging er nach London, 1802 nach Frankreich, wo er noch im selben Jahre zu Paris starb.

sein allzu großes Selbstvertrauen abzuschwächen. Er zählte ohne Zweifel mit vielem Verstande, aber wenig Klugheit und praktischem Sinne auf die große Menge der Hülfsquellen Frankreichs, aber er nützte sie mehr aus, als daß er sich ihrer mit Maß und Zweckmäßigkeit bedient hätte. — Die Geldverlegenheit, in welcher man sich damals nach dem kostspieligen amerikanischen Kriege befand, noch erschwert durch die Verschwendung, nicht des Königs, aber des übrigen Hofes und den Mangel an Credit und Baargeld, verursachte Calonne nicht die geringste Sorge und, weit entfernt diesen wirklichen Uebeln durch eine strenge Oekonomie ein wirksames Arcanum zu bereiten, glaubte er sogar ohne Gefahr die Ausgaben vermehren, das Ansehen der Macht durch einen dem Volke imponirenden Luxus erhöhen zu können; das Vertrauen durch leere Hoffnung und Selbsttäuschung zu erringen, ohne Hindernisse bei den Banquiers Anleihen zu contrahiren, durch die Parlamente neue Steuern zu erheben, und endlich Adel und Geistlichkeit zu großen Geldopfern zu bewegen. — Die Strenge Neckers hatte die Gesellschaft erschreckt, die Mittelmäßigkeit seiner Nachfolger sie entmuthigt, die Kühnheit und der fröhliche Sinn Calonne's sie beruhigt. — Die Gefahr hörte auf groß oder drohend zu erscheinen, als man sah, daß sie dem mit ihrer Beseitigung beauftragten Staatsmann ein Kinderspiel zu sein schien. Wie alles Neue in Frankreich stets Glück hatte, so gingen auch die Anlehen gut von statten. — Die Staatsbehörden, die Höflinge und die Finanzmänner hatten nie einen Minister gefunden, der mehr bereitwillig war, sie anzuhören und ihnen zu antworten. Hatten die Prinzen Schulden, so zahlte sie Calonne; wünschten Damen Gnadenbezeugungen, so wurden sie gewährt oder mindestens zugesagt. Da er die Arbeit seinem Zwecke entsprechend einzutheilen wußte, entzogen ihn die Geschäfte der Gesellschaft nicht, und sein Arbeitscabinet trug mehr das Gepräge eines Empfangssalons an sich. — Das Genie eines solchen Staatsmannes war jenes der Hoffnung, ganz Paris ertönte von seinem Lobe, und er schien den Ring des Magiers zu besitzen, der um sich einen blendenden Kreis eitler Täuschung zog, in welchen er alles mit hineinzuziehen wußte. Die Parlamentsmitglieder beruhigend, den kirchlichen Würdenträgern gegenüber ehrfurchtsvoll, aufgeklärt mit den Philosophen, die keine Vorurtheile an ihm fanden, liebenswürdig mit den Gelehrten, deren Talente er schätzte und aufmunterte, dienstgefällig für seine Amtscollegen, freigebig gegen Günstlinge des Hofes, gefiel er der ganzen Welt zu gut, um strenge beurtheilt zu werden. Nur unter den Parlamentsmitgliedern hatte er noch einige alte Feinde, die ihm mißtrauten und seine einstige Theilnahme zu Gunsten des Herzogs von Aiguillon, in dem berühmt gewordenen Streite der Parlamente in der Bretagne anläßlich deren Verwaltung nicht vergessen hatten. — Aber Calonne kannte seine Stellung und ließ sich durch nichts aus der Fassung bringen; er traute seiner Gewandtheit, hoffte seine Anhänger sich zu erhalten und seine Feinde allmälig zu gewinnen, überall Lob zu erwerben, und der Erfolg seines Auftretens schien auch seine Hoffnung vollkommen zu rechtfertigen. Er beseitigte die ersten Hindernisse und befriedigte in leichter Weise momentan die dringendsten Bedürfnisse. Er zeigte einen gefüllten Schatz und bezahlte Rückstände, die königlichen Schlösser St. Cloud und Rambouillet wurden angekauft und bezahlt und eine Anleihe von hundertzwanzig Millionen verbreitete überall den Anschein von Reichthum und Wohlstand. Selbst der Graf von Vergennes,[1]) ein kluger erfahrener und nüchterner Staatsmann, der mit kaltem Blute und sicherem Blicke die politischen Dinge und Ereignisse zu überschauen pflegte, und dessen fast bürgerliche Einfachheit in Sitten und Sprache von der Kühnheit, dem Leichtsinn, der Lebhaftigkeit und Eleganz der Formen Calonne's ungemein abstach, wurde von diesem wie alle anderen gewonnen und theilte das vermessene Vertrauen des neuen Generalcontroleurs der Finanzen.

Am Neujahrstage 1784 fand die eigentliche feierliche Aufnahme der neu promovirten Ritter des heiligen Geist-Ordens mit dem üblichen Ceremoniell statt. Graf Esterhazy, wie schon früher gesagt, befand sich unter denselben, und einer seiner lange

---

[1]) Charles Comte de Vergennes, geboren 1719 in Dijon, wurde 1774 Minister des Auswärtigen, als welcher er den Allianztractat mit den Vereinigten Staaten von Nordamerika abschloß. — Er starb zu Versailles am 13. Februar 1787.

gehegten Wünsche war nun erfüllt. — Er hatte vor einiger Zeit die Stelle eines ersten Oberststallmeisters der Prinzessin Elisabeth ausgeschlagen, obgleich sie ihm durch ihre vertraute Freundin die Marquise Bombelles dringend darum ersucht hatte, ebensowenig war er geneigt gewesen, eine ihm angetragene Stelle in der Diplomatie zu übernehmen. — Die stete Güte der Königin und eine Art Versprechen des Königs, bei der ersten Promotion des heiligen Geist-Ordens seiner Bedacht zu nehmen, war ihm so wie die nunmehrige Erfüllung desselben die wünschenswertheste Gnadenbezeugung; er war dadurch nicht bemüßigt, wie bei Annahme einer Hofanstellung oder eines Gesandtschaftspostens seine Militärcarriere aufzugeben. Er hatte also nun die einzige Auszeichnung erlangt, auf welche er Gewicht legte; die höhere Beförderung in der Armee konnte ihm ohnedies in der Folge nicht ausbleiben, und da er jetzt die Stellung eines Armee-Inspectors mit der Würde eines Gouverneurs von Rocroy vereinigte, außerdem noch ein schönes Hußaren-Regiment besaß, so war für den gegenwärtigen Augenblick sein Ehrgeiz vollkommen befriedigt, doch fühlte er eine gewisse Leere im Leben eines langsam alternden Garçons, und der Wunsch das einer zärtlich geliebten Mutter gegebene Versprechen zu erfüllen, herrschte bestimmt und lebhaft in seinem Innern vor. Einig mit sich selbst darüber sich zu vermälen, war er aber noch unentschieden in der Wahl. Gleich nach seiner Ankunft in Paris hatte er im Gespräche einmal die Bemerkung fallen lassen, daß die Reise in den Sevennen seine Ansichten und Pläne geändert und er sich nun entschlossen habe zu heiraten. Kaum war ihm diese Aeußerung entschlüpft, als man ihm tagtäglich von allen Seiten mehrere Partien vorschlug, und je mehr er gedrängt wurde, desto schwieriger wurden seine Anforderungen; bald war die Betreffende zu jung, oder besaß zu wenig Vermögen, hatte keine angenehme Verwandtschaft, oder war zu kindisch und muthwillig für sein Alter, nichts endlich konnte ihn zur Ausführung des gefaßten Entschlusses treiben. — Eines Abends bei der Herzogin du Châtelet scherzte man über seine Heiratsprojecte; mehrere der anwesenden Damen sagten: Graf Esterhazy müsse sich ganz bestimmt noch im Laufe des nächsten Faschings vermälen, und man nannte einige durch ihr Vermögen sehr annehmbare Partien, die ihn zufriedenstellen konnten, da sagte Madame de Courbeille: „Aber

„ich weiß eine Dame, gegen die nichts einzuwenden wäre: Geburt, in der
„Zukunft großes Vermögen, anmuthige Gestalt, vortreffliche Erziehung,
„kurz alles wäre vereint, aber sie zählt erst achtzehn Jahre, dies ist die
„junge Gräfin Hallwyl, das einzige Kind ihrer Eltern und gegen=
„wärtig vielleicht die reichste Erbin in Paris". — „Oh!" rief der Graf
Rochechouart, Bruder der Frau des Hauses, welcher am Kamin=
feuer stand, „auf diese kann er im Vorhinein Verzicht leisten, ich weiß
„auch nicht für wen ihre Eltern sie aufbewahren, denn sie haben den
„Fürsten Montmorency=Tingry, den Herzog von Aiguillon
„und den ältesten Sohn des Herzogs von Levis, den Grafen Ver=
„cuyer u. m. A. ausgeschlagen, und werden nicht ihre Tochter einem
„Manne von fünfundvierzig Jahren geben, der nicht mindestens Her=
„zog ist." Diese Einwendung gab bei Esterhazy den Ausschlag.
„Warum nicht?" rief er, „ich habe immer die Hindernisse geliebt,
diese Partie schiene mir sehr passend, ich kenne den Grafen Hallwyl
ein wenig und Morgen werde ich selbst bei ihm um die Hand seiner
Tochter anhalten." Alles lachte und glaubte dies wäre nur Scherz,
doch am andern Morgen war Esterhazy beim Grafen Hallwyl, und
da er ihn nicht zu Hause fand, wiederholte er in den nächsten Tagen
seinen Besuch. Er stellte seinen Antrag und setzte dem Grafen alle
seine persönlichen Verhältnisse so wie auch die Motive seines Handelns
offen auseinander. Graf Hallwyl erwiderte, er würde es für ein
großes Glück ansehen, in seinem künftigen Schwiegersohn auch einen
Freund zu finden, aber entschlossen, seine Tochter in der Wahl eines
Gatten weder zu bereden, noch auf irgend eine Art zu beeinflussen,
müsse er zuvor mit seiner Gemalin sich darüber berathen. Anfangs
schien das ganze Heiratsproject an dem Bedenken zu scheitern, das
die junge Gräfin an dem vorwaltenden Altersunterschiede nahm. Sie
zählte erst achtzehn, Graf Esterhazy fünfundvierzig Lebensjahre. Aber
Graf Hallwyl, der das Zustandekommen dieser Heirat wünschte,
gab diesem die besten Rathschläge; es durfte in der Sache nichts über=
eilt werden und sich alles von selbst arrangiren. Graf Esterhazy kam
nun öfters in das Haus Hallwyl, wurde mehrmals eingeladen, und
als das junge Mädchen die guten ehrenhaften Grundsätze, die Recht=
lichkeit, Offenheit, den festen männlichen Charakter desselben nach und
nach kennen lernte, verschwand in demselben Maße der Altersunterschied,

die fünfundvierzig Jahre wurden vergessen und Esterhazy erhielt deren Jawort. Die Vermögensbestimmungen waren bald geordnet, es kam der Segen seiner geliebten hocherfreuten Mutter und am 23. März 1784 wurden in der Hauscapelle des Palais Machault Graf Valentin Esterhazy mit der Gräfin Franziska Hallwyl durch den Erzbischof von Rheims feierlich getraut, eine Ehe, die durch die edlen Eigenschaften beider Gatten stets eine musterhafte und vom Glücke gesegnete war. — Das junge Paar brachte seine Flitterwochen im Schlosse Troux, einer Besitzung der Gräfin Hallwyl zu, begab sich sodann nach Rocroy, wo es den größten Theil des Sommers verlebte; während der Inspectionsreisen ihres Gemals ging die junge Gräfin Esterhazy nach St. Cyr in der Nähe von Joigny in Burgund, einer anderen Besitzung ihres Vaters, sodann führte Graf Esterhazy seine Gemalin nach Fontainebleau zur Vorstellung bei Hofe, und nach einem Besuche in Cirey bei seinem alten Freunde dem Herzoge du Châtelet begaben sie sich im November 1784 nach Paris, um dort den nächsten Winter zuzubringen. Doch wurde ihr Glück nur zu bald getrübt, da im Februar 1785 der alte Graf Hallwyl schwer erkrankte und einem länger dauernden Leiden erlag. Sein ehrenwerther und immer wohlwollender Charakter sicherte ihm bei seinen Kindern ein warmes, liebevoll dankbares Andenken. Einige Tage vor dessen Ableben hatte die Königin am 23. März 1785 einen Prinzen geboren, den Herzog der Normandie (vom 4. Juni 1789 Dauphin, jene unglückliche spätere Waise des Tempels), der als Ludwig XVII. unter den Mißhandlungen des rohen Schusters Simon so unglücklich und elend zu enden von der unergründlichen Vorsehung bestimmt war. — In diesem Jahre blieb die Gräfin Esterhazy bei ihrer Mutter in Troux den größten Theil des Sommers; eine einzige Fahrt nach Fontainebleau wurde unternommen, wo die Königin die junge Frau in ihrer kleinen Fregatte zu Wasser zurückführte.

Die Scheldestreitigkeiten Oesterreichs und Hollands hatten in diesen beiden Jahren in der französischen Armee, besonders bei jenem weit zahlreicheren Theile, welcher den amerikanischen Krieg nicht mitgemacht hatte, große kriegerische Hoffnungen erweckt, doch die baldige Beilegung dieses Conflictes dieselben rasch wieder vernichtet.

Am 26. März 1786 hatte die Gräfin Esterhazy ihrem Gemale einen Sohn geboren, der von einem Bruder des alten Grafen Hallwyl aus der Taufe gehoben wurde und den Namen Gaspard Philipp Valentin erhielt.¹) Im Sommer unternahm Graf Esterhazy seine gewöhnlichen Inspectionsreisen und im Spätherbste 1786 wurde, über Lyon und an der Rhône bis zur heiligen Geistbrücke hinabschiffend, eine Reise nach Vigan zur theuren Mutter unternommen, die beim Anblicke ihrer Schwiegertochter und ihres ersten Enkels neu aufzuleben schien. Nach einem einmonatlichen Aufenthalte in Vigan ging es wieder in die Pariser Winterquartiere, wo sich Graf Esterhazy ein Haus in der Straße St. Dominique gemiethet hatte. Kurz nach der Rückkunft von einer Inspectionsreise in Languedoc erhielt er das Militärcommando im französischen Theile von Hennegau an der Stelle des verstorbenen Generals von Sarsfield und trat im December 1786 diesen neuen Posten an.

In den letzten Jahren (1783 bis 1786) waren manche Veränderungen, sowol in der Hauptstadt als in Versailles und der Gesellschaft von Trianon vor sich gegangen und die herannahende Katastrophe bereitete sich immer mehr zum Ausbruche, überall wurde für die Revolution gearbeitet, theils bewußt, theils absichtslos, aber in den Folgen deshalb nicht minder erschütternd und zerstörend.

Der fünfjährige Kampf zur See und in Amerika zwischen Frankreich und England war durch einen ehrenvollen Frieden beendet; die französische Marine hatte ruhmvolle Gefechte bestanden, und die Namen der französischen Seehelden, als Suffren, d'Estaing, Guiche, Lamotte-Piquet u. s. w. konnten sich würdig den bis dahin fast nur allein gerühmten Koryphäen der britischen Seemacht anreihen. Ein Handelsvertrag zwischen Frankreich und England, den man lange Zeit für unausführbar hielt, war der Erfolg

---

¹) Graf Valentin Philippe Gaspard Esterhazy, gestorben zu Wien am 3. April 1838, seit 1812 mit der Gräfin Anna von Weißenwolf vermält, die am 3. Mai 1866 zu Obermais bei Meran im einundsiebzigsten Lebensjahre starb.

der vorzüglichen und imponirenden Haltung der französischen Marine. — Die Wiederherstellung einer geregelten Finanzwirthschaft sollte nun das Werk des Friedens sein; wir werden noch in diesen Blättern weiter ersehen, inwieferne dieses gelingen oder scheitern sollte.

Im Königsschlosse zu Versailles hatte sich König Ludwig XVI. eine Abtheilung Gemächer für seine Studien und Lieblingsbeschäftigungen zurückbehalten; an den Wänden hingen die Pläne und Zeichnungen jener Arbeiten, die er nach seinen eigenen Angaben hatte ausführen lassen; so z. B. die Hafenbauten von Cherbourg, mehrere neu angelegte Canäle u. s. w., in einem der Säle hatte der König seine geographischen Sammlungen, voll Himmels- und Erdgloben, Karten u. s. w., ferner eine Bibliothek voll von Manuscripten, historischen und geographischen Werken, sowie allen literarischen Erscheinungen seiner Regierungszeit. Auch besaß er viele englische Werke, unter anderem eine werthvolle Ausgabe aller Parlamentsdebatten, sowie auch mehrere Landungspläne in England, darunter einen vom Grafen Broglie verfaßten. — Zu allem diesen kam noch ein Thurmzimmer, das seine Schlosserwerkstätte enthielt, dort arbeitete er mit einem Schlossergehülfen[1]) und eine ganze Reihe von Schlössern der complicirtesten Construction waren eigenhändige Fabricate Ludwigs XVI. Unter dem Dachstuhle endlich war eine Art Observatorium, von wo der König mit seinen vorzüglichen Fernröhren die ganze Stadt und nächste Umgegend auf das Genaueste beobachten konnte. Aber sein Lieblingsvergnügen war die Jagd. Er verfolgte mehrmals wöchentlich Hirschen und Rehe und diese Leibesübung wurde später sogar eine diätetische Regel als seine Beleibtheit mehr und mehr zunahm.

Die Aufführung von Comödien und Tableaux war hingegen eines der Hauptvergnügen der Königin. Der König gab öfters seine Jagd auf, um den Proben beizuwohnen, die ihm viel Vergnügen machten. Von Jahr zu Jahr erweiterte sich das Anfangs kleine Repertoire; König Gustav III. von Schweden und Großfürst Paul

---

[1]) Dieser Arbeiter hieß Gamin, klagte 1793 den König an, daß er ihn habe vergiften wollen, und erhielt für diese Niederträchtigkeit von den Freiheitsmännern eine Pension von 12.000 Livres.

von Rußland waren während ihrer Anwesenheit in Frankreich unter den Zusehern (1784 der Erste, 1782 der Zweite), und Grimm, der damals Feuilletons für alle Höfe Europas schrieb, lobte oft die gute Auswahl in den Aufführungen und den feinen Ton, der diese leitete. Die Königin selbst liebte es, auf der kleinen Bühne in Trianon zu erscheinen mit den Herzoginnen von Polignac und deren Tochter, der Herzogin von Guiche (diese kaum den Kinderschuhen entwachsen), dem Grafen Artois und einigen wenigen Anderen. Als Zuseher waren die gewöhnlichen Gäste von Trianon, die Frauen der Königin und deren Schwestern und Töchter anwesend. Die Rolle der Collette im „Le Devin du village" war eine der bestgespielten der Königin. Außerdem kamen zur Aufführung: König und Pächter, Rose und Colas, Der Engländer in Bordeaux, Der Barbier von Sevilla u. m. a. Im letztgenannten spielte die Königin die Rosine. — Nebstbei gab es in den Gärten von Trianon kleine ländliche Feste, Gartenbeleuchtungen und Concerte im Freien. Zu dieser Epoche bestand die engere Gesellschaft der Königin aus folgenden Frauen: den beiden obengenannten, der Herzogin von Polignac und deren Tochter Guiche, den Gräfinnen Diane Polignac, Schwägerin der ersteren, Polastron und Chalons, und aus den Herren: Herzog von Polignac, Herzog von Guiche, Herzog und Graf von Coigny, Graf Vaudreuil und d'Adhémar, Baron Besenval und Graf Valentin Esterhazy und Andlau; Fürst von Henin,[1]) Herzog von Guines, Bailli de Crussol, der mit dem größten Ernste zu scherzen wußte, und dem Grafen von Polastron, der die Violine zum Entzücken spielte. Zu all diesen gesellten sich noch einige

---

[1]) Der Fürst von Henin starb 1794 unter der Guillotine des Revolutionstribunals, ungeachtet seiner stets philantropischen Ideen zum Tode verurtheilt. Er war von hoher uralter Abkunft, die er von den alten Grafen von Elsaß ableiten konnte, welche mit dem Hause Bourbon gleiche Abkunft theilten. Als der Graf von Artois ihn einmal schnöde behandeln wollte, sagte ihm der Fürst: „Mein gnädigster Herr! wollen Sie sich daran erinnern, daß, wenn ich die Ehre „habe Ihnen zu dienen, so haben Sie diejenige, daß ich in Ihrem Dienste stehe". — Als einst eine von dem Fürsten verfaßte Comödie in Fontainebleau zur Aufführung gelangte, aber mißfiel, sagte die ihm nicht sehr gewogene Königin: „Also, Fürst Henin! Ihr Stück ist durchgefallen!" „Ja Majestät, bei Hofe, deshalb wird es in Paris Erfolg haben," war die Antwort des Fürsten.

ausgezeichnete Ausländer, wie Fürst Carl de Ligne, der aus seiner an der französischen Grenze gelegenen belgischen Garnison auf Wochen ab und zu herüberkam; der Graf von La Mark, der als Brigadier und Chef eines gleichnamigen Infanterie-Regimentes in französischen Diensten stand, ferner zwei edle Schweden, der Graf Axel Fersen und Baron Stedingk, welche beide in der französischen Armee den Krieg in Amerika mitgemacht hatten. Letzterer begleitete den Admiral Suffren nach Indien, wurde aber im Kriege Schwedens gegen Rußland 1788 in sein Vaterland zurückberufen, wo er tapfer kämpfte und den Rang eines Viceadmirals erhielt. Der Erstere war einer der edelsten und interessantesten Erscheinungen in Versailles und Trianon, hoch über die große Menge emporragend. Axel Graf Fersen, aus einem alten angesehenen liefländischen Geschlechte, durch ruhmvolle Sprossen in Schweden vertreten unter Königin Christine, Carl X. und XI., war 1750 zu Stockholm geboren und nachdem er unter Leitung seines Vaters des schwedischen Feldmarschalls und Reichsrathes seine Studien vollendet hatte, begab er sich nach Frankreich, wo er Oberst des im dortigen Dienste stehenden Infanterie-Regimentes Royal Suédois wurde. Er machte sodann mit Auszeichnung den Krieg in Amerika mit und bereiste später England und Italien. — Er genoß durch seine persönlichen Eigenschaften große Achtung und das Vertrauen des Königs und der Königin in hohem Grade. Er war zur Zeit seines Erscheinens am französischen Hofe einer der schönsten Männer seiner Zeit, man nannte ihn nur „le beau Fersen". Sein männliches gebräuntes Antlitz trug einen eisigen Ausdruck kalter Ruhe, welcher den Frauen nicht mißfällt, wenn sie hoffen dürfen, ihn zu beleben; er hatte keinen blendenden Geist, aber was weit werthvoller ist, jenen nüchternen soliden Verstand, der jede Situation, es möge kommen was wolle, mit Kraft und Besonnenheit zu beherrschen weiß. Er liebte die Musik, die Künste und ein ruhiges Leben; er war ein edler offener und stolzer Charakter, der jede Intrigue verschmähte und nie zu glänzen strebte. Seine Haltung war stets einfach und zurückhaltend, gegenüber dem Königspaare eine ehrfurchtsvolle. — Fersen war ein Ritter und Edelmann einer poetischeren Zeit als jene, in welche sein Leben fiel, und wie unter den Frauen der Umgebung der Königin die Prinzessin von Lamballe durch ihre aufopfernde Hingebung, so ragt unter den Männern die ritterliche Gestalt des Grafen Axel Fersen durch unerschütterliche Treue und entschlossenen Muth glänzend hervor, wie doch ganz anders als jene elenden Intriguanten und Stellenjäger im Schlage derer, welche leider die Gesellschaft von Trianon gerade unter ihren Tonangebern aufzuweisen hatte.

In den Tagen des Schreckens und der Gefahr, so z. B. an dem verhängnißvollen 5. October 1789 zu Versailles, begab sich Graf Fersen augenblicklich bei der ersten Nachricht von dem Anrücken des Pariser Pöbels in das Königsschloß, schloß sich bewaffnet den Gardes du corps an, und versah im Salon vor den Gemächern der Königin freiwillig die Wache. Er war einer der Wenigen, welche das Königspaar in das Geheimniß ihres Fluchtversuches eingeweiht hatten, er leitete selbst die nöthigen Vorkehrungen und führte, als Kutscher verkleidet, den königlichen Reisewagen aus Paris. Er erreichte später glücklich Brüssel, wo er dem französischen Königspaare die ergebensten und wichtigsten Dienste als diplomatischer Vermittler leistete, ohne die spätere schreckliche Katastrophe verhüten zu können. Auch erschien Graf Fersen im Sommer 1791 in Wien, wo er mit seinem geistvollen, vornehmen Wesen auf alle den günstigsten Eindruck machte. Aber den Stürmen der französischen Revolution entkommen, ereilte ihn siebzehn Jahre später im eigenen Vaterlande ein noch gräßlicheres Schicksal. An dem schnellen Tode des Prinzen Carl August[1]) im Jahre 1810 unschuldiger Weise verdächtigt, wurde während des Leichenzuges dieses Prinzen am 10. Juni ein Volksaufruhr gegen ihn erregt. Mit Steinwürfen begrüßt und aus dem Wagen herausgerissen, endete der damalige schwedische Reichsmarschall Graf Fersen unter barbarischen Mißhandlungen der wüthenden Hefe des Volkes.

---

[1]) Christian August Prinz von Holstein-Sonderburg, geboren 9. Juli 1768, gestorben im Lager bei Jongby am 28. Mai 1810, wurde am 18. Juli 1809 von den schwedischen Reichsständen zum Thronfolger erwählt und am 18. Jänner 1810 vom Könige Carl XIII. unter dem Namen Carl August adoptirt, worauf er am 24. Jänner die schwedische Constitution beschwor und seitdem Kronprinz und Großadmiral des Königreiches Schweden war.

Unter den Frauen der Gesellschaft von Trianon war die Gräfin Diana Polignac, Schwägerin der Herzogin, die geistig bedeutendste. Sie wußte durch Verstand, durch einen gewissen Reiz des Wechsels in ihrem Umgange, durch ein Gemisch von Gemüthlichkeit und Ironie, sowie das feinste Salz eines epigrammartigen Witzes ihren Mangel an Schönheit vergessen zu machen. Sie wußte mit Feinheit den Ehrgeiz und die Wünsche der tonangebenden Männer aufzustacheln, sie zeichnete ihnen ihre Pläne vor, und beherrschte auf diese Art unbemerkt die ganze Gesellschaft. Ihre Stellung als Ehrendame der frommen Prinzessin Elisabeth unterstützte ihren Einfluß, und die Ernennung zu dieser Charge hatte allgemein gerechten Tadel hervorgerufen, da, wie der Graf La Mark sagt, „ihre Sitten frei bis zum Aergerniß waren".

Da wir gerade den Grafen La Mark citiren, sei hier eines Vorfalls erwähnt, der 1784 großen Lärm in Paris, sowie auch in Versailles Aufsehen erregte. Es war dies dessen Duell mit einem schwedischen Edelmann, Herrn von Peyron, der als Kammerherr Gustavs III. in dessem Gefolge sich eben in Paris befand.

Der Graf von La Mark,[1]) einer der tapfersten und brillantesten Officiere seiner Zeit, hatte 1777 als Capitän à la suite einen jungen schwedischen Officier Namens Peyron in sein Regiment erhalten, der ihm von dem damaligen schwedischen Gesandten Grafen Creuz besonders empfohlen und, wie man sagte, vom Könige Gustav III. sehr begünstigt war. In Folge einiger Händel und Streitigkeiten, in welchen das Unrecht auf seiner Seite war, verlangte Herr von Peyron seine Entlassung aus dem Regimente, aber gerade in der unpassendsten Zeit, da sich dieses zum Feldzuge in Indien einschiffte. Der Regimentschef Graf La Mark ließ ihn sich entfernen,

---

[1]) Graf La Mark oder August Maria Raymund Prinz von Aremberg, geboren 1753 zu Brüssel und daselbst im Alter von achtzig Jahren am 26. September 1833 gestorben, ist bekannt wegen seinen Versuchen im Verein mit Mirabeau das unglückliche Königspaar zu retten. Siehe Thürheims Feldmarschall Fürst Carl de Ligne, Wien 1877, Wilhelm Braumüller, Seite 193, Anmerkung. — Ferner: Correspondance entre le Comte de Mirabeau et le Comte de la Mark par Bacourt. Paris Librairie Vᵉ Le Normant, Rue de la Seine 1851.

aber nicht ohne einige empfindliche Bemerkungen über seinen Austritt in dem Augenblicke wo das Regiment gegen den Feind gehen sollte. Diese wurden aber von einigen anwesenden, dem Regimente gleichfalls zugetheilten schwedischen Officieren gehört, und der Ruf Peyrons litt durch die falsche Stellung, in die sich dieser selbst gebracht hatte, ungemein, so daß derselbe sich entschloß, den Grafen La Mark nach dessen Rückkehr aus Indien zu fordern. — Als Gustav III. auf seiner Rückreise aus Italien sich kurze Zeit in Paris aufhielt, wurde ihm zu Ehren von Seite des französischen Hofes ein großer Maskenball gegeben. Auf diesem fand die Herausforderung statt. Man gab sich im Gehölze von Boulogne, dem gewöhnlichen Kampfplatze aller Pariser Duellanten für den nächsten Tag Rendezvous. Der Graf von La Mark mit seinem Freunde dem Vicomte de Noailles erwartete Herrn de Peyron, der, von einem schwedischen Officier, dem Grafen Schwerin, begleitet, bald erschien. Der Kampf dauerte nur einige Secunden, Peyron stürzte todt zusammen, der Degen seines Gegners war ihm durch ein Auge in den Kopf gedrungen. Graf La Mark blutete aus Nase und Mund und hatte einen Stich erhalten, der ihm beide Lungenflügel verletzte und lebensgefährlich war. Beide Verwundungen waren gleichzeitig erfolgt. — Graf La Mark hatte nicht einen Augenblick seine Besonnenheit verloren, bestieg den Wagen seines Secundanten, der ihn in seine Wohnung Faubourg St. Germain Rue Grenelle — vom Bois de Boulogne eine ziemlich entfernte Distanz — brachte. Ungeachtet eines fortwährenden Blutverlustes stieg der Graf zwei Treppen bis zu seinem Zimmer hinauf, nöthigte dort einen seiner Leute, ihm auf einem Arme eine Ader zu öffnen; nach einer halben Stunde kam der Arzt, der auch auf dem anderen Arm einen Aderlaß vornahm, und strenge die äußerste Ruhe befahl, da er die größte Lebensgefahr erkannte. Vier Monate brauchte es zur vollkommenen Heilung, und die Folgen dieses Degenstiches und einer in Indien erhaltenen Schußwunde durch die Brust machten sich im Leben des Grafen La Mark noch öfters geltend, und er litt an einigen schweren Brustkrankheiten; einmal war er sogar durch zwei Jahre zu einem vollkommenen Stillschweigen verurtheilt. Die Pariser Polizei hatte die Leiche de Peyrons noch an Ort und Stelle gefunden und den bei derselben anwesenden Grafen Schwerin verhaftet. Das Parlament, welches bei derlei Anlässen sehr strenge vorzugehen pflegte, bereitete den Proceß gegen den Grafen La Mark und die beiden Secundanten vor. Der Vicomte von Noailles lief zum Grafen Artois, welcher befahl, den Grafen La Mark in seine eigene Wohnung im Temple, der damals noch das Asylrecht genoß, zu transportiren, doch der Arzt erklärte den Transport für unmöglich, da selbst der Wechsel des Lagers gefährlich sei. Die Königin, welche Noailles gleichfalls in Kenntniß setzte, sprach mit dem Könige darüber, der sogleich dem Polizeiminister den Befehl gab, die nöthigen Sicherheitsmaßregeln für den Grafen La Mark vorzukehren. Der Polizeichirurg gab eine Erklärung, daß Herr Peyron in Folge einer durch einen Schlaganfall erlittenen Verletzung gestorben sei. Dies genügte, um alle weiteren Schritte des Parlamentes aufhören zu machen. Zu jener Zeit (1784) wo die Geister in Paris und bei Hofe von großen politischen Ereignissen eben nicht in Anspruch genommen waren, und alles was von dem tagtäglichen Getriebe abwich, ein Gegenstand des allgemeinen Gespräches war und die öffentliche Neugierde nährte, machte dieses Duell sehr viel von sich reden und Graf La Mark erhielt vom Hofe und der Hauptstadt zahlreiche Beweise reger Theilnahme. — Als er das erste Mal nach seiner Genesung wieder in den Appartements von Versailles erschien, sprach König Ludwig XVI. nicht ein Wort über jenen Zweikampf, welcher ein Vergehen gegen die Gesetze war, aber die Königin und die Prinzen drückten dem Grafen in warmen Worten ihre innige Theilnahme und Besorgniß aus, die sie für ihn gefühlt hatten.

Im nächsten Jahre 1785 war es ein anderes verhängnißvolles Ereigniß, das nicht nur Versailles und Paris, sondern ganz Frankreich beschäftigte und gleichzeitig in Parteien theilte, wir meinen den historisch bekannten sogenannten Halsbandproceß, wo die widersinnigsten Gerüchte, wenn sie die Ehre der Königin angriffen, von ihren Feinden, darunter auch einigen ihrer nächsten Umgebung boshaft verbreitet, oder mindestens von diesen nicht mit gebührender Entschiedenheit verworfen, von einem großen Theile des Volkes begierig aufgefaßt und für glaubhaft genommen wurden. Die Königin selbst begnügte sich damit, im Bewußtsein ihrer Tugend, den gehässigen und abscheulichen Anschuldigungen ihrer Feinde, statt diese

zur Rechenschaft ziehen zu lassen, eine kaltblütige Verachtung entgegen=
zusetzen, ohne zu bedenken, daß ein solches Verhalten vom Volke
als ein Zeichen des Stolzes, aber nicht der Schuldlosigkeit angesehen
wurde! — Es wurden zahllose Schmähschriften theils handschriftlich,
theils in England und Holland heimlich gedruckt, gegen Ludwig XVI.,
noch mehr aber gegen die Königin gerichtet, in Frankreich eingeschmuggelt
und im Publicum verbreitet. — Wir übergehen diese ohnedies in Ge=
schichte und unzähligen Memoiren abgehandelten Uebelstände, und er=
wähnen nur, daß um diese Zeit ein erst sechszehnjähriger talentvoller
Zögling der Militärschule zu Brienne (seit kurzem in jener von Paris)
sich zum Officiersexamen vorbereitete — und wer ist wol jener blaß=
gelbe junge Mensch mit dem denkenden Kopfe, den scharf geschnittenen
energischen Zügen, der beim Scheine einer das Gemach matt erleuchtenden
Lampe bei seinen Büchern und Berechnungen mit eifriger Wißbegierde
forschend sitzt und dessen momentanes Ziel eine Artillerie=Unter=
lieutenantsstelle ist? — Sohn eines corsischen Patriziers aus Ajaccio,
dermalen noch unbekannt, aber ob seiner Kenntnisse und seines Fleißes von
den Lehrern belobt, von den Mitschülern beachtet. — Unbeschrieben
liegen die Tafeln seines Lebens noch vor ihm. — Wer konnte
damals wol ahnen, daß dieser Jüngling neunzehn Jahre später als
Kaiser der Franzosen in den Tuilerien thronen werde? — daß
die Adler seiner Prätorianer auf den Zinnen und Thürmen fast
aller Hauptstädte Europas als stolze Siegeszeichen prunken und die
französische Armee mit Erinnerungen kriegerischen Ruhmes erfüllen
würden, gegen welche selbst jene der Lilien erbleichen sollten.

Die Freundin der Königin, Herzogin von Polignac, war in
ihrer Stellung wider Willen zu Aufwand und Repräsentation ver=
urtheilt und mußte an bestimmten Wochentagen sich ihrer kleinen ver=
trauteren Gesellschaft entziehen, um die große Menge bei sich zu sehen.
„Wird die Frau von Polignac ganz Frankreich bei sich empfangen?"
fragte eines Tages der Fürst de Ligne den Chevalier de Lisle,
welcher zu dem engeren Gesellschaftskreise der Herzogin gehörte. „Ja",
erwiderte dieser, „drei Tage in der Woche, Dinstag, Mittwoch, Don=
„nerstag von Früh bis Abends. Während dieser zweiundsiebzig

„Stunden allgemeines Ballet, kann eintreten, diniren und soupiren wer
„will. Man muß sehen, wie das Geschmeiß der Schmeichler und
„Kriecher sich dort vermehrt. Man bewohnt während dieser drei Tage
„außer den überfüllten Salons auch noch das Treibhaus, das man
„zu einer Galerie umstaltet, an derem Ende ein Billard placirt ist.
„Die vier übrigen Tage steht die Thüre den Freunden offen. Sie
„werden daselbst erwartet." Fürst de Ligne erschien und war über
die Veränderungen, welche sich in Ton und Sitten der guten Gesell=
schaft eingeschlichen hatten, sehr betroffen.

Der Herzog und die Herzogin von Polignac zeigten sich in
Auswahl ihrer Gesellschaft selbst der Königin ihrer Wohlthäterin
gegenüber weder rücksichtsvoll noch dankbar, und waren weit davon
entfernt, solche Persönlichkeiten in ihren Salons zu versammeln, die
jener wohlgefällig und passend gewesen, ja im Gegentheile fand sich
die Königin oft peinlich berührt über einzelne Begegnungen. Der
österreichische Botschafter Graf Mercy zeigte sich, mit diesen Eigen=
thümlichkeiten bekannt, gerade nur so oft, als es nöthig war, um
seine Entfernung nicht auffällig zu machen, und der Graf von Fersen
verweigerte die mehrmalige Aufforderung, in die Intimität dieser Ge=
sellschaft zu treten, aller Zuvorkommenheiten ungeachtet, mit welchen
man ihn anziehen wollte. Endlich war es 1785 schon so weit ge=
kommen, daß die Königin bevor sie den Salon Polignac besuchte,
sich immer durch einen Kammerdiener um die Namen aller Anwesenden
erkundigen ließ und ihr Kommen nach dem jeweiligen Bescheide rich=
tete. Sie hatte eine ausgesprochene Abneigung gegen Herrn von
Calonne, und später auch gegen den Grafen Vaudreuil, dessen
anmaßender und herrischer Charakter ihr ungemein mißfallen hatte.
Calonne gab sich alle erdenkliche Mühe, um das Wohlwollen der
Königin zu erlangen, er suchte jeden ihrer etwaigen Wünsche zu er=
rathen und zuvorzukommen, was deren Unwillen nur steigerte. Ca=
lonne, ungemein ehrgeizig, strebte nach Einfluß in der Coterie
Polignac, und glaubte durch diese sich bei der Königin in Gunst zu
setzen. Zu diesem Zwecke suchte er sich die Freundschaft des Grafen
Vaudreuil, der die Herzogin von Polignac ganz beherrschte, zu
erwerben, und war jenem durch die Bewilligung unaufhörlicher Geld=
forderungen gefällig. Bei dem Austritte Calonne's aus dem Ministerium

fand man Verschreibungen für 800.000 Francs, welche Baudreuil
dem Minister schuldete, so berichtet uns ein sicherer und durch seine
Ehrenhaftigkeit zuverlässiger und unantastbarer Gewährsmann, der
Graf von La Mark. — Die Königin, welche einst der damaligen
Gräfin Polignac das gefühlvollste Lob ertheilte, da sie sagte: „Seule
avec elle, je ne suis plus reine, je suis moi", hatte allerdings
durch ihre unendliche Güte diese Freundin verwöhnt und verzogen,
und als sie in späteren Jahren dieser gegenüber ihr Mißvergnügen
über die Begegnung mehrerer Persönlichkeiten ausdrückte, schämte sich
Frau von Polignac, ergeben jenen, die sie beherrschten, ungeachtet
ihrer sonst angebornen Sanftmuth nicht, der Königin zu erwidern:
„Ich denke, weil Ihre Majestät in meinen Salon zu gehen belieben,
„dies noch keine Ursache wäre, daß Sie verlangen könne, meine Freunde
„auszuschließen". Dies hatte die Königin 1790 dem Grafen La Mark
selbst erzählt, mit dem Beifügen: „Ich bin deshalb gegen Frau von
Polignac nicht erzürnt, sie ist gut und liebt mich, aber ihre Umgebungen haben sie unterjocht". Als die Königin ihren Wunsch bezüglich einer ihr mehr genehmeren Auswahl der Gesellschaft bei der
Herzogin Polignac nicht durchsetzen konnte, nahm sie die Gewohnheit
an, öfter eine ihrer Hofdamen, die Gräfin d'Ossun mit ihrem
Besuche zu beehren, deren Gemächer in der nächsten Nähe ihrer eigenen
waren; oft speiste sie dort mit vier oder fünf Personen, veranstaltete
kleine Concerte, in denen sie sang, und zeigte überhaupt dort mehr
Zufriedenheit und Heiterkeit als sie jemals bei der Herzogin von
Polignac sich anmerken ließ. Die Gräfin d'Ossun hatte keine
glänzenden Außenseiten, wenig Geist, war aber dagegen sanft und gut
und von makellosem Rufe und hoher Tugend. Sie war der Königin
aus dem Innersten ihrer Seele und ihres Herzens ergeben, und niemals war Jemand weniger zur Intrigue geneigt als diese Frau, die
nicht die Gunst der Königin suchte, sondern deren einziger Wunsch
war, daß sich diese bei ihr gefalle und mit ihr zufrieden sei. — Niemals entschlüpfte ihr ein Wort des Tadels gegen die Polignac, mit
denen sie übrigens verwandt war, niemals trat sie aus ihrer bescheidenen Zurückhaltung, und niemals, ganz im Gegensatze zur Gesellschaft
Polignac, mißbrauchte sie das Wohlwollen der Königin um Gunstbezeugungen für sich, ihre Familie oder ihre Freunde zu erlangen, —

ihre Treue besiegelte sie endlich mit dem Tode am Schaffote.¹) Der Vorzug, welchen die Königin der Gräfin d'Ossun bezeugte, erregte begreiflicher Weise den Neid und Unwillen der Gesellschaft Polignac und die Unzufriedenheit darüber wurde in diesem Kreise immer heftiger. Ja die Wuth dieser Gesellschaft ging so weit, daß die ärgsten und boshaftesten Verleumdungen aus ihrer Mitte gegen die Königin ausgingen. Einer der vertrautesten Besucher des Salons Polignac, welcher vor Allen eine tiefe Erkenntlichkeit und die ehrfurchtsvollsten Rücksichten seiner Monarchin schuldete, verfaßte gegen diese ein schändliches Couplet, auf eine niederträchtige Verleumdung gestützt, das er in Paris circuliren ließ. — „Man muß es anerkennen, die unglück„liche Marie Antoinette fand sehr gefährliche Feinde unter jenen, „welche ihre treuesten und erkenntlichsten Diener hätten sein sollen. „Diese waren um so gefährlicher, als sie der öffentlichen Bosheit „schändliche Verleumdungen überlieferten, welche vom ersten Beginne „der französischen Revolution so grausam auf das Haupt dieser un„glücklichen Fürstin niederfielen. Und in diesen Bosheiten und Lügen, „welche von 1785 bis 1788 gegen die Königin verbreitet wurden, „suchte das Revolutionstribunal den Vorwand zu den Anschuldigungen „1793 gegen Marie Antoinette." Diese wörtlich übersetzte Bemerkung des Grafen La Mark über die Königin scheint eine wahre und richtige Idee über die Lage dieser unglücklichen Fürstin gegen die unsichtbare Bosheit ihrer Feinde zu geben. Unser Gewährsmann hat jedenfalls das Verdienst, gut und genau zu wissen, was er erzählt, alle die agirenden Persönlichkeiten jener Zeit wohl gekannt zu haben

---

¹) Geneviève de Gramont, geboren 1752, heiratete, erst vierzehnjährig, den Grafen Carl Peter Hyacinthe Ossuna, erblichen Grand von Spanien am 26. Jänner 1766. Die Gräfin war zuerst Hofdame bei Madame (Gräfin von Provence) und kam 1785 zur Königin. Da sie keinen wirklichen Dienst zu versehen hatte, verließ sie bei Ausbruch der Revolution 1789 Frankreich, als aber die Königin später den Wunsch ausdrückte, sie wieder zu sehen, kehrte sie ungeachtet aller Gefahren nach Frankreich zurück, wohl bewußt des Schicksals, das sie erwarten konnte. Opfer ihrer Ergebung und Treue, endigte sie unter der Guillotine 1794 gerade am Vorabende jener Reaction, welche Robespierre stürzte und vernichtete! — Die Gräfin Ossuna war Schwester des Herzogs von Gramont und Nichte des ehemaligen Ministers Herzogs von Choiseul.

und sie ohne Parteilichkeit und Haß zu beurtheilen, da er außer der eigenen Ehrenhaftigkeit auch kein weiteres Interesse hatte, anders zu handeln. Seine Stellung am französischen Hofe setzte ihn über den Kreis der großen und kleinen Eifersüchteleien und Rivalitäten, welche sich zu jener Epoche um Gunst und Einfluß bei Hofe stritten. Graf La Mark war ein ausländischer großer Herr, nebstdem sehr reich und den Rang in der französischen Armee hatte er sich durch seine Auszeichnung im indischen Kriege mit seinem Blute erworben. Er bedurfte vom Hofe keiner besonderen Stellung oder Gunst, nicht des Geldes, weder für sich noch für seine Familie, auch hatte er keineswegs Lust und Neigung, sich um öffentliche Staatsangelegenheiten und Geschäfte zu kümmern, und als er es 1790 that, war es nur Treue und Anhänglichkeit und das wahre innige Interesse für die unglückliche Königsfamilie, die damals keine Gunstbezeugungen mehr ertheilen konnte, und jetzt vielmehr selbst der Beweise der Ergebenheit und des Schutzes ihrer Interessen bedurfte und auf die Theilnahme ihrer Anhänger angewiesen war.

Ein anderer Zeitgenosse, der bekannte geistvolle Fürst de Ligne, sagt von jener Epoche: „Niemals war man weniger liebenswürdig „bei Hofe und in der Gesellschaft von Paris als 1786. Nicht mehr „Galanterie, nicht mehr Anmuth, nicht mehr Eleganz, kein Streben „mehr anderen zu gefallen. Die Damen ohne Toilette, die Herren „kothig." — Der Fürst begegnete überall gelangweilte und langweilige Leute. Man hatte ihm sein Versailles und sein Paris gründlich verdorben, und dies war in seinen Augen ein sicheres Vorzeichen einer ganzen Staatsumwälzung. Er sah jene Schichten der Gesellschaft, welche das meiste Interesse hatten, die Monarchie zu halten und zu unterstützen, sich gegen diese verbinden. Er sah die Rechtsmänner Abends Beifall klatschen „einer Unverschämtheit, welche sie am Morgen dem Königthume angethan hatten". Er sah die seit mehreren Jahren eingerissene Anglomanie die altfranzösische Ritterlichkeit verdrängen; er sah endlich mehrere Damen des Hofes ihre Toiletten vernachlässigen, um die Denkschriften der Oekonomisten zu lesen, welche den Staat reformiren wollten, und von Früh bis Abends gegen die Mißbräuche schreien, durch welche ihre Familien häufig ernährt wurden, kurz für die Republik arbeiten, ohne es selbst zu wissen. — Die Monarchin sogar wurde von diesen nicht geschont, und man ereiferte sich insbesondere gegen deren behauptete Verschwendung zu Gunsten der Coterie Polignac. Man hatte berechnet, daß im Verlauf von zwölf Jahren die Versorgung der Herzogin von Polignac die Ausgabe von drei Millionen betrage, ungerechnet des großen Gehaltes, den sie als Obersthofmeisterin der königlichen Kinder von Frankreich bezog.

Nachdem ihm am 24. April seine Gemalin auch mit einer Tochter beschenkt hatte,[1]) ging Graf Esterhazy im Sommer 1787 auf seinen neuen Commandositz nach Valenciennes und war bestimmt, das in Givet angeordnete Lager zu commandiren, welches aber theils aus finanziellen, theils aus politischen Gründen wieder abgesagt wurde, da der Kriegsminister zu dessen Bestreitung große Summen verlangt hatte. Die Regierung ließ in diesem Jahre ihre bisherigen Verbündeten, die Holländer, in Stich gegen Preußen, welches den Herzog von Braunschweig mit einer Armee in Holland hatte einrücken lassen. Durch dieses feigherzige Benehmen ging der ganze politische Einfluß Frankreichs in diesem Lande verloren, was von schweren Folgen für die französische Regierung sein sollte, und auch viel zum Ausbruche der Revolution beitrug, da der Credit Frankreichs geschädigt wurde, den das holländische Geld allein erhalten konnte. Auch entzog es dem französischen Cabinet die Achtung der Nation, die ja für politische Eitelkeit mehr als jede andere empfänglich war. Ende 1787 wurde General Graf Esterhazy beauftragt, die Grenzen seines Militärbezirkes bis Namur hin aufnehmen und zu diesem Zwecke Karten anfertigen zu lassen. Es wurde zur Anfertigung und genauen Prüfung dieser Arbeit eine eigene Commission zusammengestellt unter dem Vorsitze des Grafen Esterhazy. Unter den übrigen Mitgliedern waren einige in der Folge denkwürdige Persönlichkeiten, so Oberst Berthier,[2]) späterer Marschall Napoleons, der Chevalier de Hervilly, der seinen bei Quiberon erhaltenen Wunden erlag und

---

[1]) Léonide Françoise Ursule getauft, starb in der Kindheit.
[2]) Alexander Berthier, geboren 1753, unter Kaiser Napoleon Marschall und Fürst von Wagram, gestorben zu Bamberg am 1. Juni 1815.

Herr von Commartin, ausgezeichnet durch seine Treue und Hingebung für die königliche Sache in den Schreckenstagen der Revolution. — Noch während dieser Dienstleistung erhielt Graf Esterhazy eine Commandirung in einen von dem neu ernannten Kriegsminister Herrn von Brienne,¹) Bruder des Erzbischofs von Sens, berufenen Kriegsrath. Er wollte sich dieser ihm nicht zusagenden Bestimmung entziehen, doch die Königin, welche die beiden Brüder Brienne begünstigte, bestand darauf, daß er diesen Posten annehme und er mußte gehorchen. Derselbe reiste demgemäß nach Paris und widmete sich mit Eifer den Pflichten seines neuen Amtes. Der Kriegsrath bestand: aus dessen Präsidenten dem Kriegsminister Brienne, den Generallieutenants Gribeauvall, Puységur, Guines, Jaucourt, den Maréchaux de camp Herrn Fourcroy, Grafen Esterhazy, von Lambert, von d'Antichamp, und Herrn von Guibert als Referenten.

Im Winter 1788 erlitt Graf Esterhazy den herben Schmerz seine Mutter zu verlieren, die in Bigan an der Wassersucht starb. Die Arbeiten des Kriegsrathes, denen er sich mit Eifer hingab, befriedigten ihn keineswegs in ihren Resultaten. Der Referent Graf Guibert that alles; ging einer seiner Vorschläge am ersten Tage nicht durch, so erneuerte er ihn am zweiten, und endete damit, daß derselbe schließlich doch angenommen wurde. Dies verdroß Esterhazy und er bat um seine Entlassung, die ihm jedoch verweigert wurde, dagegen erhielt er die Zutheilung zur Section des Herrn von Puységur,²) der die Administration der Armeespitäler zu behandeln hatte. Dieser wandte Esterhazy nun seine volle Thätigkeit und Sorgfalt zu, ohne sich weiter um alles Uebrige zu kümmern.

In dieser Zeit gingen auch die Staatsangelegenheiten schlecht, in der Bretagne und Dauphiné waren Unruhen ausgebrochen, die

---

¹) Athanase Louis Marie Graf Loménie de Brienne, geboren 1730, Generallieutenant und 1787 Kriegsminister, wurde am 10. Mai 1794 guillotinirt, obgleich er einer der Ersten den König verlassen hatte.

²) Marquis de Puységur war ein gleich ausgezeichneter Sohn des Marschalls, einer der talentvollsten Officiere der französischen Armee, 1780 hätte er das Portefeuille des Krieges übernehmen sollen, — doch die Intriguen des Baron Besenval hintertrieben diese Ernennung.

Finanzen befanden sich in größter Unordnung und Verwirrung, und die Notablenversammlung, 1787 durch den früheren Finanzminister Herrn von Calonne einberufen, wurde durch den Erzbischof von Toulouse,¹) als dieser das Ministerium antrat, aufgelöst. — Ueberall gährte es und der Chef des Cabinetes, welche Würde der Erzbischof für sich in Anspruch nahm, hatte nicht das dazu gehörige Talent, dem drohenden Gewitter die Spitze zu bieten. Er unternahm Anfangs kräftige Schritte, hielt sie aber in der Folge nicht aufrecht, und ließ dem Könige einige Fehlgriffe machen, so z. B. eine königliche Sitzung abhalten, deren Folge die Verbannung des Herzogs von Orléans und mehrerer anderer Mitglieder war, welche letztere von französischen Garden verhaftet wurden und die Theilnahme der zahlreichen Feinde des Hofes erregten. Die Parlamente hatten schon früher ungescheut ihren Haß gegen die Königin bewiesen in der verhängnißvollen Halsbandgeschichte und der Angelegenheit des Cardinals Prinzen Rohan, welche durch den Neid und die Mißgunst des Baron Breteuil in sehr voreiliger Weise heraufbeschworen und der Ruf der Monarchin durch ihre zahlreichen Feinde noch mehr geschädigt wurde. — Sodann ließ der Erzbischof eine Thronsitzung, lit de justice, im Parlamente abhalten, um neue Steuern einzuführen, er wollte damit den obersten Gerichtshof beseitigen und ersetzen, der sich nie versammeln konnte. Endlich als er alle seine Pläne scheitern sah und im Monate August die Verwirrung aufs höchste gestiegen war, begehrte der Erzbischof, der stets weit unter dem Rufe stand, den er sich in der Gesellschaft unverdienter Weise zu erwerben gewußt hatte, seine

---

¹) Etienne Charles Graf Loménie de Brienne, geboren 1727 in Paris, wurde 1752 Großvicar des Erzbischofs von Rouen, 1760 Bischof von Cordova, 1763 Erzbischof von Toulouse, seit 1766 eines der thätigsten Mitglieder einer Commission zur Reform der geistlichen Orden und bewies dabei ein so hervorragendes Verwaltungstalent, daß er 1787 an Calonne's Stelle zum Finanzminister ernannt wurde; 1788 ließ er sich noch zum Premierminister und Erzbischof von Sens ernennen. Seine Unfähigkeit, Willkür und Intriguen erregten die allgemeine Unzufriedenheit, er mußte seine Entlassung nehmen im August 1788. Er wurde mit mehreren Pfründen und dem Cardinalshut entschädigt. Gewissenloser Priester, leistete er 1790 der Nation den Eid und wurde von Papst Pius VI. seiner Cardinalswürde entsetzt. — Er starb im Gefängnisse, bereits zur Guillotine verurtheilt, 1794 durch Selbstvergiftung und war einer der Förderer der Revolution.

Entlassung und schlug Herrn Necker als Ersatzmann vor. „Dies hieß",
schreibt Graf Esterhazy, „einen Ignoranten durch einen Charlatan
„ersetzen. Diese beiden Männer werden einst von den Geschichts=
„schreibern mit Wahrheit gezeichnet werden, da eben der Eine wie der
„Andere zu dem Unglücke des Landes, das sie verwalteten, beigetragen
„haben. Da ich aber Beide kannte und in der Zeitepoche, von der
„ich spreche, selbst anfing an der Administration Theil zu nehmen,
„aus Anlaß der Creirung der Stände von Hennegau, wo ich mich
„durch meine Stellung als Militärcommandant der Provinz als erster
„königlicher Commissär befand, will ich sie zeichnen, so wie ich sie be=
„urtheilt habe, ohne am Ende behaupten zu wollen, daß ich mich nicht
„auch irren könne. „„Der Erzbischof war ein Mann von Geist, der,
„schon während er Agent des Clerus war, durch Beredtsamkeit und
„Talente in den Reformangelegenheiten seines Standes geglänzt hatte;
„seine theologische Strenge war nicht sehr anerkannt, er hatte einen
„gewissen Abbé de Prades, dessen Thesen verdammt worden waren,
„vertheidigt; seine Sitten waren ebensowenig untadelhaft als seine
„religiöse Richtung, und die Hinneigung zur modernen Philosophie,
„deren er sich rühmte, ließ überhaupt an seiner Gläubigkeit zweifeln.
„Er bemäntelte alles dies durch seinen äußern Anstand und durch
„Werke der Barmherzigkeit, sowie auch durch allerdings zweckmäßige
„und nützliche Einführungen in seiner Diöcese. — Ueberhaupt war er
„stets bemüht, Gutes von sich sprechen zu machen, und seine Freunde
„und Anhänger citirten ihn als einen in Finanzen und Administration
„sehr bewanderten Mann, der allein geeignet wäre, das Königreich
„wieder im vorigen Stand herzustellen. Was mich betrifft, so habe
„ich mir ihn immer als charakterlos und unfähig für unvorhergesehene
„Fälle, die sich in großen Staatsgeschäften ohne Unterlaß darstellen,
„gedacht; ohne Schöpfungstalent, immer den Ideen Anderer folgend
„und sich dieselben aneignend. Im Innersten seiner Seele Despot,
„hatte er dennoch stets philosophische Ausdrücke und das Wort Frei=
„heit im Munde. Aengstlich und dennoch ohne Vorsicht, ließ er die
„Einberufung der Reichsstände im Verlaufe von drei Jahren öffent=
„lich durch den König versprechen, nachdem es festgestellt war, daß
„diese Versammlung Frankreich zu Grunde richten würde. Er lebte
„in der Hoffnung, dieselbe im Laufe dieses Zeitraumes verhindern zu

„können, und schmeichelte sich mit dem Gedanken, daß Jene, welche „diese Einberufung wünschten, sich mit einem bloßen Versprechen be= „gnügen würden. — Dies zeigte alles, wie schlecht er die Menschen „kannte; er beurtheilte diese nach seiner Gesellschaft, welche theils aus „seinen verblendeten, aber aufrichtigen Bewunderern, theils aus „Schmeichlern bestand, die durch seine Hülfe Stellen zu erreichen „hofften."" [1])

Der Abbé de Vermont [2]) hatte, durch persönliche Neigung und Dankbarkeit für den Erzbischof getäuscht, diesen wirklich für den größten Mann in ganz Frankreich gehalten. Die Königin, durch dessen unausgesetzte Vorstellungen, erhielt schließlich auch eine hohe Meinung von dem Grafen Brienne, welche man beständig zu unterhalten wußte, durch Schilderungen von dem großen Geiste und den eminenten Talenten des Erzbischofs, den man ihr als den vor= züglichsten Minister darstellte. Auch der österreichische Botschafter Graf Mercy, von dieser Täuschung befangen, unterstützte mit seinem ganzen Einflusse die Wahl Brienne's zum Minister. Derselbe handelte nach den Instructionen seines Hofes, der auch die Anschauung des daselbst gekannten und sehr beliebten Abbés Vermont angenommen hatte. Der König selbst war Anfangs keineswegs dieser Meinung, und äußerte, man solle weder einen Erzbischof noch Bischof zum

---

[1]) In den Charakterschilderungen der denkwürdigeren und ein= flußreicheren Persönlichkeiten der Revolutionsepoche folgen wir ganz den Aufzeichnungen der beiden Grafen La Mark und Esterhazy, zweier Zeit= genossen, die durch Geburt und Stellung am Hofe von Versailles zu den her= vorragendsten, mit den Verhältnissen jener Epoche vertrautesten Männern gehörten, und deren persönliche Ehrenhaftigkeit ihren Aussagen auch volle Glaub= würdigkeit verleiht.

[2]) Abbé Mathieu Jacques de Vermont widmete sich früh dem Priesterstande und wurde Bibliothekar an dem Collegium Mazarin zu Paris, dann auf Empfehlung des Grafen Brienne, damaligen Erzbischofs von Toulouse, vom Herzoge von Choiseul als Instructor in der französischen Literatur, Ge= schichte u. s. w., wie auch Gewissensrath für die künftige Dauphine Erzherzogin Marie Antoinette an den Hof der Kaiserin Maria Theresia nach Wien geschickt. Sein bescheidenes und einschmeichelndes Wesen machte ihn daselbst sehr beliebt. Später wurde er Vorleser der Königin und hatte großen Einfluß auf deren Ent= schließungen. Nach Ausbruch der Revolution emigrirte Vermont nach Wien, wo er später starb.

Minister machen, weil, wenn sie diesen Posten erreichten, wollten sie Cardinäle werden, und einmal zu dieser Würde gelangt, erheben sie solche anmaßende Ansprüche, daß sie als erste Minister den Vorsitz haben wollen, und deshalb wünsche er sich auch nicht den Herrn von Brienne im Staatsrathe, umsomehr da er keinen ersten Minister haben wolle. — Aber Abbé Vermont, Graf Mercy und Andere ließen sich durch diese Aeußerung nicht entmuthigen, und setzten mit Hülfe der Königin schließlich ihren Plan durch und Herr von Brienne übernahm nach dem Sturze Calonne's das Portefeuille der Finanzen.

Graf Esterhazy schreibt: „Ich weiß nicht, zu welcher Classe „ich den Abbé Vermont zählen soll, der am meisten zur Erhebung „(des Erzbischofs) beigetragen hat. Als die Heirat des Dauphins „mit einer österreichischen Erzherzogin projectirt ward, wurde dieser „Abbé vom Erzbischofe, an den sich der Herzog von Choiseul in dieser „Angelegenheit gewendet hatte, gewählt, um nach Wien geschickt zu „werden in der Eigenschaft eines Beichtvaters und Lehrers der fran= „zösischen Sprache einer jungen Prinzessin, die bestimmt war nach „Frankreich zu kommen, während des öffentlichen unanständigen Be= „nehmens Ludwigs XV. zur Zeit der Herrschaft der du Barry, und „wohin sich wol nicht so leicht und ohne Schwierigkeit die strengen „Anschauungen der Andacht und Frömmigkeit des Hofes der sitten= „reinen Kaiserin Maria Theresia übertragen ließen. Diese Wahl „war ganz gut; Abbé Vermont war einfach, bescheiden, scheinbar „ohne Ehrgeiz, mehr kenntnißreich als geistvoll, nachsichtig und ein= „gezogen, dergleichen thuend, sich in nichts zu mischen. Er gewann auch „bald das Wohlwollen der Prinzessin und übte einen großen Einfluß „auf dieselbe, da sie in allen Dingen seinen Rath begehrte; er genoß „zuletzt deren unumschränktes Vertrauen. Im Genusse mehrerer be= „trächtlicher Pfründen, wohlhabend, schlug er die wiederholten Anträge „eines Bisthums aus und erwarb sich dadurch den Ruf großer An= „spruchslosigkeit, welche seine Feinde der Mittel beraubte, ihm zu „schaden. Er begnügte sich damit, im Beginne der Regierung Lud= „wigs XVI. durch einige Gnadenbezeugungen, die er seinen Freunden „und Schützlingen zu verschaffen wußte, wie z. B. das blaue Band „u. s. w. sein Ansehen leise anzudeuten, verweigerte später aber alle „Bitten um Befürwortungen bei Gesuchen an die Königin, der er

„meistens Rathschläge ertheilte. Dem Erzbischofe von Toulouse
„stets dankbar ergeben, sprach er der Königin nur immer mit den
„größten Lobsprüchen von demselben, andeutend daß dieser der ein=
„zige Mann wäre, im Stande, eine gute Finanzwirthschaft im König=
„reiche herzustellen, und von Allen, welche die öffentliche Meinung mit
„ihm in eine Reihe stellte, sprach er Uebles, so auch von Calonne,
„der viele Parteigänger namentlich in der Finanzwelt zählte".

Als der Minister Calonne nach Uebernahme seines Porte=
feuilles bald erkannt hatte, daß es außerordentlicher Maßregeln be=
dürfe, um wieder einen nur halbwegs geordneten Zustand der Finanzen
herzustellen, wollte er sowol den Adel als den Clerus zur Steuer=
zahlung heranziehen, sowie eine Naturalgabe für den Grundbesitz und
eine Stempelzahlung einführen, um auch die Rentenbesitzer zu einer
Zahlung zu nöthigen. Der König in seinem strengen Rechtlichkeits=
gefühle glaubte weder die Gewalt noch das Recht zu besitzen, diese
Vorschläge auszuführen. Calonne schlug nun eine Versammlung der
Notabeln vor mit Ausschluß der Hofbediensteten. Die großen Grund=
besitzer, welche nicht zum Hofe hielten, die Bischöfe, die Beamten
aller höheren Verwaltungs= und Gerichtshöfe, die Maires der vor=
nehmsten Städte wurden hiezu berufen und in Versailles vereint (am
22. Februar 1787). Die Liste der Mitglieder, 144 an der Zahl,
wurde nach des Königs persönlicher Wahl zusammengestellt. Am Mor=
gen jenes Tages, an welchem Ludwig XVI. dem Staatsrathe die
Ordre der Zusammenberufung mittheilte, schrieb er an Calonne:
„Ich habe Nachts nicht geschlafen, aber vor Vergnügen". — Man
bildete Sectionen mit eigenen Kanzleien, an deren Spitze die Brüder
des Königs oder Prinzen von Geblüt gestellt wurden. — Aber nun
wurde von mehreren Seiten intriguirt, die Secte der Philosophen
wollte den Erzbischof von Toulouse ins Ministerium bringen und
schürte das Feuer. Die Anhänger der Freiheit, die man sehr un=
kluger Weise im amerikanischen Kriege gezügelt hatte, um rebellische
Unterthanen gegen ihren Herrscher zu unterstützen, hofften eine Revo=
lution in Frankreich zu erregen und suchten die Notabeln zur Er=
klärung zu bereden, sie wären nicht durch den Willen der Nation
gewählt und daher keineswegs berechtigt zur Einführung neuer Steuern
ihre Zustimmung zu geben, kurz Calonne mußte weichen, ehe er noch

seinen Plan vollkommen fertig gestellt hatte; der Erzbischof triumphirte, sprengte die Notablenversammlung auseinander, ohne irgend etwas beendet zu haben, und scheiterte, als er selbst die gleichen Steuern unter denselben Modalitäten einführen wollte, gegen welche er sich, als sie Calonne vorschlug, widersetzt hatte. In dieser Zeit war die holländische Angelegenheit wegen Geldmangel versäumt worden; Graf von Vergennes, in welchen Ludwig XVI. Vertrauen setzte, und der, wenn auch ohne Genie, doch mit richtigen Ansichten genaue Kenntnisse des europäischen Staatensystems hatte, starb, und sein Nachfolger Graf Montmorin[1]) besaß nichts was man zur Ausfüllung des Postens eines Ministers des Aeußern brauchte. Der König wollte das Beste, aber es mangelte ihm das Selbstvertrauen, er wurde das Spielzeug von Intriguen aller Art, die ihn umgaben, und der Mißerfolg derer, welche er selbst gewählt hatte, verstärkte sein Mißtrauen in die eigene Meinung, und ließ ihn sich nach jener der Andern richten. — Diesen Moment hatte der Erzbischof benützt sich zum ersten Minister ernennen zu lassen. Die Marschälle Ségur und de Castries[2]) verließen das Kriegs- und Marineministerium. Das erstere gab der Erzbischof seinem Bruder, das letztere dem Chevalier de la Luzerne, einem Philosophen und geistvollen Mann, aber zerstreuten Sinnes und durchaus ohne Kenntniß des ihm über-

---

[1]) Armand Marc Comte de Montmorin de Saint-Ephrem, Staatsminister König Ludwigs XVI., wurde im Gefängnisse der Abtei am 31. August 1792 vom Pöbel gemordet.

[2]) Marschall Charles Eugène Gabriel de la Croix Marquis de Castries, geboren 1727, wanderte beim Beginne der Revolution aus, nahm Dienste in der Armee des Herzogs von Braunschweig und starb zu Wolfenbüttel 1801. Er war Marineminister geworden, ohne je bei der Marine gedient zu haben, welcher Umstand eine Mißstimmung unter seinen Untergebenen, den Marine-Officieren, hervorrief. Condorcet erzählt, daß ein Officier, den er längere Zeit nicht verwendete, sich auf eine sehr unziemliche Weise darüber bei ihm beschwerte, ja sogar sich so weit vergaß, zu äußern, daß, wenn der Minister in der Marine erzogen worden wäre, er auch den üblichen Gebrauch gekannt hätte, jeden nach seiner Ancienität anzustellen. „Mein Herr", erwiderte der Minister, „Sie thun sich selbst ein Unrecht. Ich stelle jeden nach seinem guten Rufe, seinen Kenntnissen und Verdiensten an, und Sie sind als der zweite vorgemerkt, während Sie noch nicht der zwanzigste wären, wenn ich mich an Ihren Rang halten würde."

tragenen Faches. Endlich der Last der Geschäfte erliegend, trat der Erzbischof im Monate August von seinem Amte zurück, nachdem er seine gemachten Versprechungen und Aussprüche nicht aufrecht zu erhalten im Stande war. — Die Militärs waren durch die Arbeiten und Beschlüsse des Kriegsrathes verstimmt und widerwillig gemacht worden. Graf Guibert hatte dieselben zuletzt unumschränkt und eigenmächtig geleitet. Dieser war ein Mann der Wissenschaft, Gelehrter und Schriftsteller, zeitweise Absolutist, zeitweise Republikaner, wie er eben glaubte in einer dieser beiden Richtungen seinen Vortheil zu finden und sein Glück zu fördern. — Generallieutenant Graf von Brienne übergab kurz nach dem Abtreten seines Bruders das Portefeuille des Kriegsministers dem Grafen Puységur, welcher dazumal der rangsälteste Generallieutenant des Königreiches war, ein sehr ehrenhafter rechtlicher Mann, der sein Handwerk verstand und vollkommen befähigt war, seinen Platz auszufüllen, wenn er diesen einige Jahre früher und in weniger kritischen Zeiten erhalten hätte; jetzt war seine Gesundheit viel zu sehr geschwächt, um den schwierigen Pflichten seines Amtes in vollem Maße zu genügen.

Im Herbste 1788 wurde eine Ständeversammlung im französischen Hennegau abgehalten. Der Herzog von Croy[1]) war zum Präsidenten, der Intendant Senac de Meilhan[2]) und Graf

---

[1]) Anna Emanuel Ferdinand Franz Herzog von Croy, geboren 1743, Grand von Spanien erster Classe, Ritter des Ordens des heiligen Geistes, gestorben in Belgien am 15. December 1803.

[2]) Gabriel Senac de Meilhan, geboren 1736, Sohn des ersten Leibarztes Ludwigs XV., wurde 1766 Intendant von Annis, in der Folge auch der Provence und Französisch-Hennegau, und zeigte viel Talent in der Verwaltung dieser Provinzen. Er nahm keinen Antheil an der französischen Revolution und verließ Frankreich. Er bereiste nun Deutschland, Polen und Rußland, wo ihn Katharina II. mit besonderer Auszeichnung behandelte und in ihre vertrauteren Gesellschaftskreise zog. Sie gab ihm auch einen Jahresgehalt von 6000 Rubeln. Zuletzt nahm er seinen Aufenthalt in Wien, wo er am 16. August 1803 starb. Er war Verfasser mehrerer Schriften, in welchen er sich als geistvoller Mann, feiner und denkender Beobachter zeigt. Diejenige seiner Arbeiten, welche am meisten Aufsehen machte, war noch vor der Revolution veröffentlicht worden, es sind die unterschobenen Memoiren Anna's von Gonzaga, Paris 1786. Das Publicum war lange mit der Frage über die Echtheit dieser Memoiren beschäftigt, und nach

Esterhazy zu königlichen Commissären ernannt. Die kurze Dauer dieser Zusammenkunft ließ kein Urtheil über deren Zweckmäßigkeit zu. Bald nach Abhaltung derselben reiste Graf Esterhazy nach Paris, wo Herr von Necker jetzt wieder im Ministerium saß und das Staatsruder leitete. — Der schlaue Genfer hatte in seiner Entfernung von den Staatsgeschäften dafür gesorgt, nicht vergessen zu werden, und eine Arbeit über die Finanzen Frankreichs verfaßt, welche sehr viele Wahrheiten und richtige Sätze, treffliche Auseinandersetzungen und Rathschläge enthielt, die man nur wissen oder ertheilen konnte, wenn man an der Spitze der Finanzverwaltung selbst gestanden hatte. Necker hatte einen kleinen polemischen Kampf zur Vertheidigung seines Compte-rendu gegen den Minister Calonne eröffnet, da dieser jene Schrift angegriffen hatte. — Dem Minister gelang es, einigen wenig verbindlichen Redensarten ein politisches Gewicht und absichtlich falsche Deutung zu geben und seine Macht zu benützen, um gegen seinen Gegner ein Verbannungsedict zu erwirken. — Diese ungerechtfertigte Verfolgung erhöhte aber die Berühmtheit Neckers und vermehrte die Zahl seiner Anhänger. Seine republikanischen Formen, seine Beredtsamkeit, das Wort Tugend, das er stets im Munde führte, die allgewaltige Mode endlich, hatten den Genfer Banquier begeisterte Verehrer zugeführt, aber die Uebertriebenheit seiner Eigenliebe und der große Credit, den ihm die Finanzmänner und Capitalisten gewährten, verdrehte ihm bald ganz den Kopf, und als er nach dem Rücktritte des Erzbischofs Brienne an die Spitze der Finanzverwaltung zurückberufen wurde, kannte seine Selbstgefälligkeit und sein Dünkel keine Grenzen mehr. „Ich bin „überzeugt", sagt Graf Esterhazy in seinen Aufzeichnungen, „daß „er von jener Epoche an nicht mehr von dem Willen des Königs „abhängen wollte und die Absicht hatte, Minister der Nation zu „werden; vielleicht war ihm dies selbst noch nicht zum klaren Bewußt-„sein gekommen; doch ich kann nur diesem Streben das strafbare „Benehmen beimessen, welches Necker 1789 vor und bei Beginn der „Reichsversammlung beobachtete."

---

langen Abhandlungen über dieselbe erkannte es endlich, daß diese Arbeit eine eben so geschickte als sehr pikante Nachahmung sei.

Kaum hatte Necker sein Ministerium angetreten, versammelte er die Notabeln von Neuem, aber nur, um sie von der Nothwendigkeit zu überzeugen, die Reichsstände zusammen zu berufen. — Wie bereits erwähnt, hatte der Erzbischof von Toulouse nach der Berathung des Vorschlages, die Zahl der Glieder des dritten Standes zu verdoppeln, die Notabelnversammlung aufgelöst. — Ein einziges Bureau hatte für jenen Vorschlag gestimmt.

So beiläufig standen die Dinge als das Revolutionsjahr 1789 begann.

VII.

O Richard, o mon Roi, l'univers t'abandonne!

(Gretry: Coeur de Lion.)

1789.

Der Winter 1789 verging unter Berathungen über die Art und Weise der Zusammenberufung der Reichsstände. Necker forderte Jedermann auf, darüber Denkschriften aufzusetzen. Das alte Herkommen in Frankreich wurde vernichtet, ohne Rücksicht auf die Privilegien und althistorischen Rechte einzelner Landestheile, die Wahl zur Verdoppelung des dritten Standes und die Zulassung der Pfarrer in die Prälatenkammer, durchgesetzt. — Kurz nach Veröffentlichung dieses Wahlgesetzes, begab sich Graf Esterhazy nach Valenciennes, um die dortigen Wahlen zu überwachen und die Ordnung aufrecht zu erhalten. Obgleich die Bewohner dieses Bezirkes ziemlich gemäßigt waren, zeigte doch die Wahl der Deputirten das Verlangen nach einer Umgestaltung der Regierungsformen. — Für den Clerus wurden nur Pfarrer gewählt, welche den Grundbesitz in ihrem Stande repräsentirten. Vor der Reichsversammlung fand noch eine Zusammenkunft der Stände in den Provinzen statt, die aber ganz ohne Bedeutung blieb, da alle in dieser gefaßten Beschlüsse, von den Reichsständen gar nicht angehört wurden. Um diese Zeit machte sich in den Nordprovinzen Getreidemangel fühlbar, sei es, daß er durch Intriguen künstlich verursacht wurde, sei es, daß wirklich die Leichtigkeit der Ausfuhr außer Land eine momentane Noth erzeugte,

Thatsache war es, daß es an Korn fehlte. Der Intendant der französischen Provinz Hennegau hatte sich eben zu seiner im Sterben liegenden Frau nach Paris begeben und dem Militärcommandanten Grafen Esterhazy blieb allein die Sorge, für die Bedürfnisse der Provinz, doch wurde er hierin sehr thätig von den vermöglicheren Einwohnern von Valenciennes unterstützt und durch den Vorstand der Kaufmannsinnung wurde in Holland Getreide angekauft, ein Händler aus Douai lieferte auch welches, und mit Hülfe der Scheldeschifffahrt fand nicht nur die Stadt Valenciennes, sondern auch die ganze Provinz und sogar einige Gemeinden der Picardie, auf dem Markte zu Valenciennes Getreide zu billigen Preisen. Ueberdies wurde von einem kleinen übrig gebliebenen Vorrathe Brot gebacken, das Graf Esterhazy durch mehrere Tage in seinem Hause unter die Armen vertheilte. Das Volk erhob ihn dafür in alle Himmel und nur unter allgemeinen Beifallsrufen betrat er seine Wohnung.

Als man die Stadt Valenciennes in Viertel theilte, wollte man ihn zum Präsidenten desjenigen, in welchem er wohnte, ernennen, doch stellte er dagegen vor, daß die Annahme dieser Wahl nicht mit seiner Stellung als Militärcommandant vereinbar wäre; und als er auch den Antrag, einen Stellvertreter zu wählen, ausgeschlagen hatte, wurde der von ihm als hiezu geeignet bezeichnete General Clermont einstimmig gewählt.

Am 4. Mai 1789 war die Reichsversammlung zu Versailles feierlich eröffnet worden. Es wurde sodann viele Zeit mit der Richtigstellung der Wahlvollmachten verloren, welche von den Uebelgesinnten benützt wurde, die französischen Garden zu verführen. — Man übertrieb absichtlich die Gebrechen der Verpflegung. Um die Ordnung zu erhalten, wurden in der Umgegend von Paris Truppen unter dem einundsiebzigjährigen Marschall Herzog von Broglie concentrirt. — Der Hof, der General und andere mitspielende Acteurs fielen alle nacheinander in die Schlingen, die man ihnen stellte.[1])

---

[1]) Es kann hier nicht die Rede sein, die Ereignisse der Revolution in genauer Weise und chronologischer Ordnung zu schildern, die man in jedem Geschichtswerke nachlesen kann; wir folgen hier, nur mit kurzen Strichen die

Am 23. Juni gab der König, wie Graf Esterhazy sagt, „die „schönste Charte, die ein Herrscher seinem Volke bieten konnte, ohne Zweifel zu viel". Necker benützte diese Gelegenheit, um durch einen perfiden Streich gegen das Königthum, seine Popularität zu erhöhen; er folgte nämlich seinem Könige nicht in die Versammlung. Sein leerer Stuhl hatte alle Blicke auf sich gezogen. Man begriff, daß er durch sein Nichterscheinen zeigen wolle, er sei mit der königlichen Erklärung nicht einverstanden. Da Necker das einzige populäre Mitglied des Ministeriums war, so mußte seine, wenn auch nur stumme Opposition, in diesem Augenblicke von großer Bedeutung sein.

Als der König von seinem Thronsessel sich erhob und den Saal verließ, folgten ihm der Adel und die Geistlichkeit, aber der dritte Stand und einige zu diesem übergetretene Mitglieder der beiden ersteren wichen nicht von ihrer Stelle. Da erschien der königliche Oberceremonienmeister Marquis de Brezé und lud die Anwesenden ein sich zu entfernen, mit den Worten: „Meine Herren! Sie kennen den Befehl des Königs?" — Es erhob sich der Graf von Mirabeau[1]) und rief mit entschlossenem Tone: „Wir haben „die Absichten vernommen, welche man dem Könige unterlegt. Sie, „mein Herr, der Sie hier weder Sitz noch Stimme haben, können „unmöglich das Organ bei der Nationalversammlung sein. Sagen „Sie denen, welche Sie gesandt haben, daß wir hier durch den Willen „des Volkes versammelt sind und nur durch die Gewalt der Bajo„nette vertrieben werden können!" — Dies war das Signal des Ungehorsams und von der Zeit an wurden die königlichen Befehle nicht mehr befolgt. — Die Aufrührer versammelten sich im Ballhause zu Versailles und setzten eine Nationalversammlung ein, einige Edelleute gingen zum dritten Stand über und mehrere Prälaten und Pfarrer folgten diesem Beispiele (am 12. Juli). — Da die

---

wichtigsten Momente zeichnend, den Memoiren des Augen- oder mindestens Ohrenzeugen Grafen Esterhazy, hie und da durch eine historische Notiz, das oft sehr flüchtig Hingeworfene ergänzend.

[1]) Honoré Gabriel Riquetti Comte de Mirabeau, geboren zu Bignon bei Nemours am 7. März 1749, gestorben zu Paris am 2. April 1791, der berühmte Redner der französischen Nationalversammlung, eine aus der Geschichte notorische Persönlichkeit.

Versammlung den König vor ihr zurückweichen sah, verlangte sie von ihm die Zurückziehung der Truppen und Entlassung der Minister. Indessen hatten sich die Volkshaufen in Paris bewaffnet und sich durch ein unglaubliches Verhängniß des Waffendepots im Invalidenhause bemächtigt, die Bastille am 14. Juli erstürmt, den Gouverneur Marquis de Launay ermordet, den Vorstand der Kaufmannschaft, Namens Flesseles, niedergemetzelt, deren Köpfe, an Piken befestigt, von der wein- und blutberauschten Menge in den Straßen von Paris unter wildem Geschrei herumgetragen wurden. Der König, über dies alles erschreckt, eilte, von seinen Brüdern gefolgt, selbst in die Nationalversammlung, versprach nicht nur alles, was man von ihm verlangte, sondern verpflichtete sich auch am übermorgigen Tage nach Paris zu gehen und schien durch sein Benehmen den Aufstand, wenn nicht zu billigen, doch mindestens zu entschuldigen. Während dieser Zeit wählten die Aufständischen Bailly,[1]) einen ausgezeichneten Astronomen, zum Maire, und der Marquis von Lafayette, verblendet von der Ehre, in Amerika Washington als Werkzeug gedient zu haben, strebte nach der Commandantenstelle der ohne Befehl und gegen den Wunsch des Königs errichteten Nationalgarde, die er auch erhielt. Necker, stets dem Könige rathend nachzugeben, sich auf diese Weise beim Volke einschmeichelnd, und durch seinen dadurch erlangten Einfluß den König allmälig jeder Autorität und Gewalt beraubend, hatte sich entschlossen seinen Abschied zu begehren, den Ludwig XVI., der dessen Verrath am 23. Juni an seiner eigenen Person viel zu spät erkannt hatte, sogleich gewährte. Aber jene, die Necker ersetzen sollten, hatten für diesen voraussichtlichen Fall gar keine Maßregeln getroffen. In Versailles gab es kein Geld, dies befand sich alles in den Cassen von

---

[1]) Jean Silvain Bailly, geboren 1736 zu Paris, Anfangs zum Maler bestimmt, hatte sich später in der Tragödie versucht und wandte sich dann mit großem Erfolge ausschließlich der Astronomie zu. 1789 Deputirter von Paris bei den Reichsständen, hierauf Präsident dieser und der Nationalversammlung, sodann Maire von Paris, legte, später unpopulär geworden, 1791 seinen Posten nieder und begab sich, nachdem er im Prozesse der Königin laut deren Unschuld betheuert hatte, nach Nantes auf ein Landgut, lebte dann bei seinem Freunde dem Mathematiker Laplace in Melun, wo er verhaftet und am 10. November 1793 guillotinirt wurde. Er war auch thätiger Schriftsteller, namentlich im astronomischen Fache.

Paris, unter dem Vorwande unnütze Auslagen des Hofes zu vermeiden; das Korn mangelte und die französischen Garden waren von den Aufrührern bereits für die Revolution gewonnen. Die in der Umgebung von Paris concentrirten Truppen waren in kleinen Abtheilungen vertheilt und auf den einzelnen Posten schwach, auch diese wurden durch Geld, Wein und liederliche Dirnen verführt. Die Aufrührer hatten eben Nichts außer Acht gelassen, was ihre Pläne fördern konnte. „Mirabeau", schreibt Esterhazy, „ein Mann voll Talent und Genie, aber ruchlos, zwei Mal dem Eisen des Gesetzes entwichen, das ihn eben so oft verurtheilt hatte." Die in neuerer Zeit, 1851, zu Paris erschienene Correspondenz des Grafen Mirabeau mit dem Grafen La Mark, gibt eben so wichtige als interessante Aufschlüsse über den Charakter und das politische Wirken des berühmten Redners, die viel zur Milderung des bis dahin ziemlich allgemein scharfen Urtheiles über ihn beitragen, oder mindestens manches in dessem Benehmen erklären. In die Reichsversammlung aufgenommen, hatte er dieselbe durch seine Beredtsamkeit beherrscht. Hier gerieth er in einen sonderbaren Conflict: Royalist durch Grundsätze, Neigung und Erziehung, Aristokrat in seinem Privatleben, trat er, von der Zeit fortgerissen, von dem Hofe beleidigt und von seinen Standesgenossen verachtet, zur Demokratie über. — Der Graf von La Mark sagt unter vielem anderen, daß Mirabeau von seinem Vater, den Marquis, der seinen Sohn um dessen literarische Berühmtheit beneidete, sehr hart und oft sehr ungerecht behandelt worden sei; der Marquis hatte nicht weniger als fünfzehn lettres de cachet gegen seinen Sohn durchgesetzt. — Dieser, der Graf von Mirabeau, besaß wie alle seines Geschlechtes, heftige Leidenschaften und eine große Reizbarkeit; er hielt viel auf den Vorzug seiner Geburt und den Namen seines uralten, ursprünglich als Riquetti, florentinischen Geschlechtes und litt darunter, daß ihm sein Vater die Mittel entzog, seinem ihm zukommenden Range gemäß zu leben, ja, dieser brachte ihn oft durch seine Härte in die größten Geldverlegenheiten und Ausgaben. Ohne Geld, lebte Mirabeau lange in Elend und war gezwungen Schulden zu machen; so erreichte er sein vierzigstes Lebensjahr, verbittert durch eine Lage, die ihm eine scheinbar untergeordnete Stellung gab Leuten gegenüber, die ihm durch den Rang der Geburt gleichgestellt waren und welche er an Talent und Geist weit überragte. Der Graf von La Mark hielt Mirabeau öfters in heftiger Weise den revolutionären Ton seiner Reden vor, und dieser weinte oft wie ein Kind und drückte, ohne sich zu erniedrigen, aber mit einer unzweifelhaften Aufrichtigkeit, seine Reue aus. „Man muß zu einem solchen Manne „in so fortgesetzten und vertrauten Beziehungen gestanden haben, wie „es die unseren waren, um in ihm alles Jene zu erkennen, was den „Gedanken am meisten erheben, das Herz am meisten rühren konnte. „Er ließ mich all' sein Unrecht vergessen, wenn er manchmal mit „einem durchdringenden Ton ausrief: „„Ach! was hat die Im= „„moralität meiner Jugend dem öffentlichen Wohle geschadet!"" berichtet wörtlich der Graf von La Mark. — Ueber sein Verhältniß zum Herzoge von Orléans äußerte sich Mirabeau, in höchsten Grade erzürnt über die bloße Voraussetzung: „Man behauptet, ich wäre von seiner Partei; ich möchte ihn nicht einmal zu meinem Bedienten nehmen". Mirabeau's politisches Wirken gehört den Büchern der Geschichte, unser Streben in diesen Blättern geht nur dahin, einzelne Züge aus Charakter und Privatleben der denkwürdigeren Männer jener Epoche anzugeben, welche weniger bekannt sind, aber in denen manche Erklärung ihrer politischen öffentlichen Thätigkeit liegt.

La Clos,[1]) ein Mann von vielem Geiste, der die menschlichen Schwächen genau kannte und wohl berechnend zu was sie allem fähig sind, wenn es gilt sich Ansehen oder Vergnügen zu verschaffen, hatte sich des Herzogs von Orléans ganz bemächtigt, dessen Ehrgeiz man aufgestachelt hatte, da ihn der Hof in sehr unkluger Weise mit zu wenig Rücksicht behandelt, ja sogar einmal durch Verdächtigung seines kriegerischen Muthes aufs tiefste verletzt hatte. Die bekannte Schriftstellerin Gräfin Genlis, Erzieherin der Kinder des Herzogs, eine

---

[1]) Pierre Ambroise François Choderlos de la Clos, geboren 1741 zu Amiens, erst Ingenieurofficier, dann Secretär und Vertrauter des Herzogs von Orléans, 1791 Jacobiner, war einer der Redacteure von Les amis de la constitution. Beim Falle der Partei Orléans rettete er sich, ward unter Bonaparte Generalinspector der Artillerie bei der neapolitanischen Armee und starb 1803 zu Taranto. Er schrieb den bekannten schlüpfrigen Roman: Les liaisons dangereuses.

„geistreiche Frau, aber eitel, ehrgeizig, grundsatzlos und die durch=
„triebenste Heuchelei mit diesen Fehlern verbindend", so schildert sie
Graf Esterhazy, „trieb den Herzog auf den Wogen der Empörung
„vorwärts, aber dessen kleinmüthiger und verzagter Charakter machten
„ihn nicht einmal dieser Rolle fähig, die man ihm zudachte".

„Der Abbé Sieyes,[1]) ein tüchtiger Metaphysiker und ein
„Mann ohne Bedürfnisse und ohne jede Religion, alle Autorität
„grundsätzlich mit seinem Hasse verfolgend, dabei Eigenliebe und Dünkel
„besitzend, um sich anzumaßen, alle Altäre und Throne umzustürzen".
— Diese verschiedenen Persönlichkeiten waren im Anfange der Revolution diejenigen, welche das Feuer am meisten schürten und die Geister
und Gemüther Anfangs lenkten, bald wurden sie jedoch von anderen
ersetzt und in den extremsten Richtungen überholt. Alle diese verschiedenen Acteurs liebten sich nicht unter einander und verachteten
gemeinschaftlich den Herzog von Orléans, dessen Geld aber der Revolutionspartei sehr erwünscht und von großem Nutzen war, hauptsächlich
um den Geist der Armee zu verderben, die Soldaten zu verführen und
schließlich ganz Frankreich zu bewaffnen; ein Umstand, ohne welchem
die Pariser Revolution eine vereinzelte Parteisache, wie mehrere Zeit=
genossen meinen, geblieben wäre.

Seit dem Winter hatte man einen allgemeinen Ausbruch vor=
bereitet, die Getreidetheuerung gab dem Herzoge von Orléans das
Mittel in die Hand sich populär zu machen, indem er sich den Volks=
massen als großmüthiger Wohlthäter erwies. Necker hatte auf Kosten
des Königs dieselbe Sache gethan, indem er aus Menschlichkeit große

---

[1]) **Emanuel Joseph Graf von Sieyes**, geboren 1748 zu Frejus,
studirte im Seminar St. Sulpice Theologie, wurde 1784 Canonicus des Dom=
stiftes zu Chartres und Generalvicar der Diöcese, dann Mitglied der Chambre
supérieure des französischen Clerus. Durch seine Schrift: Qu'est-ce le tiers-
état 1789, sowie seine spätere über die Menschenrechte, erwarb er sich großen
Anhang und wurde Deputirter. Bei dem Prozesse Ludwigs XVI. stimmte er für
den Tod des Königs. Sein späteres Schweigen und passives Verhalten im Con=
vent rettete ihn; er trat in den Rath der Fünfhundert; 1798 wurde er Gesandter
in Berlin, kam sodann ins Directorium, wurde zweiter Consul, unter dem Kaiser=
reich wurde er Graf und Präsident des Senates. — In der Restauration, wegen
seiner Stimme für die Hinrichtung Ludwig XVI. verbannt, verweilte er in Brüssel
und kam erst nach der Julirevolution zurück, lebte gänzlich zurückgezogen und
starb ziemlich arm am 20. Juni 1836.

Arbeiten in Paris anbefahl und dadurch eine Menge Hülfsbedürftiger
versorgte, aber auch viele Arme seinem Ministerium und allen jenen
zur Verfügung stellte, die sie bezahlen wollten. Behufs Verpflegung
der in der nächsten Umgebung von Paris zusammengezogenen Truppen,
hatte Necker, der diese Maßregel tadelte, keinerlei Vorkehrungen getroffen; er hatte sich immer dagegen gesträubt, daß der König die
Reichsstände nach Tours oder nach Rheims zusammenberufe, obgleich man ihm die Gefahr bemerkte, in Mitte einer großen ausge-
dehnten Hauptstadt und einer Bevölkerung eine Versammlung abzuhalten, der man eine unberechenbare Kraft geben konnte. Necker
hatte immer auf das Volk gerechnet, wenn er es im eventuellen Falle
brauchen könnte und er zählte auf alle Banquiers, Spekulanten und
Wucherer, die in der Hauptstadt unter seinem Ministerium immer
mehr überhand nahmen. Um aber den Anschein zu haben, daß er in
einer Sache nachgebe, hatte er eingewilligt, daß die Reichsstände sich
in Versailles versammelten und der König glaubte, damit alles gewonnen zu haben, wenn sie nur nicht in Paris wären. Die Aufrührer, schreibt unser Gewährsmann, begannen nun in Versailles
dasselbe Spiel, um den dortigen Pöbel zu verderben, was nicht schwer
wurde. In dieser Situation war Paris, als man dort die Abdankung
Neckers erfuhr. Es folgt nun eine kurze Aufzählung der Haupt-
ereignisse jener denkwürdigen Juliwoche 1789; wir lassen dieselbe,
obgleich einige der früher bereits angedeuteten Thatsachen darin vorkommen, aus Esterhazy's Memoiren fast wörtlich folgen: Als Neckers
Entlassung bekannt wurde, sammelten sich in Paris Volkshaufen,
nahmen bei einem Wachsfigurenhändler die Büsten Neckers und des
Herzogs von Orléans und trugen diese im Triumphe durch die
Straßen der Hauptstadt; die Sturmglocke erscholl, die französischen
Garden griffen zu den Waffen; zugleich ließ man die königlichen
Truppen vorrücken, um die Zerstörung der Schutzgitter und die Auf-
sperrung der Gefängnisse zu hindern. Pflichtvergessen stellten sich die
französischen Garden auf die Seite der Rebellen und feuerten auf die
Truppen ihres Königs; man errichtete Freiheitsbäume, anfänglich mit
grünen Cocarden (den Farben des Grafen Artois), später mit drei-
farbigen (welche jene des Herzogs von Orléans waren). Marschall
Broglie rührte sich nicht von Versailles, da er gleichzeitig Minister

und General sein wollte und weder das Eine noch das Andere war; Verräther umgaben ihn, an deren Spitze sein eigener Sohn[1]) und ein gewisser Dumas, der sein volles Vertrauen genoß, die Befehle des Marschalls gelangten nicht an ihre Bestimmung oder wurden gefälscht; der Hof zitterte, die Nationalversammlung und die Aufrührer triumphirten. — Tags darauf bewaffnete sich der durch Flugschriften und thörichte Befürchtungen aufgeregte Pöbel mit Piken und Hacken, riß das Pflaster in den Straßen auf, und erhitzte sich ohne eigentlich zu wissen warum; aber Einige behaupteten, Paris wäre unterminirt und man wolle es in die Luft sprengen, andere hingegen verbreiteten, eine in den Kellern versteckte Armee wolle Paris plündern. — „Damals hätten", meint Graf Esterhazy, „zweitausend Mann genügt, um die „Ordnung wieder herzustellen, aber alle Schuld lag an der Un= „entschiedenheit des Hofes; die Aufrührer waren es allein, welche „handelten." Den nächsten Tag (Dienstag), 14. Juli, rückten die Volkshaufen gegen das Invalidenhôtel und bemächtigten sich aller dort verwahrten Waffen, von da unter Siegesjubel ging der Zug gegen die Bastille, deren Gouverneur Marquis de Launay den Kopf verlor, die erste Zugbrücke niederließ und einen Kanonenschuß in die Massen abzufeuern befahl. Diese drangen aber sodann in den Hof, eine Kette der Zugbrücke wurde zerbrochen, so daß man diese nicht mehr aufziehen konnte, man zog den Gouverneur heraus und führte ihn zum Stadthause, wo er niedergemetzelt wurde, und ein festes Bollwerk, uneinnehmbar, wäre man ruhig in seinen Mauern einge= schlossen geblieben, war vom schlecht bewaffneten Pöbel genommen worden. Der wohlfeile Triumph erfüllte diesen mit Kühnheit, die Anhänger des Königs mit Schrecken. Das Volk, immer grausam als Sieger, gab sich noch den größten Scheußlichkeiten an den Leichen

---

[1]) Carl Victor Prinz von Broglie, ältester Sohn des Marschalls, hatte den Krieg in Amerika mitgemacht und kam als Freiheitsenthusiast zurück. Er wurde Deputirter des Adels von Colmar bei den Reichsständen 1789, und überbrachte, als sein Vater an der Spitze der Truppen war, falsche Befehle dem Generalstabe, so daß die größte Verwirrung entstand. Später ging er zum dritten Stand über. Als Maréchal de camp war er 1792 bei der französischen Rhein= armee, wurde aber seiner Charge entsetzt und starb, von seiner eigenen Partei verurtheilt, erst siebenunddreißig Jahre alt, am 27. Juni 1794 unter dem Messer der Guillotine.

seiner unglücklichen Opfer hin, heimlicher Weise von den Aufwieglern noch mehr aufgereizt. — Am Mittwoch (15.) begab sich der König in die Nationalversammlung, versprach die Entlassung der Minister, die Zurückberufung Neckers und die Zurückziehung der Truppen; die ganze Versammlung in corpore begleitete ihn hinaus. Von diesem Momente an, hatte es schon mit der Gewalt und Macht des Königthums in Wirklichkeit aufgehört und überdies hatte Ludwig XVI. zugesagt, am übermorgigen Tage (17.) wieder nach Paris zu kommen. Graf Artois mit seinen zwei Söhnen, der Herzog von Condé mit Sohn und Enkel, faßten nun den Entschluß das Königreich zu verlassen und in Mitte der Gefahren, die sich von allen Seiten erhoben hatten und die durch die Emissäre der Aufrührer bereitet wurden, langten diese Prinzen Samstag (den 18.) bei Tagesanbruch in Valenciennes an. Seinem Versprechen gemäß, war der König am Freitag (den 17.) nach Paris gegangen; finsteres Schweigen herrschte und ein ohne seinen Befehl bewaffnetes Volksheer formirte überall eine Spalier, die er passiren mußte; so kam er zum Hôtel de ville, stieg die noch von Flesseles' Blut befleckten Stufen hinan, und empfing aus den Händen Bailly's, des Maires von Paris, die Cocarde, das Zeichen des Aufruhrs. Dieser demüthigende Schritt, ein bedeutender dem Schaffote zu, befriedigte das Volk, die Rufe: Es lebe der König! Es lebe die Nation! mengten sich unter einander und erst zur Nachtzeit kam der König nach Versailles zurück, wo seine treuen Diener schon die Hoffnung aufgegeben hatten, ihn wiederzusehen. — Da war der Moment dringend, wenn der König, statt nach Paris zu gehen, sich mit seiner Familie den damals noch treuen Truppen anvertraut und von der verbrecherischen Hauptstadt entfernt hätte, um sich treue Unterthanen schaarend und eine noch große Anzahl jener alten Regimenter, welche man bisher noch nicht gewagt hatte zu verführen oder welche der Versuchung widerstanden. Diese hätten ihn gegen jeden Angriff vertheidigt! — Statt dessem aber blieb der unglückliche König zwischen untreuen oder mindestens schwachen Ministern, welche der Nationalversammlung, die sie ernannt, sich in Nichts zu widersetzen getrauten und mit Ungeduld ihren neu ernannten Chef Necker erwarteten, der nicht so schnell von Deutschland, wohin er abgereist war, zurückkehren konnte, wie seine Anhänger es wünschten.

Noch blieb ein wesentlicher Umstand für die Aufständischen zu berücksichtigen. Obgleich sie den König und die Hauptstadt Paris in ihrer Gewalt hatten, waren sie doch noch nicht Herren von ganz Frankreich; ein großartiger und seltsamer, aber durch den Erfolg in seinem Sinne gerechtfertigter Gedanke, entsprang dem Kopfe eines jener Ruchlosen, welche den Rath des Herzogs von Orléans bildeten. Am selben Tage und zur selben Stunde wurden Couriere auf allen Straßen des Landes entsendet, welche die Sturmglocken läuten ließen und überall das Herannahen von Räuberbanden ankündigten, denen sie verschiedene Namen, einen lächerlicher als den andern, gaben: sie sagten aus, daß diese auch das noch unreife Getreide schneiden und Frauen und Kinder ermorden wollten. Ein allgemeiner Schrecken verbreitete sich nun unter dem Landvolk, das in die nächsten Städte lief, wo die Emissäre der Revolution die neuen Gemeindebeamten ermuthigten, Waffen zu verlangen. Durch das Beispiel von Paris angeregt und durch die neue Verfassung ermächtigt, wurden alle Arsenale, Waffenmagazine und Fabriken, sowie derartige Depots geleert und in drei Tagen stand ganz Frankreich unter den Waffen. — Die neuen Gesetze gaben überdies den Nationalgarden den Vorrang vor den Truppen, damit war schon ein großer Schritt zur Mißstimmung der letzteren gethan und das Terrain zur weiteren Verführung und zum Abfall vorbereitet, zu welchem Zwecke die beliebten übrigen Mittel: Geld, Wein und schlechte Dirnen, auch nicht vernachlässigt wurden. — In dieser Art zeichnet Graf Esterhazy mit kurzen Strichen den allmälig fortschreitenden Gang der Revolution; die Ereignisse von Paris erklärt er als seit Jahren vorbereitet, durch die Zerrüttung der Finanzen, die Fehler des Hofes, die schlechte Wahl der Minister, vorzüglich aber durch die Kühnheit der modernen Philosophen, welche sich stets neue Anhänger erwarben, zuerst aus Jenen, welche den Krieg in Amerika mitgemacht hatten, jungen Leuten, die von ihrem dort erkämpften Ruhme ganz eingenommen waren, und endlich allen Unzufriedenen jeder Art, und doch war alles dies nur der Vorläufer einer noch schrecklicheren Zeit, die Ströme Menschenblutes fließen lassen sollte.

Ehe wir in unseren Skizzen jener welthistorischen Ereignisse weiter schreiten, sei noch zweier Männer gedacht, die bei dem Auftreten der Revolution großen Einfluß auf die Gemüther und die Thatsachen ausübten, ohne welchem jene Katastrophen vielleicht nur vorübergehend oder mindestens nicht von so folgenreichen Wirkungen gewesen wären. Es sind dies der Herzog von Orléans, der spätere Egalité und der Freiheitskämpfer in Nordamerika Marquis de Lafayette! — Das meist geheime Wirken des Einen, das mehr öffentliche des Andern, war in ihren Ansichten und Zielen wol ein sehr verschiedenes — in den Folgen aber auf den die Revolution fördernden Gang von hervorragender, fast gleicher Bedeutung. Die Geschichte zeigt uns, wie oft anscheinbar sehr untergeordnete Dinge, die Ursachen der blutigsten Kriege und Revolutionen, der großartigsten Staatsumwälzungen wurden; deshalb muß auch der Geschichtsforscher mit der Sonde des Arztes den ersten Keimen jener Krankheiten nachspüren, die das politische Leben der Völker und Staaten ergreifen, oft auch an den Rand der Vernichtung führen. — Meist haben diese aber in den Leidenschaften der Leiter und Lenker, der eigentlichen Faiseurs der epochemachenden Thatsachen, ihren ersten, ursprünglichen Grund. — Auch die französische Revolution, so sehr der Boden vorbereitet war, hätte ohne die Leidenschaftlichkeit eines Mirabeau, die Rachsucht eines Herzogs von Orléans, die Verbitterung und Eitelkeit eines Lafayette nie jene großartigen fürchterlichen Dimensionen angenommen, wie es eben geschah. Wir werden in den folgenden, nach Aufzeichnungen von Zeitgenossen abgefaßten Bemerkungen, nicht das öffentliche, hinreichend bekannte historische Wirken des Herzogs von Orléans und Lafayette's besprechen, sondern einzelne Daten ihres Privatlebens und Charakterzüge hervorheben, die jenen zur Erklärung dienen sollen.

Der Graf von La Mark sagt, es sei ihm nie der Gedanke gekommen, daß der Herzog von Orléans je den Plan gefaßt habe, sich des Thrones zu bemächtigen, welche Meinung allgemein verbreitet, auch von den Geschichtsschreibern angenommen ist. Es wäre indeß immerhin möglich, daß die Aufrührer im Juli 1789, wenn sie Ludwig XVI. seiner Königswürde entsetzt hätten, die erledigte Krone dem Herzoge von Orléans angetragen hätten;

aber daß dieser im Vorhinein eine solche Absicht hatte, bestreitet
La Mark, der ihn genau kannte, oft sah und erst 1790 jeden
Verkehr mit ihm abbrach. Dagegen erklärt er das Benehmen jenes
Prinzen durch ein Gefühl leidenschaftlichen persönlichen Hasses und
der Rachsucht, welche dessen Charakter vollständig beherrschten. Dieser
Abneigung Orléans gegen den König und die königliche Familie,
insbesondere gegen die Königin, datirt aus einer viel früheren Epoche
als die Revolutionszeit. Mehrere unangenehme Vorfallenheiten hatten
diese Gefühle erzeugt und genährt. König Ludwig XVI., der
nach seiner Thronbesteigung, die unter seinem Vorgänger herrschende Sittenlosigkeit von seinem Hofe bannen wollte, war mit
dem unmoralischen Lebenswandel des Herzogs von Orléans,
damals von Chartres, unzufrieden und zeigte ihm dies in etwas
rauher Weise; die Königin hingegen, noch sehr jung und ohne
Kenntniß der freien Sitten dieses Prinzen, war ihm anfangs gnädig
gestimmt, bis ein an und für sich wenig bedeutendes Ereigniß ihren
gütigen Gesinnungen eine ganz entgegengesetzte Richtung gab. Im
Beginne 1775 war ihr Bruder, der neunzehnjährige Erzherzog
Maximilian, auf seiner Reise nach Brüssel durch Paris gekommen
und hatte einige Zeit zum Besuche seiner königlichen Schwester daselbst
verweilt. Er war nicht als kaiserlicher Prinz, sondern unter dem
Titel eines Grafen von Burgau incognito gereist. — Es war dies
das erste Mal, daß die Königin seit ihrer Abreise von Wien, ein
Mitglied ihrer Familie sah und der junge Erzherzog brachte die ersten
Tage nach seiner Ankunft in Versailles bei seiner Schwester zu, ohne
den Prinzen königlichen Geblütes, als des Hauses Orléans, Condé,
Conti und Penthièvre den ersten Besuch zu machen. Diese Prinzen,
die darin eine Zurücksetzung sahen, fühlten sich begreiflicherweise verletzt, da der Erzherzog ein Ankömmling am französischen Hofe
war und überdies Incognito reiste. Doch lag es weder in der Absicht der Königin noch des Erzherzogs, die französischen Prinzen zu
beleidigen, sondern in der Unkenntniß der Etikette des französischen
Hofes und dem Umstande, daß Niemand der Umgebung sie aufmerksam
zu machen sich erlaubte. Die Königin wartete, daß die Prinzen zu
Ehren ihres Bruders Festlichkeiten veranstalten würden. Es vergingen acht, ja zehn Tage seit dessen Ankunft und es geschah

nichts, ja, der Herzog von Chartres, sonst täglich in den Appartements von Versailles zu sehen, war seit der Ankunft des Erzherzoges nicht ein einziges Mal daselbst erschienen. Der Graf von La Mark forderte die durch Rang und Geburt hervorragendsten jungen Leute, wie die Noailles, Durfort, Tavannes, Ségur u. s. w. auf, dem Erzherzoge ein Fest zu geben; die Grafen von Provence und Artois hatten sich an die Spitze dieses Unternehmens gestellt, das glänzend ausfiel. — Diese Demonstration erfreute die Königin, erhöhte aber auch ihren Unwillen gegen die Prinzen von Geblüt, insbesondere den Herzog von Chartres, dem sie es durch ihr eisiges Benehmen von nun an bei jeder Gelegenheit fühlen ließ. Schon von dieser Zeit an herrschte eine arge Mißstimmung zwischen diesem Prinzen und dem Hofe, die aber durch eine weit größere Veranlassung wesentlich erhöht wurde. In der That war es eine für das Ehrgefühl eines jeden Mannes herbe Demüthigung, welche dem Herzog von Chartres anläßlich des Treffens bei Ouessant zu Theil wurde, nämlich der von hoher Seite ausgesprochene Zweifel an persönlichem Muth, ja das Gerücht von Feigheit, welches sich aus den Salons Polignac und der Gesellschaft von Trianon weiter verbreitete. Dasselbe fand seinen Ausdruck in einer Aeußerung der Madame de Fleury, welche seiner Zeit, 1779/80, ein geflügeltes Wort in Versailles wurde. Der Graf von Artois und der Herzog von Chartres hatten sich eine Liste in sieben Colonnen aller in Versailles vorgestellten Damen angefertigt. Die Ueberschriften der Colonnen waren: belles, jolies, passables, laides, affreuses, infâmes, abominables. Die Marquise von Fleury, eine der geistreichsten Frauen in Paris, befand sich mit einer der letzteren Bezeichnungen classificirt. Auf einem Ball im Palais Royal kam der Herzog von Chartres auf sie zu und fing ein Gespräch mit ihr an. Sie sagte dem Prinzen vor Mehreren: „Heureusement, „Monseigneur! il y a à appeler de votre jugement; on sait „que vous ne vous connaissez pas mieux en signalement „qu'en signaux". Es gelang aber dem Prinzen durch alle in jenem Gefechte anwesenden Officiere das Gegentheil jener schweren Beschuldigung zu erweisen; sie bezeugten einstimmig, daß der Herzog glänzenden Muth bewiesen und daß jenes ausgesprengte Gerücht falsch und verläumderisch sei. — Dazu kam noch später die Verweigerung der von dem Prinzen nachgesuchten Charge eines Großadmirals von Frankreich. Von jetzt an war der spätere Herzog von Orléans ein geschworner Feind des Hofes und machte aus seiner Gesinnung kein Hehl. Er benützte alle Gelegenheit jeden Schritt der Königin zu tadeln, zu verdächtigen oder, was bei den Franzosen das Aergste ist, lächerlich zu machen, ebenso ergoß er die Lauge eines ätzenden Witzes über die einzelnen Glieder der Coterie Polignac. Aber auch des Königs Majestät schonte er nicht. So wußte er, daß Ludwig XVI. die englischen Moden und Gebräuche haßte; dies genügte ihm, daß er mit einer Art Feuereifer sich diese aneignete und so oft er mit dem Könige zusammenkam, seine Anglomanie auf irgend eine Art zur Schau zu tragen wußte. Bei den Jagden des Königs war es Hof= gebrauch und Befehl, mit Equipagen französischer Art zu erscheinen, was aber den Herzog von Orléans nicht hinderte, sich mit Jokeys und englischen Wägen zu zeigen. Die große Güte oder Schwäche Ludwigs XVI. ließ ihm diese Unziemlichkeit dulden, obgleich er oft sehr aufgebracht darüber war. So etwas hätte unter Ludwig XIV. und selbst Ludwig XV. nicht vorkommen können. — Es war endlich eine bekannte Thatsache, daß der Herzog von Orléans seit Jahren vor der Revolution, den Hof durch derlei kleine Bosheiten zu reizen und der Regierung Opposition zu machen, keine Gelegenheit versäumte. „Allen diesen gegenseitigen Reibungen zwischen dem Hofe und dem „Herzoge sind", wie der Graf von La Mark meint, „die schweren „Vergehen dieses letzteren zuzuschreiben und nur der Haß hatte diesen „unglücklichen Prinzen so verblendet, sich kopfüber in jene Richtung „zu stürzen, welche er im Beginne der Revolution leidenschaftlich ver= „folgte". — Seine Charakterschwäche, von Niederträchtigen ausgebeutet und benützt, brachte ihn schließlich zu dem schändlichen Verbrechen für den Tod des Königs, des Chefs seines Hauses, zu stimmen. „Die „Billigkeit und Unparteilichkeit aber", sagt der Graf von La Mark, „verpflichten mich, die guten Eigenschaften, die ich an ihm bemerkt „habe, nicht mit Stillschweigen zu übergehen. Er war weit entfernt „von einer Neigung, welche man unglücklicherweise bei vielen Fürsten „begegnet. Er fürchtete alle Personen, welchen Ranges und welcher „Classe immer, in Verlegenheit zu setzen und ihnen Unbequemlichkeiten „zu verursachen, ob er selbe in seinem eigenen Hause empfing oder

„in der Gesellschaft begegnete; er suchte im Gegentheil jedem den
„Verkehr mit ihm leicht zu machen; er wollte nicht genirt sein, ebenso
„wenig einen andern durch irgend etwas belästigen. Seine heitere
„Laune war stets gutmüthig." Er besaß auch Eigenschaften, welche
Herzensgüte beweisen. Der Graf von La Mark war Zeuge, daß
der Herzog auf einer Hühnerjagd in einem seiner großen Weingärten,
wo er den strengen Befehl erlassen hatte, während der Jagd keine
Weintrauben zu naschen, damit Niemand zurückbliebe und auf diese
Art jedes zufällige Unglück verhütet werde, durch einen unseligen
Schuß einen seiner Laufer schwer verwundete. Dieser hatte gegen das
Verbot gehandelt und sich, um Weintrauben zu essen, versteckt. Der
Herzog, ohne Ahnung auf ein aufgeflogenes Rebhuhn nach rückwärts
feuernd, jagte dem Unglücklichen auf fünfzehn Schritt Entfernung die
ganze Ladung in Schulter und Hals. Die Wunde war eine sehr
schwere, aber nicht tödtlich. Mit dem lebhaftesten Schmerze stürzte
sich der Prinz auf seinen Diener, führte ihn selbst nach Hause und
pflegte ihn sogar. Er besuchte ihn sodann alle Tage bis er ganz
genesen war, dispensirte ihn von jedem Dienste und versorgte ihn
lebenslänglich mit einer glänzenden Pension. Von der Zeit an ent-
sagte der Herzog gänzlich der Hühnerjagd. Er sagte dem Grafen
La Mark mehrmals, daß, sobald er ein Gewehr in der Hand hielt,
glaube er vor dessen Mündung immer einen Menschen zu sehen! —
Der Herzog von Orléans hielt gewissenhaft sein gegebenes Wort,
selbst durch ein übereiltes und unüberlegtes Versprechen glaubte er
sich unwiderruflich verpflichtet. Wenn er einmal aus seinen Alltags-
gewohnheiten heraustrat, war er verlegen und schüchtern, eben so
wenn er öffentlich sprechen sollte. In den Parlamentssitzungen und
bei der Versammlung der Reichsstände, vermochte er selbst nicht einige
Zeilen, die man ihm aufgeschrieben hatte, vorzulesen; er wurde verlegen, stotterte und man konnte ihn nur mit großer Mühe verstehen,
einmal war er sogar einer Ohnmacht nahe und man mußte die Fenster
öffnen. Und dieser Mann wurde mit seiner Schüchternheit in der
Revolution von Schritt zu Schritt von jenen Elenden, die sich seiner
bemächtigt hatten, weiter geführt, ohne daß er jemals die Kraft in
sich fand, auf dieser gefährlichen Bahn anzuhalten, geschweige erst
umzukehren.

Anders war der nicht minder denkwürdige zugleich einflußreichere Marquis de Lafayette.[1]) Dieser, 1757 auf dem Schlosse Chavagnac im Departement Haute Loire geboren, verlor seine Eltern in seiner frühesten Jugend. Der Vater, ein tapferer Officier, starb in der Schlacht bei Minden den Heldentod. Mit achtzehn Jahren im Besitze eines großen Vermögens, über das er unumschränkt disponiren konnte, und von welchem die jährlichen Revenuen mehr als 120.000 Livres betrugen, erschien er 1775 am Hofe von Versailles und in der Gesellschaft von Paris. Kurz nachher vermälte er sich mit Adrienne, Tochter des Herzogs von Ayen,[2]) aus dem angesehenen und mächtigen Hause Noailles, damals in Versailles sehr begünstigt. Die junge Marquise war eine Frau von Verdienst, mit Geist und noch größerer Frömmigkeit. — Auch über Lafayette gibt uns der Graf La Mark, der ihn seit dessem ersten Auftreten in der Gesellschaft genau kannte und zu der Familie der Marquise, den Noailles, in den freundschaftlichsten Beziehungen stand, genaue Aufschlüsse. — Lafayette suchte mit Aengstlichkeit alles was er für guten Ton hielt, an Personen und Dingen. Ungeachtet dieser Neigung war er in allen seinen Manieren sehr linkisch, er besaß eine große magere Gestalt, tanzte ohne Anmuth, war ein schlechter Reiter, und alle seine Jugendgenossen, mit denen er verkehrte, zeigten sich in allen damals sehr in Mode gehaltenen körperlichen Uebungen gewandter als Lafayette. Auf den Bällen am Hofe zu Versailles hatte die Königin großes Vergnügen an den Quadrillen, welche man aus allen jungen Leuten zusammenstellte, die bei Hofe am meisten durch Anmuth und Gewandtheit im Tanze glänzten. Aus Rücksicht für die bei Hofe sehr begünstigte und angesehene Familie der Marquise wurde auch Lafayette zu diesen Quadrillen berufen, aber er zeigte sich so unbehülflich, daß die junge Königin sich nicht enthalten konnte, über ihn zu lachen,

---

[1]) Wir verweisen den Leser auf die Memoiren Lafayette's, zu Paris 1836 bis 1837 erschienen. Er starb siebenundsiebenzigjährig zu Paris am 20. Mai 1834.
[2]) Louis François Paul Herzog von Ayen, geboren 1739, seit 1793 Herzog von Noailles, Generallieutenant, emigrirte in die Schweiz, wo er sich wissenschaftlich beschäftigte. Nach der Restauration zum Pair ernannt und zurückberufen, blieb er aber in seinem selbstgewählten Asyl in der Schweiz, wo er 1824 starb, ohne Söhne zu hinterlassen.

und die Höflinge verfehlten nicht, laut darin mit einzustimmen. Hier war es, wo zuerst ein bitteres Gefühl in der Brust des jungen eitlen Mannes erwachte, das nicht ohne Einfluß auf seine spätere Richtung blieb. — Die Mehrzahl seiner Altersgenossen besaßen noch Eltern, und daher weniger Geld für ihre Vergnügungen, während der Marquis Lafayette im uneingeschränkten Genusse eines großen Vermögens sich befand und Ausgaben sich erlauben konnte, die für andere unerschwinglich waren. Er hatte eine Menge guter und schöner Pferde in seinen Stallungen, lieh mit Großmuth seinen Freunden Geld, hielt ein großes gut montirtes Haus und gab vorzügliche Diners. Der Herzog von Orléans war in Monceaux gewöhnlich von einer Gesellschaft umgeben, die mehr durch Heiterkeit als strenge Moral glänzte. Man hatte dort die Gewohnheit viel zu trinken, eine englische Sitte, welche damals von den jungen Leuten bei ihrem Eintritt in die Welt als Mode angenommen war, und obwol Lafayette durchaus nicht Neigung und Hang dazu hatte, glaubte er doch nicht zurückbleiben zu können. Unter den jungen Leuten that sich im Trinken wie in allem der Vicomte de Noailles, Lafayette's Schwager, am meisten hervor, überhaupt war dieser einer der elegantesten und glänzendsten Männer der Gesellschaft. Er war von großer geschmeidiger Gestalt, tanzte und ritt vortrefflich, liebte hohes Spiel und gewann meistens, trank bis zum Uebermaß und hatte die Eitelkeit, in allem was er that, nach Effect zu haschen. Diesen nahm sich Lafayette zu seinem Muster, und trachtete mit Eifer, aber ohne den gewünschten Erfolg, seinen Schwager nachzuahmen. „Ich erinnere mich eines Tages," schreibt der Graf von La Mark, „wo bei einem Diner, welchem „der Vicomte de Noailles nicht beiwohnte, Lafayette so viel ge= „trunken hatte, daß man ihn in seinen Wagen tragen mußte, um ihn „nach Hause zu bringen; während der ganzen Fahrt sagte Lafayette „unaufhörlich zu seinen Begleitern: „„Vergessen Sie nicht, Noailles „zu sagen, wie viel und wie gut ich getrunken habe.""" In Wirklichkeit hatte aber Lafayette mehr Geist wie Noailles, der sich jedoch durch Eigenschaften des Herzens auszeichnete. — Noailles besaß übrigens militärische Talente und eine glänzende Tapferkeit, die ihn oft zur Tollkühnheit fortriß. Er war ein ausgezeichneter Cavallerie= Officier, hatte in Preußen die Organisation und die Exercitien der dortigen Armee mit Verständniß beobachtet. Friedrich II., der dessen militärischen Geist sogleich bemerkte, hätte ihm gestattet, in seiner Armee als Volontär den baierischen Erbfolgekrieg mitzumachen, aber Ludwig XVI. verweigerte aus Rücksicht seiner verwandtschaftlichen und politischen Beziehungen zu Oesterreich jedem französischen Officier im preußischen Heere zu dienen, und der Vicomte de Noailles erhielt Befehl, ungesäumt nach Frankreich zurückzukehren.

Lafayette sollte dem Wunsche seiner Verwandten gemäß, insbesondere des Marschalls Noailles, an der Seite eines königlichen Prinzen eine hohe Vertrauensstellung erhalten. — Der Marquis, der seine Unabhängigkeit liebte, sich mit seinen Verwandten aber nicht entzweien wollte, suchte durch eine Aeußerung jener hohen Persönlichkeit zu mißfallen, erreichte damit seinen Zweck, die ganze Verhandlung dieser Angelegenheit wurde in Folge dessen abgebrochen, aber der spätere König Ludwig XVIII. soll es ihm nie vergessen haben. — Es war 1776 in Metz während eines Diners, das der dortige Commandant Generallieutenant Graf Broglie zu Ehren des eben anwesenden Herzogs von Gloucester,[1]) Bruder des Königs Georg III. von England, veranstaltete, und welchem auch der junge Marquis Lafayette beiwohnte, als der Herzog dringende Briefe aus England erhielt. — Derselbe besprach deren Inhalt, es war die Unabhängigkeitserklärung der Amerikaner. Lafayette hörte in höchster Spannung diesem Gespräche zu, erlaubte sich dem Herzoge einige Fragen zu stellen, die erhaltenen Antworten flößten ihm das lebhafteste Interesse ein, und vor Ende des Mahles stand sein Entschluß fest, nach Amerika zu gehen. Er begab sich mit diesem ihn nun ganz beherrschenden Gedanken nach Paris, wo er denselben seinen Freunden Noailles und Ségur mittheilte, einstweilen als großes Geheimniß, was sie ihm auch treulich bewahrten. Er sagte es auch dem Grafen Broglie, der sein volles Vertrauen genoß und sich alle erdenkliche Mühe gab, Lafayette von diesem Vorhaben abzubringen. „Ich habe

---

[1]) Wilhelm Heinrich, geboren 1743, seit 1764 Herzog von Gloucester, britischer Feldmarschall, Ritter des Hosenband-Ordens, Chef des ersten Garderegiments zu Fuß, vermält 1766 mit Marie, einer natürlichen Tochter Eduard Walpole's. — Er starb am 15. August 1805, seine Gemalin überlebte ihn nur zwei Jahre und starb zu Brompton 1807.

„Ihren Oheim im italienischen Feldzuge fallen sehen, war auf dem
„Schlachtfelde bei Minden bei dem Tode Ihres Vaters anwesend,
„und will nicht beitragen zum Erlöschen der einzigen Linie, welche
„von der Familie Lafayette noch übrig ist," äußerte Graf Broglie.
— Als er aber später erkannte, der Entschluß des jungen Mannes
sei unerschütterlich, trug Broglie selbst zu dessen Ausführung wesentlich bei.

Der Vicomte von Noailles, aus Deutschland zurückgekehrt,
wollte, von der Leidenschaft Effect zu machen beherrscht, sogleich nach
Amerika gehen und für die Sache der Amerikaner, deren Erfolg damals noch sehr zweifelhaft war, kämpfen. Frankreich unterstützte zwar
im Geheimen die Amerikaner, wollte aber noch keinen offenen
Bruch mit England, und vermied in seinem Benehmen vorsichtig alles,
was seine geheimen Pläne hätte enthüllen können. Der Vicomte bat
seinen Schwiegervater, den Herzog von Ayen, für ihm die still-
schweigende Erlaubniß des Ministers Grafen Maurepas nachzusuchen,
und als er eines Tages in Anwesenheit Lafayette's mit ihrem gemeinschaftlichen Schwiegervater darüber sprach, stellte dieser dasselbe Ansuchen.
Der Herzog von Ayen, welcher unaufhörlich seinem Schwiegersohne
diese Albernheiten, wie er es nannte, in ziemlich harter Weise vor-
warf, gab Lafayette in schneidender Ironie den Bescheid: „Daß es
ihm nicht zustehe, eine solche Bitte vorzubringen". — Diese Antwort
verletzte und erzürnte Lafayette in hohem Grade, und „ich bin über-
„zeugt," schreibt La Mark, „daß sie vielen Einfluß nahm auf die
„Richtung, welche er von jener Epoche an nahm, und die ihn so weit
„brachte. Sie gab seinem Benehmen einen Impuls, welchem er seit-
„her beständig mit einer Willensstärke folgte, wie man solcher selten
„begegnet." — Graf Broglie, dem Lafayette diesen verletzenden
Vorgang seines Schwiegervaters mittheilte, nahm sich dessen nun mit
Wärme an. Ein junger Mann mit Enthusiasmus und Vermögen
konnte ein noch sehr unsicheres Unternehmen fördern, für das sich
Broglie gute Chancen versprach; dieser sagte daher Lafayette zu,
die Ausführung seines Planes leiten zu wollen. — Graf Broglie
wählte einige Officiere ohne Stellung und Vermögen, welche gleichfalls nach Amerika wollten, als Begleiter Lafayette's, der sie mit
Geld unterstützte. Ein Fahrzeug wurde zu Bordeaux für die Ueberfahrt

ausgerüstet, doch der Herzog von Ayen wurde auf geheime Weise von diesen Vorbereitungen benachrichtigt, und setzte den Minister Grafen Maurepas sogleich in Kenntniß. Es wurde verabredet, daß der Hafencommandant von Bordeaux den Marquis Lafayette an der Einschiffung zu hindern und nöthigenfalls zu verhaften beordert werde, dieser hingegen sollte direct vom Minister den Befehl erhalten, sich nach Avignon zu begeben, wo er den Herzog von Ayen finden und auf einer Reise nach Italien begleiten solle. — Die Briefe seiner Verwandten waren für Lafayette sehr peremptorisch und ein lettre de cachet im Falle des Ungehorsams in Aussicht gestellt. — Graf Broglie zog ihn aus diesen Verlegenheiten; er hatte keinen Augenblick Zeit verloren und das Fahrzeug von Bordeaux aus an einen spanischen Hafenplatz kommen lassen. Unter vielen Hindernissen, einmal als Courier verkleidet, gelang es Lafayette die spanische Grenze zu passiren und das Fahrzeug zu erreichen, welches ihn und seine Gefährten nach sechs Monaten voll Hindernissen und Ungeduld am 26. April 1777 aufnahm, sogleich die Segel lüftete und dem Ziele ihrer Wünsche, dem Boden Amerikas zusteuerte. Das kleine Segelschiff trug den bedeutungsvollen Namen „la Victoire", und von dieser Zeit an nimmt der Lebenslauf Lafayette's seinen weltgeschichtlichen Charakter. — In Amerika angelangt, trat er als Freiwilliger in die Armee der insurgirten Provinzen, erwarb sich bald die Freundschaft Washingtons und wurde vom Congreß zum Generalmajor ernannt. In der Schlacht am Brandwynefluß am 11. September 1777 wurde er verwundet, schlug dann ein Corps Hessen und Engländer, erhielt den Oberbefehl über die Division von Virginien, unternahm Anfangs 1778 eine Expedition nach Canada, welche jedoch aus Mangel an hinreichenden Mitteln mißlang, zeichnete sich im Sommer 1778 bei Monmouth aus und deckte gleich darauf den Rückzug von Sullivan, welcher Rhode-Island räumte. 1779 ging er nach Frankreich, das die Unabhängigkeit der nordamerikanischen Freistaaten anerkannte, um den Amerikanern neue Unterstützungen an Geld und Kriegsmaterialien zu verschaffen, und kehrte Anfangs 1780 nach Amerika zurück, befehligte Washingtons Vortrab, vertheidigte 1781 mit 5000 Mann Virginien, blockirte den General Cornwallis und bewirkte die Capitulation von Yorktown. Nun ging Lafayette abermals nach Europa, um neue Hülfe zu holen, hatte auch bereits Spanien dahin vermocht, England den Krieg zu erklären, was aber der nun abgeschlossene Friede vereitelte. 1784 ging er zum dritten Mal nach Amerika, bekam dort das amerikanische Bürgerrecht, sowie das Recht des steten Zutrittes zum Congreß und kehrte 1785 nach Europa zurück, wo er Reisen machte und in Berlin und Wien einen ehrenvollen Empfang erhielt. Sein Aufenthalt in letzterer Residenz fiel gerade in eine zufällige Abwesenheit Kaiser Josephs. Die Fürstin Eleonore Liechtenstein sah Lafayette bei dem Nuntius, der ihm zu Ehren die Minister und Hofherren zum Diner geladen hatte. Sie schildert ihn als einen großen magern jungen Mann, der sehr bescheiden auftrat und nur zögernd und leise sprach. Ihr Gemal hatte ihm Tags vorher sein Dragoner-Regiment gezeigt. Lafayette's Wirken in den ersten Jahren der französischen Revolution ist aus der Geschichte hinreichend bekannt und wird auch in diesen Blättern noch oft berührt. Einer der consequentesten Schwärmer für Völkerglück und Freiheit, Republikaner im monarchisch-constitutionellen Sinne, aus zur innersten Ueberzeugung gewordenem Idealismus, wurde Lafayette ungeachtet so vieler blutiger und grausamer Enttäuschungen in einem fast sechszigjährigen Zeitraume (1776—1834) dennoch nie ernüchtert. — Auf der Rednerbühne drückte er sich mit Leichtigkeit und Anstand aus, seinen Privatcharakter trübt kein unreiner Flecken, er war liebenswürdig, dienstfertig und großmüthig. Im Beginne der Revolution stellte er sich allerdings nicht an die Seite der Blutwürger, ja er bekämpfte sie mit bewaffneter Hand und hatte die Absicht den König zu retten und unter Escorte seiner Truppen 1792 nach Compiègne zu entführen. König Ludwig XVI. willigte aber nicht ein, man behauptet aus Stolz und Abneigung der Königin gegen Lafayette, da sie diesem nicht ihre Rettung verdanken wollte. — Aber bei alldem hat sein Idealismus dem Königthume eine eben so tiefe Wunde geschlagen, als die Wuth der Schreckensmänner der Revolution. — Der Name Lafayette ist mit der dreifarbigen Fahne der französischen Nationalgarde so zu sagen identificirt. Durch merkwürdigen Zufall war das Resultat seiner Handlungen oft im Widerspruch mit seinen Gesinnungen. — Im Grunde des Herzens für den König, wenn auch im constitutionellen Sinne, half er dessen alte Monarchie 1789 zerstören: für die Republik schuf er in den Julitagen 1830 auf den Barrikaden ein Bürgerkönigthum, und trug wesentlich bei, Louis Philippe, dem Sohne Egalité's, die Ludwig XVI. einst geraubte Krone aufs Haupt zu setzen. Und damals, wie einundvierzig Jahre früher, waren seine Gedanken und Grundsätze dennoch dieselben geblieben! — In der neuen Welt hat Lafayette zur Gründung einer neuen socialen Ordnung, in der alten Welt zur Vernichtung einer alten Gesellschaft beigetragen. Die Freiheit rief ihn an die Ufer des Ohio und Potomac, die Anarchie an die Gestade der Seine und der Rhône. General Lafayette hatte eine Idee, die ihn vollständig beherrschte, zufällig war sie die seiner Nation und seiner Zeit! einer der denkwürdigsten unverbesserlichsten Träumer ist er jedenfalls gewesen. Am 22. Mai 1834 bewegte sich sein Leichenbegängniß auf denselben Boulevards, die er 1789 an der Tête seiner Nationalgarde so oft hinanzog. — Unter der großen begleitenden Menschenmenge bemerkte man eine Gruppe Amerikaner, deren jeder eine gelbe Blume im Knopfloch hatte. „Auf den Boulevards angekommen hielt der Zug", wie der Vicomte de Chateaubriand in seinen Memoiren berichtet, „einen „Augenblick stille. Ein flüchtiger Sonnenstrahl erhellte und beglänzte „die Rüstung und den Waffenschmuck des Todtenwagens, welche bald „wieder von Schatten bedeckt wurden, ohne je von einem Lichtstrahl „mehr erhellt zu werden."

Wir haben früher Lafayette's Schwager, des Vicomte de Noailles mehrmals erwähnt. Wenngleich derselbe in der französischen Revolution eine untergeordnete Rolle spielte und zwar in Geschichtswerken genannt, doch keineswegs zu den historischen Persönlichkeiten jener Epoche gehört, so kommen wir noch einmal auf ihn zurück, denn jedenfalls ist derselbe eine interessante Gestalt in culturhistorischer Hinsicht. Er hätte mit seinen reichen Talenten und glänzenden militärischen Eigenschaften ein Mann von Bedeutung werden können, wenn nicht seine zu einer Art Manie gewordene kindische Eitelkeit nach Effect zu haschen und Original sein zu wollen, ihn auf falsche,

seinem innersten Wesen nach ganz entgegengesetzte Bahnen getrieben
hätte. — Wir schreiben in diesen Blättern nicht Geschichte, sondern
nur historische Bilder, Porträts und Charakterzüge einzelner
denkwürdiger Persönlichkeiten; Schilderungen vereinzelter wichtiger
und einflußreicher Momente nach Aufzeichnungen von Augenzeugen und
Zeitgenossen sind es, die wir hier wiedergeben oder ihre Erinnerung
auffrischen wollen.

Louis Marie Vicomte de Noailles, geboren 1756, war
der zweite Sohn des Marschalls Philipp de Noailles Herzogs von
Mouchy (siehe Seite 189). Er folgte, ein Sohn, Enkel und Urenkel
von Marschällen von Frankreich, dem Beispiele seiner Vorfahren
und wählte die Bahn der Waffen. Wir haben schon weiter oben
gesagt, daß er den Ruf eines ausgezeichneten Cavallerie-Officiers
genoß, und daß seine militärische Befähigung in Potsdam selbst die
Beachtung Friedrichs II. sich erwarb. Wie die meisten seiner Jugend-
und Waffengenossen zog auch ihn der Kriegsruhm über das Meer in
den fernen Welttheil, und wenn die französische Jugend sich auf die
Seite der Amerikaner stellte, so folgte sie damals nur dem alten Hasse
gegen England, dem steten Rivalen und Erbfeinde ihres Vaterlandes
einerseits, der unrichtigen und zweideutigen politischen Richtung ihrer
eigenen Regierung andererseits. 1778 ging also Noailles nach
Nordamerika und focht mit Auszeichnung unter Washingtons Augen.
Als 1789 die ersten Unruhen in Paris ausbrachen, war er Oberst
eines reitenden Jägerregimentes und wurde später Deputirter in der
Reichsversammlung; hier sprach er eifrig für liberale Ideen, und verlangte am 14. August 1789 vom Adel und der Geistlichkeit Aufopferung ihrer Privilegien, später war er sogar Mitglied des
Jacobinerclubs. — Aber seine Rolle in der Revolution war eine
unbedeutende, er besaß weder die Gewandtheit, noch Kraft eines Par-
lamentsredners, obgleich er im Salon ganz gut zu sprechen wußte.
Seine politischen Meinungen waren von Anderen entlehnt, und im
Widerspruche mit seiner Erziehung und den Rathschlägen seiner Angehörigen, die, alle sehr ehrenhafte Männer, ihrer ganzen Richtung
nach einer früheren Zeit angehörten; ja mehr als dies, es waren
dieselben im directen Gegensatze zu seinen eigenen Neigungen,
seinen Lebensgewohnheiten und selbst der ursprünglichen eigentlichen

Richtung seines Geistes. Thatsache ist es, daß er in seiner unseligen Manie von sich reden zu machen, in die Schlingen eigener Eitelkeit fiel, und wenn damals etwas noch im Stande war Staunen zu erregen, so war es — wenn Einer sich zum Demokraten machte, dessen Geburt ihn zu einer der Stützen des Thrones bestimmte. — Noailles wurde auf diese Art Demokrat. Er bereute es bitter, denn bald fühlte der geistvolle Mann die Folgen seiner falschen Stellung, den Zwiespalt seines Innern, keine Partei traute ihm mehr, und sein Andenken war nach jeder Seite hin entwerthet. Und doch war der Vicomte de Noailles durchaus keiner jener gewöhnlichen gemeinen Charaktere, wie man solche häufig begegnet; er war fähig, sich für hohe Ideen zu begeistern, Entschlüsse mit Thatkraft auszuführen; Beharrlichkeit, Ausdauer, Geist waren ihm in hohem Grade eigen; er war treu und aufopferungsfähig als Freund, ebenso furchtbar und gefährlich als Feind. — Die Ereignisse der Revolution enttäuschten und erschütterten ihn, und nach der Absetzung Ludwigs XVI. 1792 verließ er Frankreich, ging erst nach England und von dort nach Amerika. — Unter dem Consulate aus der Emigrantenliste gestrichen, kehrte er nach Frankreich zurück, nahm wieder Dienste in der Armee, zog 1803 nach St. Domingo, wo er an den dortigen Kämpfen mit glänzender Bravour Theil nahm, und den Wunsch hatte, sich tödten zu lassen. Dies geschah auch am 9. Jänner 1804; er fiel als Tapferer, nachdem er im Hafen von Havanna eine englische Corvette genommen hatte. — Seine politischen Irrthümer hatte er mit seinem Blute gesühnt.

Einige Züge seines Lebens, die ihn charakterisiren, seien hier erwähnt. Der Vicomte de Noailles war Commandant des Dragoner-Regimentes des Königs. Eines Tages äußerte er in Gegenwart der Mehrzahl seiner Officiere bei Tische: er würde einen Obersten verachten, welcher sich weigerte, einem Officier, den er beleidigt hätte, mit den Waffen in der Hand Satisfaction zu geben; „aber ohne Nach=
„sicht denjenigen Officier bestrafen, der mich beim Regimente her=
„ausfordern würde; jedoch in Paris im bürgerlichen Kleide (en habit
„gris, was zu jener Zeit eine Civilmode war) stehe ich stets zu Diensten
„desjenigen, welcher mit mir einen Spaziergang im Bois de Boulogne
„zu machen wünschte". — Diese Aeußerung behielt sich ein Capitän

Namens Bray im Gedächtnisse, und als er sich nach einiger Zeit von seinem Obersten beleidigt glaubte, forderte er diesen in Paris, spazierte mit ihm in das Bois de Boulogne und brachte seinem Chef einen Degenstich bei. Noailles rächte sich auf seine Art. Er ging zum Kriegsminister Brienne und bat um die Beförderung des Capitäns Bray in das Jäger-Regiment, dessen Commando er eben erhalten hatte. Graf Brienne verweigerte diese Bitte, Noailles bestand darauf, indem er erklärte, daß der Capitän Bray einer der tüchtigsten Officiere seines früheren Regimentes wäre, er ihn dringend zur Ausführung einiger geplanter Aenderungen in seinem neuen Corps benöthige, und daß er das Commando desselben nur unter dieser Bedingung übernehmen wolle. Es hatte Erfolg und sein Gegner wurde befördert. — Dies ist ein Act der Rache, der wol außer der Gewohnheit der meisten Menschen sein dürfte!

Ein anderer Charakterzug Noailles' ist folgender. Im amerikanischen Kriege diente der Vicomte als zweiter Oberst im Regimente Soissonnais. Ein Capitän dieser Truppe erhielt eine Kugel durch die Brust, die dessen Hintermann, einen Grenadier tödtete. — Der Capitän konnte sich nicht mehr erholen, kam nach Paris und suchte um das Ludwigs-Kreuz an. Es war ein Mann von edler Gestalt, ein würdiger Officier, mit unzähligen Wunden bedeckt. Seit Monaten lief er von einem Bureau ins andere und erhielt von dem militärischen Schreibervolke nur leere Versprechungen. Da begegnete zufällig der Vicomte de Noailles auf der Straße seinem alten Kriegsgefährten von den Ufern des Potomac. Er läuft auf ihn zu, schließt ihn erfreut in seine Arme und frägt, was den Capitän wol nach Paris führe? „Ich habe", entgegnete dieser, „mehrmals an der „Thüre Ihres Hauses, Herr Vicomte, vorgesprochen, um die Ehre zu „haben, Ihnen meinen Besuch zu machen, war aber nicht so glücklich „Sie zu finden. Ich leide schmerzhaft an meinen Wunden und suche „um das Kreuz an." „Mein Herr", antwortete Noailles, „ich bin untröstlich, Sie nicht früher gesehen zu haben; ich gehe sehr selten nach Versailles und sehe nur wenig die Minister, aber ich glaube noch genug Ansehen zu haben, um Ihnen zu Ihrem Rechte zu verhelfen; ich übe augenblicklich an mir selbst einen Act der Gerechtigkeit aus" (bei diesen Worten riß er sich seine eigene Decoration von der Brust und steckte sie in die Rocktasche) „und will dieses Kreuz so lange vor Ihnen nicht mehr tragen, bis Sie es selbst besitzen." — Wenige Tage nachher hatte in Folge der Fürsprache Noailles' der verwundete Capitän das Ludwigs-Kreuz, mit dessen Besitz wie bekannt der lebenslängliche Genuß einer Pension verbunden war. — Wenn der Vicomte Frankreich oder nach der Revolution irgend ein anderes Land verließ, so ließ er den Tag und fast die Stunde in die öffentlichen Tagesblätter drucken, um, wie er sich ausdrückte, „die Ausgleichung aller seiner Rechnungen in welch' immer Beziehung anzubieten".

Noailles starb, wie es ihm bestimmt war, mit den Waffen in der Hand, denn dies war sein Beruf, so stand es in seinem Sterne verzeichnet. — Er war ein Mann von glänzenden Geistesgaben und seltenem Muthe. Ein männlicher Charakter, wie man sie selten begegnet, aber Eitelkeit und Originalität hatten ihn auf Irrwege getrieben.

Graf Esterhazy, in Valenciennes durch die Nothwendigkeit aus dem Auslande Getreide kommen zu lassen und daselbst die Ordnung aufrecht zu erhalten, zu bleiben verpflichtet, konnte in dieser Zeit keinen Urlaub erhalten, um seine Gemalin selbst nach Paris zu bringen, wohin sie auf den dringenden Wunsch ihrer Mutter, anläßlich ihrer herannahenden Niederkunft, der besseren Aerzte wegen gebracht werden sollte. — Doch begleitete der Graf wenigstens den größeren Theil des Weges seine Frau und reiste mit ihr am 10. Juli 1789 von Valenciennes ab. Wegen des Zustandes der Gräfin konnten nur kurze Tagreisen unternommen werden, und am 12. trennten sich beide Gatten in Pont St. Maxence, da der General nicht ohne Erlaubniß das Weichbild von Paris betreten durfte. Bei seiner Rückkunft fand er in Valenciennes noch alles ruhig, aber die Gährung in der Hauptstadt des Reiches mahnte zu Vorsichtsmaßregeln, insbesondere in einem befestigten Orte an der Landesgrenze. — Esterhazy erneuerte daher das stets bestandene, aber bis nun lauer betriebene Verbot, Jemanden ohne genauer Prüfung seiner Pässe passiren zu lassen. Er hatte am 13. vernommen, daß Herr von Necker unter dem Namen eines Baron Copet mit seiner Frau bei Condé die Grenze überschritten und dem Commandanten dieses Platzes ein Schreiben des Königs vorgewiesen habe, das die Stelle eines Reisedocumentes vertreten sollte. Die Entlassung Neckers unter diesen Umständen verursachte dem Grafen Beunruhigung, welche durch die Ankunft der Herzogin von Devonshire noch gesteigert wurde, da sie erzählte, sie habe nur mit großer Schwierigkeit Paris verlassen können, und habe auf ihrer Fahrt durch die Straßen den Klang der Sturmglocke am 12. gehört. — Begreiflicher Weise erfüllte dies alles Esterhazy mit großer Besorgniß für die Ruhe und Sicherheit seiner Gemalin, welche nun mitten in der erregten Stadt und einer zügellosen bis zu Wuth und Haß gegen die Königin und deren Anhänger aufgestachelten Volksmasse sich befand, und daher allen möglichen Gefahren ausgesetzt war. — Am 15. Juli Abends begehrte ein alter Dragoner, dem Graf Esterhazy seinen Abschied verschafft hatte, diesen dringend und geheim sprechen zu dürfen. Der Dragoner berichtete, daß er am Vorabende Paris verlassen habe zugleich mit dem Grafen d'Espienne, einem Officier der französischen Garden, und daß Beide bemüßigt waren, zu Fuße bis Borget zu gehen, wo sie zu ihrer Weiterreise Postklepper nahmen; daß man alle Welt verhindere, sich aus Paris zu entfernen und überall die Polignacs suche, die sich geflüchtet hätten; zu all diesem erzählte er noch eine Menge Details über die Einnahme der Bastille, die Niedermetzelung de Launay's und de Flesselles' u. s. w. Graf Esterhazy hatte Mühe alles dies zu glauben, so unwahrscheinlich kam es ihm vor, aber der Dragoner gab alle Nebenumstände so genau an, und fügte noch hinzu, daß er selbst Zeuge gewesen wäre des Abfalls der französischen Garden und mit eigenen Augen die Köpfe der unglücklichen Opfer auf Picken gesteckt im Triumphe gegen das Palais Royale vor sich habe hertragen sehen. Auf diese Aussagen eines ihm als ehrlich bekannten Soldaten konnte der Graf über die Pariser Gräuel nicht mehr in Zweifel sein, und wurde mit peinlicher Sorge für seine dort weilende Familie erfüllt. — Durch diese Mittheilungen wurde er auch bestimmt, alle möglichen Vorsichtsmaßregeln zu ergreifen, welche die Klugheit eingab, um sich sowol der Garnison als der Einwohnerschaft Valenciennes zu versichern, ohne dabei jedoch die geringste ängstliche Besorgniß durchblicken zu lassen. Vor allem ließ er einen gewissen Jamart, Geschäftsmann des Herzogs von Orléans und zugleich Brückenaufseher, einen geistvollen Mann, aber wüthenden Demokraten, unbemerkt beobachten; er verbot irgend jemandem ohne einen ausdrücklichen Befehl Postpferde zu geben, und ließ sich alle Fremden, die vor den Stadtthoren erschienen, persönlich vorstellen. Am 16. meldete man ihm, daß ein Herr . . . ., Geschäftsführer im Finanzwesen, Einlaß begehre, da er auf königlichen Befehl reise. Graf Esterhazy sandte diesem einen Stabsofficier bis zum Thore entgegen, um die Vorweisung der königlichen Ordre zu begehren und zu erfahren, was der eigentliche Zweck seiner Sendung sei. — Der Fremde verlangte zum Gouverneur geführt zu werden und erzählte diesem, was sich in den letzten Tagen in Versailles und Paris alles zugetragen habe, auch zeigte er die bestätigte Abschrift eines königlichen Befehls, welchen er Herrn von Necker zu überbringen beauftragt sei, um denselben wieder zurückzuberufen, sowie ein offenes Schreiben des Präsidenten der Nationalversammlung an diesen Minister, auch schien er über alle stattgehabten Ereignisse sichtlich befriedigt. — Graf Esterhazy ließ ihm sogleich Pferde zu seiner Weiterbeförderung vorführen und gab alle Auskünfte über die Reise des Herrn von Necker, so weit sie ihm bekannt waren. — Dieser Geschäftsführer erzählte auch, daß der König versprochen habe, am 17. nach Paris zu gehen, und daß dieser Schritt wahrscheinlich die Ordnung und Ruhe in dieser Hauptstadt wieder herstellen werde. „Ich muß gestehen," äußert der Graf in seinen Aufzeichnungen, „daß ich in diesem Augenblicke ein sehr „getheiltes Gefühl empfand; das eine war Verdruß und Aerger, den „König einen für seine Autorität so entwürdigenden und für seine „Person so gefährlichen Schritt thun zu sehen: das andere hingegen „meine Frau und Kinder dadurch in größerer Sicherheit zu wissen." — Am 17. herrschte in Valenciennes vollständige Ruhe und es kam Niemand von Paris, aber man sagte, daß alle Ausgänge der Hauptstadt wieder frei wären, seit der König dort gewesen. Graf Esterhazy schrieb seiner Frau, sie möge baldmöglichst mit den Kindern zu ihm kommen.

In der Nacht vom 17. auf den 18. wurde er plötzlich geweckt, und man meldete ihm, daß der Fürst von Chimay vor dem Thore wäre und ihn zu sprechen wünsche. Graf Esterhazy befahl, das Thor sogleich zu öffnen, setzte aber voraus, daß es jemand anderer

sein könne, der sich dieses Namens bediene, da Fürst Chimay seines
Wissens nach sich in Italien befand. Er selbst ließ sich gleichzeitig
ein Pferd satteln, ritt vor das Thor von Notre Dame und fand eine
sogenannte Berline,[1]) welche diesem Eingange zufuhr, er sprengte
ihr entgegen; wie groß war aber Esterhazy's Erstaunen, als er,
beim Oeffnen der Wagenthüre sich von den Armen des Grafen
Artois umschlossen fand. — Dieser überreichte ihm ein eigenhändiges
Billet des Königs, welches den Befehl enthielt, dem Prinzen alle
Dienste zu leisten, die in seiner Macht stünden und ihm den Ausgang
in die österreichischen Niederlande zu sichern, ebenso ein Schreiben der
Königin, das den Grafen an den Prinzen wies, um alles bisher Ge-
schehene zu erfahren. Mit dem Grafen Artois waren noch sein
Gardecapitän der Fürst Henin, der Graf von Vaudreuil, der
Marquis Polignac und ein Stallmeister. Sie hatten Versailles zu
Pferde verlassen und erst in Chantilly vom Prinzen Condé sich einen
Wagen genommen. Alle waren sehr ermüdet von der unausgesetzten
Fahrt; Graf Vaudreuil hatte sogar einen heftigen Fieberanfall. —
Der Gouverneur von Valenciennes war seiner Truppe noch sicher und
das Volk war bisher ruhig geblieben, er schlug dem Prinzen daher
vor, einen Tag bei ihm auszuruhen, was dieser auch annahm.
Einige Augenblicke nachher kam auch der Prinz von Condé[2]) mit
Sohn[3]) und Enkel,[4]) der Marquis de Cayla und Herr d'Antichamp;

---

[1]) Eine Berline war einer der schwerfälligsten, aber dennoch gesuchtesten
Wägen jener Zeit. Delisle de Sales sagt in seinen Briefen des Brutus,
London 1771, 8⁰, S. 159: „Je langsamer ein Wagen fährt und je mehr er
„Geräusch macht, desto weniger wird er Ungemach verursachen, daher ist auch
„eine Berline weniger gefährlich als eine Carosse coupé", und an einer anderen
Stelle, S. 231, sagt er nochmals: „Eine Berline ist sicherer und bequemer als
„jeder andere Reisewagen, auch hat man nichts versäumt, diese Art Wägen zu
„vervollkommnen, und wenn irgend ein Wagen mit den einstigen Triumphwägen
„in eine gleiche Linie gestellt werden kann, so sind es ohne Zweifel die Berlinen".

[2]) Ludwig Joseph Herzog von Bourbon Prinz von Condé,
siehe Seite 112.

[3]) Sein Sohn Ludwig Heinrich Herzog von Bourbon-Condé,
geboren 1756, der letzte seines Stammes, am 27. August 1830 todt in seinem
Schlafgemache gefunden.

[4]) Der Enkel Louis Herzog von Enghien, geboren 1772, auf Befehl
Bonaparte's zu Vincennes 22. März 1804 erschossen.

diese alle wollten aber nicht in Valenciennes bleiben, und Graf Esterhazy gab ihnen ein Schreiben für den österreichischen General Grafen d'Happoncourt,¹) Commandanten von Mons. Der Ankunft dieser Prinzen war jene einer großen Menge anderer vornehmer Persönlichkeiten gefolgt, die sich aus Frankreich flüchteten, und von allen Seiten wurde der Gouverneur von Valenciennes um Pässe ins Ausland angegangen. Graf Artois schlief in dessen Hause und Graf Esterhazy verdoppelte alle Sorge und Aufmerksamkeit, um über dessen Sicherheit zu wachen, ohne sich den Anschein zu geben. Während er vor seinem Hausthore stand, sah er den Marquis de Serrent, Erzieher der beiden jungen Söhne des Grafen Artois, in einem Fiaker ankommen und lief sogleich auf den Wagen zu. Der Marquis sagte ihm, daß er mit den beiden Prinzen komme, welche aber noch auf dem Posthofe wären. Der Graf stieg sogleich zu ihm in den Wagen und sie eilten dieselben abzuholen, welche ebenfalls im Gouvernementsgebäude ausruhten und schliefen, da sie seit ihrer Abreise von Versailles nicht ausgerastet hatten, und Graf Artois, der ihnen den Befehl zur Abreise gab, wußte selbst nicht, welchen Weg der Marquis de Serrent einschlagen würde. Beim Erwachen erhielt der Vater sogleich durch den Gouverneur die beruhigende Meldung der glücklichen Ankunft seiner Söhne. Sodann empfing Graf Artois die Generäle der Garnison und die Chefs der einzelnen dort stationirten Truppenabtheilungen; nach seinem Diner sah er noch die gerade in Valenciennes anwesenden Damen seiner Bekanntschaft, und zwar die Herzogin von Laval, die Marquise Bouflers und deren Schwiegertochter, die Gräfinnen Balby und Menars. — Nachdem er noch seine Söhne gesprochen, hielt der Prinz eine Berathung über seine weitere Reiseroute; Graf Esterhazy stimmte dafür, sich über Holland nach

---

¹) Louis François Graf Civalart d'Happoncourt, einem alten ursprünglich lothringischen Adelsgeschlechte entstammend, war durch zehn Jahre Oberst und Commandant des berühmten wallonischen Dragoner-Regimentes damals d'Arberg, später Latour, Vincent, jetzt Fürst Windisch-Grätz Nr. 14 (1779 bis 1789). Seit 1789 Generalmajor, commandirte er in Mons in Abwesenheit des bei Belgrad vor dem Feinde stehenden Gouverneurs Feldzeugmeister Fürsten de Ligne. 1790 wurde Graf Civalart d'Happoncourt Commandant von Tournai. Er ist der Vater des 1865 verstorbenen Theresien-Ritters General der Cavallerie Grafen Carl Civalart.

Spanien zu begeben. Graf Artois wählte aber einen anderen Vorschlag, nämlich einstweilen nach Namur zu gehen und dort weitere Nachrichten über die Zustände und Ereignisse in Frankreich abzuwarten. — In den Frühstunden des nächsten Morgens begleitete der Gouverneur an der Spitze von hundert Mann Cavallerie den Grafen Artois, der, nachdem er den letzten französischen Ort St. Sauve passirt hatte, die Escorte zurückschickte. Graf Esterhazy für seine Person gab dem Prinzen noch bis Quievrain, die Poststation in den österreichischen Niederlanden, das Geleite, wo er mit Thränen in den Augen sich von dem Grafen Artois verabschiedete, nachdem er von diesem das Versprechen erhalten hatte, daß ihn derselbe zu sich berufen werde, falls es die Umstände erlauben würden, an der Tête einer Armee zur Herstellung der Ordnung in Frankreich einzurücken. Nach Valenciennes zurückgekehrt, wechselte der Graf nur sein Pferd und führte auf dieselbe Weise die Herzoge von Angoulême und Berry bis Quievrain.

Indessen hatten die Emissäre der Revolution nichts versäumt, um auch in Valenciennes das Volk zu erhitzen und zum Aufruhr zu reizen, aber ihre Bemühungen waren bisher noch immer erfolglos, und diese Stadt war die Durchbruchsstation für alle, welche Frankreich verließen, geblieben, ja mehrere der Emigranten hielten sogar einige Rasttage daselbst. Dies machte die Revolutionärs besorgt und der schon erwähnte Jamart streute das Geld des Herzogs von Orléans aus, sowie er auch Reden an die unteren Classen der Bevölkerung halten ließ, um diese für sich zu gewinnen. — Der Gouverneur ließ, um für etwaige Fälle des Ausbruches einer Bewegung vorbereitet zu sein, zwei Kanonen vor der Hauptwache am Place d'armes aufführen, aber unglücklicher Weise war ein Theil der Commandanten und höheren Officiere des Infanterie- und des Dragoner-Regimentes Orléans, welche beide den größeren Theil der Besatzung bildeten, sowie auch einige Officiere des Regimentes Royal Suédois bereits von der Revolutionspartei gewonnen, und Esterhazy wußte nun selbst nicht mehr, wem er eigentlich noch Vertrauen schenken konnte.

Mittlerweile war es aber in der Hauptstadt Paris ungeachtet aller Nachgiebigkeit und der in Schwäche ausartenden Güte des Königs nicht ruhig geblieben. Generallieutenant Baron Besenval war verhaftet worden und der Pöbel schritt täglich zu neuen Gräueln, schon hatte er den Intendanten Foulon,[1]) den ein Haufe von seinem Gute abholte, aufgehängt, und dessen Schwiegersohn Berthier, Intendant von Paris (siehe Seite 138), erlitt dasselbe Schicksal. — Lafayette und Bailly hatten, wenn sie auch das Geschehene mißbilligten, doch durch ihre halben Maßregeln derlei Verbrechen nicht kraftvoll genug entgegengewirkt und dieselben vor ihren Augen geduldet. — Ihre Feinde, darunter auch unser Gewährsmann und die ganze Hofpartei, behaupteten, daß in dieser Nachsicht der geheime Zweck lag, den König und seine Anhänger, deren Zahl durch die Emigration sich bereits zu lichten begann, einzuschüchtern und sich nothwendig und unentbehrlich zu machen. — Graf Esterhazy drang daher mit gutem Grunde auf die Abreise seiner Familie aus Paris.

Eines Tages benachrichtigt, daß auch in Valenciennes eine Volksbewegung statt haben solle, ließ der Gouverneur die Garnison in Bereitschaft setzen und befahl dem Prinzen Louis de Ligne,[2]) zweiten Major im Dragoner-Regimente Orléans, sich mit zwei Schwadronen am Place d'armes aufzustellen; unglücklicher Weise war der Wachcommandant vom Regimente Royal Suédois ein Uebelgesinnter; der Pöbel drang vor, bemächtigte sich der beiden Kanonen, ohne irgend einen Widerstand zu finden und führte sie triumphirend in das Arsenal

---

[1]) Foulon, geboren 1715, Staatsrath. 1789 von Ludwig XVI. an Neckers Stelle zum Generalcontroleur der Finanzen ernannt, verbreitete sich das Gerücht, daß er bei drohender Hungersnoth von dem Volke geäußert habe: „Wenn diese Canaille nicht Brot hat, so fresse sie Heu!" Da es außerdem hieß, daß er sich durch Erpressungen in seiner Amtsführung bereichert habe, so nahm der allgemeine Haß einen gefahrdrohenden Charakter und er floh aus Paris nach Vitry, wo er das Gerücht von seinem Tode verbreiten ließ. Dort aufgesucht, wurde er verhaftet, nach Paris geschleppt, vom wüthenden Pöbel seiner Escorte entrissen und an einem Laternenpfahl aufgeknüpft, man steckte noch Heu in den Mund des Todten.

[2]) Louis Prinz de Ligne, geboren 1766, Sohn des berühmten, geistvollen Marschalls, diente seit frühester Jugend im französischen Heere, emigrirte 1790, that sich im Gefechte bei Tauffers, 1799, als Major im österreichischen Regimente seines Vaters sehr hervor, ebenso als Grenadierbataillons-Commandant in der Schlacht bei Hohenlinden, 1800; wurde zur Belohnung Oberst, quittirte 1805 und starb am 10. Mai 1813 zu Brüssel. Siehe Thürheims Feldmarschall Fürst Carl de Ligne.

zurück. — Während dieser Vorfallenheit gingen andere Volksgruppen die Thüren der Staatsgefängnisse zu sprengen und die eingekerkerten Verbrecher in Freiheit zu setzen. Einzelne Detachements, die der Gouverneur aussandte, waren wol zu spät gekommen, um allen Unfug zu verhüten, aber es gelang ihnen dennoch bis zur Mittagszeit die Ordnung herzustellen und den größten Theil der Arrestanten wieder unter Schloß und Riegel zu bringen, nur wenige ausgenommen, die von schlecht gesinnten Einwohnern versteckt worden waren. — In diesem Augenblicke der kaum wieder eingetretenen Ruhe, war die Ankunft der Gräfin Esterhazy mit ihren Kindern in Valenciennes erfolgt; diese war begreiflicher Weise sehr erschreckt, beruhigte sich aber bald, als sie sah, daß die Stadt wieder in das Geleise der Ordnung trat.

Dieses Ereigniß fand kurze Zeit, nachdem die Revolutionäre ihre Couriere herumgeschickt hatten, um das Landvolk zu erschrecken und zu den Waffen aufzurufen in Valenciennes statt, und fast gleichzeitig kam der Befehl des nunmehrigen Kriegsministers La Tour du Pin, eine Nationalgarde zu errichten und dieselbe aus dem Arsenale zu bewaffnen. Täglich erschienen neue Verordnungen von Seite dieser Behörde, alle dazu gemacht, die Gewalt und das Ansehen der Militärcommandanten zu schwächen, dagegen jenes der Gemeindebeamten zu erhöhen und zu befestigen. Die dreifarbige Cocarde war bereits von mehreren benachbarten Garnisonen aufgesteckt worden, jene von Valenciennes trug aber noch immer die weiße des Königthums der Bourbonen. Ludwig XVI. hatte an den Stadt- und Festungsgouverneur von Valenciennes ein königliches Handbillet erlassen, bezüglich der Nationalcocarde keinerlei Anstände zu erheben, die er ja selbst aufgesteckt habe, besonders aber hinsichtlich des Magistrates und der Nationalgarde, deren Commandant Graf d'Espienne als gutgesinnter Ehrenmann geschildert wird. Bezüglich der königlichen Truppen der Garnison sträubte sich Graf Esterhazy so viel als möglich und so lange er keinen directen Befehl dazu erhielt; aber nur zu bald traf ein solcher ein, die Garnison habe die dreifarbige Cocarde anzunehmen, dem Könige und der Nation den Eid zu leisten, und der Militärgouverneur habe gegen die Civilbehörden und die Bürger keine Anordnungen mehr zu erlassen.

Am Vorabende des zur Eidleistung bestimmten Tages, war ein Theil des Dragoner-Regimentes Orléans außer das Stadtthor gegangen und fand in einem in nächster Nähe von Valenciennes gelegenen Wirthshause Cocarden und Wein in reichlicher Fülle. — Dem Grafen Esterhazy war die Mittheilung zugekommen, daß eine große Anzahl Cocarden verfertigt worden sei und mehrere übelgesinnte Einwohner die Absicht hätten, diese ihm zum Trotze in ostentativer Weise der Garnison aufzudrängen. — Um einer derartigen Demonstration die Spitze abzubrechen, begab sich der General, da er auf seine Truppe bei einer solchen Veranlassung nicht mehr zählen konnte, in das Stadthaus und schlug selbst dem Gemeinderathe vor, daß man gestatten wolle, noch vor dem Beginne der Ceremonie der Eidesleistung den Garnisonstruppen die Nationalcocarde anzustecken und von dieser Zeit an zu tragen. Die Väter der Stadt stimmten nun einhellig dafür, allen Truppen dieselbe zum großmüthigen!! Geschenke zu machen und sie unter den zur Feier ausrückenden Truppen eigenhändig zu vertheilen. — Dieser Antrag wurde nun als Beschluß festgestellt und man kam überein, über alle die kleinen Unordnungen, welche am Vorabende und am Morgen des Tages der Eidleistung vor sich gingen, nachsichtig die Augen zu schließen. — Die Annahme der Cocarden und die feierliche Eidablegung ging noch ohne Störung ziemlich anständig vorüber; aber am Abende dieses Tages überließen sich die Soldaten liederlicher Schwelgerei und Trunkenheit, so zwar, daß nur mit Hülfe der zweckmäßigen Anstalten, welche der Militärcommandant Graf Esterhazy in kluger Voraussicht getroffen hatte, und durch die in allen Richtungen ausgeschickten Straßenpatrouillen, schwere folgenreiche Excesse verhütet werden konnten. Betrunkene Soldaten mit Nationalgarden vermengt, durchzogen lärmend die Straßen mit wüstem Geschrei, „man möge den Gouverneur festnehmen, die Nation brauche keine Commandanten mehr". Einige elende Schankwirthe gaben, von dem Gelde des Herzogs von Orléans bezahlt, den Soldaten umsonst zu trinken und zu essen und reizten sie zum Ungehorsam und Widerstande gegen ihre Vorgesetzten auf, doch war es dem ausgezeichneten Benehmen und der unausgesetzten Wachsamkeit des Grafen Fersen vom Regimente Royal Suédois, des Herrn von Vauban und der vortrefflichen Haltung des Dragoner-Regimentes

Schomberg[1]) zu danken, daß die Nacht ohne gröbere Vergehen, vielleicht Verbrechen vorüberging. — Am nächsten Morgen aber wanderten die Dragoner des Regimentes Orléans alle außerhalb der Stadt in die Kneipen der Vorstadt d'Anzin, wo man ihnen abermals, wie es hieß auf Kosten der Nation im Uebermaße zu essen und zu trinken gab. Sie versäumten nicht auch an die übrigen Truppen und Corps förmliche Einladungskarten zu schicken; die Thorwachen, denen verboten war zu schießen, wurden überwältigt und der größere Theil der Garnison ging hinaus, um wie die Soldaten sagten: der Wohlthaten der Nation theilhaftig zu werden. Da war denn die Lage des Militärgouverneurs eine ungemein schwierige geworden, indem jetzt die Truppen selbst in Aufruhr waren und derselbe gar keine Gewaltmitteln besaß, um schärfere Befehle mit auch nur einiger Aussicht auf Erfolg geben, geschweige mit Strenge aufrecht halten zu können; ja er stand in jener traurigen Alternative, daß er einerseits vollkommen überzeugt war, daß kein Befehl befolgt würde, andererseits, daß selbst in diesem günstigen, nicht anzunehmenden Falle, er vom Kriegsminister eine Mißbilligung und Bloßstellung zu erwarten habe. — Dieser war nämlich ein schwacher, durch seinen Sohn, einen wüthenden Demokraten, ganz beherrschter Mann, der die Militärcommandanten wegen jeder schärfern Maßregel und strenger Handhabung der Ordnung gleich Verbrechern zur strengsten Verantwortung zog und bestrafte. — Graf Esterhazy ließ nun die Wachen vor den Thoren einziehen, um sie den Nationalgarden übergeben zu lassen, die nicht unter seinem Commando standen und nur von den Municipalbeamten Befehle zu empfangen hatten. Wie er voraussah, so kam es bald! — Die Soldaten überließen sich nun jeder Zügellosigkeit, plünderten sogar in einigen Stadthäusern, um Getränke, Eßwaaren oder Cocarden zu bekommen; aber vorzugsweise breiteten sie sich auf dem Lande aus, dem Trunke und roher Gewaltthat sich ungescheut hingebend. Graf Esterhazy ritt selbst des Nachts durch die Straßen, welche entvölkert

---

[1]) Das Dragoner-Regiment Schomberg war das ehemalige Uhlanen-Regiment des Marschalls Grafen Moriz von Sachsen. Als man dieses 1777 eines Tages dem anwesenden Kaiser Joseph II. zeigte, äußerte er: "Warum hat man doch den Namen geändert, wir haben in Oesterreich noch "immer das Regiment des Prinzen Eugen".

waren und nur hie und da begegnete man einzelnen Gruppen Betrunkener, die sangen oder schrieen; alle ordentlichen Leute hatten sich in ihren Häusern verbarrikadirt, der Gemeinderath blieb die ganze Nacht versammelt im Stadthause und es gab kein Unglück, das man nicht für den nächsten Tag befürchten konnte. Bei Tagesanbruch kamen Bauern aus der nächsten Umgebung, um Hülfe gegen die excedirenden Soldaten flehend, zum Gouverneur, der sie ins Stadthaus schickte. — Endlich gegen eilf Uhr Mittags erschien eine Deputation des Gemeinderathes vor dem Grafen Esterhazy und bat um das Einschreiten der bewaffneten Macht, gegen alle jene, welche diese Unordnungen hervorriefen. — Der General stellte den Magistratsbeamten nun vor, „daß gerade die Bürger es gewesen wären, welche die Ausschreitungen der Soldaten ermuthigt hätten und daß ihm nur wenige Mittel übrig geblieben seien, dieselben aufzuhalten und zu unterdrücken. Auf ihre Aufforderung sich stützend, wolle er dennoch mit seiner eigenen Person trachten, die Ordnung auf dem Lande wieder herzustellen; sie aber müßten die Sorge für die Stadt selbst übernehmen, da die Befestigungsarbeiten und die Magazine des Königs, die einzigen seiner Obhut anvertrauten Objecte seien, die er mit der wenigen ihm übrig gebliebenen Mannschaft noch bestreiten könne". Er setzte ihnen sodann in klarer, deutlicher Weise die Nothwendigkeit auseinander, seine Gewalt auch ihrerseits zu unterstützen, da er sonst außer Stande sei, jene Zügellosigkeiten zu hindern, über welche sie soeben Beschwerde führten und die gewiß noch schlimmere Folgen für die Stadt nach sich ziehen würden, ohne der von ihm angewandten Vorsichtsmaßregel, alle Thore zu öffnen. — Dies gestanden auch die Gemeindevorstände alles zu. — Mit jenen Officieren, die er in der Eile aufbringen konnte und einigen Dragonern vom Regimente Schomberg, begab sich der Militärcommandant nun selbst in einige der nächstgelegenen Dörfer, wo er von ihren Ausschweifungen ermattete Soldaten fand, deren mehrere von den Bauern durchgeprügelt waren. Ueberall waren die Spuren der Unordnung sichtbar, ebenso zeigte sich aber auch wieder der größte Gehorsam und in aller Ruhe traten die Excedenten ihren Rückweg in die Stadt an, so zwar, daß 150 Mann unter Aufsicht von nur zwei Dragonern, wie eine Schafheerde dahinzogen; beim Appellblasen fehlten nur zwei Mann.

Erschreckt durch die Folgen, die ihre Aufführung hätte nach sich ziehen können, kamen sie wieder zur Ueberlegung und Vernunft und alles ging in gewohnter Ordnung fort. — Der König befahl, den verursachten Schaden zu prüfen, der auf 45.000 Livres geschätzt wurde, und versprach ihn zu ersetzen. Der Kriegsminister billigte das Benehmen des Gouverneurs, namentlich der zwei Dragoner, welche so trefflich die Escorte machten, aber empfahl gleichzeitig dem Grafen Esterhazy, ihn gegenüber der Nationalversammlung nicht bloßzustellen, in Ausübung der im anvertrauten Gewalt, welche in ihrem vollen, überdies schon beschränkten Umfange zu benützen, damaliger Zeit schon zu gefährlich gewesen wäre.

Die Zügellosigkeit unter den demoralisirten Truppen hatte sich schon überallhin verbreitet und in Marienburg, einem kleinen, 27 französische Meilen von Valenciennes entfernten Städtchen des Gouvernements, jagten aufrührerische Soldaten die Gemeinderäthe davon, plünderten die Häuser, deren unglückliche Bewohner sich an den Polizeilieutenant von Avesnes um Abstellung und Hülfe wandten. Dieser, nachdem er die vorgeschriebenen Förmlichkeiten beobachtet hatte, ließ die Schuldigen verhaften und in die Gefängnisse von Avesnes escortiren, auch stattete er sogleich dem Gouverneur, Grafen Esterhazy, den Bericht mit Vorlegung des Aufnahmsprotokolls über den ganzen Vorfall ab. Es war daraus ersichtlich, daß der Polizeilieutenant sich stets genau nach dem Buchstaben des Gesetzes gehalten hatte; aber kurz nachher schrien die Eltern und Angehörigen der Eingesperrten und vielleicht gerade die Anstifter des Aufruhrs gegen Mißbrauch der Gewalt und reichten bei der Nationalversammlung eine Beschwerdeschrift ein. Graf Esterhazy wurde denuncirt, als ob er selbst die Familienväter und Bürger von Haus und Herd weggerissen habe, um sie in Fesseln schlagen zu lassen, ohne daß diese ein anderes Verbrechen begangen hätten, als ihre Anhänglichkeit an die neue Verfassung mißverstanden und zu laut geäußert zu haben. Einige Mitglieder der Nationalversammlung verlangten, daß der Militärcommandant öffentlich getadelt, andere sogar, daß er vor die Nationalversammlung geladen, daselbst persönlich Rechenschaft ablege. Mehrere Freunde Esterhazy's wollten seine Vertheidigung übernehmen und verlangten, man möge sich früher um den richtigen Sachverhalt erkundigen, bevor man irgend ein Urtheil fälle; doch sie wurden gar nicht angehört und wahrscheinlich wäre er verurtheilt worden, ohne auch nur vernommen zu werden, wenn nicht Herr de Gouis d'Arcy, ein eifriger Demokrat, aber mindestens rechtlicher Mann, der den Grafen Esterhazy gar nicht kannte, laut den Satz ausgesprochen hätte: „Ehe man einen Bürger table, müsse man ihn anhören". — Zur großen Unzufriedenheit mehrerer Mitglieder, welche den Militärgouverneur von Valenciennes moralisch zu Grunde richten und unmöglich machen wollten, ging die Meinung des Herrn de Gouis d'Arcy durch und man übergab einem Ausschusse von fünfzehn Mitgliedern Esterhazy's Angelegenheit zur Prüfung, Abhandlung und Berichterstattung. Dem Grafen Esterhazy war es ein Leichtes, die Falschheit der Anklage zu erweisen. Er hatte in Valenciennes um acht Uhr Abends den Ausspruch gefällt, an jenem Tage, an welchem die Schuldigen bereits um eilf Uhr Vormittags nach einem gerichtlichen Urtheil verhaftet wurden, daher konnte er nicht selbst den ihm zugeschriebenen Gewaltact vorgenommen haben, und jene waren in Folge einer gesetzlichen Anklage des Polizeilieutenants im Auftrage des Gerichtes und nicht des Militärgouverneurs in das Gefängniß gebracht worden. — Der Graf sandte nun alle gerichtlichen Documente dem Präsidenten der Nationalversammlung ein, nachdem er sich gerichtlich bestätigte Abschriften hatte verfertigen lassen, welche er dem Kriegs- und Justizminister, sowie mehreren Journalisten, die ihn in ihren Blättern arg geschmäht, sowie auch jenen, die seine Vertheidigung übernommen hatten, ohne die ganze Sache von Grund aus zu kennen, übermitteln ließ. Ueberdies sorgte er dafür, einige hundert gedruckte Abschriften in geeigneter Weise verbreiten zu lassen. Diese gesetzlichen Urkunden machten seine Feinde verstummen, aber diese vernachlässigten dennoch nichts, um Esterhazy's Rechtfertigung zu verhindern, und mindestens wo möglich sein Verhalten in zweideutigem Lichte erscheinen zu machen, konnten aber trotz aller dieser Intriguen wenig erreichen. Graf Esterhazy erhielt ein Decret zu seinen Gunsten und der Präsident der Nationalversammlung, Herr Mounier,[1])

---

[1]) Jean Joseph de Mounier, geboren 1751 zu Grenoble, wurde Advocat und kaufte sich in seinem Geburtsorte eine Richterstelle, 1789 wurde er

wurde angewiesen, ihm den ganzen Verhandlungsact zuzuschicken; was die Wuth seiner Feinde noch steigerte.

Es machte sich um diese Zeit in der Provinz wieder Mangel an Lebensmitteln fühlbar, und doch mangelte es in Valenciennes nicht an Getreide, die Magazine der Stadt waren hinreichend versehen, jenes des Königs sogar derart überfüllt, daß man alle Garnisonen der ganzen Provinz damit reichlich versorgen konnte. Jene von Givet und Philippeville hatten die Vorräthe, welche nach dem früheren Aufstande gekauft worden waren, verbraucht, und es war daher dringend, von Valenciennes Getreidefuhren hinzusenden. Der Gouverneur wandte sich denn an den Gemeinderath, damit dieser die Gemeinde verständige und die Absendung eines Convois keinerlei Verzögerungen erleide. — Als Graf Esterhazy benachrichtigt wurde, daß einige Schlechtgesinnte Schwierigkeiten erheben wollten, Getreide aus der Stadt abführen zu lassen, begab er sich in die Gemeindeversammlung und bemerkte, daß die Vorräthe, welche er transportiren lassen wolle, nicht jene für die Einwohner, sondern für die Truppen bestimmten seien, und er im Falle als Hindernisse gesetzt würden, dieses Getreide nach Givet zu schicken, genöthigt wäre, die dortige Garnison behufs ihrer Verpflegung nach Valenciennes heranzuziehen. Dies wäre für die Einwohner dieser Stadt eine große Last gewesen, der Gouverneur wünschte sie ihnen zu ersparen und ersuchte daher den Gemeinderath, dem Convoi Abgeordnete mitzugeben, die sich sowol von dessen Bestimmung, als auch von der Unentbehrlichkeit desselben für den Lebensunterhalt der Garnisonen von Givet und Philippeville überzeugen konnten. Die geringe Fruchtbarkeit der Umgegend dieser beiden Orte, welche gerade nur das allernöthigste Quantum für die dortigen

---

von der Dauphiné als Deputirter in die Versammlung der Reichsstände gewählt und am 29. September Präsident der Nationalversammlung. Nach dem Beschlusse diese nach Paris zu verlegen, reichte er seine Entlassung ein, kehrte in die Dauphiné zurück und forderte dort zu einer Versammlung der Provinzialstände auf; als diese von der Nationalregierung untersagt wurde, ging er nach Savoyen, der Schweiz, England und 1793 nach Deutschland. In Weimar gut aufgenommen, errichtete er in Belvedere eine Unterrichtsanstalt. — Nach dem Staatsstreiche des ersten Consuls Bonaparte kehrte er nach Frankreich zurück, wurde 1802 Departementspräfect, 1805 Staatsrath und starb am 26. Jänner 1806 zu Paris. Er ist auch Verfasser mehrerer politischer Schriften.

Bewohner lieferte, hatte es stets nothwendig gemacht, Getreide für die dortigen Truppen von weit herkommen zu lassen. Nach einigen leichten Einwürfen von Seite Einzelner, wurde der Vorschlag des Gouverneurs mit großer Majorität angenommen, und die Chefs der Nationalgarde versprachen, sich mit den Truppen zu vereinen, um die Abfuhr des Convois zu sichern, welche auf den übermorgigen Tag festgesetzt wurde. Der Graf Vauban wurde mit dem Commando der Escorte betraut und zugleich strenge Marschbereitschaft in dem Quartier der hiezu bestimmten Mannschaft anbefohlen. Auf die erste Ordre stellten auch die Nationalgarden auf den Plätzen, Straßen= ecken, Kreuzwegen, welche der Convoi passiren mußte, Posten auf. Die Fuhrwerke kamen am Vorabende und das Aufladen ging in aller Ruhe vor sich. Der Pöbel sammelte sich nur in den Hauptgässen, vorzugs= weise Weiber, die schrien, man wolle sie verhungern lassen, da man das Getreide wegführe. Endlich setzte sich der Convoi in Bewegung, auf jedem Fuhrwerke waren vier Grenadiere, und Dragoner des Regi= mentes Schomberg bildeten die Avantgarde. Alles ging ganz gut von statten, man ließ die Volkshaufen schreien und die Wägen fuhren ohne Aufenthalt weiter; da geschah es durch einen unglücklichen Zufall, daß vom zweiundzwanzigsten Wagen ein Sack herabfiel, man hielt an, um selben wieder aufzuladen. — Den Moment dieses Haltes benützte der Pöbel, um sich auf die Fuhrwerke zu werfen und die Vorsteckeisen der Räder herauszunehmen. Mehrere Grenadiere stellten sich auf die Seite der Weiber und ließen diese handeln. So war der ganze Convoi aufgehalten, und es fehlte an Mitteln ihn vorwärts zu bringen. Die ersten einundzwanzig Wägen hatten schon die Vorstadt de Marlis passirt, Graf Esterhazy ließ diese unter dem Schutze der Dragoner auffahren, ihre Pferde und die Vorsteckeisen der Räder in gleicher Anzahl der in den Straßen aufgehaltenen Wägen wegnehmen, um sie bei diesen zu benützen. Diese Vorkehrung konnte natürlich nur langsam vor sich gehen, und der von seinem kleinen Erfolge erhitzte Pöbel warf Steine auf die Officiere, welche diese Befehle über= brachten: das Regiment Orléans, welches beordert wurde auf dem Platze aufzumarschiren, brauchte anderthalb Stunden dazu, wol haupt= sächlich, weil dessen Commandant de Chapuis sehr übelgesinnt war. (Er wurde später General im Revolutionsheere.) Während dieser Zeit hätte der Convoi ganz geplündert werden können, wenn nicht ein zufälliges Ereigniß eingetreten wäre, das ihn rettete. Die am Platze aufgestellte Nationalgarde hatte den Befehl, das Andrängen der Volkshaufen an die Wägen zu hindern, einige wollten dennoch sich durch die Garden zwängen; ein ganz junger Mensch, noch fast Knabe, fürchtete, man wolle ihm sein Gewehr wegnehmen, und schoß in die Luft. Der Lärm dieses Schusses, das Pfeifen der Kugel und das Geklirre einer gebrochenen Fensterscheibe brachte einen panischen Schrecken hervor, so zwar daß die Haufen nach allen Seiten auseinanderstoben und dadurch den Truppen Zeit gegeben wurde, endlich anzurücken und die Wägen des Convois in Sicherheit zu bringen. — Aus dem Arsenal wurden neue Vorsteckeisen für die Räder gebracht und durch die Polizeiwache die Pferde aus den Höfen und Ställen der Wirthshäuser, wohin sie die Fuhrleute, als sie aufgehalten wurden im ersten Schrecken gebracht hatten, herausgeholt, mit Stricken befestigte man die Stränge und um drei Uhr Nachmittags war der Convoi wieder in vollem Marsche. Ein gleichzeitiger Regen hatte die Unternehmungslust des Pöbels abgekühlt, sich einer Abfahrt zu widersetzen, die sowol von dem Rathe als dem größeren Theile der Gemeinde gebilligt worden war. — Eine Stunde außerhalb der Stadt beim Einbrechen der Dunkelheit ließ Graf Esterhazy die Fuhrwerke auffahren und in den Frühstunden des nächsten Morgens in aller Ruhe an ihre weitere Bestimmung befördern. Von diesem Vorfalle an war das Ansehen und die Gewalt des Militärgouverneurs neu gekräftigt. — Indem dieser sich stets den oft sehr ärgerlichen und immer lästigen Förmlichkeiten gewissenhaft unterzog, jeden gegebenen Befehl genau abwägend, in allem von dem Commandanten der dortigen Nationalgarde, Grafen d'Espienne, sowie von einem Kaufmann Namens Bornichs, der unter seinen Mitbürgern großes Ansehen und vielen Einfluß besaß, thätigst unterstützt, konnte Graf Esterhazy in Valenciennes so ziemlich handeln wie er wollte, ganz wie vor der Revolution. Er zählte, wie er schreibt, mit weit größerem Vertrauen auf die ihm wahrhaft anhänglichen Bürger, als auf die schon unverläßlich gewordene Garnison der Stadt, der man fortwährend Geld austheilte, um sie zum Ungehorsam zu verleiten.

Wenn aber auch die Stadt Valenciennes sich jetzt der Ruhe und Ordnung erfreute, so war dies doch keineswegs auf dem Lande

der Fall, vorzüglich die reichen Abteien waren ein Gegenstand des
Hasses für das Volk und des Neides von Seite der materiell sehr
schlecht gestellten Pfarrer. Der Reiz, die Klöster zu plündern, und
dieses bei irgend einer veranlaßten Unordnung vielleicht ungestraft
thun zu können, verleitete einige schlechte Subjecte und Taugenichtse
es zu versuchen. Eines Tages wurde dem Gouverneur gemeldet, daß
eine Bande Bauern, von einem Perrückenmacher und einem fremden
Individuum geführt, sich in Bewegung gesetzt habe, das Stift
Vigogne zu plündern. Graf Esterhazy ließ den Grafen Vauban,
den er seine rechte Hand nennt, mit zweihundert Mann Infanterie
und fünfzig Dragonern nach Vigogne aufbrechen. — Dieses Detachement fand die Plünderer bereits im Kloster, griff sie alle auf und
führte sie nach Valenciennes, wo sie ins Gefängniß gebracht wurden.
Der dortige Polizeilieutenant Herr Maillard, ein durch Kaltblütigkeit, Muth und rastlose Thätigkeit seltener Mann, untersuchte
ihre Schuld und unterschied sehr klug die Verführten von den Ver-
führern, welch' erstere er freigab. Von den letzteren wurden aber zwei
zum Galgen verurtheilt, und ihre Leichen sollten zum abschreckenden
Beispiele auf der Straße gegen Vigogne ausgesetzt bleiben. Dieses
Urtheil mißfiel einigen Schlechtgesinnten der Stadt, und am Vorabende
der Execution ging ein Officier der Nationalgarde von einem Wacht-
posten zum andern, um die Garden und Soldaten aufzureizen, sich
dem Urtheile Maillards zu widersetzen. Maillard, davon unterrichtet, fand Zeugen, welche die aufregenden verführerischen Reden des
Nationalgarde-Officiers gerichtlich aussagten, und während in Gegenwart der ausgerückten Garnison und Nationalgarde die zwei Verbrecher gehängt wurden, ließ er jenen Officier verhaften, der sich laut
geäußert hatte, er werde die Todesstrafe verhindern. Ehe dieser ins
Gefängniß abgeführt wurde, ließ ihn Maillard vor der gesammten
Truppe an den Fuß des Galgens bringen, wo die Leichen der Exe-
quirten hingen. Dieses energische Vorgehen vollendete die Aufrechthaltung der Ordnung in der Stadt, und hielt die etwa zum Aufruhr
Geneigten im Zaum, da sie einsahen, daß alle ihre Bemühungen,
dem Gouverneur von Valenciennes zu schaden, nur auf sie selbst
zurückfielen, umsomehr da dieser durch einstimmige Wahl der dortigen
Bürger in ihren Club aufgenommen wurde, und dessen Anwesenheit

allein die Reden der Demagogen, von denen diese Versammlung nicht frei war, zügelte.

Während Graf Esterhazy in Valenciennes sich durch sein Verhalten die Achtung aller gutdenkenden und ordentlichen Einwohner in hohem Grade erworben hatte, und sich demgemäß so ruhig befand, als es nur immer die traurige Lage zuließ, in welcher sich der König und dessen Ansehen befand, war hingegen die Linke der Nationalversammlung noch wüthender gegen ihn geworden. Die Beunruhigung wegen des Lebensunterhaltes war das fortwährende Mittel, welches dieselbe durch ihre in die Provinz gesandten Emissäre benützte, um den Pöbel aufzuregen und zu erhitzen, und demselben im Vorhinein selbst die etwaigen Opfer zu bezeichnen. Jedoch waren die Sorge des thätigen Gouverneurs, den Einwohnern stets Getreide zu verschaffen, die Maßregeln, welche er getroffen, nicht nur um die Ausfuhr zu verhindern, sondern auch die Getreideeinfuhr zu erleichtern und zu befördern, in der ganzen Provinz bekannt. Eine vollkommene Postenkette war im Einverständnisse mit den Maires aller nächstliegenden Ortschaften längs der Gränze gegen die österreichischen Niederlande aufgestellt, und es wurden keine Mittel vernachlässigt, die Einfuhr des Korns zu erleichtern. Die Prime (der zehnte Theil des Ganzen) war die Belohnung der Posten, welche mit den Ortsgemeinden mit bestem Erfolge wirkten. Obgleich das Hennegau selbst nur wenig Getreide lieferte, war dieser französische Landestheil durch alle getroffenen Anstalten sogar im Stande auch Cambresis und überdies einen Theil der Picardie damit zu versehen. Dessenungeachtet beschuldigte man in der Nationalversammlung den Grafen Esterhazy, daß er Getreide ins Ausland versende, und einige Blätter behaupteten, es gebe Briefe, welche die Notiz enthielten, daß man bepackte Maulthiere begegnet habe, die an die Erzherzogin Marie Christine, Statthalterin der österreichischen Niederlande, abgeschickt worden wären, und daß er nur Getreide aufhäufe, um dieses Nachbarland damit zu versorgen. Aber gerade diese Bosheiten von Seite seiner Feinde dienten ihm zum Triumphe. Die Gemeindevorstehungen, welche den Ueberfluß, dessen sie sich erfreuten, nur den unausgesetzten Bemühungen ihres Gouverneurs einzig und allein verdankten, beeilten sich, dem Präsidenten der Nationalversammlung dies selbst schriftlich anzuzeigen und widerlegten auf das schlagendste jene elenden Verläumdungen. Sie schickten dem Grafen Esterhazy die gerichtlich bestätigten Abschriften dieser Briefe zu mit dem glänzendsten Zeugnisse über seine Bemühungen und Thätigkeit, um die Provinz vor jeder Noth und allem Mangel sicher zu stellen.

Während sich alles dies in Valenciennes ereignete, ging es in der Hauptstadt Frankreichs um so schlechter. Nach Entlassung des Ministeriums und Zurückziehung der Truppen theilte sich die Nationalversammlung in drei Abtheilungen (wie wir in den Schilderungen des Grafen Esterhazy lesen), deren eine die Rechte, die anderen beiden das Centrum oder Mittelpartei und die Linke hießen. — Die erste bestand aus den Freunden des Königthums; diese war aber die schwächste, sowol in numerischer Hinsicht als durch die Verschiedenheit der Meinungen und den Mangel an Einigkeit; sie hatte wol einige Mitglieder, welche Geist, Beredtsamkeit und Muth verbanden, so der Abbé Maury,[1]) der Vicomte de Mirabeau,[2]) und der Chevalier de Cazales,[3]) aber ihre Meinungen gingen nie

---

[1]) Jean Siffrein Maury, geboren 1746 in der Provence, bildete sich als Redner in Paris und war ein berühmter Prediger, wurde Abt in Frenade und erhielt das Priorat von Lyon. In der Nationalversammlung 1789 sprach er für den Thron, die Rechte der Kirche und gegen die Vereinigung der drei Stände, und wurde deshalb mehrmals mit dem Tode bedroht. 1792 ging er nach Rom; zum Erzbischof von Nicäa in partibus ernannt, war er apostolischer Nuntius bei der Kaiserkrönung Kaisers Franz II. in Frankfurt, 1798 Cardinal und Gesandter Ludwigs XVIII. in Rom, 1806 kehrte er nach Frankreich zurück, wurde Almosenier des Königs Jérome, 1810 Erzbischof von Paris. In der Restauration als vom Papste nicht bestätigt, wurde er von seinem Bischoffsitze entfernt, auf den er resignirte. Er starb ganz zurückgezogen zu Rom am 11. Mai 1817.

[2]) André Boniface Riquetti Vicomte de Mirabeau, geboren zu Bignon 1754, jüngerer Bruder des berühmten Volksredners, Oberst des französischen Regimentes von Touraine, that sich im nordamerikanischen Kriege sehr hervor, später in der Nationalversammlung als Aristokrat, emigrirte und zog mit einer aus Emigranten errichteten Jägerlegion gegen Frankreich, starb aber schon 1792 zu Freiburg im Breisgau. — Wegen seinem Uebermaße im Trinken hieß er Mirabeau-Tonneau.

[3]) Jacques Antoine Marie de Cazales, geboren 1758 zu Grenade an der Garonne, diente längere Zeit als Officier in der Armee, war 1789 Mitglied

durch und ihre schönsten ergreifendsten Reden wurden immer durch bezahlte Pöbelhaufen, mit welchen die Galerien angefüllt waren, verhöhnt und ausgepfiffen, und jene Massen, welche vor den Saalthüren lagerten, pfiffen und zischten jedesmal, so oft sie den Saal verließen. Die Linke bestand aus einigen wüthenden, aber mindestens aufrichtigen und ehrlichen Demokraten, die Mehrzahl aber aus Aufwieglern und Revolutionärs; sie hatte mehrere vorzügliche Redner, so den älteren Mirabeau (den Grafen), den Abbé Sieyès (siehe Seite 270), Barnave,¹) sowie auch Einige des höheren Adels, denen man darin Unterricht gab, und unter welchen die Brüder Lameth,²)

---

der Nationalversammlung, eifriger Royalist, gewandter Redner, begab sich 1792 nach England, bat den Convent um die Erlaubniß, im Processe Ludwigs XVI diesen vertheidigen zu dürfen, wurde aber abgewiesen, begleitete 1793 die englische Flotte nach Toulon, kehrte 1801 nach Frankreich zurück, wo er 1805 starb. Er verfaßte politische Schriften.

¹) Anton Pierre Joseph Marie de Barnave, geboren 1761 zu Grenoble, Advocat, 1789 Deputirter bei den Reichsständen, später der Nationalversammlung, eifriger Verfechter liberaler Institutionen, wurde 1791 zur Deputation bestimmt, welche die königliche Familie von Varennes nach Paris bringen mußte. Das Unglück des Königs, die Anmuth der Königin machten tiefen Eindruck auf ihn und er wurde nun deren eifriger Vertheidiger. Nach Aufhebung der Nationalversammlung ging er nach Grenoble; in Folge einiger brieflicher Rathschläge an Ludwig XVI. wegen dessen Vertheidigung verhaftet, wurde er am 23. November 1793 guillotinirt.

²) Die Brüder Lameth waren a) Charles Malo François Graf von Lameth, geboren 1757 zu Paris, kämpfte in Nordamerika und bei dem Angriff auf Yorktown wurde ihm ein Bein zerschmettert. Nach seiner Rückkehr, Oberst und Deputirter bei den Reichsständen, gehörte er zur liberalen Partei, widersetzte sich aber dem Versuche, den König zu entthronen. — 1792 Maréchal de camp, befehligte er eine Cavallerie-Division bei der Nordarmee, wurde in Rouen verhaftet, jedoch wieder befreit, ging in die Schweiz, 1800 nach Frankreich. 1809 als Brigadegeneral bei der Armee und Gouverneur des Großherzogthums Würzburg, 1810 Militärgouverneur in Spanien, 1814 von den Bourbons zum Generallieutenant befördert, 1827 Deputirter in der Kammer, Vertheidiger constitutioneller Freiheiten, starb er 1832. Sein Bruder b) Alexandre Graf von Lameth, geboren 1760 zu Paris, focht als Adjutant des Generals Rochambeau ebenfalls in Amerika. Nach seiner Rückkehr Artillerie-Oberst und Deputirter 1789, ging er zum dritten Stand über; entwarf 1790 Pläne zur Errichtung eines Kriegsheeres und der Beförderung der Officiere und war Vertheidiger der Preßfreiheit. 1792 folgte er seinem Obergeneral Lafayette über die flandrische Grenze, wurde von den Oesterreichern verhaftet. Nach drei Jahren erst in Freiheit gesetzt, begab er sich nach England, später nach Hamburg, und kehrte erst

Mathieu de Montmorency,¹) der Herzog von Aiguillon²) und Andere sich bemerkbar machten. Das Centrum oder die Mittelpartei, die sogenannten Unparteiischen oder Moderirten, nicht Fisch, nicht Fleisch, meist charakterlose Leute, die alles beschönigen wollten, oder wie überall politische Theoretiker, genossen die Achtung keiner der beiden anderen Parteien, wurden aber von ihnen mit Schonung behandelt, um wechselweise ihre Stimmen zur Durchsetzung eines Gesetzes zu erhalten. — Der Adel hatte freiwillig auf seine pecuniären Vorrechte und Privilegien verzichtet, doch waren bei der Ausführung der diesbezüglichen Gesetze, so insbesondere bei Aufhebung des Jagdrechtes viele Ausschreitungen vorgekommen, denen sich der rohe Pöbel hingab. So lief er ohne Rücksicht auf die Ernte, welche die Fluren bedeckte, über die Felder hinweg, um den Wildstand zu zerstören, den sich die Herren aufbewahrt hatten, und verwüstete die Saaten mehr, als es alles Wild im Laufe von zehn Jahren hätte thun können.

Herr von Necker hielt bei seiner Zurückkunft einen förmlichen Triumpheinzug in Paris und wurde im Stadthause unter lautem Jubel des zurufenden Volkes empfangen, aber als er den verhafteten Baron Besenval in Freiheit setzen wollte, verweigerte es das Volk, und er sah, daß sein Einfluß nur so lange anhielt, als er dem Pöbel schmeichle, was die Wahrheit jenes Ausspruches des Cardinals

---

unter dem Consulat nach Frankreich zurück, wurde Präfect, nach dem Sturze Napoleons Generallieutenant, trat in den hundert Tagen in die Pairskammer, verlor deshalb unter Ludwig XVIII. die Pairswürde; dagegen zum Deputirten gewählt, sprach er für die constitutionellen Rechte und starb 1829. Er schrieb Histoire de l'assemblée constituante.

¹) Mathieu Jean Félicité Herzog von Montmorency-Laval, geb. 1766 in Laval, machte den amerikanischen Krieg mit und avancirte zum General, 1789 Mitglied der Assemblée constituante, schloß sich anfangs der Revolution an, später flüchtete er in die Schweiz und lebte zu Coppet bei Frau von Staël. 1814 wurde er Adjutant des Grafen Artois, 1815 Pair von Frankreich, 1821 Conseilspräsident mit dem Portefeuille des Answärtigen, 1822 Gesandter auf dem Congreß zu Verona, 1824 Oberleiter der Erziehung des Herzogs von Bordeaux und starb am 24. März 1826.

²) Armand Vignerot Duplessis-Richelieu Duc d'Aiguillon, Sohn des in diesen Blättern oft erwähnten Ministers Ludwigs XV., war 1789, als Adelsdeputirter Mitglied der Reichsversammlung, Gegner Ludwigs XVI. und Aufhetzer des Herzogs von Orléans; forderte in der nächtlichen Sitzung vom 4. August den Adel zur Entsagung seiner Privilegien auf, übernahm 1792 Custine's Armeecommando; emigrirte jedoch bald und starb 1800 zu Hamburg.

von Retz¹) bestätigt, der einst äußerte, „daß er sich schmeichle alles für das Volk zu thun, aber dieses nichts für ihn". Als der General Besenval einige Monate später von den gegen ihn seit der Einnahme der Bastille erhobenen Anklagen freigesprochen wurde, glaubte der Pöbel in dem wie es hieß, wegen einer royalistischen Verschwörung zum Umsturze aller freiheitlichen Institutionen verhafteten Marquis de Favras²) einen Ersatz für die ihm entgangene Beute zu finden. — Dem blutlechzenden großen Haufen wurde der Marquis geopfert; das Gericht verurtheilte Favras zum Tode, der am Abende des 19. Februar 1790 bei Fackelschein durch den Strang vollzogen wurde. Derselbe zeigte große Festigkeit, behauptete bis zum letzten Augenblicke seine Unschuld und ließ die Welt im Zweifel über die Rechtmäßigkeit des gegen ihn gesprochenen Urtheils.

Während den Ausschweifungen und Straßentumulten, denen sich das Volk in Paris hingab, und die oft Lafayette duldete, um sich das Verdienst zu erwerben sie zu unterdrücken, obgleich er zuweilen erst dazu kam, wenn alles schon vorüber und der Gräuel begangen war, wollte auch das Landvolk der Hauptstadt in nichts nachstehen. Es zündete die Schlösser der Edelleute an, verbrannte alle Archive, plünderte die Häuser der Vornehmen und Reichen und metzelte diese oft nieder, so den Chevalier de Montet bei Lyon, den Herrn von Montesson bei Mons und viele Andere in den verschiedenen Gegenden des Landes. — Die Nationalgarde, diese militärisch gekleidete Bürgertruppe, durch den Dienst in Versailles und bei der National-

---

¹) Jean François Paul de Gondi, Cardinal von Retz, Verfasser berühmter Memoiren über die Fronde, geboren zu Montmirail 1614, gestorben zu Paris 24. August 1679.

²) Thomas Mahy Marquis de Favras, geboren 1744 zu Blois, war Anfangs der Revolution Officier in der Schweizer Garde des Grafen von der Provence, und soll mit einer hohen Persönlichkeit, die ihn als Opfer fallen ließ, den Plan gemacht haben, die constituirende Versammlung aufzulösen, den König aus der Hauptstadt nach der Grenze zu entführen, und an der Spitze fremder Truppen mit Gewalt nach Paris zum Umsturz der neuen Einrichtungen vorzudringen. Sein Proceß dauerte zwei Monate; Ludwig XVIII., als er zur Regierung kam, bewilligte der Witwe eine Pension. Lafayette hatte Favras verhaften lassen. „Macht endlich die Augen auf", hieß eine Flugschrift Favras', welche heftige Angriffe und herbe Wahrheiten auf die neuen Institutionen und deren Leiter enthielt.

versammlung gelangweilt und ermüdet, wollte wieder durch Soldaten abgelöst werden. Die Municipalität bat daher den König, ein Infanterie- und ein Cavallerie-Regiment zur Erleichterung des Dienstes nach Versailles abrücken zu lassen, und es wurde das Infanterie-Regiment Flandern und das Dragoner-Regiment Languedoc hiezu beordert. — Kaum waren diese Truppen in der königlichen Residenz eingerückt, als sich die Feinde des Königthums alle Mühe gaben, dieselben zu verführen und für sich zu gewinnen. Um diesen revolutionären Bestrebungen ein Gegengewicht zu geben, glaubten die dem Könige stets treu gebliebenen Gardes du Corps durch eine Demonstration im loyalen Sinne den militärischen Geist der Truppen aufrecht erhalten zu müssen. Ein großes Festmahl wurde von ihnen zu Ehren des erst kürzlich eingerückten Regimentes Flandern im Opernsaale des königlichen Schlosses zu Versailles (am 1. October 1789) veranstaltet, und das erlauchte Königspaar begab sich in eine Loge, um dieses glänzende militärische Schauspiel sich anzusehen. Außer den Officieren des Regimentes Flandern waren auch die der Schweizer Garde, des Dragoner-Regimentes Montmorency und die wenigen Royalisten im Generalstabe der Versailler Nationalgarde geladen. Es waren im Ganzen zweihundertundzehn Theilnehmer des Festes. Das Erscheinen des erlauchten Königspaares hatte den Enthusiasmus seiner treuen Anhänger aufs Höchste gesteigert. Nur den dringenden Bitten derselben und seiner Umgebungen hatte Ludwig XVI., sich anfangs weigernd, nachgegeben und war bei dem Feste erschienen. Man wollte dem Könige beweisen, daß er ungeachtet der Herabsetzung seines Ansehens, der Verminderung seiner Macht, noch immer über die Herzen seiner Getreuen gebot. — Ludwigs XVI. Auftreten sprach wie gewöhnlich keine Entschiedenheit aus; aber der Blick und die Züge der hoheitvollen Königin drückten Schmerz über die letzten Ereignisse, ihr anmuthiges Lächeln Vertrauen in die Anwesenden aus. Ungeachtet der scheinbaren Heiterkeit, welche ihre Lippen umschwebte, waren Spuren von Thränen in ihren Augen zu sehen, und man konnte die wechselnde Bewegung ihres Innern auf ihrem von Schönheit überstrahlten Antlitz lesen. Die vortreffliche Musik der beiden Corps intonirte eine damals sehr beliebte Arie aus Gretry's Oper: Richard, Cœur de Lion, die dem Zweck des

Festes und den damaligen Zeitumständen entsprach. Als die rührenden Worte, die der Sänger Blondel dem gefangenen König Richard Löwenherz gesungen: O Richard! O mon Roi! l'univers t'abandonne u. s. w. ertönten, da schlugen die treuen Herzen der braven Soldaten, der wackeren Vertheidiger des Thrones höher und höher, und die Begeisterung kannte keine Grenzen mehr, sie überstieg die Schranken nüchterner Klugheit. — Es erscholl unter den rührenden Klängen einer herrlichen Musik der mächtige Ruf: Vive le Roi! Vive la Reine et le Dauphin! — Auf dies hin wurde das Zeichen des Aufruhrs, die dreifärbige Nationalcocarde zu Boden geschleudert und alles steckte wieder die weißen des Königthums auf, vertheilt von den schönsten und vornehmsten Damen. — Der König und die Königin zogen sich nun allsogleich zurück, im Vorgefühle einer unbestimmten Angst, einer trüben Ahnung, daß, obgleich dieser Zwischenfall ganz unvorhergesehen eingetreten war, er ganz sicherlich von den Aufhetzern des Volkes benützt werde, um durch falsche Auslegung und Uebertreibung die aufgeregten Gemüther der Menge zu erhitzen; und sie täuschten sich nicht. — Seit jenem Feste der Gardes du Corps ist der Theatersaal des Königsschlosses von Versailles öde und verlassen, still und unbeachtet geblieben, und als Schreiber dieses vor nun mehr als zwanzig Jahren jene Räume betrat, versicherte man ihn an Ort und Stelle, daß der Bürgerkönig Louis Philipp, das Schloß von Versailles nach Annahme der dem Chef seines Hauses geraubten Krone zum erstenmal besuchend, noch Lampendecorationen, Devisen und verdorrte Blumenkränze an den Logen vorfand, deren wol jede an dem Tage des Festes ein späteres Opfer des Scharfrichters in sich barg!

Die Nationalversammlung, alle Clubs und das Volk von Paris donnerten und schmähten gegen jenes Fest, welches sie eine Orgie nannten, und von dem sie die fürchterlichsten Folgen für die Nationalversammlung und die Freiheit des Volkes prophezeiten. — Die Verwaltungsräthe von Paris inscenirten wieder einen Getreidemangel, ließen zu diesem Zwecke das Korn im Preise steigen, und regten dadurch die Massen des Volkes noch mehr auf. — Am 5. October versammelten sich die Weiber haufenweise, darunter auch verkleidete Männer, ja das Gerücht nannte sogar, ob mit Recht oder Unrecht, die Herzoge von Orléans und Aiguillon unter ihnen, und verlangten nach Versailles zu gehen, um den König abzuholen, die Königin zu ermorden und die Nationalversammlung zu vertheidigen. Marquis Lafayette, der anfangs leicht diese Ansammlungen hätte zerstreuen können, beachtete sie zu wenig und ließ sie bis zu einem Grade heranwachsen, daß er gezwungen wurde, sich an die Spitze des Zuges zu stellen, an den sich die Nationalgarden anschlossen. — Eine große Anzahl bewaffneter ruchloser Megären, Taugenichtse und Vagabunden aller Art, kurz der Auswurf der Menschheit, machte das Gros desselben aus, und unter wildem Geschrei setzten sich diese Massen gegen das prachtvolle Königsschloß der Bourbonen in Bewegung. Sie gaben sich nicht einmal die Mühe, ihre schenßlichen Absichten und grausamen Pläne zu verheimlichen.

König Ludwig XVI. machte gerade seinen Spaziergang im Park von Meudon und wurde noch knapp zur rechten Zeit durch einen treuen Diener benachrichtigt, der über Stock und Stein und alle Felder gelaufen war, und nur noch einige Augenblicke fand, sich unterwegs schnell auf irgend einen Klepper zu werfen, um nach Versailles zu kommen, als bereits die Tête der blutdürstigen, von Wein und Wuth berauschten Colonne, den Anfang der Eingangsallee erreicht hatte. — Diese breitete sich sogleich in der ganzen Stadt aus. Die Weiber der Halle stürzten in die Nationalversammlung und machten es sich auf den Bänken der Gesetzgeber und nunmehrigen Väter des Volkes bequem, diese duldeten es, und jene dürsteten nach Rache, besonders gegen die Königin, die sie haßten.

Man sperrte die Gitterthüren des Schlosses ab, in dessen inneren Räumen die Gardes du Corps den Sicherheitsdienst versahen, auf welche die rohen Haufen nun zu schießen anfingen. Dem Marquis de Savonières, ehemals Oberstlieutenant der Dragoner und als Lieutenant zu den Gardes du Corps übersetzt, wurde durch den Schuß eines Nationalgardisten der Arm zerschmettert. Er starb an den Folgen dieser Wunde und hatte seine Kameraden zurückgehalten ihn zu rächen. Der König hatte seinen treuesten Dienern verboten, das Feuer zu erwidern, sie sollten sich eher morden lassen als auf das Volk zu schießen; sie gehorchten als brave Soldaten den strengen Befehlen ihres Königs und Kriegsherrn! Fürwahr ein glorreicher Sieg der

der Nation über das Königthum: Wehrlosgemachte zu massacriren! Da kam endlich General Lafayette, suchte die Volksmassen zu beschwichtigen, stieg in das Schloß zu den königlichen Gemächern hinan und sagte zum Könige, das Volk wäre gekommen ihn zu bewegen sich nach Paris, in die Hauptstadt zu begeben, und wenn dieser einwillige, wolle er für die weitere Ruhe gut stehen und die ganze Verantwortung auf sich nehmen. Ludwig XVI. versprach es, Lafayette kam zurück, versicherte die Volksmassen alles werde gut gehen und ruhig ablaufen, und ging schlafen. Rivarol[1]) in seinen Memoiren gibt ihm deshalb den Namen: General Morpheus. — Wir folgten hier im Allgemeinen dem Gang der Erzählung, wie sie uns die Aufzeichnungen des Grafen Esterhazy liefern, da derselbe aber, zu jener Zeit in Valenciennes abwesend, sich nur nach empfangenen Mittheilungen halten konnte, führen wir Einiges aus den Berichten des Grafen La Mark auf jene Ereignisse Bezugnehmendes hier an, was insoferne von Bedeutung ist, als daraus erhellt, daß Mirabeau von dem Zuge der Pariser nach Versailles erst kurz vor dessen dortiger Ankunft Kenntniß erhielt, ebenso über das Benehmen Lafayette's in der Nacht des 5. October. Es war am 5. October nach einem langen Gespräche mit Mirabeau, daß der Graf La Mark diesen gegen sechs Uhr Abends zur Nationalversammlung begleitete „und hier war es, wo wir die erste Nachricht von dem Herannahen des Pariser Pöbels erhielten", lauten die Worte La Marks. Von dort ging derselbe zu den aus diesen Blättern bekannten Freund Esterhazy's, dem Herzoge du Châtelet, den er häufig besuchte. Der Herzog hatte als Oberst der französischen Garden eine eigene Wohnung im Schlosse Versailles, auf Seite des sogenannten Prinzenhofes. Die Herzogin kam dem Grafen La Mark sogleich in größter Bestürzung entgegen und sagte ihm mit erregter Stimme, daß ihr Gemal in größter Gefahr schwebe, denn sie habe Mittheilungen aus Paris erhalten, daß in den Volkshaufen die Rede gewesen sei, man wolle sich den Herzog du Châtelet in Versailles abholen, um ihn an die Laterne zu hängen, und da sie durch den Abbé Damas wisse, seine

---

[1]) Antoine Graf von Rivarol, war philosophischer und historischer Schriftsteller und übersetzte Dantes Hölle; geboren 1753, gestorben 1801.

in einem abseitigen Stadttheile gelegene Wohnung habe auch einen
Ausgang durch den Garten, würde er ihr den größten Dienst erweisen,
um den sie ihn inständigst bitte, ihren Gemal bei sich zu verbergen.
Graf La Mark willigte, wie natürlich, in freundschaftlichster Weise
ein und sie benützten die eingetretene Dunkelheit, sich sogleich dahin
zu begeben. Während das Ehepaar du Châtelet in den Zimmern
des Grafen den Abend zubrachte, begaben sich der Graf und der Abbé
Damas auf die Straße, um zu sehen, was sich in der Nähe des
Schlosses begebe. Um eilf Uhr Nachts kam letzterer mit der Nach=
richt, daß überall vollständige Ruhe herrsche. Beide begleiteten nun
den Herzog und dessen Gemalin in deren Wohnung zurück. —
Graf La Mark und der Abbé gingen aus Neugierde noch in die
Appartements des Schlosses hinauf, es war ungefähr um Mitternacht.
Als sie in ein Vorgemach des bekannten l'œil de bœuf traten,
sahen sie den Marquis Lafayette im leisen Gespräche mit dem
Marquis d'Aguesseau, Major der Gardes du Corps. Herr
Jauge, ein Pariser Banquier und Adjutant Lafayette's, war der
Dritte im Zimmer. Ohne diese in ihrer Unterredung zu stören,
blieben sie dorten stehen, da kam plötzlich ganz außer sich, ein Garde
du Corps hereingestürzt und sagte dem Marquis d'Aguesseau etwas
ins Ohr. Dieser wendete sich hierauf an den Marquis Lafayette
und sagte ihm mit laut erhobener Stimme: „Mein Herr Marquis!
„Was ich Ihnen eben die Ehre hatte vorherzusagen, verwirklicht sich,
„der Pöbel marschirt auf die Kasernen der Gardes du Corps los
„und droht sie anzugreifen. Es ist daher dringend, daß Sie sich
„selbst dahin begeben, um Ordnung zu machen". Lafayette beeilte
sich aber nicht, dieser Aufforderung zu folgen und versicherte, daß er
hinreichende präcise Befehle gegeben habe, um die Ruhe aufrecht zu
halten, auch fügte er hinzu, daß er vor Ermüdung erschöpft sei und
der Ruhe bedürfe. Der Marquis d'Aguesseau bestand aber auf
seinem Drängen, indem er sagte, daß es Lafayette's Pflicht sei, die
Kasernen der Gardes du Corps vor der sie bedrohenden Gefahr zu
schützen. Da nahm denn dieser endlich den Arm des Grafen La Mark
auf der einen, jenen des Abbé auf der andern Seite und stieg so
die Treppe zum Prinzenhofe hinab. — La Mark bemerkte seinen
Wagen, der ihn für gewöhnlich um Mitternacht dort zu erwarten

hatte, es war der einzige im Hofe, Lafayette setzte sich ein und bat den Grafen, ihn in das Hôtel der Garden zu führen, sein Adjutant Jauge nahm ebenfalls Platz im Wagen, der Abbé begab sich nach Hause. Kaum hatten sie den Hof verlassen, so wurde der Wagen von einer Gruppe mit Piken bewaffneten Gesindels mit großem Geschrei angehalten. Lafayette neigte seinen Kopf zum Wagenschlage hinaus, gab sich zu erkennen und sagte: „Meine Kinder, was wollt Ihr denn!" — „Wir wollen die Köpfe der Gardes du Corps", war die Antwort. — „Aber warum denn?" — „Sie haben die Cocarde insultirt, haben sie mit Füßen getreten, sie müssen bestraft werden." — „Ich sage es Euch noch einmal", erwidert Lafayette, „bleibt ruhig, traut mir, alles geht gut!" Und er ließ ihnen durch seinen Adjutanten drei Thaler schenken. Sie hörten nun auf zu schreien und ließen den Wagen fortfahren. Doch einige Schritte weiter machte es eine Anhäufung noch größerer Massen unmöglich, weiter zu fahren. Lafayette begehrte nun zurückgeführt zu werden, um seinem Generalstabe die nöthigen Befehle zu geben. Statt dem ging er zum Minister Grafen Montmorin, der es dem Grafen La Mark selbst erzählte und dessen erste Frage der Sicherheit der Stadt und des Schlosses galt. Die Antwort Lafayette's war immer dieselbe, daß alles vorgesehen und die Ordnung durch nichts gestört werden würde. Nach einem viertelstündigen Gespräche ging Lafayette in seine Wohnung in das Hôtel Noailles. „War also Herr von Lafayette gut unterrichtet über „diesen Tag? That er was seine Pflicht war?" frägt Graf La Mark und fährt also fort: „Ich werde zu meinem Berichte weder eine Er= „läuterung noch eine Betrachtung hinzufügen, denn ich schreibe nicht „die Geschichte des 5. und 6. October, sondern erzähle nur das, was „ich selbst gesehen und gehört habe".

Erwähnenswerth ist eine Aeußerung der Königin, die sie am Abende des 5. October in ihrem großen Cabinete, wo sie eine Menge Menschen empfing, machte: „Ich weiß", sagte sie, „daß man von „Paris kömmt, um meinen Kopf zu verlangen, aber ich habe von „meiner Mutter gelernt den Tod nicht zu fürchten und werde ihn „standhaft erwarten". — Worte, würdig einer Tochter der großen Maria Theresia und so vieler Cäsaren und von der Geschichte meist mit Stillschweigen übergangen.

General Lafayette hatte also den König und sich selbst beruhigt. Einige Verhaltungsbefehle waren ausgegeben, einige Wachen aufgeführt und der Generalcommandant der Pariser Nationalgarde hatte sich im Palais Noailles einem ruhigen Schlafe hingegeben. — Aber das Verbrechen schlummert nie und in den frühesten Morgenstunden des einbrechenden 6. October fand eine blutdürstige Horde Mittel und Wege von der Parkseite aus sich in das Schloß zu schleichen, verschlossene Thüren zu sprengen und sich gegen die Stiege zu den Appartements der Königin zu drängen. Die wachehabenden Gardes du Corps sperrten mit ihren Leibern den Eingang zu den königlichen Gemächern. Die Chevaliers de Varicourt, Deshuttes und Repaire fielen, von schweren Wunden bedeckt, an der Schwelle nieder und der Chevalier de Miomandre stürzte sich gegen die Thüre des Schlafzimmers, klopfte stark an dieselbe, schrie mit der Stimme eines Verzweifelnden: „Retten Sie sich, Madame! Retten Sie sich" und sank sodann aus mehreren Pikenstichen blutend zu Boden! — Aber die Königin war diesmal gerettet und hatte noch Zeit in Nachtgewändern die Appartements des Königs zu erreichen. Sie fand ihren Gemal ruhig und wohl und drückte ihre Kinder mit heißer Inbrunst an das pochende Mutterherz. — Die Bacchantinnen erbrachen die Thüren, durchstießen mit ihren Piken das eben verlassene Lager ihrer Königin. Da sie ihre Beute verfehlt hatten, räumten sie endlich das Schloß, um in den Höfen die noch zuckenden Leichen der getödteten Gardes du Corps zu verstümmeln, denen sie die Köpfe abschnitten, diese auf ihre Piken steckten und die Lüfte mit dem Geschrei der Hyänen erfüllten. — Das Gemach des Königs füllte sich nun mit treuen Franzosen und Lafayette wagt es nach allen Geschehnissen, dennoch einzutreten. — Die brüllende Menge da unten verlangte den König und die Königin auf dem Balcon zu sehen, deren treue Diener beschworen sie, diesem Verlangen nicht nachzugeben. — Ludwig XVI. verwirft alle Rathschläge der Klugheit und die Königin hängt sich an seinen Arm; begleitet von ihren Kindern, zeigen sie sich den Haufen. — Bei ihrem Anblick verdoppelte sich das Geheul; da schrie der Pöbel hinauf: „Die Königin allein! Weg mit dem Dauphin! ohne Dauphin!" — Der König will Worte an das Volk richten. — Die Schreier lassen es nicht zu und übertönen mit ihrem Gebrüll die Rede ihres Herrschers. — Die Königin führte den Dauphin in das Zimmer zurück und erschien nun allein auf dem Balcon, um sich vielleicht der Wuth und dem Hohne der rohen bewaffneten Menge auszusetzen! — Nie war Marie Antoinette schöner als in diesem Augenblicke! — Würdiger, majestätischer gewiß nie! — Der hohe Muth, die edle Haltung der hoheitvollen Frau, Mutter und Königin, imponirten selbst diesen cannibalischen Horden, auf deren Spießen und Piken die blutigen Köpfe der von ihnen hingeschlachteten treuesten Diener des Königthums als barbarisches Zeichen ihres wohlfeilen Sieges prunkten. — Und der Ruf: Vive le Roi! Vive la Reine! erscholl, von der wankelmüthigen Menge ausgestoßen, als unwillkürliche Anerkennung gegen den Balcon.

Aber bald folgt ein neuer Ruf: „Der König soll nach Paris, der König nach Paris!" Dieser wurde allgemein, einstimmig und nahm einen nahezu befehlenden Ton an. — Der König berathschlagte sich mit seinen Ministern und die Abreise nach Paris wurde beschlossen und sogleich ausgeführt. Das Königthum war zum zweiten Mal besiegt und hatte jetzt eine persönliche Niederlage erlitten. Am 14. Juli ward durch die Erstürmung der Bastille nur Ludwigs XVI. unumschränkte Gewalt zertrümmert, am 6. October fiel er selbst in die Hände des Volkes. Um ein Uhr Nachmittags ordnete sich alles zum Zuge nach Paris, die Köpfe der unglücklichen Garden auf Spießen vorgetragen, eröffneten diesen gräßlichen Marsch. — Nationalgarden, Pikenmänner, Gardes du Corps, Arbeiter, Landleute mit allen möglichen Waffen und Geräthschaften versehen, mehrere tausend Weiber, eine Deputation von hundert Mitgliedern der Nationalversammlung, Hofleute, königliche Diener, dies alles zog zu Pferde, zu Fuß und zu Wagen bunt durcheinander, Dorfbevölkerungen schlossen sich dem Zuge unterwegs an. — Vor und hinter den königlichen Wagen fuhren Kanonen, auf welchen betrunkene Weiber saßen. Ungeachtet des Jubelgeschreies ließen die niedergeschlagenen Blicke der Gardes du Corps, welche zu Fuß einherzogen, das weibliche Gesindel, welches auf den Kanonen saß, die gedrückte Haltung der königlichen Familie, den wahren Charakter dieses Ereignisses, die Gefangenschaft des Königs unter dem Anscheine der Verlegung seiner Residenz — nicht verkennen. — Endlich um neun Uhr Abends langte die königliche Familie vor dem

Stadthause an und die Tuilerien, welche man nicht Zeit gehabt hatte herzurichten, wurden denselben zur Wohnung bestimmt.

Von dem Augenblicke an, als man am 5. October erfahren, daß jene ruchlosen Haufen von Paris kommen würden, hatte man, selbst mehrere Minister, dem Könige dringend gerathen abzureisen, ja die königlichen Wägen waren auf einen geheimen Befehl, ohne Wissen Ludwigs XVI., bereits angespannt und vorgefahren. Eine Abtheilung Gardes du Corps hatte sich in das nahe Rambouillet begeben, wo das treu gebliebene Dragoner-Regiment Dauphin sich aufgestellt hatte, welches die königliche Familie weit weg von der rebellischen Hauptstadt hätte führen können. Aber die unselige Unentschiedenheit Ludwigs XVI., die getheilten Rathschläge und Meinungen der Minister, von denen der Kriegsminister de Latour du Pin und der Marineminister Graf de la Luzerne für den Plan waren, ja sogar für eine Vertheidigung in Sèvres auf dem Wege von Paris gestimmt hatten, während Necker behauptete, man möge ohne Bedenken die Pariser herankommen lassen, die wahrscheinlich nur eine Bittschrift überreichen würden. — Der Graf von Saint-Priest,[1]) der dem Könige den Rettungsvorschlag und die Abreise unter den angegebenen Modalitäten dringend empfohlen hatte, wurde nicht gehört und Ludwig XVI. lieferte sich denn selbst der Willkür des ruchlosen, stets wandelbaren Pöbels aus, welcher sich bereits auch seines Abgottes Lafayette nur mehr als eines Werkzeuges bediente. Es schien damals unter den Revolutionärs für einen Augenblick der Plan in Erwägung gezogen zu sein, die königliche Familie auf irgend eine Art, selbst durch Mord bei Seite zu schieben und dem Herzog von Orléans den

---

[1]) François Emanuel Guignard Graf von Saint-Priest, geboren 1735 in Grenoble, trat 1750 in die französische Armee, machte 1753 als Malteserritter eine Karavane gegen die türkischen Seeräuber mit, focht 1760 als Quartiermeister des Herzogs von Broglie in Deutschland, diente von 1763 an in der Diplomatie, als Gesandter in Lissabon, später in Constantinopel und zuletzt im Haag; wurde 1788 Staatsrath, 1789 Minister des Innern, 1790 nahm er seine Entlassung und emigrirte, 1795 war er zu Verona Minister Ludwig XVIII. und begleitete diesen König nach Blankenburg und Mietau. Er blieb bis 1814 in Rußland, kehrte sodann nach Frankreich zurück, wurde 1815 Pair und starb als Generallieutenant am 26. Februar 1821. Er ist Verfasser einiger politischer Flugschriften; seine Memoiren blieben ungedruckt.

erledigten Thron zu geben, doch, wie Graf Esterhazy und auch andere Zeitgenossen schreiben, besaß derselbe zu einem solchen Verbrechen nicht die nöthige Energie und Entschlossenheit; Lafayette, welcher nicht in die wichtigsten Geheimnisse seiner eigenen Partei eingeweiht war, ging auf eigenem Wege seinem Ziele nach, welches darin bestand, den König in der Hauptstadt, bei deren Bevölkerung er sich allmächtig dünkte, ganz in seiner Gewalt zu haben. Der Herzog von Orléans reiste mit einem fingirten diplomatischen Aufträge nach London ab. Einige Mitglieder der Linken verließen die Nationalversammlung, entsetzt über die letzten Vorgänge; sie fühlten gar wohl die Gefahr, in welche sie, von Neuerungs- und Reformsucht geblendet, Frankreich zu stürzen, auch das Ihrige beigetragen hatten. Ueberhaupt suchten gegen zweihundert Deputirte einen Urlaub nach oder reichten ihre Entlassung ein, sie wollten an den kommenden Verbrechen, welche sie voraussahen, keinen Antheil mehr haben. Unter diesen war selbst der Präsident der Versammlung, Mounier (siehe Seite 302), Lally Tolendal[1]) und mehrere andere hervorragende Capacitäten, die sich in die Schweiz oder nach England zurückzogen. — Die Linke theilte sich nun in Rasende „Enragés", ein Name, dessen sie sich selbst rühmten, und in Constitutionelle, die um so viel mehr Uebles thaten, als sie sich den Anschein von Mäßigung gaben und, bewußt oder unbewußt, den spätern Königsmördern zur Vorbereitung ihrer verbrecherischen Pläne als Werkzeuge dienten.

Gleich nach der Abreise des Königs nach Paris, beschloß die Nationalversammlung, trotz der Proteste mehrerer Mitglieder, ihre eigene Uebersiedlung in die Hauptstadt, wo sie durch einige Zeit im

---

[1]) Trophime Gerard, Marquis von Lally Tolendal, geboren 1751, Sohn des, wegen der in Pondichery 1761 abgeschlossenen Capitulation 1766 hingerichteten Gouverneurs von Ostindien, wurde 1789 Deputirter des Pariser Adels bei der Reichsversammlung, verband sich bei Beginn derselben mit dem dritten Stande, emigrirte 1792 nach England, bot sich von dort aus dem Convent als Vertheidiger des Königs an und übergab, als er keine Antwort erhielt, seine Vertheidigung dem Drucke; ebenso später seine Défense des émigrés français. Nach dem 18. Brumaire 1800 kehrte er nach Frankreich zurück, lebte in Bordeaux, wurde unter der Restauration Mitglied der Pairskammer, vertheidigte in derselben die constitutionellen Freiheiten und starb am 11. März 1830.

erzbischöflichen Palaste abgehalten wurde, bis man die Reitschule der Tuilerien für sie hergerichtet hatte. — Mit dem erzwungenen Aufenthalte des Königs in den Tuilerien und den Sitzungen der Nationalversammlung in Paris, beginnt eine neue Phase der französischen Revolution, die von nun an in rascherem Gange den gräßlichsten Katastrophen entgegenschreitet.

VIII.

Vae victis! — Coblenz — Pillnitz.

1790 bis 1791.

Der König war jetzt den revolutionären Kräften der Hauptstadt unterworfen. Lafayette war für die nächste Zeit allmächtig, und in Paris stellte sich die Ruhe wieder her und wurde am Schlusse des ereignißvollen Jahres 1789 aufrecht erhalten. Allein die Aussaat des 5. und 6. October ging später in der Hauptstadt auf, um auch die mit zu Grunde zu richten, welche jetzt das Feld bestellt hatten. Die Regierung, die bisher schwach war, versank von jenem Tage an in gänzliche Ohnmacht. Lafayette's Dictatur konnte wol, so lange seine Popularität dauerte, Paris im Zaume halten; aber die Grundlage jedes wahren Rechtes, jeder Autorität, auf welche allein dauernde staatliche Ordnung errichtet werden kann, war in der Hauptstadt vernichtet und in den Provinzen konnte Lafayette's Macht nicht einmal vorübergehend das Ansehen der Regierung ersetzen. Die Nationalversammlung trieb mit dem Strome und führte fortan einen Schlag nach dem andern gegen das Rechtsgefühl des Volkes und besonders gegen die Autorität der Regierung.

Nationalgarden nahmen nun die Stelle der aufgelösten treuen Gardes du Corps in der Nähe des Königs ein, der in den Tuilerien den äußern Schein eines gewissen Ansehens beibehielt. Die großen Hofchargen setzten ihre Amtsverrichtungen fort, mit Ausnahme des Großalmoseniers Cardinal Montmorency, der, sowie der

Erzbischof von Paris, gezwungen war sich zu flüchten, um sein Leben zu retten. Die geistlichen Güter des Clerus wurden als Nationaleigenthum erklärt. (Durch ein Decret vom 2. November, die Einziehung sollte bereits im April 1790 statthaben.) Nachdem das Eigenthumsrecht auf diese Art einmal verletzt wurde, mußte man sich wohl erwarten, was später geschah. Man hatte bis nun dem Monarchen das Recht zugestanden, den neuen Verordnungen seine Bestätigung zu ertheilen, damit sie Gesetzeskraft hätten; als er sich aber denen, die seiner religiösen Ueberzeugung, seinem Gewissen und ehrlichen Namen entgegen waren, widersetzte, bestimmte die Nationalversammlung, daß in allen Angelegenheiten der Verfassung die Zustimmung des Königs ganz überflüssig wäre, und daß es seiner einfachen Kenntnißnahme bedürfe, die er nicht verweigern konnte ohne sich der Absetzung auszusetzen; man nahm ihm alle weiteren königlichen Vorrechte, so jenes der Begnadigung Verurtheilter, die Entscheidung über Krieg oder Frieden, das Ernennungsrecht der Mitglieder der Gerichtshöfe, welche man wählbar machte und selbst seine Gewalt über das Heer wurde so beschränkt, daß dieses in Wirklichkeit von ihm unabhängig war.

Vielleicht in menschenfreundlicher Absicht für die nächste Zukunft, meint Graf Esterhazy, hatte ein Arzt, Doctor Guillotin, eine Enthauptungsmaschine erfunden, unter deren Messer eine Unzahl unschuldiger Opfer fallen sollten. Mit scheinbarer Ruhe schritten die Republikaner auf ihr bewußtes Ziel los, sie machten den König so zu sagen unnütz und mithin überflüssig, um dem Volke beweisen zu können, daß er demselben nur eine pecuniäre und moralische Last sei, und von da an war ohnedies nur mehr ein Schritt zum Aeußersten. Einige ehrliche Constitutionelle stürzten in die ihnen gestellten Fallen und die Aufrührer setzten alle Mittel in Bewegung, um die einzelnen Provinzen auf ihre Seite zu bringen und die Armee systematisch zu Grunde zu richten, indem sie die Truppen verführten. Der Kriegsminister mit einer unendlich strengen Verantwortung belastet, wagte nichts mehr auf sich zu nehmen, und die Meuterer in den Regimentern waren sicher, jederzeit in der Nationalversammlung Schutz und Unterstützung zu finden, deren augenscheinliches Bestreben es war, die militärische Disciplin zu untergraben und zu vernichten, um bei der Ausführung ihrer dämonischen Pläne, von Seite der Armee keinen Widerstand befürchten zu müssen. Nachdem es gelungen war Abtheilungen des Heeres zum ersten Abfalle von ihrem Könige zu verführen, sie in das Parteigetriebe und die Revolution zu verwickeln, traten alle Erschütterungen, von denen das Land betroffen wurde, mit gesteigerter Intensität in der Armee zu Tage. Von einer moralischen Einwirkung und Erziehung des Soldaten war damals wenig die Rede, man glaubte alles erreicht zu haben, wenn dem Manne die nothwendige äußere Dressur beigebracht war und wenn er durch unerbittliche Disciplin im Zaume gehalten wurde. Nun, da diese gebrochen, trat die ganze Rohheit zu Tage, Anfangs schüchtern, aber täglich zunehmend. Nirgends wirken revolutionäre Ideen, wenn sie einmal Eingang finden, gewaltiger als in einer Armee, weil sie hier die Organisation vorfinden, an deren Mangel die meisten Revolutionen scheitern. Mit größtem Eifer wühlten daher die Revolutionsparteien in dem Heere, die Einen, um es von dem Könige fern zu halten, dessen Macht sie noch nicht genug gebrochen glaubten, die Andern, um es bei dem letzten, entscheidenden Schlage gegen die Gesellschaft benützen zu können. Die Regierung war machtlos der Armee wie dem Lande gegenüber; die **Nationalversammlung** aber, der Ansicht eine Armee mit strenger Disciplin sei mehr zu fürchten als eine zuchtlose, hat auf **keinem andern Gebiete größere und verderblichere Sünden begangen, als eben auf dem militärischen**.

Wenn man bedenkt, mit welchem Eifer die Armee seit dem Frühjahr 1789 in das politische Treiben eingetreten war, daß zahlreiche Agenten und die Clubs, welche sich im Herbste dieses Jahres überall zu bilden anfingen, unablässig waren, die Menschenrechte zu erklären und sogenannte Bürgertugend unter den Soldaten zu verbreiten, sie mit den politischen Tagesfragen zu beschäftigen, um sie dem Einflusse ihrer Vorgesetzten zu entziehen, so begreift man, daß alles dies, die unerfahrenen Krieger zu den verworrensten Vorstellungen führen mußte. Sie fingen an sich zu fragen, weshalb soll die Freiheit bei den Linientruppen durch strengere Zucht beschränkt werden als bei den Nationalgarden? Sind die Officiere noch rechtmäßig in ihren Aemtern, da sie ihre Stellen den abgeschafften Privilegien verdanken? u. s. w. Wenn der freie Austausch der Gedanken und Meinungen zu den kostbarsten Menschenrechten gehört, wäre es dann nicht Verrath, die politischen

Clubs in den Regimentern zu hindern? Das waren die Ideen des politisirenden Soldaten, und wenn er nicht selbst darauf verfiel, so sorgten andere hinreichend, sie ihm klar zu machen. Für die ganze Nation begann, wie es hieß, ein neues Leben der Freiheit, und da alle Bürger vor dem Gesetze gleich sein sollten, so begriff der Soldat nicht, warum seine Freiheit mehr beschränkt werden sollte, als die der anderen Bürger. Was die aristokratischen Officiere ihr Pflichtgefühl nannten, war in seinen Augen Vorurtheil oder Mittel zur Unterdrückung. — Wohin konnten solche Ideen führen? Die Officiere wagten nicht mehr zu befehlen, durch Zureden und Bitten suchten sie ihre Leute in Schranken zu halten, und mußten glücklich sein, wenn es ihnen gelang, wenigstens offene Emeuten und die gröbsten Excesse zu verhüten. Aber bei diesem Laviren sank ihr Ansehen natürlich immer tiefer, dagegen der Geschmack der Soldaten an der Ungebundenheit sich steigerte. Von irgend einer dienstlichen Beschäftigung war seit 1. Juli wenig mehr die Rede.

Im December 1789 endlich als die traurigen Nachrichten aus der Armee sich immer mehr häuften, ließ der Vicomte de Mirabeau (siehe Seite 308) der Jüngere in der Nationalversammlung seine warnende Stimme vernehmen: „Die Armee ist ohne Disciplin, die Subordination ist verloren gegangen, die Gefahr ist dringend; gebt den Führern ihre Autorität wieder und die Gefahr wird verschwinden". Vermochte sich auch die Versammlung weder jetzt noch später auf diese Höhe der Anschauung zu schwingen, von welcher sie das Gespenst einer Contrerevolution beständig abschreckte, so wurden wenigstens endlich die Gesetze über die Reorganisation der Armee in Angriff genommen. Zur Bearbeitung aller Angelegenheiten, welche auf die Armee Bezug hatten, setzte die Nationalversammlung ein Militärcomité, bestehend aus zwölf Mitgliedern ein, deren Mehrzahl aus activen Officieren der Armee bestand. Die bedeutendsten von ihnen waren die schon erwähnten Vicomte de Noailles (Seite 287), Lameth (Seite 309), der jüngere Mirabeau, ferner Baron Felix Wimpfen,[1]) Emmery,

---

[1]) Felix Baron Wimpffen, geboren 1744, befehligte ein Freicorps in Corsika und zeichnete sich 1782 als Chef des Regimentes Bouillon bei Gibraltar aus. 1789 Adelsdeputirter, schloß er sich zuerst dem dritten Stande an

Menou,[1]) Dubois de Crance. In den Plenarsitzungen machten sich außerdem der Prinz von Broglie (Seite 272), Montmorench (Seite 310), Custine[2]) und Biron (Seite 190) bei Verhandlung der Militärfragen bemerkbar. Der Vicomte de Mirabeau war der einzige entschiedene Vertreter der rechten Seite des Hauses, und wirkte im Anfange manches Gute, emigrirte jedoch später. Der größere Theil der übrigen Mitglieder wurde durch das Streben beeinflußt, sich für die Zukunft eine gute Carriere zu sichern, wozu vor allen Dingen Popularität erforderlich schien. Das Militärcomité hatte alle Materialien herbeizuschaffen und zu sammeln, sodann die einzelnen Fragen zu bearbeiten und sie mit seinem Gutachten der Nationalversammlung zur Entscheidung vorzulegen. Die schwere Sünde der früheren Regierung, welche nichts gethan hatte, um die Lage der Unterofficiere und Soldaten zu verbessern, während sie ihre Günst-

---

und verfaßte die Protestation gegen die Mehrheit des Adels, welcher vom Tiers-état getrennt bleiben wollte. Dieser Schritt warf ihn zu den Revolutionärs, doch gehörte er immerhin noch zu den Gemäßigten derselben. 1792 vertheidigte er als General Thionville. Nachdem er das Portefeuille des Kriegsministeriums ausgeschlagen hatte, erhielt er das Commando der Küstenarmee bei Cherbourg. Nach dem Sturze der Girondepartei erklärte er sich 1793 gegen den Convent, führte ein Parteigängercorps in der Normandie und hielt sich nach seiner Besiegung in Bayeux versteckt bis der Terrorismus vorüber war. 1799 unter dem Consulate nahm er wieder seine Stelle als Divisionsgeneral ein, wurde Generalinspector der Stutereien und starb 1814.

[1]) Jakob Franz Baron von Menou, geboren 1750 in der Touraine, trat früh in französischen Kriegsdienst, wurde 1789 Deputirter beider Reichsstände, focht 1793 gegen die Royalisten in der Vendée, folgte Bonaparte 1798 nach Egypten. Dort heiratete er die Tochter des Besitzers der Bäder zu Rosette und wurde Muselmann unter dem Namen Abballah Jakob Menou. Nach Klebers Tode Oberbefehlshaber der französischen Armee in Egypten, mußte er sich den Engländern ergeben und kehrte 1801 nach Frankreich zurück. Unter Napoleon war er Gouverneur von Piemont, später von Venedig und starb 1810 daselbst.

[2]) Adam Philippe Graf Custine, geboren 1740 zu Metz, focht, früh in das französische Heer eingetreten, im siebenjährigen und später im nordamerikanischen Kriege. Nach seiner Rückkehr aus Amerika wurde er Maréchal de camp und Gouverneur von Toulon. Als Deputirter von Metz 1789 in der Reichsversammlung, sprach er für den Liberalismus; 1792 General der französischen Rheinarmee, hatte er mehrere glänzende Erfolge und erhielt den Oberbefehl über die Nordarmee. Von den Häuptern des Wohlfahrtsausschusses verrätherischer Absichten verdächtigt, ging er nach Paris sich zu rechtfertigen. Trotz seiner glänzenden Vertheidigung wurde er eingekerkert und am 29. August 1793 guillotinirt.

linge oft mit unvernünftigen Gnaden überhäufte, wurde jetzt hart
bestraft. Alle Erleichterungen, welche in der Lage der Soldaten ge=
schaffen wurden, waren für diese ausschließlich ein Geschenk der
Nationalversammlung, auf welche sich fortan ihre Hoffnungen stützten,
während der König, der ihnen bisher der Urquell aller Macht
und Gnade war, immer mehr aus ihrer Vorstellung verdrängt
wurde. Das war nun gerade das Streben der Nationalversamm=
lung, welches sie mit verderbenbringender Consequenz verfolgte. Sie
wollte nicht etwa, weil die Regierung augenblicklich ohnmächtig war,
für diese vorübergehend eintreten, um die Armee aus gänzlicher
Auflösung zu retten; sie wollte die Macht des Königs im Heere
dauernd brechen, wollte eine parlamentarische Armee haben.
Gleich beim Beginne der Debatten über die Militärorganisation er=
eignete sich ein Zwischenfall, der das Streben der Nationalver=
sammlung zu sehr kennzeichnet, um ihn unerwähnt zu lassen. Der
radicale Abgeordnete Dubois de Crance ließ einige schimpfliche
Aeußerungen über die Armee fallen. Darüber gingen Beschwerden
einzelner Truppentheile ein, in Folge deren die Nationalversammlung
ihren Präsidenten beauftragte, einen Brief, enthaltend eine Ehren=
erklärung, an alle Regimenter zu schreiben, und gleichzeitig be=
stimmte, daß dieser Brief jeder Truppenabtheilung auf Appell vor=
zulesen sei. Die Rechte des Hauses erhob dagegen den Einwand,
der auch ganz correct war, man könne doch das Schreiben und den
Befehl es den Soldaten vorzulesen, nur durch den König an die
Armee gelangen lassen, doch wurde dieser Antrag nicht beachtet. Das
Schriftstück sprach in einem Athem von dem heldenmüthigen (!!)
Abfalle der Armee, durch welchen das Glück der Nation für ewig
begründet sei, und von der Nothwendigkeit der Subordination
und des Respectes vor dem Könige; verkündete aber besonders
den Segen, welchen die Nationalversammlung allen Soldaten spenden
werde. Nach langen Verhandlungen kam endlich das erste Decret (am
28. Februar 1790) zu Stande, welches die Grundlage für die Mili=
tärverfassung bilden sollte. Die wesentlichsten Punkte lauten: Der
König ist der oberste Führer (chef suprême) der Armee, welche
hauptsächlich zur Vertheidigung des Vaterlandes gegen äußere Feinde
bestimmt ist. Alle Bürger sind gleichberechtigt rücksichtlich der

Zulassung zu allen militärischen Aemtern und Graden. Die Käuflichkeit der Stellen ist abgeschafft. Alle Militärs können ihre Bürgerrechte in den Wahlversammlungen ihrer Heimat ausüben, sofern sie nicht in dem heimatlichen Canton garnisoniren. Jeder Militär erhält nach sechszehnjähriger vorwurfsfreier Dienstzeit die Rechte als Activbürger, auch wenn er keine Steuern zahlt; am 14. Juli jeden Jahres schwören alle Officiere und Soldaten Treue der Nation, dem Gesetze, dem Könige und der Constitution. Jeder Legislaturperiode gehört das Recht zu bestimmen: das Armeebudget, die Stärke des Heeres, den Sold und die Gebühren, die Beförderungsgesetze, die Ergänzung und Entlassungsart, die Zulassung fremder Truppen zum Dienst, die Strafgesetze u. s. w.

Die Rechte, welche hiernach der gesetzgebenden Versammlung vorbehalten wurden, waren so tief eingreifend, daß sie die Macht und das Ansehen des Königs in der Armee an der Wurzel faßten. Dieser war fortan in der Wirklichkeit nicht viel mehr als ein in seiner Gewalt beschränkter commandirender General, dem das Commando von der Nationalversammlung anvertraut wurde. Jeder Staat, auch ein constitutioneller, verliert die innere Sicherheit und Festigkeit, wenn die Rechte der Executive über die bewaffnete Macht so beschnitten werden, wie dies hier geschehen. Wenn die gesetzgebende Gewalt die ganze Macht über die Armee an sich reißt, so wird die Executive bei dem ersten Conflict, der die Aufbietung der bewaffneten Macht erfordert, zum Widerstande zu schwach und unfähig sein. So stand es gerade in jener Zeit in Frankreich, die Regierung war Null, weil sie über keine materielle Macht verfügen konnte und mußte der Nationalversammlung das Regieren überlassen. Konnte sich diese darüber täuschen, daß sie nicht im Stande war, eine starke Executive zu ersetzen? War es ein Wunder, daß sich in der Armee alle Bande der Disciplin mit jedem Tage mehr lockerten?

Mittlerweile war General Graf Esterhazy fortwährend bemüht, im Vereine mit den ihm sehr ergebenen Einwohnern in Valenciennes die Ruhe und Ordnung aufrecht zu erhalten. Am

24. September 1789 hatte ihn seine Gemalin mit einer zweiten Tochter[1]) beschenkt, welche ein Ersatz werden sollte für den kurz nachher erlittenen Verlust seiner Erstgebornen, die an einer Erstickungskrankheit starb.

Im Spätherbste 1789 war auch in den benachbarten österreichischen Niederlanden die Revolution zum Ausbruche gekommen. Die Verletzung ihrer von den burgundischen Herzogen an stets von den Landesfürsten beschworenen und verbrieften Rechte durch die Reformen Kaiser Josephs II. und deren rücksichtslose Durchführung von Seite einer pietätlosen Bureaukratie, hatten die Gemüther der sonst ruhigen Niederländer in hohem Grade aufgeregt; fanatische Priester und ränkesüchtige Advocaten thaten weiter das Ihrige, um diese zu offener Empörung und Revolution zu erhitzen. Die Statthalterin Erzherzogin Christine, zwar nicht mit den Neuerungen ihres kaiserlichen Bruders übereinstimmend, war genöthigt, sich nach Bonn zurückzuziehen, und ein Theil der Anhänger Oesterreichs flüchtete sich nach Valenciennes, das immer besonnen und ruhig genug war, um durch deren Ankunft nicht erschreckt zu werden.

Anfangs 1790 wurden die Gouvernements der einzelnen Städte, aufgehoben, und so verlor der Maréchal de camp Graf Esterhazy jenes von Rocroy, während er das Provinzgouvernement im französischen Theile des Hennegau und Flandern fortbehielt. — Ein Unbekannter war von Paris nach Rocroy gekommen und hatte die dortigen Nachbargemeinden zu bewegen gesucht, jene Grundstücke, welche dem damaligen Stadtcommandanten Grafen Esterhazy und seinem Regimente bewilligt worden waren, wieder zurück zu verlangen. Dieser fremde Hetzer wurde anfangs ziemlich schlecht mit seinem Vorschlage aufgenommen; die Einwohner sagten ihm, daß diese Grundstücke unbebaut und wüst gewesen wären, und nur auf bedeutende Kosten des Grafen mit einander verbunden worden seien, daß dieser seit eilf Jahren, wo das Regiment in der Stadt bequartiert

---

[1]) Almeria Franziska Ursula, geboren am 24. September 1789, vermält am 6. September 1815 mit Albrecht Grafen Murray, Baron von Melgum, Baronet von Schottland, k. k. Kämmerer und Feldmarschall-Lieutenant, dem sie nur wenige Tage im Tode voranging, am 25. Jänner 1848. — Graf Murray starb am 6. Februar.

wäre, sich unausgesetzt damit beschäftigt habe, sie bebauen zu lassen und fruchtbar zu machen. Mit diesem Bescheide kehrte dieser Mann wieder nach Paris zurück, kam aber bald nachher wieder mit einem angeblichen Befehl der Nation, die Anlagen zu vernichten. Die Ausführung dieses boshaften Planes wußte er durch Geldvertheilung unter den Bauern gehörig zu verwirklichen und zu unterstützen. — Das Haus des Gärtners wurde abgetragen, die Bäder und die Baumschule zerstört und aus den Bäumchen machte man Bündel. Dieser Verlust seines Gartens, seiner Lieblingsschöpfung, betrübte den Grafen Esterhazy ungemein, da er sich mit Lust und Eifer sowie auch großem Kostenaufwande mit dessen Anbau und Pflege beschäftigt hatte; es war ihm, wie er sagt, dieser Verlust empfindlicher, wie jener des dortigen Gouvernements. Glücklicherweise hatte er schon früher sein mobiles Eigenthum, als Bibliothek und Möbel zu sich abholen lassen.

Mit der politischen Haltung der Bewohner von Valenciennes und der Provinz noch immer zufrieden, wollte er diesen einen Vertrauensbeweis geben und sich in der Nähe einen Landaufenthalt miethen. Zu diesem Zwecke hatte er schon mit dem Baron Redouchel ein Uebereinkommen getroffen, und dieser wollte ihm sein unbewohntes Landgut Jolimac in der Nähe von Quesnoy vermiethen; jedoch sowol dessen Geschäftsmann als der Schloßverwalter erhoben Einsprache und Hindernisse aus Furcht, das Gebäude ihres Herrn könne Schaden darunter leiden. Dies entschied den Grafen ganz davon abzustehen, aber er hatte seinen Vorsatz in Valenciennes schon laut ausgesprochen, ein Aufgeben desselben konnte in solchen Zeitumständen als Furcht gedeutet werden, und es war von erhöhter Wichtigkeit, eine derartige Vermuthung nicht aufkommen zu lassen. Er suchte daher sogleich wieder einen anderen Landsitz, und eine gewisse Frau de Croix bot ihm ihr Gut Forest an. Dies war ein einzelnes, mitten im Gehölze am Ende des Waldes von Raismes gelegenes Gebäude, zwischen St. Amand und Condé, ganz nahe an der Schelde und zwei kleine Meilen von Valenciennes entfernt, welche Nähe ihm sehr bequem war. Graf Esterhazy bezog dasselbe sogleich mit seiner Familie, ohne eine Wache mitzunehmen, an bestimmten Tagen der Woche kam er zur Erledigung seiner Amtsgeschäfte nach Valenciennes und zweimal wöchentlich versammelte er an seinem Mittagstische

Einwohner und Officiere der Garnisonen von Valenciennes und Condé. Dieser Beweis von Vertrauen und seine Leutseligkeit zu einer Zeit allgemeiner Verwirrung trugen viel bei, die Anhänglichkeit der Bevölkerung der Provinz zu erhöhen, steigerte aber gleichzeitig das Verlangen der Revolutionspartei, die dortigen Truppen zur Meuterei zu verleiten und für sich zu gewinnen. Doch die vorjährigen Ereignisse in Valenciennes hatten die Bürger widerwillig gegen jede Anwendung von Verführungsversuchen an der Garnison gestimmt, und die Aufwiegler bearbeiteten ohne Unterlaß die Regimenter, welche in der Umgegend standen, in ihrem Sinne. Das Regiment de Brie, in Condé stationirt, erlag zuerst den Versuchen und zerstreute sich ohne Erlaubniß in den einzelnen Ortschaften, um die Bestrafung eines ihrer Kameraden zu hintertreiben. Die renitenten Soldaten kamen auch in der Nähe von Forest vorüber und brachten die Nacht in Weinschänken zu. Es gelang zwar am nächsten Tage halbwegs die Ordnung wieder herzustellen, doch seitdem konnte man nicht mehr auf die Verläßlichkeit dieses Regimentes zählen. Dessenungeachtet verließ Graf Esterhazy seinen selbst gewählten Aufenthalt noch immer nicht. Eines Tages wurde ihm gemeldet, daß das Regiment Auvergne, welches in vollem Aufruhr war, ohne seine Officiere bis zu den Thoren von Valenciennes gekommen sei, so daß diese Stadt gegen die Meuterer die Nationalgarde ausrücken ließ, und sich gegen deren Eindringen widersetzte. Auf dieses kehrte das pflichtvergessene Regiment wieder in seine frühere Garnison zurück, aber dessen Officiere blieben ohne allen Einfluß und Gewalt und man schickte dasselbe bald nachher in eine andere Gegend. Ungefähr um diese Zeit kam einer der Hauptanstifter jener Meuterei, der verhaftet worden war, um nach Verdun ins Gefängniß gebracht zu werden, durch Valenciennes. Graf Esterhazy ließ ihn während seines dortigen kurzen Aufenthaltes in Arrest bringen und hinderte, daß man ihn sprechen konnte. Der Verbrecher war hier auf eine sehr verschiedene Weise gegen andere Garnisonen behandelt worden, wo es sich sogar ereignet hatte, daß ihn ein Stadtcommandant zum Mittagsmahle bat. Die Verschiedenheit dieser Behandlungsweise reizte wieder den Unwillen der Demokraten, und aus der Rückantwort des Kriegsministers auf seinen eingesandten Bericht erkannte Esterhazy gar wohl, daß dieser stets bereit sein würde, ihn in jeder Angelegenheit im Stiche zu lassen, ja sogar aufzuopfern, wenn er zu irgend einer kräftigen, aber den Revolutionärs nicht genehmen Maßregel griff, was doch nur das einzige Mittel war, sein Ansehen und die militärische Würde zu behaupten. — Auch hatte Graf Esterhazy in Erfahrung gebracht, daß der dem Herzoge von Orléans zur persönlichen Dienstleistung zugetheilte Oberst Chevalier d'Oraison die Provinzgarnisonen bereise, Geld unter die Soldaten vertheile und sie zur Insubordination aufreize. Der Befehl zu dessen Arretirung, wo man seiner habhaft würde, war vom Grafen Esterhazy in seiner Stellung als Gouverneur ertheilt worden, aber durch seine Freunde bei Zeiten davon unterrichtet, verschwand d'Oraison plötzlich zu Fuß aus Quesnoy, und da er unter falschem Namen reiste, ließ er in den öffentlichen Blättern verbreiten, daß er Paris nicht verlassen habe, was aber niemand glaubte.

Es verging nun keine Woche mehr, ohne daß nicht in einem oder dem anderen Regimente eine Meuterei ausgebrochen wäre. Das Regiment Royale Liégeois benützte den Durchmarsch des Regimentes Auvergne durch Avesnes, um sich jeder Zügellosigkeit ungescheut hinzugeben, und die Garnison von Maubeuge, bis dahin durch ihre vorzügliche Haltung ausgezeichnet, folgte nun auch diesen bösen Beispielen. „Merkwürdiger Weise", sagt Graf Esterhazy, „daß er gerade zu jener Zeit nur in die dortige Nationalgarde Vertrauen haben konnte, die überdies gar nicht unter seinen Befehlen stand." Die Officiere der regulären Truppen waren täglich der Gefahr ausgesetzt, von ihren eigenen Soldaten verhaftet, ja sogar ermordet zu werden, und die Insubordination der letzteren fand solchen Schutz, ja selbst Vorschub in der Nationalversammlung, daß die Minister es nicht wagten, die Schuldigen zu strafen. Eine solche militärische Lage war für jeden ehrliebenden Officier in der Länge unerträglich geworden. Der Abfall und schwere Subordinationsvergehen der Regimenter mehrten sich von Tag zu Tag, und es bedurfte, wie unser oben citirter Gewährsmann schreibt, nur eines Funkens, um alles umher in Flammen zu setzen. Er bat daher den Minister, nachdem die königliche Gewalt selbst durch die eigenen Truppen nicht mehr in Ehren gehalten würde, und er deshalb auch von keinem Nutzen in der Provinz mehr sein könne, um die Enthebung von seinem

Posten und dessen Befürwortung um die königliche Genehmigung. Da Graf Esterhazy aus diesem gethanen Schritte gegen seine Umgebung kein Geheimniß machte, so verbreitete sich die Nachricht seines Vorhabens bald in der ganzen Provinz. Kaum war dies aber geschehen, so schrieben alle Staats= und Municipalbehörden derselben sowol dem Minister als dem Präsidenten der Nationalversammlung, um es als eine für das Glück und die Ruhe der Bewohner nothwendige Gnade zu erbitten, daß das Ansuchen des Grafen Esterhazy nicht bewilligt und dieser in seinem Amte belassen werde, wo er schon so viel Gutes und Zweckmäßiges geleistet habe. Ohne Wissen des Grafen Esterhazy war dieses unter den damaligen Verhältnissen vielsagende und schmeichelhafte Ansuchen der Amtsbehörden seines Gouvernements geschehen, und erst aus der Antwort des Ministers kam der Graf zu dessen Kenntniß. Esterhazy erhielt in Folge jenes Gesuches, dessen Abschrift ihm der Minister sandte, und in welchem, wie der Graf sich in bescheidener Weise ausdrückt, „seine der Provinz geleisteten Dienste sehr übertrieben würden", einen entschieden abschlägigen Bescheid. Doch war derselbe nichtsdestoweniger entschlossen, sein einmal gefaßtes wohlüberlegtes Vorhaben durchzuführen und nicht mehr in einer Stellung zu verbleiben, die täglich unhaltbarer und schließlich unmöglich werden mußte, und wo nicht nur sein Leben, sondern auch seine Ehre in jeder nur denkbaren Weise gefährdet sein mußte. — In Lille war der dortige Commandant, Herr von Livarot, durch seine eigenen Soldaten ins Gefängniß gesetzt worden, und es hatte nur wenig gefehlt, daß ihn diese niedergemetzelt hätten, und doch war derselbe nicht so fest, unbeugsam und streng, und dem Hasse der Demokraten, die er immer geschont hatte, so ausgesetzt, überdies von der constitutionellen Regierung angestellt, also in allem und jedem in weit weniger schwierigen Verhältnissen wie Graf Esterhazy. — Dieser schrieb daher der Königin und dem Herzoge du Châtelet eine wahrheitsgetreue Schilderung der Unerträglichkeit und Unhaltbarkeit seiner Stellung, und äußerte in seinem Schreiben den sehnsüchtigen Wunsch, derselben enthoben zu werden. — Der Herzog schlug ihm einen Mittelweg vor, den er sogleich mit Geschick benützte, nämlich einen dreiwöchentlichen Urlaub zu begehren; damit aber diese Bitte nicht Verdacht errege, schien es angezeigter, daß ihn ein königlicher

Befehl nach Paris berufe, um dem Könige über die Zustände der Provinz genauen Bericht zu erstatten, und daß in diesem Befehlschreiben zugleich die Hinweisung auf seine Rückkehr in einem festgesetzten Zeitraume enthalten sei. Diesen Vorschlag sandte Graf Esterhazy der Königin zur Einsicht mit der Bitte, dessen Annahme bei dem Kriegsminister veranlassen zu wollen. Dieser, Herr La Tour du Pin, war im Grunde ein gutmüthiger, aber äußerst schwacher Mann, mit dem das Königspaar übrigens noch ziemlich zufrieden war. Ende April 1790 kam der besagte, mit großer Ungeduld erwartete Befehl an den Gouverneur von Valenciennes, und nachdem dieser die Abschrift allen Behörden der Provinz zugesandt hatte, trat er, vier Tage nach dem Erhalt der königlichen Ordre, mit seiner Familie die Reise in die Hauptstadt an, ließ seine Pferde und sein ganzes Hauswesen in Valenciennes zurück, und erreichte glücklich Paris.

Esterhazy's erster Gang in der französischen Hauptstadt war in die Tuilerien, um dem erlauchten unglücklichen Königspaare seine ehrfurchtsvolle Anhänglichkeit zu bezeigen. Ludwig XVI. und Marie Antoinette würdigten Beide ihren treu ergebenen Diener mit Thränen in den Augen einer Umarmung, und all der Kummer und Schmerz, als er aus dem Munde seines Souveräns die Ereignisse der jüngsten Vergangenheit vernahm, drängte sich um so lebhafter vor seine Seele, und er sah noch schrecklichere Gräuel vorher, eine Ahnung, welche von der Zukunft nur zu sehr bestätigt wurde. — „Mit dem Tode im Herzen", wie er selbst sagt, kehrte der Graf in seine Wohnung zurück. Paris war ihm unerträglich geworden; alles was er täglich sah, empörte aufs tiefste sein Gemüth.

Marquis Lafayette wünschte den Gouverneur von Valenciennes zu sehen, dieser weigerte sich dessen nicht, holte jedoch früher die Zustimmung des Königs und der Königin ein. Im Hause der Herzogin du Châtelet fand die erste Begegnung dieser beiden Männer statt. Lafayette gab sich die Mühe, sein bisheriges Benehmen zu erklären und zu rechtfertigen, sowie er mehrmals seine persönliche Anhänglichkeit an die Person des Königs betonte, die er aber nicht zeigen dürfe, wenn er nicht aller schiedsrichterlichen Gewalt entsagen wollte. Nachdem Graf Esterhazy mit aller Geduld der langen Rede zugehört hatte, beschränkte er sich nur auf die kurze

Frage: „Ob Lafayette die Rolle eines Cromwell oder jene eines Monk spielen wolle? da er glaube, daß beide in seiner Hand lägen". — Doch versicherte ihn der für den Augenblick in Paris volksthümlichste General, daß es sein einziger Wunsch wäre, die Ordnung wieder hergestellt zu sehen, und daß er selbst nur darauf sinne, Mittel und Wege hiezu anzudeuten. Schließlich gab er Esterhazy ein Rendezvous für den nächsten Tag. Dieser berichtete dem Könige den Inhalt seines Gespräches, welchen Ludwig XVI. auch billigte und ihm befahl, bei der verabredeten Zusammenkunft ja gewiß zu erscheinen. — In dieser übergab Lafayette dem Grafen Esterhazy eine Art Programm für die Theilung der Gewalt zwischen dem Könige und der Nation. Nach diesem Entwurfe sollte der König seine unbedingte Gewalt über die Armee, das Ernennungsrecht für die Gerichtshöfe und die Verfügung der Fonds der Civilliste besitzen; die Minister hingegen sollten dem Volke für jene der verschiedenen Departements, als z. B. der auswärtigen Angelegenheiten, des Krieges, der Marine u. s. w. bewilligten Fonds verantwortlich gemacht werden. Der König sollte ferner das Recht behalten, über Krieg und Frieden zu entscheiden, aber die Kriegsgelder müßten vom Volke bewilligt werden; die Officiere der Armee sollten keinerlei Civilgewalt besitzen, und die Staats- und Verwaltungsbeamten, von den Mitgliedern der Nationalversammlung an bis zum letzten Gemeindeschreiber, sollten nach der vom Gesetze vorgeschriebenen Weise wählbar sein; alle diese Punkte waren in einer sehr oberflächlichen und unbestimmten Weise niedergeschrieben. Lafayette wünschte nicht nur, daß der König zu Allen dem seine Zustimmung gebe, sondern verlangte überdies die Zurückberufung einiger Gesandten und des wegen seiner royalistischen Gesinnungen der liberalen Partei im Wege stehenden Generals Marquis de Bouillé[1]) als Commandant einer Provinz; und er versprach in diesem

---

[1]) **François Claude Amour Marquis de Bouillé**, geboren 1739 auf Cluzel in der Auvergne, machte als Capitän den siebenjährigen Krieg im französischen Heere mit und wurde Oberst, Gouverneur von Guadeloupe und dann Generalgouverneur von Martinique und St. Lucie. Für seine Auszeichnung im Kriege 1778—1782 wurde er Generallieutenant. Als Gouverneur von Lothringen stillte er 1790 einen Militäraufstand in Nancy, wurde 1791 Gouverneur von Metz und ausersehen, die Flucht des Königs aus Paris am 19. Juni zu

Falle dem Grafen Esterházy den Fortbehalt seines Commandos zu sichern, was dieser jedoch abschlug, und dem Marquis bemerkte, daß er entschlossen wäre, nicht mehr nach Valenciennes zurückzukehren, außer dem Könige wäre die unbedingte Autorität über die Armee in bestimmtester Weise zurückgegeben, und selbst in diesem Falle würde er es vorziehen, nach Rocroy versetzt zu werden; da er, sobald er nicht mehr über die Einwohner eine Gewalt haben solle, es ihm weit mehr zusagen würde, an einem Orte angestellt zu sein, wo er niemals eine solche besessen habe. „Im Uebrigen", setzte Esterházy hinzu, „liege ihm durchaus nichts daran, weiter zu dienen, und er wünsche nichts mehr als Ruhe zu genießen, und die Freiheit zu haben, ohne jede amtliche Stellung bei der Person des Königs bleiben zu können." — Ludwig XVI. fand die Vorschläge Lafayette's, welche ihm dieser zur Unterfertigung vorlegte, viel zu unbestimmt, ja einige unter ihnen zu verschiedenen Auslegungen ganz geeignet, und daß eine genauere Auseinandersetzung und Präcisirung einzelner Punkte für alle Eventualitäten der Zukunft durchaus nothwendig und von hoher Wichtigkeit sei. Graf Esterházy begab sich am nächsten Morgen zu Lafayette und setzte ihn von dem Gutachten und der Willensmeinung des Königs in Kenntniß, woraufhin dieser versprach, die Note nach Wunsch zu redigiren, und wirklich zeigte er dieselbe nach einigen Tagen dem Grafen wieder, der aber noch einige Einwürfe zu machen nöthig fand. Marquis Lafayette sprach den Wunsch aus, sich vor deren Uebergabe an den König mit der Königin darüber besprechen zu können. — Dieselbe bewilligte die erbetene Unterredung noch für den nämlichen Tag, worüber Esterházy den Marquis schriftlich verständigte. Das Resultat der in Anwesenheit des Königs abgehaltenen Audienz

---

leiten und zu decken. Als Bouillé den in Varennes verhafteten Monarchen von Stenai aus mit dem Cavallerie-Regimente Royal Allemand befreien wollte, erhielt er vom Könige den Befehl zum Rückzuge, und konnte sich selbst nur mit Mühe nach Luxemburg retten. Er kam dann mit vierzig französischen Officieren nach Wien, schrieb der Nationalversammlung einen Brief, in welchem er erklärte, daß die Officiere nur auf seinen Befehl gehandelt, und daß er selbst Frankreich nur mit den Waffen in der Hand wiedersehen wolle. Von Wien ging er nach Aachen, suchte von dort aus Gustav III. von Schweden und Katharina II. für die königliche Sache zu begeistern und starb 1800 zu London. Er schrieb: Mémoires sur la révolution, zwei Bände, Paris 1801.

Thürheim. Von den Cevennen bis zur Newa.

war, daß Ludwig XVI. seine Unterschrift verweigerte, dagegen aber Lafayette ein an diesen selbst gerichtetes Handbillet ausfertigte, worin er sich mit seinem königlichen Worte verpflichtete, die gewünschten Abberufungen zu genehmigen, aber erst dann, bis die Nationalversammlung mittelst Decret die Vorschläge Lafayette's bestätigt habe, doch keinenfalls früher. Wenige Tage nachher wurde die Frage über die Ernennung der Gerichtsbehörden in der Nationalversammlung discutirt, jedoch Lafayette war nicht dabei erschienen, und durch die Gesetze, welche beschlossen und angenommen wurden, mußten auch die Beamten der Gerichtshöfe von der Nation gewählt und vom Könige nur bestätigt werden.

Graf Esterházy drückte einigen Freunden Lafayette's sein Erstaunen hierüber aus, welche dieses dem Marquis mittheilten, worauf derselbe den Grafen bitten ließ, Abends zur Frau von Simiane zu kommen, wo er ihn erwarten wolle. Esterházy fand Lafayette bereits dort, und seine Ansprache an diesen beschränkte sich auf folgendes kurzes Dilemma: „Entweder haben Sie dem Könige die Er„nennung der Gerichtshöfe verschaffen wollen und es nicht vermocht, „oder Sie haben es nicht gewollt. Im ersteren Falle ist es nutz„los, daß der König Ihnen Opfer bringe, da Sie ihm dafür keine „Entschädigung bieten können; im zweiten hingegen kann und darf „er nicht Ihren Versprechungen trauen". Sie trennten sich Beide wenig von einander befriedigt, und von dieser Zeit an suchte Graf Esterházy allen Verkehr und jede Annäherung mit Lafayette sorgfältig zu meiden. Eines Tages schrieb dieser dem Grafen ein Billet, um ihn zu einer Besprechung bei dem Grafen Saint-Priest einzuladen, wohin sich Lafayette zur Berathung einiger Punkte seiner Vorschläge begeben sollte. — Esterházy antwortete nicht, und als ein Freund Saint-Priests zu ihm kam, um zu erfahren, ob er hinkäme, verneinte er es mit dem Bemerken, daß, wenn ein königlicher Minister ihm Befehle zu geben hätte, so müßte er solche durch diesen selbst empfangen, und da er aber überdies durchaus keinen Rechtsgrund habe, sich in Staatsgeschäfte zu mengen, so würde er nur über directen Befehl des Königs mit dem Marquis in Verhandlung treten. An Lafayette schrieb er aber einen Tag nachher, daß er dessen Billet zu spät erhalten habe und zu der ihm angegebenen Stunde zur Königin befohlen war, wohin er auch in Wirklichkeit gegangen und derselben über die Angelegenheit Bericht erstattet hatte.

Die Sorgfalt Lafayette's sich an dem Tage der Abhandlung über die Ernennung der Gerichtshöfe nicht in der Nationalversammlung zu zeigen, bewies zu deutlich, daß er der Stimmenmehrheit für den König bezüglich seines eigenen Vorschlages nicht sicher war, und daher sein Ansehen nicht aufs Spiel setzen wollte, wenn er sich auf die Seite der Minorität gestellt hätte, daher dachte Esterházy, daß jede weitere Unterhandlung mit Lafayette ganz überflüssig und nutzlos wäre; im Gegentheile dieser eine solche etwa als Vorwand einer Begünstigung, die ihm der König gewähre, benützen könnte, ohne dagegen für die Abhandlungen und Beschlüsse der Nationalversammlung verbürgen zu können, da es augenscheinlich war, daß er auf diese nicht den geringsten Einfluß ausüben könne.

Graf Esterházy miethete sich um diese Zeit ein Haus in Chaillot anläßlich der Impfung seiner Tochter, aber er hatte dort auch weit bessere und bequemere Gelegenheit seine Freunde zu sehen, mit denen er zu Pferde im Bois de Boulogne zusammentraf, und durch die Gärten in die Tuilerien zu gehen, ohne aus nächster Nähe beobachtet zu werden. Eines Tages um neun Uhr Morgens hörte er aus den Tuilerien, während der König sich im Rathe befand, Beifallsklatschen und die Rufe: „Vive le Roi!" unter den Fenstern des Schlosses. Seine Frage um die Ursache dieses Lärmens konnte ihm niemand beantworten; da er sich beeilte, seine Frau, die ihn in den Champs Elisées erwartete, zu finden, konnte er für den Augenblick nichts erfahren, und erst am andern Morgen als er zu Hofe kam, erhielt er darüber Aufklärung. Unter dem Vorwande, jedem das Tragen der Nationalcocarde anzubefehlen, hatte der König ein Schreiben an die Nationalversammlung erlassen, welches den Adel und die Geistlichkeit bloßstellte und diese unbedingt der Willkür der Revolutionärs auslieferte. Diese Note war im Conseil redigirt und von der Versammlung mit einstimmigem Jubel aufgenommen worden, welche am andern Tage eine eigene Deputation abschickte, um dem Könige zu danken. Während diese bei dem Monarchen war, rief die Königin, welche ihren Gemal eben zum Kirchengange erwartete, den Grafen Esterházy in eine Fensternische, der ihr mit dem Ausdrucke

des Schmerzes das soeben Vernommene mittheilte: jedoch beruhigte
ihn die Monarchin mit der Aeußerung, daß das Ganze nur eine
Declaration wegen der Cocarde gewesen sei, ohne jede weitere Bedeutung; aber die hohe Frau hatte sie selbst nicht gelesen, und der
König hatte ihr am Vorabende gesagt, im Momente als ihm das
Volk zuklatschte, daß er nicht wisse, warum es ein solches Gewicht
darauf lege. Graf Esterházy erwiderte, wie sehr ihn zwar die
gnädigen beruhigenden Worte der Königin erfreuten, so könne er sich
doch erst dann vollkommen beruhigen, wenn er die fragliche Erklärung
mit eigenen Augen gelesen habe. Der König kam hinzu und das
Herrscherpaar ging zum Gottesdienste. Esterházy kehrte in seine Wohnung zurück, und kaum saß er bei Tische, so kam ein Befehl der
Königin, augenblicklich vor ihr zu erscheinen. Er fand dieselbe in
voller Verzweiflung; sie hatte die Erklärung nun gelesen und dieselbe
mit Unannehmlichkeiten und Gefahren erfüllt gefunden. Der König
hatte sich gegen ihre Vorwürfe damit vertheidigt, daß er eine ihm
zuerst vorgelegte Erklärung nicht hatte unterzeichnen wollen, aber da
die zweite ihm bei der ersten Lesung ganz ohne Wichtigkeit und weitere
Consequenzen erschienen wäre, habe er diese signirt. — Erst als die
Königin dieselbe mit ihm gemeinschaftlich genauer prüfte, sei er zur
deutlichen Erkenntniß gekommen, wie sehr er sich getäuscht habe; er
seufzte über die Unredlichkeit seiner Minister, welche ihm fortwährend
Fallen stellten, und endete damit, daß er über seine Lage Thränen
vergoß. — Die Königin hatte ihrem Gemal den Vorschlag gemacht,
abzudanken, eine Krone fahren zu lassen, von der man ihm tagtäglich
einige Zierden abriß, aber der unglückliche Fürst besaß nicht genug
Kraft, einen solchen Entschluß zu fassen, und die Gewohnheit, die er
angenommen hatte, stets nach dem Willen seiner Minister zu handeln,
machte, daß er zuletzt immer damit schloß, sich wieder an sie zu wenden,
obgleich sie nicht den geringsten Theil seines Vertrauens besaßen.

Da der Hof für den Sommer nach St. Cloud übersiedelte,
vertauschte Graf Esterházy seine Wohnung in Chaillot mit einer in
Auteuil, was St. Cloud viel näher war und an das Boulogner
Wäldchen anstieß. Die Herzogin von Devonshire, welche anläßlich
ihrer Niederkunft der besseren Aerzte wegen nach Paris gekommen war,
hatte das nahe Schloß Passy gemiethet, welches sie mit ihrer Mutter,

der Lady Spencer bewohnte. Letztere war eine jahrelange Freundin Esterházy's, nebst diesen Damen wohnten noch mehrere andere seiner Bekannten in nächster Nachbarschaft über die Sommermonate, so die Gräfin Balby, Vauban u. s. w., ein Umstand, der für die Gräfin Esterházy in den nun häufigen Abwesenheiten ihres Gemals in St. Cloud oder Paris, wohin ihn auch öfters Aufträge des Hofes führten, von großer Annehmlichkeit war und ihr Zerstreuung bot.

In seiner Sommerresidenz St. Cloud war der Hof von Nationalgarden begleitet oder vielmehr bewacht, die Kanonen derselben standen vor den Ein- und Ausgängen des königlichen Schlosses aufgefahren. Ein Bataillonschef der Nationalgarde versah die Functionen des ehemaligen Gardecapitäns und die Adjutanten Lafayette's waren zum persönlichen Dienste des Königs und der Königin, sowie der königlichen Familie commandirt. Außerdem hatten noch der Herzog von Cossé-Brissac,[1]) Capitän der hundert Schweizer, ein dem Könige sehr ergebener Mann, der später auf eine gar traurige Weise in Versailles enden sollte; der Herzog von Villequier, erster Kammerherr des Königs und Graf Esterházy, Wohnungen im Schlosse angewiesen. Auch dem Marquis Lafayette war eine solche eingeräumt, die er aber nur bei seinen vorübergehenden Besuchen in St. Cloud benutzte, da er immer in Paris schlief. Der König unternahm hier tägliche Spazierritte. Alle Sonntage ging der Hof nach Paris, wo er in den Tuilerien speiste. Eines Sonntags lud General Lafayette den König zur Abhaltung einer Revue über eine Division der Nationalgarde in der Ebene von Sablons ein. Ludwig XVI. sagte zu, begab sich zu Pferde, im grauen Oberrock, dahin und ritt die Fronte der Truppe ab, welche sodann vor ihm defilirte. Jene Leute, welche nichts unterließen, den König zu schaden, seine Verdienste und jede seiner Handlungen herabzusetzen und zu verdächtigen, waren damit unzufrieden, daß er die Revue im Ueberrocke abgehalten habe, und am nächsten Samstage sagte Lafayette dem Könige, daß dessen Anzug

---

[1]) Louis Hercule Timoleon de Cossé Herzog von Brissac, geboren 1734, Pair, Befehlshaber der Schweizer Garde, während der Revolution Ludwig XVI. treu ergeben, erhielt 1791 den Befehl über die constitutionelle Garde des Königs, wurde in Versailles verhaftet und am 9. September 1792 von dem Pöbel nebst mehreren, im Ganzen 57 an der Zahl, ermordet.

der Garde mißfallen habe und daß sie wünsche, derselbe möge im rothen Kleide kommen, wie es der sonst übliche Gebrauch bei den Revuen der französischen Garden wäre. Diese Gleichstellung mit den königlichen Truppen mißfiel dem Monarchen, der diesen Rathschlag von sich wies und Lafayette entließ, ohne ihm eigentlich eine entschiedene Antwort zu geben. Am selben Tage Abends nach dem Souper, brachte ein Adjutant Lafayette's ein Schreiben von diesem an den König, in welchem der General bemerkte, daß die Weigerung, das rothe Kleid bei der Revue zu nehmen, der Garde sehr mißfällig sei und daß er für die daraus entstehenden üblen Folgen nicht gut stehen könne, falls es dem Könige wieder im grauen Rocke zu erscheinen beliebte; im Uebrigen möge er ganz nach seinem Willen handeln und er würde ihn um zehn Uhr am Paradeplatz an der Spitze der Division erwarten. Die gewöhnliche Unentschiedenheit, dieser Haupt-, und wol vielleicht einzige Charakterfehler Ludwigs XVI. hinderte ihn, am Abende noch eine Entscheidung zu treffen und am nächsten Morgen griff er zu einer Art Mittelweg, die Niemand befriedigte. Er war allerdings in einem rothen Kleide erschienen, aber doch nicht in jenem der gewöhnlichen Revuen, welch' letzteres mit breiten Goldborten auf den Nähten und reicher Stickerei verziert, sondern in einem weit einfacheren rothen, mit schmalen Borden, welches man die „Uniform von Trianon" nannte, da dieses Kleid dort eingeführt worden war.

Die Nationalversammlung huldigte um die Zeit mit lächerlichem Eifer allen Grundsätzen und ergriff alle Maßregeln, welche zur vollständigen Demokratisirung und einem gänzlichen Nivellement führen mußten. So wurde der Adel abgeschafft und ein Decret befahl jedem Privatmanne, nur den Familiennamen seiner Väter ohne jeden Titel oder Zusatz zu führen, eine Anordnung, die niemals in Wirklichkeit durchgeführt wurde. — Mathieu de Montmorency (siehe Seite 310) schlug die Abschaffung der Wappen und Livréen vor, welcher Antrag angenommen wurde und ein strenges Verbot erschien darüber. Eine fast komische Wirkung brachte besonders die Zurückführung auf die ursprünglichen Namen. Viele berühmte Personen, unter ihnen die hervorragendsten Mitglieder der Nationalversammlung, wurden dadurch für das Publicum eine Zeit lang unkenntlich gemacht, so hießen die

Montmorency: Bouchard, Richelieu: Vignerol, Saint=Priest: Guignard, Lafayette: Mottier, Mirabeau: Riquetti u. s. w. „Mit Euerem Riquetti", sagte Mirabeau eines Tages verdrießlich zu den Stenographen des Moniteur, „habt Ihr Europa mehrere Tage lang irre geführt." — Diese Neuerung bewirkte aber den entgegen= gesetzten Zweck; viele Adelige, die bisher mit der Revolution gegangen, trennten sich von ihr und die Auswanderung nahm zu. Mirabeau, der selbst so viel zur Abschaffung der politischen Vorrechte des Adels beigetragen hatten, nannte dieses Decret eine kleinliche, thörichte Maß= regel, nur geeignet den neuen Ideen Feinde zu erwecken, ohne die= selben zu kräftigen. — Der König allein war bezüglich der Wappen und Livréen von dem Verbote ausgenommen.

Der Pöbel benützte sogleich diese Gelegenheit, um jene Wappen, welche über den Thoren der einzelnen Paläste und Familienhäuser angebracht waren, zu zertrümmern und alle Wägen zu insultiren, welche noch einen Anschein von Wappen an ihren Thüren haben konnten. Die Livréen verschwanden und die Dienstleute der fremden Gesandten, welche wie natürlich, jenem Decrete nicht unterworfen waren, wurden vom Plebs beschimpft oder geprügelt, ungeachtet aller kleinen Hülfsmittel, mit denen man bemüht war, das Volk zu er= heitern und zu zerstreuen, als: beständige Exercierübungen, große Paraden mit Musik von Seite der einzelnen Nationalgardenbataillons, Vertheilung vielfärbiger Leibbinden an die Municipalbeamten u. s. w.

Man glaubte den Jahrestag der Erstürmung der Bastille (14. Juli) durch ein großes Verbrüderungsfest der Nation feiern zu müssen, zu welchem alle Departements und jede französische Truppenabtheilung Abgeordnete nach Paris senden und der König vor seinem Volke öffentlich den feierlichen Eid leisten sollte, der Nation, dem Gesetze und der Verfassung treu zu bleiben, obgleich diese letztere noch gar nicht einmal vollendet und bestimmt war. Dieser Vor= schlag, der Nationalversammlung zur Kenntniß gebracht, wurde mittelst Decrets von dieser angenommen und angeordnet, daß das alte Mars= feld vor der Militärschule, zur Vollziehung dieser Feierlichkeit herge= richtet werden sollte.

Eine Menge Arbeiter waren tagelang damit beschäftigt und das Ergebniß war eine großartige Arena, eine Art Circus, auf der einen

Seite durch die Militärschule begrenzt, vor welcher man ein großes Gerüste aufschlug für den König, die Nationalversammlung, den Magistrat, die Abgeordneten der Gemeinde von Paris u. s. w., oberhalb desselben war eine Tribüne für die Königin und die königliche Familie und zu beiden Seiten weite Galerien für die Minister, die fremden Diplomaten und andere Personen angebracht. Der Thronsessel war auf gleicher Höhe mit dem zu seiner Rechten aufgestellten Präsidentenstuhl der Nationalversammlung; herum waren Tabourets (Sesseln ohne Lehnen) für die Schriftführer der letzteren; für die Officiere des königlichen Gefolges hingegen fehlten Sitze und diese waren bemüssigt auf den beiden Treppen, welche von der Tribüne der Königin zu dem Thronsessel führten, der Ceremonie stehend beizuwohnen.

In Mitte dieser Arena, welche kreisförmig mit drei Reihen Bänke für die Zuschauer versehen war, stand ein großer Altar, zu welchem man achtzig Stufen hinanstieg, umgeben von großen Blumenvasen und prachtvollen Gefäßen mit Wohlgerüchen erfüllt; auf diesem sollte eine Gesangmesse celebrirt werden. — Auf der anderen Seite der Militärschule befand sich ein großer Triumphbogen mit Freiheitsemblemen und Inschriften überhäuft und hinter diesem war eine Schiffbrücke über die Seine hergestellt, auf welcher die feierlichen Einzüge der Deputirten der Departements, der Armee, der Seemacht und der Generale aller Grade, welche den Altar umstehen sollten, vor sich zu gehen angeordnet waren. Der große Intervall, der sich zwischen dem Altar und den Stufen befand, war bestimmt, von der im vollen Waffenschmucke prangenden Nationalgarde von Paris ausgefüllt zu werden. Außer den Arbeitern jeder Art, welche Tag und Nacht eifrig beschäftigt waren, den Schauplatz dieses Festes herzustellen, schien sich Alles, was der Revolution geneigt war oder angehörte, zu unermüdlicher Thätigkeit zu vereinen. Wie immer, machten sich die Frauen hiebei bemerkbar und man sah darunter sehr elegant gekleidete und reich geschmückte, die unter den Tönen rauschender Musik und den Klängen des damaligen Lieblingsliedes der Revolutionäre: „Oh ça ira, ca, ira à la lanterne avec les aristocrats" ꝛc. Schubkarren ab und zu führten. Während dieser Vorbereitungen waren alle Heeresstraßen Frankreichs von den nach Paris reisenden Abgeordneten der Departements und der verschiedenen Gemeinden, sowie auch neugierigen Touristen angefüllt, welche der Reiz der Neuheit eines derartigen, noch nicht gesehenen Schaustückes anlockte. Man trachtete, daß die Abgeordneten der Armee nur aus bekannten Feinden des früheren Systemes und der alten Ordnung gewählt würden.

In dieser Zeit der Aufregungen, Vorbereitungen und Erwartungen erbot sich hier eine Gelegenheit, die, wie Graf Esterházy glaubt, wenn Ludwig XVI. einen herzhaften Entschluß gefaßt hätte, sowol sein Leben als ganz Frankreich vor den Gefahren und dem Unglücke der Schreckenstage zu retten im Stande gewesen wäre, „aber dies war", wie er sagt, „nur eitles Hoffen".

Seit 6. October 1789 jagte der König nicht mehr, aber aus Gesundheitsrücksichten machte er häufige größere Spazierritte zu vier bis fünf Meilen in der Umgegend von St. Cloud. Er ritt meist in scharfer Gangart und von den Nationalgardeofficieren, welche bei ihm den Dienst der früheren Gardecapitäns versahen, war nur Einer im Stande ihm zu folgen. Dieser, ein gewisser Herr Courtommer, wurde in Folge gegenseitigen Uebereinkommens von seinen Kameraden auserwählt, alle Spazierritte des Königs mitzumachen. — Außer diesem Bataillonschef war noch ein ehemaliger Garde du Corps, der aus dieser Elitetruppe seinerzeit wegen schlechter Aufführung entlassen worden war und jetzt als Commandant einer Abtheilung Nationalgardecavallerie fungirte, bei der Person des Monarchen zugetheilt, um demselben bei den Spazierritten zu folgen, ein Dritter endlich, war ein Adjutant Lafayette's. Nebst diesen officiellen Begleitern, fanden sich gewöhnlich noch als freiwillige dazu ein, der Herzog von Brissac, der Herzog von Suze, der Chevalier de Tourzel und der General Graf Esterházy. Eines Tages ritt der König über die Höhen von St. Cloud, durch eine gewöhnlich unbenützte und verschlossene Parkthüre und von da in die Ebene gegen Ruel. Ueber die Brücke bei Chatour drangen die Reiter in das Gehölz von Venicelle; die Relaispferde waren wo andershin bestellt, doch Ludwig XVI. nahm diesmal darauf keine Rücksicht, sondern ließ sein Pferd in gestrecktem Galopp die entgegengesetzte Richtung nehmen. Esterházy zweifelte nicht, wie er schreibt, daß der König etwa einen Fluchtversuch unternehmen wolle, umsomehr, da gleichzeitig mit diesem Spazierritte auch die Königin mit der Prinzessin Elisabeth und den königlichen Kindern, ihre Wägen anzuspannen befohlen hatten, um eine Spazierfahrt zu machen. Es schien dem Grafen, daß dem allen ein combinirter Plan zu Grunde liege, daß vielleicht an der Seine Schiffe in Bereitschaft wären, um sie alle zu übersetzen und am jenseitigen Ufer bereit stehende Wägen sie schnell auf dem Wege nach Chantilly befördern würden, wo der Prinz von Condé alle nöthigen Pferde hätte, die auf dem weiteren Wege als Relais hätten vertheilt werden können, um den König in den Mittelpunkt einiger noch treu gebliebener Truppen zu führen, wo er anhängliche Diener gefunden hätte. Dieselben Gedanken und Vermuthungen hegte auch der Herzog von Brissac, der sich durch einen bedeutungsvollen Blick mit Esterházy verständigte. Beide blieben etwas zurück, um sich ihre Muthmaßungen gegenseitig mitzutheilen und kamen darin überein, daß sie jeder einen der beiden Nationalgarden beobachten würden und daß im Momente des Flußübersetzens, wenn sich einer von diesen widersetzen oder ihnen nicht folgen wollte, ihm ihr Jagd= messer, die einzige Waffe, die sie bei sich führten, in die Seite stoßen würden, ohne ihnen Zeit zu lassen, von ihren Säbel oder Pistolen Gebrauch zu machen, mit welchen Waffen jene versehen waren. Aber als der König anhielt und seinem Stallmeister, Herrn de Cubières, befahl, daß man seine Relais auf einen von ihm bestimmten Platz kommen lasse, um den Rückweg anzutreten, waren die Hoffnungen seiner Getreuen vernichtet. Wir citiren hierüber wörtlich folgende Stelle aus Esterházy's Aufzeichnungen: „Je mehr ich seither darüber „nachdenke, erkenne ich, wie leicht seine Flucht (des Königs) gewesen „wäre; wir kehrten oft erst nach dem Einbruche der Nacht heim, und „wir hätten in Chantilly sein können, ehe man unsere Flucht bemerken „konnte, sehr leicht Dörfer vermeidend und bekannte Jagdwege ver= „folgend; so in den Gehölzen von Chantilly, Hallote und Compiègne, „wo Relaispferde des Prinzen Condé hätten aufgestellt werden können „ohne den geringsten Verdacht zu erregen. Nach unserer Heimkehr „theilte ich der Königin unsere Hoffnungen mit und wie sehr ich die „dringende Nothwendigkeit einer Flucht erkenne, auch daß man noch „genug Freiheit habe, eine solche zu unternehmen. Sie sagte, daß sie „wol daran gedacht habe, aber auch verzweifle den König eher dahin

„zu bewegen, als bis es vielleicht schon zu spät wäre, was sie selbst „beträfe, wäre sie ganz entschieden mit sich einig, niemals sich von „ihm (dem Könige) zu trennen und dem Loose zu folgen, welches „ihr das Verhängniß bereite".

Eines Tages erfuhr man in St. Cloud, daß bei der Brücke von Beauvoisin ein Officier angehalten worden sei und man bei ihm einen Brief der Prinzessin Elisabeth an ihren Bruder, dem Grafen von Artois, gefunden habe. Dieses in Chiffren abgefaßte Schreiben, war sogleich der Nationalversammlung überbracht worden. — Der König und die Königin waren über dessen Inhalt sehr beunruhigt und beauftragten den Grafen Esterházy in Erfahrung zu bringen, was jener Brief enthalte. — Die Prinzessin selbst eröffnete diesem, daß sie ihren Bruder gebeten, er möge nicht auf einen kraftvollen Entschluß von Seite des Königs zählen, da dieser schwach wäre und sich von seinen, von der Nationalversammlung erkauften Ministern so herumführen lasse, daß hier nichts zu hoffen wäre und daß er (Artois) daher aus Eigenem handeln und die fremden Monarchen für sein Interesse gewinnen müsse, denn ihr Bruder würde sein eigenes Verdammungsurtheil unterzeichnen, sobald man es ihm vorlegen würde, sie müsse ihm das offen sagen, obgleich sie ihn zärtlich liebe und die wahrste und innigste Theilnahme daran nehme, daß er seinen Zweck erreiche. — Der König verzieh seiner Schwester leicht die wenig schmeichelhaften Aeußerungen über seine Person, schon aus Freude, daß er selbst nicht bloßgestellt sei durch den Inhalt jenes Briefes.

Die Königin hatte mehrere Geheimboten, die von Paris an verwandte oder befreundete Höfe auf und zu gingen. Aber dies alles nützte nichts, unbestimmte Zusagen, unentschiedene Antworten, theilnehmende Redensarten und leerer Wortkram war alles, was sie zurück erhielt; da nahte denn das Verbrüderungsfest heran und der König verließ St. Cloud zwei Tage vorher.

In der Nacht vom 13. auf den 14. Juli waren die stufenweise erhöhten Zuschauerbänke bereits überfüllt und am 14. bei Tagesanbruch setzten sich die Abgeordneten der Departements, deren jedes einen eigenen Fahnenträger hatte, bei der Porte St. Martin in Marsch und nahmen unterwegs die Abgeordneten der Armee und der Gemeinden in ihrem Zuge auf. Die Municipalität und endlich die National=

versammlung mußten sich mit ihnen auf dem Platze Louis XV. vereinigen. Dieser Zug war umgeben von Abtheilungen der Nationalgarde zu Fuß und zu Pferde. Voran schritt eine große Anzahl Musiker, Trompeter und Paukenschläger. Um eilf Uhr versammelten sich die zur Begleitung des Königs bestimmten Persönlichkeiten in den Tuilerien und bestiegen die königlichen Wägen, welche um die Mittagsstunde bei der Militärschule anlangten, von wo eine Verbindungsgalerie zu den Gerüsten mit dem Sitze des Königs führte. An diesem Tage gab es viele Gußregen, die mit momentanem Sonnenschein wechselten. Mehr als zwei Stunden mußte der Hof auf die Ankunft der Nationalversammlung warten, deren Mitglieder sämmtlich schwarz gekleidet zu Fuße gekommen, ziemlich durchnäßt und kothig waren. Die schöne prachtvolle Kleidung und gute Haltung des Königs an diesem Tage, bot einen scharfen Contrast und in den Augen der großen Menge hier versammelten Volkes, nicht zu Gunsten der Deputirten. Die Abgeordneten der Departements und der Armee waren dem Monarchen schon am Vorabende in den Tuilerien alle einzeln vorgestellt worden. — Ludwig XVI. hatte sie in seiner angebornen Herzensgüte Alle sehr gnädig behandelt und die alte Liebe der Franzosen für ihren König war durch seine persönliche Anwesenheit wieder neu belebt worden; und es wurden am Platze des Verbrüderungsfestes die Rufe: „Es lebe der König! Es lebe die Königin! Es lebe der Dauphin! so laut, daß sie häufig den Ruf: Es lebe die Nation, erstickten. — Graf Esterházy sagt: „Er wäre überzeugt, wenn der König in diesem „Moment sich zu Pferde gesetzt, die Reihen durchritten und mit einer „kräftigen Ansprache begeistert hätte, alle Deputirten der Provinzen „und der Armee, und vielleicht selbst ein Theil der Nationalgarde „würde sich um Ludwig XVI. geschaart haben, und dieses Fest, auf „welches die Anhänger der Revolution für ihre Zwecke so sehr gerechnet „hatten, hätte wahrscheinlich die Monarchie wieder hergestellt. — Aber „es geschah nichts!" — Der Bischof von Autun,[1]) ein pflichtvergessener Priester und Abtrünniger, las die heilige Messe, welche

---

[1]) Charles Maurice, späterer Fürst von Talleyrand, der bekannte Diplomat und Minister des Kaiserreichs und der Restauration, geboren 1754 zu Paris, gestorben daselbst am 17. Mai 1838.

Feierlichkeit weit mehr an ein Fest des alten Griechenland oder des classischen Rom als an eine christliche Ceremonie erinnerte, man weihte die Fahnen der Departements, und General Lafayette, vom Könige zum General (militärischen Chef) des Verbrüderungsfestes ernannt, brachte demselben die Eidesformel, welche der Präsident der Nationalversammlung, von seinem Sitze sich erhebend, laut vorlas und welche von allen Mitgliedern der Versammlung mit erhobener Stimme wiederholt wurde. — Nach Beendigung des Hochamtes sprengte Lafayette auf einem prächtig ausgerüsteten Schimmel nach dem Sitze des Königs, senkte den Degen, holte sich dessen Befehle ab und ritt die ganze Arena zurück, stieg ab und begab sich dann zu Fuß nach dem Altar, welchen er mit der Waffe berührte und den Schwur der Treue dem Könige, dem Gesetze und der Nation leistete, der von den Abgeordneten der Departements und der Armee wiederholt wurde. In demselben Augenblicke erhob sich auch der König und schwur auf die Verfassung, die, wie schon gesagt, noch gar nicht fertig und präcisirt war. — Dem ganzen Acte folgte ein Te Deum von dem Donner zahlreicher Geschütze zeitweise begleitet. In einem weiten Garten, la Muette genannt, waren auf Kosten der Stadt Paris Tische zum Mahle für 22.000 Föderirte gedeckt, aber die Müdigkeit der Acteurs dieses Schauspiels machte, daß diese Tische verhältnißmäßig sehr schwach besetzt waren. Bei seiner Rückkehr wurde der König wo möglich noch enthusiastischer begrüßt als bei seiner Ankunft, und der weithin tönende Ruf: Es lebe der König! wiederholte sich unzählige Male. Alle seine Anhänger schienen mit diesen Vorgängen weit zufriedener als seine Gegner, welche das ganze Fest für ihre Zwecke inscenirt hatten. Lafayette schien niedergeschlagen und jene, welche auf das Föderationsfest als Mittel, die Revolution zu äußern Ehren zu bringen, gerechnet hatten, fühlten sich nicht nur sehr enttäuscht, sondern selbst beunruhigt über die Stimmung, welche die Föderirten in ihre Provinzen mitbringen mochten, da diese im Allgemeinen große Anhänglichkeit an den König gezeigt hatten, hingegen weit weniger Beachtung der Nationalversammlung widmeten, deren Abhandlungen sie oft ohne Anstand, und die Beschlüsse derselben viele kleinlich und läppisch fanden.

Mirabeau, der schon seit längerer Zeit dem Könige in geheimen Denkschriften die Lage der Dinge, den Stand der öffentlichen Meinung, die zu ergreifenden Maßregeln auseinanderzusetzen gewohnt war, drang in Ludwig XVI., bei der bevorstehenden Feier so sehr als möglich hervorzutreten, rieth ihm, am Tage der Föderation, von den Gesandten der fremden Mächte umgeben, zu dem Volke zu sprechen, ja er hatte sich erboten, die zu haltende Rede abzufassen, welche wahrscheinlich ein Meisterstück gewesen wäre und eine angemessene Wirkung nicht verfehlt haben würde. — Dieser berühmte Volksredner stand schon seit längerer Zeit mit dem Königspaare in geheimer Verbindung. — Bereits am nächsten Morgen nach der Wegführung des Königs von Versailles in die Tuilerien kam er in früher Stunde zu dem Grafen La Mark und sagte diesem gleich bei seinem Eintritte ins Zimmer: „Wenn Sie irgend ein Mittel haben, „sich beim Könige und der Königin hören zu lassen, so bringen Sie „ihnen die Ueberzeugung bei, daß Frankreich und sie selbst verloren „sind, wenn die königliche Familie nicht aus Paris geht. Ich be= „schäftige mich mit einem Plan, dieselben hinauszukommen zu machen; „sind Sie in der Lage, ihnen die Versicherung zu geben, daß sie auf „mich zählen können". — „Beschäftigen Sie sich erst mit Ihrem Plan", erwiderte La Mark, „und wenn er fertig ist, werde ich diesen ihnen „(dem Königspaare) auf gute Weise in die Hände kommen lassen." — Einige Tage später brachte Mirabeau ein vom 15. October 1789 datirtes Schriftstück, welches ein Meisterstück an Beredtsamkeit, Klarheit, Vernunft und Kraft ist, und in welchem Mirabeau in feurigen Zügen die Gefahren des Thrones malt, die Nothwendigkeit energischer Maßregeln, sowie den König aus der Knechtschaft, in der er sich in Paris befindet, herauszuziehen betont, da ihn dort auch persönliche Gefahren bedrohen. Mirabeau gibt den Rath, sich in die Normandie, eine treu ergebene Provinz, zurückzuziehen, welche an die Bretagne und Anjou grenzt, auf welche man gleichfalls zählen kann (alle von den Reichsgrenzen entfernt), dort seine Getreuen um sich zu sammeln und dem Lande beruhigende Erklärungen für Verbesserungen und Einführung nothwendiger Reformen zu geben u. s. w.; er empfiehlt zuletzt, mit Klugheit und Mäßigung zu handeln, aber sich zu beeilen, da die Gefahr dränge. Nicht ohne Ueberwindung vieler

Schwierigkeiten gelang es dem Grafen La Mark eine Annäherung des berühmten von ihnen verabscheuten Redners, mit dem Könige und der Königin zu vermitteln, und mehreren Zusammenkünften folgte eine Correspondenz und die Ueberreichung einiger politischer Memoiren an das Königspaar, wobei Graf La Mark hülfreiche Hand bot. — Der König und die Königin dachten wol daran, daß Mirabeau vielleicht der Einzige im Stande sei, Mittel zu ihrer Befreiung zu schaffen, aber sie wollten sich doch nicht ganz unbedingt in die Hände des volksthümlichen Redners und reichbegabten Mannes, eines bekannt wankelmüthigen und höchst unsittlichen Charakters geben, und faßten daher den Entschluß, mit dessen Hülfe die Hauptstadt Paris zu verlassen, jedoch nach Rouen zu gehen, statt an das jenseitige Ufer der Loire, wie Mirabeau es wünschte. In dieser Stadt war die Bevölkerung gutgesinnt und die Herzogin von Villeroi, Schwester des Herzogs von Villequier, hatte sich dahin zurückgezogen, eine große Partei daselbst für das königliche Interesse gewonnen, auf welche sie sicher zählen konnte. Von dort aus war es möglich Flandern zu erreichen, oder Hülfe der fremden Mächte leichter zu erhalten, und überdies hatte man dort noch das Meer und den Weg zur See hinter sich. Daher konnte man daselbst in Ruhe und Sicherheit den weiteren Gang der Ereignisse abwarten, was aber keineswegs in der dem Aufruhr geneigten und bewaffneten Hauptstadt der Fall war. Graf Esterházy sagt, er habe von diesem ganzen Plane nur eine oberflächliche, in den Details wenig präcisirte Kenntniß besessen. Der König selbst hatte ihm darüber Mittheilungen gemacht, und geäußert, er werde ihn seiner Zeit rufen und dessen Thätigkeit in Anspruch nehmen; jedoch möge er seine Familie einstweilen in Sicherheit bringen, da man allen Grund zu befürchten habe, daß die königliche Abreise Unruhen in Paris hervorrufen werde; hingegen über die wahre Ursache seiner zu treffenden Anstalten das strengste Stillschweigen beobachten. Graf Esterházy theilte im Allgemeinen seiner bewährten Freundin, der Lady Spencer, die Besorgniß für seine Familie, im Falle diese in Frankreich bliebe, bei der herrschenden Unsicherheit aller bestehenden Verhältnisse mit, und sprach den Wunsch aus, ob dieselbe sie nach England mitnehmen könne. Die Lady ging sogleich darauf ein mit jener lebhaften Theilnahme und wohlwollenden Güte, welche ihre wahre Freundschaft bewiesen. Mehr Schwierigkeiten hatte der Graf, seine Schwiegermutter von dieser Nothwendigkeit zu überzeugen, doch konnte auch diese sich nicht in der Länge der Einsicht und den Gründen der Vernunft gänzlich verschließen. Nach Erhalt der nöthigen Pässe und nachdem der Graf angemeldet hatte, daß er seine Frau nur nach Calais bringe und sodann wieder zurückkehre, reisten beide Gatten über Peronne dahin ab, während Lady Spencer, die Herzogin von Devonshire und ihre Familie über Abbeville und Amiens den Weg dahin einschlugen. — Am 16. August 1790 traf das Ehepaar Esterházy in Calais ein, am Morgen des nächsten Tages führte der Graf seine junge Frau auf den Hafendamm, da sie das Meer noch nie gesehen hatte. — Der Anblick der gerade etwas stürmischen See erhöhte um Vieles die Großartigkeit des Eindruckes, aber verursachte der Gräfin einen solchen Schrecken, daß sie, von einem plötzlichen heftigen Unwohlsein befallen, den Entschluß sich diesem mächtigen, aber oft tückischen Elemente anzuvertrauen, aufgeben zu wollen schien. Glücklicherweise kamen am Abend dieses Tages die englischen Damen, und der milden vertrauensvollen Beredung der Lady Spencer gelang es, der jungen Frau wieder Muth einzuflößen und sie zur Seefahrt zu bewegen. In zwei Packetbooten wurde die Reise über den Canal angetreten. Die Herzogin von Devonshire hatte mit ihrer Familie das eine bestiegen, Lady Spencer mit der Gräfin Esterházy und ihren Dienerinnen das andere. Der Graf wollte seine junge Frau auf ihrer ersten Seefahrt begleiten und fuhr mit; nach ruhiger Fahrt gelangten sie nach Dower, wo sie einen Tag ausruhten, und Esterházy für seine Person wieder nach Paris über Calais zurückkehrte.

Der König war zur Feier des Ludwigstages von St. Cloud aus in den Tuilerien angelangt. Bis dahin war das Geheimniß seiner projectirten Reise in die Normandie gut bewahrt worden, aber deren Ausführung verzögerte sich von Tag zu Tag. Ludwig XVI. war im Zweifel, ob er Lafayette ins Vertrauen ziehen solle, Graf Esterházy äußerte Bedenken dagegen, und glaubte überzeugt zu sein, daß Lafayette, statt die Ausführung zu erleichtern, diese im Gegentheil verhindern würde, umsomehr da derselbe viel von seinem Ansehen und Einfluß in der Nationalversammlung eingebüßt habe. Der

Herzog von Orléans, der ihn haßte, war zur Zeit des Föderations=
festes aus London zurückgekehrt, und hielt in seiner Wohnung im
Palais Royal Berathungen ab, wo sich die bedeutendsten Männer der
Revolutionspartei versammelten; einer den andern verachtend, waren
sie aber alle geschworene Feinde der Königin, und stellten den Grund=
satz auf, man könne ohne Wechsel der Dynastie keine größere Reform
in der französischen Regierung auf die Dauer ausführen. — Mirabeau war, der einzige von ihnen, anderer Meinung, die er aber
schlau zu verbergen wußte. Graf Esterházy sagt in seinen Aufzeichnungen:
„Dieser abgefeimte und ausgelernte Bösewicht war übrigens ziemlich
„gleichgültig für den Lauf der Dinge, wenn er nur seine Macht be=
„hielt. Er betrog zugleich den König und den Herzog von Orléans
„und ließ sich von Beiden seine großartigen Schulden zahlen". Diese
Meinung Esterházy's war damals nicht vereinzelt, sondern allge=
mein verbreitet; die seither, 1851 veröffentlichte Correspondenz des
Grafen La Mark mit Mirabeau hat, was dessen Verhältniß zum
Herzoge von Orléans anbelangt, das Andenken des berühmten
Volksredners von diesem Verdachte gereinigt, und wir haben in diesen
Blättern (Seite 269) die Aeußerung Mirabeau's bezüglich des
Herzogs wörtlich angeführt.

„Der Hof gab sich", fährt Graf Esterházy weiter fort, „dem
„Intriguenspiele Mirabeau's ganz hin, der die Abreise des Königs
„unter mancherlei Vorwänden verzögerte. Die wahren Freunde und
„Anhänger Ludwigs XVI. blieben über alle diese Schritte in völliger
„Unwissenheit und schrieben dessen Unentschiedenheit Mirabeau's
„Gewandtheit zu, befürchtend, daß durch das fortwährende Hinaus=
„schieben der Abreise, der Plan endlich entdeckt würde." Der Herzog
von Villequier erhielt unaufhörlich Briefe seiner Schwester, die
ihn immer mehr drängte, den König zur Entscheidung zu bewegen,
da sie durch die Umstände bemüssigt war, mehrere Leute ins Ver=
trauen zu ziehen; überdies nahte der Herbst heran, und machte, war
der König wieder in Paris, alle Reiseanstalten viel schwieriger. —
Dieser gab dem Herzoge von Villequier fortwährend Hoffnung,
aber es wurden gar keine Vorbereitungen getroffen, und Graf Ester=
házy fand bei seiner Rückkehr aus England eine große Entmuthigung
unter seinen Freunden. Als er den König und die Königin sprach,

und sie von der Nothwendigkeit ihre Abreise zu beschleunigen überzeugen wollte, waren sie kaum im Stande, ihm gegenüber eine gewisse Verlegenheit zu verbergen. — Sie zeigten ihm einige Briefe Mirabeau's, und er war sehr bekümmert zu ersehen, wie sehr sie Beide ihr ganzes Vertrauen „in einen ebenso gefährlichen als sittenlosen Mann" setzten.

„Ich weiß nicht", sagt der Graf, „ob sie ihm einige meiner „Bemerkungen mittheilten, aber kurz nach meiner Rückkehr sagte mir „die Königin, die Flucht wäre entschieden, und Monsieur (der Graf „von der Provence) habe die Gräfin Balby zu einer Reise nach „England ermuntert, ich solle den Vorwand nehmen, sie zu begleiten, „um meine Familie zu sehen, und es wäre mir ein Leichtes, mich von „dort nach Dieppe zu begeben, sobald ich wissen würde, der König „wäre in der Normandie eingetroffen." Wol etwas erstaunt über den Wunsch der Königin, ihn aus ihrer Nähe zu entfernen und so bald wieder abreisen zu machen, fand er doch die Beweggründe ziemlich wahrscheinlich und schlug der Gräfin Balby seine Begleitung zur Reise nach England vor. — Dieselbe nahm den Antrag mit großem Vergnügen auf und traf ihre Reiseanstalten.

Am 31. August soupirte Graf Esterházy noch bei dem Herzoge du Châtelet, der ihn mit einigen Geldsummen zur Uebergabe an einen Londoner Banquier betraute, und sich äußerte, er wünschte sehr, daß die Herzogin diesem Beispiele folge. Diese hingegen erklärte mit aller Entschiedenheit, ihren Gemal nicht verlassen zu wollen; sie wurde auch kaum vier Jahre später das Opfer ihrer Pflichttreue. Der Abbé Montesquieu, welcher eben anwesend war, umarmte den Grafen Esterházy, und behauptete entzückt zu sein, zu sehen, daß er Frankreich verlasse, denn die Schwäche des Königs und die Gewandtheit der Ruchlosen bereite für Frankreich großes Unglück vor, und diejenigen wären glücklich zu preisen, welche sich aus diesem Lande entfernen könnten. Nach dem Souper eilte der Graf nach Auteuil zur Gräfin Balby, und am 1. September 1790 reisten Beide noch in Gesellschaft der Grafen Boisgelin und Avaray den Weg über Amiens nach England. Sie hatten anfänglich das Project, sich in Boulogne einzuschiffen, aber in Folge widriger Winde gingen sie erst am 6. unter Segel. Graf Esterházy sollte sein zweites Vaterland, den französischen Boden, nie mehr betreten; so stand es in dem Buche seines Lebens verzeichnet, und in weiter Ferne, im rauhen Norden sollte der Abendstern seiner irdischen Wanderung leuchten!

Nach einer ziemlich langen aber ruhigen Ueberfahrt trafen die Reisenden in Dover und in den Frühstunden des nächsten Tages in London ein, zeitlich genug, daß Lady Spencer Esterházy nach St. Albans führen konnte, wo er seine Frau und Kinder, die ihm auf halbem Wege bis Barnet entgegen gefahren kamen, im besten Wohlsein und in aller Bequemlichkeit untergebracht fand. Dort führte die Familie ein angenehmes und ruhiges Leben bei Lady Spencer, die alle christlichen und sittlichen Tugenden in sich vereinte, deren Strenge gegen sich selbst nicht ihrer Liebenswürdigkeit gegen ihre Mitmenschen Eintrag that. Sie war außerordentlich kenntnißreich und unterrichtet, ohne es scheinen zu wollen, gemüthlich, fern von jeder Gezwungenheit, und besaß einen erleuchteten Wohlthätigkeitssinn; so schildert sie ihr weit jüngerer Freund Graf Esterházy, und schließt mit der Bemerkung: „er habe nie ein Wesen gekannt, welches sich mehr der Vollendung und Vollkommenheit genähert habe, als diese Frau". Sie empfand besondere Freundschaft für die junge Gräfin, und beide Gatten wären glücklich gewesen, während ihrer Entfernung aus Frankreich bei der schon bejahrten Dame ihre Tage zu verbringen, wenn nicht einige wohlerwogene Gründe der längeren Dauer ihres dortigen Aufenthaltes Hindernisse gesetzt hätten. Diese bestanden allein in deren Zartgefühl und Rücksichtnahme, denn das Haus der Lady Spencer war klein und wenig geräumig, und sie fürchteten dieser durch ihr ferneres Bleiben Unbequemlichkeiten zu verursachen. Der Graf suchte daher für sich ein eigenes Landhaus in der Nähe zu miethen, fand aber kein seinen Wünschen und den Bedürfnissen seiner Familie entsprechendes; auch trat noch ein anderer wichtiger Beweggrund hinzu. — Die Gräfin befand sich eben in gesegnetem Zustande und die Art und Weise der ärztlichen Behandlung in dieser Beziehung war in England ganz entgegengesetzt von der gewohnten in Paris. Auch hatte deren Mutter einen unbesiegbaren Widerwillen gegen das Meer und konnte sich nicht zu einer Seefahrt entschließen; sie wäre demnach um keinen Preis, selbst nicht zur Pflege ihrer Tochter nach England gereist. — Sie schrieb daher, wenn ihre

Tochter am Continent wäre, würde sie herbeieilen, dieser in ihrem Wochenbette beizustehen.

Mit ungeduldiger Spannung erwartete Esterházy die Nachricht von der endlichen Abreise des Königs, die aber noch immer nicht eintraf und auch auf die Entschlüsse in seinen eigenen Angelegenheiten hemmend wirkte. Zu dieser Zeit hatte Necker abermals sein Ministerium verlassen, aber diesmal machte dessen Abgehen nicht den mindesten Eindruck mehr; seine vom Volke so sehr gewünschte Zurückberufung hatte ihm doch nicht jenen Einfluß zu geben vermocht, den er sich erwartete, und auch dieser Volksmann hatte die alte Erfahrung gemacht, daß die Gunst des Pöbels noch viel unbeständiger sei als jene der Fürsten.

Von Zeit zu Zeit ging Graf Esterházy nach London, um von den neuesten Ereignissen sogleich Kenntniß zu erlangen, und auf einer dieser Fahrten erhielt er ein Schreiben, welches ihm mittheilte, daß der Plan der Abreise des Königs nach Rouen entdeckt worden sei, und hiedurch die Herzogin von Villeroi bloßgestellt, so schnell als möglich diese Stadt habe verlassen müssen. Gleichzeitig ließ ihm die Königin sagen, daß, wenn auch diese Aussicht verloren wäre, doch eine andere noch offen bleibe, da die Niederlande wieder zum Gehorsam gegen ihren Kaiser und in die alte Ordnung zurückkehre, so wäre es nun nach dieser Seite, daß der König sich wenden würde. Das Beste sei daher, wenn er (Esterházy) über Holland sich auf den Continent begäbe, um dort, in der Nähe seines Gouvernements, im Falle eines günstigen Ereignisses sogleich bei der Hand zu sein.

Um nicht Lady Spencer, welche öfter zu ihren verheirateten Töchtern zu fahren genöthigt war, zu sehr zur Last zu sein, hatte sich das Ehepaar Esterházy ohnedies in das Hôtel zum Engel in St. Albans gezogen, und auf diese letzten Nachrichten und den übermittelten Auftrag der Königin entschieden, England zu verlassen, Aachen zum einstweiligen Aufenthalt zu nehmen, und dort die weiteren Ereignisse abzuwarten. Diese alte deutsche Krönungsstadt bot überdies der Gräfin die Annehmlichkeit, mehrere bekannte junge Frauen zu finden, die sich gleichfalls aus Frankreich dahin zurückgezogen hatten; auch konnte sie dort in aller Ruhe und mit großer Bequemlichkeit ihre herannahenden Wochen abhalten.

Nachdem sie noch sehr viele Herzlichkeits- und Theilnahmsbeweise aller Art in England empfangen hatten, trennten sich Graf und Gräfin Esterházy mit vielem Leide von der liebenswürdigen Familie Spencer und verließen St. Albans am 2. November, um nach London zu gehen, wo sie beim Lord Spencer einige Tage wohnten, und am 9. nach dem Hafenort Harwich abreisten, sich daselbst nach Holland einzuschiffen. Widrige Gegenwinde verzögerten die Seereise um mehrere Tage, die erst am 17. auf dem Packetboote „Prinz Oranien" angetreten werden konnte. Am 19. kamen sie in Helovitschlupp auf holländischen Boden, setzten ihre Fahrt über Brill und Rotterdam nach Herzogenbusch und von da auf der Schelde nach Mastricht fort. Hier erhielten sie die Nachricht, daß der österreichische Feldmarschall Bender den Brabanter Aufstand bezwungen und in den österreichischen Niederlanden wieder Ruhe und Ordnung hergestellt habe. Am 28. November endlich erreichten die Reisenden das einstweilige Ziel ihrer Fahrten, die Krönungsstadt Carl des Großen, das altehrwürdige Aachen.

Bald nach seiner Ankunft schrieb Graf Esterházy nach Valenciennes, um sich seine Pferde nachkommen zu lassen. Man war dort fest überzeugt, der König würde dahin kommen, und alle Vorbereitungen waren in dieser Stadt derart getroffen, daß er daselbst sich eines sehr guten Empfanges erfreut hätte und in voller Sicherheit gewesen wäre. Der Adjutant des Generals war so sehr davon überzeugt, daß er die Absendung der Pferde desselben mit der Versicherung nicht ins Werk setzte, daß diese seinem Chef in Valenciennes noch viel nöthiger als in Aachen sein würden. Die Stadt Valenciennes selbst sandte den wackern Herrn von Maillard, dortigen Polizeilieutenant und Commandanten der berittenen Nationalgarde an ihren Gouverneur, um diesen der guten Stimmung der Einwohner und der Nationalgarde zu versichern und den sehnsüchtigen Wunsch der Stadt auszudrücken, den Monarchen in ihren Mauern zu besitzen. Auf diese Angaben und Berichte sandte Graf Esterházy sogleich seinen vertrauten und sehr findigen Kammerdiener unter allerlei Vorwänden nach Paris, um das Königspaar über die vortreffliche Haltung und die treuen Wünsche von Valenciennes in Kenntniß zu setzen und der Königin ein längeres in Chiffern verfaßtes Memoire über die politische Situation u. s. w. zu übermitteln, welches die hohe Frau dahin beantwortete, daß der Plan der Abreise noch fortwährend bestehe, und daß der Baron Biosmenil mit den hiezu nöthigen Anordnungen, dessen Bruder aber mit deren Ausführung betraut sei, jedoch wäre der geeignete Moment noch immer nicht eingetreten, und man werde zur gehörigen Zeit ihn hievon benachrichtigen. Graf Esterházy antwortete durch eine sich ihm kurz nachher bietende sichere Gelegenheit, daß keine Zeit mehr zu verlieren wäre, da sowol der Gemeinderath als auch die Chefs der Nationalgarde von Valenciennes bereits anfingen der Nationalversammlung verdächtig zu werden, und daß, wenn ein Wechsel derselben stattfände, mit gutem Grunde zu befürchten wäre, ihre Nachfolger würden anders denken, auch seien einige beängstigt, verfolgt zu werden, und erklärten, nicht länger als bis 1. Februar 1791 in der Stadt bleiben zu können; es wäre daher von höchster Wichtigkeit, wenn die Abreise des Königs vor dieser Zeit stattfinden würde. Man antwortete dem Grafen, er möge sich nur beruhigen und sie handeln lassen.

Es gab in Aachen mehrere Personen, welche Correspondenzen mit Gutgesinnten in Paris, andere wieder mit dem Grafen Artois oder dem Prinzen Condé führten. Herr von Calonne, der ehemalige Finanzminister, war zu einer Begegnung mit dem Ersteren nach Turin gereist, und Kaiser Josephs II. Bruder und Nachfolger, Kaiser Leopold II., der soeben mit den Türken Frieden gemacht und seinen unzufriedenen Völkerschaften die alten Rechte und Privilegien ihrer Länder wieder zurückgegeben hatte, war eben auf dem Wege nach Frankfurt zur deutschen Kaiserkrönung. Durch seine weise Mäßigung und Gerechtigkeitsliebe war dieser kluge Monarch wieder zur friedlichen Herrschaft seines eigenen Reiches gelangt, auch schien dieser Fürst geneigt, die Sache seines königlichen Schwagers unterstützen und die Schritte des Grafen Artois erleichtern zu wollen. Letzterer hatte Verbindungen in Paris und Lyon und schrieb dem Grafen Esterházy, er möge sich zu ihm nach Chambery verfügen, während man in Basel die Mitglieder der verschiedenen Parlamente versammelte. Aber durch bestimmte Befehle des Königs an seinen dermaligen Aufenthalt gebunden, und in der fortwährenden Hoffnung, daß dieser endlich doch nach Valenciennes kommen werde, entschuldigte sich Esterházy bei dem Grafen Artois, und kurze Zeit nachher war auch dessen Plan nach Lyon vorzugehen entdeckt worden, ohne einem anderen Ergebnisse, als dem Unglücke einzelner aufgegriffener Persönlichkeiten und ohne dem geringsten Vortheil für die Interessen des Königs. — Ein Lager der königlichen Anhänger bei Jaliz hatte keinen besseren Erfolg. Die auswärtigen Mächte, mit welchen der gegenwärtige Hof der Tuilerien ohne Wissen der Prinzen unterhandelte, verweigerten daher die Hülfeleistung, um welche die letzteren sie angingen, und der gegenseitige Mangel an Uebereinstimmung des Königs und seiner Brüder war an und für sich schon ein gewaltiges Hinderniß für jedes Gelingen. — „Der König, von seinen Ministern verrathen", schreibt Esterházy, „hatte einige Mitglieder der Nationalversammlung zwecklos erkauft, und die Intriguen herrschten in Paris, in Turin, in Wien und in Madrid."

Am 10. Februar 1791 unter all diesen Wirren wurde der Graf Vater einer Tochter, die den Namen Marie Anne Everilda Ursula[1]) erhielt. Fortwährend wurde Graf Esterházy von Valenciennes aus gedrängt, den König zu bewegen sich dahin zu begeben; er schrieb in Folge dessen in die Tuilerien und erhielt die Antwort, er möge sich gedulden. „Es war nach all dem einleuchtend", schreibt der Graf, „daß seit der Zusammenkunft des Königs mit Mirabeau „man mir nur mehr halb vertraute. Ich war stets dagegen, daß „man sein ganzes Vertrauen in jenen Ruchlosen setze, der weit ge„wandter und listiger war, als die, welche ihn verwendeten, und „die halben Maßregeln, mit denen man Jedermann schonen wollte, „schienen mir immer gefährlich. Die Königin war unglücklicher„weise von Persönlichkeiten umgeben, die sehr verschieden dachten, und „man ließ sowol sie als den König falsche Schritte thun; ehrgeizige „Absichten und persönlicher Vortheil bestimmten die Rathschläge, welche „man ihnen ertheilte." Um diese Zeit trachtete der Graf von Artois auf eigene Faust zu handeln, und war nicht ohne alle Hoffnung unterstützt zu werden. Graf Esterházy schrieb der Königin, man

---

[1]) Marie Anna Gräfin Esterházy vermälte sich am 6. September 1813 mit Carl Ludwig Vicomte von Fribert und starb als Witwe am 22. Februar 1874 zu Wien im vierundachtzigsten Lebensjahre.

möge ihn doch nicht in aller Unthätigkeit lassen, wenn einmal gehandelt würde. Die Monarchin antwortete, daß es der Wille des Königs wäre, er möge sich in nichts weiter mengen, so lange die Prinzen in ihrem eigenen Namen handelten, daß jeder Schritt seinerseits das königliche Paar unter den dermaligen Verhältnissen bloßstellen würde; aber daß sobald andere Mächte sich mit seinen Brüdern vereinigen würden, er sich zu diesen begeben könne.

—

Am 18. April 1791 hatte in den Tuilerien ein in seinen weiteren Consequenzen nicht unwichtiges Ereigniß sich begeben. Das Volk hatte sich der Abreise des Königs nach St. Cloud widersetzt, und ein großer Theil treuer Anhänger des Königthums sich in den Tuilerien mit unter ihren Kleidern verborgenen Waffen eingefunden, um die Abfahrt des Königs leichter ausführbar zu machen. Bei dieser Gelegenheit benahm sich Lafayette abermals mit seiner gewöhnlichen Zweideutigkeit. Er war in die Vorstadt St. Antoine gegangen, um einen dort veranlaßten Auflauf zu verhindern; als er kam versprach er, die Abreise des Königs zu befördern, endete aber damit, ihn aufzumuntern, auf seine Fahrt zu verzichten, und den Adel, der sich um seinen Herrscher geschaart hatte, aufzufordern, ihm seine Waffen auszuliefern. Die treuen Edelleute gehorchten dem vom Könige gegebenen ausdrücklichen Befehl, welchen Lafayette veranlaßt hatte, und legten sämmtliche Waffen auf einem großen Tische in des Königs Cabinete, Pistolen, Schuß-, Hieb- und Stichwaffen, welche sie bei sich führten, nieder. Sie wurden, nun wehrlos, von den Pöbelhaufen sogleich insultirt, mit Schimpfworten und Schmähungen überhäuft und Chevaliers de poignard, Dolchritter, genannt. Die Flucht des Königs wurde nun mit jedem Tage schwieriger; bereits war auch Valenciennes seither in den Händen der Uebelgesinnten, und neuerdings hatten sich viele, deren royalistische Gesinnung bekannt war, zur Auswanderung entschlossen und einstweilen nach Brabant zurückgezogen, um in der Nähe zu sein und im Falle einer Erhebung zu Gunsten des Königs diesem ihr Schwert zu weihen. Chantilly war durch ein von Paris dahin entsendetes Gesindel geplündert und die Pferde des Prinzen von Condé gestohlen und weggeschleppt worden. Die beiden Stallmeister des Prinzen, in der Absicht bisher zurückgeblieben, des Königs Abreise leichter ausführbar zu machen, hatten sich nun zu ihrem Herrn ins Ausland begeben, und auch die Regimenter, auf welche Baron de Biosmenil mit Sicherheit gezählt hatte, waren in eine andere Gegend bequartiert worden. — Esterházy glaubte nach allem dem, daß der König, nachdem er seine Abreise fort und fort hinausgeschoben hatte, den Fluchtplan gänzlich habe fallen lassen. — Der Graf wollte sich nun das kleine Schloß Chenier bei Lüttich zum Aufenthalte miethen, da er jedoch mit dem Eigenthümer nicht einig wurde, scheiterte dieses Vorhaben und er kehrte wieder nach Aachen zurück, wo er einen Brief des Grafen von Artois fand, der ihm schrieb, es nähere sich jetzt der Augenblick zum Handeln, in welchem sich Esterházy nach dem Sinne des königlichen Befehls mit ihm vereinen könne, er habe soeben eine Zusammenkunft mit dem Kaiser Leopold gehabt, und wolle sich nun nach Coblenz begeben, wohin er den Grafen beschied. Dieser zögerte nicht, dem Wunsche des Prinzen nachzukommen, und traf noch vor dessen Ankunft in Coblenz ein. Auf der Durchreise hatte er in Bonn den Kurfürsten von Köln, Erzherzog Maximilian gesprochen, der ihm rieth, nicht zu sehr auf die Hülfe seines Bruders zu rechnen, von dem er behauptete, daß er nicht Nein zu sagen und nicht Ja zu handeln wisse. Die Erzherzogin Christine mit dem Herzoge Albert von Sachsen-Teschen waren in Poppelsdorf, wohin sich Graf Esterházy ebenfalls begab, und ein langes Gespräch mit dem erlauchten Paare über die politische Situation führte. Alles was ihm die Erzherzogin mittheilte, gab ihm, wie er sagt, kein großes Vertrauen in die Zukunft. — Bei dem Kurfürsten von Trier (Prinzen Clemens von Sachsen) fand er große Geneigtheit und den ausgesprochenen Willen, aber nicht die nöthigen Mittel, um die Bestrebungen der Prinzen kräftig unterstützen zu können, außer jenen persönlichen Rücksichten und Gefälligkeiten, welche er seinem Neffen, dem Grafen von Artois erwies. Dieser kam am 15. Juni an und erhielt von seinem Oheim die kurfürstliche Sommerresidenz Schönbornlust, anderthalb Meilen von Coblenz als Aufenthalt vollkommen eingeräumt. Graf Esterházy wurde gleichfalls dahin gewiesen, ebenso der Bischof von Arras und

Herr von Calonne nebst dem übrigen Gefolge des Prinzen, der ihnen sogleich einige Vertragspunkte der mit dem deutschen Kaiser getroffenen Uebereinkunft zeigte, die sie aber keineswegs befriedigten; die einen fanden sie zu unbestimmt, die anderen zu dehnbar und verzögernd, und die wirklich genau präcisirten schienen gerade von minderer Wichtigkeit. Der Bischof von Arras theilte die Meinung der Uebrigen, und das Gespräch Esterházy's in Bonn mit dem Kurfürsten von Köln erhöhte ihre Zweifel. Wenige Tage nachher kam der Prinz von Lambesc[1]) nach Coblenz und überbrachte ein in ziemlich kühlem Tone gehaltenes Schreiben des Kaisers, dessen Inhalt zu glauben Anlaß gab, daß dieser Monarch seine Meinung geändert oder vielmehr nie daran gedacht habe, selbstthätig in die französischen Angelegenheiten einzugreifen, wie Esterházy äußert, aber dennoch in der Güte seines Herzens die Prinzen nicht durch eine entschieden abschlägige Antwort verletzen wollte. Diese Meinung wurde noch bestätigt durch den Chevalier de Frondeville, der von Vicenza kam und die Abschrift eines Briefes brachte, den der Marquis Bombelles[2]) an den Kaiser

---

[1]) Carl Eugen Philipp Prinz von Lambesc, aus dem Hause Lothringen, geboren 1751, gestorben zu Wien im November 1825, vor der Revolution Großstallmeister von Frankreich und Gouverneur von Anjou, Ritter der königlichen Orden, säuberte an der Spitze des Regimentes Royal Allemand die Gärten der Tuilerien und den Place Louis XV. am 12. Juli 1789 von den Pöbelhaufen, sah sich, von den französischen Garden und den übrigen Truppen im Stiche gelassen, genöthigt, sich zurückzuziehen. Angeklagt einer Verschwörung gegen das Volk, aber vom Gerichtshofe Châtelet freigesprochen, zog er sich nach Oesterreich zurück, kämpfte mit Auszeichnung in den Feldzügen gegen Frankreich, erwarb sich bei Tournay das Commandeurkreuz des Maria Theresien-Ordens; war zuletzt General der Cavallerie, Capitän der Arcierenleibgarde und Inhaber des 7. Cürassier-, jetzt Dragoner-Regimentes. Nach der Revolution hatte er seinen Familiennamen als Prinz von Lothringen angenommen. Seine Witwe, die Prinzessin Lothringen, geborene Gräfin Folliot de Crenneville, eine der geistvollsten Frauen ihrer Zeit, starb erst am 15. October 1845. Näheres von Wurzbach, Lexicon Band XIV, S. 48—49.

[2]) Marc Marie Marquis de Bombelles, geboren 1744 zu Bitsch, war Anfangs Capitän bei Bercheny-Hußaren, stieg bis zum Maréchal de camp, wurde 1780 französischer Gesandter beim Reichstage in Regensburg, später in Lissabon und Venedig, emigrirte, wurde vom Könige zu mehreren diplomatischen Missionen verwendet, diente in allen Feldzügen gegen die Republik mit vorzüglicher Auszeichnung im Condé'schen Corps bis zu dessen Auflösung, war auch an mehrere nordische Höfe geschickt, und zeigte sich stets als ein treuer Diener des

geschrieben hatte. Dieser war früher Gesandter des Königs bei der Republik Venedig und da er den Eid der Nation zu leisten sich weigerte, genöthigt, seinen Posten aufzugeben. Dessen bewährte Anhänglichkeit an den König hatte den Grafen Artois veranlaßt, dem Marquis sein volles Vertrauen zu schenken, und dieser hatte getrachtet die Unterhandlungen mit dem Kaiser weiter fortzusetzen, welche begonnen wurden, um die Mittel zu erhalten, in Frankreich einzurücken, einige Grenzorte selbst zu besetzen und alle gutgesinnten Franzosen und Truppen, um sich zu sammeln, bis sich der König mit ihnen vereinen könne. Allerdings hieß dies den Bürgerkrieg beginnen, aber das war eben auch nur das einzige Mittel, dem Könige seine Freiheit wiederzugeben und die Monarchie des heiligen Ludwig aufrecht zu erhalten. Baron Breteuil[1]) war in der Schweiz und unterhielt einen geheimen Briefwechsel mit dem erlauchten Königspaare in den Tuilerien. Er war dem Könige sehr anhänglich, und wollte gleichfalls die Wiederherstellung der französischen Monarchie, aber mit dem Grafen Artois stand der Baron auf gespanntem Fuße, und wollte nicht, daß irgend etwas von dem geschehe, was in Coblenz geplant wurde. Ein Hauptzweck Breteuils, meint Graf Esterházy, war, sich an die Spitze der Geschäfte und Angelegenheiten zu stellen, und Herrn von Calonne, einen Hauptrathgeber des Grafen Artois, gänzlich davon auszuschließen. — Aber die Ansicht Breteuils über Calonne war wohlbegründet, wie es aus folgenden Briefstellen sowol der

---

Hauses Bourbon. 1799 publicirte er ein sehr gutes Werk: La France avant et depuis la révolution. — Nach Auflösung des Condé'schen Corps wurde er als Witwer Priester und nach der Restauration Aumonier der Herzogin von Berry, seit 1819 Bischof von Amiens, starb er 1822.

[1]) Louis Auguste le Tonnélier Baron de Breteuil, geboren 1733 in der Touraine, Anfangs Soldat, später Diplomat und französischer Gesandter seit 1758, in Köln, Petersburg, Stockholm, Haag, Neapel und 1775 in Wien, 1783 Staatsminister, 1785 ließ er sich von seinem leidenschaftlichen Hasse gegen den Cardinal Prinzen Rohan in der Halsbandgeschichte zur übereilten Arretirung dieses Prinzen verleiten, und schadete dadurch dem Hofe ungemein. — 1787 zog er sich vom Ministerium zurück, emigrirte 1789 in die Schweiz, wo er sich in Solothurn aufhielt, und mit dem König und der Königin in lebhafter politischer Correspondenz stand. Später lebte er in der Gegend von Hamburg, kehrte 1802 nach Frankreich zurück und starb 1807 zu Paris. Von seinen Zeitgenossen wird er als ehrgeizig und intriguant geschildert.

Königin als Kaiser Leopolds II. hervorgeht; in dem Schreiben der Ersteren an ihren kaiserlichen Bruder ddto. 1. Juni 1791 heißt es wörtlich: „Nous n'aurions point de secret pour le comte d'Artois, s'il n'était entouré de M. de Calonne et de M. le prince de Condé, dans lesquels nous n'aurons jamais de contiance. D'après cela vous sentez, mon cher frère, combien il est intéressant de ne pas communiquer au comte d'Artois ce que nous vous mandons",[1]) und Kaiser Leopold II. hatte schon einige Monate früher, de dato 14. März 1791 seiner Schwester geschrieben: „Je suis bien aise que vous ayez approuvé ma conduite envers le comte d'Artois et M. de Calonne, dont les projets sont si peu fondés et combinés, pour ne pas être dangereux, et faire plus de mal que de bien".[2])

Die Briefe der Königin, des Kaisers Leopold II., des Grafen Mercy enthalten die vollkommenste Rechtfertigung der damals von mehreren Emigranten und Historikern oft angegriffenen, scharf und hämisch getadelten österreichischen Politik. Kaiser Leopold II. war ein viel zu weiser und nüchterner Politiker, um sich zu abenteuerlichen, von einigen Heißspornen projectirten Unternehmungen hinreißen zu lassen, und wenn vielleicht der geeignete Moment, thatkräftig und mit Erfolg zu handeln, anfangs versäumt worden war, so ist es wol hauptsächlich dem Mangel an Uebereinstimmung des Hofes der Tuilerien mit jenem von Coblenz zuzuschreiben. — In einem anderen Briefe Kaiser Leopolds II. an die Königin vom 12. Juni 1791 heißt es unter anderem: „Je vous réponds que rien ne se fera, ni démonstration, ni manifeste, ni marches de troupes, ni de mon coté, ni de celui du comte d'Artois, car pour le prince de Condé, je ne puis pas en répondre. Je ne ferai, que tâcher de me maintenir la confiance du comte d'Artois, de traîner l'affaire en longueur, de l'empêcher d'agir avant le temps, et de concerter, en

---

[1]) Marie Antoinette, Joseph II., Leopold II. Ihr Briefwechsel. Herausgegeben von Alfred Ritter von Arneth. 1866 Wien, Wilhelm Braunmüller. Seite 168.

[2]) Ebendaselbst Seite 151.

attendant, toutes choses. Je ne croirai que ce que me marquera le comte de Mercy et le Baron de Breteuil par M. de Bombelles. Je n'informerai le comte d'Artois de rien de ce que vous m'écrivez, ni de vos intentions, craignant trop les indiscrétions de ses alentours. Puisse votre projet (der Fluchtplan) s'accomplir heureusement et bientôt. Le comte de Mercy a l'ordre, la chose réussissant et sur votre demande, de vous aider et de vous fournir tout ce qu'il peut: argent, troupes, tout sera à vos ordres etc.[1]) Aus diesem Schreiben geht deutlich die Absicht des Kaisers, dort zu helfen, wo es noth, hervor.

Der Plan des Baron Breteuil, wie Graf Esterházy schreibt, war allerdings, den König aus Frankreich abreisen zu machen, aber er wollte dies durch das Hennegau, wo es schwierig war, den Gouverneur von Valenciennes nicht zu verwenden, deshalb wurde Esterházy nicht avisirt, denn dieser ehrgeizige Staatsmann wollte nur ihm ganz unterthänige Leute ohne Selbstständigkeit, oder solche, die durch ihn etwas zu erreichen hofften und der Marquis de Bouillé, Commandant von Metz, war sein Mann. Dieser General, voll Talente und Ehrsucht, hatte Hoffnung Marschall von Frankreich und Kriegsminister zu werden. — Der Marquis de Bombelles, meint unser Gewährsmann, wäre durch Dankbarkeit für frühere Auszeichnungen Breteuil verpflichtet und strebe nach dem Portefeuille des Aeußern. — Jedoch nur Anhänglichkeit an den König und die in den Willen des Königspaares durch deren Schreiben an Breteuil genommene Einsicht, waren die Motive und Richtschnur im Handeln des Marquis, die aber am Hofe von Coblenz zu jener Zeit nicht bekannt sein konnten. Herr von Frondeville vom Grafen Artois an den Kaiser abgesandt, hatte Gelegenheit den Inhalt von Bombelles Schreiben an den Kaiser kennen zu lernen, welches sagte: Obgleich mit einem Auftrage des Grafen Artois bei Seiner Majestät betraut, verpflichte ihn aber ein geheimer Befehl des Königs in einer

---

[1]) Ebendaselbst Seite 178.

dem Willen jenes Prinzen entgegengesetzten Weise zu handeln und als treuer Unterthan seines Herrn, habe er nicht gezögert, Gehorsam zu leisten und bitte demnach, in einer Audienz seine neuen Instructionen vorlegen zu dürfen, von welchen es insbesondere sehr wichtig sei, daß der Graf von Artois nicht in Kenntniß käme.

Der neue Styl des letzten kaiserlichen Schreibens an den Prinzen gab in Schönbornlust viel zu denken; damals trafen auch von verschiedenen Seiten mannigfache Vermuthungen zusammen, daß der König auf einen Fluchtversuch sinne, aus welchen er seinen Brüdern ein Geheimniß machen wolle; andererseits hatte Madame de Fouquet, Calonne's Nichte, keine Zusammenkunft vom Marquis Bouillé, dem sie einen Brief vom Grafen Artois und ihren Oheim persönlich übermitteln sollte, erlangen können; endlich hatte der Graf von Artois selbst ein Schreiben des Baron Breteuil im ministeriellen Style erhalten, der ihn von Seite seines königlichen Bruders aufforderte nicht in Coblenz zu bleiben, sich überhaupt von den Grenzen Frankreichs zu entfernen und nach Dresden zurückzuziehen. Der Prinz beantwortete diesen Brief mit einer entschiedenen Weigerung, indem er dem Baron auf keine Weise das Recht zuerkenne, ihm die Befehle des Königs zu übermitteln und gleichzeitig schrieb derselbe einen sehr umständlichen, genau detaillirten, langen Brief an den König, worin er diesem seine Lage, Hoffnungen und Pläne mit größter Offenheit auseinandersetzte und mit der Ueberbringung dieses Schreibens einen ihm sehr ergebenen und zuverlässigen Mann betraute. Dieses Schriftstück war in der Dicke des äußeren Einbanddeckels eines Buches angebracht und in diesem hatte der Graf Artois die Ursachen begründet, welche ihn bewogen hatten Coblenz zu seiner Residenz zu wählen, auch berichtete er zugleich über die Zuschrift des Baron Breteuil's und seine Beantwortung derselben. Zum Schlusse jenes Briefes hatte der Prinz bemerkt, daß eine Flucht in diesem Augenblicke große Gefahren für Seine Majestät mit sich bringen würde bis zur Zeit, daß es im Königreiche selbst einen Stützpunkt gebe, wohin sich dieselbe mit Sicherheit begeben könne. Dieser müsse sich aber ohne Wissen des Königs und ohne irgend einer Mitwirkung seinerseits ergeben, so daß dessen höchste Person vor der Nationalversammlung in keiner Weise bloßgestellt werden könnte; wie es aber Befehle in seinem Namen von einem ausgewanderten proscribirten Minister ertheilt, leider unfehlbar thun würden. Kaum war dieser Brief abgeschickt, als ein Courier aus Brüssel eintraf, der die Nachricht brachte, daß die Gräfin Balby eben im Begriffe, von dort nach Paris zurückzukehren, einen Courier von Monsieur[1]) empfangen habe, der sie aufforderte in Brüssel zu bleiben und gesagt hätte, daß man sehr viel von der baldigen Abreise des Königs von Paris spreche und daß mehrere Couriere, welche an den in Aachen weilenden König Gustav III. von Schweden abgeschickt wurden, vermuthen ließen, daß dieser Monarch in Mitwissenschaft der Pläne sei. Dieser Courier aus Brüssel war gerade während des Diners, dem der Kurfürst und seine Schwester beiwohnten, in Schönbornlust eingetroffen. Der Graf von Artois beauftragte den Grafen Esterházy mit der Dechiffrirung der erhaltenen Depesche, und von deren Inhalt in Kenntniß gesetzt, schlug er ihm vor auf der Stelle abzureisen, vorderhand nach Brüssel; nach sich ergebenden Umständen auch weiter, etwa dem Könige entgegen. In Aachen sollte der Graf einen kurzen Aufenthalt machen, um dem Könige von Schweden persönlich ein eigenhändiges Schreiben des Prinzen zu überreichen und ihm dessen Vermuthungen mitzutheilen; ein zweites aber an seinen Bruder König Ludwig XVI., im Falle er zu ihm gelangen könne, um Seine Majestät seines Gehorsams zu versichern, sobald dieselbe in völliger Sicherheit und daher Selbstständigkeit ihrer Entschlüsse wäre und zugleich dessen Befehle zu erbitten.

Graf Esterházy reiste am 22. Juni 1791 Abends von Coblenz ab, am Wege nach Aachen begegnete er den Grafen Jaucourt, der nach Schönbornlust ging und ihm mittheilte, daß allem Anscheine nach, der König von Paris abgereist sei, obgleich bisher noch alle zuverlässigen Nachrichten über dieses Ereigniß fehlten. In Aachen angekommen, hatte Graf Esterházy eine Audienz bei König Gustav III., mit dem er ein sehr langes und ausführliches Gespräch über die herrschende politische Situation führte. Zwar bestätigte dieser Fürst nicht die Abreise des Königs, aber man sah deutlich, daß er ihn abgereist glaubte. Der ritterliche Schwedenkönig versicherte den Grafen, wie

---

[1]) Graf von der Provence.

sehnsüchtig er es wünsche beitragen zu können, Ludwig XVI. wieder auf den neu befestigten Thron seiner Väter zu setzen und wie sehr er in dieser Angelegenheit auf den Beistand der Kaiserin von Rußland zähle, aus derem Feinde nun ihr eifrigster Ritter geworden, kenne er genau deren Gesinnungen über die Revolution, die in Frankreich vor sich gehe.

Nachdem Esterházy noch den Herzog von D'Havre, welcher gleichfalls von der Abreise des Königs wußte, gesprochen, reiste er am 23. Abends nach Brüssel ab, wo er um ein Uhr Mittags am nächsten Tage eintraf. Die Abreise Ludwigs XVI. war dort kein Geheimniß mehr. Der Graf von Provence war bereits durch Mons, seine Gemalin durch Tournay gereist, ohne irgend auf Hindernisse zu stoßen. Die aufrichtigste und jubelndste Freude beherrschte die große Anzahl der in Brüssel anwesenden königlich gesinnten Franzosen; und nur die Erzherzogin Marie Christine, zu der sich Esterházy sogleich nach seiner Ankunft verfügte, schien sehr beunruhigt, noch gar keine Nachricht über den König erhalten zu haben. Man sagte, derselbe hätte seine Reiseroute über Luxemburg, durch Montmédy genommen und doch war keiner von den Courieren, welche die Erzherzogin in dieser Richtung ausgeschickt hatte, wieder zurückgekehrt. Der Graf bezeigte der Prinzessin das Verlangen, sogleich selbst sich auf den Weg dahin zu machen, aber diese forderte ihn auf die Rückkunft wenigstens eines ihrer Couriere abzuwarten, um nicht eine ganz nutzlose Fahrt zu unternehmen, und als er Abends zum Souper des Herzogs von Villequier ging, erhielt Esterházy den Befehl augenblicklich bei der Erzherzogin zu erscheinen. Er fand diese Fürstin in Thränen aufgelöst und sie ließ ihm einen Brief lesen, der ihr ankündigte, daß der König vor Mitternacht auf der Reise durch Varennes in Argonne verhaftet worden sei. Diese Nachricht war auch durch einen Courier des Generals Mottét, der hinzufügte, daß der König nach Paris zurückgebracht worden sei, bestätigt. Die Bestürzung und Verzweiflung über den traurigen Ausgang des königlichen Fluchtversuches, waren in Brüssel allgemein. Am 25. Juni kamen Monsieur und Madame dort an, und am Morgen des 26. wurde Graf Esterházy durch einen Courier des Grafen Artois geweckt, welcher auf die Nachricht von der Abreise des Königs nach Brüssel kam, um sich zur Disposition seines Bruders zu stellen.

Die Officiere der in französisch Flandern stationirten Regimenter begaben sich nun mit ihren Fahnen in die österreichischen Niederlande, jene des Regimentes Colonel-General nach Brügge; jene von d'Auveroi nach Tournai, jene der Jäger von Gevaudean nach Mons; sie führten überdies einen großen Theil ihrer Mannschaften mit sich, die man aber nicht an der Grenze übernehmen wollte und es war nur unter Erhebung großer Schwierigkeiten, daß das Gouvernement die Officiere aufnahm, denen es den befestigten Ort Ath als Sammelplatz anwies und M. de la Châtre mit deren Commando und Aufsicht beauftragte.

Man erhielt nun endlich genauere Nachricht über die Ankunft des Königs in Paris und das behauptete empörende Benehmen des Marquis Lafayette, der verboten hatte, daß man auf der Durchfahrt des Monarchen den Hut zur Begrüßung abnehme.[1]) Von diesem Augenblicke an war der unglückliche König: Gefangener in den Tuilerien.

Die Obrigkeiten und das Rathscollegium der Grenzstadt Valenciennes sprachen die Meinung und den Wunsch aus, daß Angesichts der nunmehr factischen Gefangenschaft des Königs, Monsieur, der Graf von der Provence den Titel eines Regenten von Frankreich annehme, dieses den fremden Mächten mittheilen und in der nur immer möglichsten Nähe der französischen Grenze bleiben möge, in der Erwartung, daß man ihm die Mittel gewähre die Truppen zu bezahlen, um eine Besetzung auf französischem Boden unternehmen zu können. Man versammelte zu diesem Zwecke eine Art Conseil, wo man die Vor- und Nachtheile dieser Beschlüsse genau abwog; jener, abzuwarten erhielt den Vorzug und es wurde bestimmt, daß man sich bei dem deutschen Kaiser, den Königen von Preußen, England, Spanien und Sardinien durch eigene Abgesandte an diese Höfe, um deren

---

[1]) Es ist seither erwiesen, daß dieses Verbot nicht von Lafayette, sondern von der Presse und den Clubs an das Volk ausging. Es lautete: „Tiefe Stille! Wer vor dem Könige den Hut abzieht, wird geschlagen, wer ihn beleidigt, wird gehängt". — Aber Lafayette als Commandant der Nationalgarde, ignorirte und duldete es.

Gutachten anfragen wolle und in Abwartung der Rückantwort der Graf und die Gräfin von Provence und Graf Artois nach Coblenz abreisen würden. Graf Esterházy war anderer Meinung und glaubte es wäre gerade von großer Wichtigkeit, den Moment des allgemeinen Schreckens und Erstaunens zu erfassen, welchen die Verhaftung und Gefangenschaft des Königs bei allen Souveräns erzeugen müsse, um eine mannhafte, kräftige Maßregel zu ergreifen, welche auch der Nationalversammlung in Paris Besorgniß einzuflößen im Stande wäre und sowol die Brüder des Königs als auch dessen übrige treue Anhänger enger miteinander vereinen müsse; auch dürfte es den auswärtigen Mächten schwer werden, im ersten Augenblicke dem Grafen von Provence das ihm zustehende Recht der Regentschaft nicht zuzuerkennen, hingegen, wenn man ihnen Zeit ließe sich erst lange darüber zu berathen, sich leicht Vorwände und Scheingründe finden ließen, um dem Prinzen von der Annahme des Regententitels abzurathen. Während dieser Zeit hatte Baron Breteuil die Schweiz verlassen und sich nach Brüssel begeben um im etwaigen Falle des Gelingens der königlichen Abreise, sogleich mit dem Monarchen zusammenzutreffen und dort seinen Staatsrath zu bilden. Der Erzbischof von Pamiers, der eines der Mitglieder desselben sein sollte, war bereits daselbst eingetroffen, als die Nachricht von der Verhaftung Ludwigs XVI. in Brüssel anlangte. Er sandte nun sogleich einen Courier an Breteuil ab, um diesen auf seiner Hinreise in Aachen aufzuhalten. — Letzterer hatte ein persönliches Interesse daran, daß Monsieur nicht den Titel eines Regenten annehme und mit der Vollmacht des Königs versehen, setzten seine Geschäftsmänner bei den verschiedenen Höfen die Ansicht fest, der König billige nicht die projectirte Annahme des Regententitels von Seite seines Bruders. Ludwig XVI. schrieb zu dieser Zeit dem Baron Breteuil: „Vous vous transporterez à Vienne, dès la reception de la présente, auprès de notre puissant et cher frère l'empereur, pour „lui communiquer nos intentions. Vous agirez de même envers „toutes les têtes couronnées, et les supplierez de ma part, et „en mon nom, de n'admettre ni de reconnaître la régence. „Les actes de cette autorité contradictoire ne serviraient qu'à „irriter davantage mon peuple, et le porterait infailliblement à

„des excès contre moi . . . ." Die **Königin** setzte in eigenem post scriptum hinzu: „Le Roi étant persuadé, que la régence „de notre frère entraînerait de graves inconvéniens, je joins ma „recommandation à ses ordres, car il paraît que cette mesure „soulèverait la France".

Unwillig und verdrießlich, zu sehen wie man die Zeit verliere, in einer Epoche, wo es von höchster Wichtigkeit wäre, den ersten momentanen Eindruck zu benützen, noch mehr aber, daß man sich von der französischen Grenze entferne um nach Coblenz zurückzukehren und sich dort gleichsam zu vergraben, bat Graf Esterházy die Prinzen um die Erlaubniß, seine Familie in Tournai besuchen zu dürfen. Die Gräfin hatte sich mit den Kindern, während der Anwesenheit ihres Gemals in Coblenz, dahin begeben, um mit ihrer Mutter zusammenzutreffen, welche nicht bis Aachen reisen und überhaupt sich nicht weit von Frankreich aufhalten wollte, wohin sie wieder zurückzukehren täglich hoffte und wünschte. Graf Esterházy sagte den Prinzen, er sei stets zu ihrer Verfügung, wenn sie seiner bedürften, aber da sie ohnedies sehr viele Leute um sich hätten, glaube er sich dermalen in Coblenz überflüssig. Sie bestanden auch nicht auf seine Anwesenheit und der Graf reiste nach Tournai ab, wohin er aber den Auftrag miterhielt, die Emigranten, welche tagtäglich von Frankreich kamen, unter den Oberbefehl des Herrn von Montboissier zu sammeln und für diejenigen unter ihnen, welche einer Unterstützung bedürftig waren, sandten die Prinzen, Esterházy zur Vertheilung unter diese, die nöthigen Geldmittel. Dieser verweilte einen Monat in Tournai, wo er in Erfahrung brachte, daß die königliche Familie in ihrer Gefangenschaft in den Tuilerien, nun ziemlich in Ruhe gelassen werde und die Nationalversammlung sich beeile, die Ausarbeitung einer Verfassung zu beenden, welche der König unter Androhung seiner Entthronung anzunehmen gezwungen werden sollte. Graf Esterházy glaubte, daß es wol das Beste wäre, wenn Ludwig XVI., thatsächlich ohnedies seiner Freiheit schon beraubt, unterzeichne ohne zu prüfen (??) sich auch ganz als Gefangener benehme; dagegen aber seine Brüder handeln ließe, ohne sie zu loben oder zu tadeln und daß der Name des Königs an den fremden Höfen, nur durch die Organe und Stimmen seiner Kerkermeister genannt werden sollte, daß der Monarch daher für nichts verantwortlich gemacht werden könne und eine derartige Annahme der Verfassung seinerseits ohne allen Werth sein müsse. Dies schienen aber die Aufrührer eben zu befürchten und ließen deshalb dem Könige eine scheinbare Freiheit, und um ihn gleichsam aufzumuntern, davon nach ihrer Anschauungsweise und Absicht Gebrauch zu machen, verbanden sie ein Amnestiedecret für alle jene die gleichzeitig mit ihm verhaftet worden waren, mit dem Acte seiner freiwilligen (!!) Annahme der ihm aufgezwungenen Verfassung.

Während aller dieser Vorfallenheiten und Betrachtungen, erhielt Graf Esterházy am 2. August vom Grafen Artois den Befehl, sich in Coblenz einzufinden. Nachdem davon die Rede war, die Emigrirten, deren Zahl sich tagtäglich mehrte, militärisch zu organisiren, glaubte derselbe, daß dies der Zweck seiner Berufung sei und reiste am 3. nach Coblenz. Esterházy hielt sich auf der Durchreise in Brüssel und Aachen auf, wo er den Baron Breteuil sah, der erklärte, sich in nichts mehr mengen zu wollen, auch fand er die unglückliche Prinzessin von Lamballe, welche Paris am selben Tage wie der König verlassen hatte. Sie war zur See nach England gereist und ihre Anhänglichkeit an Marie Antoinette führte sie wieder, nach der Annahme der neuen Verfassung, nach Paris zurück, um am 3. September des nächsten Jahres auf die niederträchtigste Weise niedergemetzelt und das edelste Opfer der Mörder des September 1792 zu werden.

Nach seiner Ankunft in Coblenz wurde dem Grafen Esterházy mitgetheilt, es wäre beschlossen, daß Graf Artois nach Wien reise, um persönlich die Erlaubniß Kaiser Leopolds zu erbitten, dessen verabredeter Zusammenkunft mit dem König von Preußen in Pillnitz beiwohnen zu dürfen. Diese Bitte früher und schriftlich vorzubringen, hieße sich vielleicht einer abschlägigen Antwort aussetzen, und man hoffte in Coblenz, daß sich diese Besprechung zur Bildung einer Coalition sehr günstig erweisen werde, deren Zweck sein sollte, die französische Monarchie auf ihren alten Grundlagen wieder herzustellen und den Fortschritten eines Systems Einhalt zu thun, welches darauf hinziele alle Religionen und Throne umzustürzen. — Der

Graf wurde zur Begleitung des Prinzen bestimmt, der außer ihm, nur noch den Herrn von Calonne und seinen Gardecapitän mit sich nahm. Es wurde Esterházy bedeutet, daß er weder eines Wagens noch eines Kammerdieners bedürfe und die ganze Reise, selbst angenommen, daß sie nach Pillnitz gingen, nicht länger als drei Wochen dauern würde. — Seit seiner ersten dortigen Anwesenheit fand der Graf Coblenz sehr verändert. Es waren dort: Madame (die Gräfin von Provence), die Gräfin Balbi[1]) und ihre Schwester, die alle in Schönbornlust wohnten, Madame de Polastron, de Pourlprie mit ihrer Schwester, Herr von Calonne, seine Schwägerin und Nichte, welche nebst mehreren andern in der Stadt selbst wohnten.

Die Gardes du Corps und die Gensdarmerie wurden in der Umgegend der Stadt formirt. Der Marschall Broglie organisirte die Emigrirten, als ob diese eine ganze Armee formiren sollten, vergaß aber, daß keine Mannschaft vorhanden sei. Die von einigen Mächten den Prinzen gewährte Beihülfe, so wie auch die von denselben gemachten Anleihen, waren immer schnell verschwunden und hätten, wie Esterházy sagt, mit mehr Oekonomie verwendet werden können; auch der Ton der Gesellschaft der Franzosen von Coblenz hatte eine, für das ganze Zusammenwirken nachtheilige Art angenommen. Es machte sich wie einst in den Tagen heitern Uebermuthes von Versailles, so auch jetzt in jenen ernsten des Unglückes, der Abstand zwischen dem Hof- und dem meistens ältern Provinzadel wieder geltend; dieser letztere wurde übellaunig und mißmuthig auch in der Fremde die Einbildung und Anmaßung des Ersteren dulden zu sollen. Die beiden Prinzen, sehr einig unter einander, konnten aber dieses Gefühl der Uebereinstimmung nicht auf ihre gegenseitigen Umgebungen übertragen und so kam es, daß Herr von Calonne auf

---

[1]) Gräfin Balbi geborne Caumont de la Farce, geboren 1753, war seit 1770 mit dem Grafen Balbi vermält, und kam als Hofdame zur Gräfin von Provence; hier gewann sie durch ihren Geist und ihre große Schönheit die zärtliche Freundschaft Monsieurs. Später wurde sie durch die Blattern entstellt, behauptete sich aber noch lange in der Gunst ihres Freundes. Als sie diese verlor, ging sie nach Holland und in Folge des Amnestiedecretes nach Frankreich zurück. Ihre Intriguen zogen ihr eine Verbannung nach Montanban zu. Nach der Restauration kehrte sie nach Paris zurück, wo sie nach mehreren Jahren in Vergessenheit starb.

der einen, Graf Jaucourt auf der andern Seite, gleichsam zwei einander ziemlich schroff entgegenstehende Parteien bildeten, deren Führer sie waren; ein Umstand der wol muthmaßen ließ, daß die Dinge einen schlechten Lauf nehmen würden.

Dem Grafen Jaucourt war in seiner frühesten Jugend ein eigenthümliches Ereigniß, mehrere Jahre vor Ausbruch der Revolution begegnet, das als prophetisch erwähnt zu werden verdient. Derselbe war in Burgund geboren und in Autun in einem Collegium erzogen worden. Er zählte erst zwölf Jahre, als sein Vater, der ihn unter Aufsicht eines Onkels zur Armee schicken wollte, ihn auf sein Schloß kommen ließ. Nach dem Nachtmahle führte man den jungen Menschen in ein großes Schlafzimmer, in dessen Mitte eine Nachtlampe auf einer Art Dreifuß stand. Als er allein war, entkleidete er sich und begab sich zu Bette, ließ aber die Lampe brennen. Da er noch keinen Schlaf verspürte, betrachtete er sich das Gemach genauer und sein Blick blieb auf einer alten Tapete seinem Bette gegenüber haften. Das auf denselben befindliche Gemälde stellte einen Tempel dar, dessen Pforten geschlossen waren; auf der Höhe der zu diesem hinan führenden Stiege stand eine Art Oberpriester in langem weißem Talar, der in der einen Hand ein Büschel Ruthen, in der andern einen Schlüssel hielt. — Plötzlich sah der junge Jaucourt die Gestalt sich bewegen, die Treppe herabsteigen und aus der Tapete tretend, auf sein Bett zuschreiten, wo er vor Schrecken erstarrt, unfähig ein Wort hervorzubringen, lag. Die geisterhafte Gestalt sprach mit deutlicher Stimme: „Diese Ruthenbündel werden eine große Menge züchtigen, wenn Du „sie sich bewegen siehst, zögere nicht diesen Schlüssel des Kirchhofes „zu nehmen, den . . . .", bei diesem Worte, drehte sich ohne ihre Rede zu vollenden, die Gestalt plötzlich um, nahte sich wieder der Tapete, stieg die Treppe des Tempels hinan und blieb auf ihrem früheren Platze stehen. Der junge Chevalier in Schweiß gebadet, war durch eine Viertelstunde derart seiner Kräfte beraubt, daß er außer Stande war jemanden zu rufen; endlich kam ein Diener, dem er nur sagte, daß er sich unwohl fühle und der die Nacht über bei ihm blieb. Am andern Morgen, als ihn sein Vater, der Graf Jaucourt befragte, was er Nachts für ein Leiden gehabt, erzählte er diesem die gehabte Erscheinung. Statt ihn auszulachen, wie der

Chevalier Anfangs befürchtete, hörte ihn der alte Graf sehr ernst an, und sagte: Es wäre nichts Ungewöhnliches, da sein Vater gleichfalls in seiner ersten Jugend mit einer Erscheinung des auf der Tapete dargestellten Oberpriesters eine sehr befremdende Scene erlebt habe. Gerne hätte der Chevalier etwas näheres erfahren, aber nicht nur wollte der Graf nicht weiter darüber reden, sondern **befahl** selbst seinem Sohne ihn mit keinem Worte mehr an diese Geschichte zu erinnern. Noch am selben Tage ließ er die alte Tapete von der Wand nehmen und in seiner Gegenwart im Schloßhofe verbrennen. Zur Zeit der Revolution erinnerte sich der **nunmehrige Graf Jaucourt** jener räthselhaften Worte der geheimnißvollen Erscheinung, und als er die Ruthen sich bewegen sah, nahm er den Schlüssel, das ist — **er emigrirte**.

Am 13. August endlich trat Graf Artois mit dem Grafen Esterházy, Herrn von Calonne und seinem Gardecapitän die Reise nach Wien über Frankfurt an, wo übernachtet wurde; in Aschaffenburg wurde ein kleiner Aufenthalt gemacht. Die Reisenden fanden daselbst den gerade zufällig anwesenden Kurfürsten von Mainz,[1] sowie den Prinzen von Condé mit seinen Kindern. Sie erhielten dort zwei wichtige Nachrichten, jene des endlichen definitiven Friedensabschlusses des Kaisers zu Szistowe mit den Türken, und die Versicherung Englands, sich in den französischen Angelegenheiten vollkommen neutral zu verhalten. Nach einer langen Conferenz zwischen dem Kurfürsten und dem Grafen Artois, dem Prinzen Condé und Herrn von Calonne, ging die Fahrt weiter in mehreren Tagreisen nach Wien, wo man am 18. Abends eilf Uhr eintraf. Graf Artois und seine Herren fanden dort den Herzog von Polignac[2] und den Baron

---

[1] Friedrich Carl Freiherr von Erthal, geboren 1719, Erzbischof und Kurfürst von Mainz seit 1774, gestorben 25. Juli 1802.

[2] Armand François Jules Graf, später Herzog von Polignac, Pair von Frankreich und Stallmeister unter Ludwig XVI. Er verdankte seine Carriere am Hofe seiner liebenswürdigen in diesen Blättern oft erwähnten Gemalin Yolanthe, gebornen Gräfin Polastron, mit der er seit 1767 vermält war. Der Verschwendung der Staatsgüter vom Volke angeklagt, verließen sie im

Flachslanden, welche nur wenige Stunden früher von deren Ankunft in Kenntniß gesetzt wurden. Der Prinz wurde mit seiner Suite beim spanischen Gesandten bewohnt, und kam in keinerlei Berührung mit dem Marquis Noailles, den Botschafter Frankreichs, der aber der Nation den Eid geleistet hatte. Am 20. wurde der Graf Artois vom Kaiser Leopold empfangen, und nach einem langen Zwiegespräche wurden auch dessen Begleiter Seiner Majestät vorgestellt. Abends führte der Kaiser den Prinzen ins Theater, Tags darauf speiste dieser mit seinen Herren bei Hofe, wo nur der Kaiser, die kaiserliche Familie und sehr wenig andere Personen an der Tafel anwesend waren. Kaiser Leopold näherte sich auch mit besonderer Auszeichnung dem Grafen Esterházy, mit dem dieser Fürst ein langes Gespräch über die französische Revolution führte, über die Se. Majestät in der angemessensten Ausdrucksweise sich äußerte und sehr geneigt schien, mit allen ihm zu Gebote stehenden Mitteln deren Fortschritte aufhalten zu wollen. Graf Esterházy äußert sich weiter über die österreichischen Staatsmänner: „Fürst Kaunitz, zwar mit den besten politischen Ansichten und Grundsätzen, schien, im Hinblick auf sein hohes Alter, zu wünschen, daß man keinen activen, selbstthätigen Antheil daran nehme", aber man ließ den Grafen in Wien nicht im Unklaren, „daß die Mehrzahl der übrigen Minister und „Staatsmänner, insbesondere Baron Spielmann eine Schwächung „Frankreichs für einen großen Vortheil Oesterreichs hielten, und daß „es ihrer Politik geradezu entgegen wäre, zu dem Glanze des alten „Nebenbuhlers und des Hauses Bourbon viel beizutragen, es „müßten denn mindestens große Entschädigungen aus einem activen „Einschreiten hervorgehen".

Feldmarschall Graf Lacy und Baron Spielmann waren bereits nach Pillnitz vorausgereist, aber alte Freunde Esterházy's, die

---

Juli 1789 Frankreich. Der Herzog ging in besonderer Mission nach Wien und vermittelte 1791 die Correspondenz Ludwigs XVI. und der Königin mit dem kaiserlichen Hofe zu Wien. Nach dem Sturze des Königthums wurde er diplomatischer Agent der Brüder des Königs. Seine Gemalin Yolanthe starb zu Wien am 9. December 1793, erst vierundvierzig Jahre alt, in Folge des Kummers, den sie durch die Nachrichten aus Frankreich empfand. Nun zog der Herzog nach Rußland, da ihm Katharina II. bedeutende Güter in der Ukraine geschenkt hatte. Er starb 1807 in Petersburg.

dieser in Wien wieder gefunden hatte, versicherten ihn, daß diese Staatsmänner gewiß trachten würden, die guten Absichten, welche der Monarch bezeigte, abzuschwächen, wenn möglich ganz umzustimmen. Am 22. reiste Kaiser Leopold II. von Wien ab, und am selben Tage auch der Graf von Artois über Prag und Dresden. Der Kaiser hatte den Prinzen überholt, bewies aber die rücksichtsvolle Aufmerksamkeit, diesen in Stockerau zu erwarten. Derselbe fuhr in einer Kalesche, die französischen Herren in einer Berline. Am 24. Früh neun Uhr kam man nach Prag, und nach einem nur zweistündigen Aufenthalt ging es rasch weiter; am 25. gegen sechs Uhr Abends kam dem Grafen Artois unweit Dresden, in Zehitz, der Baron Roll entgegen und erzählte, daß der Prinz von Nassau, der Marquis de Bouillé (dieser war von Gustav III. abgeschickt worden), und der Baron d'Escars in Dresden anwesend wären, wo die Reisenden endlich um acht Uhr Abends anlangten. Der Kaiser und der König von Preußen trafen noch am selben Abend in Pillnitz zusammen. Am nächsten Tage fand daselbst ein großes Hofdiner statt, dem Graf Artois mit seinen Herren beiwohnte. Der erste Tag verging unter Festlichkeiten, Opern, Illumination, Feuerwerk u. s. w. Graf Artois mit dem Herrn von Calonne und dem Baron d'Escars blieben zu Nacht in Pillnitz, die anderen französischen Herren kehrten nach Dresden zurück. Am 27. erlaubte sich der Prinz von Nassau, der eben von Petersburg kam, dem Grafen Artois zu bemerken, daß die Kaiserin Katharina das größte und lebhafteste Interesse an den französischen Angelegenheiten nehme, daß er selbst über diesen Gegenstand die Abschrift eines von dieser Monarchin mit eigenhändigen Noten versehenen Memoire copirt habe, und man würde sehr fehlen, Niemanden an den kaiserlich russischen Hof zu senden; die Gelegenheit wäre jetzt günstig und man möge dieselbe aus Anlaß der Pillnitzer Conferenzen benützen und sogleich jemanden an die Kaiserin nach Petersburg schicken. Prinz Nassau[1]) bemerkte ferner, daß dieser

---

[1]) Carl Heinrich Nikolaus Otto Prinz von Nassau-Siegen, geboren 1745, war mit fünfzehn Jahren Officier in der französischen Armee, wo er es bald zum Obersten brachte, 1766 begleitete er Bougainville auf seine Reise um die Erde und durchzog als kühner Jäger einen Theil Afrikas u. s. w. Wir verweisen den geehrten Leser auf eine unserer eigenen früheren Schriften, wo wir

Abgesandte die feste Haltung ein bischen hervorheben möchte, welche diese Fürstin gegenüber den anderen europäischen Mächten eingenommen habe, als diese sie zwingen wollten, mit den Türken Frieden zu schließen, daß dieselbe das Ansehen und die hohe Achtung für Katharina vermehrt habe, und da sie kein besonderes Interesse daran habe, Frankreich zu schwächen, wäre es vorzugsweise die hohe Persönlichkeit

---

dessen Leben und Wirken skizzirt haben. Thürheims Feldmarschall Carl Joseph Fürst de Ligne, Wien 1877, Wilhelm Braumüller, k. k. Hofbuchhändler, Seite 124, 125, 140, 143, 146 u. s. w. Hier holen wir nur eine uns nachträglich zu Theil gewordene Mittheilung über dessen Abkunft nach. Der Großvater dieses in Rede stehenden Prinzen Nassau-Siegen war Emanuel Ignaz, dritter Sohn des Fürsten Johann Franz Desideratus und seiner dritten Gemalin Isabella Clara Eugenia de la Serre, deren Kinder nach dem Ehecontracte vom 9. Februar 1669 nur die adelige Würde führen sollten. Jedoch unter beständigem Widerspruche der gesammten Agnaten nannte sich Emanuel Ignaz einen Prinzen von Nassau-Siegen. Er war geboren 1678, seit 1715 Ritter des goldenen Vließes und des St. Hubertus-Ordens, kaiserlicher Feldmarschall-Lieutenant und Hatschieren-Hauptmann bei der Erzherzogin-Statthalterin in Brüssel (einer Schwester Kaiser Carls VI.). Emanuel Ignaz starb 1735 zu Brüssel am 9. August. Seit 13. Mai 1711 war er vermält mit Katharine Charlotte, geboren 1688, Tochter Ludwigs von Mailly, Marquis de Nesle. Diese verließ 1715 ihren Gemal, ging 1727 in das Kloster Poissy und starb am 18. März 1769. Sie gab ihren Sohn Maximilian Wilhelm Adolf (geboren 25. November 1722 und gestorben auf dem Schlosse Boubert in der Grafschaft Artois am 17. Jänner 1748) für einen Prinzen von Nassau-Siegen aus; allein die Häuser Nassau-Dillenburg und Dietz bewiesen durch ein authentisches Document von dem Prinzen Emanuel, daß er kein Kind von Madame de Mailly hinterlassen habe, und sie seit 1715 nicht ehelich beisammen gelebt. 1744 erneuerte Maximilian Wilhelm seine Ansprüche, wollte auch in einer Schrift beweisen, daß seine Mutter mit ihrem Gemal Emanuel Ignaz sich ausgesöhnt und er ihr ehelich beigewohnt hätte; allein der Prinz von Cranien widerlegte solches abermals durch Documente des Magistrates zu Brüssel, und es erfolgte bei dem damaligen Reichshofrathe am 5. October 1746 eine Definitivsentenz, wodurch die Geburt dieses von der Marquise de Mailly geborenen Sohnes für unrechtmäßig erklärt und er mit all seinen Ansprüchen abgewiesen ward. Dieser hatte sich am 1. December 1743 mit Marie Magdalene de Monchy Marquise de Senarpont, einer reichen Dame vermält, die am 12. April 1752 achtundzwanzigjährig starb und zwei Kinder hinterließ, welche das Parlament zu Paris 1756 als legitime Nachkommen des Hauses Nassau-Siegen erklärt hat, und deren eines der hier erwähnte Prinz Carl Heinrich Nikolaus Otto ist. Siehe Jacobi, Europäisches genealogisches Handbuch auf das Jahr 1800. I. 407 bis 408. Leipzig, Gädischens Handlung.

der russischen Monarchin, der man ohne die geringsten nachtheiligen Folgen sich unbedingt vertrauen könne. Der mächtige Einfluß der Czarewna könne überdies die Beschlüsse der Coalition rascher zur Entscheidung führen, umsomehr da dieselbe im Stande sei, durch ihre Mittel dem Prinzen auch persönlichen Beistand zu gewähren. Schließlich wies Nassau auf den Grafen Esterházy, dessen Persönlichkeit ihm für diese politisch wichtige Mission als die geeignetste erschiene, umsomehr als dessen Name in Rußland wohl gekannt und von gutem Klange sei; wo dessen Oheim Graf Nikolaus Esterházy (siehe Seite 99) als österreichischer Botschafter zur Zeit der Kaiserinnen Elisabeth und Katharina sich großen Ansehens bei Hofe und der allgemeinen Achtung erfreut habe. — Prinz Nassau theilte dies Gespräch seinem alten Bekannten aus Paris, Grafen Valentin Esterházy mit, und daß er ihn bei dem Grafen Artois für diese diplomatische Sendung in Vorschlag gebracht habe. — Esterházy machte ihm einige Einwendungen, als die Beschwerlichkeiten einer derartigen Reise, die weite Entfernung von Tournai, dem dermaligen Wohnsitze seiner Familie u. s. w., schloß aber mit dem Bemerken, daß er immer bereit sei, der königlichen Sache mit all seinen Kräften die möglichsten Dienste zu leisten, wenn der Graf von Artois dafürhalten sollte, daß in dieser Angelegenheit seine Thätigkeit von irgend einem Erfolge sein könne.

Der 27. August verging unter Conferenzen zwischen dem Kaiser, dem Könige von Preußen, dem Grafen Artois; Fürst Hohenlohe und der preußische General Bischoffswerder[1]) hatten auch Berathungen mit Herrn von Calonne; die kaiserlichen Minister verweigerten aber ihre Theilnahme an denselben mit der Entschuldigung, in dieser Beziehung keinerlei Befehle zu haben. Ihr Mangel an gutem

---

[1]) Johann Rudolf von Bischoffswerder, geboren 1737 in Sachsen, seit 1760 in preußischem Dienst, 1779 Major und Günstling des Thronfolgers, späteren König Friedrich Wilhelm II. von Preußen. Als preußischer Gesandter wohnte er dem Friedenabschlusse zu Szistowe und den Pillnitzer Conferenzen 1791 bei, welche Zusammenkunft der beiden Monarchen von Oesterreich und Preußen hauptsächlich seinen Bemühungen zuzuschreiben ist. Als General machte er den Zug in der Champagne mit und ging als preußischer Gesandter nach Paris. Er war ein eifriger Anhänger des Mysticismus und der Geisterseherei. Friedrich Wilhelm III. gab ihm bei seiner Thronbesteigung sogleich den Abschied. — General Bischoffswerder starb 1803 auf seinem Landgute bei Berlin.

Willen, meint Graf Esterházy, hätte aus allem und in ihrer ganzen
Art hervorgeleuchtet; aber die seither veröffentlichten Correspondenzen
zeigen deutlich, daß es das Mißtrauen gegen die Persönlichkeit des
Herrn von Calonne war, welches die Königin Marie Antoinette,
Kaiser Leopold II. und seine Staatsmänner, wie Graf Mercy und
Andere theilten. — Endlich am 28. als alle, die höchsten Herrschaften
und ihr Gefolge, nach Dresden gingen, um die Merkwürdigkeiten der
sächsischen Residenz, den kurfürstlichen Schatz, die Galerien u. s. w.
zu besehen, Abends einem maskirten Ball und anderen Festlichkeiten
beizuwohnen, blieben Baron Spielmann, General Bischoffswerder und Herr von Calonne in Pillnitz zurück, diesem Letzteren
hatte man gesagt, daß es sich um die Abfassung eines Vertrages
zwischen den beiden Monarchen handle, dessen Zweck die Herstellung
der französischen Monarchie sei; als sie sich aber versammelten, zeigte
Baron Spielmann eine bereits ausgearbeitete Convention, die, schreibt
Esterházy, in „unbestimmten Ausdrücken und doppelsinnigen Redensarten verfaßt" war, und, wie die französischen Herren meinten,
„ganz ohne Werth sei und offenbar zu nichts tauge". Calonne stritt
sich viel und lange herum, konnte aber außer einigen Worten von
minderer Wichtigkeit in der Hauptsache nichts ändern, und war sehr
übellaunig. — Hören wir nun über die Pillnitzer Convention den
wörtlichen Bericht eines österreichischen Staatsmannes, des Grafen
Mercy in seinem Briefe de dato 26. September 1791 an die
Königin Marie Antoinette: „Il n'a pas été question à Pill-
„nitz d'une opposition absolue à la nouvelle constitution. On
„n'y a stipulé que des efforts pour le maintien de la dignité
„royale, pour la liberté et l'inviolabilité du monarque. Quant
„à l'extension de son autorité, on n'a pas agité cette question.
„D'ailleurs, l'intervention de l'empereur et du roi du Prusse
„est liée à la condition d'un concours de la part des autres
„puissances; en cela le plus grand mal tient aux intentions
„démasquées de l'Angleterre, qui opèrent visiblement sur celles
„de l'Espagne. · Il n'est pas démontré qu'on ne puisse tirer bon
„parti du roi de Prusse; l'empereur le croit et l'espère, mais
„il ne se livrera pas à sécurité douteuse. Ce monarque est
„aussi maintenant très-decidé à resister aux idées

„chimériques des princes; il s'en est expliqué nette-
„ment et sèchement dans une réponse par écrit; il est
„de même fort indisposé contre toutes les insinuations
„de M. de Calonne et des autres conseillers. Il ne
„reconnaît d'idées justes et raisonnables que celles
„de la reine, de M. de Bouillé et de M. de Fersen etc.¹)

Der Herzog von Polignac und der Baron Flachslanden waren auch in Pillnitz eingetroffen. Graf Esterházy erbat sich vom Grafen Artois die Erlaubniß, in Dresden bleiben zu dürfen; er zog aus allen diesen Vorgängen und Ergebnissen eine üble Vorbedeutung für die französischen Angelegenheiten, und da ihm niemand mehr von der Petersburger Reise sprach, hoffte er, daß man auch nicht mehr daran denke; er wünschte sehnlichst, wieder zu seiner Familie reisen zu können und in deren Mitte den Augenblick abzuwarten, wo es mit den Waffen in der Hand zum Handeln käme, um sich in die nächste Nähe des Grafen Artois zu begeben, der ihm die Stelle eines Generaladjutanten bei seiner Person zugedacht hatte.

Am 28. reiste der Kaiser nach Prag und der König von Preußen wurde durch den Kurfürsten auf einen Landsitz des Prinzen Carl von Sachsen geführt, wo sie Beide Mittags speisten. Der Graf von Artois hatte an diesem Tage eine kleine Lustfahrt unternommen, aber jene französischen Herren, die mit ihm am Vorabende in Pillnitz waren, sagten dem Grafen Esterházy, daß dessen Reise nach Petersburg ganz bestimmt beschlossen wäre. Der Prinz von Nassau hätte alle etwaigen Hindernisse beseitigt, er habe einen guten Postwagen gekauft und er würde ihm zur Begleitung einen im activen Dienste Rußlands stehenden Major, den Herrn von Rath, mitgeben, die Reise würde kurz sein, die Jahreszeit wäre sehr schön und er könne mit dem ersten Schlitten im Monate October wieder zurückkehren. Abends kam Graf Artois und bestätigte alle diese Mittheilungen, er legte so viel Gewogenheit und Liebenswürdigkeit in seine Aufforderung, daß es dem Grafen Esterházy wol nicht leicht möglich gewesen

---

¹) Marie Antoinette, Joseph II. und Leopold II. Ihr Briefwechsel, herausgegeben von Alfred Ritter von Arneth. Wien 1866. Wilhelm Braumüller, k. k. Hof- und Universitäts-Buchhändler. Seite 214.

wäre, sich dieser Sendung zu entziehen. Der 29. verging unter Abfassung der nöthigsten Instructionen für diese Mission, und überdies hatte Esterházy ein Schreiben des Grafen Artois an die Kaiserin und eines an General Subow, dessen Gunst bei seiner Herrscherin im Steigen war und in gewisser Hinsicht dem Einflusse des Fürsten Potemkin das Gegengewicht hielt. Dieser Letztere war kurz früher in die Moldau abgegangen, wo er bald nachher auf dem Wege von Jassy nach Nikolajew, zwischen Sulane und Kischinew in den Armen seiner Nichte, der Gräfin Branicka, welche ihn begleitet hatte, am 16. October 1791 sein bewegtes ehrsüchtiges Leben endete. In dessen Abwesenheit hatte Fürst Repnin die Türken in der Schlacht am Saltscha geschlagen und nach diesem Siege zu Galacz die Präliminarien zu dem Frieden von Jassy unterzeichnet.

Am 30. August 1791 trat Graf Esterházy die weite Reise an, welche über die Lausitz und ein Stück von Großpolen führte; bei Bromberg kam er auf die große Fahrstraße von Berlin nach Königsberg, wo er mit seinem Begleiter in der Nacht vom 5. auf den 6. September eintraf. Von da ging es nun weiter über Curhafen, Memmel, durch Curland und Lithauen, über Riga der Residenz der neuen Semiramis des Nordens zu.

IX.

An der Newa. — Ländliche Zurückgezogenheit. — Zur Ruhe.
1791—1805.

———

Am Abende des 13. September 1791 fuhren Graf Esterházy und sein Begleiter in die hell erleuchteten breiten großen Straßen von St. Petersburg ein, und mit ziemlichen Schwierigkeiten fanden sie bei einem französischen Traiteur Namens Huguet eine passende Wohnung. Am 14. Früh schrieb der Graf dem General Subow[1] und legte ihm die Bitte vor, seine Schritte am Hofe leiten zu wollen, um Ihrer Majestät der Kaiserin vorgestellt zu werden, da er sich nicht an den französischen Geschäftsträger Herrn Génet, einen eifrigen Revolutionär wenden wolle und könne; diesem Schreiben legte er eines des Prinzen Nassau an den General bei. Um die Ueberbringung dieser Briefe wurde der russische Major Rath vom Grafen ersucht. — Einstweilen ging Esterházy in Begleitung eines russischen Lohnbedienten zu Fuß aus und ließ sich auf allen bemerkenswertheren

---

[1] Platon, zuletzt Fürst Subow, Sohn des russischen Senators Alexander von Subow, war bereits im sechsundzwanzigsten Jahre Großchef der russischen Artillerie und einer der letzten Günstlinge Katharinas. Kaiser Franz II. bewilligte auf den Wunsch der Kaiserin seinem Vater Alexander 1793 die Würde eines deutschen Reichsgrafen, Platon selbst aber 1796 die eines deutschen Reichsfürsten. — Bei der Verschwörung gegen Kaiser Paul I. spielte Fürst Subow eine thätige Rolle.

Plätzen der großen nordischen Hauptstadt herumführen; so überschritt er den Senatsplatz, die große Newabrücke, besichtigte die Börse, den Platz des kaiserlichen Palastes, wanderte den Newaquai die ganze Länge hinauf bis zum Palaste Anischkoff und kam durch die große Perspective¹) in sein Hôtel zurück. „Diese Details", schreibt der Graf, „scheinen wenig interessant, aber es ist gewiß, daß die Kaiserin sehr erstaunt war, er habe während seines nur wenige Stunden langen Aufenthaltes in Petersburg so viele Dinge gesehen, und daß ihr dies einen guten Begriff seiner Thätigkeit beibrachte, einer Eigenschaft, auf die sie sehr große Stücke hielt, und er möchte sagen, daß er vielleicht diesem Gang einen Theil jener Güte verdanken könne, mit deren Beweisen sie bis zu ihrem Lebensende nie aufgehört habe, ihn zu überhäufen."

Als Esterházy sein Zimmer im Gasthofe wieder betrat, überreichte ihm Major Rath ein sehr verbindliches Schreiben des Generals Subow, der den Grafen ersuchte, um vier Uhr Nachmittags bei ihm zu erscheinen, er werde ihn sodann der Kaiserin in der Eremitage vorstellen. Esterházy begab sich zur bestimmten Stunde zu dem General, der ihn nach einem kurzen Gespräche einlud, sich in die Eremitage zu verfügen, wo er erwartet werde. Er fuhr nun sogleich im Wagen dahin, wo er in den Appartements bereits den ihm vorausgeeilten General fand. Dieser ging zu einer verschlossenen Thüre, die er ihm öffnete mit den Worten: „Sie sehen, hier ist Ihre Majestät!" sich gleichzeitig aber wieder zurückzog. Von seinem momentanen Erstaunen über die etwas ungewöhnliche Art seiner Vorstellung zurückgekommen, überreichte Graf Esterházy der Kaiserin das Schreiben des Grafen Artois, und erlaubte sich zu versichern, daß er den Befehl erhalten habe, Ihrer Majestät das größte Vertrauen entgegenzubringen und sich Ihre Rathschläge für die Prinzen zu erbitten, ebenso die gnädigste Erlaubniß, mehrere Documente und Actenstücke ihrer hohen Einsicht zu unterbreiten, welche sie in genaue Kenntniß setzen würden über die Lage der Prinzen und Brüder des Königs, sowie deren Absichten und Entwürfe. — Die Kaiserin

---

¹) Die langen regelmäßigen Straßen in Petersburg heißen Prospecte oder Perspective.

fragte, ob er diese Schriftstücke bei sich führe, und auf dessen Bejahung und Aeußerung, er wolle selbe dem General Subow zu diesem Zwecke übergeben, sagte sie: „Nein, geben Sie dieselben mir, ich kann „sie so bequemer durchlesen". Hierauf ließ sich die hohe Frau in einem Fauteuil nieder, befahl dem Grafen, sich in einen nebenstehenden zu setzen und stellte genaue Fragen über den Stand der Dinge, die Esterházy der vollen Wahrheit gemäß beantwortete. Als er zu bemerken glaubte, sie sei von seiner vertrauensvollen Sprache überzeugt und gerührt, erlaubte er sich zu äußern, daß sein Vertrauen in ihre Güte so fest und unbegrenzt sei, daß er, wenn Ihre Majestät zu gestatten geruhten, er ihr auch seine Instructionen vorlegen würde, die er gleichzeitig der Czarin darreichte, und welche sie lächelnd übernahm. Nachdem Katharina II. mit Esterházy noch über dessen eigene Familie gesprochen, insbesondere über seinen Oheim, den 1764 verstorbenen Botschafter Grafen Nikolaus, den sie persönlich sehr gut gekannt hatte, sowie über alle Vorfallenheiten in Pillnitz, endlich die Etiquette des kursächsischen Hofes mit der Art und Weise, wie sie ihn empfangen, verglichen hatte, forderte sie denselben auf, wenn er nichts Besseres zu thun hätte, eine kleine Theatervorstellung mitanzusehen, welche sie im Innern ihres Palastes veranstaltet hatte und zu der nur Wenige geladen waren. Graf Esterházy erstattete ihr seine ehrfurchtsvollsten Dankesbezeugungen und die Kaiserin sagte hierauf: „Ich bitte, lassen Sie den General Subow eintreten!" worauf er die Thüre öffnete, und dieser sogleich das Gemach betrat. Katharina II. fragte nun Esterházy weiter, ob er nicht den Botschafter des Kaisers, Grafen Cobenzl,[1]) den

---

[1]) Johann Ludwig Joseph Graf Cobenzl, geboren 1753 zu Brüssel, Sohn des damaligen Ministers Grafen Philipp Cobenzl, der an der Seite des Prinzen Carl Lothringen die Verwaltung der Niederlande leitete und der niederländische Colbert genannt wurde. — Siehe die biographischen Daten des Grafen Louis Cobenzl in von Wurzbach, Biographisches Lexikon, Band II, Seite 390, 391, von Vivenots Vertrauliche Briefe des Freiherrn von Thugut, Wien 1872 bei Wilhelm Braumüller, k. k. Hof- und Universitäts-Buchhändler, und endlich unser eigenes im selben Verlage erschienenes Buch: Feldmarschall Carl Joseph Fürst de Ligne Seite 107, 124, 126, 130. Dieser Staatsmann starb am 23. Februar 1809 zu Wien; durch seine Mutter, eine geborne Gräfin Palffy, stand er mit den Esterházy's,

Grafen Saint-Priest¹) und den schwedischen Gesandten Baron Stedingk²) kenne. — Graf Esterhazy erwiderte: Der Erstere wäre mit ihm etwas verwandt, er kenne sehr gut den Zweiten, der gleich ihm ein Opfer der Revolution, und was den Dritten betrifft, habe er dessen französisches Regiment unter seinem Commando in Hennegau gehabt. Die Kaiserin befahl sogleich dem General Subow, die genannten Herren zur Theatervorstellung einzuladen; in der Zwischenzeit wollte sie dem Grafen Esterhazy ihre kleine Einsiedelei zeigen, und in der That führte sie diesen in eine große Reihe von Sälen, die mit den Gemälden der größten Meister angefüllt waren, und in einer Galerie endeten, eine Nachahmung der Logen des Raphael, sowol im Gleichmaß der Construction als der Malerei.

Wir haben schon in einer unserer früheren Schriften: Feldmarschall Fürst de Ligne Seite 108, in aller Kürze von der prachtvollen Petersburger Eremitage gesprochen, und wollen hier nur jene flüchtige Schilderung mit einigen Bemerkungen ergänzen. Ueber ein Jahrhundert ist es her, daß die Kaiserin Katharina II. den Einfall

---

sowie mehreren anderen vornehmen ungarischen Geschlechtern in Verwandtschaft. Wir begnügen uns über den geistvollen Lustspieldichter der Eremitage das Urtheil seines diplomatischen Collegen des Grafen Ségur hier anzuführen: Mémoires et Souvenirs II Vol. p. 256, wo es wörtlich heißt: „Le comte de Cobenzl faisait oublier une laideur peu commune par des manières obligeantes, une conversation vive et une gaieté inaltérable. Il était spirituel . . . Croyant en politique tout moyen convenable, pourvu qu'il réussit, il surpassait en complaisance et en déférence les courtisans les plus dociles et les plus dévoués".

¹) Graf Saint-Priest siehe Seite 320.

²) Bogislaw Baron, später Graf Stedingk, geboren 1746 in Schwedisch-Pommern, trat früh in schwedische Dienste, ging aber in der Folge nach Frankreich und diente unter Lafayette in Amerika. Später gehörte er zur Gesellschaft der Auserwählten von Trianon. Bei Ausbruch des schwedisch-russischen Krieges 1788 kehrte Baron Stedingk in sein Vaterland zurück, wurde Generalmajor und kämpfte mit Auszeichnung gegen die Russen. Nach abgeschlossenem Frieden ging er als Gesandter Gustavs III. nach Petersburg und kehrte, erst nach dem Abschlusse des Tilsiter Friedens 1807 abberufen, nach Stockholm zurück, wo er sich den Kriegsplänen Gustavs IV. gegen Rußland widersetzte, und in der Revolution, welche mit der Absetzung dieses Königs endete, thätig war. Carl XIII. ernannte ihn zum Feldmarschall und erhob ihn in den Grafenstand. In den Feldzügen 1813 und 1814 befehligte er unter dem Kronprinzen von Schweden (Bernadotte) in Deutschland und den Niederlanden das schwedische Heer, und starb neunzigjährig 1836 zu Stockholm.

hatte, von ihrem Baumeister de la Motte, ein weltabgeschiedenes kleines Schlößchen neben dem großen Kaiserpalaste errichten zu lassen. Sie nannte diesen neuen Bau ihre Einsiedelei oder Eremitage, vielleicht in einer leisen Nebenabsicht und parodistischen Laune, die man der neckischen Schülerin, aber auch in ihren innersten Gemächern lachenden Spötterin der Encyklopädisten wol zutrauen kann. Wurden der mächtigen Herrscherin die Sorgen und Lasten der Regierung zeitweise allzu beschwerlich, so zog sie sich in ihre mit allen Bedürfnissen des Luxus und Comforts wohl versehene Einsiedelei zurück, wo mehr der Cultus der Musen als weltentsagende Selbstbetrachtung oder religiöse Schwärmerei betrieben wurde. Die Eremitage und ihre sehr gewählte Gesellschaft hatte auch ihre Gesetze und noch heute bezeugt eine Urkunde, die hinter einem grünen Vorhang am Eingange der Galerie Romanow angebracht ist: „Die zehn Gebote der Eremitage", wie die von Katharina II. verfaßte, zehn Punkte enthaltende Vorschrift für die Gäste und Besucher der Eremitage betitelt wurde.

Diese Gebote lauten:

„Wer hier eintritt, lege vor allem seinen Hut und namentlich seinen Degen ab.

Lasset eure Rechte auf dem Vortritt, euren Stolz und jedes ähnliche Gefühl an der Pforte zurück.

Seid heiter, aber zerstört nichts, brecht, verderbt nichts, was es auch sei.

Sitzt, steht oder geht umher, wie es euch gutdünkt, ohne Rücksicht auf irgend jemanden.

Sprecht mit Mäßigung, nicht zu laut, um Niemanden das Gehör zu beleidigen, den Kopf zu zerbrechen.

Discutirt, aber ohne Zorn und Leidenschaft.

Seufzet nicht, gähnet nicht, seid nicht langweilig.

Nehmt an allen unschuldigen Spielen theil, was man auch immer vorschlage.

Esset von allem was schmackhaft ist, aber trinkt mit Maß, so daß ihr beim Weggehen euch immer auf den Beinen halten könnt.

Von dem, was hier geschieht, dringe nichts nach außen; es gehe euch in ein Ohr hinein und zum andern wieder hinaus; ehe ihr die Zusammenkunft verlassen habt.

„**Anmerkung.** Jeder, der diese Gebote übertritt, auch die Damen nicht ausgenommen, hat für jedes Vergehen in Gegenwart zweier Zeugen ein Glas kalten Wassers zu trinken und eine Seite der Telemachiade (eines überaus langweiligen Gedichtes des längst vergessenen russischen Dichters Tretiatowsky) laut zu lesen.

Wer drei dieser Vorschriften an einem und demselben Abende verletzt hat, muß sechs Verse der Telemachiade auswendig lernen, und wer ein zweites Mal die letzte Vorschrift verletzen sollte, sei für immer von unseren Unterhaltungen ausgeschlossen."

„Aber alle diese Meisterwerke der Kunst", sagt Graf Esterházy, „machten mir keinen Eindruck, so sehr war ich beschäftigt, über „die Art und Weise zu sein von Seite der Kaiserin; die Annähe= „rung des Ruhmes mit der Einfachheit und Anmuth ihres Be= „nehmens ließ mich ein Gefühl empfinden, das schwer zu beschreiben „ist. Sie sprach mir von Petersburg und war erstaunt, daß ich, „kaum angekommen von einer so weiten Reise, schon die Zeit fand, „die schönsten Stadttheile zu durchwandern." Endlich kam die Kaiserin mit Esterházy in ein Billardzimmer, wo sich dieselbe niederließ; General Subow setzte sich neben sie, und als Katharina den Grafen aufforderte, sich zu setzen, ließ er einen Stuhl zwischen sich und der Kaiserin leer. Das Gespräch blieb im lebhaften Gange bis zur Ankunft des Grafen Cobenzl, welcher an Esterházy vorüberging und ihn für den Grafen Saint=Priest hielt. Der Botschafter des deutschen Kaisers setzte sich auf den leeren Stuhl zwischen der Kaiserin und Esterházy; nach einer kleinen Weile sagte die Erstere, er möge errathen, an wessen Seite er sich wol niedergesetzt habe? und nach einem Momente des Erstaunens erwiderte Cobenzl: „Aber ich glaube das ist ja der Graf Esterházy". „Er selbst", sagte die Kaiserin, „nun umarmen Sie doch Ihren Vetter." Bald nachher traten die gewöhnlichen Bevorzugten der Eremitage ein. Unter diesen waren: der Graf von Saint=Priest, dem Esterházy den Zweck seiner Mission mittheilte, und der keineswegs darüber erstaunt war; die Grafen Bruce und Stroganoff, die der Graf aus Paris kannte, die Gräfin Protasow und ihre Nichten, sowie noch einige Andere; im Ganzen war die Zahl von fünfzehn Personen nicht überschritten, nebst den zwei Großfürsten, welchen die Kaiserin ihren neuen Gast vorstellte. Diese beiden kaiserlichen Prinzen waren im Frack mit herabhängendem ungepudertem Haar, was damals noch nicht üblich war, und sich bei Hofe sonst auch Niemand erlauben durfte. Der ältere der Großfürsten (Alexander) zählte vierzehn Jahre und war ungewöhnlich schön, der zweite (Constantin) voll Leben und mit sehr charakteristischen Zügen. Katharina II. schien beide Enkel unendlich zu lieben. Während der theatralischen Aufführung sprach die Kaiserin viel und lange mit Esterházy, und beim Weggehen führte Graf Cobenzl diesen noch zum Grafen Puschkin, Obersthofmeister des Großfürsten, späteren Kaiser Paul, an welchen er ein Schreiben des Grafen Artois zu überreichen hatte. Puschkin sagte, daß der Großfürst am nächsten Morgen nach Gatschina fahre und er nicht wisse, ob ihn dieser noch vor seiner Abreise empfangen würde; aber er würde ihn am nächsten Morgen noch zu rechter Zeit benachrichtigen. Der Botschafter Cobenzl führte seinen Vetter in dessen Hôtel und wollte ihn noch am Abende bei sich bewohnen, welchen Antrag Esterházy aber erst für den nächsten Tag anzunehmen versprach. Schon in den Morgenstunden erhielt er von Cobenzl ein Billet, welches ihm den Auftrag des Grafen Puschkin bekannt gab, daß der Großfürst um zehn Uhr vor seiner Abfahrt nach Gatschina den Grafen Esterházy bei sich sehen wolle. Der russische Thronfolger empfing diesen mit großer Liebenswürdigkeit in seinem Cabinete, hieß ihn sich setzen und sprach mit der ungeheucheltsten rührendsten Theilnahme über die Lage, in welcher sich das unglückliche Königspaar persönlich, wie überhaupt ganz Frankreich befand. Als die Großfürstin die Appartements verließ, um den Wagen zu besteigen, wurde der Graf auch dieser vorgestellt. Graf Cobenzl ließ seinen Verwandten nun alle üblichen Besuche machen, stellte ihn der ganzen vornehmen Welt von Petersburg vor, und bewies ihm jene liebenswürdige und wohlwollende Verbindlichkeit, wie solche nur schwer zu finden ist und der österreichische Diplomat bei jeder Gelegenheit allen Franzosen, die nach Rußland kamen, bezeigte. „Uebrigens", schreibt Graf Esterházy, „muß ich bestätigen, daß es unmöglich sei, in einem fremden Lande „besser und freundschaftlicher empfangen zu werden, als ich es in'

„Rußland wurde, und ich habe von Jedermann nur die gesuchtesten
„und höflichsten Aufmerksamkeiten erfahren."

Die Schönheit der Newa, die prachtvollen Granitquais, der imposante Fernblick auf den Hafen von Kronstadt, die Pracht des kaiserlichen Palastes und die Gärten von Petershof, an den Ufern des finnischen Meeres gelegen, die Straße, welche von dort in die Hauptstadt führt, an deren beiden Seiten elegante geschmackvolle Gärten sich aneinander reihen, wo der Adel der nordischen Residenz den kurzen Sommer zu verleben pflegt bis zu dem Augenblick, wo die weiße Schneedecke sich wieder über alles Grün breitet, dies alles gab Petersburg einen ebenso eigenthümlichen als majestätischen Charakter. Der Anblick dieser Stadt überraschte stets den philosophischen und historischen Forscher, da sich das Zeitalter asiatischer Barbarei mit jenem europäischer Civilisation hier zu vereinen schien. Nach den Aufzeichnungen von Touristen jener Zeit fand man in Petersburg, der Residenz der nordischen Semiramis das zehnte und achtzehnte Jahrhundert, asiatische und europäische Sitte, rohe Scythen und feingebildete Europäer, glänzenden stolzen Adel und ein in Knechtschaft versunkenes Volk; einerseits englische und französische Moden, prachtvolle Costümes, kostbare Gastmähler, glänzende Feste, Theater ähnlich jenen von Paris und London; andererseits Kaufleute in asiatischer Tracht, Kutscher, Diener und Bauern mit Lammsfellen bekleidet, mit langen Bärten und hohen Pelzmützen. Die Trennung der alten Moskowiter und der Neurussen machte sich schon damals (in den neunziger Jahren des vorigen Jahrhunderts) sowol in der Gesellschaft als im öffentlichen Leben bemerkbar. — Die Damen waren zu jener Zeit den Herren an Bildung voraus, sie redeten vier bis fünf Sprachen, spielten mehrere Instrumente und kannten die berühmtesten Dichter und Romanciers von Frankreich, Italien, Deutschland und England; während mit Ausnahme mehrerer Höflinge, wie die Romanzow, Rasoumoffski, Strogonow, Schuwalow, Woronzow, Kourakin, Gallitzin, Dolgorucki u. s. w. die meisten Männer sich dem Anscheine nach ziemlich unbekannt mit allem was es außerhalb Rußland gab zeigten. Uebrigens machten die von Katharina II. eingeführten

Gebräuche und Sitten das Leben und die Gesellschaft in Petersburg sehr angenehm. Die gewöhnliche Kleidung war jene wie das Hofkleid zu Versailles und der anderen europäischen Residenzen. Die Fracks, Stiefeln und die runden Hüte waren bei Hofe und in der Gesellschaft von Petersburg noch verpönt; der Mittagstisch wurde nicht zu spät gehalten, so daß der Nachmittag den Besuchen und den conventionellen Pflichten der Geselligkeit gewidmet war. Es gab eine große Anzahl Festtage, die alle gefeiert wurden, sowol bei Hofe als in der übrigen Gesellschaft; alle Geburts- und Namensfeste derer, die man kannte, war es Sitte zu begehen, und Unhöflichkeit wäre es gewesen, dies zu vergessen. Derjenige, dessen Festtag war, lud an diesem Tage Niemanden zu sich, aber seine Thüre stand Jedermann offen, und wer ihn nur kannte begab sich zu ihm, so daß förmliche Processionen von Besuchern hinwanderten. Schon aus diesem Umstande konnte man auf den in den Häusern russischer Großen herrschenden Reichthum schließen. Eine andere Art Luxus derselben war die zahlreiche Dienerschaft, diese ergänzte sich aus Kindern ihrer Leibeigenen, welche diesen Dienst ihrer Herren als eine besondere Auszeichnung und Gunst ansahen und es für Entehrung und Strafe hielten, wenn sie nach Hause geschickt wurden. Sie heirateten im Hause ihrer Herren und bevölkerten dieses oft durch einige Generationen, so daß manches dieser Häuser vier- bis fünfhundert Diener jeden Geschlechtes und jeden Alters zählte. Auch mußte jede einen höheren als Oberstenrang bekleidende Persönlichkeit nach den Rangesabstufungen einen vier- oder einen sechsspännigen Wagen, von einem livrirten Kutscher mit langem Barte und zwei Postillons geführt, besitzen.

In der Schilderung der mächtigen Herrscherin dieses weiten Reiches stimmen die berühmtesten Memoirenschreiber jener Epoche, welche ihren Hof besuchten oder an diesem längere Zeit verlebten, so ziemlich überein und streuen ihr reiches Lob, insbesondere die von derselben sehr verhätschelten: der geistvolle Fürst de Ligne, der sie stets Catherine le grand nannte, und der mehrere Jahre an ihrem Hofe weilende französische Botschafter und Schriftsteller Graf Ségur. — Da wir in diesen Blättern noch oft auf diese bedeutende Regentin zurückkommen, so mag eine kurze Schilderung wol gerechtfertigt erscheinen. Das Genie Katharina's II. war von umfangreicher

Größe, ihr Verstand besaß große Feinheit, und in ihrem ganzen Wesen war ein Gemisch von Eigenschaften, die man nur äußerst selten vereint findet. Ungeachtet großer Vergnügungssucht war sie dennoch ausdauernd und eifrig bei ernster Arbeit; in der Politik schlau und gewandt, kannte ihr Ehrgeiz keine Grenze, wurde aber durch Klugheit geleitet; im Privatleben ließ sie sich in ihrer ganzen Natürlichkeit gehen; beständig und treu war sie in der Freundschaft, keineswegs aber in ihren Leidenschaften und Liebeslaunen. — In der Politik und der Verwaltung handelte sie nach festen Grundsätzen und ließ nie einen einmal gefaßten Plan oder einen Freund im Stich. In ihrem öffentlichen Auftreten majestätisch, in Gesellschaft gütig und selbst vertraut, erhielt ihre Würde eine gewisse Freundlichkeit, ihre Heiterkeit bewahrte Anstand. Ungeachtet des großen Aufschwunges ihrer Ideen, Gedanken und Entwürfe schien dennoch ihr Gespräch wenig zu glänzen, außer in seltenen Fällen, wo sie sich über Politik oder Geschichte in ihren Aeußerungen frei ergehen ließ, dann gab ihr ganzes Wesen den Worten Glanz und Feuer; kurz sie konnte eine Ehrfurcht gebietende Herrscherin und eine liebenswürdige Hausfrau darstellen, wie es ihr eben in den Kram paßte. Die Majestät ihrer Stirne, die Haltung ihres Hauptes, der Stolz ihres Blickes und die Würde ihres ganzen Auftretens ließen ihre Gestalt größer erscheinen, als sie war. Sie hatte eine Adlernase, einen anmuthigen Mund, blaue Augen mit schwarzen Brauen, und wenn sie es wollte einen sehr sanften Blick und ein anziehendes Lächeln. Um die Wohlbeleibtheit ihres Alters zu verbergen, trug sie in den letzten Jahren weite Kleider mit eben solchen Aermeln, ähnlich den altmoskowitischen Gewändern. Um sechs Uhr Morgens pflegte die Kaiserin sich schon von ihrem Lager zu erheben und machte sich selbst Feuer, dann arbeitete sie mit ihrem Polizeilieutenant und den übrigen Ministern. An ihrer Mittagstafel, welche wie jene eines Privatmannes bedient war, sah man selten mehr als acht Gäste. Hier wie bei Friedrich dem Großen war die Etikette zwar vorgeschrieben, aber die Freiheit des Wortes erlaubt. In ihrer Anschauung Philosophin, zeigte sie sich aber aus politischen Gründen religiös, und gewiß konnte nicht leicht Jemand mit einer unfaßlicheren Leichtigkeit von dem erheiterndsten Vergnügen zur ernstesten Arbeit übergehen, auch sah man sie niemals von der einen oder andern so gepackt und hingerissen, daß sie sich nicht sogleich irgend einer andern Angelegenheit oder Beschäftigung mit Eifer hätte hingeben können. Ihren Ministern dictirte die Kaiserin die wichtigsten Depeschen selbst, ebenso war der Staatsrath nur durch sie persönlich über die zu verhandelnden Angelegenheiten unterrichtet und geleitet; so daß ihre höchsten Staatsbeamten nur einfache Secretäre und Schreiber der Czarin in Wirklichkeit zu sein schienen! — Dies ist das beiläufige Bild, welches ihre Bewunderer entwerfen; und wie wir bereits erzählt haben, war auch der erste Eindruck, den das ganze Wesen Katharina's II. in dem Grafen Esterházy hervorrief, ein überwältigender, dem sich Niemand, der in die Nähe dieser Herrscherin kam, ganz verschließen konnte; wir sehen dies selbst an dem sich sonst gegen Fraueneinfluß stets erwehrenden Kaiser Joseph II., den sie zur thätigen Theilnahme an dem unglücklichen Türkenkriege 1788, zu bewegen wußte.

Der Wunsch und Zweck der königlich französischen Prinzen war, zur Zeit der Sendung des Maréchal de camp Grafen Esterházy nach Petersburg, 1. in Stand gesetzt zu werden, nach Frankreich einrücken zu können, mit allem was sie an Edelleuten und Truppen unter ihrem besonderen Solde vereinigen konnten, und 2. daß die verbündeten Mächte zu ihrer eventuellen Unterstützung an der französischen Grenze eine entsprechende Macht concentriren möchten. Dieser Vorschlag schien auch von Seite der beiden in Pillnitz conferirenden Monarchen angenommen worden zu sein. — Das Corps des Prinzen Hohenlohe noch mobil und auf dem Kriegsstand, sollte an den Rhein beordert werden, und Kaiser Leopold wollte den Stand seiner Besatzungen und Truppen im Breisgauischen erhöhen; der König von Schweden war geneigt mit einer Escadre und schwedischen Truppen eine Landung und Expedition in der Normandie zu unternehmen und wünschte, daß sich auch russische Truppen dort mit ihm vereinigen möchten; da aber König Gustav III. nicht über die hiezu nöthigen Fonds disponiren konnte, sollte Spanien ihn mit den gehörigen Mitteln versorgen. Von der französischen Emigration war der Baron Escars in einer bezüglichen Mission nach

Stockholm, der Baron Roll dem Könige von Preußen nach Berlin gefolgt und der Marquis de Bouillé sollte mit dem Marschall Grafen Lacy und dem Fürsten Hohenlohe in Prag zusammentreffen, um einen gemeinschaftlichen Operationsplan zu besprechen. Es war aber von hoher Wichtigkeit, daß die geplanten Truppenansammlungen noch vor dem Eintritte des Winters vollendet würden, und die königlichen Prinzen die Gelder in ihren Händen hätten, für die der Kaiser und der König von Preußen ihre Bürgschaft zugesagt hatten. — Kaum war aber Graf Artois nach Coblenz zurückgekehrt, als die Minister der Coalitionsmächte Schwierigkeiten erhoben, noch vor Einbruch des Winters in den bestimmten Territorien Truppen zu concentriren, auch hatten die Frankfurter Banquiers noch keine Weisungen bezüglich der Bürgschaft der nöthigen Geldanleihen erhalten und das Gouvernement von Brüssel versagte den Prinzen den versprochenen Sammelplatz zur Vereinigung aller Emigranten. — Graf Esterházy war daher Anfangs September beauftragt worden, die Kaiserin von Rußland um die Zusicherung folgender Punkte anzusuchen. 1. Die beiden Höfe von Wien und Berlin zur Aufstellung und Concentrirung der zu den etwaigen Operationen bestimmten Truppen zu drängen; 2. einige ihrer eigenen Truppen zur gemeinschaftlichen Action mit den Schweden an den Küsten zu bestimmen; 3. die Prinzen mit den hiezu nöthigen Fonds zu unterstützen. — Was den ersten Punkt betraf, wollte die Kaiserin den Courier aus Wien abwarten, der ihr über den Pillnitzer Vertrag Bericht erstatten sollte, bevor sie hierin etwas verfügen oder selbstthätig eingreifen würde; für den zweiten ertheilte sie keine bestimmte Antwort, und was den dritten anbelangt, sandte sie alsogleich eine Anweisung auf große Geldsummen ab. Ende September kam der Courier des deutschen Kaisers, der aber nicht geneigt schien vor dem Frühjahr thätig handeln zu wollen, um so mehr, da König Ludwig XVI. durch den Baron Breteuil den Wiener Hof aufgefordert hatte, von den Anerbietungen und dem Dienste seiner königlichen Brüder keineswegs Gebrauch zu machen; sondern selbst ohne ihr Mitwissen den Feldzugsplan für das folgende Jahr festzustellen. „Dieselben Intriguen", sagt Graf Esterházy, „hatte jener französische Staatsmann auch in Eng-„land angewandt, welches Anfangs eine strenge unbedingte Neutralität

„zu beobachten erklärt hatte, nun aber plötzlich Einwürfe, bezüglich
„des Barrieretractes mit Holland erhob; ebenso in Spanien, das
„nach denselben Verhandlungen mit einem Male Zeit abwarten und
„unterhandeln wollte. Es war sogar die Rede davon, zur Regelung
„der französischen Angelegenheiten einen Congreß in Aachen abzuhalten."
— Die königlichen Prinzen hingegen waren gegen diesen Congreß-
plan gestimmt oder mindestens nur unter folgenden präcisirten
Bedingungen: 1. daß diese Versammlung nicht die Operationen
und die genaue und pünktliche Expedition der Befehle zu den Truppen-
concentrirungen verzögere; 2. daß dieser Congreß möglichst schnell
zusammentrete und dessen Ansehen durch eine an der französischen
Grenze aufgestellte Armee unterstützt werde; 3. daß dessen Absicht und
Zweck in genau bestimmten Ausdrücken kundgegeben und zugleich ausgesprochen werde, daß sich derselbe in keinerlei Verhandlungen mit der
angemaßten, unrechtmäßigen Nationalversammlung, welche dermalen
Frankreich regiert, einlasse; 4. daß der Congreß die Abschaffung
dieser Versammlung und ihres ganzen Werkes als Basis
annehme und dem Könige die legitime Gewalt nach den
alten Fundamentalgesetzen der französischen Monarchie
wieder zurückgebe; 5. daß die französischen Prinzen und Brüder
des Königs auf diesem Congresse durch eigene Repräsentanten
vertreten seien, als die einzigen Glieder der Königsfamilie,
die sich in voller Freiheit befänden. Diese Vertreter sollten berechtigt sein, etwaige Vorbehalte und Vorstellungen, die ihnen angemessen schienen, zu erheben.

Die Kaiserin von Rußland billigte die Abhaltung eines
Congresses, jedoch genau unter denselben Clauseln wie die königlichen Brüder, da dieses aber nicht zum System des Baron Breteuil
paßte, kam der Congreß nicht zu Stande. Katharina II. antwortete den französischen Prinzen in einem sehr freundschaftlichen
Schreiben, versprach ihnen ihre guten Dienste, sandte ihnen Geld, ließ
sich aber in keine bindenden Verpflichtungen ein, weder hinsichtlich
einer Truppensendung an den König von Schweden, noch irgend
anderseitigen activen Eingreifens in die französischen Angelegenheiten. Sie wies auf die weite Entfernung ihres Reiches, sowie auf
den Umstand hin, daß ihr Friede mit den Türken noch nicht definitiv

abgeschlossen sei; auch bemerkte sie, daß die Kräfte, welche man ansammle mehr als hinreichend für den beabsichtigten Zweck wären und daß wahrscheinlich die größten Schwierigkeiten und Hindernisse aus einer so verschiedenartig zusammengesetzten Verbindung entstehen würden; in allem Uebrigen werde sie trachten sich über diesen Gegenstand genauer mit dem Könige von Schweden zu erklären, und daß sie sich vorbehalte über die Art und Weise der Hülfeleistung, die sie den französischen Prinzen bestimmt habe, sich noch entschiedener zu äußern, sobald sie über die Absichten der andern Monarchen besser unterrichtet sein würde. Schließlich versprach die Kaiserin schon jetzt den Prinzen ihre moralische Unterstützung in Allem, wo es noth thäte und bat dieselben, sie als eine aufrichtige und uneigennützige Freundin zu betrachten, die ihnen ein vollkommenes Gelingen ihrer Sache innigst wünsche.

Unabhängig von diesem Schreiben, versicherte und bevollmächtigte die Kaiserin den Grafen Esterházy, in ihrem Namen den Prinzen zu berichten, daß sie ihrem persönlichen Gefühle für die Sache des Königs und seiner Familie bereits Ausdruck gegeben und nicht unthätig geblieben sei; daß sie schon allen ihren beglaubigten Ministern und Gesandten an den verschiedenen Höfen, deren Zustimmung man hoffen und wünschen könnte, die Abschrift ihres Schreibens an den deutschen Kaiser abgeschickt habe, enthaltend den Vorschlag einer Erklärung an die französische Nationalversammlung, mit der Aufforderung an alle Mächte, welche mit ihren Schritten übereinstimmten, sich ihr anzuschließen; und daß dies ihren Ministern als Richtschnur deren Verhaltens zu gelten habe. Katharina II. äußerte ferner, daß sie einen Courier ihres Alliirten, des deutschen Kaisers, erwarte und erst nach dessen Bericht im Stande sein würde, Maßregeln zu ergreifen, welche sie zur Unterstützung der gerechten und ruhmwürdigen Sache, deren Vertheidigung die königlichen Prinzen übernommen hätten, nöthig erachten würde. Sie setzte noch hinzu: in keiner Weise dagegen zu sein, wenn etwa in einem von den Prinzen entworfenen Manifeste ihr Name oder der ihres Reiches gedruckt würde; ja, daß sie dies an deren Stelle selbst als eine billige und gerechte Sache ansehen würde; daß sie mit dem Könige von Schweden einen Allianzvertrag abschließe, in Folge dessen dieser Fürst sich der vollkommensten Sicherheit erfreuen, sowie auch sogar einen thätigen Antheil an den französischen Angelegenheiten nehmen könne; überhaupt habe sie ihren Rath und ihre guten Dienste den bestgesinntesten Souveräns angeboten und werde dies auch in Zukunft thun, um die baldige Verwirklichung der Hülfe zu beschleunigen, zu welcher sich jene entschieden hätten. — Katharina sprach sich ferner gegen den Grafen Esterházy aus, daß sie es gerechtfertigt fände, die Regierung Frankreichs falle Monsieur von dem Momente anheim, als der König seiner Freiheit beraubt worden wäre, und sie würde ihn als Regenten dieses Landes jederzeit anerkennen, sobald ihr dies in officieller Form seinerseits notificirt wäre, auch ohne die geringsten Anstände zu nehmen, einen durch den Regenten an ihrem Hofe accreditirten Minister zu empfangen, sowie sie selbst bereits dem Grafen Nikolaus Romanzow[1]) ein Beglaubigungsschreiben als ihren Gesandten bei den königlichen Prinzen habe zustellen lassen. Die Kaiserin war der Ansicht, daß diese trachten sollten, einen befestigten Ort in Frankreich zu besitzen, wo sie sich mit den Waffen in der Hand zeigen könnten, wonach die Umstände entscheiden würden, ob man unterhandeln oder sich schlagen müsse; daß jede neue Zusammenberufung der Reichsstände nur große Unannehmlichkeiten mit sich führen würde; ehe man aber diese ankündigte, müßte man vor allem nach dem Beispiele Heinrichs IV., die dermalige Nationalversammlung aus dem Wege räumen. Der genannte König hätte Anfangs nur 400 Edelleute um seine Person gehabt, die Prinzen aber, wie man sagte, 6000, welche vielleicht Anfangs genügen würden; auch wäre es möglich Deutsche und Schweizer in Sold zu nehmen. Die Prinzen sollten überhaupt ihre Selbstständigkeit und Unabhängigkeit nie aus dem Auge verlieren, ebensowenig die Herstellung der drei Stände

---

[1]) Nikolai Graf von Romanzow, geboren 1754, war 1779 bis 1796 russischer Gesandter zu Frankfurt am Main, unter Kaiser Alexander I. Handelsminister und Oberdirector der Wassercommunicationen und Wegbauten, in welcher Eigenschaft er sich große Verdienste um den Schiffbau erwarb; 1807 wurde er Minister des Auswärtigen und Reichskanzler, gehörte zu der Partei, welche den Anschluß an Napoleon wünschte, war 1808 im Gefolge Kaiser Alexanders beim Congreß in Erfurt. Bei dem Wechsel des politischen Systems 1812, zog er sich zurück, gründete das Romanzow'sche Museum, war Freund und Gönner der Wissenschaften und starb im Jänner 1826.

und der alten Parlamente, ohne welche keine Monarchie in Frankreich bestehen könne; man müsse jedenfalls eine Amnestie verkündigen lassen, denn die Zahl der Schuldigen wäre zahllos. — Vor allem müsse man große Verhandlungen meiden; ein Reich, das seine Wiederherstellung von dem Waffenglücke fremder Truppen erwarte, sei immer ein sehr unglückliches Land, deshalb müßten die Prinzen eigene Truppen haben, deren Zahl auf das unbedingt Nothwendige beschränken und bedenken, daß die Gefahr, fremde Truppen in Frankreich einzuführen, eine viel größere sei, als man sich vorstelle, da sich alle Parteien gegen diese einigen würden; und wenn dieselben siegreich, diese es dann sind, die Bedingungen vorschreiben. Man möge Manifeste erlassen, aber die geschriebenen hätten oft unangenehme Folgen, wenn sie nicht vortrefflich redigirt und durch die Vertheidigung des Königthums und der Monarchie kräftigst unterstützt würden. Dies waren die Ansichten, welche Katharina II. dem Grafen Esterházy über die französischen Angelegenheiten äußerte und die dieser in einer Depesche den Prinzen mittheilte. Noch war diese nicht expedirt, als der Courier des deutschen Kaisers in Petersburg eintraf; was dieser brachte wurde dem Grafen nicht mitgetheilt, aber er hatte auf anderen Wegen so viel erfahren, daß der Kaiser nach einem bestimmten regelmäßigen Plan handeln wolle und darauf bestand, daß die Prinzen nicht drängen, nichts überstürzen, sondern in Uebereinstimmung mit ihm handeln möchten. Esterházy glaubte Grund zur Vermuthung zu haben, daß der Wiener Hof seine Weigerung, die Prinzen selbstständig handeln zu lassen, in der Ueberzeugung berechtigt hielt, dies sei die Absicht des Königs und der Königin, wie Baron Breteuil eine solche Anschauung überall zu verbreiten wußte. In dem post scriptum seiner Depesche an die Prinzen, theilte der Graf in wenig Worten das was er über den angekommenen Wiener Courier gehört hatte und seine Muthmaßung darüber mit. In einer späteren Depesche vom 30. September erging er sich über diesen Punkt in die genauesten Details.

Die Kaiserin Katharina schien großes Vertrauen in die politische Denkweise des Fürsten Kaunitz zu haben. Esterházy schreibt darüber: „Ich bestritt es ihr nicht, bemerkte aber, daß der Fürst schon „sehr alt wäre und die übrigen Minister sehr übel gestimmt schienen;

„daß das Corps des Prinzen Hohenlohe actionsfähig wäre, und
„daß man dermalen kein anderes der österreichischen Armee, vor Ein-
„bruch des Winters mobil machen und in Marsch setzen könne". Die
Kaiserin schloß aus dem Gesagten: „Dies wäre ein Grund mehr,
daß die Prinzen eigene Truppen haben sollten, mit denen sie wenigstens
Furcht einflößen und ihren Erklärungen und Manifesten ein Gewicht
geben könnten, denn diese hätten nur wenig Werth, wenn sie nicht
durch eine Truppenmacht aufrecht erhalten und unterstützt werden
könnten; es sei offenbar, daß der Kaiser nicht in Vereinbarung mit
den Prinzen handeln wolle, aber noch immer ein Uebereinkommen für
möglich halte; dieser Meinung wäre auch Spanien".

Katharina II. war aber nicht der Ansicht, daß ein solcher
Ausgleich zu Stande kommen könne und dürfe, doch schien sie zu
glauben, daß der König und die Königin sich mit dieser Hoffnung
schmeichelten, und dies stellte sich ihr eben als eine große Schwierigkeit
dar, so wie sie auch glaubte, daß der Mangel an Uebereinstimmung
Ludwig XVI. mit seinen Brüdern, große Gefahren mit sich bringe.
Die Kaiserin fragte Esterházy ob er etwas Genaues darüber wisse;
wenn nicht, möchte er trachten durch die Prinzen über diese Sache
sich Kenntniß zu verschaffen. Kurz nachher erhielt dieser die Abschrift des Briefes, den die Prinzen dem Könige schrieben, um ihn
zu ermuthigen, die verlangte Constitution nicht anzunehmen. Dieser
Brief erschien in Druck und dessen Inhalt wurde in Rußland sehr
gebilligt, hinderte aber nichts, denn der König nahm die ihm auf-
gezwungene Verfassung an. Die Prinzen erließen zwar einen Protest,
aber wie die Kaiserin sehr richtig bemerkt hatte, haben derlei Schriftstücke, wenn sie nicht durch eine Macht unterstützt werden, nur geringen
Werth. Die Kälte des Wiener Cabinetes, welches seine früheren
Zusagen jetzt abschlug sowie das Verhalten Spaniens, hatten den
Grafen Esterházy, wie er selbst sagt, in der Meinung bestärkt, die
er über die Intriguen des Baron Breteuil gefaßt. Der Wiener
Hof schickte nicht mehr die schon dahin bestimmten 6000 Mann
ins Breisgau und verweigerte die Anerkennung des Titels eines Re-
genten dem Grafen von der Provence. Der Berliner Hof gab wol
Versicherung seiner freundschaftlichen Absichten, aber schloß sich der
Anschauung der österreichischen Staatsmänner in Wort und That an.

— Die Ansicht Kaiser Leopolds über die französischen Prinzen und ihr Verhalten geht aus mehreren seiner Briefe an seine Schwester, die Erzherzogin Marie Christine, deutlich hervor und erklärt seine Politik.[1])

Die Kaiserin von Rußland äußerte sich, daß die Annahme der Constitution von Seite Ludwig XVI., allen jenen Staatsmännern, welche gleichgültiger wären, zum Vorwande diene, um sich der Durchführung des Pillnitzer Vertrages zu entziehen, daß die Prinzen auf diesen Zwischenfall gefaßt sein müßten, sich jedoch nicht entmuthigen lassen und trachten sollten, unabhängig zu handeln. Gleichzeitig schrieb Katharina II. an Kaiser Leopold II. und den König von Preußen: 1. daß der König ebenso factisch gefangen sei wie vorher, daher dessen Annahme der Verfassung unter allen Beziehungen null und nichtig wäre; 2. daß derselbe, statt sich in größerer Sicherheit zu befinden, vielmehr in weit drohenderer Gefahr schwebe; 3. daß es für ganz Europa von Wichtigkeit wäre, daß der Kaiser handle, da es an ihm wäre das Zeichen zu geben und den Prinzen die Mittel zum Handeln zu erleichtern; 4. daß die Gefahr eines Bürgerkrieges weniger groß wäre als man glaube und daß ein auswärtiger Krieg weit größere Gefahren enthalte ohne dieselben Vortheile zu gewähren, endlich 5. daß sie sich entschieden hätte, Monsieur als Regenten anzuerkennen, falls dieser den Titel annehmen würde; daß sie nicht die Annahme der Constitution von Seite des Königs für rechtsgültig halte und ihren Ministern verboten habe mit Herrn Génet, dem Minister Frankreichs, zu verkehren.

Das Verhalten des Wiener Cabinets war diesem entgegengesetzt, denn Baron Spielmann setzte fest, „daß die Bestätigung, welche König Ludwig XVI. der Constitution ertheilt habe, ein freier Act des königlichen Willens gewesen wäre, in der Absicht den Unruhen in Frankreich ein Ende zu machen. Seine Majestät der Kaiser befände sich dadurch der Verpflichtung zur Absendung einer Truppenunter-

---

[1]) Siehe: Marie Christine, Erzherzogin von Oesterreich von Adam Wolf, II. Band, Wien, Carl Gerold's Sohn 1863, Seite 110—121.

stützung enthoben", und antwortete dem Petersburger Cabinet, daß er auf diese Art die Sache verstehe und daher die im Breisgau marschbereiten Truppen Gegenbefehle erhalten hätten. Man erzählte dem Grafen Esterházy auch das Gerücht, daß ein geheimer Agent des Kaisers in Paris angekommen sei, welcher sich nicht in den Tuilerien zeigen dürfte und beauftragt wäre, mit den monarchisch Gesinnten zu unterhandeln, um eine neue Verfassung auszuarbeiten. Ein Brief des Baron Roll aus Berlin zeigte dem Grafen an, daß man auf den König von Preußen nicht zählen dürfe und dieser entschieden sei, nicht anders als das ihm verbündete Wiener Cabinet zu handeln, daher würde er selbst nach Coblenz zurückreisen um die Prinzen zu hindern, sich falschen Hoffnungen hinzugeben. Esterházy ersuchte ihn noch abzuwarten, umsomehr da die Kaiserin Katharina in dieser Zeit ein Schreiben des französischen Adels erhalten habe, welches sie in der verbindlichsten Weise beantwortet hätte. Dieser öffentliche Schritt von Seite der russischen Monarchin, verbunden mit den Creditbriefen, welche sie dem Grafen Romanzow zuschickte, der den Prinzen in einer feierlichen Audienz sein Beglaubigungsschreiben als kaiserlich russischer Minister an derem Hofe überreicht hatte, ließ hoffen, daß die anderen Mächte ähnlich gesinnt sein würden. — Der deutsche Kaiser hatte durch seine Minister den verschiedenen Höfen, mit Ausnahme Rußlands, eine Note zustellen lassen, welche die Erklärung enthielt, daß er genügenden Grund habe, sich in den französischen Angelegenheiten passiv zu verhalten; einestheils in Berücksichtigung der Gährung in Belgien, anderntheils daß, obgleich seine Entrüstung über die Urheber der Verfolgung gegen seine Schwester, ihn zu jenen Entschlüssen, welche er am 6. Juli vorigen Jahres bekannt machen ließ, bewogen hätte, so müßte hingegen heute, nachdem der König die Constitution angenommen habe, wieder die Politik ihre Rechte übernehmen; er habe daher jene Mittel und Wege vorgezogen, welche dieselbe am wenigsten bloßstellen würden und erkläre, nur dann in die Coalition zu treten, wenn er seine Sache mit jener des Reiches vereinigen könne. Der französische Botschafter Marquis de Noailles wurde als solcher in Wien bei Hof empfangen, und die österreichischen Staatsmänner declarirten laut, daß nach Annahme der Constitution, die fremden Mächte nicht mehr berechtigt wären, sich in die internen Angelegenheiten Frankreichs einzumengen. Das Cabinet von Berlin schloß sich dieser Erklärung seines Verbündeten in allem vollkommen an, aber der ritterliche König von Schweden Gustav III. blieb den Grundsätzen seiner alten Politik treu und sandte Ende October den General Pahlen[1]) nach Petersburg mit den Entwürfen der für das nächste Frühjahr in Aussicht genommenen Unternehmungen. Der spanische Gesandte in Stockholm hatte den König Gustav versichert, daß sein Monarch die Annahme der Constitution durch Ludwig XVI. für erzwungen und daher null und nichtig erachte, diese seine letzten Entschließungen gleichzeitig dem Kaiser bekannt gebe, und endlich sobald es möglich wäre auch zu handeln entschlossen sei, auch könne der König von Schweden auf Geldunterstützungen von Seite Spaniens mit Sicherheit zählen. — Nicht ganz dieselbe Sprache führte aber der spanische Gesandte Galvez in Petersburg und redete immer von der Möglichkeit Unterhandlungen zu führen, auch schien er der Meinung zu sein, daß sein Herr und König im Falle eines feindlichen Einschreitens wünschte, daß die Prinzen und die Emigranten nicht verwendet würden.

Die Kaiserin Katharina dachte stets anders über diese Sache, aber als sie sah, daß die Mächte, selbst die für die königliche Sache bestgestimmtesten, die Prinzen nicht verwenden wollten, und daß dies sogar der Wunsch des Königs und der Königin zu sein scheine, war ihre Ansicht mehr als je dahin lautend, daß die Prinzen mit der streng'sten Sparsamkeit leben und die erhaltenen Hülfsmittel, sowie die weiteren Fonds, welche ihr Credit ihnen noch gewähren konnte, dazu verwenden sollten, mit dem französischen Adel vereint in ganz unabhängiger Weise zu handeln. Graf Esterházy machte den Prinzen diese Meinung der Kaiserin zu wissen, aber man antwortete ihm mit nur scheinbar begründeten Einwürfen, die alle bestritten werden konnten;

---

[1]) Peter Ludwig Graf Pahlen, geboren 1745, war 1790 russischer Generallieutenant und Gesandter zu Stockholm, 1793 Gouverneur in Liefland, 1796 Generalgouverneur in Curland, 1799 in den Grafenstand erhoben, 1801 Generalgouverneur in Petersburg. Bei der Verschwörung gegen Kaiser Paul und dessen tragischer Katastrophe betheiligt, nahm er 1804 seinen Abschied und starb 1826.

überdies schmeichelte man sich in der weiten Entfernung zu Coblenz, den Kaiser von seinem Entschlusse zurück zu bringen, da man dessen persönliche Gesinnungen und Absichten im innersten Grunde sehr gut und wohlwollend glaubte, und der Ansicht war, daß er von seinen Staatsmännern in eine andere Richtung wäre fortgerissen worden. Insbesondere war man dort gegen den Grafen Mercy gestimmt, und behauptete, dieser Staatsmann habe geäußert, daß sein Herr sich nicht in die französischen Angelegenheiten mengen werde, außer der Zusicherung einer Entschädigung; man hatte schon von Elsaß und Lothringen gesprochen, ja man hätte glauben können, daß diese Zerstückelung einer der geheimen Artikel des Pillnitzer Vertrages sei, und derlei ebenso boshaftes als grundloses Geschwätze wurde von einer Oesterreich übelgesinnten Clique der Emigration verbreitet. Diese Insinuationen und Zweifel, besonders aber jene Besorgnisse, welche sich über einen Briefwechsel des Hofes der Tuilerien, ohne Wissen der Prinzen gepflogen, erhoben hatten, waren der Gegenstand einer Depesche vom 28. October, welche Graf Esterházy der Kaiserin von Rußland zu überreichen beauftragt war. Gleichzeitig ließen die Prinzen eine Erklärung ihrer Gefühle und Gesinnungen veröffentlichen, um die Verläumdungen zum Schweigen zu bringen, mit denen man sie nicht nur im Innern Frankreichs, sondern selbst an fremden Höfen überhäufte, und auch diese wurde der Kaiserin Katharina zur Kenntnißnahme unterbreitet. Dieselbe billigte wol im Principe diesen Vorgang, bedauerte aber, daß die königlichen Brüder so viele Schriftstücke erließen und beantworteten, ohne sich in Bewegung zu setzen; immer wieder kam sie auf ihre frühere Aeußerung zurück, daß Erklärungen nothwendig und nützlich seien, sobald man auch handle, ebenso schädlich aber, wenn sie während der Unthätigkeit jener erschienen, die sie erließen.

Die Nachricht vom Tode des Fürsten Potemkin (gestorben 16. October, siehe Seite 382), welche Ende October in Petersburg eintraf, unterbrach für einige Zeit den Gang der Geschäfte, mit welchen Graf Esterházy beauftragt war. Katharina II. hatte sich mehrere Tage in ihre Gemächer zurückgezogen, ohne Jemanden vorzulassen, und General Subow wollte nichts auf sich nehmen; Graf Bezborodko wurde in die Moldau abgeschickt, um den Frieden mit den Türken abzuschließen, und der Vicekanzler Graf Ostermann, dem Interesse der französischen Prinzen sehr geneigt, war der Meinung, sich einstweilen nicht auszusprechen und Zeit zu gewinnen. Er dachte, die Gegenmeinung wäre im Augenblicke überwiegend, man müsse sie ertragen, aber es schien ihm nicht unlieb, daß die Kaiserin gegen seinen Rath in einer zu entschiedenen Weise aufgetreten sei.

In dieser Zeit hatte Ludwig XVI. seinen Brüdern geschrieben, daß er frei, aus eigenem königlichen Willen die Verfassung angenommen habe und verlange, daß sie in das Königreich wieder zurückkehren möchten, er würde diesen Schritt als einen Beweis der Liebe und Anhänglichkeit für ihren Bruder und der Treue gegen ihren König betrachten. Die Prinzen erwiderten unter all den Ehrfurchtsbezeugungen, die sie ihrem Monarchen schuldeten, daß ungeachtet der Handschrift und eigenhändigen Unterzeichnung Seiner Majestät sie dennoch überzeugt wären, daß dieses Schreiben sicher nicht der freie Ausdruck seines eigenen königlichen Willens sei, und daß ihre Ehre und Pflicht, ja selbst ihre brüderliche Zärtlichkeit es ihnen nicht gestatte, ihre Gefühle, Grundsätze und Entschlüsse, welche sie in ihrem Schreiben vom 10. October vor ganz Europa öffentlich ausgedrückt hätten, zu ändern und seinem Rufe zu folgen. Diese Correspondenz zwischen den Tuilerien und Coblenz änderte nichts in den Anschauungen und Schritten des Petersburger Hofes, aber im Wiener Cabinet zog man den Schluß daraus, daß die Interessen des Königs und jene seiner Brüder zwar bestimmt, aber von einander sehr verschieden wären. Kaiser Leopold II. war nun durch die Thatsachen der Verbindlichkeiten entledigt, die er in Mantua und Pillnitz mit den Prinzen eingegangen hatte. Ein Brief, den der Graf von Baudreuil um diese Epoche an Kaiser Leopold schrieb, endete in sehr übellauniger und anmaßender Weise und erregte mit vollem Rechte den Unwillen dieses Monarchen über die Frechheit dieses eitlen, ungezogenen Franzosen. — Als die Kaiserin Katharina von diesem Schreiben Kenntniß erhielt, äußerte auch sie ihre volle Unzufriedenheit und fügte die Bemerkung hinzu: „Es wäre überhaupt nicht gut und klug, gekrönten „Häuptern alle Wahrheiten zu sagen oder zu schreiben". — Graf

Esterházy empfing in jenen Tagen ein eigenhändiges Schreiben der Königin Marie Antoinette, welches ihm bewies, daß die Meinung der königlichen Prinzen nur zu begründet, und die Annahme der Constitution durch den König allerdings eine erzwungene war, daß aber Ludwig XVI. jetzt viele Hoffnung für eine bessere Ordnung und Wendung der politischen Verhältnisse hege, vorausgesetzt daß die Schritte der Prinzen keine Hindernisse in den Weg legten; daß in dieser Hinsicht selbst sie (die Königin) großes Vertrauen in die Anschauung der Kaiserin von Rußland und deren Einfluß auf die Prinzen setze. Graf Esterházy verfaßte ein langes Antwortschreiben, von dem er aber nie erfahren, ob es je in die Hände der Königin gelangt wäre. Er unterbreitete den Entwurf dieses Schriftstückes der Kaiserin Katharina zur Einsicht, und diese nahm auch einige Abänderungen darin vor. Zweck dieses Briefes war, den Hof der Tuilerien wieder mit den Prinzen zu einigen und vor allem, wenn das Princip einer gegenseitigen Uebereinstimmung wieder hergestellt wäre, mit unerschütterlicher Festigkeit daran zu halten, und alle Jene, welche derselben schaden könnten, zu entfernen. — Katharina II. beauftragte den Grafen, die Königin und den König des innigen Antheils und sehnlichen Wunsches, den sie selbst an einer solchen Einigung nehme, zu versichern, als lebhafter Eiferer und aufrichtiger Freund der königlichen Sache, und sie hätte gewiß keine Verbindung mit den Prinzen angeknüpft, wenn sie nicht von der Reinheit ihrer Absichten überzeugt wäre.

Graf Esterházy machte die Kaiserin aufmerksam, daß sich in Paris die Jacobiner damit prahlten, in Wien den Baron S. gewonnen zu haben, und er hielt es für sehr wichtig, daß sie dem Kaiser davon Mittheilung mache, damit er eventuellen Falles auf der Hut sein könne (qu'il se trouve sur ses gardes), zum Mindesten in Bezug auf die französischen Angelegenheiten.

Der Kurfürst von Mainz, sehr geneigt für das Interesse des französischen Königthums, ließ zur selben Zeit nach Coblenz berichten, daß der Kaiser mehreren deutschen Fürsten bestimmte Instructionen des Hofes der Tuilerien zur Kenntniß gebracht habe, worin ihn Ludwig XVI. nicht nur ersuchte, selbst nicht zu handeln, sondern auch die übrigen Monarchen in seinem Namen aufzufordern, sich nicht in die Angelegenheiten Frankreichs zu mengen, da er von Zeit und Umständen das zu erlangen hoffe, was er nicht der Gewalt verdanken wolle. Der Kurfürst, obgleich sich auf die wohlwollenden Gesinnungen Rußlands als sicher verlassend, fand dennoch, daß diese nicht hinreichend präcisirt wären, um die Prinzen vollkommen zu beruhigen. — Er sah es für eine dringende Nothwendigkeit an, daß dieselben die Königin über ihre wahren Absichten aufklären und von ihr das Zugeständniß zu erhalten trachten sollten, sie wolle durch ihre Briefe ihren kaiserlichen Bruder nicht abhalten, entweder selbst oder durch seine Verbündeten zu handeln. Die Nachrichten des Kurfürsten von Mainz erhielten durch aus Wien eingelangte Depeschen ihre Bestätigung, denn der dortige constitutionelle Botschafter Frankreichs war bei Hofe empfangen worden und der Befehl ergangen, in den Häfen die dreifarbige Nationalflagge anzuerkennen und deren Fahrzeuge zuzulassen; man verdächtigte die persönlichen Absichten der Prinzen; die Emigranten waren in den Niederlanden übel angesehen, und man fürchtete sogar, daß diese in kurzer Zeit jenes Land würden verlassen müssen, der Geschäftsführer der Prinzen in Wien hatte Mühe, eine Antwort auf eine den Ministern überreichte Denkschrift zu erhalten; man zählte in Coblenz nur immer auf Rußland, das sich auf Rathschläge beschränkte und seine eigenen Absichten und guten Gründe hatte, die anderen Mächte vorwärts zu schieben und zur Action zu drängen.

Die Kaiserin Katharina wiederholte, daß sie thun würde, was noth thäte, sobald nur der Kaiser und der König von Preußen vorangingen. Ihr Allianztractat mit Schweden war zu Drottingholm unterzeichnet worden, und König Gustav III. bezeigte stets die größte Lust bis zum Frühjahr loszuschlagen. König Georg III. von England hatte eine Neutralitätserklärung in der bestimmtesten Form abgegeben. Katharina II. trug dem Grafen Esterházy am 2. November auf, den Prinzen zu schreiben: 1. es wäre das Dringendste, ihre Einigung mit der Königin herbeizuführen, welche aber noch in sehr weiter Ferne von diesem Ziele schien; 2. der König von Schweden werde seinerseits durch den Briefwechsel, den er mit den Tuilerien zu unterhalten die Mittel besaß, eifrig darauf hinstreben; 3. sie selbst habe ihrerseits dem Grafen Romanzow befohlen, den Baron Breteuil zu bearbeiten, um eine aufrichtige Versöhnung zu bewirken. — Die Kaiserin schloß mit der Bemerkung, man dürfe sich nicht durch mißliebige Fälle aus der Fassung bringen lassen und nie das Ziel aus dem Auge verlieren, was stets und unverrückt 1. die Wiederherstellung der königlichen Gewalt, 2. der drei Stände, welche die alte Monarchie ausmachen, und 3. die Zurückberufung und Einsetzung der alten Parlamente sein müsse. Da die Höfe von Wien und Madrid die Anerkennung einer Regentschaft verweigerten, so ließ die Kaiserin von Rußland Monsieur den Rath geben, den Regententitel erst bei seinem wirklichen Eintritt in Frankreich anzunehmen, und fügte hinzu: was aber den Congreß beträfe, so habe sie sich nie anders als unter den von den Prinzen aufgestellten Bedingungen damit einverstanden erklärt, und einstweilen höre sie auch nicht mehr davon sprechen; sie versicherte noch, sie werde niemals mit Rebellen und Aufrührern unterhandeln, aber es wäre auch nöthig, daß die Prinzen den Höfen, mit denen sie in Verbindung ständen, Vertrauen bezeugen. — Zu all diesen Winken und Rathschlägen, welche Katharina den Prinzen zukommen ließ, fügte sie noch eine Geldsendung bei, mit dem Bemerken, daß, wenn sie ihnen nicht die ganze zugesagte Summe überschicke, so geschähe dies nur deshalb, weil sie beim Wechseln in diesem Augenblicke zu sehr verlieren würden, und da der Geldwerth nach baldigem Friedensschlusse wieder steigen müßte, so würde der Rest nachfolgen; auch wolle sie nicht bei diesem Schritte stehen bleiben. — Dies alles war der Inhalt einer langen Depesche des Grafen Esterházy, welche am 7. November nach Coblenz abging. „Aber ungeachtet aller freundschaftlichen Aeußerungen der Kaiserin von Rußland", berichtet der Graf, „war es nicht unschwer zu erkennen, daß der Mangel an Eintracht zwischen den Tuilerien und den Prinzen sie sehr herabgestimmt habe, und daß alle Geschäfte und Angelegenheiten in einem bedeutend weniger günstigen Lichte zu erscheinen anfingen, als bei seiner Ankunft in Petersburg.

Am 12. November 1791 hatte König Ludwig XVI. ein Manifest erlassen, dessen Zweck es war, die Auswanderung aufzuhalten und die Prinzen zurückzurufen. Es war nur zu augenscheinlich, daß er zu diesem Schritte gezwungen wurde, und Niemand ließ sich darüber täuschen, aber es vermehrte die Vorwände aller Diplomaten, nicht activ zu handeln. Zu all dem kam noch der mißliche Umstand hinzu, daß sich im Rathe und der Umgebung der Prinzen Spaltungen und Parteien bildeten, Herr von Calonne an der Spitze der einen, Graf Jaucourt an jener der anderen; noch verdrießlicher war, daß das Geld schmolz, und die Prinzen nicht mehr in der Lage waren, in unabhängiger Weise aufzutreten. Sie nahmen die Proclamation des Königs und dessen Briefe zum Anlasse, um den deutschen Kaiser in einem Schreiben de dato 16. November zu bitten, eine Erklärung zu veröffentlichen, welche die Prinzen und die ausgewanderten Franzosen seines Schutzes und Schirmes versichern möge. Aber ein Schreiben, das Graf Esterházy aus Wien vom 17. d. M. erhielt, bewies, daß man dieses Ansuchen wol kaum gewähren würde, da der Kaiser fortwährend Briefe der Königin erhalte, um ihn zu hindern, etwas zu unternehmen, welche lähmend auf alle Entschlüsse desselben wirkten. Dies wäre aber die Folge von den Ueberredungen mehrerer Constitutioneller, als Beaumets, des Thourets und Barnave, welche sich das ganze Vertrauen des unglücklichen Königspaares, wie es heißt, zu erschleichen gewußt hätten. — Da die Könige von Spanien, Neapel und Sardinien die Annahme der Verfassung von Seite Ludwigs XVI., sowie alle seither erfolgten Briefe, Manifeste, Erklärungen und Proclamationen desselben für erzwungen ansahen, so bat Graf Esterházy die Kaiserin, anläßlich aller dieser Nachrichten, Generäle zu ernennen und Truppen zu bestimmen, welche sich mit den Schweden vereinigen sollten, ebenso auch den Prinzen Bürgschaft zu gewähren für die nöthigen Fonds, um hessische Truppen in ihren Sold zu nehmen. Er war nicht ohne Hoffnung für den ersten Punkt, aber das Mißtrauen, welches Katharina II. für die Leiter des Finanzwesens der Prinzen zu hegen anfing, die Zertheilung und das Parteiwesen am Hofe von Schönbornlust, die bereits laut geworden war, endlich der Mangel an Eintracht zwischen Ludwig XVI. und dessen Brüdern, hatten die Freundschaft der Kaiserin sehr abgekühlt.

Anfangs December 1791 schrieb Kaiser Leopold II. an den König von Frankreich, bat diesen, den alten Stand der Dinge bezüglich der Reclamationen des deutschen Reiches wieder herzustellen, und erhob Widerspruch gegen die Verletzungen, welche an den verschiedenen Tractaten und Friedensverträgen begangen worden waren. Derselbe erklärte zugleich, daß er im Falle einer Weigerung von Seite des Königs, gezwungen wäre den Prinzen eine der kaiserlichen Krone würdige Hülfe zu leisten; ganz gleichzeitig sandte die Nationalversammlung eine Deputation an den König, um von ihm zu verlangen, er möge eine kraftvollere Sprache gegen jene Mächte führen, welche bei sich Emigranten empfingen, und zugleich erklären, daß überall wo Rüstungen gegen Frankreich geduldet würden, die Nation diese als Feinde ansehen würde. Ludwig XVI. gab eine unbestimmte Antwort, und es war leicht vorherzusehen, daß die Schwäche dieses Monarchen, der eine ihm aufgedrungene Constitution angenommen, Proclamationen im gewünschten Sinne der Aufrührer erlassen, eben solche Schreiben an seine königlichen Brüder ausgefertigt hatte, welche Schritte alle die Kühnheit der neuen Nationalversammlung steigern mußten, umsomehr da diese gegen die Monarchie noch übler gesinnt war, als die frühere; schließlich deren Andrängen neuerdings nachgeben werde.

Die Prinzen hatten durch Vermittlung des Marschalls de Castries dem Baron Breteuil einen Briefwechsel vorgeschlagen, welchen dieser nicht verweigerte, jedoch der Haß zwischen ihm und Calonne machten denselben erfolglos. Die königlichen Brüder entwarfen auch den Plan zu einer Unternehmung gegen das Elsaß und sandten dem Grafen Esterházy eine Denkschrift darüber nach Petersburg zur Ueberreichung an die Kaiserin; doch war dieses Schriftstück zu oberflächlich und zu wenig ausführlich verfaßt, als daß die russische Monarchin ein Gutachten darüber hätte abgeben können. Dieselbe beschränkte sich darauf zu antworten, daß man den Erfolg nicht auf den Zufall setzen dürfe; auch fing man an sich am russischen Hofe zu beklagen, daß die Prinzen nicht die gehörige Oekonomie in ihre Ausgaben zu bringen wüßten, und daß zu befürchten wäre, es würde ihnen an den nöthigen Fonds fehlen, wenn es zu Handeln gelte. Der deutsche Kaiser hatte den Höfen andeuten lassen, daß seit der

Annahme der Constitution durch den König die besten Hoffnungen vorhanden wären, und daß er sie begründe auf das Uebergewicht der gemäßigten oder monarchischen Partei, welche das Vertrauen des Souveräns mit jenem der vernünftigen Mehrheit des Volkes theile. Der Hof von Berlin war derselben Ansicht und entschieden, im vollkommensten Einverständnisse mit seinem Verbündeten zu handeln. — Der Plan, hessische Truppen in den Sold der Prinzen aufzunehmen, wurde ohne Zustimmung der beiden deutschen Hauptmächte illusorisch, und es war nur zu wahrscheinlich, selbst wenn diese gegeben worden wäre, daß der bisherige Verbrauch der erhaltenen Geldsummen die Prinzen nicht in den Stand gesetzt hätte, Truppen überhaupt besolden zu können, ohne neue Geldhülfen, welche keine Macht mehr geneigt schien herbeizuschaffen.

Es war zu dieser Zeit nur mehr noch Rußland und Schweden, welche dem Interesse des französischen Königthums wohlwollend gestimmt waren, und bei der ersteren Macht durfte man eigentlich nur von der Kaiserin persönlich sprechen, denn deren Cabinet theilte durchaus nicht die politische Denkweise ihrer Herrscherin, und hatte keine Lust, eben aus einem Kriege herausgekommen, sich in einen neuen zu stürzen, umsomehr da man schon mit Plänen über Polen umging.

Die Grafen Felix Potocki und Severin Rzewuski waren in Jassy und protestirten gegen die Verfassung von Warschau vom 3. Mai d. J., welche das Königreich Polen in der Familie desjenigen erblich machen wollte, der sich mit einer Tochter des Kurfürsten von Sachsen vermälen würde. Diese neue Constitution, die eine frühere unter Katharina's Einflusse gegebene über den Haufen warf, gefiel der Czarewna nicht sehr, und das schwache Benehmen des Königs Stanislaus, der Eifer, mit welchem sich der polnische Reichstag Preußen in die Arme warf, während der russische Botschafter mit Widerwillen in Warschau angesehen wurde, bestärkten die üble Laune derselben. Ihre Umgebung suchte diese noch zu vermehren, in der Hoffnung, daß eine zweite Theilung Polens der Kaiserin Gelegenheit geben werde, Jenen Güter zu schenken, denen sie wohlwollte. Alles dies wirkte lähmend auf das Interesse Katharina's für die französischen Angelegenheiten; auch hörte man jetzt an ihrem

Hofe nicht auf, den französischen Prinzen thörichte Ausgaben und Geldverschwendung vorzuwerfen, da man ihnen diese Unterstützungen nur gewährt habe in der Absicht, daß sie handeln würden. Schweden befand sich in anderen Verlegenheiten, der Mangel an Baargeld war dort aufs Aeußerste gestiegen; es gab viele Unzufriedene, und ein Reichstag, dessen Einberufung unvermeidlich war, ehe man handeln konnte, war im Stande, große Unannehmlichkeiten zu bereiten und den König an entfernteren Unternehmungen zu hindern. Das Gerücht, König Gustav wäre mit seiner Escadre aus Schweden abgegangen, hatte sich plötzlich in Coblenz verbreitet; die Freude darüber war ungemein groß, aber von kurzer Dauer, denn die Thatsache zeigte sich als falsch, und es wurde nicht einmal angedeutet, daß davon die Rede gewesen wäre. — Man glaubte, daß durch Breteuil und Mercy der Anschlag ausgegangen wäre, und daß die Jacobiner davon Wind bekommen hätten; aber man erhielt niemals Genaues und Gewisses hierüber.

Die französische Nationalversammlung machte eine sichtbare Wendung zur Republik; der König und die Königin waren in augenscheinlicher Gefahr, umsomehr da durch die Nachrichten und den Einfluß der Tuilerien auch Kaiser Leopold im selbstthätigen Einschreiten aufgehalten wurde. Von der Prinzessin Elisabeth war den königlichen Prinzen die Mittheilung zugekommen, daß die behaupteten Briefe der Königin an den Kaiser nicht der echte Ausdruck ihrer Gesinnungen und Lage sei, und man dürfe sich nicht an diese halten. (Die seither veröffentlichte Correspondenz der Königin mit Kaiser Leopold reicht jedoch bis 1. Februar 1792, also ein Monat vor dem Ableben dieses Monarchen, jene mit dem Grafen Mercy bis 4. Juli 1792 und trägt nicht das Gepräge, weder eines äußeren noch eines moralischen Zwanges. Da dieselben möglichst geheim gehalten werden mußte, kann es immerhin sein, daß die Prinzessin Elisabeth nicht davon in Kenntniß war.) — Mittlerweile kam die Nachricht, daß die französische Nationalversammlung sehr geneigt scheine, den Kurfürsten von Trier anzugreifen, sowie auch einige andere Staaten des deutschen Reiches, in denen sich Emigranten angesammelt hatten. Diese Botschaft brachte große Unruhe in Coblenz hervor, und man kam überein, daß dreierlei Maßregeln zu ergreifen wären, und zwar: 1. im Falle der Kaiser die Kurfürsten unterstützen würde, einen Theil der Emigranten nach Trier zu schicken mit den Truppen, welche die Aufgabe hätten, sich dem dortigen Einrücken der Franzosen zu widersetzen; 2. oder sollte der Kaiser keine Unterstützung gewähren, die Emigranten in das Fort Louis zu bringen, wo man geheime Einverständnisse pflog; 3. für den schlimmsten Fall wäre, über den Rhein zurückzugehen und ein Asyl in Hanau oder in der Grafschaft Mark zu begehren. — Kaiser Leopold ließ den Kurfürsten sagen, daß, wenn sie angegriffen würden, Feldmarschall Baron Bender den Befehl erhalten habe, sie mit seiner ganzen Kraft zu unterstützen. Dies aber beruhigte den Kurfürsten von Mainz nicht, der den in Worms befindlichen Prinzen Condé mit einer Ansammlung Emigranten nöthigte, über den Rhein zu gehen, und sich mit diesen in die Ländereien des Cardinals Prinzen Rohan zu begeben, der Kurfürst von Trier blieb gleichfalls besorgt, ungeachtet des kaiserlichen Handschreibens, welches ihm die obige mündliche Mittheilung bezüglich der an Feldmarschall Bender erlassenen Befehle neuerdings bestätigte; die Erzherzogin-Statthalterin der Niederlande wollte sich nicht eines einzigen Bataillons entblößen, und die Ankunft des constitutionellen französischen Ministers M. de St. Croix in Coblenz hatte unter den dortigen Einwohnern mehr Schrecken hervorgerufen, als die Versprechungen der mächtigsten Fürsten des Reiches ihnen Vertrauen einflößten. Im Allgemeinen glaubte man an einen Krieg von Seite der französischen Nation, aber die einen hielten ein derlei Unternehmen für Verrücktheit, während wieder andere einen wohlcombinirten und schlau berechneten Plan darin erblickten, nämlich die Person des Königs mit den Entwürfen und Operationen der Nationalversammlung untrennbar zu verbinden. — Nachrichten aus Schweden kündigten die Abhaltung eines Reichstages an, der allem Anscheine nach sehr stürmisch werden konnte; der König mußte von diesem Geld verlangen und seine projectirte Unternehmung bekannt geben, und obzwar er selbst für die Vertheidigung des französischen Königthums sehr eingenommen war, sah er sich nicht unterstützt. Gustav III. hatte den Ton der Briefe der Prinzen und des Grafen Vaudreuil an den Kaiser laut mißbilligt, und er sagte mit Montaigne: „Il ne faut jamais se courroucer aux affaires".

Endlich war es bereits dahin gekommen, daß am Neujahrs=
tage 1792 die Prinzen ohne Geld in Coblenz waren; die drei
geistlichen Kurfürsten, für die Ruhe ihrer kleinen Staaten besorgt,
forderten die Vertheilung der Emigrantenansammlungen; die Tuile=
rien verwendeten nach Möglichkeit die constitutionellen Mitglieder der
Nationalversammlung, deren Zahl sich aber täglich verringerte, wäh=
rend die Republikaner die Oberhand erlangten und den König
zwingen wollten, allen jenen Mächten den Krieg zu erklären, die den
französischen Auswanderern Schutz und Schirm angedeihen ließen.
Kaiser Leopold, von dem innigen Wunsche für die Sicherheit seines
königlichen Schwagers beseelt, hatte, da er die Annahme der Ver=
fassung von Seite Ludwigs XVI. als freiwillig ansah, die Pill=
nitzer Erklärungen für nichtig bezeichnet; aber er war sehr entschieden
und bestimmt, Gewalt mit Gewalt zu vertreiben, wenn Frankreich
feindlich gegen das deutsche Reich auftreten würde, ohne jedoch die
Person des Königs von der Nationalversammlung zu trennen und
daher auch ohne die Interessen der Prinzen zu berücksichtigen, welche
man entschieden von der Theilnahme an der Action, wenn es zu solcher
käme, fernhalten wollte, eine Ansicht, die, wie es schien, der König
und die Königin theilten und auch stets jene des Baron Breteuil war.

Schweden war von Unzufriedenen erfüllt und es fehlte dort
gänzlich an Geld; der König allein blieb stets von den selben Gesin=
nungen der Theilnahme für die französischen Angelegenheiten beseelt,
aber die Versprechungen von Seite Spaniens waren unbestimmt und
deren Erfüllung durch den Wunsch Ludwigs XVI., zu unterhandeln,
verzögert, daher man nicht darauf zählen konnte. England blieb
entschieden bei seiner Neutralität und wollte den weiteren Ereignissen
ruhig zusehen, eine Rache für jenes unkluge Benehmen, welches Frank=
reich im amerikanischen Kriege beobachtet hatte. — Rußland,
gerade aus seinem Kampfe mit den Türken hervorgegangen, konnte
nur Rathschläge und etwas Geld geben. Katharina II., für das
legitime Princip und die Sache der Prinzen sehr gestimmt, wieder=
holte fortwährend ihre Ansicht, daß man dieselben in den Stand setzen
müsse, auf eigene Faust zu handeln, indem man ihnen die Mittel
gewähre, eigene Truppen, Schweizer oder Hessen zu besolden. —
Aber diese Anschauung war jener der meisten europäischen Staaten

entgegen, noch mehr, wenn auch die Czarewna selbst aufrichtig von ihrer oft ausgesprochenen Gesinnung durchdrungen war, so dachten doch ihre Minister und Staatsmänner keineswegs wie sie, und befürchteten nicht mit Unrecht, daß die Begeisterung und der Feuereifer ihrer Herrscherin diese sehr bedeutende Geldsummen für ein Interesse opfern ließe, welches die weite Entfernung Rußlands zu einer untergeordneten, ja fremden Sache für dieses Reich machte. Ueberdies hatten einige dieser Staatsmänner und Politiker das Vorhaben, Polen für sein jüngstes Benehmen gegen Rußland zu strafen, ein Plan, der selbst dem Rachegefühle Katharina's schmeichelte und der eine neue Theilung Polens, sowie Dotationen an Landstrichen und Gütern zu Gunsten derjenigen, welche dazu beitragen würden, in Aussicht stellte. Diese Zukunftsentwürfe hatten auch am Berliner Hofe einige lebhafte Anhänger. Man hob sowol in Petersburg als auch an anderen Orten mit einer gewissen Absichtlichkeit hervor, daß im Rathe der französischen Prinzen großes Parteiwesen und keinerlei Oekonomie herrsche; daß der Einfluß der Frauen alles bewirke, daß die Pracht und der Luxus sich an Seite des Elends und der Dürftigkeit im schroffen Gegensatze zeige, und daß man die günstige Stimmung im Innern Frankreichs für die alte Regierung, l'ancien régime, nicht ohne berechnender Absicht übertreibe. Man vernachlässigte in Petersburg nichts, um die den Prinzen geneigte Stimmung der Kaiserin nach Möglichkeit abzuschwächen. — Dieselben hatten den Schutz des deutschen Kaisers in ungestümer Weise und unziemlichem Tone in einer Zeit begehrt, wo gerade die Nationalversammlung vom Könige forderte, seinen kaiserlichen Schwager zu ersuchen, sowol für sich selbst als für alle Fürsten des deutschen Reiches der Auswanderung jede moralische und materielle Unterstützung unter Androhung eines Einbruches von Seite der Franzosen zu entziehen. Man erzählte auch damals von einem neuen Fluchtplan des Königs, der aber entdeckt worden wäre; doch glaubten viele Leute, daß dies nur eine Erfindung der Nationalversammlung wäre, um den König zu verdächtigen. Die in Frankreich herrschende Partei wollte die Republik, und um den bereits im Stillen geplanten Königsmord in irgend einer Weise gegenüber dem großen Haufen scheinbar motiviren zu können, trachteten sie dem unglücklichen König so viel als nur immer möglich

Schuld und Vergehen anzudichten und das Ansehen der Krone in jeder Art zu schädigen.

Die Kaiserin Katharina wurde in dieser Zeit von Coblenz um die Bürgschaft von drei bis vier Millionen Rubel ersucht, doch schien dieselbe erst in dem Falle zur Leistung einer solchen geneigt, wenn man die volle Gewißheit haben würde, daß diese Summe auch wirklich mit Nutzen verwendet würde und vor allem andern, eine Uebereinstimmung und wahre Vereinigung zwischen den beiden Höfen der Tuilerien und von Coblenz vor sich ginge. Ein neues Schreiben der Prinzessin Elisabeth an ihren Bruder, den Grafen Artois, versicherte wiederholt, daß die Königin keinerlei Schritte bei dem Kaiser gethan habe, um die Thatkraft der Prinzen zu lähmen. Eine von uns bereits weiter oben gemachte Bemerkung, führt hier auch Graf Esterházy an, indem er schreibt: „Aber war die Prin=„zessin auch wirklich darüber gut unterrichtet? Das, was dieselbe „sagte, stimmte nicht mit dem überein, was die österreichischen Staats=„männer laut behaupteten".

Die Kaiserin Katharina wiederholte den französischen Prinzen fortwährend dieselben Rathschläge: sich nicht entmuthigen zu lassen, sparsam zu sein, selbstständig zu handeln und sich eines, wenn auch noch so kleinen Ortes in Frankreich als Stützpunkt zu bemächtigen, was sie als das einzige Mittel betrachte, sich den Beistand der Mächte zu verschaffen und, setzte die Czarewna schließlich hinzu, müsse man zu vermeiden trachten, daß daraus ein auswärtiger Krieg entstehe, da das Einrücken fremder Truppen in ein Land, gewöhnlich für die Gegenwehr alle Parteien miteinander vereine, und es das größte Unglück für jedes Reich sei, sein Heil von auswärts zu erwarten.

Am 14. December 1791 hatte sich die Nationalversamm= lung entschieden, Truppen gegen Trier, Mainz und Ettenheim marschiren zu lassen und die Fürsten dieser kleinen Staaten hatten die bewaffneten Emigranten veranlaßt, dieselben zu räumen. Der Kaiser hatte diesen geistlichen Souveräns ankündigen lassen, er würde sie nur in dem Maße unterstützen und vertheidigen, als sie nicht selbst durch Demonstrationen und herausforderndes Benehmen sich einer

Invasion von Seite Frankreichs aussetzen würden. — Die dem Coblenzer Hof von Rußland in Aussicht gestellten Bürgschaften ließen einstweilen noch auf sich warten.

Die Nationalversammlung sandte den Grafen Ségur[1]) nach Berlin, um den König von Preußen zu bewegen, sich von der Coalition loszusagen und ein Bündniß mit Frankreich einzugehen. Seine Instructionen beauftragten Ségur, mehrere einflußreiche Personen am Hofe und unter den preußischen Staatsmännern zu bestechen, aber dieselben wurden noch vor seiner Ankunft dort ruchbar und dies machte seine Mission scheitern.

Am 17. Jänner 1792 erhielt man in Petersburg die Nachricht von der am 9. Jänner zu Jassy vor sich gegangenen Unterzeichnung des Friedens mit den Türken; am 19. erfuhr Graf Esterházy, daß Baron Breteuil einen ehemaligen französischen Diplomaten, den Marquis de Bombelles, bekannt als einer der treuesten und ritterlichsten Anhänger seines Königs, der sein tapferes Schwert später, im Condé'schen Corps, der gerechten Sache der Legitimität weihte, wie früher seine gewandte Feder, nach Petersburg gesandt habe, um der Kaiserin Katharina ein eigenhändiges Schreiben der Königin Marie Antoinette zu überreichen. Ein anderer Zweck seiner Mission war der Auftrag seines Königs, eine vorzeitige Action der königlichen Prinzen zu hindern. In eben dieser Absicht war auch ein zweiter Abgesandter Ludwigs XVI., der Marquis de Caraman, nach Berlin an den Hof König Friedrich Wilhelms II. abgeschickt worden. Da ohnedies die fremden Mächte in den Fall kämen, gegen Frankreich mit den Waffen in der Hand einzuschreiten, was sich als natürliche Folge der heftigen und beleidigenden Erklärungen der Nationalversammlung ergebe, wünschte Ludwig XVI. nicht, daß sich seine Brüder in irgend einer Weise an die Spitze der auswärtigen Feinde Frankreichs stellten. Am 21. Jänner kam Marquis de Bombelles nach Petersburg und erschien sogleich beim Vicekanzler des russischen Reiches; er besuchte sodann auch Esterházy,

---

[1]) Louis Philippe Graf Ségur d'Aguesseau, geboren 1753, gestorben 1830, der bekannte Memoirenaufzeichner. — Siehe: Thürheim's Fürst de Ligne. Wien 1877. Wilhelm Braumüller. Seite 221—222.

den er aber bat, ihm durchaus keine Fragen über seine Reisezwecke zu stellen, was ihm dieser auch zusagte. — Da aber die Mission dieses Diplomaten ohne Wissen und Uebereinkommen mit den Prinzen, seinen eigenen Vollmachtgebern unternommen war und deren Beseitigung und Fernhaltung von den französischen Angelegenheiten eigentlich bezweckte, fragte sich Esterházy um Verhaltungsregeln in dieser Sache bei dem Hofe von Coblenz an. Marquis de Bombelles wurde in der Eremitage von der Kaiserin empfangen, die dem Grafen Esterházy selbst über das Resultat der von ihr gewährten Audienz genaue Mittheilung machte. Katharina hatte sich dem Abgesandten König Ludwigs XVI. gegenüber derart geäußert, daß, nachdem dieser Monarch der Thatsache nach Gefangener wäre und ihn jeder von seiner Seite gethane Schritt nur bloßstelle oder verdächtigt werden könnte, würde sie, was ihre eigene Person betreffe, niemand andern als die in voller Freiheit befindlichen Prinzen, als die eigentlichen Vertreter der Gesinnungen ihres königlichen Bruders anerkennen, und daß von dem Augenblicke, wo Jene aufhörten es zu sein, ihre weite Entfernung sie hindere, etwas anderes zu thun, als die wärmsten Wünsche für die Freiheit, den Ruhm und das Glück des Königs zu hegen. Kurz nachher kam der Prinz von Nassau nach Petersburg, Marquis de Bombelles wendete sich an diesen, um dem Zwecke seiner Sendung näher zu kommen, aber dies änderte an der Sache nichts.

Graf Esterházy machte den Marquis gesprächsweise aufmerksam, daß man schwerlich glauben werde, es habe ihn nur bloße Reiselust nach Rußland geführt und der dortige Minister der Nationalversammlung, Herr Génet, der zwar bei Hofe und den Staatsmännern nicht vorgelassen sei, würde nicht säumen über dessen Aufenthalt nach Paris zu berichten, was selbst für die persönliche Sicherheit des Königs nachtheilige Folgen haben könne u. s. w.

Die neuesten Nachrichten aus Frankreich sagten, daß die republikanische Partei nichts vernachlässige und keine Mittel außer Acht lasse, das Volk gegen die königliche Familie zu erbittern und aufzuhetzen. So wurde das Gerücht eines Fluchtversuches des Königs in der Menge ausgestreut und man erneuerte die Anklagen der Gräfin La Motte aus der verhängnißvollen Halsbandgeschichte, kurz man erhitzte die Volksstimmung gegen den König, wo man nur konnte. In Wien sprachen die Diplomaten und Staatsmänner offen aus, daß die Kaiserin von Rußland die coalirten Mächte zu einem Einschreiten gegen Frankreich drängen wolle, um unterdessen ihre eigenen kriegerischen Absichten und Entwürfe auf Polen zu verwirklichen und daselbst freies Spiel zu haben.

Es ist gewiß, daß die Mission des Marquis de Bombelles, wenn sie auch nicht den Zweck erreichte die Kaiserin zu bestimmen, die Partei der Prinzen in politischer Hinsicht aufzugeben, doch den gänzlichen Mangel an Uebereinstimmung zwischen den Hof der Tuilerien und jenem von Coblenz abermals zeigte. Sowol dieser Umstand, als die Parteiungen und Eifersüchteleien, welche im Cabinete und der Umgebung der Prinzen selbst herrschten, hatten der Czarewna Theilnahme vermindert.

Ein Schreiben des Grafen Artois vom 17. Februar, lehrte dem Grafen Esterházy die Pläne Breteuils kennen, welche stets dahin abzielten, im Namen des Königs zu handeln, dessen Geschäfte einzig und allein zu leiten und seinen Monarchen durch auffallende Schritte täglich mehr bloßzustellen. Der Inhalt dieses Schreibens machte die Kaiserin gegen den Abgesandten des Hofes der Tuilerien noch zurückhaltender.

Es kam auch die Nachricht, daß die Höfe von Wien und Berlin gesonnen seien, jeder ein 30.000 Mann starkes Corps gegen Frankreich marschiren zu lassen, um die Abstellung der Beschwerdepunkte der Fürsten des Reiches zu erwirken, ohne jedoch von der französischen Constitution zu sprechen, die sie als vom Könige freiwillig angenommen betrachteten. Man fügte hinzu, daß man die französischen Prinzen nöthigen würde, gleichzeitig ihre Partei zu entwaffnen, unbeschadet der Erlaubniß sich mit ihren Angelegenheiten unter günstigeren Umständen zu beschäftigen; im selben Schreiben sagte man immer, daß die Kaiserin Katharina die Höfe von Wien und Berlin stets zur Action zu treiben trachte, um nach Bequemlichkeit in Polen selbst handeln zu können. — Berichte aus Berlin erzählten wieder, daß man dort große Vorbereitungen treffe; der Herzog von Braunschweig war am 17. Februar in Potsdam angekommen und General Bischoffswerder nach Wien gereist. — Andererseits wurde versichert, die Kaiserin Katharina habe sich verpflichtet, nichts in Polen zu unternehmen; die französischen Prinzen würden von den coalirten Mächten zur Mitwirkung eingeladen, aber daß man dagegen von ihnen verlange, sie möchten sich bis zu dieser Zeit ruhig verhalten. Derselbe Courier brachte auch Briefe der Prinzen, die sich sehr verstimmt fühlten über die Mission des Marquis de Bombelles und beunruhigt über deren etwaige Folgen für die Stellung und Sicherheit des Königs gegenüber der Nationalversammlung. Dem Schreiben war ein Auszug eines Briefes des Baron Breteuil aus Italien beigeschlossen, der ganz geeignet war, die Unzufriedenheit des Grafen Artois zu erregen; auch war der Depesche die Abschrift eines Schreibens von Monsieur an die Königin, bezüglich jener Mission beigelegt, um ihr die Gefahr für die Sicherheit und Ruhe des Königs ersichtlich zu machen, welche Breteuil seinem ungezügelten Ehrgeize opferte. — Alle diese Vorgänge und die geringen Aussichten für eine erfolgreiche Verwendung oder Unterstützung der Prinzen, erweckten Esterházy's Wunsch Petersburg für einige Zeit zu verlassen und nachdem er die erbetene Erlaubniß erhalten hatte, unternahm er eine Reise nach Moskau, um die alte Czarenstadt, welche in ihrem Sitze die Gebräuche Asiens und Europas, des sechzehnten und achtzehnten Jahrhunderts miteinander zu vereinen wußte, noch zu sehen, ehe er etwa Rußland verlassen sollte. Bei seiner Rückkunft von Moskau erfuhr er die Antwort, welche der Hof von Madrid unter dem 20. Februar auf die Vorschläge Rußlands gegeben hatte. Dies schien gewiß, daß König Ludwig XVI. nicht verlangte, seine Brüder möchten Hauptrollen spielen, auch wünschte er einen Congreß. Dieses letzte Project, welches im Kopfe des Baron Breteuil entsprungen schien, wurde durch eine Depesche Calonne's vom 20. lebhaft bekämpft; aber alles ließ vermuthen, daß der Congreß dennoch statt haben würde, ja man glaubte sogar, daß Gebietsentschädigungen und Abtretungen von den verschiedenen Mächten angeregt würden. Die Grafen Potocki und Rzewuski waren inzwischen nach Petersburg gekommen und führten im Namen der polnischen Nation Beschwerde gegen die Constitution vom 3. Mai 1791, welche jene bei Seite schob, die anläßlich der ersten Theilung Polens unter der Garantie Katharinens gegeben worden war. Die beiden polnischen

Grafen wurden am russischen Hofe sehr gut aufgenommen; man versprach ihnen Unterstützung, wenn sie eine Conföderation zu Stande brächten. Man sprach ungescheut darüber, daß die russischen Staatsmänner sehnlichst wünschten, ihre Truppen möchten in Polen eindringen und daß, wenn sich die Polen vertheidigten, dies Güter und Landstriche in die Hände der Czarewna brächte, die selbe vertheilen könnte.

Diese neuen Entwürfe der Kaiserin zogen ihre Aufmerksamkeit einstweilen von den französischen Angelegenheiten ab und benahmen ihr aber auch gleichsam das Recht, die andern Höfe für diese zu interessiren und zum thätigen Eingreifen anzueifern, da sie nicht mehr wie bisher von ihrer persönlichen Uneigennützigkeit sprechen konnte. Auf der anderen Seite hingegen streuten die französischen Prinzen das erhaltene Geld etwas zu verschwenderisch aus und da Rußland es jetzt für seine polnischen Angelegenheiten selbst bedurfte, lieh man in Petersburg ein willigeres Ohr der Uneinigkeit, welche Baron Breteuil zwischen dem Tuilerienhofe und den Prinzen unterhielt; dies wirkte sehr niederschlagend auf die Kaiserin und rechtfertigte gewissermaßen die apathische Rolle, welche die übrigen Mächte zu spielen geneigt waren. Der deutsche Kaiser beklagte sich über den Ton und Styl der Briefe der französischen Prinzen und die Art und Weise, wie diese über seine Minister dachten und sprachen. Unter diesen politischen Verhältnissen überraschte das am 1. März 1792 zu Wien erfolgte unerwartete Ableben Kaiser Leopolds II. ganz Europa, das durch die kurz nachher erhaltene Nachricht von dem gewaltsamen Tode König Gustav III. von Schweden von neuem aufgeschreckt wurde, der wie bekannt am 16. März durch den Pistolenschuß Ankarströms auf einem Maskenballe zu Stockholm das Opfer einer Verschwörung geworden war und am 29. starb. Man verdächtigte die Jacobiner zu dem Tode der beiden Monarchen beigetragen zu haben, und wenn sie sich auch darüber rechtfertigen konnten, so waren dennoch immer die Lobsprüche die sie den Königsmördern ertheilten und deren ungeheuchelte Freude über diese beiden Trauerereignisse vollkommen dazu angethan, um bei allen gekrönten Häuptern, gegen welche sie bei jeder Gelegenheit ungescheut ihren Haß kund gaben, Beunruhigung zu erzeugen. Die republikanische Partei, in der Nationalversammlung zu Paris nun die mächtigere geworden, nöthigte Ludwig XVI. am 20. April dem jungen König von Ungarn und Böhmen den Krieg zu erklären. Die französischen Prinzen benützten den Augenblick, um diesen Monarchen (späteren Kaiser Franz II.) in einem in heftigem und gereiztem Tone verfaßten Schreiben um die Erlaubniß zu bitten, sich bewaffnen und als Avantgarde mit den Emigranten an die Tête einer Armee setzen zu dürfen, welche, wie es scheine, die Herstellung der altfranzösischen Monarchie zum Ziele habe. Begreiflicherweise erregte diese Schreibweise Anstoß und dem Herzoge von Polignac wurde eine Note zugestellt, in der bemerkt war, daß der König von Frankreich nicht von einer Nation getrennt werden könne, deren Verfassung er angenommen habe; daß man in diesem Kriege nur Gewalt gegen Gewalt anwenden wolle, und daß die königlichen Prinzen nur zur Mitwirkung in der Art zugelassen werden könnten, welche die kriegführenden Monarchen für zulässig hielten. Die Kaiserin Katharina mißbilligte, wenn sie auch die Beweggründe und das Princip anerkannte, das Schreiben der Prinzen, und hatte wohl vorausgesehen, daß diese Art gerade das Gegentheil von dem herbeiführen müßte, was dieselben gehofft hatten; sie schrieb an die beiden Höfe nach Wien und Berlin, die Prinzen zu entschuldigen und eine Berücksichtigung derer Wünsche angelegentlichst zu befürworten. Die Emigranten erhielten Befehl, sich nicht vor dem 5. Juli zu sammeln und wurden sodann in drei Corps eingetheilt.

"Da das Benehmen der Prinzen in dieser Zeit nicht nur oft schroff getadelt, aber auch sehr verläumdet wurde", wie Graf Esterházy schreibt, hält er es für seine Pflicht, sie in vielseitiger Hinsicht zu rechtfertigen und "um nicht als parteiisch verdächtigt zu werden", nimmt er sich vor, "selbst für die wahren Fehler strenge zu sein". "Ich gebe zu", sagt dieser Gewährsmann, "daß eine große Zahl "Frauen und junger Leute in Coblenz sich zu sehr an die Lebens= "weise von Versailles erinnerten und Ursache zu Intriguen und Unzu= "friedenheit gaben; daß die Ansprüche der bevorrechteten Corps und "des Hofstaates der Prinzen eine Ausgabe verursachte, die man "hätte vermeiden können, und daß die Spaltung im Cabinete ver= "hinderte, die geheimen Angelegenheiten so gut zu bewahren, wie sie es

"hätten sein sollen. Aber andererseits, wie arg wurde ihnen nicht
"mitgespielt von dem Baron Breteuil, der den Briefwechsel mit den
"Tuilerien unterhielt, an alle Höfe im Namen des Königs Abgesandte
"schickte, um zu bitten, man möge sich mit den Prinzen in keinerlei
"Verhandlungen einlassen, und daß die auswärtigen Mächte allein
"handeln sollten, ein Plan, den die Kaiserin Katharina stets miß=
"billigte und als Mittel ansah, selbst alle Parteien gegen die fremden
"Angreifer zu vereinen, überhaupt war dieselbe der Ansicht, daß eine
"Gegenrevolution nur von Franzosen gegen Franzosen sich
"in Frankreich machen lasse, und man daher den Prinzen die Mittel
"geben müsse, eigene Truppen zu halten, und die fremden hingegen
"nur darauf beschränken solle, sich an den Grenzen zu zeigen."

Man legte in Coblenz den kämpfenden deutschen Mächten sehr ehrgeizige Pläne unter: daß sie Länder erwerben wollten, etwa Frank= reich eine Verfassung dictiren, die es für immer gehindert hätte, eine imponirende Macht zu werden; man war unzufrieden damit, daß die Prinzen nicht in thätige Verwendung kommen sollten, daß man Mon= sieur hindere, den Titel eines Regenten und Generallieute= nants des Königreichs anzunehmen, ebenso der Bewaffnung, An= sammlung, den militärischen Uebungen, der Verpflegung der Emigranten fortwährend Hindernisse in den Weg lege, und deren Bequartierung auf einem Raum von zweihundert Meilen verlange, was alles unge= mein die Ausgaben vermehre; endlich war man über den verwandten Hof von Madrid sehr erzürnt, welcher den Weisungen der Tuilerien folgend, stets an die Möglichkeit eines Ausgleiches denke, und dem Vorschlage Rußlands: die Prinzen in den Stand selbstständiger Thätig= keit zu setzen, entgegen war. Als großen Uebelstand betrachtete man nicht mit Unrecht, daß der Angriffs= und Invasionsplan den Auf= rührern in Frankreich in die Hände arbeite, da er alle vereinzelten Revolutionsparteien zu Einem Zwecke vereine, alle Hülfsquellen des Landes aufzubieten, um den fremden Truppen mit vereinter Kraft den äußersten Widerstand zu leisten.

Katharina II. hatte über alle diese Dinge richtig geurtheilt und ihr Herrschergenie, sowie ihre Erfahrungen hatten sie gelehrt, daß die Staaten sich in deren Handlungen durch persönliche Interessen und Vortheile bestimmen ließen; sie hatte daher auch den Prinzen wiederholt den Rath gegeben, den coalirten Monarchen mit der gehörigen Achtung und Rücksicht zu begegnen, sich selbst aber in die Lage zu setzen, unabhängig von ihnen zu handeln. Graf Esterházy sagt, „er glaube wol, wenn man anfangs diesen Plan verfolgt und mit einer weisen Oekonomie unterstützt hätte, dieser die Basis aller weiteren Unternehmungen des Grafen Artois seit seinem Austritt aus Frankreich hätte werden können, und wenn man die Summen, welche die Monarchen ihm gegeben hatten, mit den Hülfsquellen der Einzelindividuen vereinigte, die Prinzen wol im Stande gewesen wären, selbstständig zu handeln. Aber wer an ihrer Stelle hätte nicht den vielen Versprechungen und Hoffnungen getraut, die ihnen von allen Seiten gemacht wurden?" schließt unser Gewährsmann seine Betrachtung.

Anfangs Juli 1792 wurde Graf Esterházy von den Prinzen beauftragt, die Kaiserin Katharina zu bitten, fünfzehn- bis zwanzigtausend Russen marschiren zu lassen, um sich mit der coalirten Armee zu vereinigen; sie war überdies durch Tractate mit dem deutschen Kaiser hiezu verpflichtet, und die französischen Prinzen wollten sich den russischen Truppen anschließen und sodann alles was im Innern Frankreichs noch königlich gesinnt war, um sich schaaren. — Doch die coalirten Monarchen hatten erklärt, daß sie vereint mehr als hinreichend kampfbereite Truppen besäßen, dagegen die großen Erhaltungskosten derselben weit entfernt von ihren Landesgrenzen es wünschenswerth machen, daß die Kaiserin von Rußland ihre Theilnahme an der Coalition dadurch beweisen wolle, daß sie die stipulirten Subsidiengelder durch jene Summe erhöhe, welche die Marsch- und Verpflegskosten ihrer Truppen betragen hätten, wenn dieselben in Wirklichkeit zur operirenden Armee eingerückt wären. — Katharina II., eben nicht unzufrieden damit, ihre Truppen statt dem im eventuellen Falle in Polen verwenden zu können, meinte, dieser Ueberschuß der stipulirten Gelder könne auch nützlicher Weise den Prinzen zugeschickt werden; immer von ihrer ersten Ansicht ausgehend, die Prinzen mit den Emigranten an der Tête der coalirten Armee in Frankreich einrücken zu machen und die letztere nur in zweiter Reihe als Unterstützung. Dieses Project wurde jedoch von den verbündeten Monarchen verworfen, obgleich die Kaiserin ihnen eröffnen ließ, daß sobald einmal Ludwig XVI. wieder auf dem Thron seiner Väter in voller Macht eingesetzt wäre, es ihnen ein Leichtes sein würde, mit ihm über die Entschädigungen zu unterhandeln, welche billiger Weise die verursachten Kriegskosten bezahlt machen müßten, und immerhin könnten sie ja einstweilen feste Plätze oder Provinzen bis zum vollzogenen Ausgleiche als Pfand besetzt halten.

Der zwischen den Höfen von Wien und Berlin verabredete Kriegsplan war, wie man glaubte, durch den Baron Breteuil im Namen des Königs gebilligt worden und sollte demnach ins Werk gesetzt werden. Den französischen Prinzen wurde derselbe als Geheimniß vorbehalten, denn man hatte allen Grund, für dessen Geheimhaltung seitens ihrer nächsten Umgebungen mißtrauisch zu sein. Da man einer etwaigen Ueberstürzung halber besorgt war, wurde auch während der großen Vorbereitungen der verbündeten Armeen die Ansammlung und Ausrüstung der Emigranten von den verbündeten Monarchen untersagt. Diese Maßregeln gaben in Coblenz Anlaß zur Beunruhigung und der Marquis de Lambert wurde als Bevollmächtigter der Prinzen in das Hauptquartier des Commandanten der verbündeten Heere, Herzog von Braunschweig, abgeschickt; jedoch nicht in die Operationspläne eingeweiht. Dagegen wurde ihm dringend empfohlen, die Prinzen in so lange zu vollkommen ruhigem Verhalten zu bewegen, bis der Augenblick gekommen sei, sie bei der Armee verwenden zu können.

In dieser Zeit war es, daß in Folge neuer Unruhen in Paris der König seiner constitutionellen Garde beraubt, deren Commandant, der Herzog von Brissac verhaftet wurde, und sich die Gefahren für die Sicherheit der königlichen Familie bedeutend vermehrten. Man wußte in Petersburg nicht mit Gewißheit, ob die Monarchisten oder Constitutionellen, welch letztere damals großen Einfluß in den Tuilerien besaßen, Anlaß zu dieser Gährung gegeben hätten; man behauptete, sie hätten die Republikaner der Nationalversammlung auseinander sprengen und vertreiben, den König mit seiner Garde und den Schweizern zum Invalidenhôtel führen wollen, wohin sich Lafayette mit einem Theil der Armee hätte begeben und eine Verfassung verkündigen sollen, mit welcher Graf Mercy, Baron Breteuil und der Wiener Hof einverstanden gewesen wären. Dieser Plan, mochte er nun in

Wahrheit bestanden haben, oder nur von den Jacobinern vorausgesetzt oder erfunden sein, rief jene Bewegungen hervor, welche die bald darauf folgenden traurigen Ereignisse vorbereiteten.

Rußland behauptete wol, daß seine Truppen, die nach Polen marschirten, an den Rhein bestimmt wären, um dort zur Armee der Verbündeten zu stoßen, aber diese Heeresabtheilungen hätten ein weites Land durchmarschiren und sich erwarten müssen, von Seite der Polen, welche gerüstet waren, Widerstand zu finden, umsomehr als diese den Russen erklärt hatten, ihre Constitution vom 3. Mai 1791 vertheidigen zu wollen. — Diese Occupation beschäftigte jetzt vor allem die russische Politik, und als Graf Esterházy einmal der Kaiserin Katharina mit Besorgniß seine Zweifel ausdrückte, die russischen Truppen an den Ufern des Rheins zu sehen, antwortete sie ihm: „Que voulez vous, la peau est plus près que la chemise!"

Dem Prinzen von Nassau, der nach Petersburg gekommen war und um das Commando der gegen die französischen Revolutionärs bestimmten Truppen ansuchte, wurde diese Bitte unter dem Vorwande abgeschlagen, daß man den Oberbefehl über jenen Heerestheil nur einem eingebornen General anvertrauen wolle. Dies alles prophezeite wenig Gutes; als das bekannte Kriegsmanifest des Herzogs von Braunschweig vom 16. Juni 1792 erschien. Wol im besten Sinne monarchischer Principien entworfen, war dieses Schriftstück in zu heftigen Ausdrücken geschrieben und etwas verfrüht, in Petersburg erschienen. In dieser leidenschaftlichen Fassung konnte es wol das Gegentheil von dem bewirken, was es bezwecken sollte, und Katharina II. rief bei dessen Lesung wiederholt aus: „Unglückliches Land, das sein Heil von Fremden erhofft!"

Die Gefahren für den König und die Königin von Frankreich mehrten sich tagtäglich und schienen schon damals ihr Leben zu bedrohen, als sich ganz Europa zum Kampfe gegen die Revolution rüstete.

Im Mai war die Czarewna nach Czarskojelo übersiedelt und nahm den Grafen Esterházy in diese Residenz mit. Der Prinz von Nassau ging nach Coblenz und überbrachte dem dortigen Hof neue Geldsummen im Auftrage der russischen Herrscherin. — Indessen waren die Russen unter dem Deckmantel der Targowiczer Conföderation in Polen eingerückt; der Graf Felix Potocki war von diesen zum Landesmarschall gewählt worden. Der Neffe des Königs von Polen, Fürst Joseph Poniatowski (der spätere französische Marschall, 1813 bei Leipzig in der Elster ertrunken), befehligte die polnische Armee, die sich nach einigen unbedeutenden Gefechten gegen Warschau zurückzog, von wo sich König Stanislaus der Conföderation anschloß und alles ungültig erklärte, was am Reichstage beschlossen worden war, der die Verfassung vom 3. Mai 1791 gegeben hatte. — Sein Neffe Fürst Joseph Poniatowski legte, über dieses Benehmen seines Oheims entrüstet, sein Commando sogleich nieder. — Der schwache König nahm russische Truppen als Besatzung in Warschau und ganz Polen auf und lieferte so dieses Land der russischen Willkür aus. Die neue polnische Armee, welche jener Reichstag ausheben ließ, wurde entlassen, und ein Theil leistete der Kaiserin von Rußland den Fahneneid und trat in ihr Heer über. Ein neuer Reichstag wurde in Grodno zusammenberufen, und die Czarewna ernannte den Grafen Sievers[1]) zu ihrem Gesandten in Warschau und wurde derselbe dem Könige von Polen mit außerordentlichen Instructionen gleichsam als politischer Mentor beigegeben. Von dieser Zeit an, sagt Graf Esterházy, war alle Aussicht verschwunden, die Russen gegen die französische Revolutionspartei marschiren zu sehen; gleichzeitig schrieb er den Prinzen nach Coblenz in bestimmtester Weise, auf die noch fortwährend gegebenen Zusicherungen von Petersburg nicht mehr zu zählen.

So war der politische Stand der Dinge, als der Herzog von Braunschweig und kurz nach ihm der König von Preußen in Coblenz ankamen; einige Zeit früher war Kaiser Franz II. zu Frankfurt als römisch-deutscher Kaiser gekrönt worden. In Mainz fanden zwischen diesen beiden Souveränen, ihren Ministern und dem Herzog von Braunschweig Conferenzen statt. Das Ansuchen der beiden französischen Prinzen, selbst zu erscheinen oder sich durch ihre Minister vertreten zu lassen, war aus mehrfachen politischen

---

[1]) Seine Denkwürdigkeiten von K. L. Blum 1857 erschienen in vier Bänden.

Gründen in höflichster Form abschlägig beschieden worden, und dieselben blieben daher in voller Unkenntniß der projectirten Operationspläne. Ihr Unmuth hierüber wurde noch erhöht durch die anbefohlene Theilung der Emigranten in drei verschiedene Corps, eines unter dem Herzoge von Condé am Rhein, ein zweites auf der Seite der Niederlande unter dem Herzoge von Bourbon, und ein drittes, das in der Nähe von Trier sich mit der Hauptarmee vereinigen sollte. Am 2. August setzten sich die Heere in Bewegung.

Am 10. wurde König Ludwig XVI. in den Tuilerien angegriffen, abgesetzt und als Gefangener nun auch der Form nach in den Temple gebracht. Am 19. schrieb Monsieur an den Kaiser, um ihn zu bitten, den Titel eines Regenten von Frankreich annehmen zu dürfen. Bei dem Eintritte in französisches Gebiet, als man über dieses Recht in den Cabineten und bei der Armee sich berieth, widersetzte sich Baron Breteuil, der anwesend war, dieser Annahme, außer im Falle der König würde von den Aufrührern außerhalb Paris geführt. Die Minister der anderen Höfe schlossen sich dieser Anschauung an. Die genaueren Umstände der diesbezüglichen Conferenzen vom 7. September wurden in einer auf Befehl der Prinzen verfaßten Denkschrift auseinandergesetzt und diese am 5. October von dem Grafen Esterházy der Kaiserin Katharina unterbreitet.

Die ersten Septembertage 1792 sind in Paris durch die bekannten gräulichen Mord- und Schreckensscenen in der Geschichte traurigen Andenkens bezeichnet; eines der edelsten und vornehmsten Opfer derselben war die aufopfernde unglückliche Fürstin von Lamballe, einst die erste Schönheit des Hofes von Versailles und zugleich eine Frau vom reinsten unbescholtensten Rufe.

Bezüglich des unglücklichen Feldzuges 1792 und der bekannten erfolglosen Expedition des Herzogs von Braunschweig in die Champagne, wirft Graf Esterházy folgende theils militärische, theils politische Fragen auf, deren Beantwortung er von einer späteren ruhigeren Zeit erwartet. Diese sind:

„Warum verwendete man so viel Zeit zur Einschließung von „Longwy? Warum wurde Thionville angegriffen, ohne ein einziges „Belagerungsgeschütz? und weshalb Sedan nicht in dem Augenblicke „besetzt, als man dort die Commissäre der Nationalversammlung hatte und von dem nun ein großer Theil seine ganze Habe verloren oder in der Treue für das Königthum geopfert hatte, ein Asyl und Brot zu erbitten. Katharina II. bot ihm einen Landstrich an den Ufern der Berda bis zu deren Mündung ins Asowische Meer, 650.000 Morgen an, wo sie Häuser aufbauen und diese mit dem nöthigen Viehstand versorgen ließ.

Man hatte den französischen Prinzen vorgeworfen, und es geschieht auch noch jetzt von mehreren Historikern, daß sie dem Prinzen von Braunschweig übertriebene Hoffnungen gemacht hatten, eine große Zahl Soldaten der altfranzösischen königlichen Regimenter würde sich mit ihm vereinigen. — „Aber", sagt unser Gewährsmann, was wir auch bei dem regen Nationalgefühle und bekannten Stolze der Franzosen gerne glauben wollen, „dazu hätten die französischen Emigranten als Avantgarde an die Tête der Armee gestellt sein müssen, und dann hätten sich diesen die Ueberreste der königlich gesinnten Regimenter gewiß angeschlossen, aber keinenfalls fremdländischen Truppen, welche eben die Vorhut bildeten und, sich als Krieger Friedrich des Großen stark fühlend, mit vieler Anmaßung und allem soldatischen Hochmuthe auftraten. Was die Civilbevölkerung betraf, so war das Benehmen des Herzogs von Braunschweig nicht geeignet, ihr Vertrauen einzuflößen, denn er setzte keine der von der Nationalversammlung eingesetzten Behörden ab, und von der Einschließung Longwyhs angefangen, fing er zu unterhandeln an, ohne eine jener Zusagen zu erfüllen, die er in seinen Manifesten und Erklärungen gegeben hatte, und so wurde in ganz Frankreich die Vermuthung laut, daß die verbündete Armee Theilungs- und

---

den zweiten Pariser Frieden mit den verbündeten Mächten; er wohnte dem Aachner Congreß 1818 bei, bewirkte die gänzliche Räumung Frankreichs durch die Verbündeten, und als die von ihm beabsichtigte Umänderung des Wahlgesetzes Unruhen erregte, nahm er seine Entlassung. Im Gegensatze zu seinem sittenlosen und selbstsüchtigen Großvater, dem bekannten Marschall, war der Herzog von Richelieu ein edler, höchst achtungswerther Charakter, seine reiche Erbschaft hatte er den Gläubigern seines Großvaters überlassen, sowie das ihm als Nationalbelohnung für seine dem Vaterlande geleisteten Dienste gegebene Majorat von 50.000 Francs Einkünfte einem Hospitale in Bordeaux. — 1820 wurde Herzog von Richelieu noch kurze Zeit Präsident des Staatsrathes, legte jedoch diese Stelle im November d. J. nieder.

Eroberungspläne für sich hege. Dies gab der Revolutionspartei einen großen Anhang, denn nun schlossen sich ihnen alle bisher Unentschiedenen der einzelnen Ortsbevölkerungen an, was die Kühnheit der Aufrührer vermehrte, ebenso aber auch die Angst und Besorgniß der Zaghaften und in ihrem Innern königlich Gesinnten".

In Folge der Besetzung der Niederlande durch das französische Revolutionsheer hatten sich die Prinzen genöthigt gesehen, Lüttich zu verlassen; ungeachtet ihrer Vorstellungen und ihres Ansuchens, hatte Preußen und ein Theil der deutschen Mächte nun aufgehört die Emigranten zu besolden, und die Prinzen befanden sich in der trostlosen Lage, diese ihrem weiteren Schicksale überlassen zu müssen, da sie selbst, ohne gehörige Fonds mehr zu besitzen, überdies von ihren Gläubigern hart bedrängt wurden, nachdem die Ausrüstung für den verflossenen Feldzug zu bedeutenden Auslagen und daher auch zu großen Anlehen sie gezwungen hatte. Nach einem vorübergehenden Aufenthalte in Düsseldorf, wurde den königlichen Brüdern bald nachher durch den König von Preußen die Stadt Hamm in der Grafschaft Mark als Asyl zugewiesen, wo sie dann auch ihre einstweilige Residenz nahmen. Die Kaiserin Katharina hatte den Prinzen von Condé aufgefordert, mit seinem Corps in den russischen Dienst zu treten und nach Zaslaw zu marschiren, zu welchem Zwecke demselben 40.000 Stück Ducaten angewiesen werden sollten: die Czarewna beabsichtigte, dieses Corps bei der Ausführung ihrer Eroberungspläne in Polen zu verwenden, wo ihr diese tapfern Franzosen sehr gute Dienste hätten leisten können. Aber der Prinz schlug diesen Antrag aus dem Grunde aus, weil Kaiser Franz II., dem Glanze und der Ehre seines Hauses würdig, von allen deutschen Fürsten allein es war, der das bei seiner Armee befindliche Condé'sche Corps in seinem Solde fortbehielt.

hatte und von dem nun ein großer Theil seine ganze Habe verloren oder in der Treue für das Königthum geopfert hatte, ein Asyl und Brot zu erbitten. Katharina II. bot ihm einen Landstrich an den Ufern der Berda bis zu deren Mündung ins Asowische Meer, 650.000 Morgen an, wo sie Häuser aufbauen und diese mit dem nöthigen Viehstand versorgen ließ.

Man hatte den französischen Prinzen vorgeworfen, und es geschieht auch noch jetzt von mehreren Historikern, daß sie dem Prinzen von Braunschweig übertriebene Hoffnungen gemacht hatten, eine große Zahl Soldaten der altfranzösischen königlichen Regimenter würde sich mit ihm vereinigen. — „Aber", sagt unser Gewährsmann, was wir auch bei dem regen Nationalgefühle und bekannten Stolze der Franzosen gerne glauben wollen, „dazu hätten die französischen Emigranten als Avantgarde an die Tête der Armee gestellt sein müssen, und dann hätten sich diesen die Ueberreste der königlich gesinnten Regimenter gewiß angeschlossen, aber keinenfalls fremdländischen Truppen, welche eben die Vorhut bildeten und, sich als Krieger Friedrich des Großen stark fühlend, mit vieler Anmaßung und allem soldatischen Hochmuthe auftraten. Was die Civilbevölkerung betraf, so war das Benehmen des Herzogs von Braunschweig nicht geeignet, ihr Vertrauen einzuflößen, denn er setzte keine der von der Nationalversammlung eingesetzten Behörden ab, und von der Einschließung Longwys angefangen, fing er zu unterhandeln an, ohne eine jener Zusagen zu erfüllen, die er in seinen Manifesten und Erklärungen gegeben hatte, und so wurde in ganz Frankreich die Vermuthung laut, daß die verbündete Armee Theilungs= und

---

den zweiten Pariser Frieden mit den verbündeten Mächten; er wohnte dem Aachner Congreß 1818 bei, bewirkte die gänzliche Räumung Frankreichs durch die Verbündeten, und als die von ihm beabsichtigte Umänderung des Wahlgesetzes Unruhen erregte, nahm er seine Entlassung. Im Gegensatze zu seinem sittenlosen und selbstsüchtigen Großvater, dem bekannten Marschall, war der Herzog von Richelieu ein edler, höchst achtungswerther Charakter, seine reiche Erbschaft hatte er den Gläubigern seines Großvaters überlassen, sowie das ihm als Nationalbelohnung für seine dem Vaterlande geleisteten Dienste gegebene Majorat von 50.000 Francs Einkünfte einem Hospitale in Bordeaux. — 1820 wurde Herzog von Richelieu noch kurze Zeit Präsident des Staatsrathes, legte jedoch diese Stelle im November d. J. nieder.

Eroberungspläne für sich hege. Dies gab der Revolutionspartei einen großen Anhang, denn nun schlossen sich ihnen alle bisher Unentschiedenen der einzelnen Ortsbevölkerungen an, was die Kühnheit der Aufrührer vermehrte, ebenso aber auch die Angst und Besorgniß der Zaghaften und in ihrem Innern königlich Gesinnten".

In Folge der Besetzung der Niederlande durch das französische Revolutionsheer hatten sich die Prinzen genöthigt gesehen, Lüttich zu verlassen; ungeachtet ihrer Vorstellungen und ihres Ansuchens, hatte Preußen und ein Theil der deutschen Mächte nun aufgehört die Emigranten zu besolden, und die Prinzen befanden sich in der trostlosen Lage, diese ihrem weiteren Schicksale überlassen zu müssen, da sie selbst, ohne gehörige Fonds mehr zu besitzen, überdies von ihren Gläubigern hart bedrängt wurden, nachdem die Ausrüstung für den verflossenen Feldzug zu bedeutenden Auslagen und daher auch zu großen Anlehen sie gezwungen hatte. Nach einem vorübergehenden Aufenthalte in Düsseldorf, wurde den königlichen Brüdern bald nachher durch den König von Preußen die Stadt Hamm in der Grafschaft Mark als Asyl zugewiesen, wo sie dann auch ihre einstweilige Residenz nahmen. Die Kaiserin Katharina hatte den Prinzen von Condé aufgefordert, mit seinem Corps in den russischen Dienst zu treten und nach Zaslaw zu marschiren, zu welchem Zwecke demselben 40.000 Stück Ducaten angewiesen werden sollten: die Czarewna beabsichtigte, dieses Corps bei der Ausführung ihrer Eroberungspläne in Polen zu verwenden, wo ihr diese tapfern Franzosen sehr gute Dienste hätten leisten können. Aber der Prinz schlug diesen Antrag aus dem Grunde aus, weil Kaiser Franz II., dem Glanze und der Ehre seines Hauses würdig, von allen deutschen Fürsten allein es war, der das bei seiner Armee befindliche Condé'sche Corps in seinem Solde fortbehielt.

Mehrere Heeresabtheilungen, sowol dieses Corps, als auch der altfranzösischen königlichen Armee und eine zahlreiche Reihe vornehmer Edelleute und wackerer Officiere, treue Anhänger des Königthums, traten schon um diese Zeit und einige Jahre später ganz unter die Fahnen des ehrwürdigen Doppelaars, und wahrhaftig sie haben mit glänzender Bravour und Tapferkeit auf den späteren Napoleonischen Schlachtfeldern sowol ihrem alten als neuen Vaterlande Ehre gemacht und zu dessen Ruhme beigetragen.

So sehen wir viele Träger der ruhmvollsten Namen des alten Frankreichs von jener Zeit an in der österreichischen Armee, als: zwei Brüder Prinzen von Lothringen, die Fürsten Lambesc und Vaudémont, drei Brüder, die Prinzen Carl, Victor und Louis Rohan, Graf Louis Folliot de Crenneville, die Grafen Fresnel de Hennequin und Ficquelmont, die Brüder Marquis de Pouilly (später Grafen Mensdorff),¹) den Marquis d'Esquilles, die Grafen Carneville, Bussy de Mignot, die Marquis, Comtes und Chevaliers de Bacquehem, Contades, Forceville, du Blaisel, Rosières, Vignolles, Montfleury, den tapferen in aller Herren Länder für Legitimität kämpfenden Baron Crossard, den Chevalier Nordmann u. s. w. Mehrere aus ihnen erreichten die höchsten militärischen Würden und dreizehn Theresien-Ritter zieren deren Heldenreihe.²) — Unter den in

---

¹) Albert Baron de Pouilly (damals Freiherr von Mensdorff) blieb als Oberlieutenant bei Lobkowic-Dragoner am 18. Juni 1799 in der Schlacht an der Trebia.

²) a) Fürst von Lambesc siehe Seite 362.

b) Joseph Prinz von Lothringen, Fürst von Vaudemont, geboren 1759, gestorben 1812 zu Szegedin in Ungarn, war General der Cavallerie und zweiter Inhaber des 1. Cürassier- jetzt Dragoner-Regimentes.

c) Carl Alain Fürst Rohan Guemenée und Montbazon, geboren 1764, gestorben zu Prag am 24. April 1836. Er that sich als Commandant des 2. leichten Bataillons bei Rocca d'Anfo und Ivrea im Feldzuge 1799 besonders hervor, erhielt 1801 das Ritterkreuz des Maria Theresien-Ordens und trat 1806 mit Feldmarschall-Lieutenantscharakter aus der Armee.

d) Louis Victor Prinz von Rohan, geboren 1766 zu Versailles, gestorben zu Sichrow am 10. December 1846, hatte in der königlich französischen Marine gedient, trat 1794 in die kaiserliche Armee und erwarb sich als Generalmajor durch seine heldenmüthige Vertheidigung Südtirols und kühne Waffenthaten bei Bozen, Rentsch und Bassano das Ritterkreuz des Maria Theresien-

österreichischen Dienst übernommenen französischen Truppenabtheilungen bilden einige den Stamm noch bestehender Regimenter, so die Divisionen

Ordens im Feldzuge 1805. Er hatte einen großen Theil der Streitkräfte Massena's von der Verfolgung der aus Italien sich zurückziehenden Armee des Erzherzogs Carl abgehalten. Bei Castelfranco wurde er von der Uebermacht des französischen Generals Gouvion St. Cyr zur Capitulation gezwungen, 23. November, und kam in Folge dessen in kriegsgerichtliche Untersuchung, deren Ergebniß aber nicht nur seine vollkommene Rechtfertigung, sondern die Anerkennung seiner Verdienste und vorzüglichen Haltung mit einer kleinen tapfern Schaar im Interesse des Ganzen war, der die Verleihung des Theresien=Kreuzes folgte. Der geistvolle Fürst de Ligne, einer seiner Freunde, kündigte dem Prinzen diese Auszeichnung in humoristischer Weise mit den Worten an: „Mon cher Louis! — on „te chassera, on te cassera, on te fusiliera, — non ce n'est pas assez, tu „mérites encore plus — enfin on te crucifiera — avec la croix de Marie „Therese". — 1809 commandirte der Prinz zwölf Grenadier=Bataillone, war zuletzt Feldmarschall=Lieutenant und Inhaber des 21. Infanterie=Regimentes, und trat 1810 aus den Reihen der Armee.

e) Prinz Louis von Rohan, geboren 1768, gestorben am 13. Jänner 1836, diente mit Auszeichnung im Feldzuge 1799 bei Rocca d'Anfo und am St. Gotthardsberge als Oberst und Commandant des 14. leichten Bataillons; er trat später als Generalmajor aus der Armee.

f) Louis Charles Graf Folliot de Crenneville, altadeligen normannischen Stammes entsprossen, geboren zu Metz 1765, als General der Cavallerie, Capitänlieutenant der ersten Arcierenleibgarde, Maria Theresien=Ordensritter und zweiter Inhaber des 2. Cürassier= jetzt Dragoner=Regimentes am 21. Juni 1840 zu Wien gestorben. — In der königlich französischen Marine bereits Schiffslieutenant mit Majorsrang, emigrirte er 1791, machte den Feldzug 1792 im Corps Royal de la Marine mit und trat 1793 in ein österreichisches Dragoner=Regiment. In den folgenden Feldzügen mit Auszeichnung kämpfend, insbesondere bei Würzburg und Schliengen, stieg Graf Crenneville bald in höhere Stellungen, war durch einige Zeit Generaladjutant des Erzherzogs Carl und wurde 1805 General. Auch that er sich in den beiden Campagnen 1805 und 1809 in Deutschland hervor, und waren dessen Glanzepoche die Feldzüge 1813 und 1814. Bei Dresden, Leipzig und Hochheim, wo er eine Redoute erstürmte, glänzt sein Name unter den Tapfersten und zum Siege bei Paris 1814 trug er wesentlich bei. 1814 wurde dem tapfern General der verdiente Lohn in der Verleihung des Maria Theresien=Ordens zu Theil. Altfranzösische Ritterlichkeit und ein österreichisches Soldatenherz sind mit der Erinnerung an diesen ausgezeichneten Officier innig verknüpft, und geben derselben einen bleibenden Werth.

g) Ferdinand Peter Graf Hennequin von Fresnel et Curel, geboren in der Picardie, kam mit der Hußaren=Division Royal Saxe 1793 in österreichischen Dienst; 1798 Oberst des 13. Dragoner=Regimentes, that er sich im Feldzuge 1799 bei Kehl, Bruchsal und Mannheim, 1800 in der Schlacht bei Hohenlinden und durch herzhafte Vertheidigung der Brücke bei Isen hervor,

der französischen Regimenter: Royal Saxe und der in diesen Blättern oft erwähnten Berchény-Hußaren, deren Ueberreste zur

wurde 1801, seit 1799 bereits Generalmajor, Maria Theresien-Ritter. Die Feldzüge 1805 und 1809 machte der Graf in Deutschland mit, zeichnete sich in der Campagne 1814 bei Brienne, Bar sur Aube und La Ferté sur Aube aus und starb, zuletzt General der Cavallerie, Capitän der Trabantengarde und Hofburgwache und zweiter Inhaber des 4. Cürassier- jetzt Dragoner-Regimentes, zu Lemberg am 25. Februar 1831.

h) Carl Ludwig Graf Ficquelmont, geboren 1777 zu Dienze in Lothringen, emigrirte erst fünfzehnjährig, trat in das Regiment Royal Allemand, in dem er den Feldzug 1792 mitmachte, 1793 kam er zu Latour-Dragoner, jetzt Fürst Windischgrätz Nr. 14, und nahm an den Schicksalen dieses renommirten Reiterregimentes in den Revolutionsfeldzügen thätigen Antheil, später war er Generaladjutant des Erzherzogs Ferdinand, machte 1811 und 1812 den Krieg in Spanien mit, 1815 wurde er Generaladjutant beim General der Cavallerie Baron Frimont. Nach dem Frieden wandte sich Graf Ficquelmont zur diplomatischen Carriere und war Gesandter an den Höfen von Toscana, Lucca, Neapel und Petersburg, 1840 wurde er Staats- und Conferenzminister, 1848 Hofkriegsrathspräsident, sodann Minister des kaiserlichen Hauses und der auswärtigen Angelegenheiten, legte aber diese Stelle in Folge der pöbelhaften Insulten der Wiener Aula am 3. Mai 1848 nieder, und starb als General der Cavallerie, Ritter des goldenen Vließes und Inhaber des 6. jetzt 12. Dragoner-Regimentes zu Venedig am 8. April 1857.

i) Emanuel Marquis de Pouilly, 1777 zu Nancy geboren, emigrirte 1790 mit seinem Vater und war, erst fünfzehnjährig, in der Schlacht bei Valmy; 1793 trat er als Cadet zu Kinsky-Chevauxlegers (jetzt Dragoner Nr. 10) und kämpfte in dieser ruhmvollen Reiterschaar in allen Schlachten und Gefechten der Feldzüge 1793 bis 1805 in den Niederlanden und in Deutschland mit Auszeichnung. 1793 hatte er den Namen Mensdorff nach einem der väterlichen Grafschaft Roussy gehörigen Orte angenommen, später erhielt er mit diesem Namen den österreichischen Grafenstand. Im Feldzuge 1809 erwarb er sich als Major bei Merveld-Uhlanen in den Gefechten bei Amberg und Regensburg nebst einer Wunde das Ritterkreuz des Maria Theresien-Ordens. 1810 wurde er Oberst bei Erzherzog Carl-Uhlanen, 1813 zeichnete er sich als Commandant eines Streifcorps aus, so bei Wurzen, bei Altenburg, bei Leipzig, bei Geissa und wurde General. Später war Graf Mensdorff Vicegouverneur von Mainz, commandirender General in Böhmen, 1840 zweiter Hofkriegsrathspräsident. Seit 1825 zweiter Inhaber des 1. Hußaren-Regimentes, 1845 General der Cavallerie, endete Graf Mensdorff, ein ritterlicher hochgeachteter Führer, sein thatenreiches Leben zu Wien am 28. Juni 1852.

j) Anton Graf Bussy von Mignot, geboren in Burgund, diente mehrere Jahre seinem Könige bei den Carabiniers und Dragonern, und war zuletzt Chef und Commandant der Chevaliers de la Couronne. 1792 trat er als Oberst in kaiserliche Dienste, erhielt ein Jägercorps zu Pferde, das 1798 als reitendes Jägerregiment unter seinem Namen formirt wurde. Im Feldzuge 1796

Formation des 1798 errichteten 13. Dragoner-Regimentes (jetzt Graf Clam-Gallas 16. Hußaren-Regiment), sowie eine Division Royal

hatte sich Graf Bussy bei Amberg, 1799 in Italien bei Coni, 1800 in der Riviera di Genova bei Varregio und Anfangs Jänner 1801 in den Rückzugsgefechten bei Colognola bei Vicenza u. s. w. ausgezeichnet und 1801 erhielt er das Ritterkreuz des Maria Theresien-Ordens. Er starb als Generalmajor und zweiter Inhaber des Infanterie-Regimentes Herzog von Modena Nr. 35 zu Brünn am 4. April 1804.

k) Armand Chevalier Nordmann, geboren 1754 im Elsaß, hatte viele Jahre in Frankreich gedient und es bis zum Hußaren-Obersten gebracht. 1798 trat er in kaiserlichen Dienst und wurde als Oberstlieutenant bei Meszaros-Hußaren, jetzt Nr. 10 eingetheilt; 1800 wurde er Oberst bei Latour-Dragoner, jetzt Fürst Windischgrätz Nr. 14, und 1804 Generalmajor. Er zeichnete sich aus 1799 in der Schlacht bei Stockach, 1800 im Gefechte bei Andelfingen; erwarb sich durch glänzende Tapferkeit in der Schlacht bei Caldiero am 29. und 30. October 1805 das Ritterkreuz des Maria Theresien-Ordens; im Feldzuge 1809 kämpfte er mit hohem Muthe bei Landshut, Ebelsberg und Aspern, wurde Feldmarschall-Lieutenant und starb am 6. Juli bei Wagram den Heldentod (1809).

Außer diesen Generalschargen bekleidenden acht Theresien-Rittern hatten von emigrirten französischen Officieren noch folgende fünf dieses höchste militärische Ehrenzeichen sich mit ihrem Degen erkämpft:

1. Louis Baron de Montfleury, geboren 1773 zu Auvergne, war seit 1793 im 30. Infanterie-Regimente Fürst de Ligne, und erwarb sich im Feldzuge 1799 am 4. April im Gefechte bei Taufers als Oberlieutenant, sowie in der Schlacht an der Trebia am 19. Juni durch vorzügliche Tapferkeit das Ritterkreuz des Maria Theresien-Ordens. 1804 quittirte er die österreichischen Militärdienste und starb in seinem Heimatsorte in hohem Alter.

2. Joachim von Pestiaux, ein Altfranzose, geboren zu Philippeville 1772, war seit 1790 Officier im 30. Infanterie-Regimente Fürst de Ligne und hatte sich als Oberlieutenant wie der vorhergehende gleichfalls im Gefechte bei Taufers 1799 das Ritterkreuz des Maria Theresien-Ordens erkämpft. Ein Jahr später zeichnete er sich abermals im Treffen bei Mößkirch, 5. Mai 1800, sehr aus, trat 1811 mit Majorscharakter aus der kaiserlichen Armee, nahm 1814 Dienste in Holland, später in Belgien, wurde Oberstlieutenant und Platzcommandant in Charleroi, später in Lüttich. Er starb am 24. Februar 1853 zu Marchienne au Pont in Belgien.

3. Marie Anna Franz Joseph Freiherr von Fisson du Montet, Sohn eines Parlamentspräsidenten in Nancy, geboren 1774, trat 1790 in die kaiserliche Armee und hatte in eilf Feldzügen, 1792 bis 1809, gekämpft; als Hauptmann bei Brentano-Jägern, einem aus Piemontesen gebildeten, später wieder reducirten Freicorps, hatte er sich durch glänzende Tapferkeit im Feldzuge 1800 in mehreren Gefechten im Genuesischen, insbesondere bei Voltri 18. April und der Blockade von Genua hervorgethan und erhielt 1801 das Ritterkreuz des Maria Theresien-Ordens, 1805 focht er in Deutschland, 1809 in Italien,

Allemand als Stammcadre des 1798 errichteten 6. Cürassier-Regimentes Melas (jetzt 12. Dragoner-Regiments Graf Neipperg) verwendet wurden. Aus der Legion Bourbon, den Hußaren

wo er sich in der Schlacht an der Piave neuerdings auszeichnete. 1810 als Altfranzose reclamirt, trat er aus dem kaiserlichen Heere. — Seit 1802 Kämmerer und 1838 in den österreichischen Freiherrnstand erhoben, begab er sich in sein Vaterland zurück, wo er zu Nancy am 18. November 1841 als der letzte seines Stammes starb.

4. **Johann Baptist Baron Crossard**, geboren 1770, ein Vendéer, der immer für die Sache seines Königshauses treu gekämpft hatte; Zögling der Artillerieschule zu Metz, diente er erst im französischen Heere, emigrirte 1791, focht im Corps des Prinzen Condé, später unter dem Prinzen von Oranien in Holland, und von 1796 bis 1812 diente und kämpfte er unter Oesterreichs Fahnen bei der Infanterie und im Generalstabe mit Auszeichnung vom Cadeten bis zum Oberstlieutenant. — Seine glänzende Tapferkeit in der Schlacht bei Novi am 15. August 1799 wurde 1801 durch Verleihung des Maria Theresien-Ritterkreuzes verdienter Weise anerkannt. Seinem Principe treu, trat Baron Crossard 1812 in russische Dienste, wo er als Generalstabsoberst die Feldzüge 1812, 1813 und 1814 mitmachte. Als endlich das Lilienbanner wieder in Frankreich wehte, begrüßte er die Enkel Heinrichs IV. in der Heimat, wurde Maréchal de camp, Adjutant des Herzogs von Berry und erhielt später ein Commando in Südfrankreich. Mit Abscheu wies er den Antrag von sich, in der Julirevolution von den alten Königen zu dem Neuen überzugehen, und mit Verzicht auf Rang und Sold wanderte er in die Fremde. Kaiser Franz bewilligte dem alten Theresien-Ritter seine Ordens- und Oberstlieutenantspension; Kaiser Nikolaus fügte einen Jahresgehalt und das Recht die russische Generalsuniform zu tragen hinzu. So ehrten die beiden hochherzigen Monarchen die Treue und Ritterlichkeit eines tapferen Edelmannes. Am 13. März 1845 starb Baron Crossard zu Wien. Die höchsten europäischen Militärorden hatten dessen Sarg, neunzehn ehrenvolle, immer im Kampfe gegen Napoleon erhaltene Narben seinen Leib geschmückt.

5. **Joseph Marquis d'Esquilles**, geboren zu Pau in Frankreich 1782, war noch als Knabe emigrirt, trat 1799 als Cadet in die österreichische Armee. Im Feldzuge 1809 zeichnete er sich als Hauptmann bei Lusignan-Infanterie Nr. 16 durch die heldenmüthige neunstündige Vertheidigung des Kirchhofes bei Volano am 24. April ruhmvoll aus und erhielt im Nachtragscapitel 1811 das Maria Theresien-Ritterkreuz. Er selbst war schwer verwundet worden und von seiner 196 Mann zählenden Compagnie kehrten nur 14 unverletzt aus dem Gefechte zurück. Marquis d'Esquille trat 1813 aus der Armee und kehrte in sein Vaterland zurück, wo er in hohem Alter starb.

Der Maria Theresien-Orden zählte noch mehrere Franzosen und diesen stammverwandte Wallonen in den Reihen seiner Mitglieder, die aber, erstere bereits vor der Revolution eingetreten, nicht zur Emigration gehörten, letztere sind aber irriger Weise oft von oberflächlichen Historikern mit diesen verwechselt worden.

Carneville und Rohan, sowie Bussy-Jägern wurde 1798 ein Jäger-Regiment zu Pferde errichtet, das in den Feldzügen 1799 und 1800 mit Auszeichnung in Italien focht und 1801 reducirt wurde; ebenso wurden aus den Infanterie-Regimentern Rohan und Bourbon zwei leichte, 1801 wieder reducirte Infanterie-Bataillons errichtet.

Zur Zeit der Kriegserklärung Frankreichs an den damaligen König von Ungarn, Ende April 1792, war die in Tournay zurückgebliebene Familie des Grafen Esterházy nach Aachen, da aber auch dieser Aufenthalt durch die Fortschritte Dumouriez'[1]) nicht mehr sicher war, nach. Nimwegen übersiedelt. Nach der unglücklichen Schlacht bei Jemappes, der traurigen Lage der Prinzen, sowie der Zerstreuung der Emigranten, ließ eines Tages die Kaiserin den Grafen Esterházy zu sich bitten, um ihn einzuladen, seine Gemalin und Kinder nach Petersburg kommen zu lassen; sie versicherte ihn, er könne darauf rechnen, daß sie selbst für deren Bequemlichkeit alle Sorge tragen werde. Die Reise nach Rußland wurde in Anbetracht der politischen Verhältnisse und der Unsicherheit in der Gegend ihres damaligen Aufenthaltes bei etwaigem weiteren Vorrücken der französischen Revolutionsheere, seiner Familie als höchst dringend vom Grafen Esterházy empfohlen, und er selbst reiste derselben am 31. December 1792 bis Riga entgegen. Hier hatte er bereits aus Berlin ein Schreiben der Gräfin vorgefunden, welche ihren Gemal in Königsberg erwarten wollte. Am 24. Jänner 1793 trafen sich endlich daselbst beide Gatten, hocherfreut einander

---

[1]) Charles François Dumouriez, geboren 1739, gestorben 1823; seit 1757 in der französischen Armee, 1792 Minister des Auswärtigen, unter ihm wurde der Krieg gegen Oesterreich erklärt. Er commandirte die französische Armee in Flandern, siegte bei Jemappes 1792, wurde aber bei Neerwinden geschlagen; sollte verhaftet werden und floh nach vergeblichem Versuche einer monarchischen Erhebung ins österreichische Lager. 1805 war er eine Weile in Mähren bei der österreichisch-russischen Armee, später lebte er in London. Er schrieb zwei Bände Memoiren und politische Flugschriften im Geiste fast aller Parteien.

nach so langer Trennung im besten Wohlsein wiederzufinden. Esterházy's Schwiegermutter, die Gräfin Hallwyl, hatte sich ihres hohen Alters wegen zu einer so weiten und damals sehr beschwerlichen Reise nicht entschließen können und war zurückgeblieben. Von Königsberg setzte die nun vereinte Familie ihre Reise gemeinschaftlich bis Riga fort, wo sie von Seite des dortigen Gouverneurs Fürsten Repnin die beste Aufnahme fand und mit den rücksichtsvollsten Aufmerksamkeiten überhäuft wurde. Hier sollten einige Ruhetage gehalten werden, als die Trauernachricht von dem am 21. Jänner zu Paris verübten Königsmorde eintraf und das edle Haupt des gekrönten Märthyrers König Ludwig XVI. unter dem Messer der Guillotine gefallen war. Dieses wichtige, so schmerzliche Ereigniß bestimmte den Grafen Esterházy, schleunigst auf seinen Posten nach Petersburg zurückzueilen, während dessen Familie in langsamen Tagreisen nachkommen sollte, welcher der Gouverneur zur größeren Bequemlichkeit und Sicherheit ihrer Fahrt im fremden Lande einen seiner Adjutanten als Begleiter mitgab.

Bei seiner Ankunft in Petersburg fand Graf Esterházy die Kaiserin unwohl; jenes schreckliche Ereigniß am Place Louis XV. hatte sie ungemein angegriffen und ihr Gemüth auf das Schmerzlichste berührt, obgleich man seit der Gefangennehmung des Königs im Temple auf einen derartigen tragischen Ausgang gefaßt sein mußte. Auch die unglaublichen Erfolge der französischen Revolutionsarmee seit dem Rückzuge des Herzogs von Braunschweig aus der Champagne, sowie die Abschaffung des Königthums äußerten eine erschütternde moralische und physische Wirkung auf Katharina II.

Die Preußen standen jetzt in der Umgegend von Mainz, welches die Franzosen schon besetzt hatten. Dumouriez ließ, nachdem er ein österreichisches Heer unter Feldzeugmeister Grafen Clerfait hinter die Roer zurückgedrängt hatte, Mastricht bombardiren, bemächtigte sich Herzogenbuschs und Bredas und bedrohte auch Holland mit der gleichen Gefahr, wo sich ein großer Theil der gegen den Statthalter feindlich gesinnten Partei an die französischen Republikaner anschloß.

Am 28. Jänner 1793 hatte Monsieur den Titel eines Regenten von Frankreich angenommen und gleichzeitig seinen Bruder, den Grafen Artois zum Generallieutenant des Königreiches ernannt. Die Kaiserin von Rußland erkannte auch dem Grafen von der Provence die berechtigte Führung dieses Titels zu und beglaubigte den Grafen Romanzow, ihren bevollmächtigten Minister bei dem nunmehrigen Regenten, sowie auch Graf Valentin Esterházy seine öffentliche Audienz mit all dem bei diesen Anlässen vorgeschriebenen Ceremoniell bei der Czarewna als Gesandter des Regenten von Frankreich an dem kaiserlich russischen Hofe feierlich abhielt. Dieses Beispiel war ungeachtet des Ansuchens des Regenten von keinem anderen Hofe nachgeahmt worden. Katharina II. ließ es in ihrer öffentlichen Huldigung des Legitimitätsprincipes nicht dabei bewenden; es erging in ihrem ganzen weiten Reiche ein feierlicher Ukas, der den Verkehr mit den französischen Königsmördern auf das strengste verbot und befahl, daß jeder in Rußland zur Zeit befindliche Franzose nur unter der Bedingung daselbst bleiben durfte, wenn er vor den kaiserlich russischen Behörden einen feierlichen Eid der Treue dem rechtmäßigen und legitimen Nachfolger Ludwigs XVI. geleistet hätte.

Schon vor längerer Zeit hatte der Graf von Artois gewünscht nach Petersburg zu reisen und den Grafen Esterházy beauftragt, hiezu die Erlaubniß der Kaiserin anzusuchen. Dieselbe äußerte sich: „sie finde zwar die ganze Reise überflüssig, da das hiezu nöthige Geld weit besser verwendet werden könnte; sollte aber der Prinz dennoch auf diesem Vorhaben bestehen, so würde sie sich freuen, seine Bekanntschaft zu machen und er könne sich eines guten Empfanges vollkommen versichert betrachten".

Der Graf von Artois, welcher das Antwortschreiben Esterházy's auf seine Anfrage nicht erhalten hatte, entschied sich, nach Rußland zu kommen, bat aber um die Erlaubniß, diese Reise incognito machen zu dürfen. Aber von allen anderen Bitten war dies die einzige, welche die Kaiserin entschieden abschlägig beantwortete, und dem Grafen Esterházy den mündlichen Bescheid gab: daß sie unter allen anderen Zeitverhältnissen und Umständen gewiß sehr gerne dem Wunsche des Prinzen nachgekommen wäre, aber unter den dermaligen würde sie ihn ganz mit demselben Ceremoniell empfangen, welches anläßlich des Besuches des Prinzen Heinrich von Preußen beobachtet worden war. Als Katharina den Grafen Artois bereits unterwegs wußte, sandte sie ihm den Grafen Sergius Romanzow mit den kaiserlichen Hofequipagen bis an die Reichsgrenze entgegen, bestimmte einen Kammerherrn und zwei Kammerjunker zu dessen persönlichem Dienste, richtete dem Prinzen einen Palast während seines Aufenthaltes in Petersburg mit allem zu seiner Bequemlichkeit Nöthigen auf das prachtvollste ein und beauftragte den Grafen Esterházy, demselben in ihren Namen zu sagen, er möge sich über die üblichen Geschenke vollkommen beruhigen, sie selbst habe alles dies auf sich genommen.

Am 20. März 1793 war der Graf von Artois in Riga eingetroffen, wo ihn Graf Esterházy empfing. Dieser hatte von der Kaiserin den Auftrag, die Ankunft des Prinzen in Petersburg um einige Tage zu verzögern, da sie sich durch einen Fall auf der Stiege ihres Bades beschädigt hatte. Am 23. langte Graf Artois in Petersburg an, wo er mit großer Feierlichkeit in dem für ihn bestimmten Palaste empfangen wurde. Graf Subow kam sogleich dahin, um im Auftrage der Kaiserin, Fürst Narischkin in jenem des Großfürsten Paul denselben zu begrüßen.

Am 24. erschien Graf Artois in großer Auffahrt bei Hofe und nachdem er der Kaiserin in deren Privatgemächern seine Ehrfurcht bezeigt hatte, trat diese mit ihm in den großen Empfangssaal heraus und ließ sich die Herren seines Gefolges vorstellen, so den Bischof von Arras, seinen Gardecapitän, den Grafen Franz d'Escars, den Baron Rolle und den Grafen Roger Damas.[1] — Sodann machte der Prinz dem Großfürst-Thronfolger Paul und der Großfürstin, sowie deren Söhnen den Großfürsten Alexander und Constantin seine Besuche; ebenso den höchsten Großwürdenträgern und Ministern. Es wurde im Beisein des ganzen Hofes beim Großfürst-Thronfolger gespeist, da der Gesundheitszustand der Kaiserin ihr noch nicht gestattete, öffentlich ein Diner selbst zu geben. Nachdem einmal die officiellen Begrüßungen, Vorstellungen, Besuche und anderen

---

[1] Roger Graf Damas, geboren 1765, gestorben auf dem Schlosse Cirey in Frankreich 1823. Eine der ritterlichsten Gestalten seiner Zeit. Siehe: Thürheims Feldmarschall Fürst de Ligne. Wien 1877. Wilhelm Braumüller. Seite 140, 143, 146.

Förmlichkeiten beendet waren, widmete sich Graf Artois den Geschäften und hielt mit dem Grafen Subow mehrere Conferenzen, in denen beschlossen wurde, daß die Kaiserin England den Vorschlag machen wolle, 15.000 Mann russischer Truppen an die Küsten der Normandie oder Bretagne zu senden, um sich dort mit jenen Emigranten zu vereinen, welche der Graf Artois um sich sammeln würde, weshalb die Kaiserin England um Subsidien bitten wolle, über deren Art und Aufnahmsbedingungen man weiter verhandeln könnte.

Katharina II. schrieb zu diesem Ende dem Könige von England einen langen eigenhändigen Brief, um ihn von der Zweckmäßigkeit ihres Vorschlages zu überzeugen, mit dessen näherer Ausführung ihr Minister in London, Graf Woronzow,[1]) betraut werden sollte. — Auch ließ die Kaiserin eine Fregatte und eine Corvette in Reval ausrüsten, um den französischen Prinzen nach Hull an der Mündung der Humber zu überschiffen, von wo er den König von England um die Erlaubniß bitten sollte, nach London zu gehen. Der General Korsakow[2]) wurde zu dessen Begleitung commandirt und zugleich mit der Ausrüstung der russischen Truppen, sowie den Vorbereitungen und Anstalten für deren Transport nach Frankreich beauftragt, im Falle sich England mit dem gemachten Vorschlage einverstanden erklären sollte. Die Kaiserin machte dem Gefolge des Prinzen werthvolle Geschenke und bat den Grafen Esterházy diesem persönlich eine mit den kostbarsten Schmucksachen gefüllte Cassette zu überbringen,

---

[1]) Ssemen Graf Woronzow, geboren 1744, war bei Ausbruch der französischen Revolution Gesandter in London und schloß gegen dieselbe mit Lord Grenville 1793 einen Vertrag, der theilweise dem englischen Handel große Vortheile brachte, und 1805 mit England und Oesterreich die dritte Coalition ab. Nach Beendung seiner Mission, blieb er als Privatmann in London und starb daselbst achtundachtzigjährig, am 21. Juni 1832.

[2]) Alexander Michailowitsch Rimskoi Korsakow, geboren 1753, war in der russischen Armee rasch zum General emporgestiegen, wohnte als Freiwilliger 1794 der Schlacht bei Fleurus bei, und commandirte später unter Subow in Persien. 1799 commandirte Korsakow in der Schweiz, wurde aber am 25. September bei Zürich von Massena geschlagen, verlor auch auf dem Rückzuge das Gefecht bei Diesenhofen und übergab sein Commando an Suwarow. 1801 wurde er vom Kaiser Alexander wieder angestellt, war 1805 bis 1830 Generalgouverneur von Litthauen und starb 1840 als Reichsrath in Petersburg siebenundachtzigjährig.

damit der Prinz mit diesen alle Personen, welche während seines Aufenthaltes in Petersburg ihm zur Dienstleistung zugetheilt waren, beschenken könne. — Für seine eigene Person hatte der Graf von Artois von der Kaiserin kostbare Geschenke erhalten und zwar: einen vom griechischen Metropoliten geweihten prächtigen Degen, auf dessen Knopfe am Griff ein großer Diamant angebracht war, ferner 10.000 Ducaten in Gold, eine große Sammlung von Goldmünzen und Medaillen, ein Feldservice von gediegenstem Silber und einen Creditbrief auf 300.000 Rubeln. Am 26. April verließ der Graf von Artois die russische Hauptstadt und begab sich nach Reval, wohin ihm Graf Esterházy das Geleite bis zum dortigen Hafen gab.

Noch während des Aufenthaltes des Prinzen in Petersburg, traf daselbst die Nachricht ein, von einem Siege der österreichischen Armee über Dumouriez, von dem Rückzuge der Franzosen hinter die Schelde, von dem Abfalle Dumouriez' von der Revolutionsarmee und der Gefangennehmung der Nationalcommissäre, welche vom Convente zur Verhaftung dieses Generals abgeschickt worden waren; lauter Ereignisse die der Weltgeschichte angehören.

Am 29. April traf Graf Artois in Reval ein, begab sich am 30. Abends an Bord seines Schiffes, das aber in Folge widriger Winde erst am 2. Mai unter Segel ging; Esterházy begab sich nun wieder auf seinen Posten nach Petersburg zurück.

Es folgten mehrere erfreuliche Nachrichten vom Kriegsschauplatze, so die Niederlage des republikanischen Generals Dampierre[1]) bei

---

[1]) August Henri Marie Picot Marquis de Dampierre, geboren zu Paris 1756, trat begeistert für den Waffenruhm, früh als Officier in das Regiment der französischen Garden, entfernte sich heimlich, um der Belagerung von Gibraltar beizuwohnen, wurde aber auf Befehl des Hofes zu Barcelona verhaftet und zu seinem Regimente zurückgebracht. Er machte einen der ersten Versuche der Luftschifffahrt Montgolfiers mit; ging nach Berlin, um die preußischen Exercitien zu studiren, kehrte als enthusiastischer Verehrer Friedrich des Großen zurück, und gab sich alle Mühe preußische Sitten und Gebräuche nachzuäffen. Als er eines Tages bei einer Revue der französischen Garden mit einem ungewöhnlich langen Haarzopf erschien, äußerte sich Ludwig XVI. laut zum Marschall Biron: Haben Sie den Narren mit den preußischen Manieren gesehen. — Diese Bemerkung des Königs und andere Unannehmlichkeiten bewogen Dampierre das Regiment der Garden zu verlassen. Er diente noch einige Zeit im Regimente Chartres und bei den Jägern der Normandie, und zog sich dann auf seine Güter

Famars am 1. Mai, daß die Oesterreicher zur Belagerung von Valenciennes schreiten und der König von Preußen jene von Mainz begonnen habe.

Kurz nachher kam die Anzeige der Ankunft des Grafen Artois in Hull, aber dessen Angelegenheiten hatten eine den gehegten Hoffnungen geradezu entgegengesetzte Wendung genommen. Zuerst war ihm unter dem Vorwande seiner Schulden, die Reise nach London und der Aufenthalt in England verweigert und endlich nach vielen Besprechungen mit dem russischen Gesandten, Grafen Woronzow, wurde es klar, daß die Engländer sich verbindlich gemacht hatten, jeder Einmischung in die französischen Angelegenheiten ferne zu bleiben und auch zu nichts die Hand zu bieten, was auf die Herstellung der französischen Monarchie abzielen könnte, daher auch der Vorschlag Rußlands, bezüglich eines Subsidienbeitrages verworfen wurde, ohne daß zu diesem Zwecke erst eine Verhandlung begonnen hätte.

Nachdem Graf Artois einige Tage das Resultat jener russischen Anfragen an England in Hull abgewartet hatte, ging er über Helwertslouis auf den Continent zurück, um sich wieder nach Hamm zum Regenten zu begeben. Derselbe hatte sich während dieser Zeit an den Kaiser gewandt mit der Bitte, in dessen Armee dienen zu dürfen und sich in der ersten französischen Festung, die capituliren würde, festzusetzen, um dort alle ihrem Könige treuen Franzosen und Anhänger der Monarchie zu vereinen; jedoch dieses Ansuchen wurde aus politischen Gründen verweigert. — Der Staatsmann Baron Thugut schreibt darüber unter dem 8. Juni 1793 an den Cabinetsminister Grafen Colloredo-Waldsee: „Je supplie aussi V. E. de prévenir S. M. qu'un Baron de Rolle a apporté une lettre de

---

zurück. Bei Ausbruch der Revolution kam er nach Paris, schloß sich an die Gesellschaft des Herzogs von Orléans und trug, wie man versichert, durch seine alten Kameradschaften viel zum Abfall der französischen Garden bei. Zur Revolutionspartei gehörig, wurde er 1791 Oberst, 1792 Divisionsgeneral, zeichnete sich unter Dumouriez bei Jemappes aus, befehligte 1793 die französischen Vortruppen, wurde am 1. März bei Aldenhove geschlagen und nach Dumouriez' Abfall von der Revolution übergab ihm der Convent den Oberbefehl. Bei Famars, 1. Mai, geschlagen, verlor er am 6. Mai bei Quievrain durch eine Kanonenkugel ein Bein und starb zwei Tage später am 8. Juni 1793. Der Nationalconvent ließ seinen Leichnam ins Pantheon setzen.

Monsieur, frère du feu roi de France, qu'il cherchera peut-être demain à remettre à S. M. — Monsieur demande tout uniment, non seulement d'être reconnu comme régent, mais d'exercer ses fonctions d'abord dans les places que nous pourrions conquérir sur la France. Quelque absurde que soit cette prétention, je crois que S. M. jugera conforme à sa haute sagesse de se borner simplement à recevoir la lettre, sans entrer avec Rolle dans aucune discussion.

Aber während die französischen Republikaner in den Niederlanden geschlagen wurden und Valenciennes, Condé, Landrecies verloren, Maubeuge eingeschlossen war und der König von Preußen Mainz einnahm und sich mit seiner Armee gegen das Elsaß wandte, erstand der französischen Republik ein neuer, und wenn er von auswärts gehörig unterstützt worden wäre, vielleicht der gefährlichste Feind. — In der Vendée, vorher Poitou, hatten sich anfangs einige ihrer Religion und dem Königthume treu ergebene Bauernschaaren unter einem Anführer Namens Cathelinau zusammengeschaart; mehrere Edelleute gesellten sich zu ihnen und in kurzer Zeit hatte sich eine Armee unter dem Namen der katholischen und königlichen gebildet, die in mehr als zwanzig größeren Gefechten den Nationalconvent zu Paris erzittern machte. Die Führer dieses Heeres richteten an die königlichen Prinzen ein Schreiben vom 12. August 1793, um dieselben ihrer Treue und Anhänglichkeit an die reinsten Grundsätze der Religion und des Königthums zu versichern, für die sie mit all' ihren Mitteln und ihrer ganzen Kraft einstehen wollten. Sie berichteten zugleich über ihre bei dem Hofe von London eingeleiteten Schritte, um Waffen zu erhalten, an denen sie Mangel litten und schlossen mit der ehrfurchtsvollen Bitte, daß der Graf von Artois, ein Prinz von Geblüt, oder endlich irgend ein vom Regenten dazu ernannter General, sie zu befehligen komme. — Auf dieses Schreiben hin leitete der Graf Artois von neuem Unterhandlungen mit England ein, um sich in die Vendée überschiffen zu können. Bald ließ man ihm irgend einen Hoffnungsschimmer, einige Tage später hingegen machte man Schwierigkeiten und suchte ihn hinzuhalten. Der

Regent bereitete sich zu einer Reise an den Hof von Madrid vor, wo man ihn zu wünschen schien.

Es hatte einige Augenblicke den Anschein, als wolle sich der Himmel für das altfranzösische Königthum wieder klären; aber bald kam ein neues Ereigniß hinzu, um die aufgetauchten Hoffnungen wieder zu trüben. Die französisch-republikanischen Besatzungen von Valenciennes und Mainz waren in das Innere von Frankreich zurückgeschickt worden, mit der Bedingniß ein Jahr nicht gegen die coalirten Truppen zu kämpfen. Diese zahlreichen Kriegerschaaren wandten sich nun gegen die in den Capitulationsbedingungen nicht mit einbegriffenen Vendéer, und diese treuen, heldenmüthigen Vertheidiger von Altar und Thron mußten nun trotz ihrer ausnehmenden Tapferkeit und der äußersten letzten Anstrengung ihrer Kräfte, in Folge dessen endlich der Uebermacht ihrer Todfeinde, den Vernichtern ihres Glaubens, den Mördern ihres Königs, der perfiden Krämerpolitik Albions und der Mattherzigkeit oder dem Principienmangel der einflußreichsten Staatsmänner jener Zeit erliegen! In entschiedenster Weise hatte die Stadt Lyon ihren Haß gegen die Republik zur Schau getragen; nichts wäre so leicht gewesen, als jenen damals so monarchisch gesinnten Ort von Savoyen aus zu unterstützen; denn es waren nur eine geringe Zahl französischer Truppen als Besatzung daselbst, deren General Montesquieu sie überdies verlassen hatte. Die Piemontesen, welche ohnedem die Grenzpässe besetzten, hätten diese ohne viele Mühe überwältigen können; aber die damalige europäische Politik forderte, daß der Kriegsschauplatz der sardinischen Armee sich auf die Grafschaft Nizza vertheile und die Stadt Lyon fiel der Gewalt eines Gauklers[1] anheim, der dort Grausamkeiten beging, die jene eines Tiber und Nero übertrafen; und während die Anführer der Republikaner gegen die Royalisten der

---

[1] Jean Marie Collot d'Herbois, geboren 1750, war nämlich Gaukler einer wandernden Komödiantentruppe. Sein Declamationstalent machte ihn zum Volksredner und gewann ihm den Ruf eines Patrioten. Mitglied des Nationalconvents, stimmte er erst für die Abschaffung des Königthums, später für den Tod Ludwigs XVI. 1793 als Volksrepräsentant nach Lyon geschickt, rächte er sich an dieser Stadt, wo er früher einmal als Schauspieler ausgepfiffen worden war. 1795 nach Cayenne transportirt, starb er 1796 daselbst.

Vendée nicht nur ihre Gefangenen, sondern auch die friedlichen Bewohner jenes unglücklichen Landes ersäufen ließen, hatte in Lyon Collot d'Herbois, der blutdürstige Volksrepräsentant, im Namen der gepriesenen Freiheit die Mitrailladen erfunden; man band eine große Menge Leute, Männer, Greise, Weiber und Kinder mit Stricken aneinander und ließ sie mit Kartätschen niederschmettern, die blos verwundet wurden oder unverletzt blieben, wurden sodann mit Säbelhieben und Bajonettstichen zu Tode gebracht.

Aber alle diese Gräuel und Schandthaten menschlicher Niederträchtigkeit waren noch weit entfernt, die sogenannte „öffentliche Meinung" zurückzuführen!!

Am 16. October 1793 fiel das edle Haupt der Königin Marie Antoinette und das Blut der Cäsarentochter bleibt eine ewige Schmach der französischen Nation; mit raffinirter Grausamkeit, mit den infamsten Anklagen hatte man diese Fürstin dem hochgepriesenen Götzen der Freiheit geopfert. — Täglich fielen neue Opfer unter dem Messer der Guillotine, überall herrschte der Schrecken und der elende feigherzige Robespierre weihte die Menschen oft ohne ein anderes Motiv zum Tode, als sich gefürchtet zu machen und überall Angst zu verbreiten. Nicht nur seine Feinde mußten fallen, selbst Leute, deren Namen er kaum kannte und zuletzt sogar seine Gesinnungsgenossen und Freunde!

In dieser Schreckenszeit war es, daß die Stadt Toulon, nachdem sie von dem englischen und spanischen Admiral die Zusicherung erhalten hatte, es geschehe im Namen des Königs von Frankreich, daß sie Stadt und Hafen im Besitz nehmen wollten, ihre Thore und den Hafen den beiden Escadren und deren Admirälen öffnete. Durch eine feierliche Bitte aller Bewohner Toulons wurde der Regent eingeladen, in ihre Stadt zu kommen und den Eid der Treue für seinen Neffen den König Ludwig XVII. feierlichst zu empfangen. — Aber die englischen Commissäre gaben die officielle Erklärung ab, sie könnten es nicht zugeben, daß Monsieur nach Toulon komme, die Geschäfte eines Regenten zu führen. — Die Folge bewies durch die schändliche Art, mit welcher dieser Waffenplatz ausgeleert und sodann der Rache der Königsmörder überliefert wurde, daß dieses Erscheinen beider Flotten jener Seemächte, nur die Zerstörung des dortigen Theiles der französischen Marine bezweckte, ohne der Sache des Königthums den mindesten Vortheil zu bringen.

Einstweilen hatte das Cabinet von London der Ueberschiffung des Grafen Artois in die Vendée unausführbare Bedingungen gesetzt, deren Annahme im schroffsten Gegensatze mit jenen Principien gewesen wäre, zu deren Gunsten diese Tapfern und Getreuen ihr Blut verspritzten. Der Regent, der nicht mehr hoffen durfte mit Englands Hülfe zur See nach Spanien zu kommen, hatte sich zu einer Reise nach Italien entschieden, um von dort, sei es nach Toulon, wo man seine Anwesenheit verlangte, oder zur spanischen Armee oder endlich an den Hof von Madrid sich zu begeben. Aber kaum hatte Monsieur Hamm verlassen, als sich dieser Hof weigerte ihn zu empfangen und gleichzeitig diente seine, ohne Wissen des englischen Cabinets unternommene Reise nach Italien, zum Vorwande, um die Ueberfahrt des Grafen von Artois in die Vendée rundwegs abzuschlagen, ungeachtet man diesem in neuester Zeit wieder einige Hoffnungen dieserwegen gemacht hatte. „Schon zu jener Zeit", schreibt Graf Esterházy, „wollte Preußen mit den Franzosen Frieden schließen, „aber sich vorher versichern, daß dieselben nicht ein Gleiches mit Oester„reich thäten, damit dieses Schaden litte. Das Cabinet von Berlin „beabsichtigte im Kriege mit Frankreich und im Bündnisse mit dem „deutschen Kaiser, diesen seinen Alliirten in Stich zu lassen und einen „Separatfrieden mit dem Feinde einzugehen. Jenes von London „sah ruhig Frankreich durch seine eigenen Parteien sich zu Grunde „richten, dessen Marine und Handel zerstört und glaubte sich Ver„dienste zu sammeln, wenn es einzelnen Individuen Hülfe bot, aber „nichts that, um dieses unglückliche Land aufzurichten und die Mon„archie wieder herzustellen, indem es jene Armee unterstützt hätte, „welche für diesen Zweck kämpfte; die Cabinete von Turin und „Madrid endlich, zwar in ihren innersten Gesinnungen sehr für die „altfranzösische Monarchie und deren Restauration gestimmt, waren „zu schwach selbstständig zu handeln und unbedingt von andern Mächten „abhängig."

Nicht nur an allen Höfen, sondern bei den anständig denkenden Leuten aller Völker erregten die Hinrichtungen des Königs und der Königin von Frankreich einstimmigen Unwillen und Abscheu; aber es schien gleichsam als ob die neue Republik sich theils durch ihre unerhörten Grausamkeiten, theils durch überraschende Waffenerfolge ein so gewaltiges Ansehen verschafft habe, daß die übrigen Mächte keine entscheidenden Schritte thun wollten, die dieser mißfallen konnten, und daß man das Verlangen hege, mit ihr zu unterhandeln und sich etwa zu vergleichen. Diese laue zaghafte Politik der meisten europäischen Staatsmänner jener Epoche, denen es Anfangs ein Leichtes gewesen wäre, mit einiger Uebereinstimmung die Revolution in ihrem Entstehen niederzuwerfen und zu besiegen und das legitime Princip wieder zur vollen Geltung zu bringen, rächte sich später durch ihre Folgen bitter an Fürsten und Völkern, und zwar gerade von Frankreich aus und durch dieses Land durch schwere blutige Kriege und die Verbreitung der Grundsätze der Revolution und des allgemeinen Umsturzes. Noch im Herbste 1793 hatten die Waffen der coalirten Mächte glückliche Erfolge errungen, so die Oesterreicher unter General der Cavallerie Graf Wurmser am 13. October die Lauterburger Linien erstürmt und genommen, die Preußen unter dem Herzog von Braunschweig bei Mainz, Pirmasens und Kaiserslautern Siege und Vortheile erkämpft, aber alles dies mit großen Blutopfern.

Toulon wurde nach seiner Räumung von den englischen und spanischen Flotten durch die Republikaner angezündet und verwüstet, und die unglücklichen Einwohner mußten mit ihrem Leben jene edle Treue bezahlen, die sie ihrem Könige und dem Königthume bewahrt hatten. — Der Regent war in Turin eingetroffen, da er aber weder nach Frankreich noch nach Spanien konnte, nahm er später in Verona seinen einstweiligen Aufenthalt. — Der Graf von Artois war in Hamm geblieben; seine Bitte, nach Antwerpen gehen zu dürfen, um von dort aus noch einmal mit England wegen seiner Ueberschiffung zu unterhandeln war nicht erfüllt worden; man hatte in einer Niederlage der Vendéer Grund zur Weigerung gefunden.

Am 31. Jänner 1794 hatte der General-Feldmarschall von Möllendorf das Commando der preußischen Armee vor Mainz übernommen und der Herzog von Braunschweig sich in seine Staaten zurückgezogen. Schweden hatte mit Dänemark einen Tractat abgeschlossen, um die von beiden Mächten erklärte Neutralität aufrecht zu erhalten, und die Republik Genua war gleichfalls neutral geblieben.

Paris war damals in einem Zustande des Schreckens und der Gräuel, zwanzig bis dreißig Menschen, auch oft noch mehr endeten tagtäglich unter dem Beile der Guillotine, noch immer herrschte Robespierre mit all seinem grausamen Terrorismus.

In der Vendée wurde mit abwechselndem Erfolge, aber stets gleichem Heldenmuthe von den Royalisten gekämpft; viel Blut wurde vergossen und tränkte den Boden jenes treuen Landes, und doch konnten die Grausamkeiten der Königsmörder und Freiheitsmänner den Eifer der tapferen Vertheidiger von Altar und Thron nicht abschwächen!

Im März 1794 concentrirten sich die kaiserlichen Truppen, ihren rechten Flügel auf der Seite gegen Nieuport, den linken gegen Valenciennes ausgedehnt; die Republikaner standen bei Cambray, Guise und Landrecies. — Zur selben Zeit hatten die in russischen Dienst übergetretenen polnischen Truppen, unzufrieden damit, daß die ihnen gemachten Versprechungen nicht eingehalten worden waren, sich aufgelehnt; Krakau wurde überrumpelt und genommen und der polnische General Kosciuszko, einstiger Zögling Washingtons und Kämpfer in Amerika, übernahm dort das Commando. Die Polen erließen Manifeste, um die Nation zur Vertheidigung ihres Vaterlandes und von Haus und Herd zu entflammen. Ihre Proclamationen enthielten scharfe Beleidigungen und Drohungen gegen Rußland und Preußen.

In den Niederlanden zogen sich die Franzosen unter Pichegru nach einem für sie unglücklichen Gefechte bei Cateau gegen Cambray zurück und die Oesterreicher rückten bis eine Meile vor diesen Ort; am Rhein beschränkte sich der Kampf auf Vorpostengefechte und kleine Scharmützel. Am 19. April wurde zwischen England und Preußen zu Haag ein Subsidienvertrag abgeschlossen.

Am 17. April hatten die Polen die russische Garnison von Warschau überrumpelt und niedergemacht; General Igelström, der sie befehligte, mußte sich mit seinen Untergenerälen Apraxin und Valerian Subow und dem Ueberreste seiner Truppen, den er noch retten konnte, zurückziehen. Am selben Tage hatten die Polen mit gleichem Erfolge die übrigen russischen Besatzungen in ihrem Lande angegriffen und errichteten eine Republik, welcher der König zuzustimmen gezwungen wurde. Kosciuszko ward zum Dictator gewählt. Auf diese Nachricht sammelte der König von Preußen seine Truppen, und der Prinz von Nassau kam von Petersburg und kündigte an, daß die Kaiserin sich persönlich in das Lager bei Warschau begeben wolle, um mit all ihrer Kraft den Aufstand zu unterdrücken, bevor er weiter um sich greife. Die Ueberreste der russischen Corps in Warschau und Polen mußten sich mit den Preußen vereinen.

Am 25. April hatten die Franzosen bei Cateau das verbündete Heer angegriffen, wurden aber mit großem Verluste von diesem zurückgeworfen und wenige Tage später fiel die Festung Landrecy den Verbündeten in die Hände. Aber während der bei seiner Armee eben anwesende Kaiser Franz sich dieser Vortheile über die Republikaner erfreute, hatte deren General Pichegru mit Erfolg den Feldzeugmeister Grafen Clerfait (29. April) angegriffen, bemächtigte sich Menins und bedrohte Westflandern, wo die österreichische Armee ihre Magazine und Vorräthe hatte; man sandte eine Unterstützung dahin und Anfangs Mai hatten die alliirten Truppen wieder an der Sambre die Angriffe der französischen Generäle Desjardins und Charbonnier zurückgeschlagen. — Die Rheinarmee (Oesterreicher und Preußen) operirte längs des Rheines, aber ohne bedeutendere Gefechte zu liefern, mit Ausnahme des Treffens bei Kaiserslautern (am 23. Mai), wo sie die französische Moselarmee schlug. — Die Franzosen hielten die Berge besetzt und die Reichsarmee blieb einstweilen am rechten Ufer des Rheinstromes.

Am 10. Mai 1794 hatten die Ungeheuer, welche Frankreich regierten auch die Prinzessin Elisabeth, wie Graf Esterházy sagte, „die tugendhafteste Prinzessin, die je in der Nähe des Thrones geboren", durch das Messer der Guillotine enden lassen.

Noch immer knüpfte der Graf von Artois wegen seiner Ueberfahrt in die Vendée Unterhandlungen mit England an, oder wünschte im kaiserlichen Heere zu dienen; es kam aber zu keinem dieser beiden Fälle. — Am 22. Mai wurde ein Angriff Pichegru's auf die kaiserlichen Truppen in einem mörderischen Kampfe bei Tournay vollständig zurückgeschlagen, dagegen wurde der Herzog von York von den Franzosen genöthigt, die Belagerung von Dünkirchen aufzuheben und denselben eine große Anzahl Geschütze zu überlassen. Die Einschließung von Maubeuge wurde aufgehoben, nachdem die Republikaner von den Oesterreichern bis zu den Wäldern von Avesnes zurückgedrängt worden waren. — Niemals waren so viele Treffen und Gefechte geschlagen worden, als in der Zwischenzeit der Hälfte Mai bis Ende Juni 1794 und nie hatte eine Armee glänzendere und beständigere Erfolge aufzuweisen, als damals die kaiserlichen Truppen und dennoch gingen die Niederlande verloren, und nachdem die Oesterreicher am 26. Juni, mit Ausnahme einer einzigen Colonne, die geschlagen wurde, die Schlacht bei Fleurus gewonnen hatten, zog sich das kaiserliche Heer noch vor Einbruch des Herbstes hinter den Rhein. Kurz, dieser Feldzug, in welchem die österreichischen Truppen eben so viel Geschick und Umsicht als glänzende Tapferkeit und erhabenen Muth bewiesen hatten, war wol geeignet, die Sieger zu entmuthigen; die Besiegten hingegen mit Kühnheit, und die übrige Welt mit Staunen zu erfüllen. Man suchte umsonst die Motive zu ergründen, und Blüchers berühmter Toast, einundzwanzig Jahre später bei dem Feste des Herzogs von Wellington in Paris, 1815, ausgebracht: „Mögen die Federn der „Diplomaten nicht wieder verderben, was durch die Schwerter „der Heere mit so großer Anstrengung gewonnen wurde!" scheint wol auch hier eine gewisse Berechtigung zu finden. — Selbst im Lager des Feindes waren darüber folgende, wenn auch nicht für die Staatsmänner sehr schmeichelhaften, aber für die österreichische Armee und ihre Tapferkeit höchst ehrende Verse in Umlauf:

„Toujours battants — Toujours Vainqueurs,
„Et cependant — marchant en arrière."

Der polnische Aufstand schien an Festigkeit zu gewinnen und größere Dimensionen anzunehmen; die Preußen griffen am 9. Juni die Polen an und schlugen sie bei Rawka oder Szczakociny, ließen sie aber im Angesichte ihres siegreichen Heeres einen ganz geordneten Rückzug antreten.

Am 9. Thermidor (27. Juli) wurde denn endlich auch Maximilian Robespierre, jenes feigherzige Ungeheuer, von dem Revolutionstribunal verurtheilt und erhielt Tags darauf mit mehreren anderen seiner ruchlosen Mitgenossen, welche mit ihm so viele Unglückliche und Unschuldige hingemordet hatten, durch das Beil der Guillotine den längst verdienten Lohn. Alle Parteien Frankreichs, ohne Unterschied athmeten nun auf!

In dieser Zeit hatten die kaiserlichen Truppen die Niederlande geräumt, die Armee des Herzogs von York zog sich nach Holland, verfolgt von Pichegru, der sich daselbst mit Hülfe der anti-statthalterischen Partei einiger fester Plätze bemächtigte.

Am 12. August erhielt der Graf von Artois eine Einladung von England, sich nach Rotterdam zu begeben. Es hieß, er solle sich dort in die Vendée einschiffen, doch war es nur die Erlaubniß, zur englisch-hannovranischen Armee des Herzogs von York zu gehen, die fortwährend vor den Republikanern zurückwich, welche England ertheilte.

Im September 1794 war ein polnisches Insurgentencorps bis Westpreußen vorgedrungen. Der König von Preußen ließ die Belagerung von Warschau aufheben und zog die Truppen in seine Staaten zurück. Diese Nachricht erregte Unzufriedenheit in Petersburg; aber die Kaiserin Katharina sagte am Tage des Erhaltes derselben dem Grafen Esterházy: „Voici le second tome de „Valmy, mais j'espère, comme je vai me charger seule de „l'affaire, qu'elle n'en ira pas plus mal". Sie schickte sogleich einen Courier an den Feldmarschall Grafen Romanzow ab, dem man die oberste Leitung der Unternehmung anvertraute, und Graf Suwarow setzte sich mit seinen Truppen, welche am Dniester und in der Ukraine standen, in Marsch gegen Warschau, um dem General Fersen die Hand zu reichen, der mit einem schwachen Corps isolirt in einer gefährlichen Stellung an dem Ufer der Weichsel stand, ohne das nöthige Materiale zu einem Flußübergange zu besitzen, aber man vertraute der bekannten Umsicht dieses erprobten Generals und der Tüchtigkeit seiner guten Truppen.

Ende August waren Quesnoi, Landrecy, Valenciennes[1]) und Condé durch Capitulation in den Besitz der französischen Republikaner gelangt. Die Preußen unter General Kalkreuth hatten Trier verloren, und es gab allen Grund zu glauben, daß diese Armee sich hinter den Rhein zurückziehen werde, ebenso wie die Truppen des Feldzeugmeisters Grafen Clerfait, der am 19. September an der Roer eine Niederlage erlitten hatte.

Fast gleichzeitig, am 17., schlug Suwarow die Polen bei Brzec, verfolgte sie, und dieselben wurden von der russischen Uebermacht theils vernichtet, theils versprengt; am 19. drang dieser russische Feldherr gegen Warschau vor. General Fersen, nachdem er vier Wochen an der Weichsel gestanden, um Pontons zu bauen, überschritt Anfangs October diesen Strom und ergriff, von dem Anmarsche Kosciuszko's benachrichtigt, die Offensive. Am 10. October bei Maciejowice schlug er diesen polnischen General, der verwundet wurde, vollständig und nahm ihn gefangen. Ein Säbelhieb auf den Kopf machte diesen besinnungslos und seine letzten Worte waren: Finis Poloniae! Am 4. November nahm Feldmarschall Suwarow Praga, die Vorstadt von Warschau, mit Sturm und Tags darauf begehrte die Hauptstadt

---

[1]) In der belagerten Festung Valenciennes war nebst anderen Truppen die zweite Majorsdivision des berühmten wallonischen Chevaurlegers-Regimentes Graf Latour (jetzt Fürst Windisch-Grätz-Dragoner Nr. 14) als Besatzung. Der Oberlieutenant Chevalier Ducroizet und Lieutenant Graf Raigecourt wurden bei dem Ausmarsche aus der Festung von dem Feinde als französische Emigrés erkannt und als solche auf dem Glacis von Valenciennes fusilirt. Beide starben wie es Helden eines so ausgezeichneten Regimentes geziemt, und sagten mit Wegwerfung der üblichen Augenbinde: „Je „ne crains pas la mort, je n'ai pas peur de la regarder en face". Die brave Mannschaft hatte vor der Uebergabe alle ihre Pferde unbrauchbar gemacht. Der französische General Scherer hatte die Division ausrücken lassen, machte ihr nachdrückliche Vorwürfe und drohte sogar Kanonen gegen sie aufführen zu lassen. Während all dem riefen die Franzosen: Vive la république! Der Gemeine Peter Languille des Regimentes Latour trat aus dem Gliede gegen den französischen General und rief laut: Vive Sa Majesté l'Empereur François! — Der Verwendung einiger feindlicher Stabsofficiere verdankte er, daß ihm das Leben geschenkt wurde. Die Mannschaft rettete ihre Standarte, da sie Stoff, Nägel und Krone unter sich vertheilte.

Polens zu unterhandeln. In fünf Wochen hatten die Russen diesen Feldzug beendet, und mit ihrer Uebermacht ihren tapferen Gegner zermalmt.

Indessen hatten die Franzosen gewaltige Fortschritte gemacht und sich des ganzen linken Rheinufers bemächtigt. — Der **Regent von Frankreich** (Monsieur) war in Verona geblieben, da ihn Spanien aus Scheu vor England nicht bei sich zu empfangen wagte; der Graf von Artois hatte sich in die Umgegend von Bremen zurückgezogen. Derart war die Lage der französischen Prinzen Ende 1794 und die Dinge blieben unverändert bis zum Tode des unglücklichen **Ludwig XVII.**, der Waise des Temples, welcher als Gefangener des Schusters Simon der systematisch schlechten Behandlung erlag. Als sein Peiniger am gleichen Tage mit Robespierre hingerichtet wurde, bekam der junge König von Stunde an bessere Pflege, aber in Folge der erlittenen Mißhandlungen war seine Natur schon zerrüttet, er siechte fort und starb am 8. Juni 1795. Einige Jahre nach seinem Tode traten **mehrere falsche Ludwig XVII.** auf, welche behaupteten, daß man einen anderen Knaben an ihrer Stelle untergeschoben hätte und sie gerettet worden wären. Sie beriefen sich meist auf die Herzogin von Angoulême, die Schwester Ludwigs XVII., welche aber ihre Echtheit entschieden desavouirte. Von den vieren, die sich als Ludwig XVII. ausgaben, war das Vorgehen des Uhrmachers **Naundorf aus Krossen in Schlesien**[1]) am wahrscheinlichsten. Die verschiedenen politischen Parteien suchten dieselben, ohne selbst an

---

[1]) Carl Wilhelm Naundorf, geboren wie Ludwig XVII. 1785 in der Nieder-Lausitz, gestorben zu Delft am 10. August 1845, nannte sich Charles Louis Duc de Normandie. Er besaß bourbonische Gesichtszüge und eine gewisse Aehnlichkeit mit Ludwig XVI., was bei den vielen natürlichen Kindern Ludwigs XV. sich immerhin erklären ließe, daß er etwa im zweiten Grade von diesem Könige abstammen könnte. — Es erschienen mehrere Werke über ihn, darunter das zu Rotterdam 1846 herausgegebene das umfangreichste ist: „Intrigues Dévoilées ou Louis XVII, Dernier Roi légitime de France etc., par Mr. Gruau de la Barre, ancien procureur du Roi". Es umfaßt drei Bände Großoctav, jeder zu 600 bis 1000 Seiten. Unter den auf dem Titelblatte befindlichen Mottos ist folgendes denkwürdig: „Je ne voudrais pas affirmer que Mr. Naun„dorff n'est pas le Dauphin; mais je ne voudrais pas qu'il fut reconnu, parce „que sa reconnaissance serait le déshonneur de toutes les têtes couronnées „de l'Europe". Paroles de Mr. Rochow, ministre prussien.

deren Echtheit zu glauben, häufig vorzuschieben und zu ihren Zwecken zu benützen, so wollte z. B. der neuerer Zeit bekannte Politiker und Advocat Jules Favre die Rechtfertigung von Naundorfs Ansprüchen und die bezügliche Proceßführung übernehmen.

In seinem Schreiben an diesen de dato Paris, 31. Jänner 1841 sagt Favre unter anderem: „Je crois que le grand mouve-„ment révolutionnaire de 89 se continue et précipite les nations, „la France en particulier, loin du régime monarchique du der-„nier siècle. Avec ces sympathies, je ne saurois ni souhaiter, „ni servir une restauration bourbonnienne; mais vous m'avez „demandé mon faible appui pour obtenir ce que tout citoyen „a le droit de réclamer, un nom, un état civil, une famille". Ich selbst erinnere mich, bei einem Diner des 1853 verstorbenen Grafen Stephan Zichy in Wien folgendes darauf Bezughabendes gehört zu haben. Der Hausherr erzählte einigen anwesenden Diplomaten, daß die Kaiserin Josephine dem Kaiser Alexander, als derselbe sie in Malmaison 1814 besuchte und von der Restauration des alten Königshauses sprach, geantwortet habe: „Pour la légitimité, Sire, vous n'y êtes pas encore". — Graf Zichy, von 1810 bis 1827 österreichischer Gesandter am Hofe zu Berlin und mit dem preußischen Staatskanzler Fürsten Hardenberg sehr liirt, hatte von diesem, wie er sagte, diese Geschichte erhalten, der sie unmittelbar aus dem Munde des Kaisers Alexander, kurz nach jener Unterredung gehört hatte. — Außer Ludwig XVIII. konnte es aber keinen anderen legitimen Herrscher für Frankreich geben, wenn nicht der Sohn Ludwigs XVI. noch lebte! — Im Volke war das Gerücht verbreitet, nicht nur daß der Dauphin oder spätere Ludwig XVII. gerettet worden wäre, sondern auch daß die damalige Witwe des Generals Beauharnais bei dessen Entführung thätig mitgewirkt habe.

Nach dem Ableben seines Neffen nahm der Regent den Königstitel als Ludwig XVIII. an, wurde aber in dieser Eigenschaft nur von Rußland allein anerkannt. Preußen hatte seinen Separatfrieden mit Frankreich zu Basel abgeschlossen. Die treuen Royalisten in der Vendée verlangten noch immer einen königlichen Prinzen an ihre Spitze, und England hielt den Grafen Artois, der nunmehr den Titel Monsieur angenommen hatte, mit leeren Hoffnungen einer Ueberschiffung fortwährend hin, aber stets fanden sich auch wieder neue Vorwände, um diese hinauszuschieben oder zu hintertreiben. Milord Macartney war nach Verona geschickt worden, aber ohne officielle Mission, und Spanien hatte mit der französischen Republik gleichfalls Frieden gemacht.

Die Engländer hatten am 27. Juni und 15. Juli 1795 an der bretagnischen Küste einen Landungsversuch auf der Halbinsel Quiberon unternommen, dessen Ergebniß aber ein verhängnißvolles war. Alle Franzosen, welche damals eingeschifft waren und in Gefangenschaft geriethen, wurden erschossen, die englischen Schiffe hatten sich vor dem heftigen Feuer der am Landungsplatze erschienenen Republikaner, 10.000 Mann an der Zahl, entfernt, wenige Emigranten entkamen. Nur Graf Sombreuil,[1]) Sohn des alten Generals der Invaliden, hatte tapfer fortgekämpft, bis auch er mit dem Reste seiner Getreuen capituliren mußte. Er hatte als Capitän ehemals in Esterházy's Hußaren-Regiment gedient, starb als Held und hatte keine Capitulation für sich, sondern nur für seine Gefährten verlangt. Manche stürzten sich ins Meer und zogen den Tod in den Fluthen einer vielleicht langen Gefangenschaft und endlichen Verurtheilung vor. Sechshundert Gefangene, darunter auch der Bischof von Dole und fünfzig Priester, wurden erschossen; auch gab es unter den Hingerichteten einige historische Namen des alten Frankreich, wie: Chevreuse, Broglie, d'Avaray, Fénélon u. s. w. Die meisten von ihnen gehörten dem Adel von Poitou und der Bretagne an. — Später wurde ein Brief Sombreuils an den englischen Kriegsminister Windham bekannt, worin der Erstere bitter klagt, daß die Emigranten von England in Stich gelassen seien und weder Instruction noch Lebensmittel erhielten, die Expedition also unglücklich ablaufen müsse. — Windham antwortete nicht. Sheridan[2]) sagte

---

[1]) Charles Comte de Sombreuil, geboren 1767 zu Paris, wanderte in Folge der Revolution aus und war 1790—1794 in preußischen Diensten.

[2]) Richard Brinsley Sheridan, geboren 1751 in Dublin, gestorben am 7. Juli 1816, war Lustspieldichter, 1780 Mitglied des Parlamentes und Untersecretär im Ministerium seines Freundes Fox; als der Minister Pitt an das

im Parlament: „Bei Quiberon floß freilich kein britisches Blut, aber „die britische Ehre blutet aus tausend Adern! Es waren mörderische „Unternehmungen, die auf den Seelen ihrer Urheber lasten werden". Und Fox:[1] „Man sagt, gewisse Cabinetsminister hätten, weil sie sich „mit zu viel Emigranten überlastet, dieselben absichtlich geopfert, um „sie los zu werden. Ich will es nicht glauben, aber ewige Schmach „der englischen Nation, wenn sie die Urheber der Expedition von „Quiberon nicht wenigstens mit ihrem Tadel bestraft.

Im Feldzuge 1795 hatten die Franzosen den Rhein über=setzt, Graf Artois, nunmehr Monsieur, schiffte sich ein, um sich mit dem Marquis de Charette[2] zu vereinen, aber seine Expedition

Staatsruder kam, gehörte Sheridan zur Oppositionspartei und zeichnete sich durch Beredtsamkeit und Schärfe seines Witzes aus.

[1] Charles James Fox, mehrmals an der Spitze des Ministeriums, einer der glänzendsten Redner und berühmtesten Staatsmänner Englands. Er starb in Chiswickhouse am 13. September 1806.

[2] François Athanase Marquis de Charette de la Contrie, geboren 1763 zu Couffée in der Bretagne, diente bis 1790 bei der Marine und ging dann zu den Emigranten nach Coblenz, von wo er später nach Frankreich zurückkehrte und einer der Hauptführer in dem Kriege der Vendée wurde. Er war vielleicht das größte militärische Talent unter den vendéischen Anführern; seine Kühnheit und List hatte tausend der republikanischen Soldaten den Unter=gang bereitet: sein Name blieb in jener Gegend jahrelang in Jedermanns Munde, denn er ganz allein schien eine Armee werth zu sein. — Von den Republikanern völlig eingeschlossen und nur von wenigen seiner Treuen umgeben, nachdem schon die Mehrzahl der Führer gefallen waren, wagte Charette noch einen letzten Kampf gegen den Generaladjutanten Valentin, der ihn mit einer Elitetruppe von hundert Grenadieren verfolgte. Von allen Seiten endlich eingeschlossen, da ihn eine republikanische Colonne des Generals Travot gleichfalls angriff, erhielt er zwei Schüsse, einen Säbelhieb, der ihm drei Finger wegnahm; überreichte, von zwei Vendéern aufrecht erhalten, dem General Travot seinen tapfern Degen, und mußte sich gefangen geben. Der republikanische General Hoche hatte ihm kurz vorher schriftlich angetragen, er möge fliehen, und er würde seine Entweichung ins Ausland begünstigen. Aber er zog den Tod einem ruhmlosen Wander=leben vor. Charette wurde nach Nantes an der Loire gebracht und verurtheilt erschossen zu werden. Am 29. März 1796 erlitt er in edler stolzer Haltung den Tod, ließ sich nicht die Augen verbinden; aufrecht stehend bot er den Mündungen der Gewehre seine Brust und commandirte selbst die Execution. Sein von ihm bethätigter Wahlspruch war: „Souffrir pour son Dieu, mourir pour son Roi, c'est la devise d'un bon Français".

beschränkte sich nur auf die Landung an einer Insel, und da er nicht nach Frankreich hinüberkonnte, überließ ihm der König von England das Schloß Holyrood bei Edinburgh als Asyl.

In den letzten Monaten 1795 begab sich Graf Esterházy auf einige Zeit in die Ukraine zur Besichtigung jener Güter, welche ihm die Kaiserin Katharina als Donation im letztverflossenen Sommer zugewiesen hatte, und derselbe kam erst Anfangs 1796 wieder nach Petersburg zurück, wo das Herz des Vaters durch den Verlust eines kleinen Sohnes Namens Alexander, der kurz vor dessen Ankunft gestorben war, eine schmerzliche Wunde erlitt.

Im Beginne dieses Jahres bestand zwischen den Oesterreichern und Franzosen eine Art Waffenstillstand, nach dessen Ablauf die letzteren bis nach Baiern vordrangen, von wo sie aber der jugendliche Feldherr und Held Erzherzog Carl in einer Reihe glänzender Gefechte und Schlachten vor sich hertrieb und über den Rhein zurückjagte; in dieser Zeit hatte dagegen in Italien der französische Obergeneral Bonaparte, ein erst achtundzwanzigjähriger siegreicher Führer der dortigen französischen Armee, sich zum Sieger dieses Landes gemacht, und Venedig war genöthigt, den König Ludwig XVIII. zum Verlassen Veronas und des Gebietes der Republik aufzufordern. Derselbe begab sich nun, nach einem geäußerten Wunsche der Kaiserin von Rußland, zum Corps des Prinzen Condé, welches noch im Solde Oesterreichs stand. Als er von dort abreiste und in Dillingen übernachten wollte, schoß ein Unbekannter auf ihn, als er sich Abends am Fenster seines Gasthauses zeigte.[1]) Der König wurde nur am Kopfe leicht gestreift, ohne weitere üble Folgen, und der Herzog von Braunschweig räumte demselben Blankenburg ein. Die Kaiserin Katharina verwendete sich bei dem Prinzen von Anhalt um eine Residenz in Zerbst für den König, und Graf Esterházy sandte in derem Auftrage einen Courier an König Ludwig XVIII. mit dem Vorschlage der Czarewna, Zerbst oder Jever zur einstweiligen Residenz zu wählen, um dort einen günstigen Umschwung der politischen Verhältnisse abzuwarten.

---

[1]) Mémoires de Louis XVIII., Band VII, Seite 126.

Die großen Fortschritte der Franzosen in Italien bestimmten Katharina II. zu dem Entschlusse, einen unmittelbaren selbstthätigen Antheil an den politischen Angelegenheiten zu nehmen, um seiner Zeit die sich daraus ergebende Situation beherrschen zu können, und da nur persönliches Einschreiten in gleichem Maße ihren späteren Einfluß zu bedingen im Stande war.

Da dessen Gegenwart in Petersburg für einige Zeit entbehrlich schien, hatte sich Graf Esterházy von seinem Könige einen Urlaub erbeten, um seine Familie auf jene Güter in der Ukraine zu bringen, welche, wie schon erwähnt, ein Geschenk Katharina's II. waren. Der Marquis de la Ferté Menn wurde in dessen Abwesenheit bestimmt, um als königlich französischer Geschäftsträger in Abwesenheit des Gesandten Grafen Esterházy zu fungiren. Dieser beabsichtigte überhaupt, bei der geringen Aussicht einer baldigen politischen Aenderung zu Gunsten Ludwigs XVIII., sich ganz vom Dienste zurückzuziehen und nur mehr als Privatmann nach Petersburg zurückzukehren.

Nach einer langen Reise langte Graf Esterházy mit seiner Familie in Luka, so hieß eine seiner neuen Besitzungen, an, und nur kurze Zeit nachher erhielt er die Nachricht von dem am 17. November 1796 in Folge eines Schlagflusses plötzlichen Hinscheiden der Kaiserin Katharina II. — Dieser folgte ein Schreiben des Grafen Besborodko,[1]) welcher ihm im Auftrage des neuen Herrschers, Paul I.,

---

[1]) Alexander Andrejwitsch Fürst Besborodko, geboren 1742 auf dem Gute seines Vaters in Kleinrußland, studirte zu Kiew, wurde Secretär des Feldmarschalls Grafen Romanzow, hierauf Cabinetssecretär. Als ihm einst aufgetragen war, einen Ukas abzufassen, und er dies vergessen hatte, extemporirte er denselben vor der Kaiserin Katharina von einem leeren Blatte, und da dieselbe ihre Unterschrift beifügen wollte, bemerkte sie die Täuschung, und machte ihn seiner Gewandtheit wegen zum geheimen Rath und 1780 zum Staatssecretär. Er stand während der übrigen Regierungszeit Katharina's und Kaiser Paul I. an der Spitze der auswärtigen Angelegenheiten Rußlands, schloß mehrere Friedensverträge ab, so auch jenen von Jassy, und brachte die Allianz zwischen England und Rußland gegen Frankreich zu Stande. Kaiser Joseph II. erhob Besborodko in den Reichsgrafen- und Kaiser Paul I. von Rußland, in den Fürstenstand seines Reiches. Fürst Besborodko starb am 9. August 1799. Er galt als ein großer Verehrer der Kunst.

mittheilte, der Graf möge nicht mehr nach Petersburg zurückkehren, da der Kaiser die Angelegenheiten des Königs von Frankreich von nun an selbst behandeln würde, und, setzte Besborodko hinzu, Seine Majestät setze voraus, er müsse die Ursache dieses Verbotes ohnedem wissen. Graf Esterházy konnte mit gutem Gewissen erwidern, daß ihm der Grund desselben gänzlich unbekannt sei. Jedenfalls war die Ursache keine persönliche, sondern scheint politischen Rücksichten entsprungen zu sein. Esterházy tröstete sich darüber um so mehr, da er, wie bereits gesagt, ohnedies beabsichtigte, sich zurückzuziehen, denn ungeachtet des Wohlwollens und der Güte der Kaiserin, hatten die zahlreichen Bittgesuche der Franzosen und deren oft sehr anmaßendes und unkluges Benehmen ihm schon längst seine Stellung verleidet. — Eine neue Hiobspost folgte aber nach, der Kaiser Paul stellte die Güter und Ortschaften Luka, Majanoff und Wittawa, welche die Donation der verstorbenen Kaiserin bildeten, an ihre früheren Eigenthümer, denen sie während der Regierung Katharina's confiscirt worden waren, wieder zurück. Jedoch wurde nach einigen Monaten Graf Esterházy durch andere Besitzungen in Lithauen und Volhynien entschädigt.

In der Zwischenzeit war der Graf einer freundschaftlichen Einladung der Gräfin Branicka, die er sehr viel in der Petersburger Gesellschaft gesehen hatte, gefolgt, und brachte mit seiner Familie den Winter auf derem Gute Bialocerkiew bei ihr zu. Er traf in den ersten Tagen des Jahres 1797 daselbst ein und verweilte dort bis zum Herbste, um sodann von seinen neuen Gütern Besitz zu nehmen. Im Laufe dieser Zeit hatte er einen Sohn Namens Georges verloren, dagegen war ihm am 12. Juli 1797 ein anderer geboren worden, der in hohem Greisenalter am 26. Juni 1876 zu Wien verstorbene Graf Ladislaus Heinrich Valentin Esterházy, mit dessen Ableben die Linie Esterházy-Hallwyl gänzlich erloschen ist.

Im Monate October 1797 in Grodek, so hieß eines seiner Güter, angekommen, beschäftigte sich Graf Esterházy angelegentlichst mit der Herstellung und bequemen Einrichtung seines Besitzes. In Folge des Friedensschlusses von Campo Formio 1797 und den aus dieser Ursache erfolgten großen Armeereductionen, wurde auch das

Corps des Prinzen Condé von Oesterreich verabschiedet und trat nun in russischen Sold. Es erhielt seine Quartiere in Volhynien in der Nähe der Esterházy'schen Besitzungen, was dem ehemaligen französischen General eine willkommene Zerstreuung bot, sich nach langer Zeit wieder mit vielen seiner alten Waffengefährten zusammenzufinden.

Die Aufzeichnungen des Grafen Esterházy werden nun begreiflicherweise in seiner fernen Zurückgezogenheit viel spärlicher und er deutet nur mit ganz kurzen Schlagwörtern die wichtigsten Zeitereignisse an. Wir wollen ihn noch die kurze Strecke Weges, die ihn zum Abschlusse seines bewegten Lebens führt, weiter begleiten, und citiren ziemlich getreu seine kurzen historischen Andeutungen, immerhin als die eines Zeitgenossen selbst in der Entfernung vom Schauplatze der Begebenheiten nicht ganz ohne Werth, wenn auch nicht mehr das bisherige Interesse bietend.

Im Jänner 1798 hatte Bonaparte sich durch Verrath einiger französischer Ordensritter der Insel Malta bemächtigt, und von da aus unternahm er seinen berühmten Siegeszug bis zu den Pyramiden Egyptens und den Ufern des Nils. Es folgte der Congreß zu Radstadt, der aber wieder unterbrochen wurde, und der Krieg begann 1799 von neuem in Italien und Deutschland. Kaiser Paul I. sandte den Feldmarschall Grafen Suwarow mit Auxiliartruppen zur österreichischen Armee nach Italien. Diese beiden Heere eroberten in einem glänzenden Siegeszuge dieses Land; hingegen wurde eine russische Armee unter Korsakow bei Zürich von den Franzosen geschlagen. In Wien besorgte man eine Einmischung der Russen in die Angelegenheiten Oesterreichs, und die Beziehungen dieser beiden Mächte wurden gespannter. Kaiser Paul ward übellaunig und zog seine Truppen nach Rußland zurück. Das Condé'sche Corps, welches zum großen Leidwesen Esterházy's seine Gegend längst verlassen hatte, um ins Feld zu ziehen, ging, nun von Rußland verabschiedet, in englischen Dienst über.

Bonaparte war aus Egypten für seine Person nach Frankreich zurückgekehrt und bald nach seiner Ankunft in Paris stürzte der kühne Soldat das Directorium, jagte den Rath der Fünfhundert mit seinen

Grenadieren auseinander, und machte sich selbst unter dem Titel eines ersten Consuls zum Dictator Frankreichs, ohne Lust zu haben, die ihm von den Royalisten und den Bourbons zugedachte uneigennützige und ritterliche Rolle eines Monk zu spielen. — Aber immerhin war es eigene Kraft und Genie, es war die Entschlossenheit des künftigen Kriegsfürsten und tapferen Soldaten, der sein Vaterland von Anarchie und Unordnung rettete, keineswegs berechneter Verrath, der eine gestohlene Krone als Gnadengeschenk aus den Händen der Räuber empfing. Welcher politischen Parteifarbe man auch immer angehören mag, und vor allem der Soldat wird es zugestehen müssen, daß Bonaparte die Fahnen des französischen Heeres reich mit Lorbeerkränzen geschmückt, den Kriegsruhm Frankreichs vermehrt und verherrlicht hat. — Der erste Consul überschritt 1800 mit seiner Armee die Alpen, alle Beschwerlichkeiten und Hindernisse der Natur und des Terrains besiegend, stieg in die Ebenen Italiens nieder und schlug, allerdings nur mit Hülfe des im entscheidenden Augenblicke herangerückten Dessaix, das heldenmüthige österreichische Heer bei Marengo, nahm durch eine am Schlachtfelde geschlossene Capitulation Genua und einige andere Plätze wieder, welche der Tapferkeit österreichischer und russischer Truppen in dem glänzenden vorjährigen Feldzuge sich ergeben mußten, und die nun durch einige Federstriche wieder verloren gingen. Im Herbste 1800 folgten andere Hiobsposten, der Sieg Moreau's bei Hohenlinden, die Erfolge Macdonalds in Italien, so daß die Armeen der französischen Republik ihre siegreichen Fahnen Anfangs 1801 schon innerhalb der Grenzen des österreichischen Gebietes und in der Nähe der einst so stolzen, nun depossedirten Königin der Adria, des ehemals so mächtigen Venedig, wehen ließen. Es folgte nun der Waffenstillstand zu Steyer, die Unterhandlung und bald nachher, 9. Februar, der Abschluß des Friedens zu Lüneville, dies alles mit großen Opfern an Geld und Blut erkauft. — Unter solchen Auspicien begann unser neunzehntes, unter Krieg und Blut, Dampf und Kohle, Revolutionen und Thronwechsel, Cultur- und Faustkämpfen dahineilendes Jahrhundert, in welchem man in einem Lustrum oft mehr Dinge oder mindestens von größerer Tragweite erleben kann, als ehedem in einem Vierteljahrhunderte. Es folgten dem Friedensschlusse von Lüneville noch ferner im Laufe jenes Jahres (1801) Entzweiung zwischen England und Rußland, Annäherung des letzteren an die französische Republik, der Entwurf einer bewaffneten Neutralität der drei Mächte des Nordens, welche aber Schwierigkeiten in der Ausführung fand, die Verschwörung und der Kaisermord an der Newa, das Complot zu Paris gegen das Leben des ersten Consuls, politische Schwankungen der europäischen Cabinete, Vernichtung des Wohlstandes durch übermäßige Contributionen in einem großen Theile Deutschlands und Italiens, und zu all diesem noch eine pestartige in Spanien wüthende, unzählige Opfer verschlingende Seuche, besonders in Sevilla und Cadix und mehreren anderen Städten, endlich heftige Orkane, die in Holland, Flandern, England und an den Küstenstrichen Frankreichs furchtbare Verheerungen anstellten. — So verlief das erste Jahr dieses Jahrhunderts!

Allen diesen Ereignissen war Graf Esterházy seit vier Jahren in seinem nunmehrigen ländlichen Stillleben ferne geblieben, und widmete sich mit jener rastlosen Thätigkeit, die ihn sein ganzes Leben nie verlassen hatte, der Oekonomie und Bewirthschaftung seiner Güter, und obgleich den Sechzigern nahe, wußte er sich dennoch die Fundamentalkenntnisse der Landwirthschaft, des Bodenbaues, der Garten- und Baumcultur anzueignen. Er pflanzte wie man sagt nun seinen Kohl und fühlte sich nach seinen eigenen Worten fern von dem Getriebe der Welt, der großen Tragikomödie menschlichen Treibens, glücklicher in seiner neuen Thätigkeit, als jemals früher: „L'arbre qu'on a planté, plaît plus à notre vue, que le parc de Versailles et sa vaste étendue", und an einer anderen Stelle heißt es: „Plus heureux dans ma retraite, que je ne l'ai été dans la vie tumultueuse, que j'ai menée, je puis dire: j'ai déjà passé soixante ans sur la terre, et j'en ai vécu trois; — mon bois, mon cabinet, ma famille font mon bonheur; occupé sans avoir rien à faire, j'apprends tous les jours, et à tout âge apprendre est un plaisir".

Landwirthschaft war für Esterházy ein neues Feld, und die darin erworbenen Kenntnisse, so unvollkommen sie auch sein mochten, waren, wie der Graf sagt, wahrhafte Freuden für ihn. Wem kommen hier nicht Virgils Verse in den Sinn: „Beatus ille qui procul negotiis paterna rura, bobus exercit suis!" — Nochmals kommt der alte Soldat und Exdiplomat auf die Politik und Weltereignisse, namentlich des denkwürdigen Jahres 1801 zurück; er skizzirt sie derart: „1801 Friede zu Lüneville zwischen dem deutschen Kaiser und Frankreich; Sendung einer englischen Flotte ins baltische Meer, die den Sund passirt; blutiger Kampf zwischen den Engländern und Dänen, gefolgt von einem dreimonatlichen Waffenstillstand. Aufrechthaltung der cisalpinischen Republik. Paul I., Kaiser aller Reußen, stirbt plötzlich, wie das Manifest seines Nachfolgers Alexander I. sagt: „Die Zeit wird die näheren Umstände dieses Todes lehren!" es schien nach diesem Thronwechsel sich Rußland wieder England zu nähern. Der König von Preußen besetzte Hannover, um den Eingang in die Elbe und Weser den Engländern zu sperren. Nach dem Tode Kaisers Paul waren diese beiden Ströme wieder freigegeben und Preußen schien sich zurückziehen zu wollen. Am 1. October wurden die Friedenspräliminarien zwischen Frankreich und England zu London von Lord Hutchinson und französischerseits Herrn Otto unterzeichnet. Es folgte der definitive Friedensabschluß zwischen Frankreich und Portugal, mit Rußland und der Pforte. Preußen erhielt Weisung, Hannover zu räumen. 1802 kam der Friedensvertrag von Amiens am 25. März zwischen Frankreich und England unter Intervention Spaniens und Hollands zu Stande. Malta und dessen Besitz spielte in diesen Verhandlungen eine Hauptrolle, und die Insel gerieth nun in die Abhängigkeit Englands. Die politische Existenz und factische Selbstständigkeit des altehrwürdigen Ritterordens war dahin. Auf einer Reise des ersten Consuls nach Lyon kam die Verfassung der italienischen Republik zu Stande, zu derem Präsidenten Bonaparte gewählt wurde. Am Ostertage wurde das zwischen dem Papste und der französischen Republik abgeschlossene Concordat feierlich in der Notredamekirche zu Paris verkündet. Bonaparte erschien dabei mit dem Glanze und Prunk der alten Könige. Mehrere französische Bischöfe wurden wieder in ihre früheren Sitze installirt, so der Erzbischof von Aix, jener von Senlis u. s. w. Die Emigranten erhielten unter gewissen Bedingungen Amnestie, doch waren mehr als fünfhundert davon ausgenommen".

Am 12. August 1802 erlitt Graf Esterházy, nun bereits im zweiundsechzigsten Lebensjahre, den gefährlichen Anfall eines schweren schmerzhaften Leidens und war nahe daran, zu erliegen. Eine plötzlich eingetretene glückliche Krisis rettete ihn diesmal, und Ende dieses Jahres begab er sich mit seiner Familie zu einem längeren Winteraufenthalte nach Bialocerkiew, wo er das Jahr 1803 begann. Im April kehrte der Graf mit seiner Familie wieder nach Grodek zurück; den nächsten Winter, 1803 auf 1804, brachten sie alle in Krakau zu, von wo der Graf Ende Jänner seinen ältesten Sohn zur Vollendung von dessen Erziehung nach Wien führte und dort einige Monate verweilte. Mitte April reiste derselbe wieder zu den Seinigen nach Krakau und mit Anfang Mai nahmen sie den gewohnten Sommeraufenthalt in Grodek. Eine ihn tief erschütternde Nachricht hatte Esterházy noch in Wien ereilt, es war jene des schändlichen Justizmordes, verübt auf Befehl des ersten Consuls an Ludwig Heinrich Herzog von Enghien. In den Schloßgräben von Vincennes in der Nacht vom 21. auf den 22. März 1804 durch die Kugeln französischer Soldaten war der letzte Condé, ein Ururenkel des ruhmvollen Helden aus der Glanzepoche Ludwigs XIV. gefallen! — Ueber dieses tragische Ereigniß schwebt ein Dunkel. Damals soll Fürst Talleyrand das berühmte Wort ausgesprochen haben: C'est plus qu'un crime, c'est une faute!

Ueber die Leiche des Herzogs von Enghien schritt Bonaparte hinweg zum Thron; am 18. Mai nahm er den Titel als erblicher Kaiser der Franzosen unter dem Namen Napoleon I. an, und ließ sich am 2. December zu Paris in der Kirche Notre Dame mit dem größten Pompe von Papst Pius VII. (Chiaramonti) krönen.

Den Winter 1804 auf 1805 brachte Graf Esterházy mit seiner Familie in Lancut bei der Marschallin Fürstin Lubomirska[1]) in angenehmer und heiterer Weise zu und kehrte Mitte Juni nach Grodek zurück.

---

[1]) Isabelle Helene Anne geborne Fürstin Czartoryska, geboren 21. Mai 1736, starb zu Wien im einundachtzigsten Lebensjahre am 25. November 1816, seit 1783 Witwe des Fürsten Stanislaus Lubomirski, Krongroßmarschalls von Polen.

Mit dem Satze: „Bonaparte hat sich zum erblichen König von Italien erklärt und sich zu Mailand mit der eisernen Krone der Lombardenkönige krönen lassen", schließen seine politischen Aufzeichnungen.

Graf Valentin Ladislaus Esterházy (ehemaliger Maréchal de camp des Königs von Frankreich, einstiger Gouverneur von Valenciennes und Rocroy, Chef eines Hußaren-Regimentes und Ritter der königlichen Orden) starb bald nach seiner Rückkehr auf seinem Gute Grobek in Volhynien am 23. Juli 1805 und wurde in der katholischen Kirche zu Rowno beigesetzt.

Die treue schmerzerfüllte Gattin ließ seinem Andenken eine Gedenktafel setzen, die in dieser Kirche eingemauert, unterhalb des darauf angebrachten Wappens der Grafen Esterházy folgende lateinische Inschrift enthält:

Hic jacet illustris. Com. Valentinus Ladislaus Esterházy et Galantha et Fracno, Castr. et excerci. Reg. Gall. Prce.; St. Spirit. et St. Ludovici ord. Eques Toquitum suo nomine upot (unleserlich) jure hered. tribunus. Zannonice Præfuit et Rocroio, natus XXII obris MDCCXXXX, obiit XXIII Juli IV. Aug. MDCCCV. Plurimor. imper. amicit. non alienus esse sensit et labante rerum statu stetit inconcussa fide.

Sibi redditus agricolis prodesse studuit et muror. quo funus ipsius præsenti sunt, meruit.

———

Uxoris, ceterum amicorumque luctus et in æternum servandus dolor huic Lapidi hæret, quem posuit Mœrstissima conjux M. F. Urs. Com. a Zalweil (soll Hallweil oder Hallwyl heißen) post consortium XXI ann. (unleserlich) nimis breve Flebiliter Derelicta.

(Wir haben uns genau nach der erhaltenen Abschrift gehalten, ohne Berücksichtigung grammatikalischer Fehler.)

Graf Valentin Esterházy schrieb außer den für seine Kinder verfaßten Memoiren oder Aufzeichnungen, noch ein genaues tägliches Journal der Ereignisse des siebenjährigen Krieges, das aber, wie er selbst sagt, seit seinem Abgange von Valenciennes 1790 in Verlust gerieth; ebenso auch hielt er ein Protokoll seiner politischen Correspondenzen.

Um den Mann, dessen Lebenslauf wir nach einem Auszuge seiner eigenen Aufzeichnungen zum leitenden Faden in unserer geschichtlichen Wanderung (in den Sevennen begonnen und an der Newa geendet) genommen haben, in aller Kürze und dennoch wahrheitsgetreu zu charakterisiren, genüge folgender einfacher Satz aus dessen Instructionen an seine Söhne, da er sowol den ehrenhaften Charakter als die geistige Richtung desselben treffend bezeichnet:

„Je pense donc que les premiers moyens de bonheur, sont „d'être d'une probité stricte et sévère, d'une bienfai-„sance eclairée et d'avoir peu de besoins et beaucoup de „goûts; et ce qui s'oppose le plus au bonheur, est le dé-„sœuvrement, la paresse, l'indécision et la fausse „honte."

Valentin Esterházy's Linie ist mit seinem Enkel, dem österreichischen Staatsmanne Grafen Valentin, gestorben 1858, und seinem Sohne Grafen Ladislaus, gestorben 1876, erst vor wenig Jahren im Mannsstamme erloschen, seine Descendenz blüht nur mehr in drei Enkelinnen und einigen Urenkeln in der weiblichen Linie (durch seine Tochter, die 1848 verstorbene Gräfin Murray) fort. — Die Besitzungen in Volhynien sind dermalen in den Händen einer seiner Urenkel. Sein Wirken ist heute nur wenig bekannt, obgleich er seiner Zeit an den Höfen von Versailles und St. Petersburg, in der Gesellschaft von Petit Trianon und der Eremitage, in der Umgebung der anmuthigen so unglücklichen Cäsarentochter und in jener der genialen Semiramis des Nordens eine gefeierte und beliebte Persönlichkeit war:

Gestorben, begraben und vergessen! ein Blatt mehr, das der Sturm vom Baume der Zeit abwirft, und doch war sein Leben vor manchen anderen werth in der Erinnerung aufgefrischt und

erhalten zu werden! Ein ihm fremder Mann hat sich bestrebt sein
Schärflein dazu beizutragen, ob es ihm gelungen, möge das Wohl=
wollen des Lesers entscheiden.

Noch zweimal wehte das Lilienbanner des alten Frank=
reichs und des älteren Zweiges Bourbon ruhmvoll als Sieges=
zeichen! Das eine Mal 1823 unter dem Herzoge von Angoulôme auf
den Verschanzungen des Trocadero jenseits der Pyrenäen und am
4. Juli 1830 unter dem Marschall Grafen Bourmont auf der
Kasauba Hussein Paschas, des letzten Dey von Algier! nur wenige
Wochen später sollte es der dreifarbigen Fahne von 1789 weichen! —
Und heute?

Zur einstigen Residenz Ludwigs XIV. wandert jetzt die fran=
zösische Nation und vielleicht noch weit mehr fremde Beschauer und
durcheilen die weiten Hallen des Schlosses von Versailles, diese
großartigen Räume, zu ihrem Vergnügen, Manche zu ihrer Belehrung.
Was würde er wol sagen, jener prachtliebende königliche Gründer, jener
glänzende mächtige Herrscher, wenn er sich als Zeuge dieser volks=
thümlichen Besuche hier einfinden könnte? Blousen, Fracks, Röcke
und Uniformen, Seiden= und Kattunkleider; vom Ouvrier und der
Grisette bis zum großen Herrn und der Dame des Faubourg St. Ger=
main, so verschiedenartige Besucher ganz gegen alle herkömmliche Eti=
quette hier zu sehen, würde ihm dies nicht als eine Entwürdigung seines
prachtvollen Bauwerkes erscheinen? Er würde vielleicht seine Muske=
tiere wachrufen, um die frechen Eindringlinge zu verjagen, oder am
Ende gar, wenn seine erste Aufregung sich gemildert hätte, ihnen aus
Neugierde folgen; doch würde er in seinem eigenen großartigen Bau
eines erklärenden Führers bedürfen.

Sire! Ihr Blick sucht die lange Reihe von Gemächern, welche
jetzt in eine herrliche Galerie umgebildet sind? Hier sind die Gemälde
von Van der Meulen und Lebrun, Ihrer Schlachtenmaler; sie
sind noch immer die ersten ihrer Art, denn Ihr Jahrhundert, Sire!
hat alles Großartige hervorgebracht! — Diese Bildnisse, Sire! sind
wol jene Ihrer Freundinnen. — Das poetische, schwärmerisch sanfte
Fräulein La Balière, die spätere sœur Louise de la miséricorde

des Carmeliterklosters von St. Jacques, die herrische stolze Marquise de Montespan, die kindische Herzogin von Fontanges und die kluge Witwe Scarrons, die ehrgeizige Frau von Maintenon, welche Züge diese alle! Welche Anmuth die Eine, welche Schönheit die Andere, und welche Feinheit des Geistes spricht aus der Letzten? — Und hier die vortreffliche Königin Marie Therese, die die reiche spanische Erbschaft brachte, aber ich will Sie nicht erweichen, Sire! Schreiten wir an den mächtigen Erinnerungen Ihres eigenen Glanzes rasch vorüber. Und jetzt, wer ist wol dieser Mann aus Erz im einfachen Soldatenrocke mit dem notorischen kleinen Hütchen und welcher eben so wie Sie, Sire, hier zu befehlen scheint? Ach das gäbe eine lange Geschichte zu erzählen! Ein rasender Orkan hatte sich einst über das schöne Frankreich erhoben, welcher dessen alten Erbthron zertrümmerte, und dieser Mann war es eben, der sich aus den Trümmern desselben mit den Bajonneten seiner Soldaten einen neuen errichtete! Er hat mehrere Schlachten gewonnen, deren Ruhm jenen einer großen Zahl der früheren in etwas erbleichen macht, und Horace Vernet, der Baron Gros, die Van der Meulen und Lebrun seiner Zeit, haben sie mit ihrem Pinsel verewigt. — Hier die Schlacht vor den Pyramiden, denn jener Mann im einfachen Soldatenrock war auch nach Egypten gezogen, an die Quelle des Moses; hier die Schlachten von Arcole, Lodi, Marengo, wo er einem der schönsten und tapfersten Heere Europas gegenüber, dennoch Italien eroberte; hier jene von Austerlitz, wo er zwei mächtige Herrscher besiegte; hier jene von Jena, wo er das erst zu Ihrer Zeit, Sire, neuerstandene Königreich Preußen der alten Brandenburger fast vernichtete, die es aber seither ihm sowol als seinem Neffen bei Belle-Alliance und Sedan reichlich entgolten haben; hier endlich sein Einzug in die alte Residenz des Czaren der einstigen Moskowiter. — Jener uralte Invalide, über dessen gefurchte narbenvolle Wange bei dem Andenken so vieler glänzender Ruhmesthaten, eine einsame Thräne herabrinnt, war, noch halb Kind, einer seiner Begleiter. Sie können ihn fragen, Sire, und er mag reden, ob dies die Wahrheit oder ein Märchen aus Tausend und einer Nacht?

Aber beenden wir diese fantastische Scene, und sagen wir es, daß das Museum von Versailles hohes Interesse in jeder Richtung bietet. Es ist ein schönes Denkmal, eine lebendige Tradition französischer Geschichte, eine Ueberlieferung voll vom Ruhme des Krieges, aber auch der Künste des Friedens, und dennoch rufen wir, im Rückblicke auf seine einstigen Bewohner und Herren, seine glänzenden Feste und rauschenden Vergnügungen, aller dahingeschwundenen Größe und Macht: Adieu donc, Versailles, adieu petits appartements! Les mille croisées du château vont se dessiner en noir sur les murs que le temps a revêtus de sa robe grise; les lustres de cristal n'ont plus de feux; les parfums exquis, sont dissipés dans la salle des banquets; l'écho se tait au salon des concerts; on n'entend plus bruire doucement les robes soyeuses sur le parquet de la galerie! — Il n'y a plus de cour de France!

Namen-Register.

Aba III., Magyarenfürst 10.
Adalbert, Bischof 10.
Adam, Pater, Jesuit 146.
d'Adhémar, Graf, Diplomat 199, 201, 202, 226, 230, 242.
d'Affry, Graf, Oberst 49.
d'Aguesseau, Marquis, Major 316.
d'Aiguillon, Duc, Minister 151, 157, 158, 165, 166, 176, 185.
— Duc junior, Deputirter 238, 310, 314.
Albert Herzog von Sachsen-Teschen, 361, 428.
d'Alembert, französischer Philosoph 28, 144, 178.
Alexander, Großfürst, später Kaiser von Rußland 389, 440, 455, 464.
Alhwig, hessischer Oberst 134.
Almassy, von, französischer Hußarenofficier 20.
Althann, Michael, Graf 105.
Andreas II., König von Ungarn 11.
Angoulême, französischer Prinz 295, 468.
Anhalt, Prinz 134.
d'Antichamp, französischer General 254, 293.
Apraxin, Graf, russischer FM. 59.
— Graf, russischer General 450.
Aremberg, August Prinz, siehe La Mark 245.
d'Argenson, Graf, Minister 28, 53, 61, 123.

d'Armentieres, Marquis, Marschall 65, 66, 155.
Arnould, Sophie, französische Schauspielerin 188, 193.
Artois, Graf, königlicher Prinz 200, 208, 216, 226, 229, 247, 271, 273, 277, 293—295, 347, 358, 359, 361, 363—366, 368, 370, 372, 375—379, 381, 384, 394, 418, 419, 438—442, 444, 447, 448, 451, 452, 455, 457.
Auersperg, Heinrich Joseph Fürst 102.
— Johann Adam Fürst 102.
— Wilhelmine Fürstin 102, 103.
Avaray, Graf, französischer Diplomat 354.
Avrange, Monsieur de, Sectionschef 206.
Ayen, Louis François Duc de 280, 283.

Bacquehem, Marquis, Familie 432.
Baillamont, Chevalier de 114.
Bailly, Jean Silvain Marie de 267, 273, 296.
Balby, Gräfin 294, 341, 354, 367, 373.
Barbesieur, Marquis, Staatssecretär 14.
Barilière, Hußarenofficier 163, 164.
Barnave, Deputirter 309, 408.
Barry, Marie Jeane Comtesse du 150, 151, 156—158, 165, 181, 202, 258.
Barthélemy, Jean Jacques, Abbé 160, 161, 219.
Bathyanyi, Carl Fürst, FM. 104.
— Ludwig Graf, Palatin 104.
Beauharnais, französischer General 455.

Beaumarchais, Dichter 221.
Beaumets, Deputirter 408.
Beauveau, Fürstin 143.
— Chevalier 33.
Belsunce, Vicomte de, Brigadier 88—90, 93, 113.
Bender, Freiherr, kaiserlicher FM. 357, 412.
Bercsényi, Ladislaus Graf, Marschall 12, 16, 17, 30—34, 61—63, 74, 98, 196.
— Ladislaus Graf, kaiserlicher Oberstlieutenant 32.
Madeleine Gräfin 32.
— Marianne Gräfin 32.
— Niklas Graf, Rakoczy'scher General 13—16.
— Nikolaus Graf, französischer Oberst 31, 98.
— N. Chevalier, französischer Regimentschef 31, 98, 130.
Bercuyer, Graf 238.
Berry, Herzog, königlich französischer Prinz 295.
Berthier, französischer Oberst 253.
Bertier de Sauvigny, Comte 138, 296.
Besenval, Peter Victor Baron, französischer General 78, 199, 200, 202, 216, 242, 254, 295, 310, 311.
Bezborodko, Fürst, russischer Staatsmann 403, 459, 460.
Bezeredy, französischer Hußarenofficier 20.
Biron, Duc de, französischer Marschall 48, 197.
Bischoffswerder, von, preußischer General 379, 380, 418.
du Blaisel, Marquis, französischer General 80, 85.
Boisgelin, Comte de 354.
Bombelles, Marc Marie Marquis 362, 365, 416—419.
— Marquise 237.
Bonaparte, französischer Obergeneral 248, 458, 461, 462, 464—466.
Boufflers, Marquise 33, 34, 294.
— Stanislaus Chevalier 33, 132, 219.

Boufflers, Abbé 33.
Bougainville, Weltumsegler 222.
Bouillé, Marquis de 336, 337, 365, 366, 377, 381, 394.
Bourbon, Duc de 427.
Bourg, du, französischer Marschall 17—29.
Bourmont, Graf, Marschall 468.
Braganza, Johann Herzog 164—170.
Brancas, Herzog von, siehe Lauraguais.
Branicka, Gräfin 382, 460.
Braunschweig, Ferdinand Herzog 68, 69, 72, 88, 89, 111, 112, 418, 424—426, 430, 438, 448, 458.
Braunschweig = Bevern, Carl Wilhelm Erbprinz 77, 81, 88, 89, 97, 98, 129.
Braunschweig = Wolfenbüttel, Elisabeth Christine Prinzessin 134.
Breitwitz, von, preußischer Oberstlieutenant 135.
Breteuil, Baron, Staatsmann 255, 363, 365, 366, 370, 394, 395, 398, 399, 406, 409, 411, 416, 418—420, 424, 427.
de Brezé, Marquis, Oberceremonienmeister 266.
Brienne, Comte de, Minister 254, 261, 289.
Brissac = Cossé, Timoleon Herzog 341, 345, 346, 421.
Broglie, Herzog, französischer Marschall 65, 67, 72, 78, 87, 88, 93, 95—97, 111, 214, 216, 227, 265, 271, 272, 273.
— Carl Victor Prinz 272, 327.
— Graf, französischer Generallieutenant 77, 81, 88, 89, 97, 98, 129, 214, 241, 282, 283.
Bruce, Graf 389.
Bucquoi, Johann Nepomuk Graf 137.
— Therese Gräfin 137.
Burgoyne, englischer General 210.
Bussy de Mignot, Anton Graf 432, 434.

Calonne, Chevalier, französischer Staatsmann 233—236, 249, 255, 258—

260, 262, 358, 362—364, 366, 373, 375, 377, 379—381, 408, 419.
Canal, Jesuit 167.
Caraman, Marquis 416.
Carl VI., deutscher Kaiser 22.
Carl, Erzherzog 458.
Carl VII., König von Frankreich 4, 44, 46.
Carl IX., König von Frankreich 49.
Carl X., König von Frankreich 10.
Carl Albert, Kurfürst von Baiern 87.
Carneville, Graf 432.
Castella, Rudolph de 69.
de Castries, Marschall 260, 409.
Cathelineau, Führer in der Vendée 444.
de Cazales, Deputirter 308.
Chabot, Graf, französischer General 94, 123, 125, 217.
Châlons, Gräfin 230, 242.
Chamboraut, Graf, französischer General 164, 165.
Chamfort, Literat 219.
Chapuis, de, Regimentscommandant 304.
Charbonier, französischer General 450.
Charette, François Marquis 457.
Chartres, Herzog, königlicher Prinz 192, 276, 277.
Chateaubriand, Vicomte, Schriftsteller 286.
du Châtelet, Marquis 33.
— Graf, später Herzog 108, 109, 117—119, 122, 130, 132, 133, 138, 187, 156, 162, 172, 197, 214, 228, 239, 315, 316, 334, 335, 354.
— Herzogin 131, 132, 237.
Chaulnes, Herzog 37.
Chevert, Chevalier de, französischer General 71.
Chevreuse, Herzog 40, 71.
Chimay, Fürst 292, 293.
Choiseul, Duc de, französischer Staatsminister 26, 98, 118, 119, 121—124, 127, 129, 132, 133, 151, 152, 156, 159, 161, 165, 176, 251, 257, 258.
Choiseul-Gouffier, Comte de 218.

Choiseul-Stainville, Beatrix de 131.
Clary-Albringen,
— Maria Josepha Fürstin 169, 171.
Clemens Wenzel, Kurfürst von Trier 361, 411, 412.
Clerfait, Carl Graf, kaiserlicher FM. 428, 438, 450.
Clermont, französischer General 265.
Clermont-Bourbon, Comte, französischer Feldherr 68, 69.
Clos, de la, Schriftsteller 269.
Cobenzel, Johann Ludwig Graf, Staatsmann 385, 386, 388, 389.
— Philipp Graf, Staatsmann 429.
Coigny, Duc de, französischer Marschall 37.
— François Henri Herzog von 207, 216, 242.
— Marquis 229.
— Marquise 229, 231.
Colbert, Marquis 45.
Colloredo, Rudolph Fürst 105.
Collot d'Herbois, Volksrepräsentant 445, 446.
Condé, Herzog, französischer Feldherr 55, 205.
— Prinz 157, 273, 276, 293, 346, 358, 364, 375, 412, 427, 429, 458, 461.
Conflans, N. Marquis, Oberst 88.
— Louis Marquis 190, 192, 231.
Constantin, Großfürst von Rußland 389, 440.
Contades, Marquis, Marschall 25, 126.
Corneberg, Baron, Abenteurer 18.
Cornwallis, englischer General 284.
Cossé siehe Brissac.
Courbeille, de, Madame 237.
Courteilles, Frau von 129.
Courtommer, französischer Nationalgardist 345.
Crenneville siehe Folliot.
Crossard, Johann Baptist, Baron 432, 436.
Croy, Anna Emanuel Ferdinand Herzog 261.
Crussol, Bailli de 242.

Csaky, Christine Gräfin 13.
Cumberland, Herzog von 60.
Custine, Adam Philipp Graf, General 327.

Damas, Roger Graf 440.
— Abbé 316.
Dampierre, französischer General 442.
Daun, Leopold Graf, kaiserlicher FM. 59.
Dauphin, Sohn Ludwigs XV. 126, 128.
David, Hußarenofficier 22, 23, 123.
— Maler 221.
Deak, französischer Hußarenofficier 20, 61.
du Deffant, Marquise 141, 143, 144.
Desaix, französischer General 462.
Deshuttes, Garde du Corps 318.
Desjardins, französischer General 450.
Devonshire, Herzogin von 230, 340, 352.
Diderot, französischer Philosoph 28, 144. 178.
Dietrichstein, Carl Max Fürst 104.
— Fürstin 104.
Dönhoff, Gräfin 135.
Dorvilliers, Admiral 218.
Doullembourg, Capitän 163.
Dubois de Crance, Deputirter 327, 328.
— Referent 124, 126.
Ducroizet, Chevalier de 453.
Dumas 272.
Dumouriez, französischer General 437, 438, 442, 443.
Durazzo, Ernestine Gräfin 105.
— Jakob Graf 105.
Durfort, Marquis, Gesandter 152, 153.

Ehrthal, Freiherr Friedrich Carl (Kurfürst von Mainz) 375, 405, 406, 412.
Elisabeth, königl. Prinzessin von Frankreich 216, 225, 237, 245, 346, 347, 415, 450.
Emmery, Deputirter 326.
Enghien, Herzog 293, 465.
Eörs, Hunnenfürst 10.
Erbach-Erbach, Franz Graf 145, 147, 151, 167.

Erbach-Schönberg, Graf, FZM. 428.
d'Escars, Baron 377, 393, 440.
d'Espienne, Graf 291, 297, 305.
d'Esquilles, Marquis 432, 436.
d'Estaing, Graf, französischer Admiral 240.
Este, Eudoxia Prinzessin 11.
Esterházy, Anton Graf 12, 15, 82.
— Carl Graf, Bischof zu Erlau 137.
— Franz Graf, G. d. C. 12.
— Franz Graf, FM. 12.
— Franz Graf, ungarischer Hofkanzler 100, 107, 168.
— Joseph Graf, FM. 12.
— Ladislaus Graf 12, 460, 467.
— Mathias II. 11.
— Nikolaus Fürst, FM. 11, 99.
— Nikolaus Graf, Palatin 12.
— Nikolaus Graf, Botschafter 99, 379, 385.
— Paul Fürst 12.
— Paul Anton Fürst, FM. 98, 99.
— Thomas Graf 11.
— Valentin Caspar Graf 240.
— Valentin Joseph Graf, französischer Regimentschef 12, 17, 21, 22.
— Valentin Ladislaus Graf, französischer Maréchal de camp und Regimentschef 9—11, 22, 30, 31, 33, 34, 61—67, 71—79, 81, 85—88, 90—100, 107—114, 116—126, 128—130, 132—139, 151—157, 159, 161—166, 168—179, 187, 189, 190, 194—198, 205—207, 213—218, 225, 226, 228, 230—233, 236—240, 242, 253, 254, 256—258, 264—266, 268, 270, 271, 274, 290—308, 315, 321, 324, 329—341, 346, 351—363, 365, 367—368, 370—373, 375, 376, 379—386, 388, 389, 393, 394, 396—399, 401—404, 405—409, 415—419, 421, 423, 426, 427, 429, 437—442, 447, 450, 452, 458—461, 463—467.
d'Estrées, Graf, Marschall 59—61, 64, 111.

Favras, Marquis de 311.
Favre, Jules, Advocat 455.
Fersen, Axel Graf 243, 244, 249, 298, 381.
Feßler, Historiker 13.
Feuilly, de, Officier 79, 80.
de Feuquière, Marquis, General, Militärschriftsteller 24.
Ficquelmont, Ludwig Graf, k. k. G. d. C. 432, 434.
Fisson, du, Montet, Freiherr 435.
Flachslanden, Baron 376, 381.
Flesseles, de 267, 273, 291.
Fleury, Cardinal 22.
de Fleury, Madame 277.
Fogarossy, Hußarenofficier 20.
Folard, Chevalier de, französischer Militärschriftsteller 24.
Folliot de Crenneville, Gräfin, vermälte Herzogin von Lothringen 362.
— Ludwig Graf, k. k. G. d. C. 432, 433.
Fontanges, Herzogin 469.
Forceville, Graf 432.
Foulon 296.
Fourcroy, Maréchal de camp 254.
— Chemiker 222.
Fox, englischer Minister 193, 457.
Franz I., deutscher Kaiser 100, 103, 168.
Franz II., deutscher Kaiser 421, 426—431, 436, 450, 453.
Franz I., König von Frankreich 28, 51.
Fresnel, de, Hennequin Graf, k. k. G. d. C. 432, 433.
Freund, Erzieher 145—147, 151, 167.
Friedrich II., König von Preußen 4, 58, 80, 135, 136, 146, 167, 185, 215, 282, 287.
Friedrich Wilhelm II., Prinz und später König von Preußen 135, 372, 379, 416, 426.
Fribert, Marie Anne Vicomtesse 359.
Frondeville, Chevalier de 362, 365.
Fronsac, Herzog von 23, 124.

Galissonière, Marquis, Admiral 57, 58.
Gaumart de Vaubernier siehe du Barry.

Génet, französischer Diplomat 383, 400.
Genlis, Gräfin, Schriftstellerin 200, 269.
Geoffrin, Madame de 143, 144.
Georgel, Abbé 150.
Gloucester, Herzog 282.
Gondi, Cardinal 311.
de Gouis, d'Arcy 302.
Gramby, Lord 97.
Gramont, Herzogin 122, 123, 124, 131, 151, 161.
— Genevieve de 251.
Gribeauval, Graf, General 27, 254.
Gros Baron de, Maler 469.
Guibert, Graf, Militärschriftsteller 31, 205, 254, 261.
Guiche, Herzog de 240, 242.
Guines, Herzog von 156, 216, 230, 242, 254.
Guillotin, Doctor 324.
Gustav III., König von Schweden 241, 245, 246, 337, 367, 393, 396, 402, 406, 411, 412, 420.

Hallewyl, Graf 238, 239.
— Gräfin 239, 438.
— Franziska, Gräfin 239, 466.
d'Happoncourt, Graf, österreichischer General 294.
Hardenberg, Fürst, königlich preußischer Staatskanzler 455.
Hatzfeld, Graf, österreichischer Staatsmann 84.
Haugwitz, Graf, österreichischer Staatsmann 105.
d'Havré, Herzog 368.
Heinrich, Prinz von Preußen 439.
Helfenberg, Graf, Oberst 87.
Henin, Fürst 242, 293.
— Fürstin 199.
Hessen, Friedrich II., Kurfürst 134.
Hessen-Rheinfels, Anna Victoria, Prinzessin 134.
Hohenlohe-Kirchberg, Fürst, kaiserlicher FZM. 379, 393, 394, 399.
Holstein-Sonderburg, Carl Prinz 244.
de Houdron, französischer Künstler 221.

Huguet 383.
Hunfalvy, Paul, Schriftsteller 10.
Hussein Pascha, Dey von Algier 168.

Jamart, Geschäftsmann 292, 295.
Jaucourt, Graf, französischer General=
 lieutenant 254.
— Graf, Diplomat 367, 374, 375,
 408.
Jauge, Adjutant 316, 317.
Igelström, russischer General 450.
Joly de Fleury, Finanzmann 225, 233.
Joseph I., deutscher Kaiser 61, 82.
Joseph II., deutscher Kaiser 81, 84, 100,
 137, 168—170, 187, 207, 208,
 285, 299, 330, 393.
Josephine, Kaiserin der Franzosen 455.
Isenburg, Graf, hessischer General 71.
Jsenghien, französischer Marschall 81.
de Julien, französischer Künstler 221.

Kalkreuth, preußischer General 453.
Katharina II., Kaiserin von Rußland
 4, 368, 377, 384—410, 413—423,
 425—427, 429—431, 437—441,
 452, 458—460.
Kaunitz=Rietberg, Wenzel Fürst, kaiser=
 licher Staatskanzler 83, 84, 100,
 151, 152, 208, 376, 398.
— Leopoldine, Gräfin 169, 171.
Khevenhüller=Metsch, Johann Joseph
 Fürst, kaiserlicher Oberstkämmerer
 101.
Kinsky, Maria Leopoldine Fürstin 123,
 125.
— Maria Sidonie, Fürstin 169, 172.
Kleinenburg, Oberstlieutenant 133.
Korsakow, Fürst, russischer General 441,
 461.
Kosziusko, polnischer General 449, 450,
 453.
Kurakin, Alexander, Fürst 133.

Lacy, Franz Moriz Graf, FM. 84,
 103, 170, 376.
Lafayette, Gilbert Motier Marquis
 267, 275, 280—286, 296, 311,
 315—318, 321—323, 335—339,
 342, 343, 352, 360, 369, 424.
Laharpe auch La Harpe, Dichter 142,
 219.
de l'Aigle, Monsieur 30.
Lakatos, Husarenwachtmeister 85, 90.
Lally=Tollendal, Marquis 321.
Lamballe, Prinzessin 244, 372.
Lambert, Marquis de 424.
— französischer General 215, 254.
Lambesc, Carl Prinz 362, 432.
Lameth, Alexander Graf 309, 326.
— Carl Graf 309.
Lamotte-Piquet, französischer Seemann
 240.
La Tour du Pin, Kriegsminister 297,
 320, 335.
Launay, Marquis de, Gouverneur der
 Bastille 267, 272, 291.
Lauraguais, Louis Leon Comte 187,
 190, 192, 193, 224.
Lauzun, Armand Duc de 190, 192,
 219, 827.
Laval, Herzog, französischer Marschall 95.
— Herzogin 294.
La Valiere, Herzogin 144.
Lefort, russischer General 133.
Leopold II., deutscher Kaiser 358, 364,
 372, 376, 377, 379, 380, 393, 400,
 404, 411—413, 420.
Lerchenfeld, Maria Walpurga Gräfin
 154.
Lestange, Chevalier 88.
Leszynsky, Stanislaus, König von Polen
 12, 16, 33.
Leszinska, Maria, Königin von Frank=
 reich 31, 60, 122, 149.
Levis, Herzog von 238.
Liancourt, Herzog 217.
Liechtenstein, Carl Fürst 104.
— Eleonore Fürstin 104, 169, 171,
 285.
— Leopoldine Fürstin 169, 171.
— Wenzel Fürst 104.
Ligne, Carl Fürst de 25, 143, 200, 219,
 230, 243, 248, 249, 252, 390, 433.
— Louis Prinz 296.

de Lille, französischer Schriftsteller 219, 248.
Lomenie, Cardinal 227, 255, 256—260, 262, 263.
Löwendal, Graf, französischer Marschall 124.
Lubomirska, Isabella Fürstin 465.
Luckner, Nikolaus, General 76, 89, 113, 114.
Ludicz, Chevalier 123.
Ludwig VI., König von Frankreich 25.
Ludwig XI., König von Frankreich 4, 25.
Ludwig XII., König von Frankreich 25.
Ludwig XIII., König von Frankreich 7, 46.
Ludwig XIV., König von Frankreich 4, 7, 8, 13, 14, 16, 18, 19, 24, 42, 44, 51, 54, 173—175, 179, 191, 204, 278, 468.
Ludwig XV., König von Frankreich 4, 7, 17, 25, 34, 39, 41—43, 46, 47, 58, 59, 122, 149, 150, 172, 173, 175, 176, 180, 182, 184, 187, 188, 204, 221, 227, 278.
Ludwig XVI., König von Frankreich 5—8, 122, 183, 184, 186, 188, 189, 191, 209, 212, 223, 227, 229, 241, 248, 259, 260, 267, 273, 275, 278, 297, 312, 313, 315, 319, 320, 323, 335—337, 345, 348, 352, 367, 368, 370, 371, 394, 399, 400, 402, 404, 405, 407, 409, 413, 416, 421, 427, 428, 438.
Ludwig XVII., König von Frankreich 239, 446, 454, 455.
Ludwig XVIII., König von Frankreich 8, 282, 455, 458, 459.
Lunati, Visconti Marchese 99.
Luxemburg, Marschall 55, 225.
— Carl Franz Friedrich Herzog 142.
— Herzogin 142, 143.
Luzerne, de la, Chevalier 260, 320.
Lynar, Graf, dänischer Minister 64.

Macartney, Lord, englischer Diplomat 456.

Mailath, Johann, Graf, Historiker 32.
Maillard, Polizeilieutenant 306.
Maintenon, Madame de 31, 177, 469.
Malesherbes, französischer Staatsmann 219, 220.
Maria Antoinette, Erzherzogin, Dauphine und später Königin von Frankreich 106, 151—153, 182, 184, 189, 192, 197, 198, 200, 202, 203, 216, 217, 221, 223, 229, 241—243, 249—251, 257, 276, 280, 312, 313, 318, 319, 335, 339, 347, 356, 364, 380, 404, 408, 416, 418, 446.
Marie Christine, Erzherzogin 307, 330, 361, 368, 400.
Maria Josepha, Königin von Polen 58.
Maria Theresia, Kaiserin 22, 58, 59, 61, 81, 106, 107, 151, 172, 176, 208, 258.
Mark, Comte de la 151, 243, 245—247, 250, 252, 257, 268, 269, 275, 276—281, 283, 315—317, 350—351, 353.
Marmontel, Schriftsteller 219.
Maroni, Husarenofficier 20.
Maurepas, Graf, französischer Staatsminister 29, 185, 197, 207, 212, 222—224, 233, 283.
Maury, Deputirter 308.
Maximilian, Erzherzog, Kurfürst von Köln 106, 276, 361.
Mazarin, Cardinal 175.
Meaupou, französischer Kanzler 122.
Menars, Gräfin 294.
Menou, Deputirter 327.
Mercy, Graf, Gesandter 151, 249, 257, 258, 365, 380, 411, 424.
Mesmer, Doctor, Magnetiseur 3.
de Mesnil, Durand Baron, französischer Officier 215.
Messey, Chevalier de, Officier 79.
Meuton, de, Schweizercapitän 45.
Mirabeau, André Boniface Vicomte 308, 326, 327.
— Honoré Gabriel Ricquetti, Comte, Deputirter 151, 266, 268, 269, 309, 315, 343, 350, 351, 353.

Mirepoix, François de Levis, Marschall 143.
— Marschallin 142, 143.
Miomandre, Chevalier de 318.
de Moitte, Künstler 221.
Möllendorf, von, preußischer FM. 448.
Monsieur siehe Provence 229, 367—369, 399, 400, 407, 419, 422, 427, 438, 439, 444, 447, 448, 454.
Mont de Beze 30.
Montandre, Chevalier 28.
Montaget, de 30.
Montbarrey, Fürst, Kriegsminister 207, 213, 214, 226.
Montespan, Marquise de 469.
Montesquieu, Abbé 354.
— französischer General 445.
Montet, de, Chevalier 311.
Monteynard, Marquis, Kriegsminister 158, 159, 161, 162, 165, 166, 194.
Montfleury, Baron 432, 435.
Montgolfier, Luftschiffer 222.
Montmorency-Laval, Mathias Herzog 310, 327, 342, 343.
Montmorency-Tingry, Fürst 238.
Montmorin, Graf, Minister 260, 317.
Mortague, Marquis, General 69.
Mounier, de, Präsident der Nationalversammlung 302, 321.
de Moutier, Chevalier, Diplomat 230.
Münich, Graf 133.
Murray, Albert, Graf 330.
— Gräfin 330, 467.
Muy, Graf, Kriegsminister 186, 189, 194, 203, 204.
— Chevalier, General 99.

Narischkin, Fürst 440.
Nassau, Carl Nikolaus Prinz 377, 378, 381, 383, 417, 425, 450.
Naundorf, Uhrmacher 454, 455.
Necker, von, Minister 199, 214, 222—224, 233, 256, 262—264, 266, 267, 270, 271, 273, 290—292.
Nedouchel, Baron 331.
Neufville-Villeroi, Madeleine Angélique de 142.

Nigrelli, Margaretha Gräfin 12.
— Gräfin, Aebtissin 117.
Nikolay, Chevalier de, Oberst 117—121.
Nitra, Hußarenofficier 20.
Nivernais, Herzog 220.
Niverson, französischer Ingenieur 27.
Noailles, Philipp Herzog, Marschall 189, 282.
— Marquis, Diplomat 210, 211, 376.
— Vicomte de, Officier 246, 247, 281—283, 286—290, 326.
— Gräfin, Obersthofmeisterin 183.
Nongarede de la Garde, Philippine 21.
Nordmann, Chevalier, FML. 432, 435.
Normandie, Herzog, königlicher Prinz 239.
Nugent, Jakob Graf, General und Gesandter 135.
Nuys de Clugny, Finanzmann 222.

Oberg, hessischer General 71.
Oettingen-Spielberg, Eleonore Fürstin 104.
d'Oraisson, Chevalier, Oberst 333.
Orléans, Philipp Herzog 230, 255, 269—271, 274—279, 281, 298, 314, 320, 333, 353.
— Herzogin 81.
d'Ormesson, Chevalier, Finanzmann 233.
d'Ossun (Ossuna), Gräfin 250, 251.
Ostermann, Graf, russischer Vicekanzler 403.

Paar, Gräfin 81.
Pahlen, Graf, russischer Staatsmann 402.
Palugyay, Hußarenofficier 20.
Paul I., Großfürst, später Kaiser von Rußland 241, 389, 440, 460, 461, 464.
Payanne, Truppeninspector 129.
Perigord, Abbé, siehe Talleyrand 219.
Pestiaur, Joachim, Officier 435.
de Peyron, schwedischer Officier 245—247.
Pichegru, französischer General 450, 451.

Birch, Freiherr, preußischer Officier 215.
Poirier, Deputirter 181.
Polaſtron, Gräfin 198, 242, 373.
Polignac, Diana Gräfin 242, 245.
— Jules Herzog 198, 230, 242, 375, 381, 421.
— Yolantha Herzogin 198, 202, 203, 225, 226, 242, 248—250, 253, 375.
Pompadour, Marquiſe 29, 57, 202.
Poniatowski, Joseph Fürst 426.
Pontecoulant, de 226.
Potemkin, Fürst, russischer Feldherr 382, 403.
Potocki, Stanislaus Felix Graf 410, 419, 426.
Pouilly, Marquis 432, 434.
Preny, de, Husarenofficier 20.
Protaſow, Gräfin 389.
Provence, Graf, königlicher Prinz 277, 399.
Puschkin, Graf, Obersthofmeister 389.
Puyſégur, Marschall 24.
— General 254, 261.

Raigecourt Graf 453.
Rakoczy, Franz Fürst 13—16.
Rath, ruſſiſcher Major 381, 383, 384.
Rattsky, Baron, franzöſiſcher General 19.
Raynal, franzöſiſcher Schriftsteller 178, 219.
Reny, Capitän 75.
Repaire, de 318.
Repnin, Nikolaus Fürst 382, 438.
Richelieu, Cardinal 173, 177.
— Armand Herzog, Marschall 38, 42, 57, 58, 64, 151, 157, 158.
— Armand Emanuel Herzog 429.
Rivarol, Comte de 315.
Rivière, de, Stadtgouverneur 228.
Robecq, Prinz 88.
Robespierre, Maximilian, Advocat und Revolutionsmann 446, 449, 452.
de le Roche-Aymon, Cardinal 181.
Rochechouart, Graf, franzöſiſcher Officier 88.
— Graf 238.

Rohan, Carl Prinz 432.
— Louis Prinz 432, 433.
— Victor Prinz 432, 433.
Roll, Baron, Diplomat 377, 401, 440, 443, 444.
Romanzow, Graf, russischer Staatsmann 397, 401, 406, 429, 439, 440, 452.
Rosen, Graf, schwedischer General 59.
Rosenberg, Wolfgang Graf, österreichiſcher Staatsmann 84, 170, 171.
Rosieres, Graf 432.
Rouſſeau, Jean Jacques 145, 147—149, 178, 207, 221.
Rulhière 219.
Rzewurki, Severin Graf 410, 419.

Sachsen, Franz Xaver Prinz 136.
— Moriz Graf, Marschall 27.
Sachsen-Hildburghausen, Prinz, FM. 64.
Saint-Croix, de, Minister 412.
Saint-Germain, Graf, Kriegsminister 203—206, 213.
Saint-Julien, Joseph Graf, Oberstküchenmeister 103.
Saint-Lambert, Marquis 33, 129, 219.
Saint-Martin, Spiritist 3.
Saint-Priest, Graf, Staatsmann 320, 338, 343, 386, 388, 389.
Saint-Rheuve, franzöſiſcher Bureauchef 126.
Saint-Simon, Herzog von 15.
Saros, Graf, siehe Rakoczy.
Sarkoſſy, von, Husarenofficier 20.
Savonières, Marquis de 314.
Schaffgotſche, Anton Graf 154.
Schwarzenberg, Joseph Adam Fürst, Oberſthofmarſchall 102.
Schwerin, Graf, schwediſcher Officier 246.
Ségur, Marquis, Kriegsminiſter 23, 201, 226—228, 260.
— Marquise 201.
— die beiden Brüder 219, 228, 277, 282, 390, 416.
Seinsheim, Graf, Biſchof 116.

Senac de Meilhan, Gabriel 261.
Serbelloni, Graf, FM. 110.
Serena, magyarische Prinzessin 10.
Serrent, Marquis de 294.
Seydlitz, von, preußischer General 134.
Sheridan, englisches Parlamentsmitglied 456.
Sievers, Graf, russischer Staatsmann 426.
Sieyes, Abbé, Deputirter 270, 309.
Sigmund, König von Ungarn 10.
Simiane, Frau von 338.
Simoneis, Capitän 75.
Simonsich, Hußarenofficier 20.
Sombreuil, Charles Comte 456.
— Chevalier 130.
— Mademoiselle 130.
Soubise, Charles Herzog, Marschall 46, 58, 59, 97, 111.
Spencer, auch Spenzer, Lady 138, 230, 341, 351, 352, 355, 386.
Spielmann, Freiherr, Staatsmann 376, 380, 400.
Stainville, Jakob Marquis 110, 115, 161.
Starhemberg, Georg Adam Fürst 81, 85, 151, 153.
Stedingk, Baron 243, 386.
Stormont, Lord 211.
Strattmann, Eleonore Gräfin 104.
Stroganoff, Graf 389.
Subow, Platon Fürst 282—386, 403, 440, 450.
Suffren, Bailli, Admiral 240.
Suwarow, Graf, russischer Feldherr 452, 453, 461.
Suze, de la, Frau 129.
Swedenborg, Imanuel, Spiritist 3.

Tallard, Marschall 230.
Talleyrand, Fürst, Staatsmann 465.
Taboureau, Finanzmann 222.
Tarouca, Therese Gräfin 136.
Telusson, Banquier 223.
Terray, Abbé, Finanzcontroleur 185.
Thomont, französischer Marschall 124.
Thourets, des, Deputirter 408.

Thugut, Freiherr, österreichischer Staatsmann 429, 443.
Tököly, Katharina Gräfin 12.
Toth, Hußarenofficier 20.
Tourzel, Chevalier de 345.
Trautson, Caroline Fürstin 101.
— Johann Wilhelm Fürst 101.
Treffun, Chevalier de 32.
Tretiatowsky, russischer Dichter 388.
Turenne, Marschall, Feldherr 55, 205.
Turgot, französischer Finanzminister 194, 195, 197, 222.
Turpin, Graf, französischer Regimentschef 23, 123.

Valbelle, Gräfin 201.
de Valière, französischer Officier 114, 117.
Valière, de la, Louise Herzogin 468.
Van der Meulen, Maler 468, 469.
Van Loo, Maler 150.
Baricourt, Chevalier, Garde du Corps 318.
Bauban, französischer Marschall 24.
— Graf 298, 304, 306.
Baudemont, Prinz 432.
Baudreuil, Franz Graf 198, 201, 202, 226, 242, 249, 250, 293, 404, 412.
Bauguyon, de la, Herzog 151, 157.
Baur, Graf, französischer General 88, 92.
Bergennes, Graf, Minister 236, 260.
Vermond, Abbé 152, 184, 257, 258.
Vernet, Horace, Maler 469.
Bieu, de, Künstler 221.
Vignolles, Graf 432.
— Chevalier, de 94.
Villars, Marschall 118.
Villefranche, Graf, Generalstabsofficier 96.
Villelume, Frau von 130.
Villequier, Herzog 341, 351, 353, 368.
Villeroi, Herzogin 351, 356.
Villette, de, Marquis 212.
Viosmenil, Baron 358.
Bogué, Marquis de, General 74, 75.

Voltaire, François Arouet de 7, 145—147, 177, 185, 205, 207, 212, 213, 226.
Voyer, General 65.

Wardener, Chevalier, Major 128.
Washington, George, Feldherr und Dictator 284.
Willich, Frau von 113.
Wimpffen, Felix Freiherr, französischer General 326.
Windham, englischer Kriegsminister 456.
Witt, französischer Oberstlieutenant 63.

Wolf, Adam, Historiker 82, 83, 169.
Woronzow, Graf, russischer Staatsmann 441, 443.
Wraxal, englischer Tourist 102.
Wurmbrand, Franz Joseph Graf, Gesandter 136.
Wurmser, Dagobert Graf, FM. 418.
Wurzbach von Tannenberg, Constantin Ritter, Regierungsrath 27, 83, 362, 385.

York, Herzog von 451, 452.

Zichy, Stephan Graf, Diplomat 455.

www.ingramcontent.com/pod-product-compliance
Lightning Source LLC
Chambersburg PA
CBHW051236300426
44114CB00011B/766